郑州统计年鉴

2023

（总第二十五期　NO.25）

郑州市统计局
国家统计局郑州调查队　编

中国统计出版社
China Statistics Press

图书在版编目（CIP）数据

郑州统计年鉴. 2023 / 郑州市统计局，国家统计局郑州调查队编. -- 北京 ：中国统计出版社，2023.11
ISBN 978-7-5230-0365-7

Ⅰ. ①郑… Ⅱ. ①郑… ②国… Ⅲ. ①统计资料－郑州－2023－年鉴 Ⅳ. ①C832.611-54

中国国家版本馆 CIP 数据核字(2023)第 228123 号

郑州统计年鉴 2023

作　　者 / 郑州市统计局　国家统计局郑州调查队
责任编辑 / 冯诗萌
执行编辑 / 杜珞维
出版发行 / 中国统计出版社有限公司
地　　址 / 北京市丰台区西三环南路甲6号
邮政编码 / 100073
电　　话 / 邮购（010）63376909　　书店（010）68783171
网　　址 / http://www.zgtjcbs.com
印　　刷 / 河南金之汇信息技术有限公司
经　　销 / 新华书店
开　　本 / 890mm × 1240mm　1/16
字　　数 / 903千字
印　　张 / 37.75　彩页0.75
版　　别 / 2023年11月第1版
版　　次 / 2023年11月第1次印刷
定　　价 / 300.00元

本书附同版本CD-ROM一张，光盘内容以书面文字为准。
如有印装差错，由本社发行部调换。

《郑州统计年鉴 2023》
编委会和编辑人员

一、编委会

主　　任：陈宏伟

副 主 任：张向奥　宋少丹　吴广萍　李向涛　贠慧海　花　磊
杨学臣　王国英　郑　惠　彭　霄　程胜先　蔡江水
宋玉清　祁永辉　汪　清

主　　编：宋少丹　吴广萍

副 主 编：李向涛　贠慧海　花　磊　杨学臣　王国英　郑　惠
彭　霄　程胜先　蔡江水　宋玉清　祁永辉　汪　清

编　　委：（以姓氏笔画为序）
毛媛媛　王二朋　王文郑　白雅茜　刘学勇　刘　杰
曲　典　江亚丽　张志浩　张亚莉　张科艳　张　静
张　鹏　李万勇　李　疆　李东旺　李理愿　李　辉
辛　奇　陈　旭　宋红培　侯　彬　赵　猛　郝惊迪
徐　端　徐正道　徐文杰

二、编辑部

总 编 辑：郑　惠

副总编辑：徐　端　刘　航

编　　辑：（以姓氏笔画为序）
王龙辉　王秀婵　王约翰　王施满　王威风　叶家玉
闫育玮　闫　明　刘晓轩　朱会敏　孙军培　孙　玮
李佳佳　李国红　李秋玲　李晓丽　李增利　杨　虹
沙　莹　陈世雄　陈晓光　张　华　张　武　张晓东
张培杰　张双霞　范丁元　罗燕军　屈魏华　周兆利
郑敬芳　郭咪咪　郭聪敏　海文超　徐利明　徐　崇
耿　雯　梁　标　蒙晓泽　潘鹏举

郑州统计年鉴

编 辑 说 明

一、《郑州统计年鉴2023》是一部全面反映郑州地区国民经济和社会发展的资料性统计年刊。本书收录了郑州市及所辖区县（市）2022年经济和社会发展各方面的统计数据，以及重要年份的主要统计数据，是认识和研究郑州市情、经济社会发展、制定宏观政策、指导工作和进行决策的重要经济类工具书。

二、本年鉴以丰富、翔实的统计资料全面反映了郑州市国民经济和社会发展状况。全书分为15部分。即1.综合；2.从业人员和劳动工资；3.固定资产投资及房地产开发；4.价格；5.人民生活；6.城市公共事业和环保；7.农业；8.工业；9.建筑业；10.交通运输和邮电通讯；11.国内贸易；12.对外经济贸易和旅游；13.财政金融；14.教育、文化、卫生、体育、科技和民政；15.统计工作大事记。各篇末均附有《主要统计指标解释》，对主要统计指标的含义、范围、计算方法作了简要说明。

三、本年鉴中使用的计量单位均采用国际统一标准计量单位；统计口径除特别注明外，均包括郑州市及所辖各区县（市）。资料取自郑州市统计局、郑州市经济社会调查队、国家统计局郑州调查队及有关部门的统计报表。

四、本年鉴部分数据合计数或相对数不等于分项之和，是由于单位取舍和不同产业的计算误差，部分指标未作机械调整。

五、本年鉴表中的符号使用说明：

“空格”表示该项统计指标数据不详或无该项数据。

“#”表示其中的主要项。

常住人口（万人）

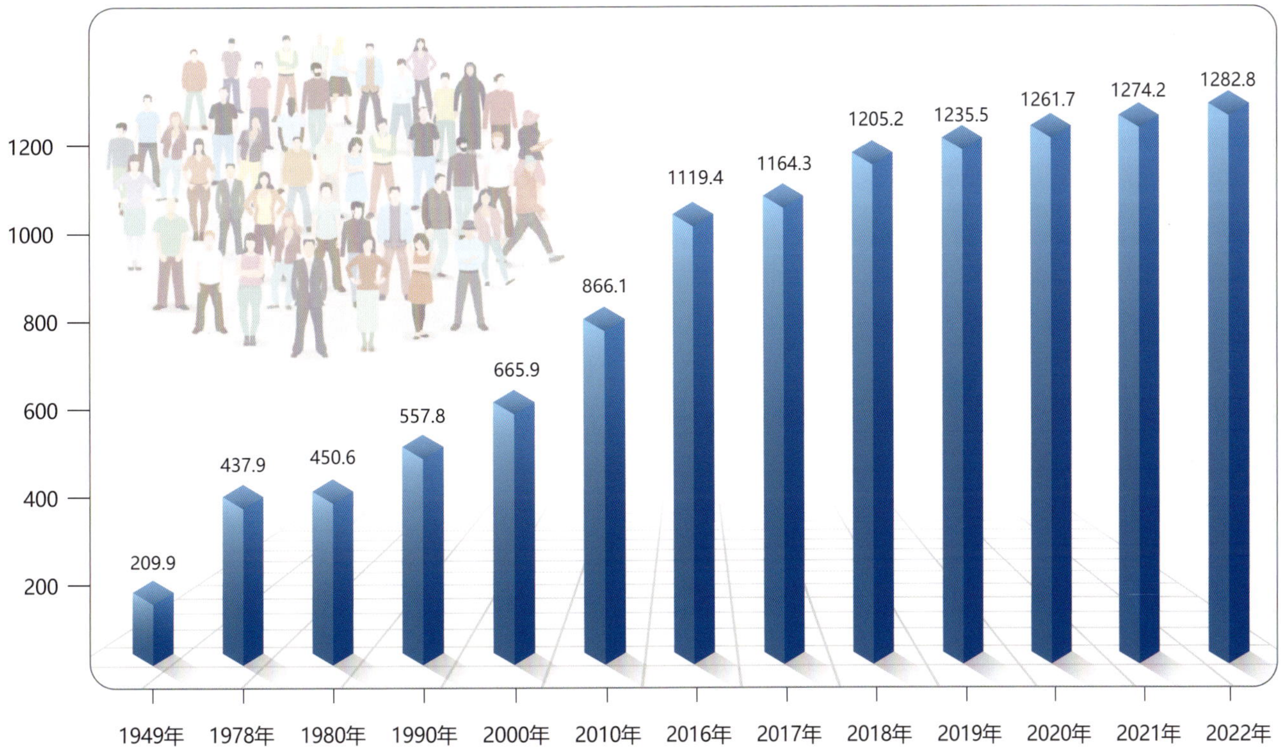

1200
1000
800
600
400
200
209.9
437.9
450.6
557.8
665.9
866.1
1119.4
1164.3
1205.2
1235.5
1261.7
1274.2
1282.8
1949年
1978年
1980年
1990年
2000年
2010年
2016年
2017年
2018年
2019年
2020年
2021年
2022年

城镇化率（%）

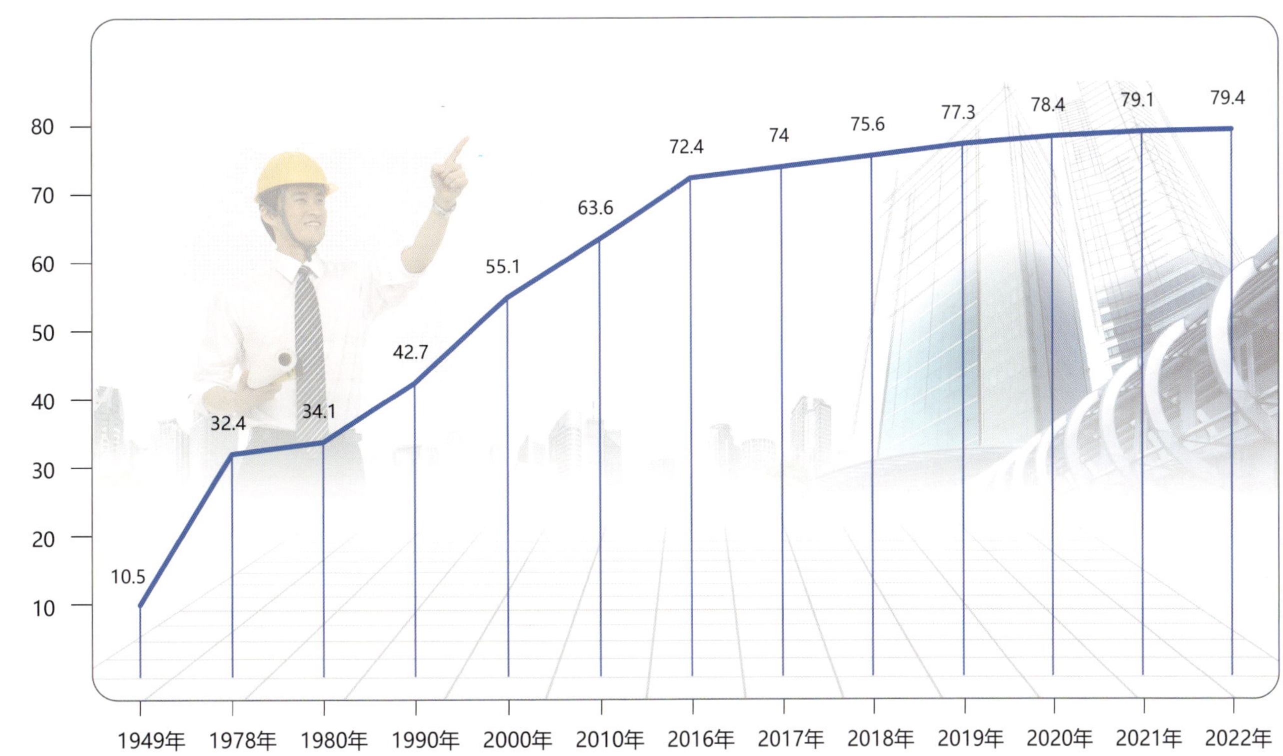

80
70
60
50
40
30
20
10
10.5
32.4
34.1
42.7
55.1
63.6
72.4
74
75.6
77.3
78.4
79.1
79.4
1949年
1978年
1980年
1990年
2000年
2010年
2016年
2017年
2018年
2019年
2020年
2021年
2022年

地区生产总值（亿元）

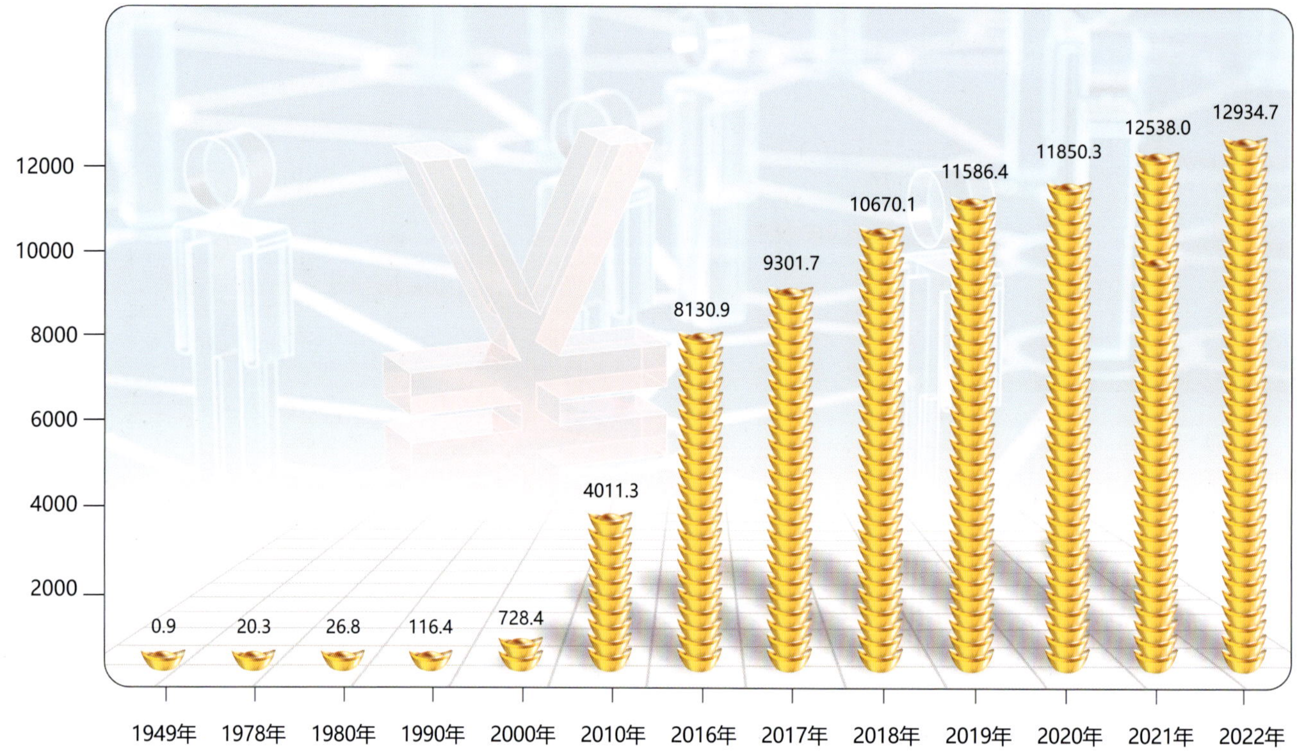

人均地区生产总值（元）

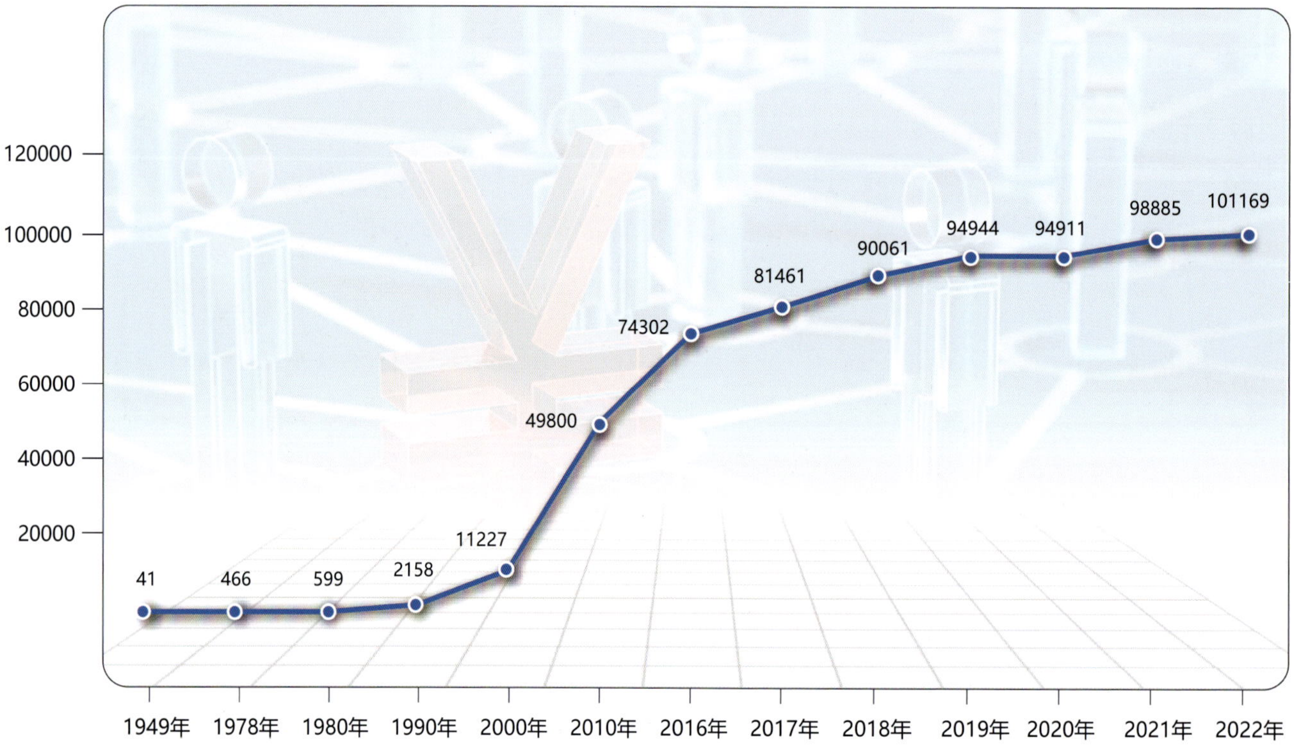

第二产业增加值（亿元）

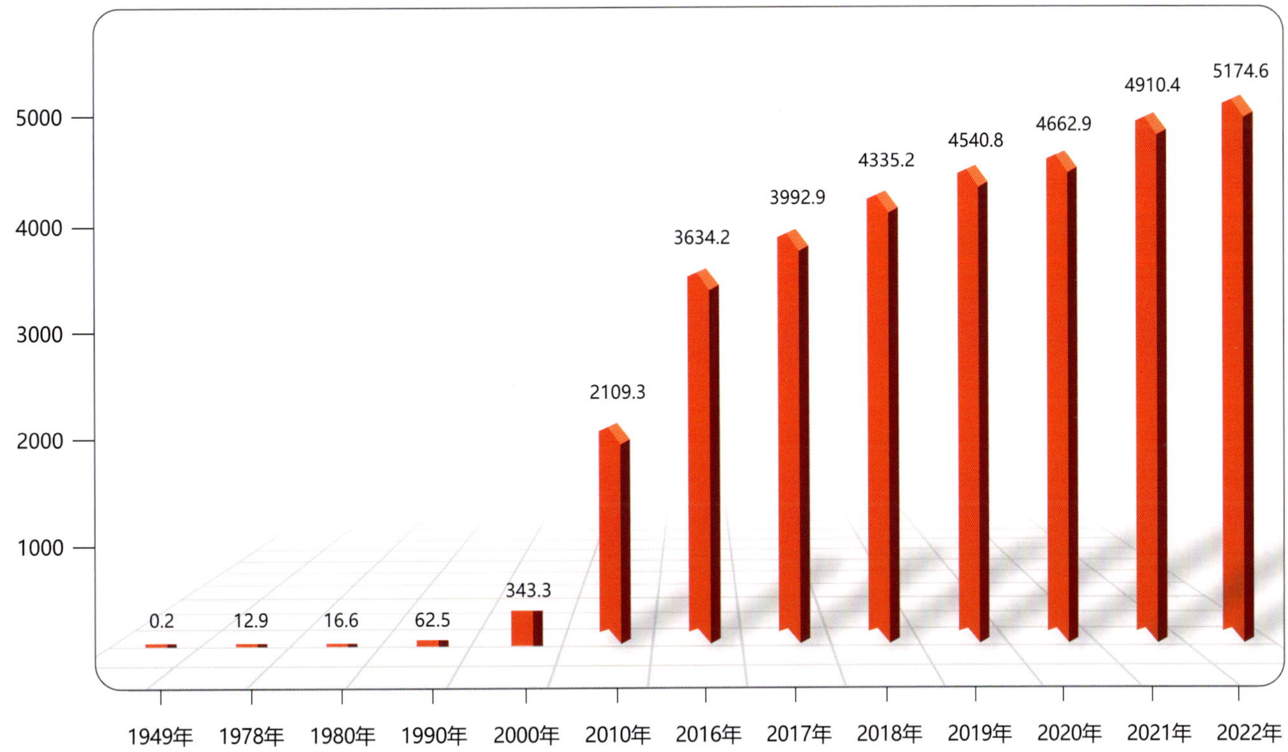

第三产业增加值（亿元）

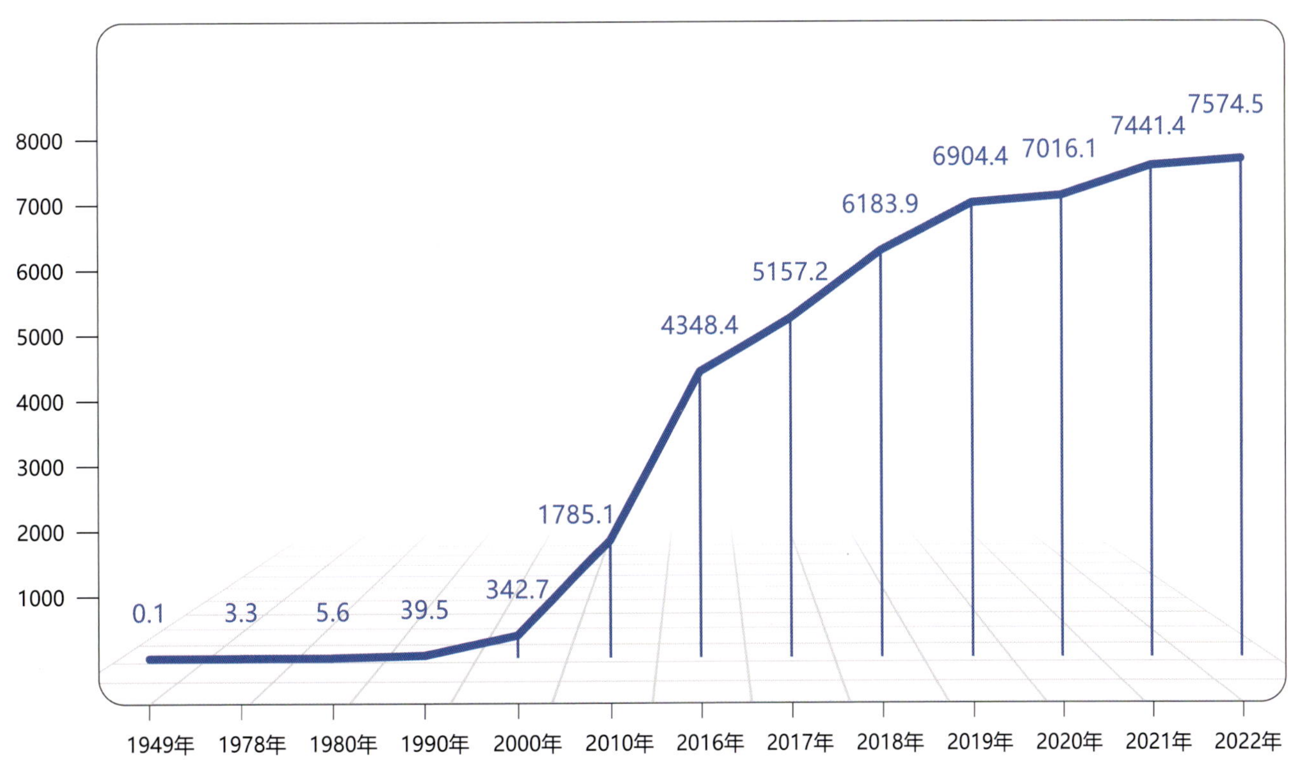

三次产业结构

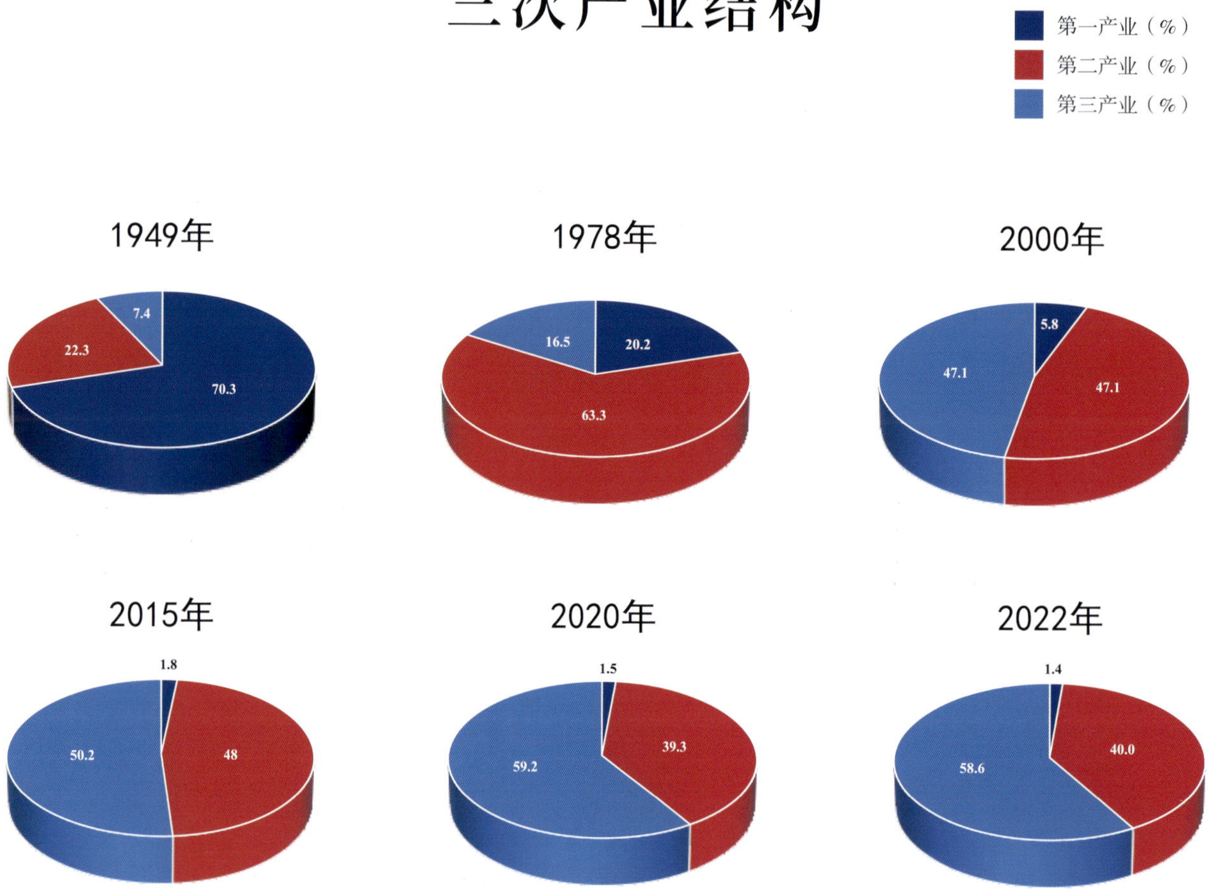

社会消费品零售总额（亿元）

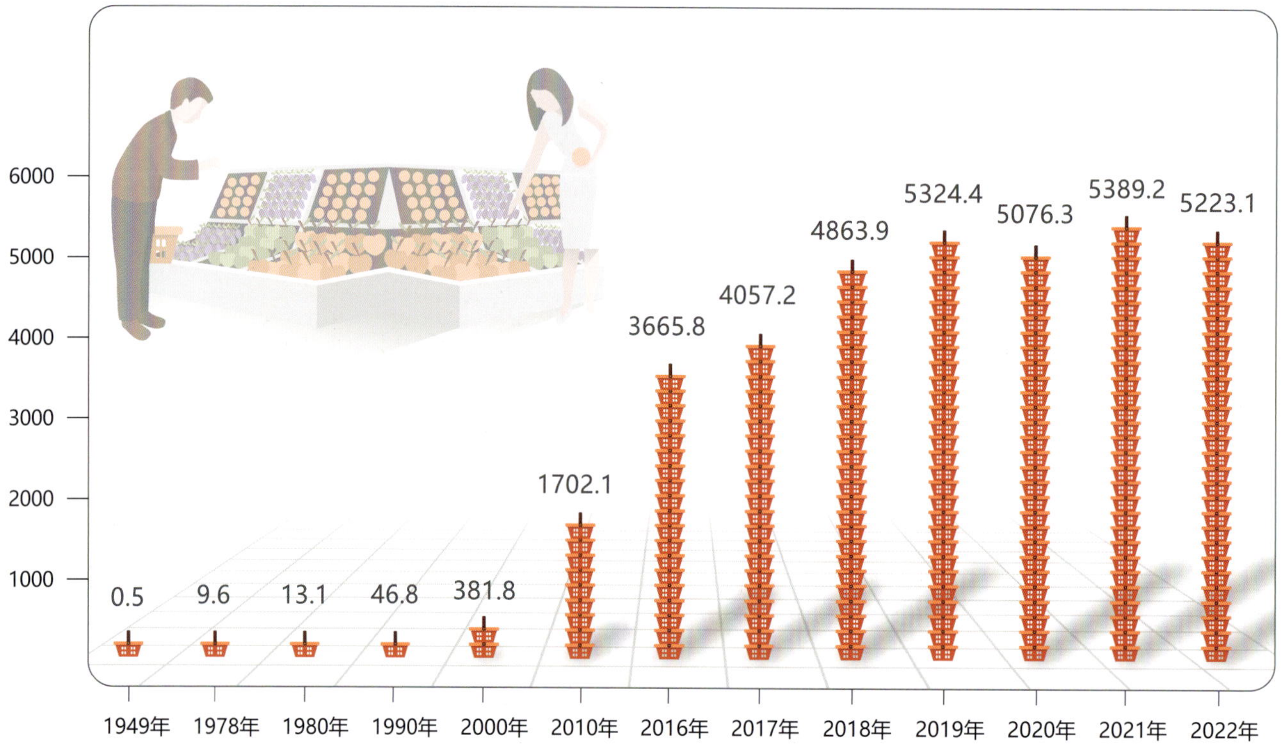

地方财政一般公共预算收入（亿元）

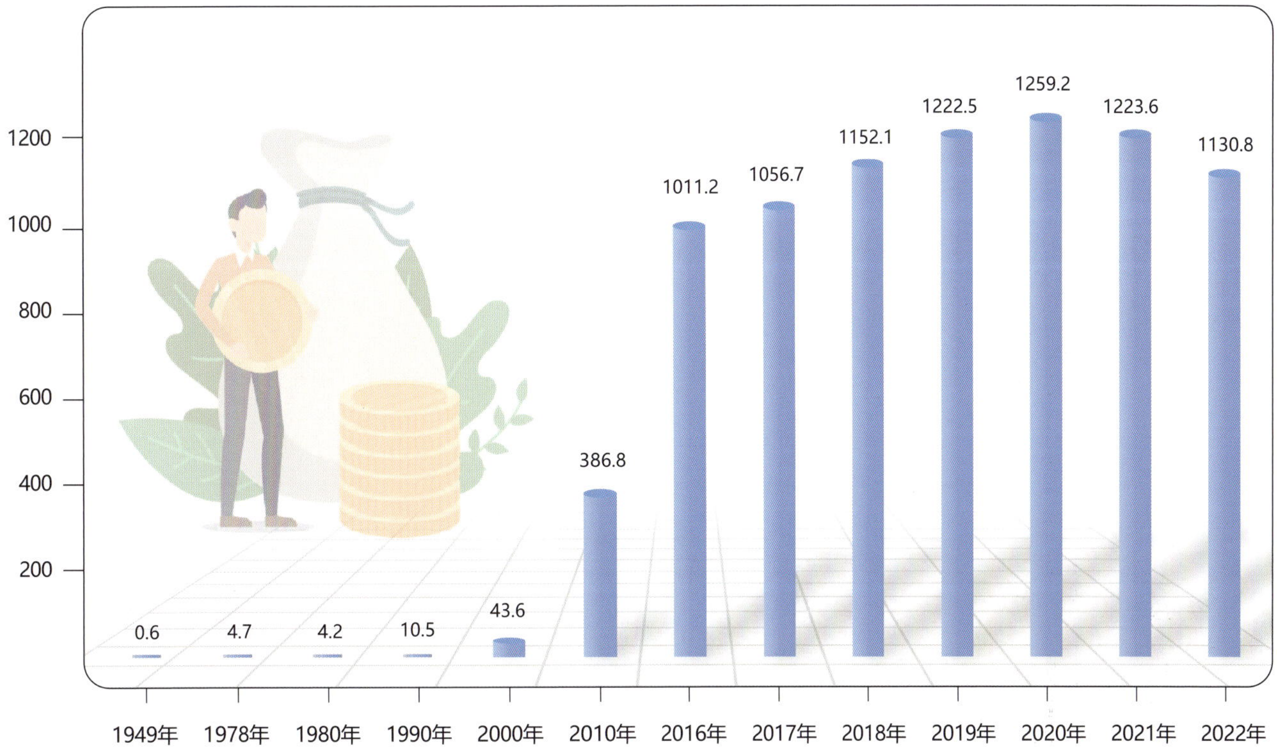

地方财政一般公共预算支出（亿元）

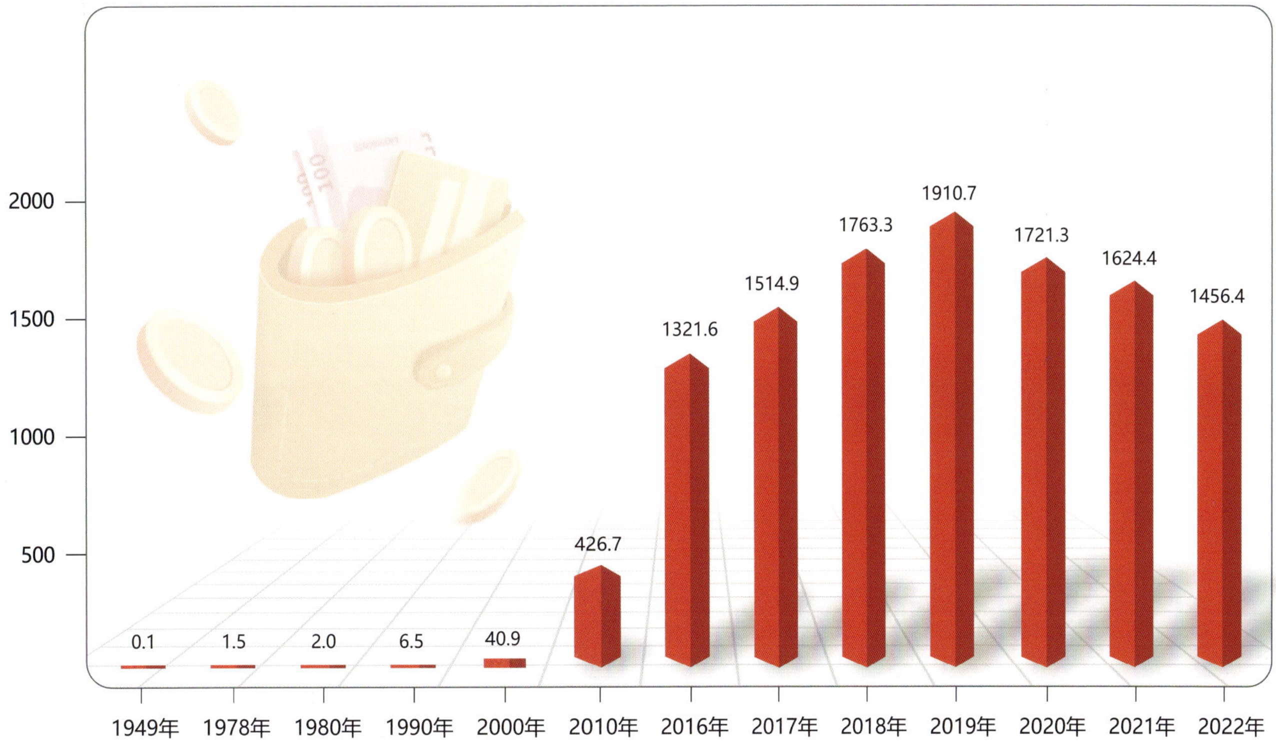

金融机构存款余额（亿元）

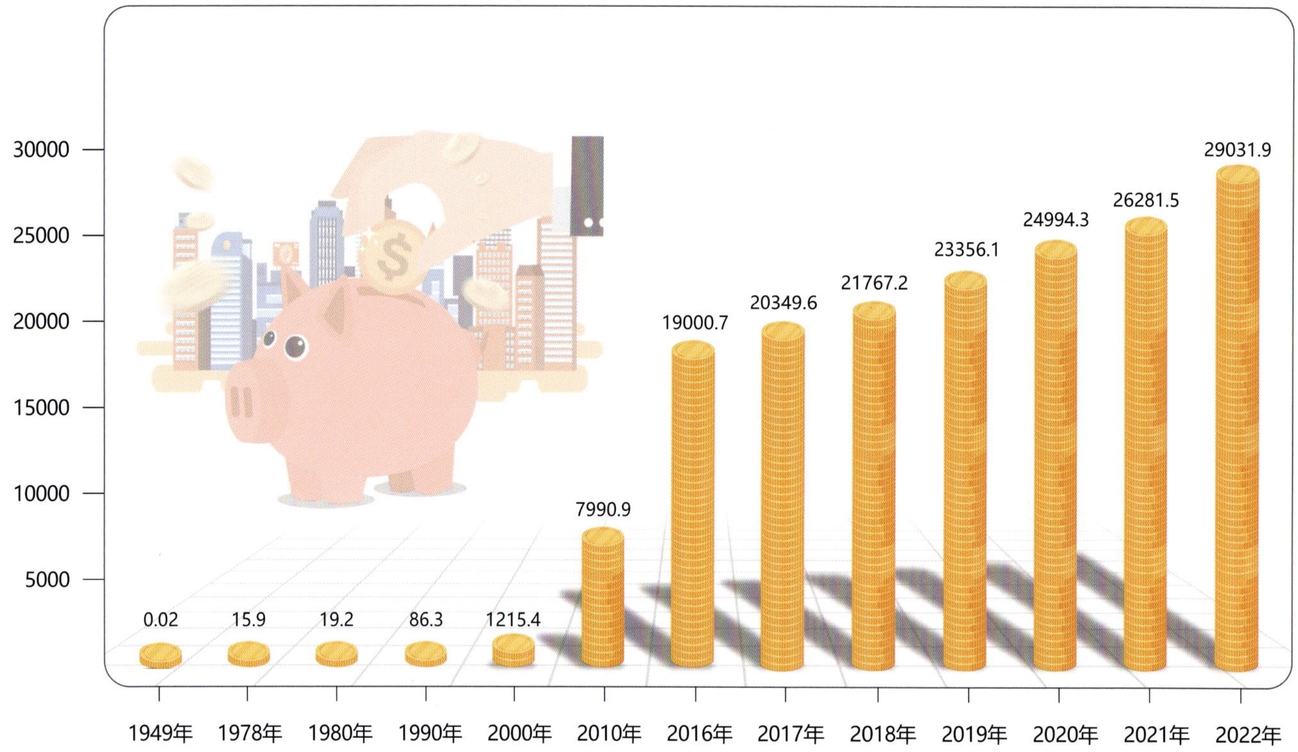

金融机构贷款余额（亿元）

城镇居民人均可支配收入（元）

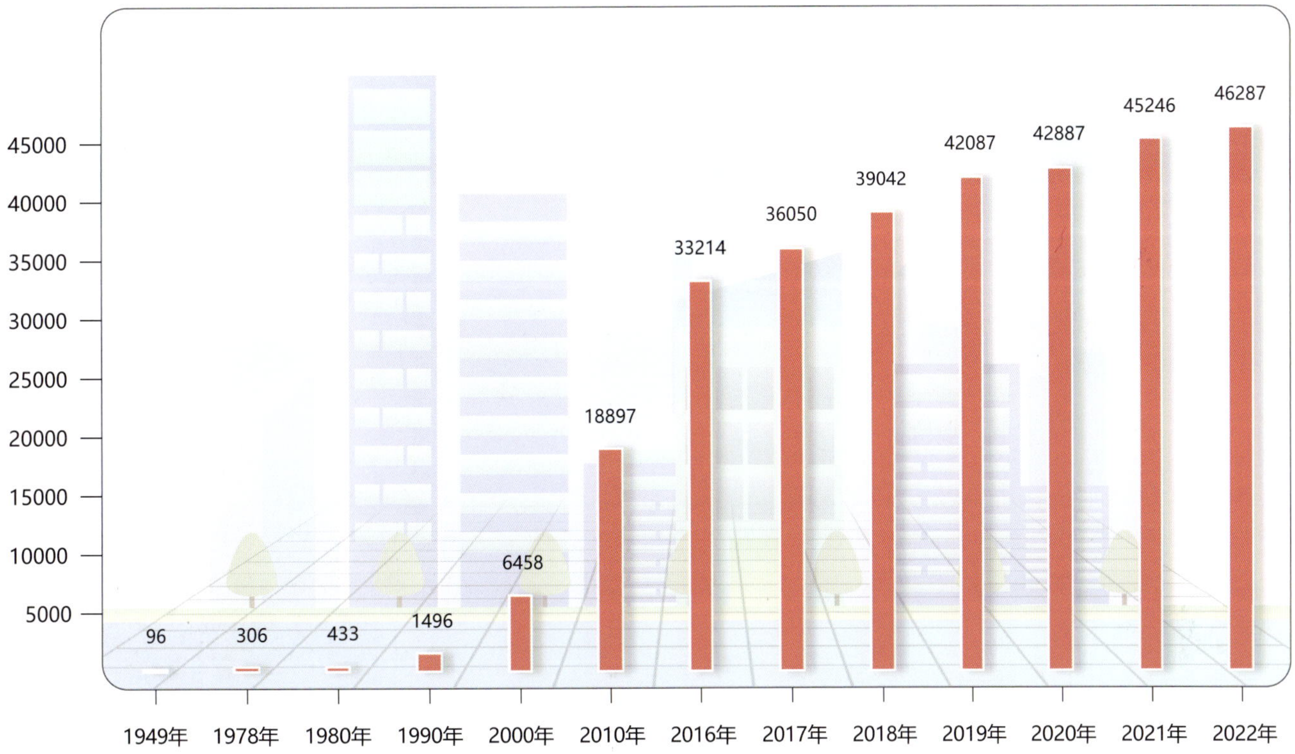

农村居民人均可支配收入（元）

目　　录

一、综　合

二、从业人员和劳动工资

三、固定资产投资及房地产开发

四、价　格

五、人民生活

六、城市公共事业和环保

七、农　业

八、工　业

九、建筑业

十、交通运输和邮电通讯

十一、国内贸易

十二、对外经济贸易和旅游

十三、财政金融

十四、教育、文化、卫生、体育、科技和民政

十五、统计工作大事记

一、综合

1-1 行政区划

（2022年底）　　　　单位：个

区县（市）	街道办事处	镇	乡	社区	村委会
总计	**125**	**70**	**12**	**1067**	**2138**
市辖区	**103**	**8**	**4**	**799**	**606**
中原区	14			106	46
二七区	17	1		163	13
管城区	12			109	22
金水区	17			174	40
上街区	5	1		41	22
惠济区	6	2		39	53
高新区	3	1	1	43	35
经开区	6			58	18
郑东新区	10	1	1	65	62
航空港实验区	13	2	2	1	295
县（市）	**22**	**64**	**10**	**273**	**1654**
中牟县	3	10	1	21	273
巩义市	5	15		31	288
荥阳市	2	9	3	25	289
新密市	4	12	2	52	304
新郑市	4	10	1	67	233
登封市	4	8	3	77	267

注：本表数据为按管理权限划定区域，未经民政部门认定。

1-2 主要气象情况

（2022年底）

指　标	一月	二月	三月	四月	五月	六月
月平均气温（℃）	1.8	4.2	12.3	18.8	23.0	31.0
月日照时数（h）	73.6	128.7	132.9	192.4	244.4	277.6
月降水量（mm）	29.5	0.3	14.3	8.5	6.7	22.8
月内降水量≥0.1mm的日数（天）	10	1	4	2	1	7
月极端最高气温（℃）	14.8	19.2	26.5	34.5	38.3	42.3
出现日期	15	28	15	9	29	24
月极端最低气温（℃）	-4.0	-4.2	2.1	5.4	7.4	20.0
出现日期	13	5	2	3	1	14

1-2 续表

指　标	七月	八月	九月	十月	十一月	十二月
月平均气温（℃）	28.1	28.7	24.1	15.3	10.9	2.2
月日照时数（h）	164.9	149.0	188.8	112.2	98.2	161.7
月降水量（mm）	242.4	70.0	4.0	53.3	17.2	1.5
月内降水量≥0.1mm的日数（天）	15	7	2	7	9	2
月极端最高气温（℃）	37.4	37.6	36.0	26.6	21.4	13.1
出现日期	7	5	6	22	6	31
月极端最低气温（℃）	19.4	16.5	10.5	3.9	-2.2	-5.6
出现日期	20	28	25	10	30	28

1-3 区县（市）、所辖乡、镇办事处

（2022年底）

区县(市)	乡镇	街道办事处
中原区		林山寨 建设路 棉纺路 秦岭路 桐柏路 三官庙 绿东村 汝河路 航海西路 中原西路 西流湖 须水 莲湖 柳湖
二七区	马寨镇	淮河路 解放路 铭功路 一马路 蜜蜂张 五里堡 大学路 建中街 福华街 德化街 嵩山路 京广路 长江路 人和路 侯 寨 樱桃沟 金水源
管城区		北下街 西大街 南关街 城东路 东大街 二里岗 陇海马路 紫荆山南路 航海东路 十八里河 南曹 金 岱
金水区		经八路 花园路 人民路 杜 岭 大石桥 南阳路 南阳新村 文化路 丰产路 东风路 北林路 未来路 兴达路 凤凰台 国基路 杨金路 丰庆路
上街区	峡窝镇	济源路 中心路 新安路 工业路 矿 山
惠济区	古荥镇 花园口镇	刘 寨 江山路 新 城 迎宾路 长兴路 大河路
高新区	沟赵乡 石佛镇	枫杨 梧桐 双桥
经开区		明湖 潮河 京航 前程 九龙 祥云
郑东新区	圃田乡 白沙镇	祭城路 龙子湖 如意湖 博学路 龙湖 龙源路 金光路 商都路 杨 桥 豫兴
航空港试验区		新港 郑港 滨河 银河 三官庙 张庄 龙港 八岗 冯堂 清河 龙王 明港 八千
中牟县	韩寺镇 官渡镇 狼城岗镇 万滩镇 郑庵镇 黄店镇 大孟镇 刘集镇 雁鸣湖镇 姚家镇 刁家乡	青年路 东风路 广惠街
巩义市	米河镇 新中镇 小关镇 竹林镇 大峪沟镇 河洛镇 站街镇 康店镇 北山口镇 西村镇 芝田镇 回郭镇 鲁庄镇 夹津口镇 涉村镇	新华路 杜甫路 永安路 孝义 紫荆路
荥阳市	豫龙镇 广武镇 王村镇 汜水镇 高山镇 刘河镇 崔庙镇 贾峪镇 乔楼镇 高村乡 城关乡 金寨回族乡	索河 京城路
新密市	袁庄乡 伏羲山风景区管委会 米村镇 牛店镇 平陌镇 超化镇 苟堂镇 大隗镇 刘寨镇 曲梁镇 白寨镇 岳村镇 城关镇 来集镇	新华路 青屏街 西大街 矿区
新郑市	新村镇 辛店镇 观音寺镇 梨河镇 和庄镇 薛店镇 孟庄镇 郭店镇 龙湖镇 城关乡 具茨山国家级森林公园	新建路 新华路 新烟 新郑新区
登封市	大金店镇 颍阳镇 告成镇 大冶镇 宣化镇 徐庄镇 东华镇 唐庄镇 君召乡 石道乡 白坪乡	少林 中岳 嵩阳 卢店

1-4 年末人口基本情况

（2022年底）

区县（市）	总户数（万户）	总人口（万人）			城镇化率（%）
		合 计	女 性	城镇人口	
郑州市	**418.0**	**1282.8**	**627.9**	**1018.5**	**79.4**
中原区	34.6	96.9	48.5	96.3	99.4
二七区	38.7	106.5	53.0	96.6	90.7
管城区	31.4	82.5	40.9	76.3	92.5
金水区	59.1	162.4	81.5	158.1	97.4
上街区	7.2	20.1	10.1	19.9	99.2
惠济区	17.5	56.1	28.2	41.1	73.3
中牟县	20.1	70.9	33.8	44.3	62.5
巩义市	25.1	80.3	39.7	53.5	66.6
荥阳市	23.1	73.4	35.2	43.5	59.2
新密市	27.0	82.8	40.2	54.2	65.5
新郑市	35.6	120.4	58.7	83.1	69.0
登封市	21.3	73.3	33.3	45.0	61.4
经开区	11.1	34.4	15.5	30.3	88.1
高新区	18.4	55.9	27.1	52.5	93.9
郑东新区	29.4	96.2	48.5	78.8	81.9
航空港实验区	18.3	70.8	33.8	45.1	63.7

1-5 人口自然变动情况

（2022年底）

区县（市）	年末平均人口（万人）	出生人口（万人）	死亡人口（万人）	出生率（‰）	死亡率（‰）	自然增长率（‰）
郑州市	**1278.5**	**9.8**	**6.1**	**7.68**	**4.79**	**2.89**
中原区	96.7	0.8	0.4	7.78	4.13	3.65
二七区	106.4	0.8	0.4	7.27	3.64	3.63
管城区	82.3	0.6	0.3	7.47	3.58	3.89
金水区	162.1	1.2	0.5	7.59	3.26	4.33
上街区	20.1	0.1	0.1	3.51	3.42	0.09
惠济区	56.0	0.5	0.3	8.62	4.68	3.94
中牟县	70.9	0.7	0.5	9.96	6.50	3.46
巩义市	80.3	0.7	0.6	8.25	6.99	1.26
荥阳市	73.3	0.7	0.6	8.90	7.75	1.15
新密市	82.8	0.8	0.6	9.71	7.51	2.20
新郑市	120.2	0.7	0.5	5.49	4.47	1.02
登封市	73.3	0.6	0.5	8.03	6.79	1.24
经开区	34.3	0.3	0.1	8.99	3.93	5.06
高新区	55.8	0.5	0.2	8.93	2.85	6.08
郑东新区	96.1	0.6	0.3	6.22	2.59	3.63
航空港实验区	68.0	0.4	0.3	5.86	4.71	1.15

1-6 国民经济和社会发展总量及速度指标（2005年—2022年）

指　标	单位	2005	2010	2015	2016	2017	2018	2019	2020	2021	2022年	2022年比上年±%
人口与面积												
人口	万人	716.0	866.1	1069.2	1119.4	1164.3	1205.2	1235.5	1261.7	1274.2	1282.8	0.7
建城区面积	平方公里	262.0	342.7	437.6	443.0	500.8	543.9	580.8	836.2	866.4	933.4	7.7
宏观经济												
国民经济核算												
地区生产总值	亿元	1620.4	4011.3	7345.4	8130.9	9301.7	10670.1	11586.4	11850.4	12538.0	12934.7	1.0
第一产业	亿元	71.3	116.8	134.9	148.3	151.6	151.0	141.2	171.3	186.2	185.6	3.7
第二产业	亿元	841.4	2109.3	3525.6	3634.2	3992.9	4335.2	4540.8	4662.9	4910.4	5174.6	2.0
第三产业	亿元	707.6	1785.1	3684.9	4348.4	5157.2	6183.9	6904.4	7016.1	7441.4	7574.5	0.2
固定资产投资												
全社会固定资产投资额	亿元	820.0	2757.0	6371.7	7070.4	7635.5						
固定资产投资	亿元	610.2	2432.5	6288.0	6998.6	7573.4						
财政												
地方财政一般公共预算收入	亿元	136.1	386.8	942.9	1011.2	1056.7	1152.1	1222.5	1259.2	1223.6	1130.8	−7.6
地方财政一般公共预算支出	亿元	136.7	426.7	1103.4	1321.6	1514.9	1763.3	1910.7	1721.3	1624.4	1456.4	-10.3
价格总指数												
商品零售价格指数		101.2	102.7	99.0	100.2	101.7	103.6	103.0	100.8	101.3	102.4	2.4
居民消费价格指数		102.4	103.0	101.1	102.3	101.8	102.4	103.1	102.3	101.1	101.2	1.2
外商投资												
利用外资												
合同利用外资额	万美元	63766	191632	125514	426930	352024	115032	239298	115032	224485		
实际利用外资额	万美元	33549	190015	382661	403305	404969	421080	440542	465851	486330		
产业												
农业												
农林牧渔业总产值	亿元	126.2	221.4	276.6	285.2	263.1	241.3	243.6	261.3	278.6	278.8	0.1
粮食总产量	万吨	153.0	166.7	168.3	161.0	153.2	157.4	149.8	146.4	135.3	137.8	1.8

注：1. 直接进出口总值、直接出口总值统计范围不包括国家部委及省属进出口公司，2000年和2003年以来为海关数；2. 2013年邮电业务总量按2010年可比价格计算，2001-2010年按2000年可比价格计算，2000年以前按1990年可比价格计算；3. 固定资产投资2010年以前为城镇投资；4. 2010年以后，工业总产值和增加值包含河南中烟工业公司和河南电力公司；5. 2020年，2021年进口数据为人民币口径；6. 商品零售价格指数和居民消费价格指数均以上年为100。

1-6 续表1

指　标	单位	2005	2010	2015	2016	2017	2018	2019	2020	2021	2022年	2022年比上年±%
工业												
工业总产值	亿元	2411.5	7958.3	14779.6	15531.3	16329.2						
规模以上工业												
资产总计	亿元	1474	3899	11297	13102	13557	10744	11064	11113	11764	11517	-2.1
负债合计	亿元	946	2135	6257	7623	7949	7434	7471	7468	7704	7180	-6.8
主营业务收入	亿元	1673	5942	13588	14158	14739	8898	8755	8893	12227	13100	-7.1
利税总额	亿元	230	1058	1540	1507	1468	1114	1009	862	779	717	-8.0
建筑业												
建筑业总产值	亿元	299	1352	2715	2891	3496	4225	4729	4954	5423	5516	1.7
施工房屋面积	万平方米	2937	8877	23206	25324	23772	32047	32015	34414	35056	34469	-1.7
竣工房屋面积	万平方米	765	2602	4318	4829	4409	4950	5724	5801	5413	4995	-7.7
交通运输												
旅客周转量	亿人公里	189.6	301.4	279.6	311.9	329.3	373.3	379.8	192.6	213.9	126.7	-40.8
铁路	亿人公里	80.0	113.9	134.5	138.2	152.5	157.1	162.6	97.7	110.7	74.3	-32.9
公路	亿人公里	82.7	137.7	79.7	107.7	104.4	97.1	90.8	24.1	36.9	12.0	-67.5
航空	亿人公里	26.9	49.8	65.4	65.9	72.4	119.1	126.3	70.8	66.3	40.4	-39.0
货物周转量	亿吨公里	287.7	479.8	548.2	686.4	779.2	864.4	927.8	706.2	821.2	866.5	5.5
铁路	亿吨公里	187.9	199.4	172.7	176.8	202.4	213.8	222.2	155.6	163.1	179.4	10.0
公路	亿吨公里	99.4	279.8	370.0	494.8	558.2	621.4	684.3	530.1	631.1	668.4	5.9
航空	亿吨公里	3385	5641	54276	147408	185694	291232	212883	205990	269468	186672	-30.7
邮电通讯												
邮电业务总量	亿元	108.2	296.3	297.8	427.1	484.5	1053.0	1470.1	1917.1	378.1	404.1	6.9
国内商业												
社会消费品零售总额	亿元	706.7	1702.1	3294.7	3665.8	4057.2	4863.9	5324.4	5076.3	5389.2	5223.1	-3.3
对外贸易和旅游												
进出口总值	亿美元	11.0	45.2	570.3	550.3	596.4	615.1	595.1	4946.4	5892.1	6069.7	3.1

1-6 续表 2

指　标	单位	2005	2010	2015	2016	2017	2018	2019	2020	2021	2022年	2022年比上年±%
出口总值	亿美元	7.6	33.1	312.5	317.0	345.6	386.0	385.8	2948.8	3552.8	3596.3	1.3
金融												
金融机构各项存款	亿元	3116	7991	16936	19001	20350	21767	23356	24994	26282	29032	10.5
金融机构各项贷款	亿元	2428	5718	12650	15422	17992	21202	25364	28439	31366	34337	9.5
教育												
在校学生数	万人	191.3	222.3	260.2	286.9	302.3	323.2	339.7	361.2	266.1	272.1	2.3
专任教师数	万人	9.4	12.5	15.6	16.2	17.2	18.1	19.3	20.7	16.2	16.6	2.5
人民生活												
城镇居民人均可支配收入	元	10640	18897	31099	33214	36050	39042	42087	42887	45246	46287	2.3
农村居民人均可支配收入	元	4774	9225	17125	18426	19974	21652	23536	24783	26790	28237	5.4
城市居民人均居住建筑面积	平方米	22.3	29.3	36.8	38.2	38.4	39.5	37.8	35.5	35.2	38.0	7.8
农村居民人均居住面积	平方米	43.7	56.0	53.6	55.3	58.3	76.5	75.8	72.1	56.8	64.1	12.9
城乡居民储蓄余额	亿元	1436.1	2911.0	5695.5	6297.6	6538.2	7157.3	7957.0	8961.8	9829.9	11393.5	15.9
工资												
在岗职工年平均工资	元	16694	32779	52987	61149	70486	80963	88030	89464	96365	97244	0.9
卫生												
医疗机构数	个	1637	1347	3922	3964	4421	4773	4999	6258	6273	6111	-2.6
卫生技术人员	个	33568	49519	86518	94955	106458	117013	121189	133549	140530	143423	2.1
医疗床位数	张	29295	47094	78242	85929	91454	98249	100492	104888	109675	113676	3.6
市政建设												
自来水供水量	万吨	30448	37724	35181	37259	39635	42098	45647	41980	47625	48990	2.9
城市集中供热面积	万平方米	1777	2261	5270	6050	11726	14724	15200	16000	23310	24170	3.7
用气人口	万人	230	439	608	615	517	515		601	612	698	14.1
城市道路长度	公里	1131	1338	1809	1932	2101	2202	2274				
公共汽（电）车总数	辆	3077	4788	6221	6230	6180	6373	6316	6316	6316	6717	6.3

1-7 国民经济和社会发展比例和效益指标（2005年—2022年）

指　标	单位	2005	2010	2015	2016	2017	2018	2019	2020	2021	2022
就业											
每一就业者负担人口	人	**2.15**	**2.01**	**1.75**	**1.93**	**1.96**	**1.89**	**1.92**	**2.04**	**2.02**	**2.09**
三次产业从业者比例											
第一产业	%	31.5	21.5								
第二产业	%	30.0	33.8								
第三产业	%	38.5	44.6								
城镇登记失业率	%	3.0	2.8	1.6	1.9	2.3	2.5	1.8	1.9	2.8	3.0
宏观经济											
国民经济核算											
三次产业增加值比例											
第一产业	%	4.4	2.9	1.8	1.8	1.6	1.4	1.2	1.5	1.5	1.4
第二产业	%	51.9	52.6	48	44.7	42.9	40.6	39.2	39.3	39.2	40.0
第三产业	%	43.7	44.5	50.2	53.5	55.4	58.0	59.6	59.2	59.4	58.6
人均生产总值	元	23320	49800	69996	74302	81461	90061	94944	94911	98885	101169
固定资产投资											
全社会固定资产占GDP比例	%	49.4	68.2	87.1	87.1	83.1					
财政											
地方财政收入占GDP比例	%	9.1	14.6	20.3	22.8	23.2	25.5	22.8	19.3	16.7	12.8
产业											
工业											
产品销售率	%	98.1	98.2	97.9	96.0	98.5	99.4				
总资产贡献率	%	18.0	28.4	14.5	12.2	11.6	11.0	9.7	8.3	7.3	6.6
成本费用利润率	%	7.8	13.8	8.3	8.2	7.8	7.4	6.2	6.2	3.6	2.8
资产负债率	%	64.6	54.8	55.4	58.2	58.6	69.2	67.5	67.2	65.5	62.3
建筑业											
产值利税率	%	4.57	8.0	7.0	6.6	5.0	4.3	3.9	4.9	3.6	2.9
建筑业全员劳动生产率	元/人	117785	221621	423016	408571	475377	507103	542814	608434	631136	661647
教育											
适龄儿童入学率	%	100	100	100	100	100	100	100	100	100	100
学校教师负担人数	人	15.5	17.8	16.7	17.7	17.6	17.9	17.6	17.4	17.1	16.4
卫生											
每万人拥有医疗机构数	个	2.29	1.56	4.10	4.08	4.47	4.71	4.83	4.96	4.92	4.76
每万人拥有卫生技术人员	人	46.88	57.17	90.41	97.65	107.74	115.44	117.07	105.85	110.29	111.80
每万人拥有医院床位数	张	40.91	54.37	81.77	88.37	92.56	96.93	97.07	83.13	86.07	88.62
市政建设											
城市自来水普及率	%	100	100	100	100	100	100	100	100	100	100

1-8 郑州一日（2005年—2022年）

指　标	单　位	2005	2010	2015	2016	2017
生产总值	万元	45496	110709	201244	222156	254841
第一产业	万元	1983	3413	3696	4052	4153
第二产业	万元	23913	62189	96592	99295	109395
第三产业	万元	19600	45108	100956	118809	141293
粮食总产量	吨	4192	4567	4611	4412	4196
社会消费品零售总额	万元	19361	46633	90266	100434	111157
地方公共财政预算收入	万元	3729	10597	25833	27704	28950
货运量	万吨	65.1	56.5	67.5	60.4	68.9
客运量	万人	50.2	82.5	51.3	44.8	40.4
邮电业务总量	万元	2963	8118	8158	11701	13274
出口总值	万美元	207.0	908	8561	8685	9469
自来水供水量	万吨	83	103	96	102	109
售电量	万千瓦时	3852	9753	9644	9808	10986
接待境外人数	人次	573	956	1296	1317	1378

1-8　续表

指　标	单　位	2018	2019	2020	2021	2022
生产总值	万元	292332	317436	323780	343506	354375
第一产业	万元	4137	3868	4681	5102	5086
第二产业	万元	118773	124405	127403	134531	141769
第三产业	万元	169422	189162	191697	203873	207520
粮食总产量	吨	4312	4104	4000	4376	4532
社会消费品零售总额	万元	116934	145875	138697	147650	143100
地方公共财政预算收入	万元	31563	33494	34405	33524	30981
货运量	万吨	75.7	83.4	70.5	63.6	55.0
客运量	万人	40.6	40.7	21.8	26.3	12.2
邮电业务总量	万元	28850	40278	52380	10358	11070
出口总值	万美元	10575	10570	80568	97337	98529
自来水供水量	万吨	115	125	115	130	134
售电量	万千瓦时	11507	12192	12022	13562	14438
接待境外人数	人次	1444	1518			

注：2020年、2021年、2022年出口数据为人民币口径。

1-9 2018-2022年全市生产总值

指　　标	2018	2019	2020	2021	2022
生产总值（亿元）	10670.1	11586.4	11850.3	12538.0	12934.7
第一产业	151.0	141.2	171.3	186.2	185.6
第二产业	4335.2	4540.8	4662.9	4910.4	5174.6
第三产业	6183.9	6904.4	7016.1	7441.4	7574.5
农林牧渔业	156.1	148.2	179.2	194.7	194.8
工业	2894.5	2963.6	3073.8	3282.4	3533.0
建筑业	1453.3	1589.6	1602.1	1638.2	1652.7
批发和零售业	955.9	1031.2	1053.1	1131.9	1124.1
交通运输仓储和邮政业	639.7	695.3	657.4	738.0	782.7
住宿和餐饮业	198.1	216.5	192.4	203.4	191.0
金融业	1106.9	1225.8	1291.5	1351.1	1433.0
房地产业	973.1	1024.8	1016.5	976.7	920.6
其他服务业	2292.5	2691.5	2784.3	3021.5	3102.8
营利性服务业	1355.0	1628.2	1684.9	1845.7	1856.2
非营利性服务业	937.5	1063.2	1099.5	1175.9	1246.5
生产总值指数（%）	108.1	106.5	102.8	104.3	101.0
第一产业	102.1	95.1	101.1	102.5	103.7
第二产业	106.2	106.0	104.3	102.8	102.0
第三产业	110.0	107.3	101.6	105.3	100.2
农林牧渔业指数	102.2	95.7	101.4	102.8	103.9
工业指数	105.2	105.8	105.3	107.5	104.2
建筑业指数	109.7	106.2	101.8	94.0	97.2
批发和零售业指数	113.0	106.0	102.2	104.9	96.2
交通运输仓储和邮政业指数	113.9	104.8	100.4	113.3	105.8
住宿和餐饮业指数	98.8	107.6	89.4	104.9	92.9
金融业指数	108.7	109.0	105.2	101.5	103.7
房地产业指数	106.1	106.9	98.1	95.3	93.5
其他服务业指数	110.1	108.0	102.1	109.1	101.4
营利性服务业指数	109.9	110.0	102.0	110.4	99.7
非营利性服务业指数	110.4	105.1	102.3	107.1	104.0

注：2018年是第四次经济普查后修订数据，2019年、2020年、2021年数据是最终核实数据。

1-10 分区县（市）

（2022年底）

指　标	中原区	二七区	管城区	金水区	上街区	惠济区
生产总值（万元）	7653319	7856087	6782355	19320380	1654160	3062251
第一产业	60	4676	5052	3548	334	65343
第二产业	2302366	1702329	1639257	2165786	723054	1042986
第三产业	5350893	6149082	5138047	17151046	930772	1953922
农林牧渔业	60	4692	6106	3548	334	67134
工业	980634	650957	395791	126689	617487	374190
建筑业	1325588	1052589	1243907	2040412	106254	669436
批发和零售业	451150	735081	1320765	1845039	129673	236365
交通运输、仓储和邮政业	415983	750232	467240	528917	187643	233867
住宿和餐饮业	109870	170161	103906	287198	24005	71872
金融业	1130486	1089948	487890	4777940	217110	184107
房地产业	545209	706262	996395	1508525	99224	310259
其他服务业	2694339	2696165	1760355	8202113	272432	915023
营利性服务业	1684954	1710284	1244147	5243566	147279	412085
非营利性服务业	1009386	985881	516209	2958547	125153	502938
生产总值指数（%）	101.9	99.1	98.3	101.8	95.1	98.3
第一产业	104.3	100.8	98.4	108.4	101.9	112.4
第二产业	102.0	97.2	101.3	99.0	90.1	93.5
第三产业	101.8	99.6	97.3	102.1	99.5	100.5
农林牧渔业指数	104.3	101.0	99.1	108.4	101.9	112.3
工业指数	103.8	97.1	99.4	100.2	97.0	99.1
建筑业指数	100.5	97.2	102.0	98.9	61.3	90.2
批发和零售业指数	99.9	97.4	95.1	102.9	99.3	88.8
交通运输、仓储和邮政业指数	106.7	106.7	109.3	106.4	106.8	107.7
住宿和餐饮业指数	90.8	92.1	95.7	93.3	92.5	93.8
金融业指数	104.1	104.4	105.3	103.2	101.7	101.3
房地产业指数	96.4	87.4	86.5	103.2	92.2	102.5
其他服务业指数	102.2	100.8	101.2	101.2	96.8	101.8
营利性服务业指数	101.2	100.2	101.0	98.7	91.6	99.2
非营利性服务业指数	103.8	101.9	101.7	105.9	103.9	104.2

生产总值与指数

中牟县	巩义市	荥阳市	新密市	新郑市	登封市	经开区	高新区	郑东新区	航空港实验区
4490625	9625778	5587621	7358456	8198484	4783962	12659355	5344839	12889114	12080124
296981	140463	318118	278614	290645	285158	14439	1264	19770	131922
1137374	5811013	2693991	3828001	3484880	2212717	9371103	2699079	1855547	9076342
3056270	3674302	2575512	3251840	4422959	2286087	3273813	2644496	11013797	2871860
314968	167043	326342	297031	296945	291709	18098	1264	19770	133189
660802	5370131	1937403	2965578	2391978	1963319	6111379	1929961	376725	8476939
477095	446614	774332	875049	1094347	250426	3274067	790124	1479220	627267
643911	749618	421585	623147	1147758	411610	845768	318493	516303	845143
301086	524914	296399	572169	423029	141924	791891	65965	1789320	336917
84917	213432	89711	162713	147085	92780	42519	63463	172522	74141
300500	227753	221420	268346	278035	279107	351558	247955	4098961	168430
456815	526801	547332	380030	632470	273607	563952	250108	880081	528626
1250531	1399472	973097	1214393	1786837	1079479	660123	1677506	3556212	889472
680286	755242	518854	635098	906451	570406	407058	1088667	2026532	531475
570245	644230	454244	579295	880386	509072	253065	588839	1529680	357997
98.4	104.2	100.1	102.0	102.1	100.5	100.0	96.1	101.0	103.7
104.3	102.1	104.2	103.7	104.2	104.0	102.3	101.9	97.6	96.2
95.4	106.2	100.6	104.5	104.6	102.9	99.8	96.3	100.7	106.3
99.0	101.5	99.1	99.1	100.1	98.1	100.8	95.9	101.0	96.4
104.4	103.9	104.3	103.9	104.3	104.2	102.4	101.9	97.6	96.3
95.2	106.5	99.9	104.6	102.2	102.8	100.9	100.5	151.2	108.4
95.6	101.7	101.7	104.1	110.8	103.1	97.5	86.6	92.0	83.4
90.8	100.5	95.1	97.1	94.5	93.8	94.9	92.8	89.0	95.0
107.7	103.0	106.0	103.9	108.8	104.3	103.2	103.2	106.9	93.1
92.9	93.7	91.3	92.3	85.8	97.2	88.9	103.1	90.7	102.8
104.1	105.5	106.9	106.6	98.6	106.2	104.2	104.5	103.8	102.1
103.1	101.4	90.4	99.1	102.4	102.3	104.4	67.3	83.3	82.5
99.2	102.0	104.2	97.2	102.7	96.1	101.5	100.8	102.9	105.7
96.5	101.7	102.9	92.7	101.5	90.5	98.7	99.5	102.5	105.3
102.6	102.4	105.8	102.8	104.0	103.6	106.8	103.2	103.5	106.3

1-11 按民政行政区划分主要经济指标

（2022年）

指　标	中原区	二七区	管城区	金水区	上街区	惠济区
生产总值（万元）	12998158	7856087	18426089	29015855	1654160	3062251
第一产业	1324	4676	10827	3548	334	65343
第二产业	5001445	1702329	9424804	3268551	723054	1042986
第三产业	7995389	6149082	8990459	25743756	930772	1953922
农林牧渔业	1324	4692	13346	5578	334	67134
工业	2910595	650957	4990372	164023	617487	374190
建筑业	2115712	1052589	4445747	3106042	106254	669436
批发和零售业	769644	735081	2220048	2152487	129673	236365
交通运输仓储和邮政业	481948	750232	779873	1937944	187642	233866
住宿和餐饮业	173333	170161	180582	397086	24005	71872
金融业	1378440	1089948	856950	8749833	217110	184107
房地产业	795317	706262	1581119	2244762	99224	310259
其他服务业	4371845	2696165	3358054	10258101	272432	915023
营利性服务业	2773620	1710284	2406883	6356467	147279	412085
非营利性服务业	1598225	985881	951170	3901633	125153	502938
生产总值指数（%）	99.4	99.1	99.1	101.3	95.1	98.3
第一产业	102.0	100.8	100.4	108.4	101.9	112.4
第二产业	98.9	97.2	99.7	97.1	90.1	93.5
第三产业	99.8	99.6	98.5	101.8	99.5	100.5
农林牧渔业指数	102.0	101.0	100.8	103.0	101.9	112.3
工业指数	101.6	97.1	100.8	108.6	97.0	99.1
建筑业指数	94.9	97.2	98.4	96.5	61.3	90.2
批发和零售业指数	96.9	97.4	94.6	100.7	99.3	88.8
交通运输仓储和邮政业指数	106.2	106.7	107.5	106.8	106.8	107.7
住宿和餐饮业指数	94.9	92.1	93.2	92.5	92.5	93.8
金融业指数	104.2	104.4	104.8	103.5	101.7	101.3
房地产业指数	84.9	87.4	91.1	95.4	92.2	102.5
其他服务业指数	101.6	100.8	101.7	101.5	96.8	101.8
营利性服务业指数	100.5	100.2	101.2	99.4	91.6	99.2
非营利性服务业指数	103.6	101.9	103.1	105.3	103.9	104.2
常住人口（万人）（2022年底）	152.8	106.5	119.3	216.3	20.1	56.1
社会消费品零售总额（万元）	4557618	4824893	11912811	13134479	395184	2137749

1-11 续表

指 标	中牟县	巩义市	荥阳市	新密市	新郑市	登封市
生产总值（万元）	14124032	9625778	5587621	7358456	14854461	4783962
第一产业	430414	140463	318118	278614	317568	285158
第二产业	7556761	5811013	2693991	3828001	8480174	2212717
第三产业	6136857	3674302	2575512	3251840	6056720	2286087
农林牧渔业	449580	167043	326342	297031	324120	291709
工业	6433338	5370131	1937403	2965578	6952571	1963319
建筑业	1140487	446614	774332	875049	1544039	250426
批发和零售业	1092220	749618	421584	623147	1699933	411610
交通运输仓储和邮政业	1230963	524914	296399	572169	689619	141924
住宿和餐饮业	147548	213432	89711	162713	187071	92780
金融业	496944	227753	221420	268346	359588	279107
房地产业	782281	526801	547332	380030	958704	273607
其他服务业	2350673	1399472	973097	1214393	2138817	1079479
营利性服务业	1165863	755242	518854	635098	1110301	570406
非营利性服务业	1184810	644230	454244	579295	1028516	509072
生产总值指数（%）	102.4	104.2	100.1	102.0	102.3	100.5
第一产业	102.4	102.1	104.2	103.7	103.7	104.0
第二产业	104.6	106.2	100.6	104.5	105.3	102.9
第三产业	100.0	101.5	99.1	99.1	98.5	98.1
农林牧渔业指数	102.5	103.9	104.3	103.9	103.8	104.2
工业指数	106.6	106.5	99.9	104.6	106.3	102.8
建筑业指数	93.6	101.7	101.7	104.1	101.2	103.1
批发和零售业指数	92.3	100.5	95.1	97.1	94.6	93.8
交通运输仓储和邮政业指数	104.4	103.0	106.0	103.9	102.5	104.3
住宿和餐饮业指数	94.6	93.7	91.3	92.3	89.0	97.2
金融业指数	103.8	105.5	106.9	106.6	99.4	106.2
房地产业指数	97.6	101.4	90.4	99.1	93.5	102.3
其他服务业指数	101.4	102.0	104.2	97.2	103.2	96.1
营利性服务业指数	99.3	101.7	102.9	92.7	102.2	90.5
非营利性服务业指数	103.8	102.4	105.8	102.8	104.3	103.6
常住人口（万人）（2022年底）	144.7	80.3	73.4	82.8	157.3	73.3
社会消费品零售总额（万元）	3605884	2966378	1531990	1819277	3793079	1552022

1-12 各市按登记注册类型分企业法人数

（2022年）

区县（市）	合计	内资	国有	集体	股份合作	联营	国有联营	集体联营
郑州市	**480996**	**480048**	**540**	**601**	**88**	**16**	**1**	**2**
中原区	23351	23327	55	31	2			
二七区	44939	44886	46	75	15			
管城区	52125	52082	27	30		1		
金水区	100272	100117	145	64	13	4	1	
上街区	4454	4449	6	23	3			
惠济区	14710	14689	12	8	8	1		
中牟县	19202	19178	29	34				
经开区	14840	14730	20	5	9			
高新区	24391	24300	20	12	2			
航空港实验区	8891	8832	24	26				
巩义市	16372	16353	28	95	5	1		
荥阳市	17211	17184	15	62	24			
新密市	12649	12634	20	60		2		
新郑市	28297	28271	19	39		2		
登封市	7447	7434	24	32	4	1		
郑东新区	91845	91582	50	5	3	4		

1-12 续表1

区县（市）	国有与集体联营	其他联营	有限责任公司	国有独资公司	其他有限责任公司	股份有限公司	私营	私营独资
郑州市	**3**	**10**	**27115**	**474**	**26641**	**638**	**449972**	**5450**
中原区			1363	43	1320	43	21590	138
二七区			1946	29	1917	38	42761	186
管城区		1	2042	35	2007	31	49951	205
金水区	2	1	5921	98	5823	136	93708	530
上街区			267	11	256	8	4140	41
惠济区		1	706	30	676	15	13934	69
中牟县			667	16	651	8	18202	305
经开区			1206	27	1179	37	13448	55
高新区			1395	28	1367	83	22787	45
航空港实验区			687	20	667	11	8082	1678
巩义市		1	582	13	569	18	15589	668
荥阳市			678	15	663	14	16377	157
新密市		1	609	10	599	16	11926	356
新郑市	1		1087	14	1073	20	27085	291
登封市		1	652	19	633	19	6689	299
郑东新区		4	7307	66	7241	141	83703	427

1-12 续表 2

区县（市）	私营合伙	私营有限责任公司	私营股份有限公司	其他内资	港澳台商投资	与港澳台商合资经营	与港澳台商合作经营	港澳台商独资
郑州市	**2281**	**441270**	**971**	**1078**	**448**	**152**	**8**	**280**
中原区	76	21336	40	243	14	5		7
二七区	184	42333	58	5	28	10		18
管城区	159	49519	68		24	8	2	14
金水区	509	92480	189	126	71	22	4	44
上街区	10	4076	13	2	1	1		
惠济区	29	13798	38	5	6			6
中牟县	14	17865	18	238	7	1		5
经开区	42	13306	45	5	56	22		33
高新区	202	22391	149	1	35	13	1	18
航空港实验区	62	6323	19	2	22	6		16
巩义市	87	14809	25	35	3			3
荥阳市	17	16181	22	14	14	8		6
新密市	37	11514	19	1	9	5		4
新郑市	44	26698	52	19	17	5		12
登封市	5	6379	6	13	6	5		1
郑东新区	804	82262	210	369	135	41	1	93

1-12 续表3

区县（市）	港澳台商投资股份有限公司	其他港、澳、台商投资	外商投资	中外合资经营	中外合作经营	外资企业	外商投资股份有限公司	其他外商投资
郑州市	**4**	**4**	**500**	**159**	**7**	**240**	**88**	**6**
中原区	1	1	10	2		6	2	
二七区			25	8	1	10	5	1
管城区			19	4	1	9	5	
金水区	1		84	19		41	23	1
上街区			4	1		2	1	
惠济区			15	3		10	2	
中牟县		1	17	4		10	3	
经开区		1	54	18	1	33	2	
高新区	2	1	56	31		20	4	1
航空港实验区			37	12		20	5	
巩义市			16	6		7	3	
荥阳市			13	2		7	4	
新密市			6	3	1	2		
新郑市			9	5		3	1	
登封市			7	3	2	1	1	
郑东新区			128	38	1	59	27	3

1-13 按三次产业和机构类型分法人单位数

（2022年）

区县（市）	合计	第一产业	第二产业	第三产业	企业	事业单位	机关
郑州市	**501465**	**7588**	**71941**	**421936**	**480996**	**5569**	**1050**
中原区	24599	22	3205	21372	23351	505	112
二七区	45956	100	5076	40780	44939	301	79
管城区	53071	58	4712	48301	52125	286	71
金水区	102681	76	8115	94490	100272	768	150
上街区	4870	11	1035	3824	4454	170	59
惠济区	15339	168	2277	12894	14710	203	60
中牟县	21093	1020	3949	16124	19202	455	64
经开区	15060	40	2725	12295	14840	41	17
高新区	24644	38	4519	20087	24391	56	12
航空港实验区	10568	1794	2331	6443	8891	203	31
巩义市	18174	700	5892	11582	16372	470	69
荥阳市	18791	1157	5478	12156	17211	417	67
新密市	14649	960	4474	9215	12649	528	64
新郑市	30157	818	5340	23999	28297	516	64
登封市	9112	291	1949	6872	7447	420	61
郑东新区	92701	335	10864	81502	91845	230	70

1-13 续表

区县（市）	社会团体	民办非企业单位	基金会	居委会	村委会	农民专业合作社	农村集体经济组织	其他组织机构
郑州市	**1341**	**3889**	**61**	**864**	**2302**	**4718**	**24**	**651**
中原区	114	334	1	106	46	2		28
二七区	72	362		131	16	31		25
管城区	74	295	9	105	26	9	15	56
金水区	476	670	23	163	40	47	1	71
上街区	22	72		40	24	23		6
惠济区	26	165		22	53	92		8
中牟县	47	204		21	273	782		45
经开区	12	82	1	17	31	12		7
高新区	22	77	1	35	35	3		12
航空港实验区	13	120		1	285	1017		7
巩义市	85	266		31	288	542	5	46
荥阳市	48	176	1	24	280	483		84
新密市	65	341	1	50	303	585	3	60
新郑市	77	265		56	243	604		35
登封市	69	290	2	20	301	456		46
郑东新区	119	170	22	42	58	30		115

1-14 分行业法人单位数

（2022年）

区县（市）	合计	农、林、牧、渔业	采矿业	制造业	电力、燃气及水的生产和供应业	建筑业	批发和零售业
郑州市	**501465**	**9126**	**317**	**26483**	**599**	**44990**	**182370**
中原区	24599	34	4	719	20	2514	9351
二七区	45956	149	11	1168	29	3918	17412
管城区	53071	84	1	305	8	4408	24301
金水区	102681	153	4	567	19	7563	39455
上街区	4870	14	1	594	11	437	1823
惠济区	15339	201	1	893	6	1389	5958
中牟县	21093	1176	1	1072	40	2848	8007
经开区	15060	43	1	1173	32	1552	5281
高新区	24644	61	2	2392	57	2167	7218
航空港实验区	10568	2036	1	1162	24	1155	2202
巩义市	18174	765	29	4591	75	1217	6997
荥阳市	18791	1289	47	3767	39	1654	5598
新密市	14649	1156	84	3072	65	1273	3774
新郑市	30157	956	15	2522	65	2762	13838
登封市	9112	613	107	1107	44	700	2509
郑东新区	92701	396	6	1379	64	9433	28646

1-14 续表1

区县（市）	交通运输、仓储和邮政业	住宿和餐饮业	信息传输、软件和信息技术服务业	金融业	房地产业	租赁和商务服务业	科学研究和技术服务业
郑州市	**8347**	**8388**	**36452**	**766**	**18829**	**80610**	**45132**
中原区	312	305	1615	28	1123	3882	1884
二七区	592	893	3015	52	1868	8303	5135
管城区	938	774	3159	32	1904	9957	4363
金水区	909	1571	10691	188	3765	20147	9831
上街区	182	66	165	6	187	453	328
惠济区	297	251	820	8	572	2204	1253
中牟县	542	455	460	14	1031	2283	1076
经开区	710	280	1071	17	598	1933	1533
高新区	186	277	3234	51	609	3210	3894
航空港实验区	409	239	283	18	365	1028	615
巩义市	339	171	320	11	342	790	758
荥阳市	366	288	419	7	615	1735	1025
新密市	545	218	332	10	475	945	672
新郑市	924	479	722	21	1285	2482	1526
登封市	178	223	174	13	306	819	402
郑东新区	917	1898	9972	290	3784	20439	10837

1-14 续表 2

区县（市）	水利、环境和公共设施管理业	居民服务、修理和其他服务业	教育	卫生和社会工作	文化、体育和娱乐业	公共管理、社会保障和社会组织
郑州市	**3303**	**8536**	**7809**	**1835**	**9469**	**8108**
中原区	167	550	814	132	489	656
二七区	303	835	744	203	934	392
管城区	184	986	500	170	583	414
金水区	599	2186	1146	298	2524	1065
上街区	59	80	103	19	84	258
惠济区	128	379	286	59	383	251
中牟县	211	325	461	87	360	644
经开区	61	269	190	28	205	83
高新区	97	380	203	55	433	118
航空港实验区	61	148	309	30	118	365
巩义市	172	144	365	139	237	712
荥阳市	199	260	380	97	346	660
新密市	140	205	544	114	282	743
新郑市	264	439	658	115	417	667
登封市	128	158	541	83	307	700
郑东新区	530	1192	565	206	1767	380

主要统计指标解释

生产总值 是一个国家(地区)所有常住单位在一定时期内生产活动的最终成果。地区生产总值有三种表现形态,即价值形态、收入形态和产品形态。从价值形态看,它是所有常住单位在一定时期内所生产的全部货物和服务价值超过同期投入的全部非固定资产货物和服务价值的差额,即所有常住单位的增加值之和;从收入形态看,它是所有常住单位在一定时期内所创造并分配给常住单位和非常住单位的初次分配收入之和:从产品形态看,它是最终使用的货物和服务减去进口货物和服务。在实际核算中,地区生产总值的三种表现形态表现为三种计算方法,即生产法、收人法和支出法。三种方法分别从不同的方面反映地区生产总值及其构成。

平均每年增长速度 在我国计算平均增长速度有两种方法,一种是习惯上经常使用的“水平法”,又称几何平均法,是以间隔期最后一年的水平同基期水平对比来计算平均每年增长(或下降)速度。另一种是“累计法”,又称代数平均法或方程法,是以间隔期内各年水平的总和同基期水平对比来计算平均每年增长(或下降)速度。在一般正常情况下,两种方法计算的平均每年增长速度比较接近,但在经济发展不平衡,出现大起大落时,两种方法计算的结果差别较大。本《年鉴》内所列的平均每年增长速度,除固定资产投资是用“累计法”计算以外,其余均用“水平法”计算。

总产出 总产出是指一定时期内一个国家(或地区)常住单位生产的所有货物和服务的价值,即包括新增价值,也包括转移价值。它反映常住单位生产活动的总规模。总产出按生产者价格计算。

增加值 增加值是指常住单位生产过程创造的新增价值和固定资产的转移价值。它可以按生产法计算,也可以按收人法计算,按生产法计算,它等于总产出减去中间投入;按收人法计算,它等于劳动者报酬、生产税净额、固定资产折旧和营业盈余之和。

人口数 指一定时点、一定地区范围内的有生命的个人的总和。

年度统计的年末人口数是指每年 12 月 31 日 24 时的人口数。年度统计的全国人口总数内未包括台湾省和港澳同胞以及海外华侨人数。

出生率(又称粗出生率)指在一定时期内(通常为一年)平均每千人所出生的人数的比率,一般用千分率表示。计算公式:

$$出生率=\frac{年出生人数}{年平均人数}\times 1000‰$$

出生人数 是指活产婴儿,即胎儿脱离母体时(不管怀孕月数),有过呼吸或其他生命现象。

年平均人数 是指年初、年底人口数的平均数,也可用年中人口数代替。

死亡率(又称粗死亡率) 指在一定时期内(通常为一年)一定地区的死亡人数与同期平均人数(或期中人数)之比,一般用千分率表示。计算公式:

$$死亡率=\frac{年死亡人数}{年平均人数}\times 100‰$$

人口自然增长率 指在一定时期内(通常为一年)人口自然增加数(出生人数减死亡人数)与该时期内平均人数(或期中人数)之比。一般用千分率表示。计算公式:

$$人口自然增长率=\frac{(本年出生人数-本年死亡人数)}{年平均人数}\times 1000‰$$

人口自然增长率=人口出生率-人口死亡率

二、从业人员和劳动工资

2-1 城镇非私营单位就业人员数

（2022年）

单位：人

类别	从业人员期末人数	其中：女性	在岗职工	其他从业人员	从业人员平均人数	在岗职工	其他从业人员
合计	**1987772**	**794126**	**1870682**	**117089**	**1992967**	**1870356**	**122611**
农林牧渔业	930	316	701	229	960	726	234
采矿业	25584	3898	24260	1324	26161	24799	1362
制造业	403690	150439	401595	2095	422807	420351	2456
电力、热力、燃气及水的生产和供应业	18763	6346	17737	1026	18088	17134	953
建筑业	305271	43827	283678	21593	284300	263694	20606
批发和零售业	99837	53216	98924	914	102530	100427	2103
交通运输、仓储和邮政业	87351	25932	85895	1456	86109	84636	1474
住宿和餐饮业	29692	16853	28072	1620	31212	29690	1522
信息传输、软件和信息技术服务业	89378	20945	49750	39628	88156	50493	37663
金融业	86563	45696	78228	8334	88555	78151	10404
房地产业	77722	35931	75856	1866	79999	78192	1807
租赁和商务服务业	98022	30708	92622	5400	100585	91839	8746
科学研究和技术服务业	86064	27637	83534	2530	86961	84132	2829
水利、环境和公共设施管理业	28240	10983	19409	8831	29963	20867	9096
居民服务、修理和其他服务业	28781	23284	27878	903	26860	25939	921
教育	177558	118483	171864	5694	174760	168963	5796
卫生和社会工作	131199	94409	126104	5095	131415	126083	5331
文化、体育和娱乐业	23167	11124	21825	1342	23633	21868	1765
公共管理、社会保障和社会组织	189959	74098	182749	7210	189913	182372	7541

2-2 城镇非私营单位就业人员平均工资

（2022年）

行业	工资总额（千元）			平均工资（元）		
	从业人员工资总额	在岗职工	其他从业人员	从业人员平均工资	在岗职工	其他从业人员
合计	**188126713**	**181880944**	**6245769**	**94395**	**97244**	**50940**
农林牧渔业	51139	42779	8360	53269	58949	35678
采矿业	2247878	2219262	28616	85924	89488	21012
制造业	32489225	32354829	134396	76842	76971	54713
电力、热力、燃气及水的生产和供应业	2088917	2035523	53394	115488	118798	56006
建筑业	23091983	21886162	1205821	81224	82998	58519
批发和零售业	7977730	7886035	91694	77809	78525	43597
交通运输、仓储和邮政业	8083898	8028194	55704	93879	94856	37803
住宿和餐饮业	1475762	1427961	47800	47282	48096	31398
信息传输、软件和信息技术服务业	7426070	5739745	1686324	84238	113674	44774
金融业	17669930	16753981	915949	199535	214380	88034
房地产业	6453367	6379791	73576	80668	81592	40721
租赁和商务服务业	6189238	5798888	390350	61533	63142	44633
科学研究和技术服务业	10025090	9884148	140942	115282	117483	49822
水利、环境和公共设施管理业	1999947	1763556	236390	66747	84515	25987
居民服务、修理和其他服务业	1086708	1055300	31408	40458	40685	34086
教育	19012973	18667230	345743	108795	110481	59649
卫生和社会工作	16937203	16501609	435594	128883	130878	81704
文化、体育和娱乐业	2476628	2409674	66954	104796	110191	37939
公共管理、社会保障和社会组织	21343031	21046275	296755	112383	115403	39350

2-3 全市及各区县（市）城镇非私营单位就业人员及年平均工资

（2022年）

区域	从业人员（人）	从业人员平均工资（元）	在岗职工（元）
全市	1987772	94395	97244
中原区	159789	98619	101477
二七区	154389	92665	94821
管城区	114188	93502	96250
金水区	377735	93792	99712
上街区	24629	82039	84928
惠济区	45907	85487	85846
中牟县	47796	87508	94176
巩义市	57915	69082	70090
荥阳市	42513	83683	84762
新密市	64094	72808	75210
新郑市	89461	84079	87470
登封市	60192	62905	64801
经开区	126981	95952	97083
高新区	93148	102485	103535
郑东新区	246336	144021	147981
航空港区	282700	72860	72946

注：2-3表至2-14表范围为中央和地方各类企业，事业和机关的资料，不包括私营企业、个体工商户和乡镇企业。

主要统计指标解释

从业人员年末人数 指期末最后一日 24 时在本单位中工作,并取得工资或其他形式劳动报酬的人员数。该指标为时点指标,不包括最后一日当天及以前已经与单位解除劳动合同关系的人员。是在岗职工、劳务派遣人员及其他从业人员之和。从业人员不包括:

(1)离开本单位仍保留劳动关系,并定期领取生活费的人员;

(2)利用课余时间打工的学生及在本单位实习的各类在校学生;

(3)本单位因劳务外包而使用的人员。

在岗职工 指在本单位工作且与本单位签订劳动合同,并由单位支付各项工资和社会保险、住房公积金的人员,以及上述人员中由于学习、病伤、产假等原因暂未工作仍由单位支付工资的人员。在岗职工还包括:

(1)应订立劳动合同而未订立劳动合同人员(如使用的农村户籍人员);

(2)处于试用期人员;

(3)编制外招用的人员;

(4)派往外单位工作,但工资仍由本单位发放的人员(如挂职锻炼、外派工作等情况)。

在岗职工不包括:

(1)本单位使用的且由本单位直接支付工资的劳务派遣人员,应统计在本单位“劳务派遣人员”指标中;

(2)本单位因劳务外包而使用的人员,由承包劳务的单位统计为在岗职工。

劳务派遣人员 根据《中华人民共和国劳动合同法》规定,指与劳务派遣单位签订劳动合同,并被劳务派遣单位派遣到实际用工单位工作,且劳务派遣单位与实际用工单位签订《劳务派遣协议》的人员。

注意:无论用工单位是否直接支付劳动报酬,劳务派遣人员均由实际用工单位填报,而劳务派遣单位(派出单位)不填报这些人员。

其他从业人员 指本单位中不能归到在岗职工、劳务派遣人员中的人员。此类人员是实际参加本单位生产或工作并从本单位取得劳动报酬的人员。具体包括:非全日制人员、聘用的正式离退休人员、兼职人员和第二职业者等,以及在本单位中工作的外籍和港澳台方人员。

从业人员工资总额 指根据《关于工资总额组成的规定》(1990 年 1 月 1 日国家统计局发布的一号令)进行修订,本单位在报告期内(季度或年度)直接支付给本单位全部从业人员的劳动报酬总额。包括计时工资、计件工资、奖金、津贴和补贴、加班加点工资、特殊情况下支付的工资,是在岗职工工资总额、劳务派遣人员工资总额和其他从业人员工资总额之和。

工资总额是税前工资,包括单位从个人工资中直接为其代扣或代缴的房费、水费、电费、住房公积金和社会保险基金个人缴纳部分等。

工资总额不论是计入成本的还是不计入成本的,不论是以货币形式支付的还是以实物形式支付的,均应列入工资总额的计算范围。

在岗职工工资总额 指本单位在报告期内直接支付给本单位全部在岗职工的劳动报酬总额。在岗职工工资总额从构成角度分解为四部分:基本工资、绩效工资、工资性津贴和补贴、其他工资。工资总额不包括病假、事假等情况的扣款,单位在填报在岗职工工资总额四项构成时,应根据实际情况调整对应项目;如不能确定调整项,可扣减基本工资项。

劳务派遣人员工资总额 指实际用工单位(派遣人员的使用方)在一定时期内为使用劳务派遣人员而付出的劳动报酬总额,包括用工单位负担的基本工资、加班工资、绩效工资以及各种津贴、补贴等,但不包含因使用派遣人员而支付的管理费用和其他用工成本。

其他从业人员工资总额 指本单位在报告期内直接支付给本单位其他从业人员的全部劳动报酬。

三、固定资产投资及房地产开发

3–1 全市固定资产投资增速

单位：%

项　目	2021 年比上年 ±%	2022 年比上年 ±%
投资完成额	**–6.2**	**–8.5**
工业投资	–3.5	32.5
房地产开发投资	–9.9	–18.7
基础设施投资	–3.0	–17.8
民间投资	–4.4	–14.8
按产业分		
第一产业	5.3	–38.9
第二产业	–3.2	31.7
第三产业	–6.7	–14.2
按隶属关系分		
中央项目	43.5	–2.4
地方项目	–7.7	–8.7
按建设性质分		
新建	1.0	0.4
扩建	–19.5	–3.7
改建与技术改造	4.9	12.2
按构成分		
建筑安装工程	–4.3	–0.2
设备工器具购置	–21.8	13.2
其他费用	–7.3	–36.3
本年（不含 5000 万元以下项目 ）实际到位资金	**54.5**	**–9.5**
国家预算资金	5.0	–4.8
国内贷款	60.4	–33.0
利用外资	51.2	94.7
自筹资金	45.1	4.6
其他资金来源	85.6	–31.2

3–2 按行业分固定资产投资增速及比重

（2022年）　　单位：%

指　标	比上年±%	比重
总计	**–8.5**	**100.0**
农、林、牧、渔业	**–27.9**	**0.3**
畜牧业	–6.6	0.1
工业	**32.5**	**18.4**
采矿业	115.6	0.4
煤炭开采和洗选业	123.3	0.3
黑色金属矿采选业		
有色金属矿采选业	659.5	0.0
非金属矿采选业	–61.9	0.0
开采专业及辅助性活动		0.1
制造业	38.3	14.8
农副食品加工业	–10.9	0.1
食品制造业	39.9	0.4
酒饮料和精致茶制造业	141.0	0.1
烟草制品业	102.5	0.0
纺织业	–62.5	0.0
纺织服装服饰业	–4.4	0.1
皮革毛皮羽毛及其制品和制鞋业	15.8	0.0
木材加工和木竹藤棕草制品业	448.0	0.0
家具制造业	59.0	0.1
造纸和纸制品业	25.4	0.1
印刷和记录媒介复制业	271.2	0.2
文教工美和体育娱乐用品制造业	560.6	0.2
石油煤炭及其它燃料加工业	516.2	0.1
化学原料和化学制品制造业	96.5	0.2
医药制造业	55.0	0.4
化学纤维制造业	–65.4	0.0
橡胶和塑料制品业	0.9	0.1
非金属矿物制品业	42.9	2.1
黑色金属冶炼和压延加工业	149.5	0.1
有色金属冶炼和压延加工业	25.8	1.5
金属制品业	–4.2	0.5
通用设备制造业	57.2	1.4

3-2 续表

单位：%

指　标	比上年±%	比重
专用设备制造业	0.9	1.1
汽车制造业	195.3	2.6
铁路传播航空航天和其它运输设备制造业	-20.8	0.1
电气机械和器材制造业	52.0	0.6
计算机通信和其它电子设备制造业	6.2	2.4
仪器仪表制造业	-12.3	0.2
其它制造业	-94.2	0.0
废弃资源综合利用业	-57.1	0.1
金属制品机械和设备修理业	-50.5	0.0
电力、燃气及水的生产和供应业	6.1	3.2
电力、热力生产和供应业	3.0	2.1
燃气生产和供应业	-55.2	0.1
水的生产和供应业	43.5	0.9
建筑业	**-65.9**	**0.0**
批发和零售业	**-1.5**	**0.6**
交通运输、仓储和邮政业	**-21.9**	**6.9**
铁路运输业	904.4	0.7
道路运输业	-29.9	5.0
航空运输业	-68.4	0.2
仓储业	-1.3	0.9
住宿和餐饮业	**115.2**	**0.3**
信息传输、软件和信息技术服务业	**-44.5**	**1.2**
金融业	**67.3**	**0.2**
房地产业	**-17.4**	**52.4**
租赁和商务服务业	**14.1**	**2.2**
科学研究和技术服务业	**12.7**	**1.4**
水利、环境和公共设施管理业	**-15.2**	**9.6**
水利管理业	64.9	0.8
生态保护和环境治理业	132.8	0.2
公共设施管理业	-20.4	8.5
居民服务业、修理和其他服务业	**8.6**	**0.1**
教育	**16.8**	**2.5**
卫生和社会工作	**60.5**	**1.5**
卫生	47.5	1.4
文化、体育和娱乐业	**67.0**	**1.9**
公共管理、社会保障和社会组织	**-55.0**	**0.3**

3-3 各区县（市）固定资产投资增速

（2022年） 单位：%

区县（市）	固定资产投资	项目	#亿元及以上项目	房地产开发	建安工程
郑州市	**-8.5**	**3.1**	**0.6**	**-18.7**	**-0.2**
市辖区	-27.9	-27.9	-27.9		-36.0
中原区	-4.1	10.9	2.2	-14.3	-0.1
二七区	-16.3	-8.0	-8.1	-22.2	-10.9
管城区	-16.2	19.3	20.8	-26.5	21.9
金水区	-9.5	5.9	7.5	-14.6	20.1
上街区	-34.6	-22.8	-25.9	-49.2	-32.7
惠济区	-31.1	-30.5	-29.4	-31.6	-8.8
中牟县	6.6	3.8	2.0	9.7	17.1
巩义市	2.7	-7.3	-10.1	41.1	6.4
荥阳市	25.9	88.2	92.4	-16.7	28.9
新密市	23.4	44.5	45.7	-11.6	28.0
新郑市	10.7	25.6	25.6	-1.9	20.9
登封市	13.1	9.9	-2.7	23.8	24.4
经开区	-10.4	-1.7	-2.5	-18.1	-1.3
高新区	-16.2	4.9	4.7	-26.2	-15.9
郑东新区	-13.7	-21.4	-23.8	-8.4	-26.7
航空港实验区	-33.8	6.7	9.6	-72.9	-26.0

3-4 各区县（市）按三次产业分固定资产投资增速

（2022年）

单位：%

区县（市）	固定资产投资	第一产业	第二产业	第三产业
郑州市	**-8.5**	**-38.9**	**31.7**	**-14.2**
市辖区	-27.9			-27.9
中原区	-4.1		9.8	-4.9
二七区	-16.3		-31.3	-14.7
管城区	-16.2		31.5	-17.9
金水区	-9.5		80.8	-10.2
上街区	-34.6		-26.4	-39.3
惠济区	-31.1	-100.0	-21.1	-31.3
中牟县	6.6	0.7	61.0	3.3
巩义市	2.7	-84.2	12.4	0.7
荥阳市	25.9	-32.1	84.0	15.0
新密市	23.4	36.4	86.2	-2.3
新郑市	10.7	-70.5	40.8	5.7
登封市	13.1	181.0	12.0	10.5
经开区	-10.4		12.2	-17.2
高新区	-16.2		-7.7	-18.7
郑东新区	-13.7		-30.4	-13.1
航空港实验区	-33.8	-71.5	175.3	-59.2

3-5 各区县（市）按构成性质分固定资产投资增速

（2022年）

单位：%

区县（市）	固定资产投资	建筑安装工程	设备工器具购置	其他费用
郑州市	**-8.5**	**-0.2**	**13.2**	**-36.3**
市辖区	-27.9	-36.0	41.7	-22.5
中原区	-4.1	-0.1	37.4	-16.8
二七区	-16.3	-10.9	-4.2	-32.3
管城区	-16.2	21.9	-30.9	-57.0
金水区	-9.5	20.1	-34.2	-42.3
上街区	-34.6	-32.7	4.2	-60.0
惠济区	-31.1	-8.8	-14.8	-71.3
中牟县	6.6	17.1	-13.6	-8.1
巩义市	2.7	6.4	-1.2	-38.6
荥阳市	25.9	28.9	11.2	3.3
新密市	23.4	28.0	23.9	-19.3
新郑市	10.7	20.9	-25.0	-21.3
登封市	13.1	24.4	12.8	-43.6
经开区	-10.4	-1.3	-3.8	-68.3
高新区	-16.2	-15.9	18.7	-29.9
郑东新区	-13.7	-26.7	150.1	0.0
航空港实验区	-33.8	-26.0	29.9	-75.7

3-6 各区县（市）分行业固定资产投资增速

（2022年）

单位：%

区县（市）	合 计	农林牧渔业	工 业	批发和零售业	交通运输、仓储和邮政业	住宿和餐饮业	信息传输、软件和信息技术服务业	金融业
郑州市	**-8.5**	**-27.9**	**32.5**	**-1.5**	**-21.9**	**115.2**	**-44.5**	**67.3**
市辖区	-27.9				-10.6			
中原区	-4.1		13.2	4272.1	-49.6		54.5	
二七区	-16.3		-31.3				-1.7	
管城区	-16.2		31.5	-20.4	0.6		16.3	
金水区	-9.5		80.8	1159.5	485.2	173.4	71.1	
上街区	-34.6		-27.3		-60.6			
惠济区	-31.1		-21.1	1963.8	-99.1			
中牟县	6.6	-28.6	61.0	-79.8	91.8		549.8	
巩义市	2.7	-85.4	12.0	14.9	-32.3	-14.4	187.0	
荥阳市	25.9	138.5	86.0		-1.1	527.9	10.4	
新密市	23.4	36.4	86.2		-18.6	95.0	-52.5	
新郑市	10.7	-58.4	41.3	-46.3	-30.7		-0.7	
登封市	13.1	80.0	19.6		-42.6			
经开区	-10.4		13.8	43.4	-7.3			
高新区	-16.2		-8.4	824.0	3101.4		-16.7	
郑东新区	-13.7		-32.7	641.4	325.0	484.2	-85.6	67.3
航空港实验区	-33.8	-71.5	175.3	-65.0	-60.8		-38.0	

3-6 续表

单位：%

区县（市）	房地产业	租赁和商务服务业	科学研究和技术服务业	水利、环境和公共设施管理业	居民服务业、修理和其他服务业	教育	卫生和社会工作	文化、体育和娱乐业	公共管理、社会保障和社会组织
郑州市	**-17.4**	**14.1**	**12.7**	**-15.2**	**8.6**	**16.8**	**60.5**	**67.0**	**-55.0**
市辖区				-89.1					
中原区	-11.5	-12.9	210.1	10.5	39.2	858.9	26.4	150.6	291.8
二七区	-24.3	6.4	39.0	-4.5	-10.1	282.3	188.7	-51.0	
管城区	-27.6			-6.6		28.5	58.2	183.5	-85.9
金水区	-11.7	-3.2	272.9	-23.0		206.8	40.9	1201.9	-73.5
上街区	-47.1	60.2	-81.8	-35.5		-7.5	-31.2		-74.9
惠济区	-31.1	8.7		-47.8		-33.1	269.3	282.3	
中牟县	-9.1	58.3	67.7	12.5		104.3	238.1	120.6	
巩义市	35.5	-43.0	28.4	-34.3		-66.9	27.0	-5.8	122.1
荥阳市	-12.3		52.8	121.5	1170.7	115.3	310.1	84.5	
新密市	-4.5	3.9		3.9	4.4	-48.7	74.8	149.0	-81.3
新郑市	3.1	17.4	231.4	10.5	-22.8	80.0	248.2	-5.2	2.3
登封市	39.6			-10.7		24.8	34.8	-13.1	
经开区	-16.4	22.6	-13.5	-53.6			-21.9		
高新区	-25.9	138.2	7.3	5.8		-0.1	1246.7	-38.7	
郑东新区	-8.3	11.1	-21.8	-8.2	-8.2	-52.4	74.9	-44.2	-46.6
航空港实验区	-67.9	-84.1		-15.5		68.0	-49.3		-61.2

3-7 工业主要产业投资增速及结构

（2022年）

行　业	比上年 ± %	占工业投资比重 (%)
工业	**32.5**	**100.0**
战略性新兴产业	**-17.1**	**14.2**
新一代信息技术产业	-8.1	4.3
高端装备制造业	-39.6	1.8
新材料产业	71.4	3.9
生物产业	-56.1	0.6
新能源汽车	-85.5	0.1
新能源产业	-69.5	0.6
节能环保产业	-31.0	2.0
数字创意产业	-100.0	0.0
相关服务业	92.4	1.0
五大主导产业	**43.9**	**54.8**
装备制造	25.5	20.8
食品制造	34.2	3.3
新型材料产业	71.4	3.9
电子制造	6.2	12.8
汽车制造	195.3	14.1
传统支柱产业	**24.7**	**37.8**
化学	160.1	1.4
冶金	31.2	9.0
建材	43.3	11.4
轻纺	41.9	2.1
能源	3.0	13.8
高载能行业	**26.9**	**34.4**
煤炭开采和洗选业	123.3	1.7
化学原料及化学制品制造业	96.5	0.9
非金属矿物制品业	42.9	11.4
黑色金属冶炼及压延加工业	149.5	0.7
有色金属冶炼及压延加工业	25.8	8.3
电力、热力生产和供应业	3.0	11.4
高成长性制造业	**37.6**	**53.1**
汽车及零部件产业	195.3	14.1
电子信息产业	6.2	12.8
装备制造	25.5	20.8
食品产业	34.2	3.3
现代家居产业	-24.5	1.1
服装服饰	-16.1	1.1
高技术产业（制造业）	**11.7**	**19.0**
工业企业技术改造项目	**31**	**39.5**
制造业企业技术改造项目	37.7	32.7

3-8 各区县（市）工业固定资产投资增速

（2022年）

单位：%

区县（市）	工业投资比上年同期增长	采矿业	制造业	电力热力燃气及水的生产和供应业
郑州市	**32.5**	**115.6**	**38.3**	**6.1**
中原区	13.2		1410.1	-12.7
二七区	-31.3		-12.6	-48.8
管城区	31.5		566.5	-41.5
金水区	80.8		89.2	75.2
上街区	-27.3		-24.9	-70.8
惠济区	-21.1		98.0	-44.3
中牟县	61.0		69.5	56.0
巩义市	12.0		9.9	20.0
荥阳市	86.0		83.8	121.4
新密市	86.2	96.0	69.6	234.2
新郑市	41.3	395.9	50.8	14.2
登封市	19.6	120.5	27.3	-38.2
经开区	13.8		16.6	-19.5
高新区	-8.4		-14.9	102.1
郑东新区	-32.7		-88.4	-0.7
航空港实验区	175.3		188.7	27.1

3-9 民间固定资产投资增速

指　标	2021年比上年±%	2022年比上年±%
总计	**-4.4**	**-14.8**
按产业分		
第一产业	8.8	-16.2
第二产业	-1.2	39.2
第三产业	-4.9	-23.3
按行业分		
农、林、牧、渔业	22.9	-4.4
工业	-1.4	39.5
采矿业	-63.6	204.3
制造业	1.8	42.5
电力、燃气及水的生产和供应业	-22.7	-22.6
建筑业		-60.2
批发和零售业	46.2	10.1
交通运输、仓储和邮政业	228.4	-54.6
住宿和餐饮业	145.7	120.2
信息传输、软件和信息技术服务业	-20.4	-76.3
金融业	674.2	15.8
房地产业	-8.8	-24.2
房地产开发投资	-10.3	-24.6
租赁和商务服务业	2.7	9.3
科学研究和技术服务业	87.6	-41.2
水利环境和公共设施管理业	15.1	-16.2
居民服务修理和其它服务业	-73.7	-25.2
教育	-19.0	25.6
卫生和社会工作	-17.7	30.8
文化体育和娱乐业	1.2	37.4
公共管理社会保障和社会组织	-26.6	94.2

3-10 分地区企业个数和就业人数

（2022年）

单位：个、人

指 标	企业个数						
		一级	二级	三级	四级	暂定	其他
郑州市	**1515**	**44**	**154**	**141**	**12**	**974**	**190**
中原区	69	4	10	6		48	1
二七区	93	6	15	8		60	4
管城回族区	76	3	9	5		55	4
金水区	227	8	29	40	6	113	31
上街区	41	2	5	12		20	2
惠济区	50	4	6	1		33	6
中牟县	124		9	5		103	7
巩义市	80	2	2	6	2	56	12
荥阳市	108		13	12	2	53	28
新密市	76	1	6	11		45	13
新郑市	136	2	12	10	1	91	20
登封市	49		2	7		36	4
经济技术开发区	80		10	7	1	59	3
高新技术产业开发区	50	3	7	2		32	6
郑东新区	180	6	18	8		114	34
航空港实验区	76	3	1	1		56	15

3-10 续表　　　　　　　　　　　　　　　　　　　　　　　　单位：个、人

指　标	年末从业人员总计	一级	二级	三级	四级	暂定	其他
郑州市	**42712**	**3087**	**6093**	**3397**	**247**	**25901**	**3987**
中原区	3353	213	828	197		2077	38
二七区	3266	573	655	105		1892	41
管城回族区	2772	188	484	92		1991	17
金水区	5814	468	722	784	105	2943	792
上街区	1159	113	36	384		601	25
惠济区	1502	329	276	8		827	62
中牟县	3187		320	225		2530	112
巩义市	1524	50	62	97	32	1085	198
荥阳市	3055		720	277	23	1081	954
新密市	1889	18	197	364		1124	186
新郑市	3306	92	375	219	31	2249	340
登封市	812		55	117		580	60
经济技术开发区	2336		321	221	56	1479	259
高新技术产业开发区	1784	95	255	57		1123	254
郑东新区	5478	494	756	250		3359	619
航空港实验区	1475	454	31	0		960	30

3-11 房地产开发企业（单位）财务情况

（2022年） 单位：万元

指　标	本年实际	指　标	本年实际
年初存货	**1167667892**	其他收入	12383411
期末资产负债		营业成本	108385426
流动资产合计	2078744566	主营业务成本	100369579
其中：应收账款	62453937	税金及附加	5172710
其中：存货	1233434517	其他业务利润	407571
固定资产原价	31422243	销售费用	6188964
其中：房屋和构筑物	22390828	管理费用	5480467
机器设备	880120	研发费用	7166
累计折旧	9325855	财务费用	4755113
其中：本年折旧	1102470	其中：利息收入	486127
在建工程	43265612	其中：利息支出	3542625
资产总计	2423701919	资产减值损失	-1287063
流动负债合计	1699095034	公允价值变动收益（损失以“-”号记）	-57163
负债合计	2054672499	投资收益（损失以“-”号记）	1295812
所有者权益合计	369029420	其他收益	676867
实收资本	184355322	营业利润	843319
损益及分配		营业外收入	786291
营业收入	130278533	营业外支出	1135337
主营业务收入	124844043	利润总额	658536
土地转让收入	22657	所得税费用	2595176
商品房屋销售收入	109408552	**人工成本**	
自持物业收入	3029423	应付职工薪酬(本年贷方累计发生额)	5087426
房屋出租收入	2366726	应交增值税	7489219

3-12 分地区财务状况

（2022年）

单位：万元

指　标	资产总计	固定资产原价	所有者权益合计	营业收入	主营业务收入	营业成本	主营业务成本	销售费用
郑州市	**242370192**	**3142224**	**36902942**	**13027853**	**12484404**	**10838543**	**10036958**	**618896**
中原区	18647388	39706	524606	701324	697333	593540	587485	45780
二七区	13642835	122710	1542165	780932	696978	683535	511972	25331
管城区	19847385	1387953	4005714	878774	849766	773405	738647	64450
金水区	38402084	641789	4477620	1144263	1118970	870632	732812	71090
上街区	3101039	33430	470088	164910	164910	125302	124822	9067
惠济区	12182376	45299	1977805	426671	417839	373306	367611	19178
中牟县	18864369	51572	3146571	886237	855539	712115	629569	67624
巩义市	5592456	87023	955914	597073	593404	480988	450698	22726
荥阳市	9265596	65601	892709	456014	453221	386481	384075	42263
新密市	4206845	20765	348004	275060	255778	216753	210847	16492
新郑市	15923552	97961	982470	1217964	1050267	1087578	885260	55587
登封市	4013835	43832	1575472	212452	204680	194181	187872	7636
经济技术开发区	13543882	42073	3185265	1702851	1674353	1512386	1502643	43523
高新技术产业开发区	11675095	26472	1479099	517179	508760	426953	414784	38841
郑东新区	38757415	389556	7978291	2455145	2366471	1897946	1834640	73140
航空港实验区	14704042	46483	3361150	611006	576135	503444	473222	16170

3-12 续表 1　　单位：万元

指　标	管理费用	研发费用	财务费用	营业外收入	资产减值损失	公允价值变动收益	投资收益	其他收益
郑州市	**548047**	**717**	**475511**	**78629**	**−128706**	**−5716**	**129581**	**67687**
中原区	34912	17	25563	1977	−6953	2	66	281
二七区	22709	35	20807	6005	−7673	−4162	22186	7820
管城区	35752		55505	11684	−9350	21	2750	78
金水区	102686		44631	7248	−7147	−6	7120	409
上街区	9993		5838	1804	−2		320	1
惠济区	11773		12342	8313	−21638	−62	32822	91
中牟县	40083		90511	740	−5228		956	28044
巩义市	19062	139	−117	3058	−12		546	861
荥阳市	21264	109	12582	1904	−19925	10	820	348
新密市	16496		16957	290			−421	1
新郑市	38303		9843	2215	−5562		2382	13
登封市	7224		7973	270	−528		−10650	9
经济技术开发区	26323		46456	1327	1257		255	26398
高新技术产业开发区	22218	393	16846	7479	504		2	514
郑东新区	119800	24	87148	24007	−41227	−1520	66141	2739
航空港实验区	19450		22625	310	−5222		4288	81

3-12 续表 2 单位：万元

指　标	应付职工薪酬(贷方累计发生额)	本年折旧	税金及附加	所得税费用	应交增值税	利润总额	营业利润
郑州市	**508743**	**110247**	**517271**	**259518**	**748922**	**65854**	**84332**
中原区	37683	2405	36769	17211	84108	-45928	-41873
二七区	24131	5101	22737	10847	51007	25664	25829
管城区	32789	27946	42862	25524	72009	-94813	-99714
金水区	70851	27480	78259	26325	56722	-37292	-32698
上街区	7231	1501	11860	781	4469	3534	3559
惠济区	22940	1662	9670	-850	48510	17222	11472
中牟县	38098	13695	29558	7636	37244	-33408	-30018
巩义市	11758	2662	23012	11549	29374	55737	52950
荥阳市	21626	3377	29432	7815	18947	-56750	-51899
新密市	15764	1442	8936	1406	12243	-4574	-4054
新郑市	34193	2637	36377	19549	62507	443	-10217
登封市	5062	1197	4170	-842	16259	-20438	-19957
经济技术开发区	29417	2538	42989	27645	38888	53472	53558
高新技术产业开发区	23932	1481	19318	7607	67919	-679	-2967
郑东新区	85312	13206	112412	70945	89439	167628	190807
航空港实验区	47957	1917	8912	26372	59276	36034	39553

3-13 房地产开发企业（单位）投资、资金和土地情况

（2022年）

单位：亿元

类 别	数值	类 别	数值
计划总投资	**21530.1**	**按工程用途分**	
自开始建设累计完成投资	**14720.96**	住宅	2074.43
本年完成投资	**2532.82**	#90平方米以下	587.16
按照登记注册类型分		#90-144平方米	1144.9
内资	**2497.99**	#144平方米以上	342.37
国有	14.54	办公楼	115.27
有限责任公司	2125.77	商业营业用房	143.43
国有独自公司	140.21	其他	199.69
其他有限责任公司	1985.56	本年新增固定资产	909.71
股份有限公司	12.56	待开发土地面积	567.12
私营	345.12	本年土地购置面积	88.24
其他内资		本年土地成交价款	85.09
港澳台商投资	**23.38**	#拆迁补偿费	
与港澳台商合资经营	3.56	**上年末结余资金**	**958.80**
与港澳台商合作经营	6.87	**本年资金来源小计**	**2201.07**
港澳台商独资	12.95	#省外资金	18.46
外商投资	**11.45**	国内贷款	255.45
外资企业	11.45	银行贷款	213.53
按构成分		非银行金融机构贷款	41.92
建筑工程	1811.94	自筹资金	1301.75
安装工程	58.31	定金及预收款	420.39
设备工器具购置	19.79	个人按揭贷款	175.45
其他费用	642.78	其他资金来源	48.03
旧建筑物购置费	3.17	**本年各项应付款合计**	**797.94**
土地购置费	530.25	#工程款	424.09

3-14 房地产开发企业（单位）施工、销售和空置情况

（2022年）　　　　单位：亿元、万平方米

类　别	合计	住宅	办公楼	商业营业用房	其他房屋
房屋施工面积	18658.43	12808.17	1325.31	1368.5	3156.45
#新开工面积	1668.96	1138.48	101.81	109.73	318.95
房屋竣工面积	1783.8	1247.91	98.87	111.34	325.69
#不可销售面积	79.14	24.5		3.25	51.39
竣工房屋价值	582	408.96	34.19	34.31	104.54
商品房销售面积	2248.64	2088.63	56.31	83.3	20.4
#现房销售面积	694.36	658.03	15.3	18.68	2.34
#期房销售面积	1554.28	1430.59	41.01	64.62	18.05
商品房销售额	1771.79	1628.98	68.93	64.55	9.32
#现房销售额	335.77	307.96	12.43	14.05	1.33
#期房销售额	1436.02	1321.02	56.5	50.51	7.99
待售面积	844.17	487.02	106.68	132.59	117.88
#待售1-3年面积	391.82	229.92	38.58	61.56	61.76
#待售3年以上面积	150.86	92.42	26.25	23.1	9.09

3-15 分县（市）区按工程用途分房地产开发投资情况

（2022年）

单位：亿元

区县（市）	本年完成投资	住宅	90平方米以下	144平方米以上住房	办公楼	商业营业用房	其他房屋
郑州市	**2532.82**	**2074.43**	**587.16**	**342.37**	**115.27**	**143.43**	**199.69**
中原区	179.89	138.82	58.21	10.88	6.32	4.25	30.5
二七区	147.42	120.95	51.41	7.3	8.74	6.43	11.29
管城区	209.47	179.26	69.84	3.92	0.54	9.11	20.55
金水区	304.01	222.34	51.25	26.33	26.08	13.5	42.09
上街区	14.16	13.28	1.05	1.13		0.19	0.69
惠济区	109.14	90.06	30.72	6.03	2.25	6.79	10.04
中牟县	192.08	141.83	8.17	47.37	11.45	10.81	27.99
巩义市	113.65	106.63	7.75	5.51	0.24	4.6	2.18
荥阳市	156.3	132.32	23.47	11.43	0.57	18.25	5.16
新密市	48.43	35.73	22.13	1.19	0.08	6.69	5.94
新郑市	241.66	208.41	50.53	16.16	2.56	19.59	11.11
登封市	42.12	34.81	0.89	2.75	0.2	4.17	2.93
经开区	211.57	187.81	72.76	12.96	7.45	5.95	10.36
高新区	175.74	159.28	96.7	1.12	2.24	12.99	1.23
郑东新区	314.13	232.17	12.03	184.21	46.56	19.09	16.31
航空港实验区	73.06	70.72	30.27	4.07		1.01	1.33

3-16 分县（市）区房地产开发商品房屋施工面积

（2022年）　　单位：万平方米

区县（市）	施工房屋面积	住宅	办公楼	商业营业用房	其他房屋
郑州市	**18658.43**	**12808.17**	**1325.31**	**1368.50**	**3156.45**
中原区	2017.52	1369.58	70.40	71.74	505.80
二七区	1026.86	713.08	159.99	47.09	106.70
管城区	1146.46	826.22	25.83	46.37	248.04
金水区	2184.09	1231.70	257.64	210.81	483.93
上街区	206.21	170.97		19.99	15.25
惠济区	1120.74	799.55	21.16	122.09	177.95
中牟县	1501.85	967.46	134.11	109.74	290.55
巩义市	441.09	393.9	13.02	28.26	5.91
荥阳市	898.52	675.43	7.98	67.34	147.78
新密市	691.36	569.33	0.40	61.41	60.21
新郑市	1747.63	1391.34	8.28	115.84	232.17
登封市	313.08	261.85	0.68	12.75	37.8
经开区	1267.16	897.22	52.12	51.00	266.81
高新区	797.23	621.59	26.40	60.17	89.07
郑东新区	2261.17	952.78	547.29	331.25	429.85
航空港实验区	1037.45	966.17	0.01	12.65	58.63

3-17 分县（市）区房地产开发商品房屋新开工面积

（2022年） 单位：万平方米

区县（市）	新开工房屋面积	住宅	办公楼	商业营业用房	其他房屋
郑州市	**1668.96**	**1138.48**	**101.81**	**109.73**	**318.95**
中原区	62.82	39.2	4.86	1.26	17.50
二七区	103.11	76.48	6.83	10.59	9.22
管城区	86.13	64.64		0.35	21.15
金水区	328.01	122.19	57.56	24.72	123.54
上街区	5.65	5.07		0.15	0.43
惠济区	15.98	13.09		1.00	1.89
中牟县	171.08	107.21	14.46	12.38	37.02
巩义市	173.02	160.49		6.88	5.65
荥阳市	129.48	102.18	0.45	7.96	18.90
新密市	63.69	52.13		9.59	1.97
新郑市	123.07	106.45	0.29	0.43	15.90
登封市	30.27	22.05	0.03	1.07	7.12
经开区	63.42	43.97		0.18	19.26
高新区	26.46	15.99		8.25	2.22
郑东新区	138.38	87.15	17.34	18.94	14.95
航空港实验区	148.40	120.19		6.00	22.21

3-18 分县（市）区房地产开发商品房屋竣工面积

（2022年）

单位：万平方米

区县（市）	竣工房屋面积	住宅	办公楼	商业营业用房	其他房屋
郑州市	**1783.8**	**1247.91**	**98.87**	**111.34**	**325.69**
中原区	14.63	10.83			3.80
二七区	36.66	17.57	5.99	1.59	11.50
管城区	158.92	98.26	3.87	15.93	40.86
金水区	190.11	110.88	5.31	29.11	44.81
上街区	43.57	33.46		6.66	3.44
惠济区	127.68	105.55	2.05	7.53	12.55
中牟县	158.69	114.22	13.50	8.37	22.61
巩义市	52.37	47.09	3.70	1.58	
荥阳市	145.54	103.19		4.86	37.49
新密市	75.36	51.20		10.23	13.93
新郑市	51.63	41.56		1.21	8.86
登封市	99.52	88.43	0.02	1.16	9.91
经开区	167.56	157.61		0.44	9.51
高新区	21.61	19.61	2.00		
郑东新区	439.97	248.46	62.42	22.67	106.42
航空港实验区					

3-19 分县（市）区商品房屋销售面积

（2022年）

单位：万平方米

区县（市）	销售面积	住宅	90平方米以下	144平方米以上住房	办公楼	商业营业用房	其他房屋
郑州市	**2248.64**	**2088.63**	**512.2**	**186.47**	**56.31**	**83.30**	**20.40**
中原区	128.17	110.96	25.37	3.53	6.52	10.50	0.19
二七区	107.19	92.24	36.35	4.07	3.63	5.48	5.85
管城区	189.40	180.85	50.54	1.87	3.95	4.11	0.49
金水区	171.23	153.98	39.77	12.68	5.45	11.67	0.13
上街区	51.02	49.55	0.21	1.52		1.36	0.11
惠济区	131.24	119.01	42.34	6.52	0.97	7.99	3.27
中牟县	184.59	176.70	23.99	18.49	0.81	7.04	0.05
巩义市	86.91	85.84	20.43	6.72	0.95	0.13	
荥阳市	179.46	171.53	15.42	15.77		6.59	1.34
新密市	61.10	56.07	33.23	3.97	0.43	3.80	0.79
新郑市	249.99	231.56	25.54	24.44	0.66	12.52	5.25
登封市	39.44	37.52	0.21	5.08		1.91	0.02
经开区	174.54	172.35	39.72	9.34	0.75	1.04	0.41
高新区	140.79	134.27	123.12	0.32	0.67	3.83	2.02
郑东新区	232.53	195.21	26.59	65.63	31.53	5.3	0.49
航空港实验区	121.03	121	9.37	6.52		0.04	

3-20 分县（市）区房地产开发商品房屋销售额

（2022年）

单位：亿元

区县（市）	商品房屋销售额	住宅			办公楼	商业营业用房	其他房屋
			90平方米以下	144平米以上住房			
郑州市	**1771.79**	**1628.98**	**355.07**	**330.41**	**68.93**	**64.55**	**9.32**
中原区	123.67	112.27	50.65	5.03	3.07	8.25	0.08
二七区	89.31	78.42	23.27	2.98	2.72	5.94	2.23
管城区	132.61	127.18	30.62	2.13	1.5	3.54	0.39
金水区	190.66	170.1	23.38	26.13	8.64	11.79	0.13
上街区	10.98	10.55	0.21	1.41		0.38	0.05
惠济区	110.51	99.54	31.09	9.68	0.95	8.18	1.83
中牟县	107.13	103.20	10.12	23.31	0.47	3.43	0.03
巩义市	46.46	46.08	9.38	6.76	0.29	0.08	
荥阳市	104.58	100.28	9.06	13.3		3.68	0.61
新密市	31.21	28.65	13.87	3.30	0.31	1.97	0.28
新郑市	146.17	138.85	15.44	15.06	0.59	5.54	1.19
登封市	23.00	21.93	0.11	3.53		1.06	0.02
经开区	131.42	129.15	22.41	9.95	0.91	0.81	0.55
高新区	109.99	104.51	96.14	0.5	0.82	3.82	0.84
郑东新区	332.48	276.74	12.21	202.86	48.65	6.02	1.08
航空港实验区	81.60	81.53	7.11	4.47		0.07	

3-21 分地区房地产开发资金来源

（2022年）

单位：亿元

区县（市）	本年资金来源小计	国内贷款	#银行贷款	自筹资金	定金及预收款	个人按揭贷款	其他资金来源
郑州市	**2201.07**	**255.45**	**213.53**	**1301.75**	**420.39**	**175.45**	**48.03**
中原区	127.26	29.89	22.03	48.62	24.89	19.00	4.86
二七区	114.05	7.33	6.28	56.61	25.05	18.41	6.64
管城区	204.68	15.05	14.6	130.56	37.21	20.09	1.77
金水区	325.50	46.66	41.16	223.03	42.97	11.97	0.87
上街区	29.62	3.58	3.58	17.45	5.43	3.16	
惠济区	104.99	4.32	4.12	59.12	27.69	13.25	0.61
中牟县	162.20	19.44	18.49	103.74	21.21	15.77	2.04
巩义市	80.96	0.70	0.70	77.61	1.83	0.46	0.36
荥阳市	127.78	17.43	15.38	58.58	19.20	17.06	15.50
新密市	39.48			30.16	6.91	2.37	0.03
新郑市	207.97	5.30	5.30	162.36	20.56	18.70	1.05
登封市	35.33	1.13	0.08	17.26	7.79	7.10	2.05
经开区	163.82	40.66	40.66	47.15	62.74	12.38	0.89
高新区	84.46	1.20	1.20	42.18	34.84	4.22	2.03
郑东新区	318.87	62.76	39.95	158.30	77.06	11.41	9.32
航空港实验区	74.10			69.01	5.00	0.09	

3-22 分地区房地产土地购置和开发情况

（2022年）

单位：亿元

区县（市）	土地购置费	本年购置土地面积（万平方米）	本年土地成交价款
郑州市	**530.25**	**88.24**	**85.09**
中原区	36.31		
二七区	44.84		
管城区	37.24	9.20	16.30
金水区	86.14	40.55	38.91
上街区	1.22		
惠济区	13.80		
中牟县	88.66		
巩义市	13.69	10.66	4.18
荥阳市	13.90		
新密市	1.57		
新郑市	28.66	12.80	10.07
登封市	0.50		
经开区			
高新区	23.08		
郑东新区	137.61	15.03	15.63
航空港实验区	3.02		

主要统计指标解释

固定资产投资额 是以货币表现的建造和购置固定资产活动的工作量，它是反映固定资产投资规模、速度、比例关系和使用方向的综合性指标。全社会固定资产投资包括国有经济单位投资、城乡集体经济单位投资、各种经济类型的单位的投资和城乡居民个人投资。按照我国现行计划管理体制，国有经济单位固定资产投资总额分为基本建设、更新改造、商品房屋建设投资和其他固定资产投资四个部分；城乡集体经济单位投资包括城镇集体所有制单位投资和农村集体所有制单位投资；各种经济类型的单位投资包括联营经济、股份制经济、中外合资经营、中外合作经营、外资、与大陆合资经营、与大陆合作经营、港澳台独资及其他经济类型的单位投资。城镇居民个人投资包括城市、县城、镇、工矿区所辖范围内的个人建房和农村个人建房及购买生产性固定资产的投资。

固定资产投资的资金来源 根据固定资产投资的资金来源不同，分为国家预算内资金、国内贷款、利用外资、自筹资金和其他资金来源。

1. 国家预算内资金 指中央财政和地方财政中由国家统筹安排的基本建设拨款和更新改造拨款，以及中央财政安排的专项拨款中用于基本建设的资金和基本建设拨款改贷款的资金等。

2. 国内贷款 指报告期内企、事业单位向银行及非银行金融机构借入的用于固定资产投资的各种国内贷款。包括银行利用自有资金及吸收的存款发放的贷款、上级主管部门拨入的国内贷款、国家专项贷款（包括煤代油贷款、劳改煤矿专项贷款等）、地方财政专项资金安排的贷款、国内储备贷款、周转贷款等。

3. 利用外资 指报告期内收到的用于固定资产投资的国外资金，包括统借统还、自借自还的国外贷款，中外合资项目中的外资，以及对外发行债券和股票等。国家统借统还的外资指由我国政府出面同外国政府、团体或金融组织签订贷款协议、并负责偿还本息的国外贷款。

4. 自筹资金 指建设单位报告期内收到的，用于进行固定资产投资的上级主管部门、地方和企、事业单位自筹资金。

5. 其他资金来源 指报告期内收到的除以上各种拨款、借款、自筹资金以外，其他用于固定资产投资的资金。

固定资产投资按国民经济行业分 建设项目归哪个行业，按其建成投产后的主要产品或主要用途及社会经济活动性质来确定。基本建设按建设项目划分国民经济行业，更新改造、国有经济单位其他固定资产投资及城镇集体投资根据整个企业、事业单位所属的行业来划分。一般情况下，一个建设项目或一个企业、事业单位只能属于一种国民经济行业。为了更准确地反映国民经济各行业之间的比例关系，联合企业（总厂）所属分厂属于不同行业的，原则上按分厂划分行业。

固定资产投资按建设性质分 建设项目的性质一般分为新建、扩建、改建、迁建、恢复。基本建设按建设项目划分建设性质，更新改造、国有经济单位其他固定资产投资及城镇集体投资按整个企业、事业单位的建设情况确定建设性质。目前基本建设和更新改造是根据我国现行的计划管理体制区分的，所以基本建设和更新改造都可以分别按新建、扩建等划分。

固定资产投资按用途分 固定资产投资按工程的经济用途分为用于为农林牧渔业用、工业建筑业用商业、运输邮电业用、其他五部分的建设，是研究不同用途的固定资产投资之间比例关系的重要指标。基本建设投资、国有经济单位其他固定资产投资及城镇集体投资的用途按单项工程确定，现有企业、事业单位更新改造投资的用途按更新改造项目确定。

固定资产投资按构成分 固定资产投资活动按其工作内容和实现方式分为建筑安装工程，设备、工具、器具购置，其他费用三个部分。

1. 建筑安装工程（建筑工作量）指各种房屋、建筑物的建造工程和各种设备、装置的安装工程。包括各种房屋建造工程，各种用途设备基础和各种工业窑炉的砌筑工程；为施工而进行的各种准备工作和临时工程以及完工后的清理工作等；铁路、道路的铺设，矿井的开凿及石油管道的架设等；水利工程；防空地下建筑等特殊工程;以及各种机械设备的安装工程;为测定安装工程质量,对设备进行的试行工作。在安装工程中,不包括被安装设备本身价值。

2. 设备、工具、器具购置指购置或自制达到固定资产标准的设备、工具、器具的价值,固定资产的标准按财务部门规定。新建单位、扩建单位的新建车间按照设计和计划要求购置或自制的全部设备、工具、器具,不论是否达到固定资产标准均计入“设备、工具、器具购置”中。

3. 其他费用指除建筑安装工程和设备、工具、器具购置以外的投资完成额。它包括两种性质的费用,一种是属于增加固定资产的费用,主要有:建设单位管理费,土地、青苗等补偿费和安置补助费、勘察设计费、研究实验费、农林单位牲畜购置费、各种经济林木的营造费、办公和生活家具、器具购置费、引进技术和进口设备项目的其他费用、联合试运转费等;一种是属于不增加固定资产的费用,主要有:施工机械转移费、生产职工培训费、农业开荒费用及报废工程损失费等。

建筑业统计单位 指从事房屋、构筑物建造和设备安装活动的法人企业。建筑业法人企业应具有建筑业资质并能够独立核算,同时其应具备以下条件:1. 依法成立,有自己的名称、组织机构和场所,能够承担民事责任;2. 独立拥有和使用资产,承担负债,有权与其他单位签订合同;3. 独立核算盈亏,能够编制资产负债表。

施工项目 指报告期内曾进行建筑或安装工程施工活动的建设项目。包括报告期内新开工项目,报告期以前开工跨入报告期继续施工的项目以及报告期施过工并在报告期内全部建设投产或停缓建的项目。

全部建成投产项目工业项目 是指设计文件规定形成生产能力的主体工程及其相应配套的辅助设施全部建成,经负荷试运转,证明具备生产设计规定合格产品的条件,并经过验收鉴定合格或达到竣工验收标准,与生产性工程配套的生产福利设施可以满足近期正常生产的需要,正式移交生产的建设项目。

施工和竣工房屋建筑面积 房屋建筑面积是从房屋外墙线算起的各层平面面积的总和,包括房屋结构(如柱、墙)占用的面积和地下室面积。多层建筑按各自然层面积总和计算,包括房屋内的楼隔层,突出墙面的眺望间、门斗、有柱雨罩的面积。不包括突出墙面结构的构件、艺术装饰等所占的面积,如台阶等。凹阳台、挑阳台按其水平投影面积一半计算建筑面积。

住宅建筑面积 指施工和竣工房屋建筑面积中供居住用的施工和竣工房屋建筑面积。

竣工面积 指在报告期内房屋建筑按照设计要求已全部完工,达到住人和使用条件,经验收鉴定合格,正式移交使用单位的建筑面积。

房屋建筑面积竣工率 指一定时期内房屋竣工面积占同期房屋施工面积的比率。它是从房屋建筑施工速度的角度反映投资效果和建筑业经济效益的指标。

新增固定资产 指通过投资活动所形成的新的固定资产价值。包括已经建成投入生产或交付使用的工程价值和达到固定资产标准的设备、工具、器具的价值及有关应摊入的费用。它是以价值形式表示的固定资产投资成果的综合性指标,可以综合反映不同时期、不同部门、不同地区的固定资产投资成果。

建设项目投产率 指一定时期内全部建成投入生产项目个数占同期正式施工项目个数的比率。它是从项目建设速度的角度反映投资效果的指标。

固定资产交付使用率 指一定时期新增固定资产与同期完成投资额的比率。它是反映各个时期固定资产动用速度,衡量建设过程中投资效果的一个综合性指标。未完工程占用率指年末未完工程累计完成投资额占全年实际完成投资额的比率。它反映未完工程的相对规模,并可从资金占用的角度反映固定资产投资效果。由于未完工程是指已经开工,但尚未建成交付使用的工程,有个跨年度问题,因此未完工程占用率会出现大于1的情况。

实收资本 指企业实际吸收到的所有投资人投入的资金。该指标来源于会计“资产负债表”中“实收资本”项目的期末数。

资产总计 指企业拥有或控制的全部资产,包括活动资产、长期投资、固定资产、无形及递延资产、其他长期资产。该指标来源于会计“资产负债表”中“资产总计”项的期末数。

负债总计 指企业的流动负债和长期负债的合计。

本年施工规模 指报告期内施工的单项工程(或更新改造项目)的设计能力(或工程效益),包括报告期以前已开工跨入本年继续施工的工程的设计能力和报告期新开工工程的设计能力。也包括报告期内建成投产或报告期施工后又停缓建的单项工程设计能力。不包括在报告期以前建成投产或已经停、缓建的工程,以及报告期内尚未正式开工的工程的设计能力。

商品房销售面积 指报告期内出售商品房屋的合同总面积(即双方签署的正式买卖合同中所确定的建筑面积)。由现房销售面积和期房销售面积两部分组成。

商品房销售额 指报告期内出售商品房屋的合同总价款(即双方签署的正式买卖合同中所确定的合同总价)。该指标与商品房销售面积同口径,由现房销售额和期房销售额两部分组成。

四、价　格

4–1 市区居民消费价格指数（2022年）

（以上年价格为100）

类　别	年度	月份											
		一	二	三	四	五	六	七	八	九	十	十一	十二
居民消费价格指数	**101.2**	**100.6**	**100.2**	**100.9**	**101.1**	**101.1**	**101.5**	**101.8**	**101.3**	**101.8**	**101.8**	**101.3**	**101.1**
非食品烟酒价格指数	101.0	101.5	101.5	101.8	101.4	101.2	101.6	101.0	100.9	101.0	100.3	100.2	100.2
食品（10版口径）指数	102.0	98.5	96.9	98.9	100.6	101.3	101.7	104.3	102.6	104.7	106.2	104.6	103.8
非食品（10版口径）指数	101.0	101.3	101.4	101.6	101.3	101.0	101.5	100.9	100.8	100.9	100.4	100.2	100.3
服务价格指数	99.9	101.3	100.9	100.8	100.3	99.8	100.2	99.6	99.7	99.6	98.9	99.1	99.3
工业品价格指数	102.3	101.7	102.3	102.8	102.8	102.8	103.3	102.7	102.4	102.5	102.0	101.4	101.3
鲜活食品价格指数	100.4	93.2	89.8	93.9	97.3	99.4	99.6	105.2	101.0	106.2	110.0	106.9	105.4
消费品价格指数	102.0	100.1	99.8	101.0	101.7	102.0	102.4	103.2	102.3	103.2	103.7	102.7	102.4
能源价格指数	109.1	107.7	109.4	110.5	112.2	111.8	114.4	110.9	108.9	108.5	105.6	104.9	104.8
非食品价格指数	101.1	101.4	101.5	101.8	101.5	101.1	101.6	101.0	100.9	101.0	100.5	100.3	100.4
扣除食品和能源价格指数	100.4	100.9	100.9	101.0	100.6	100.2	100.5	100.2	100.2	100.4	100.0	99.9	100.0
扣除能源的工业品价格指数	100.8	100.3	100.7	101.1	100.7	100.8	100.7	100.8	100.9	101.1	101.2	100.5	100.5
扣除鲜菜鲜果价格指数	101.0	100.4	100.3	100.7	100.7	100.6	101.3	101.4	101.2	101.7	101.7	101.5	101.2
扣除自有住房价格指数	102.0	100.8	100.6	101.4	101.7	101.9	102.4	102.8	102.2	102.9	102.8	102.1	101.8
居住（扣自有住房）价格指数	100.6	101.3	101.2	101.2	101.1	100.9	101.0	100.6	100.7	100.6	100.4	99.3	99.4
扣除租赁房房租和自有住房价格指数	102.0	100.8	100.6	101.4	101.8	102.0	102.5	102.9	102.3	103.1	103.0	102.2	101.9
一、食品烟酒	**101.7**	**98.3**	**97.0**	**98.8**	**100.3**	**100.9**	**101.3**	**103.7**	**102.2**	**104.1**	**105.8**	**104.3**	**103.7**
1.食品	101.8	97.0	94.9	97.4	99.5	101.0	101.5	105.2	102.9	105.8	107.9	105.7	104.6
（1）粮食	107.1	105.0	105.4	106.0	106.0	108.2	108.5	108.5	108.4	108.5	108.9	106.2	105.2
大米	101.4	100.8	103.8	103.2	100.9	100.9	100.9	100.9	101.0	101.0	101.0	101.4	100.6
面粉	112.5	107.2	106.2	108.6	110.5	115.4	115.6	115.5	115.0	114.9	115.6	113.7	111.9
其他粮食	102.3	102.2	101.1	101.5	101.9	101.9	101.9	101.9	102.3	102.7	102.7	103.4	103.7
粮食制品	108.8	106.9	106.9	107.3	107.8	110.3	111.0	111.0	111.0	111.0	111.6	106.0	105.1
（2）薯类	107.5	99.2	99.1	99.8	109.3	113.5	108.7	111.1	100.8	104.5	114.3	114.9	117.4
（3）豆类	101.5	102.9	102.3	101.7	101.7	101.6	101.6	101.6	101.6	101.7	100.9	100.3	100.0
干豆	102.6	103.7	103.7	103.7	103.7	103.1	102.5	102.5	102.9	103.2	102.7	100.0	100.0
豆制品	101.4	102.8	102.2	101.5	101.5	101.5	101.5	101.5	101.5	101.5	100.7	100.3	100.0
（4）食用油	103.9	99.0	99.0	98.3	100.4	100.0	102.1	105.7	107.4	108.1	109.4	109.3	108.4
食用植物油	104.4	99.8	100.0	99.3	101.4	100.9	102.8	106.1	107.7	108.2	109.4	109.3	108.4
食用动物油	80.1	65.9	62.9	60.8	63.1	63.7	70.8	87.0	95.0	102.3	110.9	111.9	109.2
（5）菜及食用菌	100.2	104.0	95.1	112.6	114.6	110.3	99.9	104.6	96.6	100.3	96.0	85.8	90.1
鲜 菜	99.9	104.3	94.1	113.3	115.8	111.6	99.7	105.1	95.8	99.8	95.5	84.3	88.7
鲜 菌	104.3	103.5	107.3	115.6	114.4	104.8	101.7	104.1	103.6	107.6	98.2	93.6	101.3
干菜干菌及制品	100.8	101.2	101.4	101.1	100.8	100.8	101.0	100.4	100.1	100.3	100.7	100.7	101.2
（6）畜肉类	94.3	75.4	74.9	75.1	78.0	83.3	92.1	106.8	105.7	111.5	121.8	118.0	111.4

4-1 续表 1

类　别	年度	月份											
		一	二	三	四	五	六	七	八	九	十	十一	十二
猪肉	92.2	59.8	59.2	58.9	63.7	73.8	89.4	118.2	114.9	128.3	151.9	138.6	125.1
牛肉	99.1	99.6	98.3	98.5	98.7	98.1	98.0	99.0	99.1	99.1	99.6	100.2	100.5
羊肉	90.4	91.7	87.9	85.6	84.0	83.6	87.8	91.5	92.4	93.8	94.7	98.4	96.8
其他畜肉及副产品	93.8	79.0	80.0	81.7	81.8	82.1	88.4	101.7	103.2	105.7	112.9	115.2	109.3
畜肉制品	101.0	101.8	101.0	100.4	100.2	100.0	99.8	101.1	101.9	101.4	102.1	101.3	100.9
（7）禽肉类	99.6	94.8	93.1	94.9	96.6	98.4	99.8	101.5	101.0	101.4	102.6	107.1	104.7
鸡	98.6	91.4	88.8	91.6	94.4	97.1	99.3	101.4	100.2	100.9	103.4	111.1	106.9
鸭	95.5	93.8	92.6	95.1	95.5	96.0	96.7	96.8	96.2	94.5	94.9	96.7	97.0
其他禽肉及制品	101.8	100.8	100.8	100.5	100.4	100.8	101.2	102.4	103.0	103.3	102.6	102.6	102.6
（8）水产品	93.0	108.7	95.4	95.8	90.0	83.3	83.1	83.4	86.1	94.7	98.4	102.2	102.6
淡水鱼	85.9	116.0	95.7	95.2	81.2	72.5	71.0	70.9	74.2	86.7	93.2	98.7	99.2
海水鱼	105.7	103.2	103.6	103.2	103.8	103.7	104.9	106.0	106.5	107.5	106.7	110.1	109.1
虾蟹类	96.9	100.6	86.7	89.7	98.3	92.4	95.9	96.8	98.5	102.3	101.8	103.9	102.4
其他水产品及制品	103.9	103.4	102.8	102.3	102.3	102.3	104.1	104.1	104.1	104.1	104.4	104.6	108.0
（9）蛋类	106.1	101.0	104.8	106.1	111.5	111.6	105.4	103.5	94.9	104.4	112.0	110.2	108.6
鸡蛋	106.3	100.5	104.7	106.2	112.2	112.2	105.5	103.3	94.0	104.6	113.1	111.1	109.4
其他蛋及制品	103.5	106.4	105.5	104.7	104.7	104.7	104.7	104.7	104.7	102.3	100.0	100.0	100.0
（10）奶类	101.1	102.5	101.9	100.5	100.6	102.2	102.7	101.0	101.2	101.3	101.3	99.6	98.1
鲜奶	104.6	104.9	105.0	103.1	103.1	107.2	109.2	106.2	102.0	107.8	107.8	103.1	96.7
酸奶	102.7	100.0	100.0	100.0	100.0	100.0	100.0	105.4	105.4	105.4	105.4	105.4	105.4
奶粉	94.7	100.0	98.0	95.7	95.7	95.7	95.7	91.4	97.6	91.1	91.1	91.1	93.8
其他奶制品	104.4	107.4	107.4	109.0	110.7	109.0	104.9	101.4	100.0	100.0	100.0	100.0	105.0
（11）干鲜瓜果类	108.7	104.3	102.1	100.8	106.9	113.4	114.5	112.7	110.0	109.8	110.9	112.1	109.6
鲜果	111.2	106.0	103.1	101.6	109.2	117.7	118.5	116.3	112.7	112.6	113.8	115.1	111.8
坚果	97.2	95.6	96.0	95.7	95.5	95.3	98.4	98.4	98.0	97.4	98.7	98.7	98.9
瓜果制品	103.0	102.2	102.7	101.5	101.5	101.2	104.6	104.6	105.4	103.0	102.1	103.7	103.7
（12）糖果糕点类	106.1	102.0	100.0	101.1	100.2	100.7	100.7	112.8	112.3	112.0	110.5	110.9	110.1
食糖	100.5	104.0	104.0	104.0	105.5	105.5	102.1	98.1	98.1	98.1	97.3	95.9	94.3
糖果	104.8	105.6	106.5	114.7	104.5	103.4	103.7	103.8	105.1	104.1	102.7	101.8	103.4
糕点	107.5	101.4	97.9	97.9	98.1	99.2	100.0	118.0	116.8	116.2	114.5	115.1	114.0
其他糖果糕点	102.7	99.8	102.4	101.7	104.4	103.1	99.5	101.5	102.6	104.4	103.6	106.3	103.6
（13）调味品	106.4	103.6	104.2	104.5	103.8	105.9	109.4	109.4	107.9	107.4	108.2	107.1	105.8
食用盐	103.0	100.0	101.2	102.5	102.5	102.5	108.0	108.0	102.5	102.5	102.5	102.5	102.5
酱油	110.6	101.4	102.6	104.0	106.6	110.5	115.8	113.8	114.4	113.4	117.5	115.6	112.3
食醋	101.0	92.4	96.3	102.9	93.6	94.3	100.0	100.0	103.5	106.2	109.7	109.7	106.2
增味剂	110.0	108.7	108.7	108.7	108.7	110.3	110.3	110.3	111.0	113.2	113.2	113.2	104.1

4-1 续表 2

类 别	年度	月份											
		一	二	三	四	五	六	七	八	九	十	十一	十二
其他调味品	104.5	110.1	108.5	104.7	104.4	106.2	107.6	109.5	104.0	101.7	99.4	98.1	101.1
（14）其他食品类	103.0	101.3	101.5	101.9	103.0	102.6	101.5	103.4	104.1	104.2	104.3	104.0	103.8
方便食品	102.4	100.0	101.1	101.5	103.2	102.3	101.3	103.2	103.2	103.2	103.2	103.2	103.2
淀粉及制品	100.6	100.8	100.0	100.3	100.6	100.6	100.6	100.6	100.6	100.6	100.6	100.6	101.2
其他食品	109.2	106.9	105.6	105.8	106.6	107.6	103.6	108.7	113.2	114.3	115.1	112.6	110.3
2.茶及饮料	100.8	100.5	100.5	101.7	101.9	99.3	101.2	101.4	100.2	101.8	101.0	98.3	101.7
茶 叶	100.0	100.0	100.0	100.0	100.0	100.0	100.0	100.0	100.0	100.0	100.0	100.0	100.0
固体咖啡	103.2	101.9	101.9	102.0	102.0	103.3	104.6	104.6	104.6	104.6	103.6	102.7	102.7
其他固体饮料	101.7	105.7	104.2	104.2	104.2	102.0	100.0	100.0	100.0	100.0	100.0	100.0	100.9
饮 用 水	102.3	96.8	98.2	99.5	101.1	102.7	102.7	104.9	104.9	104.9	103.8	103.8	104.9
果汁饮料	106.4	102.0	107.6	107.6	107.7	105.3	105.3	105.3	107.0	109.6	107.6	108.2	104.4
其他液体饮料	99.8	100.9	99.8	102.3	102.5	96.3	101.0	100.9	97.8	101.2	99.9	93.6	102.0
3.烟酒	98.5	96.9	97.7	97.9	96.6	96.5	97.3	97.9	98.1	98.6	101.5	101.3	101.8
（1）卷烟	100.4	100.0	100.5	100.5	100.5	100.5	100.5	100.5	100.5	100.5	100.5	100.5	100.5
（2）酒类	96.4	93.6	94.8	95.1	92.6	92.3	94.1	95.3	95.6	96.7	102.5	102.2	103.3
白 酒	94.3	91.4	92.7	93.2	89.7	89.8	92.1	93.1	92.8	93.9	102.4	100.5	101.8
葡 萄 酒	99.1	99.7	99.7	99.7	100.0	100.0	97.7	97.7	97.5	97.5	100.0	100.0	100.0
啤 酒	102.0	98.1	99.4	99.4	98.3	96.8	98.1	100.9	103.7	105.8	103.7	109.8	110.4
其他酒类	102.6	100.5	100.5	100.5	101.6	100.8	102.2	102.6	104.1	104.6	104.2	104.6	104.6
4.在外餐饮	102.4	102.6	102.8	103.2	103.9	102.3	102.4	102.2	101.8	101.9	101.9	102.0	101.9
餐馆餐饮	102.0	104.3	104.3	104.6	103.7	100.9	100.9	100.9	100.9	100.9	100.9	100.9	100.9
饮品店餐饮	99.9	98.6	97.8	97.0	99.6	98.5	97.7	100.0	100.2	102.5	100.8	104.0	102.5
外 卖	104.3	100.0	100.0	101.9	106.7	106.7	107.4	106.2	104.5	104.5	104.5	104.5	104.5
其他在外餐饮	101.8	101.8	102.7	101.7	101.7	101.7	101.7	101.7	101.7	101.7	101.7	101.7	101.7
二、衣着	**101.2**	**101.7**	**101.7**	**101.9**	**101.4**	**101.5**	**101.5**	**101.3**	**101.2**	**100.9**	**100.7**	**100.3**	**100.1**
1.服装	101.1	101.6	101.5	102.0	101.4	101.4	101.6	101.2	101.0	100.8	100.8	100.3	100.1
（1）男式服装	100.3	99.7	99.7	100.7	100.2	100.3	100.6	100.5	100.5	100.6	100.3	100.2	100.2
男式外套	100.2	98.7	98.7	101.3	100.5	100.5	100.5	100.5	100.5	100.6	100.6	100.4	100.2
男式针织衫	98.9	96.0	96.0	99.4	99.4	99.4	99.4	99.4	99.4	99.6	99.6	99.4	100.4
男式衬衫T恤	100.7	99.0	99.0	99.0	99.5	100.0	101.2	101.6	101.9	101.9	101.9	101.9	101.9
男式裤子	99.6	103.5	103.5	100.4	99.5	99.5	99.5	98.8	98.0	98.2	98.2	98.2	98.2
男式内衣	102.7	103.6	103.6	103.6	103.6	103.6	103.6	103.6	103.6	103.6	100.0	100.0	100.0
（2）女式服装	102.4	103.7	103.7	103.8	102.9	103.0	103.1	102.6	102.2	101.7	101.6	100.5	99.8
女式外套	102.8	104.1	104.1	104.1	102.8	102.8	102.8	102.8	102.8	102.8	103.0	101.4	100.2
女式针织衫	101.5	102.9	102.9	103.2	103.2	103.2	103.2	102.4	101.5	99.7	99.6	98.9	98.4

4-1 续表 3

类 别	年度	月份											
		一	二	三	四	五	六	七	八	九	十	十一	十二
女式衬衫T恤	106.9	112.5	112.5	113.0	109.1	107.7	106.4	106.4	106.4	104.5	103.0	102.1	101.2
女式裤子	100.7	100.6	101.3	100.8	100.8	100.8	101.6	101.6	101.6	100.4	100.4	99.5	99.5
女式裙子	100.1	100.1	99.5	100.1	100.4	102.0	102.9	100.3	98.0	98.9	100.0	99.4	99.1
女式内衣	101.6	102.3	102.2	102.0	102.0	102.0	102.0	102.0	102.0	102.0	100.0	100.0	100.0
（3）儿童服装	99.3	99.6	99.6	99.7	99.2	99.2	99.2	98.7	98.7	98.7	99.2	99.5	100.1
婴儿服装	99.9	99.6	99.6	99.6	100.0	100.0	100.0	100.0	100.0	100.0	100.0	100.0	100.0
儿童上衣	100.8	100.7	100.7	100.7	101.0	101.0	101.0	101.0	101.0	101.0	101.0	100.5	100.0
儿童裤子	94.9	95.8	95.8	95.8	93.7	93.7	93.7	93.7	93.7	93.7	93.7	96.5	100.0
儿童裙子	101.4	103.3	103.3	103.3	101.7	101.7	101.7	99.5	99.5	99.5	101.7	100.9	100.5
儿童内衣	98.3	92.7	92.7	95.5	100.0	100.0	100.0	100.0	100.0	100.0	100.0	100.0	100.0
（4）衣着材料及配件	102.1	101.0	101.0	101.0	102.9	102.9	102.9	102.9	102.9	101.9	101.9	101.9	101.9
袜 子	100.0	100.0	100.0	100.0	100.0	100.0	100.0	100.0	100.0	100.0	100.0	100.0	100.0
帽 子	107.2	103.5	103.5	103.5	110.1	110.1	110.1	110.1	110.1	106.3	106.3	106.3	106.3
其他衣着材料及配件	100.0	100.0	100.0	100.0	100.0	100.0	100.0	100.0	100.0	100.0	100.0	100.0	100.0
（5）衣着服务费	100.0	100.0	100.0	100.0	100.0	100.0	100.0	100.0	100.0	100.0	100.0	100.0	100.0
衣着洗涤保养	100.0	100.0	100.0	100.0	100.0	100.0	100.0	100.0	100.0	100.0	100.0	100.0	100.0
其他衣着服务	100.0	100.0	100.0	100.0	100.0	100.0	100.0	100.0	100.0	100.0	100.0	100.0	100.0
2.鞋类	101.4	102.3	102.3	101.7	101.7	101.7	101.3	101.7	101.7	101.3	100.6	100.0	100.0
（1）鞋	101.4	102.3	102.3	101.8	101.8	101.8	101.4	101.7	101.7	101.3	100.6	100.0	100.0
男 鞋	101.3	100.9	100.9	100.9	100.9	100.9	100.9	101.9	101.9	101.9	101.8	101.3	101.3
女 鞋	101.9	104.0	104.0	102.8	102.8	102.8	102.1	102.1	102.1	101.4	100.1	99.2	99.2
童 鞋	100.0	100.0	100.0	100.0	100.0	100.0	100.0	100.0	100.0	100.0	100.0	100.0	100.0
（2）鞋类服务	100.4	104.4	100.0	100.0	100.0	100.0	100.0	100.0	100.0	100.0	100.0	100.0	100.0
三、居住	**98.4**	**99.9**	**99.3**	**99.6**	**99.0**	**98.3**	**98.4**	**97.7**	**97.7**	**97.5**	**97.5**	**97.6**	**98.0**
1.租赁房房租	97.1	99.4	98.6	98.8	98.0	97.0	96.9	96.1	96.2	95.8	95.7	96.1	96.5
公房房租	100.0	100.0	100.0	100.0	100.0	100.0	100.0	100.0	100.0	100.0	100.0	100.0	100.0
私房房租	96.7	99.3	98.5	98.6	97.7	96.6	96.5	95.6	95.7	95.2	95.2	95.6	96.1
2.住房保养维修及管理	102.4	103.2	103.3	103.2	103.2	103.2	103.2	102.6	102.7	102.7	102.1	99.6	99.5
（1）住房装潢材料	102.2	103.2	103.4	103.2	103.2	103.2	103.3	102.2	102.4	102.3	102.3	99.3	99.1
木 地 板	100.3	100.3	100.3	100.3	100.3	100.3	100.3	100.3	100.3	100.3	100.3	100.0	100.0
瓷 砖	101.6	101.9	101.9	101.9	101.9	101.9	101.9	101.9	101.9	101.9	101.9	100.0	100.0
水 泥	99.4	106.3	109.5	106.4	106.4	106.4	109.3	94.2	94.2	94.2	94.2	86.2	86.2
涂 料	101.1	101.0	101.0	101.0	101.0	101.0	101.0	101.0	101.0	102.4	102.4	100.0	100.0
板 材	110.6	113.0	113.0	113.0	113.0	113.0	113.0	113.0	113.0	113.0	113.0	100.0	100.0
管 材	104.4	105.3	105.3	105.3	105.3	105.3	105.3	105.3	105.3	105.3	105.3	100.0	100.0

4-1 续表 4

类别	年度	月份 一	二	三	四	五	六	七	八	九	十	十一	十二
厨卫设备	99.7	100.0	100.0	100.0	100.0	100.0	100.0	99.5	99.5	99.5	99.5	99.5	99.5
门窗	102.9	102.6	102.6	102.6	102.6	102.6	102.6	102.6	104.4	104.4	104.4	101.8	101.8
其他住房装潢材料	105.5	107.9	107.2	107.2	107.2	106.9	105.9	106.6	106.6	104.0	104.0	103.2	100.3
（2）住房维修管理费用	102.5	103.2	103.2	103.2	103.2	103.2	103.2	103.2	103.2	103.2	101.9	100.0	100.0
物业管理费	100.0	100.0	100.0	100.0	100.0	100.0	100.0	100.0	100.0	100.0	100.0	100.0	100.0
装潢维修费	105.4	106.8	106.8	106.8	106.8	106.8	106.8	106.8	106.8	106.8	104.0	100.0	100.0
其他住房费用	100.0	100.0	100.0	100.0	100.0	100.0	100.0	100.0	100.0	100.0	100.0	100.0	100.0
3.水电燃料	100.5	100.3	100.3	100.5	100.5	100.5	100.7	100.7	100.7	100.7	100.7	100.3	100.3
（1）水	100.0	100.0	100.0	100.0	100.0	100.0	100.0	100.0	100.0	100.0	100.0	100.0	100.0
（2）电	100.0	100.0	100.0	100.0	100.0	100.0	100.0	100.0	100.0	100.0	100.0	100.0	100.0
（3）燃气	102.2	101.5	101.5	102.1	102.1	102.1	102.9	102.9	102.9	102.9	102.9	101.4	101.4
管道燃气	100.0	100.0	100.0	100.0	100.0	100.0	100.0	100.0	100.0	100.0	100.0	100.0	100.0
液化石油气	109.7	106.5	106.5	109.5	109.5	109.5	112.8	112.8	112.8	112.8	112.8	106.0	106.0
（4）其他水电燃料类	100.0	100.0	100.0	100.0	100.0	100.0	100.0	100.0	100.0	100.0	100.0	100.0	100.0
4.自有住房	97.1	99.2	98.3	98.6	97.8	96.8	96.9	96.0	96.0	95.6	95.9	96.5	97.1
四、生活用品及服务	**101.6**	**100.0**	**100.7**	**101.0**	**101.2**	**101.6**	**101.5**	**102.2**	**101.7**	**102.5**	**102.4**	**102.0**	**101.9**
1.家具及室内装饰品	106.0	103.7	103.7	105.2	105.2	105.2	105.1	108.8	108.8	108.5	108.6	104.7	104.6
（1）家具	106.7	104.3	104.3	105.7	105.7	105.7	105.7	109.7	109.8	109.6	109.6	105.4	105.0
柜	112.7	111.0	111.0	111.0	111.0	111.0	111.0	118.5	118.5	118.5	118.5	106.8	106.8
床	106.0	100.9	100.9	104.0	104.0	104.0	104.0	109.1	109.1	109.1	109.1	109.1	108.2
桌	104.5	99.7	99.7	104.1	104.1	104.1	104.1	106.7	106.3	106.3	106.3	106.3	106.3
椅	105.3	100.0	100.0	103.7	103.7	103.7	103.7	108.1	108.1	108.1	108.1	108.1	108.1
沙发	101.7	102.4	102.4	102.4	102.4	102.4	102.4	102.4	102.4	101.6	101.6	99.2	99.2
其他家具	104.8	104.1	104.1	104.1	104.1	104.1	104.1	104.1	106.6	106.6	106.6	106.6	102.3
（2）室内装饰品	98.4	97.5	97.7	99.4	99.8	99.8	97.9	99.3	98.0	96.6	97.7	97.0	99.7
灯具	97.2	96.1	96.2	98.6	99.2	99.2	96.5	98.6	96.6	94.6	96.1	95.1	99.0
其他室内装饰品	101.1	100.8	101.1	101.1	101.1	101.1	101.1	101.1	101.1	101.1	101.1	101.1	101.1
2.家用器具	99.6	99.9	101.3	100.7	100.1	100.3	99.5	99.5	99.0	98.7	98.9	98.4	98.5
（1）大型家用器具	99.4	99.9	101.8	101.0	100.2	100.1	99.0	99.1	98.6	98.4	98.7	98.2	98.3
洗衣机	97.1	99.1	97.9	97.1	97.6	97.2	96.1	98.1	97.1	96.7	97.2	95.6	95.4
电冰箱（柜）	96.0	103.4	103.2	98.9	94.7	94.6	94.9	96.4	94.7	93.4	94.4	92.2	92.3
抽油烟机	98.8	99.6	99.0	98.9	98.7	98.9	98.9	98.8	98.9	99.4	98.5	98.1	98.3

4-1 续表 5

类 别	年度	月份											
		一	二	三	四	五	六	七	八	九	十	十一	十二
空 调 器	102.8	100.4	105.9	105.5	104.5	104.7	102.6	101.5	101.2	101.4	101.9	101.7	101.5
热 水 器	97.6	96.9	97.8	98.1	98.5	97.3	96.2	96.8	96.5	97.8	96.6	97.2	101.1
炉具灶具	99.8	98.9	98.8	100.0	101.1	101.1	98.2	99.3	100.1	99.6	100.9	99.8	100.2
吸 尘 器	103.9	99.4	101.4	104.4	108.1	104.9	103.8	105.2	104.5	102.7	102.3	104.1	105.5
空气净化器	100.7	95.0	96.6	98.9	100.5	99.7	98.6	99.6	101.7	104.6	103.5	104.6	105.2
净 水 器	102.4	91.9	93.8	99.1	102.9	107.8	107.3	104.5	107.6	105.5	103.5	105.8	101.2
其他大型家用器具	96.3	99.5	100.0	98.4	96.8	96.8	96.8	96.0	94.7	94.1	94.1	94.5	94.1
（2）小家电	100.2	99.9	98.6	98.9	99.8	101.3	102.2	101.6	101.2	100.4	100.2	99.5	99.4
厨房小家电	99.8	100.6	99.5	99.5	99.8	101.4	102.4	100.9	100.9	99.6	98.1	97.8	97.5
生活小家电	101.0	98.5	96.9	97.6	99.7	101.2	101.8	103.1	101.7	101.8	104.2	102.7	103.2
3.家用纺织品	100.4	100.5	100.6	100.6	100.6	100.5	100.5	100.3	100.6	100.5	100.5	100.0	100.0
（1）床上用品	100.1	100.1	100.2	100.2	100.2	100.1	100.1	100.1	100.1	100.1	100.1	100.1	100.1
被 子	100.0	100.0	100.0	100.0	100.0	100.0	100.0	100.0	100.0	100.0	100.0	100.0	100.0
床单被套	100.3	100.2	100.4	100.4	100.4	100.2	100.2	100.2	100.2	100.2	100.2	100.2	100.2
其他床上用品	100.0	100.0	100.0	100.0	100.0	100.0	100.0	100.0	100.0	100.0	100.0	100.0	100.0
（2）窗帘门帘	104.0	104.8	104.8	104.8	104.8	104.8	104.8	104.8	104.8	104.8	104.8	100.0	100.0
（3）其他家用纺织品	99.2	99.0	99.4	99.4	99.4	99.4	99.4	96.5	100.7	99.2	99.2	99.2	99.2
4.家庭日用杂品	100.2	99.0	99.4	98.9	99.5	99.5	100.6	100.1	99.5	100.9	101.4	101.9	102.0
（1）洗涤卫生用品	100.2	98.9	99.1	98.3	98.7	98.7	99.7	99.9	98.3	101.8	102.7	103.1	103.1
清洗用品	98.6	96.2	96.8	98.0	96.8	96.6	99.4	98.4	98.5	100.7	100.6	99.2	102.2
清洁用具	101.1	102.0	102.5	101.9	101.5	101.3	100.8	101.2	101.8	99.9	100.5	99.4	100.7
清洁用纸	102.1	102.0	101.4	97.8	100.7	101.0	99.9	101.6	97.2	103.7	106.0	109.4	104.9
（2）厨具餐具茶具	101.0	99.1	100.1	100.3	101.2	101.5	102.8	100.4	102.1	100.7	100.4	101.4	101.8
厨 具	101.2	99.0	101.6	100.6	101.0	101.3	104.1	100.1	102.9	100.7	100.0	101.7	101.7
餐 具	101.3	98.7	97.1	99.9	102.3	101.9	102.8	102.1	102.4	101.5	101.6	102.1	103.0
茶 具	99.6	100.6	102.4	100.5	99.2	101.1	98.9	97.9	98.8	98.5	99.1	99.0	99.0
（3）其他家庭日用杂品	98.5	99.1	99.3	98.1	98.1	97.5	98.5	99.9	97.7	98.3	98.6	98.6	98.6
配电附件	98.8	98.8	98.5	97.3	97.3	95.5	97.7	100.5	98.3	99.8	100.2	100.7	100.5
雨 具	97.0	96.1	99.8	98.2	98.2	97.2	96.0	96.4	97.3	96.7	97.5	94.6	95.4
其他日用杂品	98.6	100.1	100.1	99.1	99.1	100.0	100.0	100.0	97.0	97.0	97.0	97.0	97.0
5.个人护理用品	101.9	96.7	98.2	99.5	100.6	102.3	102.0	102.7	101.6	104.4	104.1	105.9	105.2
（1）化妆品	101.9	94.9	96.6	98.3	99.3	102.3	100.9	102.5	101.3	105.9	105.4	108.3	107.0
清洁化妆品	97.1	95.1	93.4	94.8	96.4	98.5	94.3	93.8	94.1	99.1	101.3	101.4	103.4
护肤化妆品	103.0	92.8	95.8	98.6	99.2	103.5	101.9	105.0	102.9	109.1	107.2	112.3	109.4

4-1 续表6

类 别	年度	月份											
		一	二	三	四	五	六	七	八	九	十	十一	十二
彩妆化妆品	103.1	101.7	101.9	100.4	101.7	103.2	104.0	103.9	103.7	103.7	104.2	104.2	104.4
化妆器具	101.8	96.5	102.0	101.4	103.9	100.7	102.7	102.1	102.4	102.5	102.6	103.3	102.2
（2）其他护理用品类	102.0	99.8	100.7	101.4	102.8	102.3	103.8	102.9	102.1	102.0	102.1	101.9	102.2
清洁类护理用品	103.4	100.3	102.1	102.7	104.5	103.4	105.3	104.3	103.7	103.9	103.7	104.0	103.5
护发美发用品	100.7	100.5	100.2	100.9	100.9	101.9	102.7	101.6	100.8	100.2	99.8	99.6	99.3
护理器具	100.1	97.7	97.4	98.7	100.1	100.3	102.8	102.3	100.4	100.0	100.7	98.8	102.5
其他护理用品	95.9	98.2	98.8	96.4	100.0	97.3	90.2	92.0	92.7	93.6	97.4	97.4	97.3
6.家庭服务	101.5	101.9	101.9	101.9	101.9	101.9	101.9	101.9	101.9	101.9	100.1	100.0	100.0
家政服务	102.2	102.9	102.9	102.9	102.9	102.9	102.9	102.9	102.9	102.9	100.0	100.0	100.0
母婴护理服务	101.8	102.4	102.4	102.4	102.4	102.4	102.4	102.4	102.4	102.4	100.0	100.0	100.0
家庭维修服务	100.0	100.0	100.0	100.0	100.0	100.0	100.0	100.0	100.0	100.0	100.0	100.0	100.0
其他家庭服务	100.9	101.0	101.0	101.0	101.0	101.0	101.0	101.0	101.0	101.0	101.0	100.0	100.0
五、交通通信	**104.5**	**103.5**	**104.1**	**105.1**	**105.3**	**105.5**	**107.3**	**105.7**	**104.2**	**104.6**	**103.4**	**102.5**	**102.3**
1.交通	106.5	105.7	106.8	107.1	107.5	107.8	110.3	108.0	106.1	106.6	104.8	103.7	103.3
（1）交通工具	99.0	99.7	98.8	98.7	98.2	98.6	98.6	99.5	99.0	99.9	100.5	98.2	98.1
燃油小汽车	98.8	99.8	98.6	98.4	97.8	98.3	98.3	99.6	98.8	100.1	100.8	97.7	97.6
新能源小汽车	99.8	102.4	101.5	101.5	100.0	99.1	99.1	99.7	99.7	99.7	99.7	97.6	97.4
电动自行车	99.8	99.3	99.3	100.0	100.0	100.0	99.9	99.9	99.9	99.9	99.9	99.9	99.9
自 行 车	100.0	100.0	100.0	100.0	100.0	100.0	100.0	100.0	100.0	100.0	100.0	100.0	100.0
其他交通工具	95.6	93.6	93.6	93.6	93.6	95.5	95.5	95.1	95.4	96.1	97.7	98.0	99.7
（2）交通工具用燃料	120.7	118.9	122.7	124.4	128.6	127.3	133.0	124.3	119.8	118.8	111.8	110.4	110.6
汽 油	120.9	119.1	122.9	124.8	129.0	127.6	133.4	124.6	120.1	119.1	111.9	110.5	110.7
柴 油	123.4	123.6	127.0	126.8	132.3	130.7	137.0	127.2	122.0	121.3	113.1	111.8	111.6
其他车用能源	100.0	100.0	100.0	100.0	100.0	100.0	100.0	100.0	100.0	100.0	100.0	100.0	100.0
（3）交通工具使用和维修	103.3	102.8	102.8	102.8	102.8	102.8	102.8	102.8	102.8	104.7	104.7	104.7	102.9
停 车 费	100.0	100.0	100.0	100.0	100.0	100.0	100.0	100.0	100.0	100.0	100.0	100.0	100.0
车辆使用费	100.0	100.0	100.0	100.0	100.0	100.0	100.0	100.0	100.0	100.0	100.0	100.0	100.0
交通工具零配件	100.6	100.6	100.6	100.6	100.6	100.6	100.6	100.6	100.6	100.6	100.6	100.6	100.3
车辆修理与保养	105.2	104.4	104.4	104.4	104.4	104.4	104.4	104.4	104.4	107.5	107.5	107.5	104.6
（4）交通费	102.4	101.7	105.4	101.0	96.0	99.7	106.1	103.4	101.0	101.7	102.2	105.6	105.3
市内公共交通	100.0	100.0	100.0	100.0	100.0	100.0	100.0	100.0	100.0	100.0	100.0	100.0	100.0
出租汽车	100.0	100.0	100.0	100.0	100.0	100.0	100.0	100.0	100.0	100.0	100.0	100.0	100.0
飞 机 票	112.9	118.9	144.2	106.0	83.5	96.6	140.8	119.9	105.1	102.7	104.5	126.7	125.4
火 车 票	100.2	100.4	100.4	100.4	100.6	100.6	100.0	100.0	100.0	100.0	100.0	100.0	100.0
长途汽车	103.9	96.1	100.9	100.9	89.7	100.9	100.9	100.9	100.9	110.0	113.1	117.7	117.7
网 约 车	99.2	100.0	100.0	100.0	100.0	100.0	100.0	100.0	100.0	100.0	96.8	96.8	96.8

4-1 续表 7

类别	年度	月份											
		一	二	三	四	五	六	七	八	九	十	十一	十二
交通工具租赁费	100.0	100.0	100.0	100.0	100.0	100.0	100.0	100.0	100.0	100.0	100.0	100.0	100.0
其他交通费	99.2	99.1	99.1	99.1	99.1	99.1	99.1	99.1	99.1	99.1	99.1	99.1	100.0
2.通信	98.4	97.4	96.5	99.0	98.5	98.5	98.1	98.4	98.6	98.8	99.0	98.9	99.3
（1）通信工具	98.6	98.2	98.2	99.6	98.2	98.0	96.7	97.8	98.1	98.7	99.6	99.4	100.3
电话机	98.7	98.3	98.1	99.7	98.2	98.0	96.8	97.8	98.2	98.9	99.9	99.6	100.6
其他通信工具及零配件	96.8	98.0	98.8	98.0	99.0	97.3	96.1	97.5	96.1	95.3	94.2	95.7	95.8
（2）通信服务	98.2	96.7	95.3	98.5	98.5	98.7	98.7	98.7	98.7	98.7	98.6	98.6	98.6
电话费	99.3	96.1	96.1	100.0	100.0	100.0	100.0	100.0	100.0	100.0	100.0	100.0	100.0
家庭宽带服务	92.6	99.6	91.4	91.4	91.4	92.5	92.5	92.5	92.5	92.5	91.7	91.7	91.7
其他通信服务	98.7	98.6	98.6	98.6	98.6	98.6	98.6	98.6	98.6	98.6	98.6	98.6	100.0
（3）邮递服务	99.8	98.7	98.7	100.0	100.0	100.0	100.0	100.0	100.0	100.0	100.0	100.0	100.0
六、教育文化娱乐	**103.2**	**105.1**	**105.2**	**104.2**	**103.6**	**102.9**	**103.6**	**103.3**	**103.8**	**104.0**	**101.0**	**101.0**	**100.8**
1.教育	105.1	106.7	106.7	106.6	106.6	106.6	106.4	106.4	106.4	105.8	101.1	101.1	101.1
（1）教育用品	100.0	100.0	100.0	100.0	100.0	100.0	100.0	100.0	100.0	100.0	100.0	100.0	100.0
工具书	100.0	100.0	100.0	100.0	100.0	100.0	100.0	100.0	100.0	100.0	100.0	100.0	100.0
教材	100.1	100.1	100.1	100.1	100.1	100.1	100.1	100.1	100.1	100.0	100.0	100.0	100.0
参考资料	100.0	100.0	100.0	100.0	100.0	100.0	100.0	100.0	100.0	100.0	100.0	100.0	100.0
其他教育用品	100.0	100.0	100.0	100.0	100.0	100.0	100.0	100.0	100.0	100.0	100.0	100.0	100.0
（2）教育服务	105.2	106.9	106.9	106.8	106.8	106.8	106.7	106.7	106.7	106.1	101.1	101.1	101.1
幼儿早期教育	100.0	100.0	100.0	100.0	100.0	100.0	100.0	100.0	100.0	100.0	100.0	100.0	100.0
学前教育	120.7	128.9	128.9	128.4	128.4	128.4	128.4	128.4	128.4	129.9	101.9	101.9	101.9
小学初中教育	106.9	107.6	107.6	107.6	107.6	107.6	107.6	107.6	107.6	105.7	105.7	105.7	105.7
高中中职教育	109.7	115.3	115.3	115.3	115.3	115.3	115.3	115.3	115.3	100.0	100.0	100.0	100.0
高等教育	100.0	100.0	100.0	100.0	100.0	100.0	100.0	100.0	100.0	100.0	100.0	100.0	100.0
课外教育	100.4	100.0	100.0	100.0	100.0	100.0	100.0	100.0	100.0	101.2	101.2	101.2	101.2
专业技能培训	99.7	102.3	102.3	101.8	101.8	101.8	99.4	99.4	99.4	97.1	97.1	97.1	97.1
其他教育服务	100.6	100.0	100.0	100.7	100.7	100.7	100.7	100.7	100.7	100.7	100.7	100.7	100.7
2.文化娱乐	99.7	102.1	102.4	99.9	98.2	96.2	98.4	97.5	98.9	100.4	100.9	101.0	100.3
（1）文娱耐用消费品	99.1	101.3	102.3	101.0	99.9	98.5	97.6	97.2	99.2	99.3	97.5	98.3	97.8
电视机	94.5	100.8	100.2	97.7	95.9	95.9	92.7	92.4	91.8	92.2	90.4	91.9	92.1
照相机	100.6	101.1	102.3	101.6	105.5	103.4	102.1	99.0	100.6	98.5	98.1	96.4	98.0
台式计算机	103.4	113.1	113.2	111.8	111.5	102.0	96.7	96.2	99.7	100.3	100.6	99.9	99.9
笔记本电脑	101.9	110.0	108.2	106.9	103.5	101.0	101.8	103.7	103.1	100.9	96.1	94.8	95.3
平板电脑	102.6	91.5	98.0	98.1	97.0	97.9	101.8	98.4	109.0	110.2	107.1	114.3	109.4
乐器	104.2	107.6	107.6	107.6	107.6	102.6	102.7	103.5	103.5	103.5	103.5	100.8	100.8

4-1 续表 8

类 别	年度	月份											
		一	二	三	四	五	六	七	八	九	十	十一	十二
音 响	100.0	100.0	100.0	100.0	100.0	100.0	100.0	100.0	100.0	100.0	100.0	100.0	100.0
可穿戴智能设备	99.7	101.0	100.4	102.0	100.2	100.4	97.5	96.6	101.3	101.5	101.0	98.4	96.4
其他文娱耐用消费品	96.1	97.5	98.5	97.0	97.6	96.3	95.4	96.4	95.4	95.1	95.7	93.7	94.6
（2）其他文娱用品	100.5	99.6	99.9	100.4	100.7	100.6	100.7	100.7	100.5	100.5	100.9	100.4	100.9
书报杂志及音像制品	100.0	100.0	100.0	100.0	100.0	100.0	100.0	100.0	100.0	100.0	100.0	100.0	100.0
纸张文具	100.0	98.3	98.3	100.6	100.6	100.0	100.0	100.0	100.0	100.0	100.0	100.0	102.3
体育户外用品	104.0	101.9	103.4	103.0	103.9	104.4	104.6	105.1	104.1	104.2	106.2	103.3	104.2
游戏用品和玩具	99.6	98.8	98.8	99.3	100.1	99.9	100.3	100.1	99.8	99.7	100.1	99.6	99.4
园艺花卉及用品	100.0	100.0	100.0	100.0	100.0	100.0	100.0	100.0	100.0	100.0	100.0	100.0	100.0
宠物及用品	101.3	100.0	101.4	101.4	101.4	101.4	101.4	101.4	101.4	101.4	101.4	101.4	101.4
其他文化娱乐用品	100.0	100.0	100.0	100.0	100.0	100.0	100.0	100.0	100.0	100.0	100.0	100.0	100.0
（3）文化娱乐服务	99.2	100.2	98.1	99.1	99.2	94.5	98.1	98.2	100.1	100.2	100.2	100.4	102.0
电影及演出票	87.2	96.7	79.2	90.0	90.4	87.1	81.9	81.6	83.5	87.7	85.0	91.3	94.7
景点门票	98.7	100.6	101.2	100.6	100.6	80.9	100.0	100.0	100.0	100.6	100.0	100.0	100.0
电视服务	100.0	100.0	100.0	100.0	100.0	100.0	100.0	100.0	100.0	100.0	100.0	100.0	100.0
健身活动	101.2	103.0	103.0	103.0	103.0	103.0	100.0	100.0	100.0	100.0	100.0	100.0	100.0
宠物服务	101.8	100.0	100.0	100.0	100.0	100.0	100.0	103.7	103.7	103.7	103.7	103.7	103.7
网络文娱服务	98.1	99.4	102.3	96.6	97.0	98.6	101.6	99.9	98.2	92.3	97.4	91.2	103.5
儿童娱乐项目	109.7	100.0	100.0	100.0	100.0	100.0	100.0	100.0	123.3	123.3	123.3	123.3	123.3
其他文娱服务	100.0	100.0	100.0	100.0	100.0	100.0	100.0	100.0	100.0	100.0	100.0	100.0	100.0
（4）旅游	100.1	106.9	108.8	98.6	93.0	91.3	97.8	94.7	96.3	102.0	106.3	105.7	101.8
旅行社收费	100.2	107.8	109.9	98.4	92.2	90.2	97.6	94.1	95.8	102.3	107.1	106.4	102.1
其他旅游	100.0	100.0	100.0	100.0	100.0	100.0	100.0	100.0	100.0	100.0	100.0	100.0	100.0
七、医疗保健	**100.4**	**99.8**	**100.2**	**100.5**	**100.3**	**100.2**	**100.4**	**100.3**	**100.4**	**100.5**	**100.5**	**100.8**	**100.7**
1.药品及医疗器具	101.0	99.2	100.4	101.3	100.7	100.6	101.2	100.6	101.2	101.4	101.3	102.3	102.2
（1）中药	105.6	103.5	106.2	107.3	104.7	104.6	105.5	105.5	106.1	106.2	105.5	105.5	106.2
中 药 材	104.7	102.1	101.3	106.4	106.0	105.5	105.5	105.5	105.5	105.0	103.8	103.8	106.4
中 成 药	105.9	104.0	107.8	107.6	104.3	104.3	105.5	105.5	106.3	106.6	106.1	106.1	106.1
（2）西药	100.8	99.6	100.8	100.7	100.2	100.3	101.3	100.3	101.1	101.5	101.5	101.4	100.8
抗微生物药	104.3	100.0	100.0	100.0	100.0	100.0	109.2	100.0	105.1	109.2	109.2	109.2	109.2
消化系统用药	98.2	98.7	98.3	98.3	98.3	98.3	98.3	98.0	98.0	98.0	98.0	98.0	98.0
呼吸系统用药	97.9	97.7	97.7	97.7	97.7	97.7	97.7	97.7	97.7	97.9	97.9	100.0	97.6
解热镇痛药	105.2	100.3	102.1	103.8	102.7	102.7	105.6	107.3	107.2	107.2	107.2	108.0	108.0
抗肿瘤药	100.0	100.0	100.0	100.0	100.0	100.0	100.0	100.0	100.0	100.0	100.0	100.0	100.0
激素及影响内分泌药	101.5	100.5	100.9	100.9	100.9	100.9	100.9	102.4	102.4	102.4	102.4	101.9	101.9
心血管系统用药	99.3	94.1	100.2	100.2	99.4	99.4	99.4	99.6	99.6	99.9	99.9	99.9	99.9

4-1 续表 9

类别	年度	月份											
		一	二	三	四	五	六	七	八	九	十	十一	十二
血液系统用药	97.5	100.0	100.0	100.0	100.0	100.0	96.6	96.6	96.6	96.6	96.6	96.6	90.4
治疗精神障碍药	100.3	96.7	98.9	99.5	99.5	99.5	99.5	101.9	103.1	100.4	100.4	101.9	101.9
神经系统用药	102.4	105.5	105.5	105.5	102.3	102.3	102.3	102.3	102.3	100.7	100.7	100.0	100.0
泌尿系统用药	99.6	99.9	99.7	99.9	99.9	99.9	99.2	99.2	99.2	99.2	99.2	99.2	100.8
维生素、矿物质类药	103.9	107.2	109.0	106.9	106.9	106.9	101.1	101.1	101.1	101.6	101.6	102.3	102.3
调节水、电解质及酸碱平衡药	111.5	107.6	104.0	104.0	104.0	107.8	118.6	118.6	118.6	117.4	117.4	110.2	110.2
其他西药	97.3	99.0	97.9	96.2	94.7	94.7	94.7	96.1	98.7	99.0	99.0	99.0	99.0
（3）滋补保健品	101.0	98.7	98.7	98.7	102.4	101.5	100.9	100.2	100.2	100.2	100.2	105.4	105.4
（4）医疗卫生器具	88.4	86.8	86.8	92.4	87.3	87.5	87.5	87.5	88.1	88.1	88.1	90.8	90.8
（5）保健器具	103.1	100.0	100.0	100.0	103.9	103.6	103.6	103.6	104.5	104.5	104.5	104.5	104.5
2.医疗服务	100.1	100.1	100.1	100.1	100.1	100.1	100.1	100.1	100.1	100.1	100.1	100.1	100.0
（1）综合医疗类	100.7	100.8	100.8	100.8	100.8	100.8	100.8	100.8	100.8	100.8	100.8	100.8	100.0
一般医疗服务	100.0	100.0	100.0	100.0	100.0	100.0	100.0	100.0	100.0	100.0	100.0	100.0	100.0
一般治疗操作	100.0	100.0	100.0	100.0	100.0	100.0	100.0	100.0	100.0	100.0	100.0	100.0	100.0
护 理	103.7	104.0	104.0	104.0	104.0	104.0	104.0	104.0	104.0	104.0	104.0	104.0	100.0
其他综合医疗服务	100.0	100.0	100.0	100.0	100.0	100.0	100.0	100.0	100.0	100.0	100.0	100.0	100.0
（2）诊断类	100.0	100.0	100.0	100.0	100.0	100.0	100.0	100.0	100.0	100.0	100.0	100.0	100.0
病理学诊断	100.0	100.0	100.0	100.0	100.0	100.0	100.0	100.0	100.0	100.0	100.0	100.0	100.0
实验室诊断	100.0	100.0	100.0	100.0	100.0	100.0	100.0	100.0	100.0	100.0	100.0	100.0	100.0
影像学诊断	100.0	100.0	100.0	100.0	100.0	100.0	100.0	100.0	100.0	100.0	100.0	100.0	100.0
临床诊断	100.0	100.0	100.0	100.0	100.0	100.0	100.0	100.0	100.0	100.0	100.0	100.0	100.0
（3）治疗类	100.0	100.0	100.0	100.0	100.0	100.0	100.0	100.0	100.0	100.0	100.0	100.0	100.0
临床手术治疗	100.0	100.0	100.0	100.0	100.0	100.0	100.0	100.0	100.0	100.0	100.0	100.0	100.0
临床非手术治疗	100.0	100.0	100.0	100.0	100.0	100.0	100.0	100.0	100.0	100.0	100.0	100.0	100.0
（4）康复类	96.3	96.0	96.0	96.0	96.0	96.0	96.0	96.0	96.0	96.0	96.0	96.0	100.0
康复医疗	96.3	96.0	96.0	96.0	96.0	96.0	96.0	96.0	96.0	96.0	96.0	96.0	100.0
（5）中医医疗服务类	100.0	100.0	100.0	100.0	100.0	100.0	100.0	100.0	100.0	100.0	100.0	100.0	100.0
中医治疗	100.0	100.0	100.0	100.0	100.0	100.0	100.0	100.0	100.0	100.0	100.0	100.0	100.0
（6）其他医疗保健服务	101.7	101.9	101.9	101.9	101.9	101.9	101.9	101.9	101.9	101.9	101.9	101.9	100.0
八、其他用品及服务	**101.3**	**98.5**	**100.0**	**101.9**	**101.5**	**101.8**	**101.2**	**100.0**	**101.8**	**101.4**	**102.0**	**102.5**	**103.1**
1.其他用品	102.0	96.3	99.4	104.1	102.4	103.0	101.7	100.2	103.2	101.9	102.8	104.1	105.8
（1）首饰手表	102.0	95.1	99.4	107.3	102.2	101.0	99.5	98.5	103.5	101.4	103.5	105.3	108.8

4-1 续表 10

类 别	年度	月份											
		一	二	三	四	五	六	七	八	九	十	十一	十二
金 饰 品	104.8	94.8	100.9	113.0	108.1	105.6	101.7	100.3	106.5	102.6	106.4	107.2	111.4
银 饰 品	94.0	97.2	92.5	95.5	95.2	95.2	95.8	95.7	95.5	95.2	76.1	96.4	97.6
铂金饰品	91.7	86.8	91.2	92.1	76.3	78.6	86.3	85.3	94.2	97.8	100.2	106.4	114.7
手 表	100.0	100.0	100.0	100.0	100.0	100.0	100.0	100.0	100.0	100.0	100.0	100.0	100.0
（2）母婴用品	104.0	97.2	98.4	98.8	102.0	109.3	109.2	105.4	106.5	105.2	105.9	105.6	104.9
母婴洗护喂养用品	104.5	97.9	97.0	97.2	101.4	111.2	110.8	106.1	108.3	106.0	106.9	106.6	105.9
其他母婴用品	102.7	95.6	101.6	102.7	103.5	105.1	105.5	103.8	102.2	103.3	103.5	103.2	102.5
（3）其他杂项用品	100.6	98.1	100.3	102.0	103.1	102.4	100.6	99.6	100.4	100.4	99.4	100.7	100.8
箱 包	100.9	97.3	100.5	102.8	104.5	103.5	100.9	99.5	100.5	100.6	99.2	100.9	101.2
眼 镜	100.0	100.0	100.0	100.0	100.0	100.0	100.0	100.0	100.0	100.0	100.0	100.0	100.0
2.其他服务	100.6	100.6	100.4	100.0	100.7	100.7	100.8	99.9	100.6	101.0	101.2	101.0	100.7
（1）在外住宿	94.6	92.3	91.1	88.3	92.7	92.7	93.6	91.6	94.2	98.8	100.3	102.0	99.7
宾馆住宿	96.2	94.4	96.1	93.0	94.0	94.2	94.1	92.3	94.0	99.4	101.5	102.8	100.2
其他住宿	90.9	87.5	80.6	78.6	89.8	89.2	92.6	89.7	94.7	97.2	97.5	100.1	98.5
（2）美容美发洗浴	101.1	101.3	101.3	101.3	101.3	101.3	101.3	101.3	101.3	101.3	101.3	100.0	100.0
美 容	100.0	100.0	100.0	100.0	100.0	100.0	100.0	100.0	100.0	100.0	100.0	100.0	100.0
美 发	100.0	100.0	100.0	100.0	100.0	100.0	100.0	100.0	100.0	100.0	100.0	100.0	100.0
洗 浴	103.7	104.4	104.4	104.4	104.4	104.4	104.4	104.4	104.4	104.4	104.4	100.0	100.0
（3）养老服务	100.0	100.0	100.0	100.0	100.0	100.0	100.0	100.0	100.0	100.0	100.0	100.0	100.0
（4）金融及保险服务	103.2	103.9	103.9	103.9	103.9	103.9	103.9	101.9	102.9	102.4	102.4	102.4	102.4
金融服务	100.0	100.0	100.0	100.0	100.0	100.0	100.0	100.0	100.0	100.0	100.0	100.0	100.0
车辆保险	100.0	100.0	100.0	100.0	100.0	100.0	100.0	100.0	100.0	100.0	100.0	100.0	100.0
旅行保险	100.0	100.0	100.0	100.0	100.0	100.0	100.0	100.0	100.0	100.0	100.0	100.0	100.0
其他保险	111.5	115.0	115.0	115.0	115.0	115.0	115.0	106.9	110.7	108.3	108.3	108.3	108.3
（5）中介法律及其他服务	100.0	100.0	100.0	100.0	100.0	100.0	100.0	100.0	100.0	100.0	100.0	100.0	100.0
中介服务	100.0	100.0	100.0	100.0	100.0	100.0	100.0	100.0	100.0	100.0	100.0	100.0	100.0
法律服务	100.0	100.0	100.0	100.0	100.0	100.0	100.0	100.0	100.0	100.0	100.0	100.0	100.0
其他杂项服务	100.0	100.0	100.0	100.0	100.0	100.0	100.0	100.0	100.0	100.0	100.0	100.0	100.0

4–2 市区商品零售价格指数（2022年）

（以上年价格为100）

类 别	年度	月份											
		一	二	三	四	五	六	七	八	九	十	十一	十二
商品零售价格指数	**102.4**	**100.9**	**101.0**	**102.1**	**102.3**	**102.5**	**102.9**	**103.1**	**102.6**	**103.2**	**103.3**	**102.3**	**102.2**
一、食品	**102.3**	**98.5**	**96.7**	**98.9**	**100.7**	**101.8**	**102.1**	**105.0**	**103.1**	**105.2**	**106.8**	**105.0**	**104.1**
1. 粮食	107.0	104.9	105.4	106.0	106.0	108.1	108.4	108.4	108.4	108.4	108.9	106.2	105.2
大 米	101.4	100.8	103.8	103.2	100.9	100.9	100.9	100.9	101.0	101.0	101.0	101.4	100.6
面 粉	112.5	107.2	106.2	108.6	110.5	115.4	115.6	115.5	115.0	114.9	115.6	113.7	111.9
其他粮食	102.3	102.2	101.1	101.5	101.9	101.9	101.9	101.9	102.3	102.7	102.7	103.4	103.7
粮食制品	108.8	106.9	106.9	107.3	107.8	110.3	111.0	111.0	111.0	111.0	111.6	106.0	105.1
2. 薯类	107.5	99.2	99.1	99.8	109.3	113.5	108.7	111.1	100.8	104.5	114.3	114.9	117.4
薯 类	107.5	99.2	99.1	99.8	109.3	113.5	108.7	111.1	100.8	104.5	114.3	114.9	117.4
3. 豆类	101.5	102.9	102.3	101.7	101.7	101.7	101.6	101.6	101.6	101.7	100.9	100.3	100.0
干 豆	102.6	103.7	103.7	103.7	103.7	103.1	102.5	102.5	102.9	103.2	102.7	100.0	100.0
豆 制 品	101.4	102.8	102.2	101.5	101.5	101.5	101.5	101.5	101.5	101.5	100.7	100.3	100.0
4. 食用油	104.0	99.1	99.2	98.4	100.5	100.1	102.2	105.7	107.5	108.1	109.4	109.3	108.4
食用植物油	104.4	99.8	100.0	99.3	101.4	100.9	102.8	106.1	107.7	108.2	109.4	109.3	108.4
食用动物油	80.1	65.9	62.9	60.8	63.1	63.7	70.8	87.0	95.0	102.3	110.9	111.9	109.2
5. 菜及食用菌	100.2	104.0	95.1	112.6	114.6	110.3	99.9	104.6	96.6	100.3	96.0	85.8	90.1
鲜 菜	99.9	104.3	94.1	113.3	115.8	111.6	99.7	105.1	95.8	99.8	95.5	84.3	88.7
鲜 菌	104.3	103.5	107.3	115.6	114.4	104.8	101.7	104.1	103.6	107.6	98.2	93.6	101.3
干菜干菌及制品	100.8	101.2	101.4	101.1	100.8	100.8	101.0	100.4	100.1	100.3	100.7	100.7	101.2
6.畜肉类	94.6	75.7	75.2	75.5	78.4	83.7	92.4	107.0	105.9	111.7	122.0	118.1	111.5
猪 肉	92.2	59.8	59.2	58.9	63.7	73.8	89.4	118.2	114.9	128.3	151.9	138.6	125.1
牛 肉	99.1	99.6	98.3	98.5	98.7	98.1	98.0	99.0	99.1	99.1	99.6	100.2	100.5
羊 肉	90.4	91.7	87.9	85.6	84.0	83.6	87.8	91.5	92.4	93.8	94.7	98.4	96.8
其他畜肉及副产品	93.8	79.0	80.0	81.7	81.8	82.1	88.4	101.7	103.2	105.7	112.9	115.2	109.3
畜肉制品	101.0	101.8	101.0	100.4	100.2	100.0	99.8	101.1	101.9	101.4	102.1	101.3	100.9
7.禽肉类	99.5	94.7	93.0	94.8	96.5	98.3	99.8	101.5	101.0	101.4	102.6	107.1	104.8
鸡	98.6	91.4	88.8	91.6	94.4	97.1	99.3	101.4	100.2	100.9	103.4	111.1	106.9
鸭	95.5	93.8	92.6	95.1	95.5	96.0	96.7	96.8	96.2	94.5	94.9	96.7	97.0
其他禽肉及制品	101.8	100.8	100.8	100.5	100.4	100.8	101.2	102.4	103.0	103.3	102.6	102.6	102.6
8.水产品	93.0	108.7	95.3	95.8	90.0	83.3	83.1	83.4	86.1	94.7	98.4	102.2	102.5
淡 水 鱼	85.9	116.0	95.7	95.2	81.2	72.5	71.0	70.9	74.2	86.7	93.2	98.7	99.2
海 水 鱼	105.7	103.2	103.6	103.2	103.8	103.7	104.9	106.0	106.5	107.5	106.7	110.1	109.1
虾 蟹 类	96.9	100.6	86.7	89.7	98.3	92.4	95.9	96.8	98.5	102.3	101.8	103.9	102.4

4-2 续表 1

类 别	年度	月份											
		一	二	三	四	五	六	七	八	九	十	十一	十二
其他水产品及制品	103.9	103.4	102.8	102.3	102.3	102.3	104.1	104.1	104.1	104.1	104.4	104.6	108.0
9.蛋类	106.1	101.0	104.8	106.1	111.5	111.6	105.4	103.5	94.9	104.4	112.0	110.2	108.6
鸡 蛋	106.3	100.5	104.7	106.2	112.2	112.2	105.5	103.3	94.0	104.6	113.1	111.1	109.4
其他蛋及制品	103.5	106.4	105.5	104.7	104.7	104.7	104.7	104.7	104.7	102.3	100.0	100.0	100.0
10.奶类	101.1	102.6	102.0	100.6	100.7	102.3	102.8	101.0	101.2	101.4	101.4	99.6	98.1
鲜 奶	104.6	104.9	105.0	103.1	103.1	107.2	109.2	106.2	102.0	107.8	107.8	103.1	96.7
酸 奶	102.7	100.0	100.0	100.0	100.0	100.0	100.0	105.4	105.4	105.4	105.4	105.4	105.4
奶 粉	94.7	100.0	98.0	95.7	95.7	95.7	95.7	91.4	97.6	91.1	91.1	91.1	93.8
其他奶制品	104.4	107.4	107.4	109.0	110.7	109.0	104.9	101.4	100.0	100.0	100.0	100.0	105.0
11.干鲜瓜果类	108.7	104.3	102.1	100.8	106.9	113.4	114.5	112.7	110.0	109.8	110.9	112.1	109.6
鲜 果	111.2	106.0	103.1	101.6	109.2	117.7	118.5	116.3	112.7	112.6	113.8	115.1	111.8
坚 果	97.2	95.6	96.0	95.7	95.5	95.3	98.4	98.4	98.0	97.4	98.7	98.7	98.9
瓜果制品	103.0	102.2	102.7	101.5	101.5	101.2	104.6	104.6	105.4	103.0	102.1	103.7	103.7
12.糖果糕点类	106.1	102.0	100.0	101.0	100.2	100.6	100.6	112.8	112.4	112.1	110.5	111.0	110.1
食 糖	100.5	104.0	104.0	104.0	105.5	105.5	102.1	98.1	98.1	98.1	97.3	95.9	94.3
糖 果	104.8	105.6	106.5	114.7	104.5	103.4	103.7	103.8	105.1	104.1	102.7	101.8	103.4
糕 点	107.5	101.4	97.9	97.9	98.1	99.2	100.0	118.0	116.8	116.2	114.5	115.1	114.0
其他糖果糕点	102.7	99.8	102.4	101.7	104.4	103.1	99.5	101.5	102.6	104.4	103.6	106.3	103.6
13.调味品	106.4	103.6	104.2	104.5	103.7	105.9	109.3	109.4	107.9	107.4	108.2	107.1	105.8
食 用 盐	103.0	100.0	101.2	102.5	102.5	102.5	108.0	108.0	102.5	102.5	102.5	102.5	102.5
酱 油	110.6	101.4	102.6	104.0	106.6	110.5	115.8	113.8	114.4	113.4	117.5	115.6	112.3
食 醋	101.0	92.4	96.3	102.9	93.6	94.3	100.0	100.0	103.5	106.2	109.7	109.7	106.2
增 味 剂	110.0	108.7	108.7	108.7	108.7	110.3	110.3	110.3	111.0	113.2	113.2	113.2	104.1
其他调味品	104.5	110.1	108.5	104.7	104.4	106.2	107.6	109.5	104.0	101.7	99.4	98.1	101.1
14.其他食品类	103.0	101.3	101.5	101.9	103.0	102.7	101.5	103.4	104.1	104.3	104.4	104.0	103.9
方便食品	102.4	100.0	101.1	101.5	103.2	102.3	101.3	103.2	103.2	103.2	103.2	103.2	103.2
淀粉及制品	100.6	100.8	100.0	100.3	100.6	100.6	100.6	100.6	100.6	100.6	100.6	100.6	101.2
其他食品	109.2	106.9	105.6	105.8	106.6	107.6	103.6	108.7	113.2	114.3	115.1	112.6	110.3
15.餐饮业零售	102.3	102.8	102.9	103.3	103.8	102.1	102.2	102.0	101.7	101.8	101.7	101.9	101.8
餐馆餐饮	102.0	104.3	104.3	104.6	103.7	100.9	100.9	100.9	100.9	100.9	100.9	100.9	100.9
饮品店餐饮	99.9	98.6	97.8	97.0	99.6	98.5	97.7	100.0	100.2	102.5	100.8	104.0	102.5
餐饮配送及外卖送餐	104.3	100.0	100.0	101.9	106.7	106.7	107.4	106.2	104.5	104.5	104.5	104.5	104.5
其他餐饮业零售	101.8	101.8	102.7	101.7	101.7	101.7	101.7	101.7	101.7	101.7	101.7	101.7	101.7

4–2 续表 2

类 别	年度	月份											
		一	二	三	四	五	六	七	八	九	十	十一	十二
二、饮料、烟酒	**99.0**	**97.7**	**98.3**	**98.8**	**97.9**	**97.0**	**98.2**	**98.8**	**98.5**	**99.4**	**101.4**	**100.4**	**101.9**
1.茶及饮料	100.8	100.5	100.5	101.7	101.9	99.3	101.2	101.4	100.2	101.8	101.0	98.3	101.7
茶 叶	100.0	100.0	100.0	100.0	100.0	100.0	100.0	100.0	100.0	100.0	100.0	100.0	100.0
固体咖啡	103.2	101.9	101.9	102.0	102.0	103.3	104.6	104.6	104.6	104.6	103.6	102.7	102.7
其他固体饮料	101.7	105.7	104.2	104.2	104.2	102.0	100.0	100.0	100.0	100.0	100.0	100.0	100.9
饮 用 水	102.3	96.8	98.2	99.5	101.1	102.7	102.7	104.9	104.9	104.9	103.8	103.8	104.9
果汁饮料	106.4	102.0	107.6	107.6	107.7	105.3	105.3	105.3	107.0	109.6	107.6	108.2	104.4
其他液体饮料	99.8	100.9	99.8	102.3	102.5	96.3	101.0	100.9	97.8	101.2	99.9	93.6	102.0
2.卷烟	100.4	100.0	100.5	100.5	100.5	100.5	100.5	100.5	100.5	100.5	100.5	100.5	100.5
3.酒类	96.4	93.6	94.7	95.1	92.5	92.3	94.1	95.3	95.6	96.7	102.5	102.2	103.3
白 酒	94.3	91.4	92.7	93.2	89.7	89.8	92.1	93.1	92.8	93.9	102.4	100.5	101.8
葡 萄 酒	99.1	99.7	99.7	99.7	100.0	100.0	97.7	97.7	97.5	97.5	100.0	100.0	100.0
啤 酒	102.0	98.1	99.4	99.4	98.3	96.8	98.1	100.9	103.7	105.8	103.7	109.8	110.4
其他酒类	102.6	100.5	100.5	100.5	101.6	100.8	102.2	102.6	104.1	104.6	104.2	104.6	104.6
三、服装、鞋帽	**101.2**	**101.7**	**101.7**	**101.9**	**101.5**	**101.5**	**101.6**	**101.4**	**101.2**	**100.9**	**100.8**	**100.3**	**100.1**
1.服装	101.1	101.6	101.6	102.0	101.4	101.4	101.6	101.2	101.0	100.8	100.8	100.3	100.0
（1）男士服装	100.3	99.7	99.7	100.7	100.2	100.3	100.6	100.5	100.5	100.6	100.3	100.2	100.2
男式外套	100.2	98.7	98.7	101.3	100.5	100.5	100.5	100.5	100.5	100.6	100.6	100.4	100.2
男式针织衫	98.9	96.0	96.0	99.4	99.4	99.4	99.4	99.4	99.4	99.6	99.6	99.4	100.4
男式衬衫T恤	100.7	99.0	99.0	99.0	99.5	100.0	101.2	101.6	101.9	101.9	101.9	101.9	101.9
男式裤子	99.6	103.5	103.5	100.4	99.5	99.5	99.5	98.8	98.0	98.2	98.2	98.2	98.2
男式内衣	102.7	103.6	103.6	103.6	103.6	103.6	103.6	103.6	103.6	103.6	100.0	100.0	100.0
（2）女士服装	102.4	103.7	103.7	103.8	102.9	103.0	103.1	102.6	102.2	101.7	101.6	100.5	99.8
女式外套	102.8	104.1	104.1	104.1	102.8	102.8	102.8	102.8	102.8	102.8	103.0	101.4	100.2
女式针织衫	101.5	102.9	102.9	103.2	103.2	103.2	103.2	102.4	101.5	99.7	99.6	98.9	98.4
女式衬衫T恤	106.9	112.5	112.5	113.0	109.1	107.7	106.4	106.4	106.4	104.5	103.0	102.1	101.2
女式裤子	100.7	100.6	101.3	100.8	100.8	100.8	101.6	101.6	101.6	100.4	100.4	99.5	99.5
女式裙子	100.1	100.1	99.5	100.1	100.4	102.0	102.9	100.3	98.0	98.9	100.0	99.4	99.1
女式内衣	101.6	102.3	102.2	102.0	102.0	102.0	102.0	102.0	102.0	102.0	100.0	100.0	100.0
（3）儿童服装	99.3	99.6	99.6	99.7	99.2	99.2	99.2	98.7	98.7	98.7	99.2	99.5	100.1
婴儿服装	99.9	99.6	99.6	99.6	100.0	100.0	100.0	100.0	100.0	100.0	100.0	100.0	100.0
儿童上衣	100.8	100.7	100.7	100.7	101.0	101.0	101.0	101.0	101.0	101.0	101.0	100.5	100.0

4–2 续表 3

类别	年度	月份											
		一	二	三	四	五	六	七	八	九	十	十一	十二
儿童裤子	94.9	95.8	95.8	95.8	93.7	93.7	93.7	93.7	93.7	93.7	93.7	96.5	100.0
儿童裙子	101.4	103.3	103.3	103.3	101.7	101.7	101.7	99.5	99.5	99.5	101.7	100.9	100.5
儿童内衣	98.3	92.7	92.7	95.5	100.0	100.0	100.0	100.0	100.0	100.0	100.0	100.0	100.0
2.鞋帽袜	101.7	102.2	102.2	101.7	102.2	102.2	101.9	102.2	102.2	101.6	101.0	100.5	100.5
（1）鞋	101.4	102.3	102.3	101.8	101.8	101.8	101.4	101.7	101.7	101.3	100.6	100.0	100.0
男 鞋	101.3	100.9	100.9	100.9	100.9	100.9	100.9	101.9	101.9	101.9	101.8	101.3	101.3
女 鞋	101.9	104.0	104.0	102.8	102.8	102.8	102.1	102.1	102.1	101.4	100.1	99.2	99.2
童 鞋	100.0	100.0	100.0	100.0	100.0	100.0	100.0	100.0	100.0	100.0	100.0	100.0	100.0
（2）袜子	100.0	100.0	100.0	100.0	100.0	100.0	100.0	100.0	100.0	100.0	100.0	100.0	100.0
（3）帽子	107.2	103.5	103.5	103.5	110.1	110.1	110.1	110.1	110.1	106.3	106.3	106.3	106.3
3.其他衣着配件	100.0	100.0	100.0	100.0	100.0	100.0	100.0	100.0	100.0	100.0	100.0	100.0	100.0
四、纺织品	**101.6**	**101.6**	**101.6**	**101.6**	**101.6**	**101.6**	**101.6**	**101.6**	**101.6**	**101.6**	**101.6**	**101.6**	**101.6**
1.服装材料	107.5	107.5	107.5	107.5	107.5	107.5	107.5	107.5	107.5	107.5	107.5	107.5	107.5
2.床上用品	100.1	100.1	100.2	100.2	100.2	100.1	100.1	100.1	100.1	100.1	100.1	100.1	100.1
被 子	100.0	100.0	100.0	100.0	100.0	100.0	100.0	100.0	100.0	100.0	100.0	100.0	100.0
床单被套	100.3	100.2	100.4	100.4	100.4	100.2	100.2	100.2	100.2	100.2	100.2	100.2	100.2
其他床上用品	100.0	100.0	100.0	100.0	100.0	100.0	100.0	100.0	100.0	100.0	100.0	100.0	100.0
五、家用电器及音像器材	**98.6**	**100.4**	**101.1**	**100.2**	**99.4**	**99.4**	**98.1**	**97.9**	**97.7**	**97.5**	**97.1**	**97.0**	**97.2**
1.家庭设备	99.6	99.9	101.4	100.8	100.2	100.3	99.5	99.5	99.0	98.7	98.9	98.4	98.5
洗 衣 机	97.1	99.1	97.9	97.1	97.6	97.2	96.1	98.1	97.1	96.7	97.2	95.6	95.4
电冰箱（柜）	96.0	103.4	103.2	98.9	94.7	94.6	94.9	96.4	94.7	93.4	94.4	92.2	92.3
抽油烟机	98.8	99.6	99.0	98.9	98.7	98.9	98.9	98.8	98.9	99.4	98.5	98.1	98.3
空 调 器	102.8	100.4	105.9	105.5	104.5	104.7	102.6	101.5	101.2	101.4	101.9	101.7	101.5
热 水 器	97.6	96.9	97.8	98.1	98.5	97.3	96.2	96.8	96.5	97.8	96.6	97.2	101.1
炉具灶具	99.8	98.9	98.8	100.0	101.1	101.1	98.2	99.3	100.1	99.6	100.9	99.8	100.2
吸 尘 器	103.9	99.4	101.4	104.4	108.1	104.9	103.8	105.2	104.5	102.7	102.3	104.1	105.5
空气净化器	100.7	95.0	96.6	98.9	100.5	99.7	98.6	99.6	101.7	104.6	103.5	104.6	105.2
净 水 器	102.4	91.9	93.8	99.1	102.9	107.8	107.3	104.5	107.6	105.5	103.5	105.8	101.2
厨房小家电	99.8	100.6	99.5	99.5	99.8	101.4	102.4	100.9	100.9	99.6	98.1	97.8	97.5

4–2 续表 4

类 别	年度	月份											
		一	二	三	四	五	六	七	八	九	十	十一	十二
生活小家电	101.0	98.5	96.9	97.6	99.7	101.2	101.8	103.1	101.7	101.8	104.2	102.7	103.2
其他大型家用器具	96.3	99.5	100.0	98.4	96.8	96.8	96.8	96.0	94.7	94.1	94.1	94.5	94.1
2.文娱用耐用消费品	96.3	100.7	100.5	98.8	98.1	97.8	95.2	94.5	94.6	94.6	93.3	93.9	94.1
电 视 机	94.5	100.8	100.2	97.7	95.9	95.9	92.7	92.4	91.8	92.2	90.4	91.9	92.1
照 相 机	100.6	101.1	102.3	101.6	105.5	103.4	102.1	99.0	100.6	98.5	98.1	96.4	98.0
音 响	100.0	100.0	100.0	100.0	100.0	100.0	100.0	100.0	100.0	100.0	100.0	100.0	100.0
可穿戴智能设备	99.7	101.0	100.4	102.0	100.2	100.4	97.5	96.6	101.3	101.5	101.0	98.4	96.4
其他文娱耐用消费品	96.1	97.5	98.5	97.0	97.6	96.3	95.4	96.4	95.4	95.1	95.7	93.7	94.6
3.专业音像器材	101.2	102.0	102.1	102.1	99.9	99.9	101.0	101.0	101.5	101.5	101.5	101.3	101.3
专业音响器材	100.0	100.0	100.0	100.0	100.0	100.0	100.0	100.0	100.0	100.0	100.0	100.0	100.0
专业声像器材	102.5	104.0	104.3	104.3	99.7	99.7	102.1	102.1	103.0	103.0	103.0	102.7	102.7
六、文化办公用品	**101.5**	**101.2**	**102.7**	**102.5**	**101.3**	**99.9**	**100.6**	**100.1**	**103.2**	**103.0**	**100.8**	**102.1**	**101.4**
纸张文具	100.0	98.3	98.3	100.6	100.6	100.0	100.0	100.0	100.0	100.0	100.0	100.0	102.3
台式计算机	103.4	113.1	113.2	111.8	111.5	102.0	96.7	96.2	99.7	100.3	100.6	99.9	99.9
笔记本电脑	101.9	110.0	108.2	106.9	103.5	101.0	101.8	103.7	103.1	100.9	96.1	94.8	95.3
平板电脑	102.6	91.5	98.0	98.1	97.0	97.9	101.8	98.4	109.0	110.2	107.1	114.3	109.4
电脑附件	100.0	100.0	100.0	100.0	100.0	100.0	100.0	100.0	100.0	100.0	100.0	100.0	100.0
打印复印机	100.3	98.5	100.5	100.5	100.5	100.5	100.5	100.5	100.5	100.5	100.5	100.5	100.0
教学设备	99.1	99.0	99.7	98.9	98.9	98.9	99.2	99.2	99.2	99.2	99.2	99.2	99.2
七、日用品	**99.9**	**98.0**	**98.7**	**99.2**	**99.6**	**99.9**	**100.6**	**99.8**	**99.9**	**100.5**	**100.7**	**100.7**	**101.6**
1.日用百货	100.4	99.5	100.1	99.5	100.5	100.2	100.2	100.5	99.5	100.9	101.4	102.0	101.2
电动自行车	99.8	99.3	99.3	100.0	100.0	100.0	99.9	99.9	99.9	99.9	99.9	99.9	99.9
自 行 车	100.0	100.0	100.0	100.0	100.0	100.0	100.0	100.0	100.0	100.0	100.0	100.0	100.0
雨 具	97.0	96.1	99.8	98.2	98.2	97.2	96.0	96.4	97.3	96.7	97.5	94.6	95.4
护理器具	100.1	97.7	97.4	98.7	100.1	100.3	102.8	102.3	100.4	100.0	100.7	98.8	102.5
清洁用纸	102.1	102.0	101.4	97.8	100.7	101.0	99.9	101.6	97.2	103.7	106.0	109.4	104.9
化妆器具	101.8	96.5	102.0	101.4	103.9	100.7	102.7	102.1	102.4	102.5	102.6	103.3	102.2
2.厨具餐具茶具	101.0	99.1	100.1	100.3	101.2	101.5	102.8	100.5	102.1	100.7	100.4	101.4	101.8
厨 具	101.2	99.0	101.6	100.6	101.0	101.3	104.1	100.1	102.9	100.7	100.0	101.7	101.7
餐 具	101.3	98.7	97.1	99.9	102.3	101.9	102.8	102.1	102.4	101.5	101.6	102.1	103.0
茶 具	99.6	100.6	102.4	100.5	99.2	101.1	98.9	97.9	98.8	98.5	99.1	99.0	99.0
3.清洗用品	98.6	96.2	96.8	98.0	96.8	96.6	99.4	98.4	98.5	100.7	100.6	99.2	102.2

4–2 续表 5

类 别	年度	月份 一	二	三	四	五	六	七	八	九	十	十一	十二
4.其他日用品	100.3	97.6	98.3	99.5	101.2	103.1	101.3	100.6	100.7	99.7	100.1	100.2	101.2
灯 具	97.2	96.1	96.2	98.6	99.2	99.2	96.5	98.6	96.6	94.6	96.1	95.1	99.0
箱 包	100.9	97.3	100.5	102.8	104.5	103.5	100.9	99.5	100.5	100.6	99.2	100.9	101.2
母婴用品	104.5	97.9	97.0	97.2	101.4	111.2	110.8	106.1	108.3	106.0	106.9	106.6	105.9
眼 镜	100.0	100.0	100.0	100.0	100.0	100.0	100.0	100.0	100.0	100.0	100.0	100.0	100.0
其他护理用品	95.9	98.2	98.8	96.4	100.0	97.3	90.2	92.0	92.7	93.6	97.4	97.4	97.3
其他日用杂品	98.6	100.1	100.1	99.1	99.1	100.0	100.0	100.0	97.0	97.0	97.0	97.0	97.0
八、体育娱乐用品	**102.9**	**101.9**	**102.9**	**102.7**	**103.3**	**103.0**	**103.1**	**103.5**	**102.9**	**102.9**	**104.1**	**102.1**	**102.6**
1.体育户外用品	104.0	101.9	103.4	103.0	103.9	104.4	104.6	105.1	104.1	104.2	106.2	103.3	104.2
2.娱乐用品	101.4	101.8	102.1	102.3	102.5	101.0	101.2	101.3	101.2	101.2	101.3	100.4	100.4
乐 器	104.2	107.6	107.6	107.6	107.6	102.6	102.7	103.5	103.5	103.5	103.5	100.8	100.8
游戏用品和玩具	99.6	98.8	98.8	99.3	100.1	99.9	100.3	100.1	99.8	99.7	100.1	99.6	99.4
园艺花卉及用品	100.0	100.0	100.0	100.0	100.0	100.0	100.0	100.0	100.0	100.0	100.0	100.0	100.0
宠物及用品	101.3	100.0	101.4	101.4	101.4	101.4	101.4	101.4	101.4	101.4	101.4	101.4	101.4
其他文化娱乐用品	100.0	100.0	100.0	100.0	100.0	100.0	100.0	100.0	100.0	100.0	100.0	100.0	100.0
九、交通、通信用品	**99.1**	**99.5**	**98.9**	**99.3**	**98.4**	**98.6**	**98.2**	**99.1**	**98.9**	**99.8**	**100.5**	**98.8**	**99.0**
1.交通运输机械	99.2	100.1	99.2	99.0	98.5	98.8	98.8	99.7	99.2	100.2	100.8	98.4	98.2
燃油小汽车	98.8	99.8	98.6	98.4	97.8	98.3	98.3	99.6	98.8	100.1	100.8	97.7	97.6
新能源小汽车	99.8	102.4	101.5	101.5	100.0	99.1	99.1	99.7	99.7	99.7	99.7	97.6	97.4
大中型客车	100.4	99.9	99.9	99.9	99.9	99.9	99.9	100.0	100.0	101.2	101.2	101.2	101.2
交通工具零配件	100.6	100.6	100.6	100.6	100.6	100.6	100.6	100.6	100.6	100.6	100.6	100.6	100.3
2.通信器材	98.8	98.5	98.3	99.8	98.3	98.2	97.0	98.0	98.4	99.1	100.0	99.7	100.5
电 话 机	98.7	98.3	98.1	99.7	98.2	98.0	96.8	97.8	98.2	98.9	99.9	99.6	100.6
其他通信器材	101.3	102.3	101.4	101.3	101.3	101.3	101.3	101.3	101.3	101.3	101.3	101.3	99.9
十、家具	**106.8**	**104.4**	**104.4**	**105.8**	**105.8**	**105.8**	**105.8**	**109.7**	**109.8**	**109.6**	**109.6**	**105.4**	**105.0**
柜	112.7	111.0	111.0	111.0	111.0	111.0	111.0	118.5	118.5	118.5	118.5	106.8	106.8
床	106.0	100.9	100.9	104.0	104.0	104.0	104.0	109.1	109.1	109.1	109.1	109.1	108.2
桌	104.5	99.7	99.7	104.1	104.1	104.1	104.1	106.7	106.3	106.3	106.3	106.3	106.3
椅	105.3	100.0	100.0	103.7	103.7	103.7	103.7	108.1	108.1	108.1	108.1	108.1	108.1
沙 发	101.7	102.4	102.4	102.4	102.4	102.4	102.4	102.4	102.4	101.6	101.6	99.2	99.2
其他家具	104.8	104.1	104.1	104.1	104.1	104.1	104.1	104.1	106.6	106.6	106.6	106.6	102.3
十一、化妆品	**101.9**	**96.4**	**97.8**	**99.3**	**100.3**	**102.4**	**101.6**	**102.4**	**101.4**	**104.8**	**104.4**	**106.5**	**105.5**

4-2 续表 6

类 别	年度	月份											
		一	二	三	四	五	六	七	八	九	十	十一	十二
清洁化妆品	97.1	95.1	93.4	94.8	96.4	98.5	94.3	93.8	94.1	99.1	101.3	101.4	103.4
护肤化妆品	103.0	92.8	95.8	98.6	99.2	103.5	101.9	105.0	102.9	109.1	107.2	112.3	109.4
彩妆化妆品	103.1	101.7	101.9	100.4	101.7	103.2	104.0	103.9	103.7	103.7	104.2	104.2	104.4
清洁类护理用品	103.4	100.3	102.1	102.7	104.5	103.4	105.3	104.3	103.7	103.9	103.7	104.0	103.5
护发美发用品	100.7	100.5	100.2	100.9	100.9	101.9	102.7	101.6	100.8	100.2	99.8	99.6	99.3
十二、金银饰品	**102.7**	**93.9**	**99.3**	**109.4**	**103.2**	**101.6**	**99.6**	**98.3**	**104.6**	**101.8**	**104.4**	**106.7**	**111.1**
金 饰 品	104.8	94.8	100.9	113.0	108.1	105.6	101.7	100.3	106.5	102.6	106.4	107.2	111.4
银 饰 品	94.0	97.2	92.5	95.5	95.2	95.2	95.8	95.7	95.5	95.2	76.1	96.4	97.6
铂金饰品	91.7	86.8	91.2	92.1	76.3	78.6	86.3	85.3	94.2	97.8	100.2	106.4	114.7
十三、中西药品及医疗保健用品	**101.4**	**99.7**	**101.0**	**101.6**	**101.0**	**100.9**	**101.6**	**101.0**	**101.6**	**101.9**	**101.7**	**102.5**	**102.3**
1.医疗卫生器具	88.4	86.8	86.8	92.4	87.3	87.5	87.5	87.5	88.1	88.1	88.1	90.8	90.8
2.中药	105.6	103.5	106.1	107.3	104.7	104.6	105.5	105.5	106.1	106.2	105.5	105.5	106.2
中 药 材	104.7	102.1	101.3	106.4	106.0	105.5	105.5	105.5	105.5	105.0	103.8	103.8	106.4
中 成 药	105.9	104.0	107.8	107.6	104.3	104.3	105.5	105.5	106.3	106.6	106.1	106.1	106.1
3.西药	100.8	99.6	100.7	100.6	100.2	100.3	101.3	100.3	101.1	101.5	101.5	101.5	100.9
抗微生物药	104.3	100.0	100.0	100.0	100.0	100.0	109.2	100.0	105.1	109.2	109.2	109.2	109.2
消化系统用药	98.2	98.7	98.3	98.3	98.3	98.3	98.3	98.0	98.0	98.0	98.0	98.0	98.0
呼吸系统用药	97.9	97.7	97.7	97.7	97.7	97.7	97.7	97.7	97.7	97.9	97.9	100.0	97.6
解热镇痛药	105.2	100.3	102.1	103.8	102.7	102.7	105.6	107.3	107.2	107.2	107.2	108.0	108.0
抗肿瘤药	100.0	100.0	100.0	100.0	100.0	100.0	100.0	100.0	100.0	100.0	100.0	100.0	100.0
激素及影响内分泌药	101.5	100.5	100.9	100.9	100.9	100.9	100.9	102.4	102.4	102.4	102.4	101.9	101.9
心血管系统用药	99.3	94.1	100.2	100.2	99.4	99.4	99.4	99.6	99.6	99.9	99.9	99.9	99.9
血液系统用药	97.5	100.0	100.0	100.0	100.0	100.0	96.6	96.6	96.6	96.6	96.6	96.6	90.4
治疗精神障碍药	100.3	96.7	98.9	99.5	99.5	99.5	99.5	101.9	103.1	100.4	100.4	101.9	101.9
神经系统用药	102.4	105.5	105.5	105.5	102.3	102.3	102.3	102.3	102.3	100.7	100.7	100.0	100.0
泌尿系统用药	99.6	99.9	99.7	99.9	99.9	99.9	99.2	99.2	99.2	99.2	99.2	99.2	100.8
维生素、矿物质类药	103.9	107.2	109.0	106.9	106.9	106.9	101.1	101.1	101.1	101.6	101.6	102.3	102.3
调节水、电解质及酸碱平衡药	111.5	107.6	104.0	104.0	104.0	107.8	118.6	118.6	118.6	117.4	117.4	110.2	110.2
其他西药	97.3	99.0	97.9	96.2	94.7	94.7	94.7	96.1	98.7	99.0	99.0	99.0	99.0
4.保健器具及用品	101.3	98.9	98.9	98.9	102.6	101.7	101.2	100.6	100.8	100.8	100.8	105.3	105.3
保健器具	103.1	100.0	100.0	100.0	103.9	103.6	103.6	103.6	104.5	104.5	104.5	104.5	104.5
滋补保健品	101.0	98.7	98.7	98.7	102.4	101.5	100.9	100.2	100.2	100.2	100.2	105.4	105.4

4-2 续表 7

类别	年度	月份											
		一	二	三	四	五	六	七	八	九	十	十一	十二
十四、书报杂志及电子出版物	**100.5**	**100.1**	**100.1**	**100.4**	**100.4**	**100.4**	**100.4**	**100.5**	**100.6**	**100.7**	**100.9**	**100.6**	**100.6**
1.教材及参考书	100.0	100.0	100.0	100.0	100.0	100.0	100.0	100.0	100.0	100.0	100.0	100.0	100.0
工具书	100.0	100.0	100.0	100.0	100.0	100.0	100.0	100.0	100.0	100.0	100.0	100.0	100.0
教材	100.1	100.1	100.1	100.1	100.1	100.1	100.1	100.1	100.1	100.0	100.0	100.0	100.0
参考资料	100.0	100.0	100.0	100.0	100.0	100.0	100.0	100.0	100.0	100.0	100.0	100.0	100.0
其他教育用品	100.0	100.0	100.0	100.0	100.0	100.0	100.0	100.0	100.0	100.0	100.0	100.0	100.0
2.书报杂志及音像制品	100.0	100.0	100.0	100.0	100.0	100.0	100.0	100.0	100.0	100.0	100.0	100.0	100.0
3.计算机办公软件	104.8	101.2	101.2	103.7	104.2	104.2	104.2	105.2	106.4	106.9	109.4	105.6	105.6
十五、燃料	**116.7**	**115.7**	**118.0**	**119.7**	**122.9**	**121.9**	**126.4**	**119.8**	**116.3**	**115.6**	**110.3**	**108.1**	**108.0**
1.煤炭及制品	112.1	119.8	114.5	120.1	119.6	118.9	118.4	113.2	110.7	110.6	110.2	98.3	97.1
原煤	112.0	119.4	114.4	119.8	119.4	118.6	118.1	112.9	110.6	110.3	110.2	98.6	97.2
煤制品	114.9	127.8	117.4	125.8	124.4	123.9	124.8	118.4	113.7	115.8	109.9	93.3	95.8
2.石油及制品	117.0	115.4	118.2	119.7	123.1	122.1	126.9	120.2	116.6	115.9	110.3	108.8	108.8
管道燃气	100.0	100.0	100.0	100.0	100.0	100.0	100.0	100.0	100.0	100.0	100.0	100.0	100.0
液化石油气	109.7	106.5	106.5	109.5	109.5	109.5	112.8	112.8	112.8	112.8	112.8	106.0	106.0
汽油	120.9	119.1	122.9	124.8	129.0	127.6	133.4	124.6	120.1	119.1	111.9	110.5	110.7
柴油	123.4	123.6	127.0	126.8	132.3	130.7	137.0	127.2	122.0	121.3	113.1	111.8	111.6
十六、建筑材料及五金电料	**101.4**	**102.2**	**102.2**	**101.9**	**101.9**	**101.7**	**102.0**	**101.5**	**101.4**	**101.5**	**101.6**	**99.6**	**99.4**
1.建筑装潢材料	102.2	103.2	103.4	103.2	103.2	103.2	103.3	102.2	102.4	102.3	102.3	99.3	99.1
木地板	100.3	100.3	100.3	100.3	100.3	100.3	100.3	100.3	100.3	100.3	100.3	100.0	100.0
瓷砖	101.6	101.9	101.9	101.9	101.9	101.9	101.9	101.9	101.9	101.9	101.9	100.0	100.0
水泥	99.4	106.3	109.5	106.4	106.4	106.4	109.3	94.2	94.2	94.2	94.2	86.2	86.2
涂料	101.1	101.0	101.0	101.0	101.0	101.0	101.0	101.0	101.0	102.4	102.4	100.0	100.0
板材	110.6	113.0	113.0	113.0	113.0	113.0	113.0	113.0	113.0	113.0	113.0	100.0	100.0
管材	104.4	105.3	105.3	105.3	105.3	105.3	105.3	105.3	105.3	105.3	105.3	100.0	100.0
厨卫设备	99.7	100.0	100.0	100.0	100.0	100.0	100.0	99.5	99.5	99.5	99.5	99.5	99.5
门窗	102.9	102.6	102.6	102.6	102.6	102.6	102.6	102.6	104.4	104.4	104.4	101.8	101.8
其他住房装潢材料	105.5	107.9	107.2	107.2	107.2	106.9	105.9	106.6	106.6	104.0	104.0	103.2	100.3
2.五金水暖	99.8	100.1	100.0	99.3	99.3	98.9	99.4	100.1	99.6	99.9	100.0	100.2	100.1
家用手工工具	100.2	101.0	101.0	100.0	100.0	100.0	100.0	100.0	100.0	100.0	100.0	100.0	100.0
配电附件	98.8	98.8	98.5	97.3	97.3	95.5	97.7	100.5	98.3	99.8	100.2	100.7	100.5
水暖器材	100.0	100.0	100.0	100.0	100.0	100.0	100.0	100.0	100.0	100.0	100.0	100.0	100.0

主要统计指标解释

居民消费价格指数　居民消费价格指数是城乡居民购买并用于日常生活消费的商品和服务项目的价格。居民消费价格指数,反映一定时期内居民所消费商品及服务项目的价格水平变动趋势和变动程度。居民消费价格水平的变动率在一定程度上反映了通货膨胀(或紧缩)的程度。编制居民消费价格指数的目的,是了解全国各地价格变动的基本情况,分析研究价格变动对社会经济和居民生活的影响,满足各级政府制定政策和计划、进行宏观调控的需要,以及为国民经济核算提供参考依据。目前编制居民消费价格指数调查的商品和服务项目共 8 个大类,268 个基本分类。基期年份的权数根据居民家庭住户调查资料及相关统计资料整理得出,同时辅以典型调查数据或专家评估予以补充和完善。

商品零售价格指数　商品的零售价格是商品在流通过程中的最后一个环节的价格,是工业、商业、餐饮业和其他零售企业向城乡居民、机关团体出售生活消费品和办公用品的价格。商品零售价格指数,反映市场商品零售价格的变动趋势和变动程度。其目的在于掌握商品价格的变动趋势,为国家宏观调控和国民经济核算提供参考依据。目前调查的商品共 16 个大类,197 个基本分类。基期年份的权数根据基期年份的零售贸易统计资料及相关统计资料整理得出,同时辅以典型调查数据或专家评估予以补充和完善。

五、人民生活

5-1 城镇居民家庭基本情况

（2022年）

指 标	单位	郑州市	中原区	二七区	管城区	金水区	上街区	惠济区	中牟县
调查户数	**户**	**1000**	**80**	**80**	**60**	**90**	**40**	**40**	**70**
期内住户常住成员数	**人**	**3444**	**224**	**287**	**210**	**294**	**95**	**129**	**270**
劳动力人数	**人**	**2346**	**173**	**194**	**141**	**200**	**71**	**92**	**169**
6周岁及以上住户成员受教育程度	**人**	**2346**	**173**	**194**	**141**	**200**	**71**	**92**	**169**
未上过学	人	12	1	1		2		1	1
小学	人	116	3	11	2	10	5	3	13
初中	人	598	33	44	19	23	10	5	28
高中	人	633	58	47	49	34	28	22	46
大学专科	人	607	36	53	44	68	16	42	54
大学本科	人	340	34	30	22	56	12	19	26
研究生	人	40	8	8	5	7			1
从事主要行业	**人**	**1644**	**106**	**116**	**90**	**138**	**37**	**71**	**124**
第一产业	人	20		1	2	2		2	1
第二产业	人	302	12	10	15	18	14	8	19
第三产业	人	1322	94	105	73	118	23	61	104
可支配收入	**元/人**	**46286.50**	**49045.27**	**49348.53**	**46977.77**	**55075.29**	**53818.12**	**39953.37**	**36649.66**
总收入	**元/人**	**49537.80**	**52548.93**	**52520.04**	**50838.14**	**59492.30**	**57735.61**	**42379.04**	**39053.05**
总支出	**元/人**	**35847.91**	**35873.00**	**35557.32**	**36271.37**	**48292.41**	**38200.39**	**33379.65**	**33220.35**
消费支出	**元/人**	**28936.38**	**29166.23**	**29817.77**	**28023.87**	**37958.83**	**28104.66**	**28229.53**	**27357.93**
年末人均居住面积	**平方米/人**	**38.03**	**30.84**	**38.14**	**32.64**	**38.41**	**43.08**	**29.96**	**58.48**

5-1 续表

指 标	单位	巩义市	荥阳市	新密市	新郑市	登封市	经开区	高新区	郑东新区	航空港实验区
调查户数	**户**	**70**	**70**	**70**	**70**	**70**	**40**	**40**	**60**	**50**
期内住户常住成员数	**人**	**243**	**242**	**275**	**265**	**284**	**130**	**115**	**225**	**157**
劳动力人数	**人**	**182**	**163**	**188**	**178**	**188**	**87**	**74**	**149**	**97**
6周岁及以上住户成员受教育程度	**人**	**182**	**163**	**188**	**178**	**188**	**87**	**74**	**149**	**97**
未上过学	人		1		1	3			1	
小学	人	8	2	15	14	9	4	1	12	4
初中	人	58	33	59	87	68	7	6	60	58
高中	人	57	59	65	30	59	16	26	24	13
大学专科	人	41	44	35	33	29	35	29	36	12
大学本科	人	17	23	13	12	19	24	12	11	10
研究生	人	1	1	1	1	1	1		5	
从事主要行业	**人**	**127**	**127**	**140**	**134**	**124**	**63**	**55**	**119**	**73**
第一产业	人	2	5			4		1		
第二产业	人	46	25	27	35	26	3	13	12	19
第三产业	人	79	97	113	99	94	60	41	107	54
可支配收入	**元/人**	**46286.50**	**39252.79**	**39502.40**	**40079.96**	**38481.79**	**47935.29**	**46966.34**	**51514.28**	**43555.32**
总收入	**元/人**	**49537.80**	**45660.13**	**41782.22**	**40750.63**	**41010.71**	**51092.15**	**51142.58**	**53216.73**	**47889.11**
总支出	**元/人**	**35847.91**	**33687.01**	**26798.06**	**24340.03**	**32149.67**	**42597.95**	**34510.18**	**40474.49**	**33685.32**
消费支出	**元/人**	**28936.38**	**22827.48**	**22076.65**	**21514.86**	**27042.45**	**33254.51**	**25638.10**	**36205.15**	**27653.97**
年末人均居住面积	**平方米/人**	**38.03**	**42.86**	**34.11**	**28.51**	**52.07**	**30.03**	**35.93**	**28.52**	**52.53**

5-2 城镇居民

（2022年）

指 标	郑州市	中原区	二七区	管城区	金水区	上街区	惠济区
可支配收入	**46286.50**	**49045.27**	**49348.53**	**46977.77**	**55075.29**	**53818.12**	**39953.37**
工资性收入	**30293.09**	**32759.15**	**23804.25**	**30537.71**	**39196.72**	**33856.37**	**24651.49**
工资	29078.38	31112.57	23315.63	28653.82	38266.05	25195.71	24556.93
实物福利	134.90	64.84	26.21	42.74	48.00	524.02	0.07
其他	1079.81	1581.74	462.40	1841.15	882.68	8136.63	94.49
经营净收入	**3802.80**	**525.15**	**4445.11**	**1728.01**	**2796.99**	**63.21**	**3908.75**
第一产业经营净收入	47.92	0.03	0.25	-0.08	-1.16		0.10
第二产业经营净收入	316.86	-0.06	-204.76		866.57		5.84
第三产业经营净收入	3438.02	525.18	4649.63	1728.09	1931.58	63.21	3902.81
财产净收入	**6440.79**	**6689.56**	**10303.99**	**10561.20**	**6212.74**	**2364.89**	**7163.82**
利息净收入	-60.25	52.89	-26.23	-97.27	-780.95	-36.76	-36.18
红利收入	402.79						0.26
储蓄性保险净收益	0.30						
转让承包土地经营权租金净收入	4.81		3.74		3.34		
出租房屋财产性收入	1817.21	440.65	3022.02	4784.62	2116.42		2765.15
出租机械专利版权等资产的收入	70.74	477.48					
其他财产净收入	-1.09				-3.15	-0.68	-0.75
房屋虚拟租金	4206.29	5718.54	7304.46	5873.85	4877.08	2402.33	4435.34
转移净收入	**5749.82**	**9071.42**	**10795.18**	**4150.85**	**6868.84**	**17533.64**	**4229.31**
转移性收入	**8016.81**	**11920.00**	**13360.38**	**7783.80**	**9544.93**	**21322.93**	**6475.77**
养老金或离退休金	6727.53	10727.85	12527.98	7059.75	7764.41	19281.80	6179.50
社会救济和补助	21.79			7.52	29.03		
政策性生活补贴	104.97	86.06	59.22	0.07	1.97	16.17	41.98
报销医疗费	438.19	855.27	645.96	242.85	786.61	1327.31	226.26
家庭外出从业人员寄回带回收入	267.29		81.55			3.36	7.34
从政府和组织得到的实物产品和服务折价	11.20	38.75		33.99	0.07	0.90	
转移性支出	**2266.99**	**2848.58**	**2565.20**	**3632.96**	**2676.09**	**3789.29**	**2246.46**
个人所得税	138.18	315.84	28.50	134.70	198.53	160.48	44.48
社会保障支出	1872.93	2368.41	2519.29	2583.33	2069.63	3453.12	2018.80
外来从业人员寄给家人的支出	10.89						
赡养支出	178.74	53.04	4.53	596.21	352.39	2.01	173.09
其他转移性支出	66.25	111.29	12.88	318.71	55.55	173.67	10.09

人均可支配收入

单位：元

中牟县	巩义市	荥阳市	新密市	新郑市	登封市	经开区	高新区	郑东新区	航空港实验区
36649.66	**39575.37**	**39252.79**	**39502.40**	**40079.96**	**38481.79**	**47935.29**	**46966.34**	**51514.28**	**43555.32**
17360.93	**22825.82**	**22519.98**	**24371.36**	**21129.84**	**25205.50**	**37376.69**	**43673.46**	**29396.55**	**42995.38**
16995.97	22763.39	21391.51	23789.18	20722.02	24813.61	36527.44	39692.53	28771.88	41385.75
201.49	17.25	278.36	367.75	0.76	2.05	16.54	0.47	52.59	1107.13
163.48	45.18	850.11	214.42	407.06	389.84	832.71	3980.45	572.09	502.50
7339.43	**11016.21**	**5907.32**	**11217.06**	**2745.22**	**7169.81**	**1618.25**	**356.61**	**2226.39**	**1216.96**
31.17	−11.80	1045.34	−30.29	−0.30	−28.79	0.04	0.01	0.51	−1.26
0.00	2492.27	981.43		219.88					−1.06
7308.26	8535.74	3880.54	11247.35	2525.64	7198.59	1618.21	356.60	2225.88	1219.28
8167.37	**1289.64**	**5295.44**	**1066.06**	**9044.18**	**2013.71**	**6187.80**	**3663.59**	**13626.70**	**1729.09**
44.43	59.96	93.30	11.67	522.99	8.43	70.94		874.59	−313.08
523.29	38.15	951.92	5.05	3628.50	61.64	180.25		786.92	286.56
					5.64				
49.28		39.21							
636.70		1592.92	469.21	3214.45	319.99	22.69	16.12	4320.02	1024.19
				295.06		35.45		120.88	
	−1.28	2.19		−1.59					−8.33
6913.65	1192.81	2615.90	580.12	1384.77	1618.01	5878.46	3647.47	7524.29	739.74
3781.93	**4443.71**	**5530.05**	**2847.92**	**7160.72**	**4092.78**	**2752.55**	**−727.31**	**6264.64**	**−2386.12**
4996.12	**5178.65**	**7739.51**	**4155.57**	**7544.73**	**5414.70**	**5220.08**	**3440.95**	**7734.87**	**135.85**
3362.59	3345.19	4054.16	1861.76	6001.10	4748.72	4576.34	3314.78	6932.52	33.03
14.77	51.56	34.11	64.96	1.77	48.86		60.70	32.60	6.51
22.16	2.54	931.84	10.36	206.41	28.57	450.75		163.43	63.00
1141.50	79.36	264.50	265.51	176.28	42.64	36.65		202.16	
292.60	1651.41	1922.90	913.13	233.68	109.24			6.49	12.36
67.31		2.30	5.40	0.10		47.27		16.86	0.18
1214.18	**734.95**	**2209.46**	**1307.65**	**384.01**	**1321.92**	**2467.53**	**4168.27**	**1470.23**	**2521.97**
142.12	6.03	26.83	15.77	22.28	26.01	108.66	281.59	166.84	393.79
1029.72	573.15	1975.61	1126.14	322.76	1212.25	2115.20	3711.44	1121.07	1506.49
									213.97
25.33	143.18	161.86	152.58	30.61	8.68	222.78	134.65	101.18	352.51
17.01	12.58	45.16	13.16	8.35	74.97	20.89	40.59	81.14	55.21

5-3 城镇居民

（2022年）

指 标	郑州市	中原区	二七区	管城区	金水区	上街区	惠济区
总收入	**49537.80**	**52548.93**	**52520.04**	**50838.14**	**59492.30**	**57735.61**	**42379.04**
工资性收入	**30282.12**	**32759.15**	**23804.25**	**30537.71**	**39196.72**	**33856.37**	**24651.49**
工资	29067.85	31112.57	23315.63	28653.82	38266.05	25195.71	24556.93
实物福利	134.85	64.84	26.21	42.74	48.00	524.02	0.07
其他	1079.42	1581.74	462.40	1841.15	882.68	8136.63	94.49
经营性收入	**4512.97**	**527.93**	**4968.77**	**1858.15**	**3731.67**	**93.55**	**3986.84**
第一产业经营收入	165.73	0.03	0.32		0.83		1.93
第二产业经营收入	563.34				1786.53		5.84
第三产业经营收入	3783.90	527.91	4968.45	1858.15	1944.31	93.55	3979.07
财产性收入	**6728.80**	**7341.85**	**10386.65**	**10658.47**	**7018.98**	**2462.77**	**7264.95**
利息收入	228.91	705.18	56.43		22.14	60.44	64.20
红利收入	402.64						0.26
储蓄性保险净收益	0.30						
转让承包土地经营权租金净收入	4.81		3.74		3.34		
出租房屋财产性净收入	1816.55	440.65	3022.02	4784.62	2116.42		2765.15
出租机械专利版权等资产的净收入	70.71	477.48					
其他财产净收入	0.11						
房屋虚拟租金	4204.76	5718.54	7304.46	5873.85	4877.08	2402.33	4435.34
转移性收入	**8013.90**	**11920.00**	**13360.38**	**7783.80**	**9544.93**	**21322.93**	**6475.77**
养老金或离退休金	6725.09	10727.85	12527.98	7059.75	7764.41	19281.80	6179.50
社会救济和补助	21.78			7.52	29.03		
政策性生活补贴	104.93	86.06	59.22	0.07	1.97	16.17	41.98
家庭外出从业人员寄回带回收入	267.19		81.55			3.36	7.34
赡养收入	404.07	212.07	14.38	437.30	962.84	223.81	15.18
报销医疗费	438.03	855.27	645.96	242.85	786.61	1327.31	226.26
从政府和组织得到的实物产品和服务折价	11.20	38.75		33.99	0.07	0.90	
其他转移性收入	36.31		25.31	2.33		469.59	

人均总收入

单位：元

中牟县	巩义市	荥阳市	新密市	新郑市	登封市	经开区	高新区	郑东新区	航空港实验区
39053.05	**41201.02**	**45660.13**	**41782.22**	**40750.63**	**41010.71**	**51092.15**	**51142.58**	**53216.73**	**47889.11**
17360.93	**22825.82**	**22519.98**	**24371.36**	**21129.84**	**25205.50**	**37376.69**	**43673.46**	**29396.55**	**42995.38**
16995.97	22763.39	21391.51	23789.18	20722.02	24813.61	36527.44	39692.53	28771.88	41385.75
201.49	17.25	278.36	367.75	0.76	2.05	16.54	0.47	52.59	1107.13
163.48	45.18	850.11	214.42	407.06	389.84	832.71	3980.45	572.09	502.50
8513.96	**11876.41**	**9704.27**	**12189.23**	**2963.73**	**8376.80**	**1645.72**	**364.58**	**2363.48**	**2621.74**
45.25	5.53	3364.14	0.77	1.69	6.31	0.04	0.01	0.58	0.19
	2770.04	2018.30		261.90					
8468.70	9100.84	4321.84	12188.46	2700.13	8370.49	1645.68	364.57	2362.90	2621.55
8182.04	**1320.13**	**5696.37**	**1066.06**	**9112.33**	**2013.71**	**6849.65**	**3663.59**	**13721.82**	**2136.14**
59.11	89.17	494.23	11.67	589.55	8.43	732.80		969.72	85.64
523.29	38.15	951.92	5.05	3628.50	61.64	180.25		786.92	286.56
					5.64				
49.28		39.21							
636.70		1592.92	469.21	3214.45	319.99	22.69	16.12	4320.02	1024.19
				295.06		35.45		120.88	
		2.19							
6913.65	1192.81	2615.90	580.12	1384.77	1618.01	5878.46	3647.47	7524.29	739.74
4996.12	**5178.65**	**7739.51**	**4155.57**	**7544.73**	**5414.70**	**5220.08**	**3440.95**	**7734.87**	**135.85**
3362.59	3345.19	4054.16	1861.76	6001.10	4748.72	4576.34	3314.78	6932.52	33.03
14.77	51.56	34.11	64.96	1.77	48.86		60.70	32.60	6.51
22.16	2.54	931.84	10.36	206.41	28.57	450.75		163.43	63.00
292.60	1651.41	1922.90	913.13	233.68	109.24			6.49	12.36
66.73	48.41	508.79	834.32	786.23	409.41	109.08	56.37	380.11	1.65
1141.50	79.36	264.50	265.51	176.28	42.64	36.65		202.16	
67.31		2.30	5.40			47.27		16.86	0.18
21.46			181.87	127.62	5.66		9.10	0.70	14.77

5-4 城镇居民

（2022年）

指 标	郑州市	中原区	二七区	管城区	金水区	上街区	惠济区
总支出	**35847.91**	**35873.00**	**35557.32**	**36271.37**	**48292.41**	**38200.39**	**33379.65**
消费支出	**28936.38**	**29166.23**	**29817.77**	**28023.87**	**37958.83**	**28104.66**	**28229.53**
生产经营费用支出	**637.12**	**0.06**	**94.46**	**101.00**	**934.30**	**28.55**	**41.19**
第一产业经营费用支出	117.80		0.07	0.08	1.99		1.83
第二产业经营费用支出	224.41	0.06			919.96		
第三产业经营费用支出	294.91		94.39	100.92	12.36	28.55	39.36
财产性支出	**290.34**	**652.29**	**82.66**	**97.27**	**806.24**	**97.87**	**101.13**
生活贷款利息支出	289.14	652.29	82.66	97.27	803.09	97.20	100.38
其他财产性支出	1.20				3.15	0.68	0.75
转移性支出	**2266.17**	**2848.58**	**2565.20**	**3632.96**	**2676.09**	**3789.29**	**2246.46**
个人所得税	138.13	315.84	28.50	134.70	198.53	160.48	44.48
社会保障支出	1872.26	2368.41	2519.29	2583.33	2069.63	3453.12	2018.80
外来从业人员寄给家人的支出	10.89						
赡养支出	178.68	53.04	4.53	596.21	352.39	2.01	173.09
其他转移性支出	66.22	111.29	12.88	318.71	55.55	173.67	10.09
部分商业保险支出	**376.90**	**198.41**	**809.63**	**114.68**	**705.01**	**134.39**	**509.21**
意外伤害保险	14.99	30.93	0.66	1.10	3.20	10.73	10.48
商业医疗保险（含大病保险）	253.81	162.17	788.86	72.75	369.58	114.35	498.51
其他非储蓄性商业保险	32.21	5.31	2.65	3.77	63.91	9.31	
其他储蓄性商业保险	75.89	0.00	17.46	37.06	268.33		0.22
购置资产及非经常性转移支出	**2062.61**	**1623.59**	**1184.75**	**3799.04**	**2543.92**	**5343.55**	**1351.93**
购置资产支出	520.50	153.97		2926.54	1219.93	1121.10	48.97
非经常性转移支出	1542.11	1469.62	1184.75	872.50	1323.99	4222.45	1302.96
借贷性支出	**1278.39**	**1383.84**	**1002.85**	**502.56**	**2668.02**	**702.09**	**900.20**

人均总支出

单位：元

中牟县	巩义市	荥阳市	新密市	新郑市	登封市	经开区	高新区	郑东新区	航空港实验区
33220.35	**22514.18**	**33687.01**	**26798.06**	**24340.03**	**32149.67**	**42597.95**	**34510.18**	**40474.49**	**33685.32**
27357.93	**19401.54**	**22827.48**	**22076.65**	**21514.86**	**27042.45**	**33254.51**	**25638.10**	**36205.15**	**27653.97**
1062.91	**777.69**	**3778.89**	**972.17**	**107.58**	**1143.67**	**20.83**	**7.97**	**137.09**	**1261.42**
14.09	17.33	2318.17	31.06	1.92	35.10			0.07	1.44
	275.60	1036.86		15.20					1.06
1048.82	484.77	423.86	941.11	90.46	1108.57	20.83	7.97	137.02	1258.91
14.68	**30.49**	**400.93**		**68.15**		**661.85**		**95.13**	**407.05**
14.68	29.21	400.93		66.56		661.85		95.13	398.72
	1.28			1.59					8.33
1214.18	**734.95**	**2209.46**	**1307.65**	**384.01**	**1321.92**	**2467.53**	**4168.27**	**1470.23**	**2521.97**
142.12	6.03	26.83	15.77	22.28	26.01	108.66	281.59	166.84	393.79
1029.72	573.15	1975.61	1126.14	322.76	1212.25	2115.20	3711.44	1121.07	1506.49
									213.97
25.33	143.18	161.86	152.58	30.61	8.68	222.78	134.65	101.18	352.51
17.01	12.58	45.16	13.16	8.35	74.97	20.89	40.59	81.14	55.21
352.28	**129.63**	**522.77**	**289.03**	**74.91**	**176.62**	**332.04**	**271.26**	**437.98**	**28.56**
36.60	28.75	12.04	29.06	0.35	3.44	44.96	4.72	69.05	6.65
191.77	93.93	381.23	109.18	58.77	26.25	261.71	195.35	167.74	
	6.95	54.70	122.35	6.04	142.49			44.87	0.12
123.91		74.80	28.44	9.75	4.45	25.37	71.19	156.32	21.79
1805.59	**1199.29**	**2784.90**	**2144.11**	**1635.48**	**2197.77**	**1488.62**	**1507.31**	**1817.04**	**1335.82**
413.12	73.51	236.38	136.79	6.77	12.57	377.67		56.73	145.81
1392.46	1125.78	2548.52	2007.33	1628.71	2185.20	1110.95	1507.31	1760.31	1190.01
1412.79	**240.58**	**1162.58**	**8.45**	**555.04**	**267.24**	**4372.56**	**2917.28**	**311.88**	**476.53**

5-5 城镇居民

（2022年）

指 标	郑州市	中原区	二七区	管城区	金水区	上街区	惠济区
消费支出	**28936.38**	**29166.23**	**29817.77**	**28023.87**	**37958.83**	**28104.66**	**28229.53**
食品烟酒	**7603.73**	**7103.50**	**6217.66**	**8345.60**	**9414.58**	**9797.18**	**8883.66**
食品	4663.67	4478.96	3724.33	5126.73	5576.39	6599.91	5359.88
谷物	607.54	540.64	386.81	506.04	542.77	750.00	548.37
薯类	78.13	101.58	59.48	83.42	76.48	102.39	99.75
豆类	74.65	67.87	65.71	79.84	66.25	135.45	78.49
食用油	120.62	129.42	63.35	98.61	118.57	262.32	130.04
蔬菜和食用菌	578.85	653.59	559.47	667.61	590.31	908.60	720.75
肉类	985.83	979.02	861.71	1177.43	1104.72	1293.88	1156.15
禽类	205.84	229.37	180.79	298.65	257.73	258.50	304.45
水产品	220.96	255.74	197.56	282.07	317.72	428.04	309.76
蛋类	208.85	197.78	179.31	238.63	230.24	294.13	211.17
奶类	402.70	251.61	302.97	402.54	643.08	547.30	346.75
干鲜瓜果类	715.31	649.73	566.63	735.82	980.18	1109.32	1013.97
糖果糕点类	233.42	192.65	157.32	264.71	346.31	291.90	194.79
其他食品	230.98	229.95	143.20	291.37	302.02	218.08	245.45
烟酒	628.64	523.36	607.32	1242.99	652.55	572.96	630.56
烟草	342.31	210.28	329.83	458.41	302.63	386.30	436.82
酒类	286.33	313.08	277.49	784.58	349.92	186.66	193.74
饮料	212.19	187.24	151.64	259.55	329.54	170.83	254.28
饮食服务	2099.23	1913.94	1734.37	1716.33	2856.10	2453.48	2638.94
食堂用餐	195.14	150.40	90.29	204.35	154.47	627.00	95.20
其他在外饮食	1903.28	1763.54	1644.08	1511.98	2701.16	1826.46	2543.06
食品加工服务费	0.81		0.01		0.47	0.02	0.68
衣着	**1664.29**	**1392.86**	**1095.55**	**1446.71**	**2155.87**	**1141.56**	**1893.88**
衣类	1349.70	1094.85	919.04	1082.45	1800.97	903.58	1567.58
鞋类	314.59	298.01	176.51	364.26	354.91	237.98	326.30
居住	**8868.13**	**9579.74**	**12395.07**	**9292.74**	**11983.55**	**6028.09**	**8199.59**
租赁房房租	460.29	450.26	231.62	140.31	1369.57		129.38
住房维修及管理	872.88	277.37	372.04	232.97	596.70	429.66	835.92
水电燃料及其他	1174.83	1121.79	1394.01	1278.76	1280.03	1832.00	899.18
自有住房折算租金	6360.12	7730.33	10397.41	7640.70	8737.26	3766.43	6335.10
#租赁房房租中租赁公房房租	9.27	5.13	28.79	44.76			
租赁房房租中租赁私房房租	451.03	445.13	202.83	95.54	1369.57		129.38
住房维修及管理中物业管理费	238.44	271.03	304.79	200.77	282.01	421.64	172.28
生活用品及服务	**1785.84**	**1473.86**	**1873.63**	**1503.44**	**2048.35**	**1308.23**	**1500.60**

人均消费支出

单位：元

中牟县	巩义市	荥阳市	新密市	新郑市	登封市	经开区	高新区	郑东新区	航空港实验区
27357.93	**19401.54**	**22827.48**	**22076.65**	**21514.86**	**27042.45**	**33254.51**	**25638.10**	**36205.15**	**27653.97**
5883.22	**5944.01**	**6746.42**	**8438.18**	**5765.84**	**7889.92**	**6734.85**	**7571.71**	**8582.62**	**6567.87**
3776.24	3885.69	4249.71	5207.83	3417.05	5176.57	3962.76	4255.32	5180.93	4337.53
363.00	471.86	585.75	744.59	362.47	527.04	366.75	521.26	459.39	2511.32
60.50	54.34	77.88	124.32	81.83	125.72	63.76	49.41	62.20	31.62
56.80	70.98	94.12	141.45	77.10	110.26	58.32	57.27	46.74	36.69
89.85	134.90	136.14	266.81	73.48	205.70	64.24	106.13	96.27	70.34
397.20	530.82	564.40	696.14	493.81	615.63	495.39	478.00	686.84	250.05
784.14	871.92	844.12	1085.10	856.26	1206.16	871.54	937.04	1125.84	503.95
212.41	180.72	164.29	160.48	101.01	167.97	183.96	198.70	222.82	103.58
284.11	98.03	123.62	104.20	70.25	166.91	225.88	211.78	334.14	61.96
173.96	217.74	218.75	205.46	208.31	220.33	166.21	190.26	257.41	121.07
443.57	319.39	355.55	422.42	280.36	491.30	417.47	354.81	436.45	168.73
472.60	529.79	644.64	695.62	466.16	855.76	588.65	644.66	1005.12	253.84
227.60	175.04	220.54	300.29	120.34	267.61	206.65	276.22	265.42	93.85
210.52	230.16	219.90	260.94	225.67	216.18	253.95	229.79	182.29	130.55
568.74	517.65	556.44	811.46	471.97	272.65	415.59	568.91	651.93	749.63
339.21	269.84	268.33	567.43	353.36	177.36	143.24	296.27	431.90	601.81
229.53	247.80	288.11	244.03	118.61	95.28	272.35	272.63	220.04	147.82
147.08	149.03	170.49	254.75	120.16	279.54	160.54	196.30	258.99	62.20
1391.16	1391.64	1769.77	2164.15	1756.66	2161.17	2195.96	2551.19	2490.76	1418.52
266.47	71.08	244.40	422.43	66.93	257.46	287.04	275.75	245.37	170.79
1124.69	1319.35	1525.37	1741.40	1689.68	1895.56	1908.92	2275.44	2245.00	1244.40
	1.21		0.31	0.05	8.15			0.39	3.32
1281.68	**1953.94**	**1652.11**	**2161.71**	**988.99**	**2362.97**	**1776.97**	**1421.90**	**2123.60**	**1381.64**
1019.44	1612.56	1369.25	1718.14	787.01	1729.05	1501.95	1157.81	1712.64	1232.48
262.24	341.38	282.86	443.56	201.98	633.92	275.02	264.09	410.96	149.16
10375.65	**3681.55**	**6293.58**	**2103.50**	**5028.45**	**5169.42**	**11061.61**	**8068.21**	**11725.43**	**10916.92**
157.72	3.00	101.59	5.05	605.90	25.08	307.67	1343.01	149.84	9.90
639.52	581.13	1112.92	97.66	244.77	744.10	400.81	582.81	510.04	7980.97
971.68	1130.56	1053.25	1037.66	1144.52	915.02	837.09	1028.58	1117.24	1423.75
8606.73	1966.87	4025.82	963.13	3033.27	3485.21	9516.04	5113.80	9948.31	1502.30
		29.20			2.73			24.84	
157.72	3.00	72.39	5.05	605.90	22.35	307.67	1343.01	125.00	9.90
117.17	263.64	175.57	48.99	83.00	103.53	389.50	574.10	396.59	9.29
1259.05	**2063.13**	**1764.89**	**2214.84**	**938.90**	**2971.78**	**1778.04**	**1092.46**	**2132.65**	**2178.26**

5-5 续表

指 标	郑州市	中原区	二七区	管城区	金水区	上街区	惠济区
家具及室内装饰品	161.03	124.69	88.34	61.13	249.95	17.49	49.69
家用器具	496.99	258.57	1012.43	428.40	312.50	424.43	329.11
家用纺织品	152.82	106.68	46.86	77.84	218.17	101.33	362.28
家庭日用杂品	388.57	303.32	249.83	306.76	513.77	280.02	379.80
个人用品	494.15	467.05	433.34	388.51	697.01	388.81	335.74
家庭服务	92.28	213.55	42.83	240.80	56.97	96.15	43.99
#家政服务	51.34	173.22	7.71	151.31	12.74	25.83	21.06
交通通信	**3169.70**	**2987.16**	**2359.01**	**2362.30**	**4515.45**	**3373.24**	**1792.50**
交通	2384.73	2361.90	1836.95	1741.80	3804.16	1381.36	1191.49
交通工具	666.22	1043.73	412.91	44.65	1280.08	5.57	121.31
交通费	206.33	175.68	103.25	118.75	275.33	29.82	247.04
交通工具用燃料	882.04	650.75	662.28	937.73	1082.72	684.87	468.67
交通工具使用及维修	630.14	491.75	658.50	640.67	1166.03	661.09	354.47
#车辆保险支出	230.15	192.47	274.16	254.20	379.70	395.40	195.02
通信	784.97	625.26	522.06	620.51	711.29	1991.88	601.01
通信工具	279.36	132.90	164.34	148.87	229.91	1362.73	177.76
通信服务	505.61	492.36	357.73	471.64	481.38	629.15	423.25
教育文化娱乐	**2959.92**	**2535.22**	**3333.76**	**3236.61**	**4292.31**	**2669.52**	**3821.18**
教育	2174.37	1737.83	2696.80	2587.76	2935.56	2073.67	2689.52
学前教育	498.50	574.99	964.67	937.11	712.94	43.32	36.68
小学教育	480.91	308.09	310.99	821.98	1126.16	22.05	284.92
初中教育	159.02	275.00	145.95	36.88	73.31	391.85	528.28
高中教育	294.61	233.02	151.25	66.32	277.78	644.62	824.48
中专职高教育	4.37		4.81		0.94		
大专及以上教育	686.42	283.46	1060.09	697.73	705.55	965.98	884.12
成人教育	50.54	63.27	59.04	27.76	38.87	5.85	131.05
文化娱乐	785.54	797.39	636.95	648.84	1356.75	595.84	1131.66
文娱耐用消费品	220.18	206.01	213.97	160.27	345.71	202.43	533.66
其他文娱用品	274.64	299.04	161.33	282.62	493.44	209.98	258.88
文化娱乐服务	290.72	292.34	261.65	205.96	517.60	183.43	339.12
医疗保健	**2267.99**	**3626.46**	**2291.17**	**1286.66**	**2682.05**	**2840.19**	**1711.45**
医疗器具及药品	613.43	972.98	296.23	476.02	755.48	1137.60	495.68
医疗服务	1654.56	2653.49	1994.94	810.65	1926.57	1702.59	1215.77
门诊总费用	546.45	928.15	302.79	632.21	589.61	380.24	350.02
住院总费用	1108.11	1725.34	1692.15	178.43	1336.96	1322.36	865.75
其他用品和服务	**616.78**	**467.43**	**251.93**	**549.81**	**866.66**	**946.65**	**426.68**
其他用品	276.23	279.94	91.67	199.22	280.68	521.47	216.56
其他服务	340.56	187.48	160.25	350.59	585.98	425.18	210.11

单位：元

中牟县	巩义市	荥阳市	新密市	新郑市	登封市	经开区	高新区	郑东新区	航空港实验区
191.69	407.81	330.54	108.21	78.41	126.22	114.79	66.98	348.54	72.89
409.10	543.47	580.25	344.06	268.39	927.48	462.19	138.47	439.70	1246.27
101.04	241.98	139.85	277.28	76.44	412.95	143.48	48.43	75.89	41.90
230.06	416.75	277.74	679.45	184.22	469.17	277.70	326.35	498.93	671.98
259.50	400.75	374.75	746.93	256.24	961.67	568.37	486.08	600.52	127.47
67.66	52.37	61.77	58.91	75.20	74.28	211.52	26.13	169.07	17.75
33.84	23.68	8.31	13.61	11.58	49.83	179.86	7.59	149.82	5.23
3121.49	**2742.47**	**2324.78**	**2787.67**	**2423.58**	**3158.86**	**6985.07**	**2376.10**	**4206.94**	**2765.36**
2337.12	2060.24	1521.94	1580.66	1559.21	2006.43	6283.53	1635.21	3510.24	1855.44
1289.97	647.59	80.13	103.54	79.17	8.95	4301.77	90.62	1049.65	268.66
55.94	145.34	96.77	86.35	65.06	108.40	164.77	243.88	425.98	864.35
625.39	895.45	881.81	939.92	866.47	1431.33	742.89	906.82	1444.91	419.65
365.82	371.86	463.23	450.84	548.51	457.75	1074.09	393.90	589.70	302.78
154.75	38.68	213.07	144.40	157.77	36.48	411.59	136.36	340.75	139.30
784.37	682.23	802.85	1207.02	864.36	1152.43	701.54	740.88	696.70	909.92
308.60	237.37	300.21	382.25	381.14	435.83	374.91	163.41	212.44	343.42
475.77	444.86	502.63	824.77	483.22	716.60	326.63	577.47	484.26	566.49
1928.55	**1403.80**	**2289.21**	**2236.93**	**1541.17**	**2639.09**	**2698.35**	**2650.51**	**4359.85**	**2580.28**
1551.28	912.55	1732.49	1577.35	1290.51	1927.03	1852.47	1802.88	3426.19	1925.61
482.15	241.50	204.51	328.83	208.74	52.99	544.75	233.00	669.54	416.23
277.07	137.06	381.14	260.08	59.60	74.49	487.85	806.93	497.51	326.80
250.56	54.55	69.22	76.89	94.76	31.70	57.91	108.55	625.23	68.97
156.16	84.79	232.60	164.95	182.21	1140.32	301.76	213.12	271.36	330.15
		19.64		14.62			13.88	18.13	
269.71	366.67	787.61	712.36	667.68	612.94	350.13	389.71	1262.42	779.67
115.63	27.96	37.77	34.23	62.90	14.58	110.08	37.69	81.99	3.79
377.27	491.25	556.72	659.58	250.67	712.06	845.88	847.63	933.67	654.67
50.59	178.97	92.10	134.52	81.77	162.27	303.72	264.20	299.95	128.16
208.62	217.44	218.66	247.39	124.65	277.65	299.96	220.86	299.43	158.41
118.06	94.84	245.96	277.66	44.25	272.15	242.20	362.57	334.29	368.10
3102.76	**1262.14**	**1312.15**	**1599.18**	**4620.42**	**1216.10**	**1599.50**	**1887.78**	**1832.90**	**864.39**
449.31	339.55	322.29	594.98	773.25	596.45	456.41	1190.20	438.33	307.89
2653.45	922.59	989.86	1004.20	3847.17	619.65	1143.09	697.58	1394.57	556.50
632.46	426.91	381.71	511.76	690.23	301.69	769.11	382.32	960.50	231.50
2020.99	495.68	608.16	492.44	3156.94	317.96	373.98	315.26	434.07	325.00
405.53	**350.51**	**444.35**	**534.63**	**207.51**	**1634.30**	**620.13**	**569.42**	**1241.16**	**399.25**
103.10	181.83	184.90	207.54	38.78	1272.79	241.85	109.55	596.92	189.24
302.43	168.68	259.45	327.08	168.73	361.52	378.28	459.87	644.24	210.01

5-6 城镇居民人均

（2022年）

指 标	单位	郑州市	中原区	二七区	管城区	金水区	上街区	惠济区
购买生活消费品及服务	**元**	**21792.77**	**21139.81**	**19119.87**	**20052.24**	**28793.03**	**23417.90**	**21697.45**
食品烟酒	元	7360.63	7026.29	6196.49	8274.60	9387.37	9316.89	8881.70
食品	元	4507.34	4406.37	3721.99	5055.73	5550.15	6305.33	5357.92
谷物	元	479.27	517.34	386.50	477.09	542.03	635.37	548.37
小麦	公斤	0.04				0.01	0.01	
金额	元	0.13		0.01		0.05	0.02	
面粉	公斤	14.81	15.00	10.32	11.14	10.93	15.93	14.71
金额	元	64.49	73.14	48.84	58.46	60.33	69.54	57.37
稻谷	公斤							
金额	元	0.01						
大米	公斤	11.48	15.25	12.29	12.43	12.12	11.36	13.29
金额	元	74.68	110.15	69.25	77.87	83.97	71.10	96.44
玉米	公斤	3.43	4.88	3.52	2.45	4.38	2.91	4.32
金额	元	17.03	21.65	16.16	15.09	23.66	18.17	30.12
小米	公斤	1.63	1.11	2.14	1.87	1.78	1.66	0.87
金额	元	16.06	12.49	19.47	20.01	17.19	17.91	9.97
其他谷物	公斤	0.22	0.07	0.04	0.36	0.58	0.27	0.08
金额	元	2.12	0.87	0.50	3.76	4.98	6.34	1.15
面粉制品	公斤	39.08	35.95	35.40	32.92	34.82	42.49	47.44
金额	元	263.88	258.86	204.89	265.26	303.80	369.02	299.06
其他谷物制品	公斤	3.66	3.18	2.73	2.79	3.47	7.21	4.13
金额	元	40.87	40.18	27.38	36.64	48.07	83.27	54.25
薯类	公斤	15.20	18.62	13.20	13.18	12.52	18.93	16.46
金额	元	77.91	101.58	59.48	83.42	76.48	102.39	99.75
红薯	公斤	6.32	8.04	4.35	5.19	5.20	8.13	7.69
金额	元	26.77	37.10	17.44	27.23	26.20	33.62	45.11
马铃薯	公斤	6.72	8.62	7.10	5.88	4.78	7.80	6.41
金额	元	24.73	34.37	25.69	26.37	18.41	30.09	23.95
其他薯类及制品	公斤	2.15	1.96	1.75	2.11	2.54	3.01	2.36
金额	元	26.40	30.11	16.36	29.82	31.87	38.69	30.68

购买生活消费品

中牟县	巩义市	荥阳市	新密市	新郑市	登封市	经开区	高新区	郑东新区	航空港实验区
18323.91	**17370.15**	**18282.35**	**20586.63**	**18320.55**	**23504.14**	**23263.06**	**20387.46**	**25845.70**	**16969.25**
5626.01	5920.65	6471.02	8059.68	5762.56	7873.31	6705.07	7571.24	8513.00	3394.41
3671.47	3862.33	4115.93	5140.99	3413.77	5160.04	3944.92	4255.03	5146.27	2101.84
304.69	460.86	546.31	713.91	361.71	523.28	365.57	520.96	445.25	277.62
0.01	0.29	0.28		0.02	0.02	0.01	0.04		0.05
0.07	0.79	0.85	0.01	0.11	0.06	0.07	0.19	0.03	0.13
13.78	14.05	18.48	37.93	10.39	26.74	9.65	13.86	15.02	12.65
48.93	50.01	77.96	157.97	40.38	80.54	44.15	72.60	64.61	42.99
									0.01
			0.02						0.07
5.54	9.13	11.94	15.75	6.99	15.61	10.52	10.66	10.73	5.15
35.20	58.99	69.72	110.95	41.93	83.89	63.79	73.99	73.96	31.64
3.23	2.44	2.49	2.40	1.19	6.68	1.89	3.62	4.36	1.16
12.05	11.02	11.28	10.65	4.96	28.56	10.32	20.26	20.51	3.98
0.54	3.55	2.61	2.94	1.15	1.60	0.39	1.21	0.77	0.90
5.74	34.12	27.16	31.18	11.71	11.18	3.87	11.78	7.44	6.78
0.07	0.08	0.17	0.22	0.22	0.17	0.03	0.18	0.20	0.06
0.85	0.98	1.58	2.73	1.62	0.66	0.44	0.98	2.29	0.34
27.77	47.07	49.50	53.44	43.23	64.62	24.63	36.43	24.85	35.89
175.87	268.80	315.07	357.51	235.72	273.86	213.61	288.03	210.73	175.60
2.09	3.17	4.00	4.29	3.89	6.59	2.11	3.93	4.11	3.53
25.97	36.14	42.70	42.89	25.27	44.53	29.32	53.13	65.68	16.08
15.05	11.66	18.50	20.04	19.30	29.60	12.24	9.88	11.94	7.28
60.50	54.34	77.88	124.32	80.88	122.85	63.76	49.41	62.20	31.62
4.67	3.01	6.60	7.86	8.04	15.44	6.71	4.75	6.05	2.84
12.50	11.81	23.51	33.10	24.40	62.00	28.32	22.64	23.03	6.42
7.76	6.87	10.28	8.19	9.45	12.26	3.95	3.85	3.10	3.12
23.31	20.54	34.84	33.14	34.96	40.67	14.51	15.09	11.78	8.90
2.62	1.78	1.63	3.98	1.81	1.90	1.57	1.28	2.78	1.32
24.69	21.99	19.52	58.08	21.52	20.18	20.92	11.67	27.39	16.30

5-6 续表 1

指 标	单位	郑州市	中原区	二七区	管城区	金水区	上街区	惠济区
豆类	公斤	10.66	8.32	9.65	10.68	9.05	18.13	10.86
金额	元	74.65	67.87	65.71	79.84	66.25	135.45	78.49
大豆	公斤	0.29	0.27	0.34	0.25	0.30	0.38	0.14
金额	元	2.67	2.96	3.57	2.46	3.09	3.38	1.17
其他豆类及制品	公斤	10.37	8.05	9.30	10.43	8.75	17.74	10.72
金额	元	71.97	64.91	62.14	77.38	63.17	132.07	77.32
食用油	公斤	6.66	6.28	3.54	4.03	5.78	8.87	8.64
金额	元	109.86	115.13	62.26	76.10	109.29	161.43	129.98
食用植物油	公斤	6.61	6.26	3.44	3.99	5.72	8.83	8.57
金额	元	108.72	114.48	60.13	75.10	107.15	158.49	128.47
食用动物油	公斤	0.05	0.02	0.10	0.03	0.06	0.04	0.07
金额	元	1.14	0.65	2.13	1.00	2.14	2.95	1.51
蔬菜和食用菌	公斤	113.74	118.07	110.10	112.35	104.17	168.69	126.20
金额	元	577.62	653.07	559.24	667.61	589.48	908.39	720.51
鲜菜	公斤	109.10	113.88	105.78	107.41	99.95	161.71	120.86
金额	元	514.70	589.13	507.72	606.05	517.13	804.43	643.05
干菜及菜制品	公斤	1.18	1.20	1.14	0.99	1.38	1.83	1.37
金额	元	20.78	20.03	14.70	18.15	29.18	28.57	26.26
鲜菌	公斤	3.27	2.86	3.10	3.78	2.48	4.80	3.63
金额	元	31.82	33.34	32.34	34.79	24.57	52.95	40.18
干菌及制品	公斤	0.20	0.14	0.09	0.17	0.36	0.34	0.35
金额	元	10.33	10.57	4.48	8.63	18.59	22.44	11.02
肉类	公斤	25.70	23.95	23.51	27.98	23.78	30.12	29.53
金额	元	982.86	976.01	861.71	1175.94	1097.27	1286.99	1156.15
猪肉	公斤	16.87	16.39	16.40	16.18	12.54	21.09	17.55
金额	元	478.82	512.46	478.74	528.19	397.65	659.48	548.36
牛肉	公斤	2.27	2.04	1.60	3.41	2.73	2.22	4.22
金额	元	152.88	141.51	110.37	229.91	204.23	162.83	217.44
羊肉	公斤	1.83	1.73	1.67	3.73	2.43	1.85	1.93
金额	元	123.95	126.78	112.30	220.75	173.70	134.04	127.48
其他肉类及制品	公斤	4.73	3.78	3.84	4.66	6.08	4.96	5.84
金额	元	227.21	195.25	160.31	197.09	321.69	330.65	262.87

中牟县	巩义市	荥阳市	新密市	新郑市	登封市	经开区	高新区	郑东新区	航空港实验区
8.18	10.85	13.09	20.22	12.03	20.41	8.44	6.91	5.99	5.55
56.80	70.98	94.12	141.45	77.10	110.26	58.32	57.27	46.74	36.69
0.11	0.47	0.40	0.56	0.18	0.54	0.22	0.20	0.11	0.15
1.00	3.08	3.59	5.06	1.44	3.72	2.80	1.92	0.85	1.09
8.07	10.39	12.69	19.65	11.84	19.87	8.22	6.70	5.88	5.40
55.79	67.91	90.53	136.39	75.66	106.54	55.51	55.35	45.89	35.60
4.83	8.44	6.49	15.87	5.09	15.08	4.44	6.37	4.73	4.49
72.66	130.71	110.98	255.07	73.28	202.75	63.39	106.13	84.23	69.11
4.83	8.32	6.49	15.87	5.02	15.08	4.40	6.33	4.72	4.48
72.51	128.45	110.82	255.03	72.50	202.71	62.69	105.15	83.70	68.94
	0.12			0.07		0.04	0.05	0.01	0.01
0.16	2.26	0.16	0.04	0.78	0.03	0.69	0.98	0.53	0.17
100.78	121.03	125.08	136.33	116.01	157.38	85.70	86.61	121.40	66.49
395.86	527.72	557.61	695.34	492.58	609.85	495.39	478.00	686.27	250.05
97.29	115.96	119.73	131.14	112.80	147.77	81.73	81.88	118.11	63.30
351.46	455.43	487.69	612.41	447.62	535.65	440.27	414.22	635.85	220.59
1.12	1.80	1.47	0.89	0.75	0.57	1.25	1.37	1.29	0.68
19.27	32.36	22.13	18.92	11.62	7.81	22.97	24.97	23.73	8.85
2.26	3.04	3.78	4.04	2.26	8.82	2.59	3.30	1.88	2.40
20.40	30.30	40.03	46.06	23.37	58.37	24.36	33.92	20.50	18.01
0.10	0.22	0.10	0.26	0.20	0.23	0.13	0.07	0.12	0.12
4.72	9.64	7.77	17.95	9.96	8.02	7.80	4.89	6.19	2.60
23.80	22.75	22.81	28.65	28.18	36.35	23.75	21.85	31.20	19.64
771.35	871.92	840.94	1079.49	856.26	1206.16	870.77	937.04	1123.21	503.95
16.58	16.07	16.20	20.22	20.86	25.29	14.81	13.57	20.91	15.57
401.18	440.85	466.84	587.43	502.83	588.71	400.60	404.40	591.60	332.80
0.82	1.52	1.12	1.24	1.97	4.77	2.17	2.02	2.97	0.72
59.34	116.37	82.78	90.41	117.01	302.38	140.19	143.71	178.81	44.09
1.76	1.04	1.34	0.90	1.50	2.44	1.23	1.50	1.56	0.66
113.84	77.78	99.16	63.58	94.12	163.40	82.50	111.39	97.63	39.91
4.63	4.12	4.15	6.29	3.84	3.84	5.54	4.76	5.76	2.69
196.99	236.92	192.16	338.06	142.31	151.67	247.48	277.53	255.17	87.15

5-6 续表 2

指 标	单位	郑州市	中原区	二七区	管城区	金水区	上街区	惠济区
禽类	公斤	8.32	8.73	6.87	11.38	8.79	8.08	12.67
金额	元	205.57	229.37	180.79	298.65	257.73	258.50	303.11
鸡	公斤	5.17	5.39	3.65	6.57	5.31	4.51	7.70
金额	元	102.07	115.58	74.29	137.09	122.52	98.85	144.39
鸭	公斤	0.29	0.47	0.22	1.20	0.23	0.32	0.67
金额	元	5.25	9.02	4.62	20.69	6.61	4.82	6.37
鹅	公斤	0.15		0.01	0.02	0.01		0.01
金额	元	2.64		0.19	0.16	0.79		0.46
其他禽类及制品	公斤	2.70	2.87	2.99	3.59	3.24	3.25	4.29
金额	元	95.61	104.78	101.70	140.70	127.81	154.83	151.87
水产品	公斤	7.09	7.58	6.64	9.08	8.56	14.11	9.00
金额	元	220.57	253.29	197.56	281.95	317.72	428.04	309.47
鱼类	公斤	4.15	4.42	4.56	5.77	4.07	8.94	5.55
金额	元	98.86	119.64	104.71	132.90	108.31	196.92	152.66
虾类	公斤	1.34	1.42	0.87	1.80	1.82	2.49	1.61
金额	元	68.65	69.67	50.15	90.65	103.28	142.43	82.58
蟹类	公斤	0.08	0.08	0.10	0.13	0.18	0.06	0.10
金额	元	8.51	12.19	13.05	15.65	16.54	3.14	12.22
贝类	公斤	0.32	0.40	0.16	0.27	0.67	0.97	0.37
金额	元	8.61	9.33	2.29	9.21	21.86	26.98	12.17
藻类	公斤	0.27	0.17	0.17	0.23	0.19	0.41	0.29
金额	元	3.60	2.71	2.33	3.40	3.12	5.01	3.27
其他水产品及制品	公斤	0.92	1.09	0.79	0.87	1.61	1.24	1.08
金额	元	32.34	39.75	25.04	30.15	64.61	53.55	46.58
蛋类	公斤	19.83	18.87	17.56	20.78	20.06	26.43	18.66
金额	元	208.16	197.78	179.31	238.63	230.24	294.13	211.15
鲜蛋	公斤	19.39	18.41	17.08	20.32	19.46	25.94	17.64
金额	元	201.18	190.68	173.26	231.92	219.52	285.33	190.10
蛋制品	公斤	0.44	0.46	0.48	0.46	0.60	0.49	1.02
金额	元	6.97	7.10	6.05	6.70	10.72	8.80	21.05
奶类	公斤	18.90	14.34	11.79	17.91	24.36	43.75	21.68

中牟县	巩义市	荥阳市	新密市	新郑市	登封市	经开区	高新区	郑东新区	航空港实验区
9.64	7.52	5.79	6.78	5.24	10.32	6.84	9.89	8.27	6.67
212.41	180.72	160.08	160.48	101.01	167.80	183.96	198.70	222.82	103.58
6.52	5.05	3.59	5.00	4.38	6.14	4.05	5.09	4.90	5.58
116.05	91.54	72.10	89.56	75.04	86.94	84.99	103.75	111.65	76.40
0.12	0.19	0.07	0.08	0.05	0.09	0.08	0.20	0.37	0.10
1.87	3.34	1.56	1.25	0.87	1.37	1.74	2.39	5.22	1.39
0.21			0.01		2.43	0.03	0.08	0.09	0.02
7.60			0.14		35.65	1.23	1.25	2.27	0.74
2.79	2.28	2.13	1.69	0.81	1.67	2.68	4.52	2.90	0.96
86.89	85.85	86.42	69.54	25.11	43.84	95.99	91.32	103.68	25.04
10.83	3.05	4.18	4.02	2.98	7.65	9.25	6.46	10.06	2.85
283.96	98.03	121.60	103.24	70.17	166.91	225.88	211.78	334.14	61.95
7.93	1.82	2.23	2.17	1.83	4.53	6.72	2.92	5.81	1.59
192.85	52.19	50.36	46.88	46.14	95.72	120.97	68.29	117.64	30.06
1.17	0.39	0.65	0.81	0.29	1.93	1.40	1.68	2.55	0.42
55.59	23.82	37.82	29.15	13.71	50.11	70.39	94.68	147.49	17.59
0.16	0.01	0.02	0.03	0.01	0.01	0.05	0.01	0.12	0.01
10.21	1.43	0.41	2.11	0.52	0.81	5.42	0.68	12.36	1.48
0.19	0.03	0.08	0.09	0.09	0.02	0.13	0.73	0.47	0.04
3.28	1.38	1.82	1.74	1.18	0.29	4.44	11.32	12.76	0.99
0.11	0.27	0.41	0.28	0.47	0.98	0.04	0.02	0.11	0.47
0.92	3.02	3.94	4.43	4.19	15.86	0.44	0.32	1.40	4.52
1.28	0.54	0.77	0.63	0.28	0.17	0.90	1.10	1.00	0.31
21.12	16.19	27.24	18.94	4.44	4.12	24.22	36.49	42.49	7.31
16.72	20.98	20.46	20.87	19.81	27.48	15.90	16.42	25.09	13.38
173.96	217.74	204.58	205.46	208.31	220.12	166.21	190.26	257.41	121.07
16.22	20.78	20.18	20.63	19.61	27.35	15.62	15.63	24.52	13.30
165.62	215.10	199.95	202.08	205.51	217.66	160.77	181.26	249.27	119.96
0.50	0.20	0.28	0.24	0.20	0.13	0.28	0.79	0.57	0.09
8.34	2.64	4.63	3.38	2.80	2.46	5.44	8.99	8.15	1.12
18.52	12.48	18.37	20.94	11.94	34.17	16.32	18.34	16.99	11.43

5-6 续表 3

指 标	单位	郑州市	中原区	二七区	管城区	金水区	上街区	惠济区
金额	元	402.70	251.61	302.97	402.54	643.08	547.30	346.75
鲜奶	公斤	12.67	10.06	7.91	10.30	14.98	29.97	15.52
金额	元	198.82	148.59	147.32	189.88	231.32	312.71	228.96
酸奶	公斤	4.86	3.53	2.61	6.62	6.66	12.82	4.69
金额	元	83.07	54.35	56.98	115.71	126.55	191.36	67.27
奶粉	公斤	0.52	0.20	0.39	0.27	1.21	0.48	0.30
金额	元	100.24	34.07	83.20	80.70	240.99	32.17	26.18
其他奶制品	公斤	0.84	0.55	0.87	0.73	1.50	0.48	1.18
金额	元	20.56	14.59	15.48	16.25	44.22	11.05	24.34
金额	元	711.52	643.26	566.23	729.16	976.41	1072.00	1013.97
鲜瓜果	公斤	80.28	72.75	66.41	68.33	88.06	105.80	110.87
金额	元	582.83	533.96	465.76	600.72	802.09	854.22	780.13
瓜果制品金额	元	31.00	29.53	15.86	29.10	38.66	65.31	53.22
坚果类金额	元	97.68	79.77	84.61	99.34	135.66	152.47	180.62
金额	元	229.71	188.39	157.20	262.81	342.79	268.61	194.79
食糖	公斤	0.84	1.02	0.67	0.61	0.94	0.41	0.56
金额	元	7.61	10.91	6.15	6.05	10.53	4.19	4.99
糖果金额	元	22.16	16.25	20.19	17.11	26.04	37.52	28.67
糕点金额	元	181.94	147.66	120.72	224.30	278.30	205.81	144.78
其他糖果糕点金额	元	18.00	13.57	10.15	15.35	27.92	21.10	16.36
其他食品	元	226.96	211.67	143.01	281.98	301.37	206.73	245.43
调味品	元	121.44	130.47	85.14	120.26	142.30	141.87	152.86
其他食品	元	105.51	81.20	57.87	161.72	159.07	64.86	92.57
饮料	元	212.19	187.24	151.64	259.55	329.54	170.83	254.28
茶叶金额	元	45.03	53.29	59.78	74.68	86.21	52.40	36.70
咖啡	元	16.88	14.27	21.47	5.90	39.14	10.78	28.92
其他固体饮料	元	13.18	11.10	5.10	17.17	16.18	17.38	21.73
瓶装饮用水	元	35.30	18.36	18.20	30.45	44.31	9.48	48.57
果汁饮料	元	9.54	9.43	3.90	11.61	22.20	15.79	4.31

中牟县	巩义市	荥阳市	新密市	新郑市	登封市	经开区	高新区	郑东新区	航空港实验区
443.57	319.39	355.55	422.42	280.36	491.30	417.47	354.81	436.45	168.73
12.78	9.84	11.53	12.33	8.13	27.57	10.43	12.49	10.96	9.09
231.24	141.21	176.61	217.59	123.50	378.50	160.99	207.94	244.31	122.36
4.85	1.79	5.69	8.13	2.08	5.39	4.65	4.87	4.54	1.77
85.26	24.99	102.20	137.53	35.50	58.66	80.66	70.00	91.19	27.45
0.33	0.59	0.45	0.21	0.39	0.72	0.65	0.52	0.37	0.10
87.30	148.71	63.55	63.09	107.84	39.27	159.43	55.57	78.69	10.62
0.56	0.27	0.69	0.26	1.34	0.48	0.59	0.45	1.13	0.47
39.77	4.48	13.19	4.21	13.52	14.87	16.38	21.30	22.27	8.30
467.05	529.74	636.03	690.49	466.16	855.30	588.27	644.66	1002.75	253.08
69.94	69.85	78.65	85.18	66.70	127.94	65.95	79.22	107.09	37.74
392.49	399.04	514.88	554.49	387.12	695.47	510.25	542.33	859.29	201.88
22.99	37.68	36.18	37.90	20.34	31.78	18.03	22.97	41.82	10.52
51.58	93.02	84.96	98.10	58.71	128.05	59.99	79.36	101.64	40.68
224.61	170.03	202.08	289.54	120.28	267.30	206.65	276.22	263.05	93.85
0.64	0.83	0.62	1.82	0.74	1.84	0.71	0.33	0.58	0.65
5.48	7.64	4.48	14.93	6.14	11.18	6.18	3.35	5.31	3.94
31.50	13.48	20.47	37.02	15.05	18.41	21.09	39.81	15.97	6.90
178.69	128.46	164.37	211.50	93.13	203.20	161.72	200.49	237.42	71.56
8.93	20.45	12.75	26.09	5.96	34.51	17.66	32.57	4.36	11.44
204.06	230.16	208.18	259.78	225.67	216.18	239.30	229.79	181.76	130.55
81.37	106.29	113.96	160.09	139.32	170.79	93.72	117.36	85.86	64.74
122.69	123.87	94.23	99.69	86.36	45.39	145.58	112.43	95.89	65.80
147.08	149.03	170.49	254.75	120.16	279.54	160.54	196.30	258.99	62.20
4.99	17.23	15.50	33.14	11.63	21.06	13.34	27.73	74.42	2.79
2.12	5.52	3.75	1.82	1.00	5.13	7.38	25.80	42.11	0.72
19.78	12.05	12.16	13.88	11.16	5.97	22.01	14.96	13.71	6.39
30.24	32.81	27.23	65.85	50.39	84.85	8.88	25.65	23.82	21.88
2.47	2.23	6.29	8.05	6.58	6.11	5.24	11.32	9.01	2.18

5-6 续表 4

指 标	单位	郑州市	中原区	二七区	管城区	金水区	上街区	惠济区
其他液体饮料	元	92.26	80.80	43.19	119.74	121.50	65.00	114.07
烟酒	元	607.12	523.36	607.32	1242.99	652.55	572.96	630.56
烟草	元	320.79	210.28	329.83	458.41	302.63	386.30	436.82
卷烟金额	元	320.64	210.28	329.83	458.41	302.63	380.54	436.82
烟丝烟叶金额	元	0.15					5.76	
酒类	元	286.33	313.08	277.49	784.58	349.92	186.66	193.74
啤酒	元	32.72	35.59	30.66	38.90	54.94	23.63	22.42
白酒	元	233.17	244.00	218.58	696.85	271.09	154.11	152.82
果酒	元	16.33	31.45	24.46	45.81	10.74	6.69	15.51
其他酒	元	4.10	2.04	3.78	3.02	13.15	2.23	2.98
饮食服务	元	2033.99	1909.32	1715.55	1716.33	2855.13	2267.77	2638.94
食堂用餐	元	156.09	145.79	71.46	204.35	153.50	441.28	95.20
其他在外饮食	元	1877.09	1763.54	1644.08	1511.98	2701.16	1826.46	2543.06
食品加工服务费	元	0.81		0.01		0.47	0.02	0.68
衣着	元	1626.25	1392.86	1095.55	1445.18	2155.87	1140.72	1893.88
衣类	元	1311.66	1094.85	919.04	1080.92	1800.97	902.74	1567.58
服装	元	1253.29	1046.46	866.09	1001.10	1708.47	844.25	1498.21
服装材料	元	2.93	2.04	0.15	0.09	6.36	28.48	0.42
其他衣类及配件	元	47.17	39.68	47.78	49.14	75.38	28.42	42.58
衣类加工服务费	元	8.27	6.67	5.02	30.58	10.75	1.60	26.36
鞋类	元	314.59	298.01	176.51	364.26	354.91	237.98	326.30
鞋	双	2.34	1.96	1.54	2.26	2.41	1.58	2.06
金额	元	312.37	296.74	174.80	363.02	348.89	237.25	321.56
鞋类配件及加工服务	元	2.22	1.27	1.71	1.24	6.02	0.73	4.74
居住	元	2458.66	1827.35	1997.67	1652.04	3233.91	2253.60	1864.48
租赁房房租	元	460.29	450.26	231.62	140.31	1369.57		129.38
租赁公房房租	元	9.27	5.13	28.79	44.76			
租赁私房房租	元	451.03	445.13	202.83	95.54	1369.57		129.38
住房维修及管理	元	872.88	277.37	372.04	232.97	596.70	429.66	835.92
住房装潢	元	561.01	1.99	51.21	4.18	152.69	1.89	641.63
住房维修	元	43.01	0.23	14.61	28.02	7.38	6.04	13.00

中牟县	巩义市	荥阳市	新密市	新郑市	登封市	经开区	高新区	郑东新区	航空港实验区
87.48	79.19	105.56	132.01	39.41	156.42	103.70	90.83	95.90	28.24
568.74	517.65	556.44	811.46	471.97	272.65	415.59	568.91	651.93	326.66
339.21	269.84	268.33	567.43	353.36	177.36	143.24	296.27	431.90	178.85
339.21	269.84	268.33	567.43	353.36	177.36	143.24	296.27	431.90	178.85
229.53	247.80	288.11	244.03	118.61	95.28	272.35	272.63	220.04	147.82
32.18	22.42	32.78	23.61	8.03	20.60	50.78	47.56	14.44	22.28
194.94	218.54	209.95	205.82	107.32	72.48	211.55	218.16	173.83	123.73
0.84	3.20	44.21	11.43	1.04	2.13	7.36	5.96	29.65	1.73
1.58	3.64	1.17	3.17	2.22	0.07	2.66	0.95	2.11	0.07
1238.71	1391.64	1628.16	1852.48	1756.66	2161.08	2184.02	2551.01	2455.80	903.72
114.02	71.08	102.78	110.77	66.93	257.37	275.11	275.57	210.41	170.79
1124.69	1319.35	1525.37	1741.40	1689.68	1895.56	1908.92	2275.44	2245.00	729.61
0.00	1.21		0.31	0.05	8.15			0.39	3.32
1281.68	1953.94	1634.50	2161.71	988.99	2362.97	1776.97	1421.90	2123.60	653.18
1019.44	1612.56	1351.64	1718.14	787.01	1729.05	1501.95	1157.81	1712.64	504.02
994.04	1561.58	1304.93	1644.03	767.32	1696.56	1463.77	1106.03	1614.44	485.64
0.93	5.54	0.59	0.55	0.16	0.22	0.21	0.00	8.40	0.45
23.16	39.19	42.53	69.89	16.00	30.72	33.20	50.63	76.65	16.20
1.31	6.24	3.58	3.68	3.53	1.55	4.77	1.15	13.15	1.73
262.24	341.38	282.86	443.56	201.98	633.92	275.02	264.09	410.96	149.16
2.64	2.97	2.50	3.88	2.16	3.75	2.09	2.04	2.36	1.64
261.83	339.40	281.45	442.07	200.88	633.48	272.54	262.50	410.00	148.77
0.40	1.98	1.41	1.50	1.10	0.44	2.49	1.59	0.96	0.39
1768.88	1714.69	2263.22	1140.37	1995.19	1684.20	1512.47	2954.41	1777.13	8552.57
157.72	3.00	101.59	5.05	605.90	25.08	307.67	1343.01	149.84	9.90
		29.20			2.73			24.84	
157.72	3.00	72.39	5.05	605.90	22.35	307.67	1343.01	125.00	9.90
639.52	581.13	1112.92	97.66	244.77	744.10	400.81	582.81	510.04	7980.97
225.56	314.34	730.46	34.76	134.57	428.81	9.65	8.10	36.62	7967.30
256.56	2.81	189.15	11.47	26.51	210.67	1.18	0.50	76.83	4.22

5-6 续表 5

指 标	单位	郑州市	中原区	二七区	管城区	金水区	上街区	惠济区
物业管理费	元	238.44	271.03	304.79	200.77	282.01	421.64	172.28
其他	元	30.42	4.12	1.43		154.61	0.09	9.00
水电燃料及其他	元	1125.48	1099.72	1394.01	1278.76	1267.64	1823.94	899.18
水	吨	50.29	52.04	60.11	54.03	52.60	96.71	39.68
金额	元	175.84	216.47	240.40	207.88	202.82	268.37	150.46
电	度	921.73	670.41	801.76	992.23	956.97	1008.34	585.24
金额	元	537.57	378.60	456.77	567.17	548.32	565.01	344.27
燃料	元	219.52	185.65	244.83	296.57	388.36	319.18	191.00
煤炭	公斤							
金额	元							
管道天然气	立方米	76.90	70.79	91.21	110.49	144.27	122.52	70.21
金额	元	204.05	181.91	242.67	290.22	387.89	314.77	185.31
管道煤气	立方米	0.42	0.05	0.45	0.09	0.14		1.95
金额	元	1.21	0.12	1.17	0.23	0.37		4.97
管道液化石油气	立方米	0.21		0.09			0.78	
金额	元	0.64		0.23			2.02	
罐装液化石油气	公斤	1.49		0.04	0.69		0.37	
金额	元	12.71		0.40	4.99		2.39	
汽油（生活燃料）	升	0.04	0.31					
金额	元	0.29	2.38					
其他油(生活燃料)	升							
金额	元	0.02						
其他生活燃料	元	0.52	1.25	0.35	1.04	0.10		0.72
取暖费	元	180.58	296.91	442.39	204.41	116.03	671.39	213.22
其他	元	11.97	22.08	9.62	2.72	12.12		0.24
生活用品及服务	元	1708.52	1471.89	1873.51	1502.68	2048.22	1276.24	1500.60
家具及室内装饰品	元	161.03	124.69	88.34	61.13	249.95	17.49	49.69

中牟县	巩义市	荥阳市	新密市	新郑市	登封市	经开区	高新区	郑东新区	航空港实验区
117.17	263.64	175.57	48.99	83.00	103.53	389.50	574.10	396.59	9.29
40.23	0.35	17.73	2.44	0.69	1.10	0.49	0.12		0.15
971.64	1130.56	1048.71	1037.66	1144.52	915.02	804.00	1028.58	1117.24	561.70
61.46	52.40	49.09	34.83	46.63	42.24	27.64	58.60	44.81	31.61
159.67	135.25	132.92	129.84	122.02	160.01	121.53	172.71	194.18	72.30
868.12	904.79	1116.73	1272.51	1252.71	1058.56	659.10	767.46	1012.06	699.63
527.59	546.04	634.82	724.17	805.28	643.42	381.36	436.11	575.35	402.67
245.52	150.69	116.75	171.31	102.73	85.16	119.56	214.70	222.31	86.12
				0.09	1.20				
				0.34	1.20				
88.10	44.89	33.07	37.71	32.74	13.25	38.19	80.68	81.69	15.94
243.63	121.37	88.17	106.70	81.13	40.55	109.63	212.90	198.81	44.72
	0.05			0.49	0.41	3.23	0.39	1.41	
	0.14			1.98	1.72	8.28	1.02	4.57	
0.20					2.53			0.65	
0.52					6.64			3.65	
0.14	3.50	2.99	8.10	1.66	3.73	0.16		1.79	4.93
0.73	29.01	28.27	62.45	18.92	33.11	1.61		14.87	41.40
					0.19				
					1.51				
			0.02		0.04				
			0.08		0.35				
0.64	0.16	0.31	2.08	0.36	0.07	0.04	0.79	0.42	
37.93	292.14	157.99	8.25	50.47	8.72	179.52	201.81	125.12	
0.93	6.44	6.23	4.09	64.03	17.71	2.02	3.25	0.28	0.61
1258.33	2062.32	1760.90	2212.30	938.90	2971.78	1777.10	1092.46	2131.87	689.03
191.69	407.81	330.54	108.21	78.41	126.22	114.79	66.98	348.54	72.89

5-6 续表 6

指 标	单位	郑州市	中原区	二七区	管城区	金水区	上街区	惠济区
家具	元	123.36	109.37	72.34	53.06	195.94	9.86	32.47
家具材料	元	13.57	1.97	2.38	3.19	3.47	1.25	0.38
室内装饰品	元	24.09	13.35	13.63	4.87	50.54	6.38	16.84
家用器具	元	446.70	258.57	1012.43	428.40	312.50	424.43	329.11
耐用消费品	元	369.44	184.12	940.30	277.13	223.87	366.44	279.72
洗衣机	台	0.02		0.04	0.02			0.02
金额	元	52.19	6.39	223.07	21.41	6.61		57.03
电冰箱（柜）	台	0.03	0.02	0.05	0.01	0.05	0.05	0.02
金额	元	85.28	27.10	334.39	12.77	80.18	123.35	32.10
空调器	台	0.04	0.03	0.07	0.03		0.05	0.02
金额	元	135.72	85.80	271.72	118.15	3.90	166.29	49.99
吸尘器	台	0.01	0.01					0.02
金额	元	5.69	0.44	0.35	0.59	0.69		75.03
抽油烟机	台	0.01	0.01	0.01	0.01	0.01		
金额	元	15.41	8.11	13.18	4.75	18.68	1.56	2.20
微波炉	台	0.01	0.01			0.02		
金额	元	4.00	3.00	1.90	0.04	19.66		
非太阳能热水器	台	0.02	0.01	0.04	0.01	0.03		0.05
金额	元	26.68	31.06	67.45	24.71	42.77		36.93
太阳能热水器	台	0.01			0.01	0.01		
金额	元	3.93			9.33	0.91	6.41	
燃气炉具	套	0.03	0.02	0.01	0.01	0.05	0.02	
金额	元	17.11	6.17	4.64	1.33	48.67	29.10	0.25
金额	元	0.13						0.18
其他	元	23.30	16.07	23.61	84.04	1.80	39.72	26.02
小家电	元	77.26	74.44	72.12	151.28	88.62	58.00	49.39

中牟县	巩义市	荥阳市	新密市	新郑市	登封市	经开区	高新区	郑东新区	航空港实验区
184.03	286.39	239.11	102.88	39.66	103.21	89.40	59.62	213.27	64.83
4.06	99.45	14.45	0.37	0.72	0.15	0.09	3.81	110.89	5.34
3.60	21.96	76.98	4.95	38.03	22.86	25.30	3.55	24.38	2.71
409.10	543.47	580.25	344.06	268.39	927.48	462.19	138.47	439.70	257.82
384.64	470.35	507.62	278.36	180.11	871.68	361.34	95.37	319.24	229.32
0.03	0.04	0.01	0.04	0.02		0.03	0.02	0.06	0.02
66.37	158.75	42.95	78.36	18.85	2.39	44.77	12.20	59.04	25.70
0.01	0.01	0.04	0.05	0.01	0.05	0.02	0.01	0.01	0.02
50.65	31.16	148.06	99.28	32.86	124.73	111.37	2.92	14.13	29.15
0.09	0.06	0.06	0.02	0.04	0.23	0.08	0.01	0.02	0.03
181.12	157.06	204.09	48.44	102.33	691.16	109.80	57.34	50.00	115.93
	0.01	0.01				0.04	0.01		
	2.25	12.77	0.78		0.13	25.18	14.97		
0.03	0.01	0.02	0.01					0.06	0.01
41.75	8.75	31.02	11.94	6.09	0.71	3.09		48.15	45.10
						3.02		0.92	
0.02	0.02	0.02				0.02		0.01	
26.43	50.61	31.19			4.85	25.56		10.30	1.27
0.03	0.02							0.01	
5.83	24.45	2.86		1.94	0.22			22.28	0.54
	0.04	0.02	0.01	0.01	0.08	0.01	0.01	0.06	0.04
0.97	11.60	14.15	4.35	6.07	40.90	3.11	7.68	34.74	6.30
					1.43	1.63			
11.52	25.73	20.53	35.21	11.96	5.16	33.78	0.25	79.68	5.02
24.46	73.12	72.64	65.70	88.28	55.80	100.86	43.11	120.46	28.51

5-6 续表 7

指 标	单位	郑州市	中原区	二七区	管城区	金水区	上街区	惠济区
家用纺织品	元	152.82	106.68	46.86	77.84	218.17	101.33	362.28
床上用品	元	120.10	68.64	29.34	50.34	178.18	92.26	176.26
窗帘门帘	元	20.28	27.16	11.31	19.28	19.96		174.53
其他家用纺织品	元	12.44	10.89	6.21	8.22	20.02	9.07	11.48
家庭日用杂品	元	361.54	301.34	249.71	306.00	513.63	248.03	379.80
洗涤及卫生用品	元	92.56	84.46	44.07	72.39	116.66	83.41	105.33
厨具餐具茶具	元	64.82	63.23	61.44	46.83	96.30	29.67	65.52
家用手工工具	元	3.08	2.02	3.41	1.15	4.14	0.15	3.11
其他	元	201.08	151.64	140.80	185.63	296.53	134.81	205.84
个人用品	元	494.15	467.05	433.34	388.51	697.01	388.81	335.74
化妆品	元	331.04	314.34	332.87	227.99	452.28	152.14	171.84
其他个人用品	元	163.11	152.71	100.47	160.52	244.73	236.67	163.90
家庭服务	元	92.28	213.55	42.83	240.80	56.97	96.15	43.99
家政服务	元	51.34	173.22	7.71	151.31	12.74	25.83	21.06
家庭设备修理费	元	40.94	40.34	35.12	89.49	44.23	70.32	22.93
交通通信	元	2869.53	2794.69	2084.85	2108.10	4134.45	2976.02	1597.48
交通	元	2104.00	2169.42	1562.79	1487.59	3423.16	984.14	996.47
交通工具	元	659.50	1043.73	412.91	44.65	1280.08	5.57	121.31
汽车	辆	0.01	0.01			0.02		
金额	元	558.30	1009.44	214.88		1229.92		
摩托车	辆							
金额	元	4.14					3.35	
自行车	辆	0.01			0.03	0.01		0.02
金额	元	8.60	2.50	2.38	24.82	4.60		7.18
电动自行车	辆	0.03	0.01	0.04	0.01	0.03		0.04
金额	元	84.55	31.75	195.65	19.84	45.56	2.22	114.13
其他交通工具	元	3.91	0.03					
交通费	元	162.47	175.68	103.25	118.75	274.03	28.00	247.04
飞机	元	39.03	20.48		36.30	92.39	3.01	20.27
火车	元	48.60	46.37	36.65	48.69	83.82	5.79	132.36
长途汽车	元	3.77	6.58	5.22	2.55	9.31	2.10	1.09

中牟县	巩义市	荥阳市	新密市	新郑市	登封市	经开区	高新区	郑东新区	航空港实验区
101.04	241.98	139.85	277.28	76.44	412.95	143.48	48.43	75.89	41.90
57.97	214.50	111.18	239.22	64.92	401.78	127.72	40.69	59.64	18.34
26.95	7.60	14.12	1.83	8.01	4.64	6.52	0.60	7.05	21.24
16.12	19.88	14.54	36.23	3.50	6.54	9.25	7.15	9.20	2.32
229.34	415.94	273.75	676.91	184.22	469.17	276.75	326.35	498.15	171.20
43.38	78.69	75.23	227.80	30.98	173.44	73.94	93.55	130.93	40.93
33.26	71.52	52.37	115.52	22.35	76.75	46.35	46.27	110.32	16.56
4.02	3.25	2.11	4.47	6.09	2.44	2.83	1.69	1.72	2.69
148.68	262.47	144.04	329.11	124.80	216.55	153.63	184.85	255.18	111.02
259.50	400.75	374.75	746.93	256.24	961.67	568.37	486.08	600.52	127.47
163.58	251.90	225.21	497.73	185.55	802.15	407.29	305.39	401.31	66.70
95.92	148.85	149.54	249.20	70.69	159.52	161.07	180.69	199.20	60.77
67.66	52.37	61.77	58.91	75.20	74.28	211.52	26.13	169.07	17.75
33.84	23.68	8.31	13.61	11.58	49.83	179.86	7.59	149.82	5.23
33.82	28.69	53.46	45.30	63.62	24.46	31.65	18.55	19.25	12.53
2955.92	2703.79	2111.71	2642.77	2265.81	3122.38	6573.48	2239.74	3866.19	1264.29
2171.55	2021.55	1308.87	1435.75	1401.45	1969.96	5871.94	1498.85	3169.49	736.43
1289.97	647.59	80.13	103.54	79.17	8.95	4301.77	90.62	1049.65	136.61
0.01	0.01					0.02			
1136.15	525.35		71.50			4289.54		571.41	2.59
0.01	0.01								
14.30	15.97		5.47					41.27	3.45
0.01	0.02	0.01	0.01	0.03				0.02	0.01
12.31	22.21	11.05	7.25	14.18	5.01		0.22	19.25	9.24
0.05	0.02	0.03	0.01	0.02			0.05	0.12	0.04
103.82	64.37	69.08	19.32	53.96	3.94	12.23	90.40	395.79	121.21
23.39	19.69			11.04				21.93	0.12
45.12	145.34	96.77	85.85	65.06	108.40	164.77	243.88	425.98	16.68
10.40	18.94	17.35	16.05	4.72		2.96	10.34	255.29	
17.78	23.22	44.57	2.02	16.47	3.62	85.36	97.59	71.10	6.87
0.05	2.10	2.14	2.01	0.79	0.38	2.91	0.79	5.11	

5-6 续表 8

指 标	单位	郑州市	中原区	二七区	管城区	金水区	上街区	惠济区
市内公共交通	元	21.26	51.22	11.97	17.12	18.06	6.21	39.20
出租汽车费	元	46.51	49.82	49.38	13.51	62.54	10.77	52.35
其他交通费	元	3.29	1.20	0.04	0.58	7.92	0.12	1.77
交通工具用燃料	元	882.04	650.75	662.28	937.73	1082.72	684.87	468.67
汽油	升	104.97	79.13	80.87	115.53	126.15	88.34	59.30
金额	元	843.41	645.74	654.51	932.51	1035.12	682.85	463.20
柴油	升	3.92		0.05		0.06	0.01	
金额	元	25.82		0.40		0.49	0.05	
其他燃料和润滑剂	元	12.81	5.00	7.37	5.22	47.11	1.97	5.47
交通工具使用及维修	元	399.99	299.27	384.35	386.46	786.33	265.69	159.45
交通工具零配件和维修	元	233.74	118.04	129.34	160.93	465.41	237.97	91.65
停车费	元	65.35	52.55	188.39	125.34	128.05	4.63	23.50
车辆使用税费（含过桥过路费）	元	78.90	109.04	63.24	90.63	177.21	12.14	32.54
其他	元	21.99	19.64	3.38	9.56	15.66	10.96	11.77
通信	元	765.53	625.26	522.06	620.51	711.29	1991.88	601.01
通信工具	元	271.28	132.90	164.34	148.87	229.91	1362.73	177.76
电话机	部		0.01					
金额	元	0.04	0.44					
移动电话机	部	0.08	0.06	0.07	0.05	0.06	0.26	0.05
金额	元	245.19	107.54	157.13	132.86	165.57	1330.59	151.37
其他通信工具及零配件	元	26.05	24.93	7.21	16.01	64.34	32.15	26.39
通信服务	元	494.26	492.36	357.73	471.64	481.38	629.15	423.25
固定电话费	元	1.71	1.02	1.96	0.81	6.34		
移动电话费	元	444.45	448.86	311.80	433.30	413.88	473.89	378.80
上网费	元	32.36	30.68	20.05	30.28	45.62	118.15	28.75
邮费	元	10.18	10.57	14.27	5.63	10.42	0.91	13.32
其他通信服务费	元	5.56	1.23	9.65	1.62	5.12	36.19	2.38
教育文化娱乐	元	2911.20	2535.22	3333.76	3236.61	4292.31	2669.52	3821.18
教育	元	2138.85	1737.83	2696.80	2587.76	2935.56	2073.67	2689.52
学前教育	元	498.50	574.99	964.67	937.11	712.94	43.32	36.68
教育用品	元	6.41	18.69	1.67	6.25	17.86	0.41	0.55

中牟县	巩义市	荥阳市	新密市	新郑市	登封市	经开区	高新区	郑东新区	航空港实验区
2.77	25.08	7.15	22.59	22.77	13.87	24.84	46.77	16.07	3.14
13.37	75.62	15.23	42.41	20.26	90.53	47.93	68.99	77.34	6.67
0.75	0.37	10.34	0.76	0.05		0.77	19.39	1.08	
625.39	895.45	881.81	939.92	866.47	1431.33	742.89	906.82	1444.91	419.65
78.79	114.77	113.98	124.08	106.49	121.38	89.03	110.91	169.09	53.17
623.33	891.53	875.06	937.59	859.28	945.59	735.10	887.04	1440.01	417.19
					73.75			0.29	
					484.80			2.20	
2.06	3.92	6.75	2.33	7.19	0.94	7.79	19.78	2.70	2.46
211.07	333.18	250.16	306.44	390.74	421.28	662.51	257.53	248.95	163.48
163.83	226.01	187.18	254.48	233.64	387.62	328.85	142.19	132.20	126.47
6.40	5.42	7.28	9.17	1.98	10.25	89.38	49.31	49.45	6.10
33.38	73.71	41.32	22.09	22.45	20.32	207.92	59.95	59.01	20.90
7.46	28.03	14.38	20.70	132.68	3.08	36.35	6.09	8.29	10.01
784.37	682.23	802.85	1207.02	864.36	1152.43	701.54	740.88	696.70	527.87
308.60	237.37	300.21	382.25	381.14	435.83	374.91	163.41	212.44	184.51
0.11	0.09	0.08	0.13	0.09	0.18	0.12	0.07	0.06	0.06
288.17	225.23	277.15	367.77	369.10	424.32	345.53	127.89	196.65	172.98
20.44	12.14	23.06	14.48	12.04	11.51	29.38	35.53	15.79	11.53
475.77	444.86	502.63	824.77	483.22	716.60	326.63	577.47	484.26	343.36
	3.74	0.31		0.09	0.08	0.14		1.20	
441.64	408.08	453.75	751.72	454.77	647.94	307.25	528.80	441.27	329.64
23.06	22.54	34.78	53.23	24.06	34.13	4.14	35.41	19.67	6.05
6.95	2.32	5.89	12.07	2.75	31.76	13.67	11.95	13.97	1.83
4.11	8.18	7.90	7.75	1.55	2.69	1.44	1.30	8.15	5.84
1928.55	1403.39	2289.21	2236.93	1541.17	2639.09	2698.35	2650.51	4359.85	1623.17
1551.28	912.55	1732.49	1577.35	1290.51	1927.03	1852.47	1802.88	3426.19	1227.39
482.15	241.50	204.51	328.83	208.74	52.99	544.75	233.00	669.54	416.23
1.37	1.79	1.82	0.73	1.59	0.60	4.85	0.01	5.87	3.63

5-6 续表 9

指 标	单位	郑州市	中原区	二七区	管城区	金水区	上街区	惠济区
学杂费	元	271.15	141.83	439.87	634.30	355.20	36.29	0.23
培训费	元	92.20	133.53	387.90	143.09	113.61	6.48	4.67
一揽子教育服务（含食宿）	元	126.78	277.87	134.88	151.62	222.09	0.15	31.23
其他费用	元	1.95	3.07	0.35	1.85	4.18		
小学教育	元	480.91	308.09	310.99	821.98	1126.16	22.05	284.92
教育用品	元	24.88	23.82	22.08	36.24	30.28	3.87	18.01
学杂费	元	7.19	1.07	1.13	22.98	11.93		0.83
培训费	元	373.43	271.37	251.69	594.38	920.20	16.65	160.20
赞助费	元	1.67						40.03
一揽子教育服务（含食宿）	元	61.03	4.25	19.96	129.07	144.44	0.87	3.44
其他费用	元	12.71	7.58	16.13	39.30	19.30	0.66	62.40
初中教育	元	159.02	275.00	145.95	36.88	73.31	391.85	528.28
教育用品	元	14.36	11.06	10.68	20.36	7.55	16.60	15.79
学杂费	元	5.70		6.21	1.90	0.17	60.73	1.84
培训费	元	101.25	172.50	124.47	5.45	28.47	268.31	505.39
赞助费	元	3.56						
一揽子教育服务（含食宿）	元	33.74	90.01	4.26	7.92	36.49	46.22	4.81
其他费用	元	0.41	1.43	0.32	1.26	0.64		0.44
高中教育	元	294.61	233.02	151.25	66.32	277.78	644.62	824.48
教育用品	元	23.68	17.87	11.04	43.38	4.70	43.69	18.26
学杂费	元	32.83	11.41	2.34	0.17	18.79	9.09	517.18
培训费	元	86.34	103.86	45.49	22.13	53.30	542.55	203.34
赞助费	元	20.82	79.42					
一揽子教育服务（含食宿）	元	121.01	16.54	87.83	0.64	194.78	43.43	79.73
其他费用	元	9.93	3.91	4.55		6.21	5.86	5.98
中专职高教育	元	4.37		4.81		0.94		
教育用品	元	0.10				0.01		
学杂费	元	1.34						
培训费	元	0.31		3.21				
一揽子教育服务（含食宿）	元	2.46		1.60				

中牟县	巩义市	荥阳市	新密市	新郑市	登封市	经开区	高新区	郑东新区	航空港实验区
384.84	181.97	141.42	113.83	154.32	21.75	165.92	230.59	516.87	283.47
59.33	3.52	29.67	43.07	1.97	15.11	82.82		42.87	10.91
36.61	49.85	26.47	170.42	50.51	10.46	291.16	2.40	103.92	118.22
	4.37	5.12	0.78	0.35	5.08				
277.07	137.06	381.14	260.08	59.60	74.49	487.85	806.93	497.51	326.80
61.47	21.11	22.27	20.99	8.36	29.18	61.29	18.68	15.17	10.38
0.22	6.80	5.91	21.75		0.60	4.18	0.63	8.62	16.54
98.98	34.63	269.18	81.14	45.08	30.78	400.44	784.37	403.28	282.69
115.64	69.77	83.72	133.93	2.17	12.98	14.53		65.74	9.23
0.77	4.74	0.06	2.26	4.00	0.96	7.41	3.26	4.71	7.95
250.56	54.55	69.22	76.89	94.76	31.70	57.91	108.55	625.23	68.97
37.54	11.71	19.27	4.41	17.05	18.52	13.66	30.72	10.54	9.32
2.16		15.79	5.34	1.01	1.16	1.89	0.83	30.51	5.16
54.05	26.68	14.56	32.05	64.04	11.64	38.67	77.00	420.84	32.83
47.97								30.40	
108.82	16.17	19.55	35.10	12.48		3.69		132.95	21.52
0.02		0.05		0.18	0.38				0.14
156.16	84.79	232.60	164.95	182.21	1140.32	301.76	213.12	271.36	330.15
5.83	7.08	19.56	32.56	22.90	132.07	23.20	34.78	4.84	12.22
8.81	0.97		4.28	15.62	15.77	15.53	17.07	35.42	13.59
129.86	4.31	24.47	2.20	0.14	482.31	161.50	43.61	5.27	
	64.72				1.94			26.26	181.59
11.44	7.70	185.24	124.02	143.24	392.87	94.59	106.27	199.18	113.72
0.22		3.34	1.89	0.30	115.36	6.94	11.38	0.38	9.03
		19.64		14.62			13.88	18.13	
		1.28					0.72		
				14.62				4.82	
		18.36					13.16	13.31	

5-6 续表 10

指 标	单位	郑州市	中原区	二七区	管城区	金水区	上街区	惠济区
其他费用	元	0.16				0.93		
大专及以上教育	元	650.90	283.46	1060.09	697.73	705.55	965.98	884.12
教育用品	元	6.38	1.63		0.06	0.37	7.39	64.97
学杂费	元	250.97	135.79	89.24	674.77	334.44	522.11	220.42
培训费	元	13.78		30.34			20.30	180.70
一揽子教育服务（含食宿）	元	370.06	144.48	937.92	22.82	346.57	415.07	332.95
其他费用	元	9.70	1.56	2.59	0.09	24.17	1.11	85.07
成人教育	元	50.54	63.27	59.04	27.76	38.87	5.85	131.05
教育用品	元	5.51	0.56	23.30		16.47	1.00	
培训费	元	29.85	51.98	22.98	10.04	9.81	4.84	9.77
其他费用	元	15.18	10.73	12.75	17.71	12.59	0.01	121.28
文化娱乐	元	772.35	797.39	636.95	648.84	1356.75	595.84	1131.66
文娱耐用消费品	元	220.18	206.01	213.97	160.27	345.71	202.43	533.66
彩色电视机	台	0.01	0.02	0.02	0.02		0.03	0.03
金额	元	39.23	76.83	80.90	31.46	3.60	132.39	111.98
金额	元	0.56						0.75
家用台式电脑	台		0.01					
金额	元	7.16	48.67	18.17		0.32		0.23
家用笔记本电脑	台	0.02	0.01	0.03	0.03	0.03		0.04
金额	元	99.43	24.16	89.34	105.92	207.21	8.06	298.82
中高档乐器	元	10.06			0.90	6.94	11.65	42.99
健身器材	元	3.77	1.60	0.27		2.86		0.28
其他文娱耐用消费品	元	23.91	18.36	20.52	14.04	57.58	2.31	4.48
文娱耐用消费品的零配件及维修	元	36.05	36.39	4.78	7.94	67.20	48.02	74.13
其他文娱用品	元	274.62	299.04	161.33	282.62	493.44	209.98	258.88
书报杂志及音像制品	元	64.28	58.70	23.58	48.37	146.98	118.16	46.91

中牟县	巩义市	荥阳市	新密市	新郑市	登封市	经开区	高新区	郑东新区	航空港实验区
269.71	366.67	787.61	712.36	667.68	612.94	350.13	389.71	1262.42	81.45
2.78	1.05	2.26	18.52	7.77		33.79	2.11	1.14	4.80
72.83	194.95	429.47	274.80	64.55	77.01	223.00	217.71	498.55	23.19
47.77	0.02	10.23	2.52	1.55	0.73	2.13			
140.08	170.65	345.65	416.52	586.75	535.20	86.23	169.88	761.18	42.78
6.25				7.06		4.98		1.56	10.68
115.63	27.96	37.77	34.23	62.90	14.58	110.08	37.69	81.99	3.79
0.44	0.36		3.07		0.14	3.06			
109.65	25.14	31.00	22.33	60.65	2.03	100.97	37.69	37.86	3.53
5.55	2.47	6.77	8.83	2.25	12.41	6.06		44.13	0.26
377.27	490.84	556.72	659.58	250.67	712.06	845.88	847.63	933.67	395.78
50.59	178.97	92.10	134.52	81.77	162.27	303.72	264.20	299.95	128.16
	0.02	0.01	0.02	0.01			0.01		0.01
12.59	88.19	20.87	40.17	15.26	9.20	16.54	61.61		8.13
0.08		8.10		1.35	0.71				
		4.20						16.63	
	0.01		0.01		0.05	0.03	0.01	0.02	0.02
9.99	49.23	16.83	36.21	5.29	132.55	181.40	67.70	112.62	89.73
	1.01	0.68	7.79		1.10			113.83	
0.12	0.40	1.24	0.72	3.16	2.23	5.27	37.61	8.77	0.39
16.39	18.34	15.46	16.90	44.25	9.42	2.19	4.95	25.89	8.10
11.41	21.79	24.73	32.73	12.46	7.07	98.31	92.33	22.19	21.81
208.62	217.03	218.66	247.39	124.65	277.65	299.96	220.86	299.43	158.41
25.83	16.60	24.94	36.03	34.31	121.50	64.83	64.14	47.52	24.13

5-6 续表 11

指 标	单位	郑州市	中原区	二七区	管城区	金水区	上街区	惠济区
文具纸张	元	36.65	27.29	30.04	33.63	50.98	10.70	34.14
体育户外用品	元	23.79	38.27	26.89	16.94	44.21	26.77	5.76
游戏用品和玩具	元	71.57	106.88	38.05	64.06	109.65	6.13	85.30
园艺花卉及有关产品	元	23.67	21.21	9.54	20.64	31.95	3.44	26.78
宠物及有关产品	元	21.04	19.27	16.27	79.56	24.92	36.03	26.37
其他文娱用品及维修	元	33.62	27.42	16.96	19.42	84.76	8.76	33.62
文化娱乐服务	元	277.55	292.34	261.65	205.96	517.60	183.43	339.12
团体旅游	元	53.55	91.64	47.70	18.60	87.41	52.56	18.63
景点门票	元	58.73	59.39	31.88	78.00	133.21	11.99	39.66
体育健身活动	元	72.14	43.92	134.28	14.94	121.62	37.04	204.55
电影话剧演出票	元	22.03	19.08	9.92	33.27	29.58	9.63	20.30
有线电视费	元	11.04	31.05	10.02	8.52	18.39	32.53	8.05
其他文化娱乐服务	元	60.06	47.26	27.86	52.62	127.39	39.67	47.93
医疗保健	元	2253.73	3626.46	2286.12	1286.59	2682.05	2838.31	1711.45
医疗器具及药品	元	605.79	972.98	291.30	475.94	755.48	1135.72	495.68
药品	元	422.99	875.46	251.99	388.57	469.01	935.50	295.14
滋补保健品	元	138.73	89.31	33.54	56.67	175.32	180.17	186.31
医疗卫生器具	元	11.31	4.27	3.70	28.92	17.39	4.55	6.66
保健器具	元	32.77	3.94	2.07	1.78	93.76	15.49	7.58
医疗服务	元	1647.94	2653.49	1994.81	810.65	1926.57	1702.59	1215.77
门诊医疗总费用	元	546.41	928.15	302.66	632.21	589.61	380.24	350.02
住院医疗总费用	元	1101.53	1725.34	1692.15	178.43	1336.96	1322.36	865.75
其他用品和服务	元	604.25	465.06	251.93	546.45	858.86	946.61	426.68
其他用品	元	271.12	277.58	91.67	195.86	280.57	521.44	216.56
首饰及手表	元	180.29	184.74	49.61	151.36	144.75	440.89	96.33
其他杂项用品	元	90.83	92.85	42.06	44.50	135.82	80.55	120.23
其他服务	元	333.13	187.48	160.25	350.59	578.29	425.18	210.11
旅馆住宿费	元	54.34	8.05	13.93	118.60	175.77	11.84	10.99
美容美发洗浴	元	202.93	154.51	114.44	185.47	221.69	355.51	174.26
其他杂项服务	元	75.85	24.92	31.89	46.52	180.84	57.82	24.87

中牟县	巩义市	荥阳市	新密市	新郑市	登封市	经开区	高新区	郑东新区	航空港实验区
38.58	37.12	33.38	60.54	25.59	24.54	40.18	37.24	42.71	31.37
18.08	20.56	14.71	22.09	5.48	4.82	15.61	19.13	24.93	18.97
44.00	67.47	66.13	82.25	37.16	23.89	127.80	66.63	87.95	51.50
13.59	24.79	25.58	18.13	4.45	88.36	29.87	13.09	35.43	5.14
35.61	28.07	21.22	7.49	2.72	0.97	2.61	7.48	4.74	13.86
32.93	22.42	32.69	20.86	14.94	13.56	19.07	13.14	56.16	13.43
118.06	94.84	245.96	277.66	44.25	272.15	242.20	362.57	334.29	109.21
61.15	3.44	78.74	58.28	5.29	52.63	28.57	34.26	128.51	1.18
23.97	35.58	59.52	60.71	11.48	21.71	32.15	71.16	60.73	23.47
1.62	28.69	16.25	0.38	6.80	146.39	70.43	141.70	32.60	33.92
12.67	5.35	16.10	14.44	9.90	35.59	38.75	36.03	47.55	6.19
3.46	1.21	7.85	0.90	1.39	2.06	1.04	3.87	21.92	3.25
15.19	20.57	67.51	142.94	9.39	13.77	71.26	75.55	42.98	41.20
3102.04	1260.87	1311.18	1598.62	4620.42	1216.10	1599.50	1887.78	1832.90	598.29
449.31	338.28	321.32	594.42	773.25	596.45	456.41	1190.20	438.33	171.01
355.40	271.56	238.88	430.62	707.88	257.32	391.07	314.65	249.38	157.84
50.12	53.67	43.07	113.96	63.02	318.29	46.71	747.01	103.53	10.37
4.34	10.86	14.75	25.91	1.97	5.67	8.19	20.18	9.19	2.13
39.44	2.18	24.61	23.93	0.37	15.17	10.44	108.36	76.24	0.68
2652.73	922.59	989.86	1004.20	3847.17	619.65	1143.09	697.58	1394.57	427.28
631.74	426.91	381.71	511.76	690.23	301.69	769.11	382.32	960.50	231.50
2020.99	495.68	608.16	492.44	3156.94	317.96	373.98	315.26	434.07	195.78
402.51	350.51	440.62	534.24	207.51	1634.30	620.13	569.42	1241.16	194.32
101.28	181.83	181.69	207.16	38.78	1272.79	241.85	109.55	596.92	102.73
24.99	114.34	73.85	126.37	10.06	1163.34	122.62	61.25	359.32	60.04
76.29	67.49	107.84	80.79	28.72	109.45	119.23	48.30	237.59	42.69
301.22	168.68	258.93	327.08	168.73	361.52	378.28	459.87	644.24	91.59
6.07	8.68	35.27	10.11	19.48	3.14	41.39	96.33	35.21	2.00
150.66	143.44	197.26	281.63	125.53	313.49	294.11	332.27	307.71	81.79
144.50	16.56	26.40	35.34	23.73	44.88	42.78	31.28	301.32	7.79

5-7 城镇居民

（2022年）

指 标	单位	郑州市	中原区	二七区	管城区	金水区	上街区	惠济区
住户居住空间样式								
单栋楼房	%	8.9		1.3		0.5		9.6
单栋平房	%	6.3						8.9
四居室及以上单元房	%	5.2	6.6	15.1	5.6	4.9		
三居室单元房	%	39.8	23.7	46.4	40.6	51.8	14.9	18.9
二居室单元房	%	30.8	65.9	36.7	48.8	27.4	85.1	61.5
一居室单元房	%	7.6	3.8	0.5	4.9	15.5		1.1
筒子楼或连片平房	%	1.4						
其他	%	0.1						
钢筋混凝土	%	68.1	85.3	62.0	86.1	70.3	68.8	36.0
砖混材料	%	31.6	14.7	38.0	13.9	29.7	31.2	64.0
砖瓦砖木	%	0.2						
其他	%	0.1						
租赁公房	%	1.2	1.4					
租赁私房	%	7.5	7.9	4.8	4.9	10.0		6.4
自建住房	%	12.1						
购买商品房	%	50.3	46.6	48.5	50.3	74.5	63.7	78.2
购买房改住房	%	14.3	38.4	31.8	13.8	15.0	36.3	9.9
购买保障性住房	%	1.9		3.9	14.5			
拆迁安置房	%	9.8	3.0	9.7	16.5			
继承或获赠住房	%	0.5	1.7					5.5
免费借用房	%	2.3	1.1	1.3				
其他来源	%	0.1				0.5		
现住房建筑面积	**平方米/人**	**38.0**	**30.8**	**38.1**	**32.6**	**38.4**	**43.1**	**30.0**

家庭现住房情况

	中牟县	巩义市	荥阳市	新密市	新郑市	登封市	经开区	高新区	郑东新区	航空港实验区
	26.7	6.1	26.1	1.8	30.5	44.0	0.1			37.7
	0.0	37.5	14.4	38.0	8.9	11.3		1.2		18.0
	7.2	9.4	4.5	5.5		2.6	2.3		10.0	
	65.2	41.5	50.0	53.6	26.9	42.1	39.7	45.1	56.2	6.2
	0.9	5.5	3.4	1.2	19.5		26.2	31.0	24.6	13.8
					14.3		30.3	22.7	9.2	
							1.5			24.3
			1.6							
	74.4	52.3	91.5	44.6	57.2	60.3	93.0	83.1	66.4	43.5
	25.6	47.7	5.2	55.4	40.3	39.7	7.0	16.9	33.6	56.5
					2.5					
			3.3							
										19.7
	4.4		16.6			0.3	14.7	31.0	7.1	
	23.7	43.9	25.6	40.2	36.5	54.6				35.9
	42.8	52.3	51.9	20.8	12.8	44.5	83.8	51.6	43.5	
					26.7					
		3.8						6.3		
	29.1		4.1	38.4	23.9		1.5		49.4	20.0
								11.1		24.3
	58.5	**45.7**	**42.9**	**34.1**	**28.5**	**52.1**	**30.0**	**35.9**	**28.5**	**52.5**

5-8 城镇居民家庭

（2022年）

指 标	单位	郑州市	中原区	二七区	管城区	金水区	上街区	惠济区
家用汽车	辆	63	46	64	76	61	50	44
摩托车	辆	8		9		1	23	
助力车	台	103	90	91	110	104	91	129
洗衣机	台	101	100	100	101	104	95	101
电冰箱（柜）	台	99	98	100	104	100	104	101
微波炉	台	55	54	79	62	58	39	80
彩色电视机	台	111	107	100	128	112	107	103
空调	台	236	234	245	242	242	209	244
热水器	台	101	100	108	103	100	94	104
洗碗机	台	4	3	3	5	7		4
排油烟机	台	89	100	92	99	91	100	87
固定电话	线	7	3	2	3	18	6	10
移动电话	部	239	213	216	240	227	180	257
计算机	台	61	58	70	53	75	57	65
照相机	台	13	21	26	12	13	7	17
乐器	架	10	11	2	14	17	6	2
健身器材	台	12	11	16	11	19	26	5

注：航空港实验区样本包含集体宿舍。

每百户耐用消费品拥有量

中牟县	巩义市	荥阳市	新密市	新郑市	登封市	经开区	高新区	郑东新区	航空港实验区
78	46	71	60	79	74	61	49	78	86
3	46	11	38	5	16	1			6
87	65	151	83	105	116	66	137	126	87
106	102	100	121	103	104	96	100	102	78
104	102	98	117	93	103	99	100	100	67
45	28	52	44	51	42	63	35	68	40
135	124	113	157	115	120	109	84	118	84
270	262	246	234	207	266	212	245	243	177
113	113	82	124	100	109	100	100	100	74
1		1		3	1	17	1	2	3
89	78	77	87	96	88	94	86	100	38
5				11	2	38			
299	282	298	333	244	299	206	191	261	219
52	37	70	68	55	54	65	50	91	22
	10	9	11		21	13	4	33	
3	8	13	3	8	22	2	3	38	
2	10	5	2	11	11	7	6	16	4

5-9 城镇居民

（2022年）

指 标	郑州市	中原区	二七区	管城区	金水区	上街区	惠济区
粮食消费量	**111.44**	**111.01**	**99.04**	**97.28**	**100.08**	**128.09**	**125.40**
谷物消费量	**97.73**	**98.97**	**86.76**	**83.96**	**88.52**	**106.17**	**111.25**
小麦	72.33	67.94	60.83	58.75	61.00	77.90	82.86
稻谷	16.43	21.78	17.50	17.75	17.31	16.22	18.99
玉米	3.44	4.88	3.52	2.45	4.38	2.91	4.32
其他谷物	5.53	4.36	4.91	5.01	5.83	9.14	5.08
薯类消费量	**3.05**	**3.72**	**2.64**	**2.64**	**2.50**	**3.79**	**3.29**
红薯	1.27	1.61	0.87	1.04	1.04	1.63	1.54
马铃薯	1.36	1.72	1.41	1.18	0.96	1.56	1.28
其他薯类	0.43	0.39	0.35	0.42	0.51	0.60	0.47
豆类消费量	**10.66**	**8.32**	**9.64**	**10.68**	**9.05**	**18.13**	**10.86**
大豆	0.29	0.27	0.34	0.25	0.30	0.38	0.14
其他豆类	10.36	8.05	9.30	10.43	8.75	17.74	10.72
油脂类消费量	**6.70**	**6.28**	**3.53**	**4.03**	**5.78**	**8.87**	**8.64**
植物油	6.66	6.26	3.42	3.99	5.72	8.83	8.57
动物油	0.05	0.02	0.10	0.03	0.06	0.04	0.07
蔬菜及菜制品消费量	**114.36**	**118.07**	**110.02**	**112.35**	**104.48**	**168.69**	**126.30**
鲜菜	109.71	113.88	105.69	107.41	100.26	161.71	120.96
干菜及菜制品	1.18	1.20	1.16	0.99	1.38	1.83	1.37
鲜菌	3.27	2.86	3.08	3.78	2.48	4.80	3.63
干菌及菌制品	0.20	0.14	0.09	0.17	0.36	0.34	0.35
肉类	**25.68**	**23.95**	**23.27**	**27.98**	**23.78**	**30.12**	**29.53**

人均食品消费量

单位：公斤

中牟县	巩义市	荥阳市	新密市	新郑市	登封市	经开区	高新区	郑东新区	航空港实验区
80.74	**123.39**	**134.22**	**180.28**	**103.87**	**187.13**	**76.05**	**100.15**	**86.32**	**84.78**
69.56	**110.12**	**117.43**	**156.06**	**87.94**	**160.66**	**65.16**	**91.27**	**77.94**	**77.77**
55.69	87.15	90.92	123.71	71.51	123.32	45.71	67.09	53.17	64.77
7.92	13.62	17.06	22.51	9.98	22.30	15.04	15.23	15.33	7.36
3.26	2.44	2.68	2.40	1.19	6.68	1.89	3.62	4.36	1.16
2.69	6.91	6.78	7.45	5.26	8.36	2.53	5.32	5.07	4.49
3.01	**2.42**	**3.70**	**4.01**	**3.91**	**6.05**	**2.45**	**1.98**	**2.39**	**1.46**
0.93	0.62	1.32	1.57	1.61	3.09	1.34	0.95	1.21	0.57
1.55	1.41	2.06	1.64	1.93	2.59	0.79	0.77	0.62	0.62
0.52	0.39	0.33	0.80	0.36	0.38	0.31	0.26	0.56	0.26
8.17	**10.85**	**13.09**	**20.22**	**12.03**	**20.41**	**8.44**	**6.91**	**5.99**	**5.55**
0.10	0.51	0.40	0.56	0.18	0.54	0.22	0.20	0.11	0.15
8.07	10.35	12.69	19.65	11.84	19.87	8.22	6.70	5.88	5.40
4.83	**8.95**	**6.49**	**16.15**	**5.10**	**15.23**	**4.44**	**6.37**	**4.76**	**4.49**
4.83	8.83	6.49	16.15	5.03	15.23	4.40	6.33	4.75	4.48
	0.12			0.07		0.04	0.05	0.01	0.01
101.29	**125.69**	**127.83**	**136.65**	**116.51**	**159.73**	**85.70**	**86.61**	**121.64**	**66.49**
97.80	120.47	122.48	131.45	113.30	150.12	81.73	81.88	118.34	63.30
1.12	1.81	1.47	0.89	0.75	0.57	1.25	1.37	1.29	0.68
2.26	3.19	3.78	4.04	2.26	8.82	2.59	3.30	1.88	2.40
0.10	0.23	0.10	0.26	0.20	0.23	0.13	0.07	0.12	0.12
23.80	**22.92**	**22.81**	**28.65**	**28.18**	**36.35**	**23.75**	**21.85**	**31.20**	**19.64**

5-9 续表

指 标	郑州市	中原区	二七区	管城区	金水区	上街区	惠济区
猪肉	16.86	16.39	16.22	16.18	12.54	21.09	17.55
牛肉	2.27	2.04	1.58	3.41	2.73	2.22	4.22
羊肉	1.83	1.73	1.63	3.73	2.43	1.85	1.93
其他肉类及制品	4.73	3.78	3.85	4.66	6.08	4.96	5.84
禽类	**8.36**	**8.73**	**6.85**	**11.38**	**8.79**	**8.08**	**12.76**
鸡	5.21	5.39	3.61	6.57	5.31	4.51	7.79
鸭	0.29	0.47	0.22	1.20	0.23	0.32	0.67
鹅	0.15		0.01	0.02	0.01		0.01
其他禽类及制品	2.71	2.87	3.02	3.59	3.24	3.25	4.29
水产品	**7.08**	**7.58**	**6.57**	**9.08**	**8.56**	**14.11**	**9.00**
鱼类	4.15	4.42	4.48	5.77	4.07	8.94	5.55
虾贝蟹类	1.74	1.90	1.12	2.21	2.68	3.52	2.08
藻类	0.27	0.17	0.17	0.23	0.19	0.41	0.29
其他	0.92	1.09	0.79	0.87	1.61	1.24	1.08
蛋类及蛋制品	**19.92**	**18.87**	**17.56**	**20.78**	**20.06**	**26.43**	**18.66**
鲜蛋	19.48	18.41	17.08	20.32	19.46	25.94	17.64
蛋制品	0.44	0.46	0.48	0.46	0.60	0.49	1.02
奶和奶制品	**18.91**	**14.34**	**11.84**	**17.91**	**24.36**	**43.75**	**21.68**
鲜奶	12.66	10.06	7.91	10.30	14.98	29.97	15.52
酸奶	4.87	3.53	2.64	6.62	6.66	12.82	4.69
奶粉	0.52	0.20	0.39	0.27	1.21	0.48	0.30
其他奶制品	0.84	0.55	0.90	0.73	1.50	0.48	1.18
鲜瓜果	**80.29**	**72.75**	**66.52**	**68.33**	**88.06**	**105.80**	**110.87**
食糖	**0.84**	**1.02**	**0.67**	**0.61**	**0.94**	**0.41**	**0.56**

单位：公斤

中牟县	巩义市	荥阳市	新密市	新郑市	登封市	经开区	高新区	郑东新区	航空港实验区
16.59	16.18	16.20	20.22	20.86	25.29	14.81	13.57	20.91	15.57
0.82	1.49	1.12	1.24	1.97	4.77	2.17	2.02	2.97	0.72
1.76	1.04	1.34	0.90	1.50	2.44	1.23	1.50	1.56	0.66
4.64	4.21	4.15	6.29	3.84	3.84	5.54	4.76	5.76	2.69
9.64	**8.00**	**6.08**	**6.78**	**5.24**	**10.33**	**6.84**	**9.89**	**8.27**	**6.67**
6.52	5.53	3.88	5.00	4.38	6.15	4.05	5.09	4.90	5.58
0.12	0.19	0.07	0.08	0.05	0.09	0.08	0.20	0.37	0.10
0.21			0.01		2.43	0.03	0.08	0.09	0.02
2.79	2.29	2.13	1.69	0.81	1.67	2.68	4.52	2.90	0.96
10.83	**3.07**	**4.18**	**4.02**	**2.98**	**7.65**	**9.25**	**6.46**	**10.06**	**2.85**
7.93	1.89	2.23	2.17	1.83	4.53	6.72	2.92	5.81	1.59
1.52	0.43	0.76	0.93	0.39	1.97	1.58	2.42	3.14	0.48
0.11	0.22	0.41	0.28	0.47	0.98	0.04	0.02	0.11	0.47
1.28	0.54	0.77	0.63	0.28	0.17	0.90	1.10	1.00	0.31
16.72	**21.14**	**22.17**	**20.87**	**19.81**	**27.51**	**15.90**	**16.42**	**25.09**	**13.38**
16.22	20.94	21.90	20.63	19.61	27.38	15.62	15.63	24.52	13.30
0.50	0.20	0.28	0.24	0.20	0.13	0.28	0.79	0.57	0.09
18.53	**12.59**	**18.37**	**20.94**	**11.94**	**34.17**	**16.32**	**18.34**	**16.99**	**11.43**
12.79	9.73	11.53	12.33	8.13	27.57	10.43	12.49	10.96	9.09
4.85	1.98	5.69	8.13	2.08	5.39	4.65	4.87	4.54	1.77
0.33	0.61	0.45	0.21	0.39	0.72	0.65	0.52	0.37	0.10
0.56	0.27	0.69	0.26	1.34	0.48	0.59	0.45	1.13	0.47
69.93	**69.92**	**78.65**	**85.18**	**66.70**	**127.94**	**65.95**	**79.22**	**107.09**	**37.74**
0.64	**0.78**	**0.62**	**1.82**	**0.74**	**1.84**	**0.71**	**0.33**	**0.58**	**0.65**

5-10 城镇居民按五等份分组人均可支配收入

（2022年）

单位：元

指 标	城镇低收入户	城镇中低收入户	城镇中等收入户	城镇中高收入户	城镇高收入户
可支配收入	**20820.03**	**33183.23**	**44826.26**	**61159.93**	**101331.70**
工资性收入	**15288.19**	**23052.83**	**28936.97**	**41062.37**	**60223.34**
工资	15159.39	22637.92	28148.61	38211.35	56929.13
实物福利	27.01	85.63	113.39	106.60	493.41
其他	101.79	329.28	674.98	2744.42	2800.80
经营净收入	**1242.24**	**3935.69**	**3904.62**	**4101.36**	**8019.65**
第一产业经营净收入	-7.22	-3.91	0.04	306.22	-2.39
第二产业经营净收入	104.56	1.03	130.86	105.34	1796.85
第三产业经营净收入	1144.90	3938.57	3773.72	3689.81	6225.19
财产净收入	**3045.10**	**4347.28**	**6843.92**	**7047.91**	**15123.35**
利息净收入	-148.94	-86.43	22.23	-474.81	537.10
红利收入	118.24	78.26	170.73	1757.15	188.15
储蓄性保险净收益	1.13				
转让承包土地经营权租金净收入	10.72		2.01	9.41	
出租房屋财产性收入	857.50	998.67	2330.89	837.40	5445.20
出租机械专利版权等资产的收入	4.09	221.28	31.28	79.55	
其他财产净收入	-3.34		-0.71		-0.47
房屋虚拟租金	2205.70	3135.51	4287.50	4839.21	8953.36
转移净收入	**1244.50**	**1847.42**	**5140.75**	**8948.28**	**17965.36**
转移性收入	2309.11	3367.26	7650.43	12178.76	22245.38
养老金或离退休金	1475.01	2544.97	6631.89	10366.16	19527.35
社会救济和补助	18.34	21.29	29.45	36.05	
政策性生活补贴	80.58	68.22	86.48	120.23	222.68
报销医疗费	248.96	63.93	341.81	1033.68	842.93
家庭外出从业人员寄回带回收入	270.22	266.85	213.95	392.90	189.50
从政府和组织得到的实物产品和服务折	3.33	6.23	9.32	31.85	12.27
转移性支出	**1064.61**	**1519.84**	**2509.68**	**3230.47**	**4280.02**
个人所得税	15.50	127.62	55.65	109.39	555.45
社会保障支出	872.43	1258.06	1947.61	2976.39	3362.17
外来从业人员寄给家人的支出			6.96	52.29	5.34
赡养支出	163.53	103.64	313.19	19.66	320.95
其他转移性支出	13.15	30.52	186.27	72.75	36.10

5-11 城镇居民按五等份分组人均消费支出

（2022 年） 单位：元

指 标	城镇低收入户	城镇中低收入户	城镇中等收入户	城镇中高收入户	城镇高收入户
消费支出	**17392.64**	**23288.94**	**30644.81**	**33642.78**	**52315.23**
食品烟酒	**4700.30**	**6377.31**	**8294.99**	**9437.66**	**11963.30**
食品	**3290.16**	**3814.73**	**5078.32**	**5322.78**	**7292.86**
谷物	420.92	434.66	512.37	656.09	1343.09
薯类	67.15	65.83	79.19	93.04	99.92
豆类	61.07	65.18	85.26	86.68	85.65
食用油	96.67	106.84	138.97	127.40	153.49
蔬菜和食用菌	447.17	488.65	649.09	682.52	749.10
肉类	712.56	868.98	1097.98	1030.98	1482.46
禽类	156.29	173.53	236.08	217.27	295.17
水产品	116.12	163.17	249.61	283.47	399.69
蛋类	176.56	199.53	222.20	209.47	265.74
奶类	279.68	314.10	440.79	520.91	584.96
干鲜瓜果类	439.86	573.77	837.18	848.48	1134.33
糖果糕点类	138.09	183.13	280.51	273.00	381.01
其他食品	178.03	177.36	249.10	293.46	318.24
烟酒	**272.66**	**585.97**	**701.18**	**848.10**	**1009.85**
烟草	176.75	320.39	375.14	524.57	426.11
酒类	95.91	265.59	326.04	323.53	583.74
饮料	**100.39**	**154.11**	**265.63**	**275.15**	**366.27**
饮食服务	**1037.10**	**1822.50**	**2249.86**	**2991.64**	**3294.32**
食堂用餐	146.64	192.02	185.88	302.95	176.47
其他在外饮食	889.34	1630.32	2062.07	2688.21	3117.83
食品加工服务费	1.11	0.16	1.91	0.47	0.02
衣着	**922.61**	**1389.25**	**1828.04**	**1896.03**	**3024.46**
衣类	724.02	1133.92	1444.31	1553.00	2527.46
鞋类	198.59	255.33	383.73	343.03	496.99
居住	**5396.85**	**7860.19**	**8989.25**	**8743.89**	**17243.66**
租赁房房租	210.48	318.78	1093.26	65.83	691.58
住房维修及管理	641.13	1657.62	499.93	384.91	1192.01
水电燃料及其他	807.23	919.20	1225.83	1312.83	2064.84
自有住房折算租金	3738.02	4964.59	6170.23	6980.32	13295.23
租赁房房租中租赁公房房租	18.85	1.85		15.26	9.87
租赁房房租中租赁私房房租	191.63	316.93	1093.26	50.57	681.71
住房维修及管理中物业管理费	88.38	165.27	324.60	250.15	504.37
生活用品及服务	**841.41**	**1194.29**	**1716.68**	**2396.21**	**3957.91**

5-11 续表 单位：元

指 标	城镇低收入户	城镇中低收入户	城镇中等收入户	城镇中高收入户	城镇高收入户
家具及室内装饰品	109.67	104.58	188.26	149.55	326.57
家用器具	221.18	236.63	457.88	850.61	1090.67
家用纺织品	73.73	121.40	160.10	189.20	302.68
家庭日用杂品	212.86	304.51	366.81	430.67	850.84
个人用品	189.66	389.34	427.50	681.37	1131.78
家庭服务	34.32	37.83	116.13	94.82	255.37
#家政服务	7.58	16.76	75.19	33.51	178.90
交通通信	**1552.23**	**2397.10**	**2994.17**	**3647.88**	**7273.79**
交通	**1020.16**	**1676.68**	**2090.43**	**2748.85**	**6213.11**
交通工具	161.11	355.60	125.23	934.59	2663.47
交通费	74.07	133.89	97.78	199.00	758.85
交通工具用燃料	513.41	707.64	1219.60	900.78	1345.47
交通工具使用及维修	271.56	479.55	647.82	714.48	1445.33
#车辆保险支出	117.52	157.76	199.68	248.11	593.61
通信	**532.08**	**720.42**	**903.74**	**899.03**	**1060.67**
通信工具	125.54	285.09	357.77	389.64	312.79
通信服务	406.53	435.33	545.96	509.38	747.88
教育文化娱乐	**2351.29**	**2563.71**	**3344.52**	**3123.46**	**4007.30**
教育	**1995.34**	**1968.24**	**2410.40**	**2092.47**	**2601.74**
学前教育	329.50	683.48	344.74	605.23	624.95
小学教育	224.09	480.16	601.25	731.78	488.24
初中教育	77.94	122.19	209.31	167.38	290.02
高中教育	374.01	276.63	527.12	100.56	51.20
中专职高教育	8.92	8.24	0.78	0.01	
大专及以上教育	946.34	336.05	652.46	455.67	1098.13
成人教育	34.54	61.50	74.76	31.84	49.19
文化娱乐	**355.95**	**595.47**	**934.12**	**1030.99**	**1405.56**
文娱耐用消费品	106.63	158.38	340.44	340.62	210.76
其他文娱用品	153.32	200.95	306.37	334.39	510.33
文化娱乐服务	95.99	236.13	287.31	355.98	684.48
医疗保健	**1403.69**	**1156.21**	**2719.28**	**3704.83**	**3334.97**
医疗器具及药品	285.90	331.75	776.74	780.33	1260.94
医疗服务	1117.80	824.46	1942.54	2924.51	2074.03
门诊总费用	394.63	478.94	569.56	629.75	815.49
住院总费用	723.17	345.52	1372.99	2294.75	1258.54
其他用品和服务	**224.24**	**350.88**	**757.89**	**692.81**	**1509.85**
其他用品	78.55	149.06	444.86	224.33	675.50
其他服务	145.69	201.82	313.03	468.48	834.35

5-12 农村居民家庭基本情况

（2022年）

指 标	单位	郑州市	中原区	二七区	管城区	金水区	上街区	惠济区	中牟县
调查户数	户	790	30	40	30	30	20	30	80
期内住户常住成员数	人	3240	96	180	138	116	59	123	336
劳动力人数	人	2166	72	126	85	62	44	88	215
6周岁及以上住户成员受教育程度	人	2166	72	126	85	62	44	88	215
未上过学	人	31		2				2	4
小学	人	242	9	14	10	3	4	4	21
初中	人	1145	26	73	38	26	24	39	137
高中	人	431	16	19	25	15	9	23	40
大学专科	人	221	10	14	8	11	5	14	9
大学本科	人	87	9	3	4	7	2	6	4
研究生	人	9	2	1					
从事主要行业	人	1588	38	74	67	39	32	68	201
第一产业	人	354	1		1	2		2	137
第二产业	人	347	4	5	10	4	15	10	11
第三产业	人	887	33	69	56	33	17	56	53
可支配收入	元/人	**28236.97**	**30259.78**	**31412.48**	**33883.18**	**33831.22**	**28553.47**	**32733.15**	**25491.99**
总收入	元/人	**32171.23**	**31669.27**	**32027.59**	**34742.99**	**35172.32**	**30079.90**	**34985.03**	**31750.31**
总支出	元/人	**27295.25**	**31492.05**	**26040.80**	**27663.73**	**42469.26**	**27301.91**	**27810.14**	**29130.95**
消费支出	元/人	**20484.44**	**27649.02**	**23970.78**	**23333.00**	**36569.44**	**23701.67**	**23857.00**	**17882.90**
年末人均居住面积	平方米/人	**64.07**	**36.44**	**85.74**	**86.15**	**46.37**	**44.49**	**77.55**	**69.65**

5-12 续表

指 标	单位	巩义市	荥阳市	新密市	新郑市	登封市	经开区	高新区	郑东新区	航空港实验区
调查户数	户	80	80	80	80	80	30	30	30	40
期内住户常住成员数	人	301	300	320	327	350	161	115	154	166
劳动力人数	人	209	208	223	231	232	99	76	97	99
6周岁及以上住户成员受教育程度	人	209	208	223	231	232	99	76	97	99
未上过学	人	1	1	2	1	9	5	1	3	
小学	人	24	16	30	28	37	13	1	16	12
初中	人	103	112	128	132	103	47	48	55	54
高中	人	54	56	40	27	49	16	13	14	15
大学专科	人	18	15	18	31	31	12	7	4	14
大学本科	人	9	7	5	9	3	6	6	3	4
研究生	人		1		3				2	
从事主要行业	人	144	173	173	182	145	58	40	72	82
第一产业	人	17	49	14	29	39			34	29
第二产业	人	64	51	57	24	48	8	7	3	26
第三产业	人	63	73	102	129	58	50	33	35	27
可支配收入	元/人	**30457.19**	**26852.52**	**26966.29**	**28518.51**	**24326.61**	**31424.28**	**29990.84**	**32880.67**	**28234.00**
总收入	元/人	**32628.33**	**31655.27**	**29882.68**	**29949.28**	**26575.17**	**81274.74**	**30973.45**	**45393.42**	**29847.30**
总支出	元/人	**20325.01**	**25264.43**	**23368.29**	**25394.07**	**27864.27**	**69129.43**	**26326.05**	**38784.86**	**24266.65**
消费支出	元/人	**16987.98**	**15535.16**	**18283.74**	**22127.69**	**21368.38**	**18173.07**	**22707.09**	**24762.14**	**21373.71**
年末人均居住面积	平方米/人	**42.83**	**78.35**	**54.69**	**61.90**	**62.78**	**115.52**	**31.95**	**103.54**	**35.83**

5-13 农村居民

（2022年）

指 标	郑州市	中原区	二七区	管城区	金水区	上街区	惠济区
可支配收入	**28236.97**	**30259.78**	**31412.48**	**33883.18**	**33831.22**	**28553.47**	**32733.15**
工资性收入	**17945.88**	**15695.86**	**20135.07**	**27657.56**	**24133.50**	**22501.14**	**23437.64**
工资	17540.04	15168.50	20119.02	27599.06	17655.62	22278.94	23178.23
实物福利	214.26	10.93	2.31	23.65	69.67	215.31	44.17
其他	191.58	516.42	13.74	34.85	6408.21	6.89	215.24
经营净收入	**5989.03**		**8432.50**	**420.67**	**–2.39**	**344.08**	**2232.66**
第一产业经营净收入	2025.52		22.34	–44.15	–14.45	0.30	–64.82
第二产业经营净收入	180.04					343.79	
第三产业经营净收入	3783.47		8410.16	464.82	12.06	–0.02	2297.47
财产净收入	**1464.08**	**5210.41**	**2540.77**	**5802.25**	**5888.46**	**5714.54**	**5721.00**
利息净收入	61.67	52.99		3.11	636.56	38.21	–91.02
红利收入	151.68	579.10		16.37	736.50	4984.70	5.49
转让承包土地经营权租金净收入	156.27			366.80	111.24	725.38	
出租房屋财产性收入	1078.15	4578.33	2481.30	5416.56	4404.16		5856.76
出租机械专利版权等资产的收入	17.88		59.47				
其他财产净收入	–1.58			–0.60		–33.76	–50.23
转移净收入	**2837.98**	**9353.51**	**304.14**	**2.71**	**3811.66**	**–6.29**	**1341.85**
转移性收入	3422.31	10762.42	901.39	655.30	5127.14	1486.11	2896.22
养老金或离退休金	1313.65	10301.06	385.38	423.80	3205.67	1405.62	109.93
社会救济和补助	77.88		24.89	3.98		0.79	16.12
政策性生活补贴	203.37	270.65	403.50	1.76	1685.14		268.28
报销医疗费	359.60	71.39	9.48	143.98	136.82	6.39	1875.77
家庭外出从业人员寄回带回收入	681.63						205.93
赡养收入	688.00	115.75	8.24	35.91	96.91	40.31	354.58
其他经常转移收入	13.08			40.66		6.22	
从政府和组织得到的实物产品和服务折扣	16.84	3.57	28.32	4.82	2.60	26.77	65.61
现金政策性惠农补贴	68.27		41.57	0.39			
转移性支出	**584.33**	**1408.91**	**597.25**	**652.59**	**1315.49**	**1492.39**	**1554.37**
个人所得税	21.68	90.28			111.80		6.70
社会保障支出	479.10	1245.58	593.34	648.31	1044.56	1382.15	1506.95
赡养支出	59.59	57.26	1.30		147.65	28.12	22.81
其他转移性支出	14.72	15.78	2.61	4.28	11.47	82.12	17.91

人均可支配收入

单位：元

中牟县	巩义市	荥阳市	新密市	新郑市	登封市	经开区	高新区	郑东新区	航空港实验区
25491.99	**30457.19**	**26852.52**	**26966.29**	**28518.51**	**24326.61**	**31424.28**	**29990.84**	**32880.67**	**28234.00**
11691.92	**16413.08**	**17119.08**	**18900.71**	**23588.48**	**11694.15**	**15737.68**	**17885.87**	**15926.53**	**25479.84**
11467.11	16367.05	16649.49	18271.10	23555.12	11656.03	15734.07	17867.82	15918.24	24009.26
201.87	3.00	391.45	619.34	2.74	0.68	1.31	4.58	8.29	1375.24
22.93	43.03	78.14	10.26	30.62	37.44	2.29	13.48		95.35
12329.22	**11747.67**	**4519.03**	**4623.41**	**1300.40**	**5890.34**	**13341.21**	**99.48**	**13236.81**	**983.88**
9048.49	1408.08	2313.69	548.71	53.91	−9.92	1.43		7242.58	267.24
188.14	1305.06	110.31	74.26		−4.28			−0.32	
3092.60	9034.54	2095.03	4000.44	1246.49	5904.54	13339.78	99.48	5994.55	716.63
314.43	**76.89**	**418.58**	**607.91**	**1835.56**	**1439.62**	**1630.64**	**8653.35**	**410.86**	**176.33**
36.59	14.71	−127.28	−71.50	−53.90	600.65	93.90		−132.21	53.93
51.91	0.46	59.77	166.29	30.57	17.73		3304.08	0.04	
55.04	5.50	275.82	498.79	39.00	109.05	0.51		411.07	
155.10	56.21	210.28	14.34	1722.90	712.20	1536.23	5349.27	131.96	122.40
				105.44					
15.80				−8.46					
1156.42	**2219.55**	**4795.83**	**2834.26**	**1794.08**	**5302.51**	**714.75**	**3352.14**	**3306.48**	**1593.94**
1733.30	2709.94	5360.66	3414.35	2076.54	5876.80	852.19	4334.75	3397.87	2560.17
217.74	607.87	1897.28	1596.09	595.07	3054.46	834.99	3106.82	260.48	83.16
57.12	57.82	230.93	74.39	7.92	201.38	0.93		38.39	
85.11	72.93	432.09	26.72	74.20	325.99	0.89	1149.54	49.27	
93.01	48.66	209.28	121.18	42.03	853.46	5.98	7.59	115.71	2002.70
269.57	1502.41	1571.07	919.39	720.18	582.59		36.91		376.43
748.38	387.67	825.83	562.75	606.93	824.33		33.89	2780.42	
63.35	0.39	20.66		5.44	1.10	9.05		6.80	16.00
21.61	1.40	27.45	67.38	0.15	0.10			0.45	1.23
177.41	30.80	146.07	46.45	24.63	33.39	0.35		146.34	80.64
576.88	**490.39**	**564.83**	**580.09**	**282.46**	**574.29**	**137.44**	**982.61**	**91.39**	**966.23**
2.48	111.49	2.54		2.15	2.18		68.47	6.12	64.21
341.40	280.28	491.97	460.18	261.95	539.74	137.05	364.66	71.92	889.29
230.22	0.37	46.47	61.02	14.02	26.90	0.31	547.96	10.34	
2.79	9.24	23.85	58.90	4.34	5.46	0.08	1.52	3.00	12.73

5-14 农村居民

（2022年）

指 标	郑州市	中原区	二七区	管城区	金水区	上街区	惠济区
总收入	**32171.23**	**31669.27**	**32027.59**	**34742.99**	**35172.32**	**30079.90**	**34985.03**
工资性收入	**17949.70**	**15695.86**	**20135.07**	**27657.56**	**24133.50**	**22501.14**	**23437.64**
工资	17543.78	15168.50	20119.02	27599.06	17655.62	22278.94	23178.23
实物福利	214.30	10.93	2.31	23.65	69.67	215.31	44.17
其他	191.62	516.42	13.74	34.85	6408.21	6.89	215.24
经营性收入	**9277.09**		**8450.36**	**625.64**	**23.22**	**344.35**	**2738.92**
第一产业经营收入	3490.55		34.37			0.30	107.74
第二产业经营收入	215.73					344.05	
第三产业经营收入	5570.81		8415.99	625.64	23.22		2631.18
财产性收入	**1521.40**	**5210.99**	**2540.77**	**5804.49**	**5888.46**	**5748.30**	**5912.25**
利息收入	113.75	53.57		4.23	636.56	38.21	20.26
红利收入	151.72	579.10		16.37	736.50	4984.70	5.49
转让承包土地经营权租金净收入	156.30			366.80	111.24	725.38	
出租房屋财产性净收入	1078.38	4578.33	2481.30	5416.56	4404.16		5856.76
出租机械专利版权等资产的净收入	17.88		59.47				
其他财产净收入	3.37			0.52			29.72
转移性收入	**3423.04**	**10762.42**	**901.39**	**655.30**	**5127.14**	**1486.11**	**2896.22**
养老金或离退休金	1313.92	10301.06	385.38	423.80	3205.67	1405.62	109.93
社会救济和补助	77.90		24.89	3.98		0.79	16.12
政策性生活补贴	203.42	270.65	403.50	1.76	1685.14		268.28
家庭外出从业人员寄回带回收入	681.77						205.93
赡养收入	688.14	115.75	8.24	35.91	96.91	40.31	354.58
报销医疗费	359.67	71.39	9.48	143.98	136.82	6.39	1875.77
从政府和组织得到的实物产品和服务折价	16.85	3.57	28.32	4.82	2.60	26.77	65.61
现金政策性惠农补贴	68.29		41.57	0.39			
其他转移性收入	13.08			40.66		6.22	

人均总收入

单位：元

中牟县	巩义市	荥阳市	新密市	新郑市	登封市	经开区	高新区	郑东新区	航空港实验区
31750.31	**32628.33**	**31655.27**	**29882.68**	**29949.28**	**26575.17**	**81274.74**	**30973.45**	**45393.42**	**29847.30**
11691.92	**16413.08**	**17119.08**	**18900.71**	**23588.48**	**11694.15**	**15737.68**	**17885.87**	**15926.53**	**25479.84**
11467.11	16367.05	16649.49	18271.10	23555.12	11656.03	15734.07	17867.82	15918.24	24009.26
201.87	3.00	391.45	619.34	2.74	0.68	1.31	4.58	8.29	1375.24
22.93	43.03	78.14	10.26	30.62	37.44	2.29	13.48		95.35
18007.07	**13428.42**	**8579.51**	**6879.26**	**2375.86**	**7564.61**	**63049.78**	**99.48**	**25517.76**	**1630.96**
14338.79	2734.52	3388.58	1021.80	143.41	111.30	5.31		14380.20	728.29
249.70	1451.17	206.86	81.80		9.16				
3418.57	9242.73	4984.06	5775.66	2232.46	7444.15	63044.47	99.48	11137.56	902.67
318.03	**76.89**	**596.03**	**688.36**	**1908.39**	**1439.62**	**1635.09**	**8653.35**	**551.26**	**176.33**
37.03	14.71	50.16	8.95	10.48	600.65	98.36		8.20	53.93
51.91	0.46	59.77	166.29	30.57	17.73		3304.08	0.04	
55.04	5.50	275.82	498.79	39.00	109.05	0.51		411.07	
155.10	56.21	210.28	14.34	1722.90	712.20	1536.23	5349.27	131.96	122.40
				105.44					
18.96									
1733.30	**2709.94**	**5360.66**	**3414.35**	**2076.54**	**5876.80**	**852.19**	**4334.75**	**3397.87**	**2560.17**
217.74	607.87	1897.28	1596.09	595.07	3054.46	834.99	3106.82	260.48	83.16
57.12	57.82	230.93	74.39	7.92	201.38	0.93		38.39	
85.11	72.93	432.09	26.72	74.20	325.99	0.89	1149.54	49.27	
269.57	1502.41	1571.07	919.39	720.18	582.59		36.91		376.43
748.38	387.67	825.83	562.75	606.93	824.33		33.89	2780.42	
93.01	48.66	209.28	121.18	42.03	853.46	5.98	7.59	115.71	2002.70
21.61	1.40	27.45	67.38	0.15	0.10			0.45	1.23
177.41	30.80	146.07	46.45	24.63	33.39	0.35		146.34	80.64
63.35	0.39	20.66		5.44	1.10	9.05		6.80	16.00

5-15 农村居民

（2022年）

指 标	郑州市	中原区	二七区	管城区	金水区	上街区	惠济区
总支出	**27295.25**	**31492.05**	**26040.80**	**27663.73**	**42469.26**	**27301.91**	**27810.14**
消费支出	**20484.44**	**27649.02**	**23970.78**	**23333.00**	**36569.44**	**23701.67**	**23857.00**
生产经营费用支出	**3195.88**		**17.87**	**204.97**	**25.62**	**0.28**	**189.71**
第一产业经营费用支出	1439.04		12.03	44.15	14.45		172.56
第二产业经营费用支出	32.50					0.26	
第三产业经营费用支出	1724.33		5.83	160.82	11.16	0.02	17.15
财产性支出	**57.01**	**0.58**		**2.25**		**33.76**	**191.24**
生活贷款利息支出	52.07	0.58		1.12			111.29
转移性支出	**584.45**	**1408.91**	**597.25**	**652.59**	**1315.49**	**1492.39**	**1554.37**
个人所得税	21.69	90.28			111.80		6.70
社会保障支出	479.20	1245.58	593.34	648.31	1044.56	1382.15	1506.95
赡养支出	59.60	57.26	1.30		147.65	28.12	22.81
其他转移性支出	14.72	15.78	2.61	4.28	11.47	82.12	17.91
部分商业保险支出	**161.63**	**197.86**	**131.87**	**507.85**	**20.33**	**33.80**	**288.73**
意外伤害保险	21.63	67.66		3.30	20.33	3.80	14.37
商业医疗保险（含大病保险）	117.91	130.21	131.87	490.18		30.00	274.00
其他非储蓄性商业保险	9.58						
其他储蓄性商业保险	12.51			14.37			0.37
购置资产及非经常性转移支出	**2235.98**	**931.83**	**1233.74**	**2559.04**	**3594.09**	**1615.32**	**1316.70**
购置资产支出	487.10			10.26	0.00	5.98	3.86
非经常性转移支出	1748.88	931.83	1233.74	2548.78	3594.09	1609.34	1312.84
借贷性支出	**575.86**	**1303.84**	**89.29**	**404.04**	**944.29**	**424.69**	**412.39**

人均总支出

单位：元

中牟县	巩义市	荥阳市	新密市	新郑市	登封市	经开区	高新区	郑东新区	航空港实验区
29130.95	**20325.01**	**25264.43**	**23368.29**	**25394.07**	**27864.27**	**69129.43**	**26326.05**	**38784.86**	**24266.65**
17882.90	**16987.98**	**15535.16**	**18283.74**	**22127.69**	**21368.38**	**18173.07**	**22707.09**	**24762.14**	**21373.71**
5416.32	**1646.93**	**3985.17**	**2255.85**	**872.75**	**1643.35**	**49708.57**		**12280.95**	**644.08**
5124.76	1323.80	1025.70	473.09	89.34	120.34	3.88		7137.62	458.94
56.71	137.53	81.11	7.54		13.44			0.32	
234.85	185.60	2878.35	1775.21	783.42	1509.56	49704.69		5143.01	185.15
3.60		**177.45**	**80.45**	**72.84**		**4.45**		**140.41**	
0.43		177.45	80.45	64.38		4.45		140.41	
576.88	**490.39**	**564.83**	**580.09**	**282.46**	**574.29**	**137.44**	**982.61**	**91.39**	**966.23**
2.48	111.49	2.54		2.15	2.18		68.47	6.12	64.21
341.40	280.28	491.97	460.18	261.95	539.74	137.05	364.66	71.92	889.29
230.22	0.37	46.47	61.02	14.02	26.90	0.31	547.96	10.34	
2.79	9.24	23.85	58.90	4.34	5.46	0.08	1.52	3.00	12.73
239.47	**163.54**	**275.10**	**172.42**	**136.42**	**29.42**	**328.69**	**239.80**	**1.32**	**125.07**
128.54	18.29	1.74	9.33	0.95	0.29		1.40	1.32	15.30
110.12	145.25	266.85	51.68	103.78	17.72	328.69	172.22		93.97
0.81			35.91	26.93	2.61				15.79
		6.52	75.51	4.76	8.80		66.17		
4421.96	**969.78**	**3192.52**	**1803.49**	**948.58**	**3639.22**	**660.36**	**2385.31**	**1505.10**	**1023.56**
1894.81	51.44	1709.32	5.14	21.90	207.14	32.61	884.60	208.52	209.91
2527.15	918.34	1483.20	1798.35	926.68	3432.08	627.75	1500.71	1296.58	813.65
589.82	**66.38**	**1534.21**	**192.25**	**953.34**	**609.60**	**116.85**	**11.24**	**3.55**	**134.01**

5-16 农村居民

（2022年）

指 标	郑州市	中原区	二七区	管城区	金水区	上街区	惠济区
消费支出	**20484.44**	**27649.02**	**23970.78**	**23333.00**	**36569.44**	**23701.67**	**23857.00**
食品烟酒	**5388.49**	**6934.78**	**6597.46**	**5937.54**	**8577.31**	**10365.96**	**6044.14**
食品	3254.68	4621.04	3786.34	3910.97	5013.79	4649.73	4514.91
谷物	504.50	438.80	413.73	451.04	450.36	626.45	564.47
薯类	64.50	87.04	61.64	114.97	71.37	41.91	88.90
豆类	73.52	64.92	78.34	64.13	61.39	71.68	69.14
食用油	123.82	136.34	72.50	119.62	76.05	131.43	67.26
蔬菜和食用菌	404.99	589.16	538.45	665.18	602.87	539.71	507.52
肉类	705.95	1200.41	941.28	1001.45	1151.66	1045.14	795.66
禽类	120.09	364.71	153.69	167.92	322.08	164.92	254.92
水产品	76.84	352.12	149.99	150.75	291.39	145.07	146.03
蛋类	179.01	197.72	271.24	258.28	245.86	218.28	205.42
奶类	285.66	187.44	294.40	175.49	349.25	824.29	776.92
干鲜瓜果类	411.25	607.16	578.95	475.51	834.42	536.95	663.33
糖果糕点类	128.73	225.18	104.97	83.56	208.78	136.68	175.88
其他食品	175.83	170.03	127.16	183.05	348.30	167.22	199.48
烟酒	685.67	495.55	1216.79	645.15	1001.13	1219.84	258.29
烟草	549.53	155.69	797.35	378.57	619.22	945.58	166.53
酒类	136.14	339.86	419.45	266.57	381.91	274.26	91.77
饮料	135.37	211.28	111.32	130.23	343.52	180.56	165.28
饮食服务	1312.77	1606.92	1483.00	1251.20	2218.87	4315.84	1105.66
食堂用餐	230.00	111.21	29.64	131.91	204.86	360.12	257.00
其他在外饮食	1080.34	1495.72	1453.34	1118.17	2014.01	3955.72	846.88
食品加工服务费	2.43		0.02	1.12			1.78

人均消费支出

单位：元

中牟县	巩义市	荥阳市	新密市	新郑市	登封市	经开区	高新区	郑东新区	航空港实验区
17882.90	**16987.98**	**15535.16**	**18283.74**	**22127.69**	**21368.38**	**18173.07**	**22707.09**	**24762.14**	**21373.71**
4883.21	**4765.44**	**5295.78**	**6784.05**	**4904.89**	**5304.33**	**6210.52**	**5742.81**	**4456.80**	**3869.50**
2855.27	3088.84	3418.20	3984.42	2725.25	2978.83	3170.03	3974.26	2688.19	2670.12
426.75	367.66	633.67	530.49	372.69	544.96	248.36	453.79	326.97	1261.01
74.14	57.64	72.58	96.12	68.56	38.83	11.61	63.15	35.68	26.10
29.76	71.96	96.17	107.15	64.31	120.34	15.43	54.06	40.15	36.64
87.81	140.55	130.01	172.59	143.47	170.24	41.11	85.77	81.11	32.79
329.19	407.27	529.65	514.79	351.92	338.06	345.61	492.89	251.26	194.09
582.95	751.41	678.51	824.62	591.76	639.75	676.49	786.75	815.84	394.46
128.10	92.73	83.65	149.93	80.47	55.06	244.52	156.85	172.03	59.29
69.22	49.87	69.73	83.30	50.30	20.32	174.84	130.04	87.93	34.00
159.21	182.97	227.64	192.49	137.02	179.95	149.18	250.35	157.18	96.20
352.31	206.87	207.13	326.30	216.76	231.00	667.51	402.54	314.81	189.66
358.83	402.63	406.41	542.46	385.96	341.14	397.68	625.31	216.70	182.10
133.53	162.53	132.87	188.15	109.58	95.70	43.31	166.85	68.60	63.50
123.49	194.74	150.18	256.03	152.44	203.48	154.37	305.92	119.94	100.28
463.48	435.03	364.81	744.30	517.95	1632.23	1156.61	291.76	719.14	299.24
283.66	389.34	270.72	551.76	471.31	1555.14	1100.33	200.76	358.26	261.90
179.82	45.70	94.09	192.55	46.65	77.09	56.28	91.00	360.87	37.34
88.16	119.39	104.62	227.57	130.84	147.42	22.24	178.66	102.45	42.98
1476.29	1122.18	1408.15	1827.75	1530.85	545.86	1861.64	1298.13	947.02	857.16
317.97	80.07	467.45	608.39	75.84	45.39	7.78	99.10	226.86	155.68
1152.64	1041.52	934.02	1216.71	1453.93	498.55	1853.85	1198.46	718.32	701.07
5.68	0.58	6.68	2.65	1.09	1.92		0.57	1.84	0.41

5-16 续表 1

指 标	郑州市	中原区	二七区	管城区	金水区	上街区	惠济区
衣着	**1236.85**	**1587.93**	**1207.10**	**899.12**	**2339.64**	**1038.20**	**1474.01**
衣类	982.56	1267.17	959.58	714.05	1911.04	762.07	1169.82
鞋类	254.28	320.77	247.52	185.08	428.59	276.13	304.19
居住	**4663.86**	**10864.87**	**6054.69**	**3474.88**	**11646.26**	**5566.45**	**5548.76**
租赁房房租	45.95	67.66		192.36	572.42		15.58
住房维修及管理	822.08	480.38	28.31	104.27	1610.62	241.92	481.81
水电燃料及其他	845.44	1050.73	1569.77	1545.24	686.74	1096.85	1358.94
自有住房折算租金	2950.39	9266.10	4456.61	1633.02	8776.48	4227.67	3692.42
#租赁房房租中租赁公房房租	0.44			4.27			1.72
租赁房房租中租赁私房房租	45.51	67.66		188.09	572.42		13.87
住房维修及管理中物业管理费	50.17	202.75	0.44	7.48	189.64	158.94	83.63
生活用品及服务	**1110.51**	**1202.60**	**865.41**	**1196.52**	**3003.26**	**1229.89**	**1398.48**
家具及室内装饰品	149.46	116.53	29.29	64.02	256.38	54.23	181.22
家用器具	341.34	273.91	175.06	451.81	1362.97	234.57	444.65
家用纺织品	92.53	45.77	67.39	61.53	369.35	126.35	88.31
家庭日用杂品	269.45	372.43	211.18	306.43	376.28	286.43	287.50
个人用品	224.50	350.05	369.32	231.89	570.06	427.63	317.30
家庭服务	33.23	43.91	13.16	80.85	68.22	100.68	79.49
#家政服务	5.75	11.29	0.29	12.20	18.05	23.37	26.10
交通通信	**4439.10**	**3658.09**	**6721.14**	**4707.46**	**4990.06**	**2980.98**	**2129.77**
交通	3780.40	2892.55	6378.32	3597.83	4162.82	2500.33	1632.39
交通工具	2251.57	1419.28	4570.10	787.68	1711.66	14.66	122.36
交通费	81.40	105.54	295.24	74.79	123.01	31.14	67.01
交通工具用燃料	924.06	587.68	985.45	1682.42	1669.37	1372.35	1087.93
交通工具使用及维修	523.37	780.05	527.53	1052.95	658.79	1082.18	355.08

单位：元

中牟县	巩义市	荥阳市	新密市	新郑市	登封市	经开区	高新区	郑东新区	航空港实验区
1117.28	**1822.40**	**977.79**	**1508.71**	**1106.77**	**972.20**	**1244.22**	**1087.47**	**864.99**	**1300.55**
914.03	1467.29	734.42	1166.54	862.85	786.03	876.85	822.12	672.82	1145.15
203.25	355.11	243.37	342.17	243.92	186.18	367.37	265.35	192.17	155.39
3838.71	**3923.30**	**3781.14**	**2672.14**	**3062.44**	**8027.24**	**5686.25**	**8091.61**	**4439.32**	**3955.93**
18.73	10.45	25.81	43.97	91.50	11.58	3.90	23.72		
719.23	1894.02	857.30	208.73	242.00	1614.43	28.83	1046.88	1325.47	53.34
636.70	659.21	723.72	999.51	540.92	777.70	792.05	1211.79	707.02	1849.11
2464.05	1359.62	2174.31	1419.94	2188.02	5623.54	4861.47	5809.22	2406.83	2053.47
0.18				0.32	1.31	3.90			
18.55	10.45	25.81	43.97	91.18	10.27		23.72		
12.14	58.81	33.96	20.24	133.65	8.38	24.80	105.73	10.21	
936.05	**1479.38**	**884.51**	**1301.24**	**975.26**	**895.19**	**349.22**	**1521.03**	**925.38**	**1041.65**
133.59	205.03	90.07	88.78	86.35	201.76	2.67	288.66	438.17	47.71
362.60	426.82	268.83	341.51	426.06	194.63	35.48	539.12	120.28	204.49
102.33	231.65	69.42	118.85	46.32	40.61	3.62	78.82	68.20	22.94
156.79	334.01	270.30	323.81	207.12	231.26	92.09	271.71	165.16	648.20
166.33	247.48	155.88	386.23	190.57	179.20	212.46	278.49	114.08	108.32
14.42	34.39	30.00	42.07	18.83	47.73	2.91	64.23	19.49	9.98
0.89	1.24	13.41	2.79	0.65	9.16		1.90	4.16	2.83
3825.46	**2243.64**	**1738.08**	**2610.52**	**9150.45**	**3358.20**	**2506.89**	**1655.35**	**11271.58**	**1707.66**
3166.43	1583.37	1141.76	1624.38	8488.90	2816.54	1977.12	1276.11	10816.30	1008.51
2126.42	242.77	97.27	132.14	6045.71	1623.16	119.03	42.14	9098.45	165.40
29.47	119.16	31.12	85.81	109.97	42.95	4.97	24.80	10.99	266.70
665.67	848.08	723.57	996.29	1259.02	863.19	1332.38	743.08	873.65	371.15
344.87	373.36	289.81	410.13	1074.19	287.24	520.74	466.09	833.20	205.27

5-16 续表 2

指 标	郑州市	中原区	二七区	管城区	金水区	上街区	惠济区
#车辆保险支出	186.64	370.61	258.54	507.76	338.95	556.76	131.13
通信	658.70	765.54	342.82	1109.63	827.24	480.65	497.38
通信工具	204.75	363.12	62.04	671.23	454.38	30.63	202.24
通信服务	453.95	402.42	280.77	438.41	372.85	450.02	295.13
教育文化娱乐	**1662.67**	**1807.82**	**1579.18**	**3719.75**	**3155.03**	**862.06**	**2470.42**
教育	1324.83	1319.67	821.43	2927.20	2275.05	550.47	1812.88
学前教育	163.67	170.69	77.12	296.73	222.11	7.24	357.16
小学教育	263.78	247.02	97.55	107.29	503.52	143.01	156.77
初中教育	106.48	457.51	24.67	11.69	659.41	20.73	350.81
高中教育	249.80		62.92	669.66	127.02	317.07	813.26
中专职高教育	6.01	38.26	2.66			4.90	
大专及以上教育	476.16	328.40	556.38	1528.85	726.63	41.01	45.03
成人教育	58.94	77.78	0.12	312.99	36.36	16.51	89.84
文化娱乐	337.84	488.16	757.75	792.55	879.98	311.59	657.55
文娱耐用消费品	124.01	42.45	642.45	590.70	262.02	11.54	241.46
其他文娱用品	136.31	299.54	92.41	146.08	279.83	145.19	234.88
文化娱乐服务	77.52	146.17	22.89	55.77	338.13	154.86	181.20
医疗保健	**1649.67**	**1176.87**	**573.00**	**3125.05**	**2082.40**	**1186.20**	**4013.15**
医疗器具及药品	298.03	505.01	171.45	487.58	530.86	493.88	454.26
医疗服务	1351.64	671.86	401.55	2637.47	1551.54	692.32	3558.89
门诊总费用	408.02	287.34	309.47	821.90	1204.90	684.00	1129.89
住院总费用	943.62	384.52	92.08	1815.57	346.64	8.32	2429.00
其他用品和服务	**333.30**	**416.06**	**372.82**	**272.68**	**775.48**	**471.93**	**778.28**
其他用品	151.81	258.84	33.94	116.13	468.01	49.26	415.46
其他服务	181.49	157.22	338.87	156.54	307.48	422.67	362.82

单位：元

中牟县	巩义市	荥阳市	新密市	新郑市	登封市	经开区	高新区	郑东新区	航空港实验区
109.51	71.47	80.39	147.32	497.73	58.30	464.84	354.64	52.28	54.39
659.03	660.27	596.32	986.15	661.56	541.66	529.77	379.24	455.28	699.14
221.64	237.40	105.70	333.31	162.35	181.88	272.66	85.13	57.43	161.21
437.39	422.88	490.62	652.84	499.21	359.78	257.10	294.11	397.85	537.94
1508.06	**1610.02**	**1207.49**	**1666.54**	**1232.91**	**1161.24**	**1585.72**	**2797.67**	**1744.54**	**3291.56**
1333.52	1252.84	1014.38	1360.92	950.06	937.46	1256.14	2372.04	1407.86	2652.64
83.97	283.36	74.77	229.91	56.81	88.10	955.12	1092.43	131.39	113.85
314.81	124.56	151.79	151.74	57.93	496.64	266.57	141.88	968.43	211.99
129.25	73.53	38.17	167.61	21.98	11.71	8.78	307.88	122.86	131.10
463.05	244.96	250.59	386.46	35.04	182.41	6.14	202.43	111.99	149.15
6.81	14.42	0.46	4.73	2.39		0.02			39.93
277.15	472.90	468.55	306.18	737.63	121.97	7.21	570.43	22.41	1919.65
58.48	39.12	30.05	114.29	38.28	36.63	12.31	57.00	50.78	86.97
174.54	357.18	193.12	305.63	282.86	223.78	329.58	425.63	336.68	638.92
35.59	164.19	56.05	83.73	46.24	105.68	39.40	177.33	43.38	376.11
89.98	132.09	100.02	146.63	155.55	74.04	203.36	121.44	261.16	68.69
48.97	60.90	37.04	75.26	81.07	44.06	86.83	126.86	32.14	194.12
1079.17	**893.08**	**1439.71**	**1391.78**	**1520.70**	**1508.11**	**373.63**	**1506.97**	**839.40**	**5707.29**
94.81	247.43	549.35	517.17	219.60	225.55	47.32	272.51	132.60	216.67
984.36	645.64	890.37	874.61	1301.11	1282.56	326.31	1234.46	706.80	5490.62
356.71	419.01	387.58	392.92	328.12	311.88	183.71	557.00	309.33	198.49
627.66	226.63	502.78	481.69	972.99	970.68	142.60	677.46	397.47	5292.13
694.96	**250.73**	**210.64**	**348.76**	**174.25**	**141.87**	**216.61**	**304.18**	**220.14**	**499.58**
498.53	116.85	59.27	90.29	42.47	45.61	19.38	212.85	25.51	243.72
196.43	133.88	151.37	258.46	131.79	96.25	197.23	91.33	194.62	255.86

5-17 农村居民人均

（2022年）

指 标	单位	郑州市	中原区	二七区	管城区	金水区	上街区	惠济区
购买生活消费品及服务	**元**	**16780.91**	**17997.81**	**19224.90**	**21163.75**	**27381.74**	**18675.16**	**19825.37**
食品烟酒	**元**	**5063.91**	**6920.28**	**6595.57**	**5909.14**	**8544.87**	**10147.21**	**5846.04**
食品	**元**	**3079.91**	**4616.98**	**3784.45**	**3882.56**	**4981.35**	**4629.65**	**4330.72**
谷物	元	412.83	436.53	413.48	447.21	439.57	615.24	522.18
小麦	公斤	0.67						1.56
金额	元	2.39						5.15
面粉	公斤	16.21	11.12	21.56	21.31	17.85	18.83	16.70
金额	元	66.70	52.07	79.03	91.30	83.40	82.44	64.15
稻谷	公斤	0.01						0.08
金额	元	0.06						0.50
大米	公斤	9.33	16.07	12.53	14.60	11.75	11.56	8.56
金额	元	54.96	104.35	63.84	83.30	68.53	79.91	46.10
玉米	公斤	1.24	1.65	0.75	1.46	4.13	1.11	1.52
金额	元	5.46	9.42	3.24	9.03	15.24	6.89	6.46
小米	公斤	2.39	1.68	5.21	0.91	1.57	2.56	1.45
金额	元	23.70	16.21	37.31	9.22	11.26	29.61	14.79
其他谷物	公斤	0.16	0.13	0.07	0.09	0.13	0.22	0.21
金额	元	1.24	1.54	0.66	0.56	1.37	3.26	1.36
面粉制品	公斤	40.12	34.58	48.15	42.05	41.27	60.98	51.41
金额	元	232.74	224.80	194.36	226.18	233.59	327.22	308.50
其他谷物制品	公斤	2.82	2.24	5.69	3.13	3.96	5.95	7.71
金额	元	25.59	28.14	35.04	27.62	26.19	85.92	75.18
薯类	**公斤**	**11.37**	**15.06**	**20.38**	**20.24**	**15.42**	**9.24**	**12.59**
金额	元	54.31	87.04	61.58	114.97	71.37	41.91	59.89
红薯	公斤	3.96	4.42	8.54	4.20	6.32	4.94	3.86
金额	元	13.01	22.35	21.13	13.09	22.35	22.16	13.99
马铃薯	公斤	5.67	8.94	10.53	12.43	5.41	3.65	6.59
金额	元	19.34	38.40	28.24	38.86	15.00	13.69	22.84
其他薯类及制品	公斤	1.74	1.71	1.32	3.62	3.69	0.65	2.14
金额	元	21.95	26.29	12.22	63.02	34.03	6.06	23.06
豆类	**公斤**	**11.71**	**11.09**	**15.94**	**9.36**	**9.50**	**10.17**	**11.92**
金额	元	73.39	64.92	78.34	64.13	61.39	71.68	69.14

购买生活消费品

中牟县	巩义市	荥阳市	新密市	新郑市	登封市	经开区	高新区	郑东新区	航空港实验区
14801.78	**15474.89**	**12603.54**	**15876.77**	**19361.23**	**15684.25**	**12841.20**	**16538.64**	**22188.35**	**13516.07**
4395.91	**4692.82**	**4633.15**	**6016.90**	**4850.53**	**5302.50**	**6205.32**	**5738.23**	**4346.23**	**2440.52**
2552.94	**3016.22**	**3107.67**	**3798.15**	**2670.92**	**2977.00**	**3164.83**	**3969.68**	**2584.18**	**1654.51**
344.58	339.00	514.93	463.04	364.62	544.63	247.21	451.27	270.75	263.57
0.63	0.17	3.06	0.86	0.31	0.04		0.01	0.34	0.22
1.84	0.79	9.80	2.55	0.94	0.24		0.04	4.54	1.25
18.67	18.20	14.52	18.89	14.26	17.96	10.09	12.70	7.24	15.39
73.63	71.47	58.46	79.70	59.39	70.14	48.18	60.15	39.77	65.45
0.04								0.02	
0.25								0.15	
4.56	8.93	10.83	9.73	7.09	9.32	15.53	10.11	19.56	3.40
24.74	54.66	60.57	66.29	45.23	58.29	81.94	69.07	93.12	19.25
0.67	1.62	0.41	1.57	1.02	1.77	0.18	2.69	1.06	0.58
3.04	5.48	1.50	7.03	4.64	8.39	1.39	14.40	5.25	2.30
0.36	2.62	2.12	2.21	1.59	7.57	2.32	1.86	0.28	0.43
3.07	26.91	21.91	24.26	17.27	73.49	15.14	18.69	2.26	3.80
0.10	0.06	0.03	0.09	0.49	0.20		0.12	0.03	0.05
0.70	0.45	0.27	0.90	3.41	1.60		1.67	0.34	0.48
43.02	25.13	66.57	33.73	36.19	49.46	21.42	36.48	14.25	33.69
226.30	156.61	335.27	244.42	214.29	303.72	97.40	242.68	111.25	161.69
1.44	2.04	2.67	3.74	2.60	3.26	0.52	5.39	1.38	1.33
11.02	22.62	27.15	37.90	19.45	28.74	3.16	44.57	14.07	9.37
8.93	**8.23**	**13.52**	**14.58**	**14.34**	**7.76**	**3.27**	**13.63**	**7.72**	**6.74**
31.73	42.22	56.18	94.26	67.65	38.83	11.09	63.15	30.77	26.10
1.82	2.32	4.96	5.35	6.60	2.11	0.79	4.68	2.85	2.31
4.38	9.21	16.83	19.17	20.31	7.86	1.51	20.45	6.87	5.53
5.44	4.70	7.01	6.06	5.95	4.55	2.00	7.49	3.42	3.63
14.34	16.08	23.57	23.38	21.76	16.81	6.69	26.94	11.54	11.75
1.66	1.22	1.54	3.17	1.79	1.10	0.48	1.46	1.45	0.80
13.01	16.93	15.78	51.72	25.58	14.16	2.89	15.76	12.36	8.81
5.71	**11.56**	**16.93**	**14.80**	**10.12**	**19.22**	**2.62**	**7.53**	**4.95**	**5.82**
29.56	71.61	96.09	107.09	64.21	120.34	15.43	54.06	39.61	36.64

5-17 续表 1

指 标	单位	郑州市	中原区	二七区	管城区	金水区	上街区	惠济区
大豆	公斤	0.27	0.16	0.20	0.11	0.18	0.39	0.22
金额	元	2.75	1.10	1.07	1.04	1.09	3.73	1.46
其他豆类及制品	公斤	11.44	10.92	15.74	9.25	9.32	9.78	11.70
金额	元	70.64	63.82	77.27	63.09	60.31	67.96	67.68
食用油	**公斤**	**7.42**	**8.10**	**5.21**	**7.79**	**4.12**	**7.86**	**2.98**
金额	元	110.78	134.54	72.38	117.37	66.16	122.76	44.24
食用植物油	公斤	7.39	8.09	5.21	7.75	4.12	7.86	2.95
金额	元	110.42	134.07	72.38	116.82	66.16	122.76	43.93
食用动物油	公斤	0.03	0.01		0.03			0.03
金额	元	0.36	0.47		0.55			0.31
蔬菜和食用菌	公斤	85.85	118.98	145.63	137.59	129.90	108.64	103.01
金额	元	369.98	589.16	538.40	665.18	602.87	539.71	490.41
鲜菜	公斤	82.95	111.88	140.72	134.53	122.70	104.96	95.92
金额	元	331.77	515.95	500.34	622.94	497.94	482.25	414.80
干菜及菜制品	公斤	0.93	1.16	0.98	1.35	2.78	1.19	2.89
金额	元	14.79	17.44	10.78	21.52	60.06	25.17	35.89
鲜菌	公斤	1.87	5.82	3.91	1.63	4.24	2.25	4.09
金额	元	17.86	46.87	26.06	16.25	35.62	27.04	34.44
干菌及制品	公斤	0.10	0.13	0.01	0.08	0.19	0.24	0.10
金额	元	5.56	8.90	1.21	4.47	9.25	5.25	5.28
肉类	**公斤**	**22.29**	**36.57**	**34.96**	**33.25**	**37.15**	**26.62**	**26.62**
金额	元	703.18	1200.41	941.25	991.09	1151.66	1045.14	773.64
猪肉	公斤	17.03	28.37	26.55	26.18	25.87	18.80	18.87
金额	元	431.36	756.06	499.11	650.67	603.86	554.69	459.69
牛肉	公斤	0.90	1.41	2.49	1.18	2.70	1.06	1.16
金额	元	67.00	94.67	154.94	71.48	194.97	82.01	73.06
羊肉	公斤	0.78	0.86	1.69	1.98	1.95	1.89	0.71
金额	元	51.11	56.46	90.67	96.09	114.75	160.41	45.68
其他肉类及制品	公斤	3.58	5.92	4.23	3.90	6.62	4.87	5.87
金额	元	153.71	293.23	196.53	172.85	238.08	248.02	195.22
禽类	**公斤**	**5.51**	**12.44**	**11.19**	**8.59**	**15.39**	**4.93**	**11.26**
金额	元	112.90	364.71	153.69	167.92	322.08	164.92	219.39
鸡	公斤	3.95	6.74	10.23	7.31	9.39	2.77	7.10

中牟县	巩义市	荥阳市	新密市	新郑市	登封市	经开区	高新区	郑东新区	航空港实验区
0.10	0.20	0.11	0.47	0.13	0.14	0.34	0.30	1.21	0.49
0.60	1.64	1.15	3.38	1.04	1.19	2.42	2.98	18.99	3.90
5.61	11.36	16.82	14.33	9.99	19.08	2.28	7.23	3.75	5.33
28.95	69.97	94.94	103.71	63.17	119.15	13.02	51.08	20.62	32.74
3.03	**8.73**	**7.04**	**10.72**	**8.91**	**12.17**	**3.13**	**5.44**	**4.54**	**1.77**
49.76	133.18	104.67	160.06	137.44	169.56	40.91	85.21	67.67	24.46
3.03	8.73	7.03	10.72	8.91	12.02	3.11	5.43	4.54	1.72
49.74	133.18	104.55	159.97	137.44	167.55	40.55	85.08	67.67	23.89
		0.01			0.16	0.02	0.01		0.04
0.02		0.12	0.09		2.01	0.37	0.12		0.58
63.25	94.41	108.31	96.37	74.45	76.29	71.00	96.40	54.68	60.33
235.71	403.11	422.57	446.07	341.00	337.40	345.05	492.89	227.21	193.96
61.74	90.58	104.31	93.38	72.53	74.29	68.69	91.49	53.06	59.24
218.26	347.56	374.78	400.46	311.96	309.63	325.17	433.46	205.06	177.56
0.68	0.94	1.50	0.83	0.73	0.23	0.70	1.68	0.93	0.22
9.83	16.26	23.96	11.15	12.41	4.46	9.06	27.00	15.35	4.11
0.77	2.71	2.45	1.99	1.09	1.70	1.56	3.14	0.65	0.77
5.83	29.53	21.00	22.30	11.27	18.04	8.43	28.45	5.74	7.26
0.06	0.18	0.05	0.18	0.09	0.07	0.05	0.10	0.04	0.10
1.79	9.77	2.83	12.16	5.36	5.26	2.39	3.98	1.07	5.03
22.10	**20.17**	**22.12**	**23.02**	**18.62**	**19.77**	**22.58**	**23.02**	**26.00**	**14.69**
574.12	751.21	676.02	823.22	591.71	639.75	676.12	785.26	815.84	390.50
17.78	15.02	16.75	16.58	14.66	16.10	19.58	16.62	18.36	12.40
388.04	393.07	423.54	484.97	376.41	422.11	491.50	489.01	466.51	301.11
0.45	0.99	0.52	0.48	0.95	1.09	0.12	1.10	1.42	0.38
29.42	81.27	37.49	39.50	81.70	91.42	8.90	68.52	80.23	28.23
0.72	0.80	0.74	1.12	0.36	0.74	1.37	0.86	0.70	0.14
42.27	52.84	50.52	82.87	24.70	52.08	95.83	51.31	39.79	10.22
3.15	3.37	4.11	4.85	2.65	1.85	1.52	4.44	5.52	1.77
114.39	224.03	164.47	215.88	108.91	74.14	79.90	176.42	229.30	50.95
6.48	**3.82**	**3.81**	**6.62**	**3.06**	**3.00**	**12.30**	**7.63**	**7.87**	**3.05**
120.64	91.13	81.95	141.83	58.04	55.06	244.52	156.85	169.44	59.29
5.28	2.27	2.58	4.67	2.26	2.29	11.38	5.03	5.28	2.59

5-17 续表 2

指 标	单位	郑州市	中原区	二七区	管城区	金水区	上街区	惠济区
金额	元	67.35	120.35	124.05	122.82	192.20	78.13	123.56
鸭	公斤	0.07	0.28	0.02	0.05	0.62	0.09	0.20
金额	元	1.28	4.53	0.37	0.55	13.04	1.13	3.51
鹅	公斤	0.10		0.32	0.01	0.51		0.02
金额	元	3.26		11.26	0.28	9.14		0.75
其他禽类及制品	公斤	1.39	5.42	0.61	1.22	4.88	2.07	3.94
金额	元	41.01	239.83	18.01	44.27	107.70	85.66	91.57
水产品	**公斤**	**3.31**	**10.40**	**9.05**	**5.96**	**10.77**	**5.30**	**5.68**
金额	元	76.66	352.12	149.99	150.75	291.39	145.07	146.03
鱼类	公斤	2.12	4.95	7.77	4.06	5.77	2.46	3.62
金额	元	37.16	134.44	97.27	65.10	123.54	52.59	79.25
虾类	公斤	0.53	3.66	0.99	0.88	2.43	1.57	0.75
金额	元	23.95	144.58	41.41	62.06	96.29	59.90	37.59
蟹类	公斤	0.04	0.93	0.06		0.24		0.06
金额	元	2.45	43.95	3.36	0.26	24.00		4.04
贝类	公斤	0.07	0.13	0.01	0.07	0.82	0.03	0.13
金额	元	1.28	4.63	0.12	0.92	17.51	0.53	3.21
藻类	公斤	0.17	0.16	0.04	0.44	0.20	0.38	0.17
金额	元	2.21	2.66	0.46	7.77	2.36	4.67	2.34
其他水产品及制品	公斤	0.37	0.57	0.18	0.50	1.31	0.85	0.95
金额	元	9.61	21.87	7.37	14.64	27.69	27.38	19.60
蛋类	**公斤**	**17.54**	**18.71**	**33.26**	**25.12**	**25.43**	**21.16**	**21.04**
金额	元	171.08	197.72	271.24	258.28	245.86	218.28	196.95
鲜蛋	公斤	17.34	18.49	33.22	24.67	25.05	20.61	20.83
金额	元	167.99	194.43	270.48	249.95	241.29	209.21	194.27
蛋制品	公斤	0.20	0.22	0.04	0.45	0.38	0.55	0.21
金额	元	3.09	3.29	0.76	8.33	4.57	9.06	2.68
奶类	**公斤**	**12.96**	**11.75**	**10.02**	**11.46**	**16.94**	**13.11**	**27.60**
金额	元	285.65	187.44	294.40	175.49	349.25	824.29	776.92
鲜奶	公斤	9.86	8.62	7.75	9.58	12.76	7.10	16.33
金额	元	148.46	117.29	188.04	133.35	179.03	127.92	173.04
酸奶	公斤	2.37	2.37	2.05	1.71	2.75	2.55	7.66
金额	元	40.98	38.75	57.12	30.30	43.94	63.85	104.96

中牟县	巩义市	荥阳市	新密市	新郑市	登封市	经开区	高新区	郑东新区	航空港实验区
87.38	39.93	44.12	83.17	37.76	34.80	226.03	86.30	87.17	47.82
0.06	0.03	0.01	0.05	0.02	0.06	0.27	0.44	0.12	0.02
0.81	0.53	0.06	0.80	0.39	1.33	3.65	3.33	2.66	0.25
0.01			0.02	0.01				1.12	
0.40			0.48	0.12	0.02	0.10		41.08	
1.14	1.51	1.23	1.88	0.77	0.65	0.65	2.17	1.35	0.44
32.05	50.67	37.77	57.37	19.76	18.92	14.73	67.22	38.53	11.22
3.27	**2.03**	**2.84**	**3.19**	**3.06**	**0.91**	**9.68**	**4.99**	**3.54**	**1.48**
69.22	49.26	69.73	82.93	50.30	20.32	172.69	130.04	87.01	34.00
2.28	1.20	1.66	1.99	2.37	0.41	7.60	2.86	2.00	0.91
29.79	24.50	33.89	36.86	32.20	8.49	121.16	65.97	36.39	18.50
0.68	0.22	0.39	0.52	0.20	0.10	1.89	0.60	0.81	0.28
30.79	12.05	20.74	27.47	8.54	3.89	46.79	24.48	31.59	11.20
0.05		0.06	0.02			0.01	0.06		
4.22		2.02	1.20	0.16	0.07	1.50	5.50	0.18	0.18
0.04	0.04	0.03	0.08	0.03		0.01	0.07	0.18	0.07
0.52	0.59	0.42	1.79	0.64	0.05	0.14	1.01	2.47	0.31
0.08	0.21	0.33	0.22	0.15	0.14	0.02	0.12	0.05	0.14
1.00	3.37	3.11	2.48	2.11	2.23	0.20	1.59	0.53	0.93
0.15	0.37	0.37	0.36	0.31	0.25	0.15	1.29	0.50	0.07
2.90	8.76	9.56	13.14	6.66	5.59	2.89	31.48	15.85	2.89
14.47	**16.67**	**20.97**	**17.32**	**13.58**	**19.03**	**16.41**	**24.53**	**17.38**	**10.34**
137.47	170.04	206.83	184.73	133.96	179.80	149.18	250.35	156.58	96.20
14.36	16.55	20.71	17.10	13.41	18.86	16.37	24.23	16.98	10.25
135.76	166.90	201.91	181.32	131.77	177.14	148.31	246.84	152.05	94.81
0.11	0.13	0.26	0.21	0.17	0.17	0.04	0.30	0.39	0.10
1.70	3.15	4.92	3.42	2.19	2.66	0.87	3.50	4.54	1.40
15.80	**9.43**	**15.47**	**13.09**	**10.52**	**14.26**	**5.68**	**15.47**	**11.50**	**4.34**
352.31	206.87	207.01	326.30	216.76	231.00	667.51	402.54	314.81	189.66
12.09	7.88	13.03	9.24	8.00	11.45	2.18	8.57	9.63	2.86
245.71	86.36	154.47	158.51	112.15	162.86	50.42	139.42	177.35	46.44
3.44	0.89	2.25	3.11	1.93	2.31	0.22	5.41	1.00	0.77
72.92	13.78	35.62	57.49	27.92	38.75	3.86	91.77	17.24	13.34

5-17 续表 3

指 标	单位	郑州市	中原区	二七区	管城区	金水区	上街区	惠济区
奶粉	公斤	0.44	0.09	0.14	0.05	0.53	2.40	1.91
金额	元	90.28	16.19	47.22	9.26	115.96	606.12	459.13
其他奶制品	公斤	0.29	0.67	0.08	0.13	0.90	1.06	1.70
金额	元	5.92	15.21	2.03	2.59	10.32	26.40	39.78
干鲜瓜果类	**公斤**							
金额	元	408.15	607.16	578.77	464.84	826.23	536.87	660.31
鲜瓜果	公斤	63.32	56.08	94.66	76.67	99.75	69.33	96.90
金额	元	333.41	512.64	501.65	397.11	721.00	436.36	550.56
瓜果制品金额	元	18.19	27.90	7.58	17.99	34.58	24.38	32.52
坚果类金额	元	56.54	66.61	69.54	49.74	70.65	76.13	77.23
糖果糕点类	**公斤**							
金额	元	127.10	225.18	103.75	82.26	208.78	136.68	174.51
食糖	公斤	0.91	0.80	0.53	0.55	0.65	0.39	0.93
金额	元	7.08	7.80	4.23	4.92	5.53	4.06	7.12
糖果金额	元	13.65	12.55	10.22	14.95	15.67	16.22	28.16
糕点金额	元	95.97	196.21	87.05	60.22	176.56	76.08	115.06
其他糖果糕点金额	元	10.40	8.61	2.25	2.16	11.02	40.31	24.16
其他食品	**元**	**173.92**	**170.03**	**127.16**	**183.05**	**344.73**	**167.09**	**197.12**
调味品	元	102.21	101.92	111.75	116.27	139.70	112.75	102.85
其他食品	元	71.71	68.11	15.41	66.79	205.04	54.35	94.26
饮料	**元**	**135.37**	**211.28**	**111.32**	**130.23**	**343.52**	**180.56**	**165.28**
茶叶金额	元	9.87	64.43	23.37	21.14	58.31	19.93	16.15
咖啡	**元**	**1.25**	**4.60**	**0.02**		**22.86**	**1.83**	**7.01**
其他固体饮料	元	19.38	13.90	6.54	10.02	26.29	10.47	11.75
瓶装饮用水	元	29.03	32.63	26.84	17.26	77.31	26.97	29.56
果汁饮料	元	6.18	12.67	1.07	6.59	4.76	6.47	10.00
其他液体饮料	元	69.66	83.04	53.49	75.22	153.99	114.88	90.81
烟酒	**元**	**682.89**	**495.55**	**1216.79**	**645.15**	**1001.13**	**1219.84**	**258.29**
烟草	元	546.75	155.69	797.35	378.57	619.22	945.58	166.53
卷烟金额	元	546.74	155.69	797.35	378.57	619.22	945.58	166.45
烟丝烟叶 金额	元							0.08
酒类	**元**	**136.14**	**339.86**	**419.45**	**266.57**	**381.91**	**274.26**	**91.77**
啤酒	元	26.77	42.96	58.00	25.51	40.08	59.93	27.08

中牟县	巩义市	荥阳市	新密市	新郑市	登封市	经开区	高新区	郑东新区	航空港实验区
0.12	0.55	0.07	0.50	0.32	0.19	3.13	0.69	0.73	0.60
30.98	104.49	15.42	103.00	73.41	20.70	610.98	158.30	117.47	128.33
0.16	0.12	0.13	0.24	0.28	0.32	0.15	0.81	0.14	0.11
2.69	2.24	1.50	7.29	3.30	8.69	2.24	13.05	2.74	1.55
350.93	402.22	399.32	539.31	383.75	341.14	397.65	625.31	216.34	180.21
62.31	61.31	68.64	75.38	59.65	55.41	74.66	76.85	35.67	36.33
300.64	322.55	320.67	423.99	301.01	282.17	375.99	551.88	167.04	143.82
7.50	27.86	23.58	30.62	13.06	14.92	8.85	20.66	7.00	7.06
42.79	51.81	55.07	84.71	69.67	44.05	12.81	52.76	42.31	29.33
133.52	161.71	126.52	183.65	109.51	95.70	43.17	166.85	68.21	59.64
0.82	1.28	0.60	1.84	0.80	0.60	0.10	0.62	0.93	0.79
6.11	10.22	5.87	14.02	6.39	4.55	1.08	4.69	5.61	5.45
11.10	8.53	9.21	26.21	14.85	15.03	0.57	13.95	7.09	4.70
114.08	128.81	102.95	115.77	82.39	65.95	40.84	139.21	53.06	42.06
2.23	14.14	8.49	27.64	5.88	10.16	0.68	9.00	2.44	7.43
123.38	**194.66**	**145.86**	**245.63**	**151.97**	**203.48**	**154.30**	**305.92**	**119.94**	**100.28**
59.74	114.61	90.73	142.97	79.36	151.30	63.73	120.02	85.22	50.61
63.64	80.05	55.13	102.66	72.62	52.18	90.56	185.90	34.73	49.67
88.16	**119.39**	**104.62**	**227.57**	**130.84**	**147.42**	**22.24**	**178.66**	**102.45**	**42.98**
1.36	14.29	9.20	12.91	4.08	5.62	0.16	10.61	2.77	1.65
0.47	**0.25**	**0.59**	**0.80**	**0.22**	**0.21**	**0.05**	**4.47**	**0.14**	**0.31**
7.37	15.15	10.70	17.98	15.83	63.83	3.57	14.02	8.87	6.13
25.61	21.26	22.25	50.22	33.57	21.75	3.18	8.55	34.83	12.51
10.33	1.42	4.20	14.46	4.75	3.59	1.27	20.85	1.78	3.01
43.02	67.01	57.70	131.20	72.39	52.42	14.00	120.16	54.07	19.38
463.48	**435.03**	**364.81**	**744.30**	**517.95**	**1632.23**	**1156.61**	**291.76**	**719.14**	**245.24**
283.66	389.34	270.72	551.76	471.31	1555.14	1100.33	200.76	358.26	207.90
283.66	389.34	270.72	551.76	471.31	1555.14	1100.33	200.76	358.26	207.89
									0.01
179.82	**45.70**	**94.09**	**192.55**	**46.65**	**77.09**	**56.28**	**91.00**	**360.87**	**37.34**
23.26	19.60	19.41	37.30	18.96	19.13	27.71	18.93	66.85	9.93

5-17 续表 4

指 标	单位	郑州市	中原区	二七区	管城区	金水区	上街区	惠济区
白酒	元	106.09	279.59	351.03	201.04	332.00	213.90	62.34
果酒	元	2.40	10.31	1.56	39.69	6.96		1.78
其他酒	元	0.88	7.00	8.84	0.32	2.87	0.43	0.56
饮食服务	**元**	**1165.75**	**1596.49**	**1483.00**	**1251.20**	**2218.87**	**4117.16**	**1091.75**
食堂用餐	元	101.47	100.77	29.64	131.91	204.86	161.44	243.09
其他在外饮食	元	1061.85	1495.72	1453.34	1118.17	2014.01	3955.72	846.88
食品加工服务费	元	2.43		0.02	1.12			1.78
衣着	**元**	**1205.72**	**1587.93**	**1207.10**	**899.12**	**2339.64**	**1038.20**	**1474.01**
衣类	**元**	**951.44**	**1267.17**	**959.58**	**714.05**	**1911.04**	**762.07**	**1169.82**
服装	元	924.05	1234.09	948.93	672.65	1853.31	723.83	1119.43
服装材料	元	0.90	0.71		7.10			0.47
其他衣类及配件	元	24.70	28.53	10.63	33.53	53.09	34.09	46.92
衣类加工服务费	元	1.78	3.84	0.03	0.77	4.64	4.15	2.99
鞋类	**元**	**254.28**	**320.77**	**247.52**	**185.08**	**428.59**	**276.13**	**304.19**
鞋	双	2.78	2.21	2.18	2.36	2.98	2.39	2.85
金额	元	253.17	319.01	245.78	184.54	427.01	274.08	301.83
鞋类配件及加工服务费	元	1.12	1.75	1.74	0.53	1.59	2.05	2.36
居住	**元**	**1633.27**	**1598.76**	**1598.08**	**1841.86**	**2850.51**	**1315.45**	**1855.57**
租赁房房租	**元**	**45.95**	**67.66**		**192.36**	**572.42**		**15.58**
租赁公房房租	元	0.44			4.27			1.72
租赁私房房租	元	45.51	67.66		188.09	572.42		13.87
住房维修及管理	**元**	**822.08**	**480.38**	**28.31**	**104.27**	**1610.62**	**241.92**	**481.81**
住房装潢	元	565.37	247.14	11.75	45.73	1372.54	65.11	353.16
住房维修	元	203.22	28.09	16.10	51.06	42.47	6.58	39.82
物业管理费	元	50.17	202.75	0.44	7.48	189.64	158.94	83.63
其他	元	3.32	2.39	0.02		5.97	11.29	5.20
水电燃料及其他	**元**	**765.24**	**1050.73**	**1569.77**	**1545.24**	**667.47**	**1073.53**	**1358.17**
水	吨	24.50	32.30	47.40	0.39	10.61	57.99	2.56
金额	元	60.86	121.10	169.85	1.19	45.83	168.84	10.91
电	度	867.80	1016.45	1770.86	2006.18	679.50	1070.73	1585.11
金额	元	534.89	601.74	1303.37	1348.07	405.65	597.59	1218.69
燃料	元	129.67	137.28	96.41	178.11	95.69	307.09	117.05
煤炭	公斤	0.79		0.02	0.24			

中牟县	巩义市	荥阳市	新密市	新郑市	登封市	经开区	高新区	郑东新区	航空港实验区
155.47	25.11	73.41	149.04	26.57	57.36	27.66	59.49	293.87	25.29
0.40	0.66	0.22	5.72	1.11	0.30	0.05	2.56	0.05	2.13
0.70	0.33	1.06	0.48	0.01	0.30	0.87	10.02	0.10	
1291.33	**1122.18**	**1056.05**	**1246.88**	**1530.82**	**545.85**	**1861.64**	**1298.13**	**940.46**	**497.79**
133.01	80.07	115.35	27.52	75.81	45.38	7.78	99.10	220.30	155.68
1152.64	1041.52	934.02	1216.71	1453.93	498.55	1853.85	1198.46	718.32	341.70
5.68	0.58	6.68	2.65	1.09	1.92		0.57	1.84	0.41
1117.28	1822.14	977.79	1507.65	1106.77	972.20	1244.22	1087.47	864.99	698.38
914.03	1467.03	734.42	1165.47	862.85	786.03	876.85	822.12	672.82	542.98
900.62	1430.69	707.11	1118.92	830.56	770.38	869.99	800.16	660.83	535.54
0.61	3.93	0.33	0.42	0.56	0.44	0.06	0.71		
12.70	30.98	24.87	43.40	28.43	13.96	6.79	20.05	11.29	7.21
0.11	1.42	2.11	2.74	3.30	1.24		1.20	0.70	0.23
203.25	355.11	243.37	342.17	243.92	186.18	367.37	265.35	192.17	155.39
2.56	3.24	3.14	3.92	3.12	1.98	2.71	1.76	1.95	1.85
202.76	354.16	240.94	340.94	242.97	185.01	367.34	265.32	192.04	154.76
0.49	0.95	2.43	1.23	0.95	1.16	0.03	0.03	0.13	0.64
1360.72	2558.32	1606.73	1190.94	848.07	2403.70	824.69	2282.39	2032.49	614.71
18.73	**10.45**	**25.81**	**43.97**	**91.50**	**11.58**	**3.90**	**23.72**		
0.18				0.32	1.31	3.90			
18.55	10.45	25.81	43.97	91.18	10.27	0.00	23.72		
719.23	**1894.02**	**857.30**	**208.73**	**242.00**	**1614.43**	**28.83**	**1046.88**	**1325.47**	**53.34**
520.64	1694.15	420.62	73.62	40.81	1527.73	1.93	938.94	0.36	30.24
180.81	141.06	400.05	108.69	61.23	76.90	1.67	2.22	1314.54	23.10
12.14	58.81	33.96	20.24	133.65	8.38	24.80	105.73	10.21	
5.63		2.67	6.18	6.31	1.42	0.43		0.37	
622.76	**653.85**	**723.62**	**938.24**	**514.57**	**777.70**	**791.96**	**1211.79**	**707.02**	**561.37**
24.69	18.67	26.42	46.49	25.89	16.93	1.47	36.86	28.20	10.53
44.77	45.09	61.76	146.94	43.86	45.86	3.01	102.83	43.80	41.70
661.50	811.52	850.60	988.57	602.02	906.04	891.35	1036.31	921.99	507.60
397.70	479.23	481.81	561.90	385.88	532.57	701.17	584.11	555.93	317.71
138.62	93.83	128.49	225.57	70.89	164.63	87.30	214.61	107.30	65.30
	1.73		0.35	0.63	3.52				

5-17 续表 5

指 标	单位	郑州市	中原区	二七区	管城区	金水区	上街区	惠济区
金额	元	1.31		0.04	0.88			
管道天然气	立方米	16.87	45.18		0.18	30.62	114.53	1.82
金额	元	43.20	113.83		0.46	78.45	295.73	6.42
管道煤气	立方米	0.18		0.02	0.18			0.02
金额	元	0.77		0.15	0.77			0.08
管道液化石油气	立方米	0.21		0.06	0.44		4.39	0.75
金额	元	1.24		0.29	0.73		11.34	5.20
罐装液化石油气	公斤	9.46	2.87	11.92	16.21	1.92		11.78
金额	元	82.66	22.91	95.74	175.04	17.15		98.43
其他油（生活燃料）	升	0.01						0.19
金额	元	0.07						1.89
其他生活燃料	元	0.23	0.54	0.19	0.23	0.09	0.02	0.21
取暖费	元	13.99	189.11		0.23	117.99		
其他	元	25.83	1.50	0.15	17.63	2.32		11.51
生活用品及服务	**元**	**1077.80**	**1202.60**	**865.39**	**1196.45**	**2995.79**	**1229.89**	**1396.93**
家具及室内装饰品	**元**	**149.22**	**116.53**	**29.29**	**64.02**	**256.38**	**54.23**	**181.22**
家具	元	119.32	82.50	26.92	59.27	132.05	30.68	150.55
家具材料	元	6.44	21.21	0.02	0.04	108.87	0.72	6.50
室内装饰品	元	23.47	12.82	2.35	4.71	15.46	22.83	24.18
家用器具	**元**	**337.67**	**273.91**	**175.06**	**451.81**	**1362.97**	**234.57**	**444.65**
耐用消费品	元	301.24	187.84	162.53	436.75	1240.96	165.65	391.14
洗衣机	台	0.02	0.01	0.04	0.01	0.04	0.03	
金额	元	46.03	24.15	85.65	3.81	230.68	41.96	0.53
电冰箱（柜）	台	0.02	0.03		0.01	0.03	0.01	0.04
金额	元	42.89	23.96	8.00	19.12	175.94	56.34	84.88
空调器	台	0.04	0.03	0.01	0.21	0.11		0.09
金额	元	131.17	67.95	23.16	408.05	427.11	10.64	252.77

中牟县	巩义市	荥阳市	新密市	新郑市	登封市	经开区	高新区	郑东新区	航空港实验区
	3.00		0.99	0.89	5.51				
33.50	10.91	34.83	21.59	6.29	0.81	7.48	83.00	0.04	15.11
75.67	29.16	89.68	60.75	15.89	3.99	21.55	214.61	0.37	39.72
	0.02	0.07		0.73	0.37	0.12			
	0.78	0.20		3.12	1.08	0.51			
0.52	0.03			0.01	0.58	0.04			
2.27	0.22			0.11	4.83	0.17			
8.23	7.05	4.09	17.77	6.12	16.82	6.89		11.73	3.43
60.56	60.57	38.48	162.86	50.83	149.14	65.06		106.30	25.58
0.12	0.09	0.13	0.97	0.05	0.09	0.01		0.62	
		25.66	3.60	2.65			306.85		
41.67	35.70	25.90	0.23	11.30	34.64	0.48	3.39		136.66
935.89	**1479.08**	**872.19**	**1300.70**	**975.26**	**895.19**	**348.99**	**1521.03**	**921.57**	**443.29**
133.59	**205.03**	**90.07**	**88.78**	**86.35**	**201.76**	**2.67**	**288.66**	**434.53**	**47.71**
122.24	167.14	58.23	78.47	51.77	133.11	2.08	264.11	434.27	42.10
8.37	2.35	6.05	4.55	2.96	2.27	0.49	12.93	0.02	0.89
2.98	35.53	25.79	5.76	31.62	66.39	0.09	11.62	0.24	4.71
362.60	**426.82**	**268.83**	**341.51**	**426.06**	**194.63**	**35.48**	**539.12**	**120.28**	**133.02**
343.71	350.72	230.75	277.82	400.10	175.10	31.22	522.63	111.51	127.71
0.01	0.03	0.04	0.02	0.02	0.06	0.01	0.05	0.01	
8.55	35.91	65.16	48.52	33.64	108.73	9.10	59.88	6.09	
0.03	0.02	0.01	0.02	0.02		0.01	0.07	0.01	
65.79	40.44	31.26	60.45	48.33	2.65	6.50	69.90	46.99	
0.07	0.07	0.02	0.02	0.04		0.01	0.12	0.02	0.03
195.56	176.20	70.94	67.30	194.72	10.57	15.48	386.56	37.12	85.66

5-17 续表 6

指 标	单位	郑州市	中原区	二七区	管城区	金水区	上街区	惠济区
吸尘器	台					0.03	0.12	
金额	元	3.07				38.14	48.70	
抽油烟机	台	0.02	0.01	0.04		0.02		
金额	元	24.35	15.72	25.71	1.24	58.77	1.38	1.68
微波炉	台							
金额	元	0.34			1.92			
非太阳能热水器	台	0.02	0.01	0.02		0.03		0.01
金额	元	17.85	5.48	11.70		75.33	2.25	5.62
太阳能热水器	台	0.01	0.02			0.01		
金额	元	9.52	27.80	0.57		0.99		0.82
燃气炉具	套	0.02	0.03	0.01		0.05		0.10
金额	元	11.89	21.59	7.62	0.08	77.71	0.84	27.84
洗碗机	台					0.01		
金额	元	1.07				48.17		
消毒碗柜	台					0.01		
金额	元	0.17				7.50		
其他	元	12.85	1.18	0.12	2.53	100.24	3.54	16.99
小家电	元	36.43	86.06	12.53	15.06	122.00	68.92	53.52
家用纺织品	**元**	**92.53**	**45.77**	**67.39**	**61.53**	**369.35**	**126.35**	**88.31**
床上用品	元	70.76	37.75	51.66	46.15	271.70	88.17	62.48
窗帘门帘	元	14.27	0.17	14.70	6.55	83.05	33.81	20.72
其他家用纺织品	元	7.50	7.85	1.03	8.82	14.59	4.37	5.11
家庭日用杂品	**元**	**240.65**	**372.43**	**211.16**	**306.36**	**368.82**	**286.43**	**285.96**
洗涤及卫生用品	元	64.23	78.94	50.99	90.45	108.65	74.91	61.28
厨具餐具茶具	元	35.39	47.62	18.32	52.61	81.74	69.34	63.21
家用手工工具	元	12.28	3.74	2.64	8.44	5.09	5.29	9.82
其他	元	128.75	242.11	139.21	154.86	173.33	136.90	151.65
个人用品	**元**	**224.50**	**350.05**	**369.32**	**231.89**	**570.06**	**427.63**	**317.30**
化妆品	元	113.12	231.91	253.65	79.02	408.72	236.45	174.80
其他个人用品	元	111.37	118.14	115.67	152.86	161.34	191.18	142.50
家庭服务	**元**	**33.23**	**43.91**	**13.16**	**80.85**	**68.22**	**100.68**	**79.49**

中牟县	巩义市	荥阳市	新密市	新郑市	登封市	经开区	高新区	郑东新区	航空港实验区
0.01		0.01						0.01	
2.65		1.05	1.18					20.05	
0.02	0.02	0.02	0.02	0.03	0.01				0.01
29.19	21.69	30.08	17.00	63.11	6.15			0.30	8.44
			1.48	0.77				0.10	
0.01	0.02	0.01	0.01	0.03	0.02		0.01		0.02
8.74	11.58	12.70	19.79	31.40	26.25		6.30		23.81
	0.03	0.01		0.01					
0.37	47.58	14.85	5.98	9.71	1.57				
0.05	0.01	0.01	0.03	0.04	0.01				0.02
24.31	2.21	2.64	14.98	14.13	8.06				4.51
8.56	15.11	2.06	40.75	4.29	11.13	0.14		0.85	5.30
18.89	76.10	38.08	63.69	25.96	19.53	4.26	16.48	8.77	5.31
102.33	**231.65**	**69.42**	**118.85**	**46.32**	**40.61**	**3.62**	**78.82**	**68.20**	**22.94**
78.28	190.90	55.57	92.65	31.93	31.99	3.52	70.74	33.41	18.29
15.47	30.97	10.98	12.12	7.26	1.20			31.42	0.09
8.58	9.78	2.87	14.08	7.12	7.41	0.10	8.07	3.37	4.56
156.63	**333.72**	**257.99**	**323.26**	**207.12**	**231.26**	**91.85**	**271.71**	**164.99**	**121.32**
34.88	64.03	59.78	118.86	62.82	57.79	59.77	87.34	39.90	38.86
19.52	70.93	28.98	49.16	29.79	22.36	5.74	28.18	19.02	13.89
3.88	17.95	30.81	8.53	3.32	30.51	1.67	3.38	2.72	0.56
98.35	180.81	138.42	146.72	111.19	120.60	24.68	152.81	103.35	68.01
166.33	**247.48**	**155.88**	**386.23**	**190.57**	**179.20**	**212.46**	**278.49**	**114.08**	**108.32**
91.18	133.23	63.52	198.96	61.33	102.26	30.78	151.51	32.08	68.91
75.15	114.25	92.36	187.27	129.24	76.95	181.68	126.98	82.00	39.41
14.42	**34.39**	**30.00**	**42.07**	**18.83**	**47.73**	**2.91**	**64.23**	**19.49**	**9.98**

5-17 续表 7

指 标	单位	郑州市	中原区	二七区	管城区	金水区	上街区	惠济区
家政服务	元	5.75	11.29	0.29	12.20	18.05	23.37	26.10
家庭设备修理费	元	27.48	32.62	12.87	68.65	50.17	77.31	53.39
交通通信	**元**	**4221.86**	**3287.48**	**6462.60**	**4199.70**	**4651.11**	**2424.21**	**1998.63**
交通	**元**	**3582.24**	**2521.94**	**6119.78**	**3090.07**	**3823.87**	**1943.57**	**1501.26**
交通工具	元	2251.57	1419.28	4570.10	787.68	1711.66	14.66	122.36
汽车	辆	0.02	0.01	0.06		0.01		
金额	元	2176.46	1367.03	4516.13	751.15	1680.87		
摩托车	辆							
金额	元	6.03					3.11	
自行车	辆	0.01	0.07			0.01		0.03
金额	元	5.84	52.24	0.58	1.12	9.23		12.22
电动自行车	辆	0.02		0.01	0.01	0.01		
金额	元	40.54		53.23	35.41	21.56	8.08	0.18
其他交通工具	元	22.70		0.17			3.47	109.97
交通费	元	69.88	105.54	295.24	74.79	123.01	31.14	67.01
飞机	元	10.21	41.58	1.40	54.72	14.47		
火车	元	14.63	3.17	4.17		36.28	21.00	1.60
长途汽车	元	1.77	18.70			1.04	0.59	
市内公共交通	元	7.48	5.74	0.46	6.97	8.93	6.06	13.18
出租汽车费	元	33.96	34.91	289.18	5.07	56.71	3.48	50.23
其他交通费	元	1.83	1.43	0.03	8.03	5.59		2.01
交通工具用燃料	元	924.06	587.68	985.45	1682.42	1669.37	1372.35	1087.93
汽油	升	115.90	71.53	118.58	215.26	186.10	176.31	116.97
金额	元	902.27	578.31	926.77	1681.24	1514.64	1355.23	969.81
柴油	升	1.74		0.19		19.23		2.57
金额	元	13.12		1.19		151.37		20.37
其他燃料和润滑剂	元	8.67	9.38	57.49	1.17	3.37	17.12	97.76
交通工具使用及维修	元	336.73	409.44	268.99	545.18	319.84	525.42	223.95
交通工具零配件和维修	元	211.16	232.93	195.73	437.43	185.64	318.88	155.95
停车费	元	8.03	115.30	2.72	15.27	49.69	3.82	22.93
车辆使用税费(含过桥过路费)	元	107.57	53.72	17.34	83.80	66.20	163.89	15.85
其他	元	9.96	7.49	53.20	8.68	18.31	38.83	29.22
通信	**元**	**639.62**	**765.54**	**342.82**	**1109.63**	**827.24**	**480.65**	**497.38**
通信工具	元	199.61	363.12	62.04	671.23	454.38	30.63	202.24
电话机	部							

中牟县	巩义市	荥阳市	新密市	新郑市	登封市	经开区	高新区	郑东新区	航空港实验区
0.89	1.24	13.41	2.79	0.65	9.16		1.90	4.16	2.83
13.53	33.14	16.59	39.28	18.18	38.56	2.91	62.33	15.33	7.15
3715.95	**2172.17**	**1657.70**	**2459.61**	**8652.72**	**3299.90**	**2042.05**	**1300.71**	**11219.29**	**1066.36**
3056.92	**1511.89**	**1061.38**	**1473.46**	**7991.16**	**2758.24**	**1512.28**	**921.47**	**10764.01**	**738.11**
2126.42	242.77	97.27	132.14	6045.71	1623.16	119.03	42.14	9098.45	165.40
0.02	0.01			0.03	0.02		0.01	0.03	
2023.88	203.09	10.03	32.16	5969.44	1602.20	37.64	42.14	9008.58	
			52.90			3.36			
0.01	0.02	0.01		0.01		0.08			0.01
11.14	11.60	2.88	2.25	3.22	0.57	49.36			3.16
0.02	0.01	0.03	0.01	0.02	0.01	0.01		0.03	0.02
47.18	14.14	84.35	34.62	50.04	16.15	28.67		68.68	62.10
44.22	13.95		10.21	23.00	4.23			21.19	100.13
29.47	119.16	31.12	82.22	109.97	42.95	4.97	24.80	10.99	50.68
2.13	38.28	6.30	4.35	15.53	1.53				
10.68	24.28	9.48	21.40	26.26	5.38	0.07	3.51	0.47	24.94
0.08	0.75		3.42	1.22	4.36	1.71		1.87	1.33
3.39	9.99	6.71	21.34	4.29	5.94	0.13	5.43	2.94	3.41
13.20	45.65	8.62	27.74	58.20	24.94	3.00	13.87	5.68	18.67
	0.20		3.98	4.47	0.80	0.06	1.98	0.03	2.31
665.67	848.08	723.57	996.29	1259.02	863.19	1332.38	743.08	873.65	371.15
81.17	111.85	96.31	127.67	157.32	110.57	161.90	85.04	110.58	45.70
649.32	843.82	719.92	994.01	1216.05	857.77	1329.46	720.12	858.39	360.15
1.05	0.09	0.42		5.42	0.22		2.65	1.47	0.13
7.95	0.75	3.25		40.00	1.57		20.32	10.40	0.89
8.40	3.51	0.40	2.28	2.97	3.84	2.93	2.64	4.87	10.11
235.36	301.89	209.42	262.81	576.46	228.94	55.90	111.45	780.91	150.88
175.45	219.61	167.70	197.95	284.00	163.27	35.33	60.82	379.02	105.44
0.96	6.58	2.21	7.05	2.29	4.71	5.91	24.03	9.25	0.45
49.71	67.08	27.13	46.06	283.37	55.36	13.84	26.22	388.77	43.21
9.25	8.61	12.37	11.76	6.79	5.60	0.82	0.38	3.87	1.78
659.03	**660.27**	**596.32**	**986.15**	**661.56**	**541.66**	**529.77**	**379.24**	**455.28**	**328.25**
221.64	237.40	105.70	333.31	162.35	181.88	272.66	85.13	57.43	61.40

5-17 续表 8

指 标	单位	郑州市	中原区	二七区	管城区	金水区	上街区	惠济区
金额	元							
移动电话机	部	0.08	0.11	0.05	0.38	0.12	0.01	0.07
金额	元	187.19	332.89	60.90	660.83	423.22	24.29	184.52
其他通信工具及零配件	元	12.42	30.23	1.15	10.40	31.17	6.34	17.72
通信服务	元	440.00	402.42	280.77	438.41	372.85	450.02	295.13
固定电话费	元	1.21			0.42	1.17	0.12	0.84
移动电话费	元	411.19	326.00	218.53	404.54	326.26	432.37	270.34
上网费	元	19.37	65.81	61.81	31.41	32.54	16.88	21.99
邮费	元	4.90	3.30	0.02	1.47	9.89	0.06	1.36
其他通信服务费	元	3.33	7.30	0.42	0.57	2.99	0.59	0.60
教育文化娱乐	**元**	**1637.00**	**1807.82**	**1579.18**	**3719.75**	**3155.03**	**862.06**	**2470.42**
教育	**元**	**1307.07**	**1319.67**	**821.43**	**2927.20**	**2275.05**	**550.47**	**1812.88**
学前教育	元	163.67	170.69	77.12	296.73	222.11	7.24	357.16
教育用品	元	2.90	28.80	7.90	3.49	4.56		2.47
学杂费	元	100.67	19.90	55.98	73.44	107.75	7.24	310.84
培训费	元	9.32	24.33	0.26	14.22	9.84		19.08
赞助费	元	6.53						
一揽子教育服务（含食宿）	元	42.84	97.66	8.69	205.15	99.78		24.73
其他费用	元	1.42		4.29	0.43	0.17		0.04
小学教育	元	263.78	247.02	97.55	107.29	503.52	143.01	156.77
教育用品	元	22.10	7.13	13.62	7.81	35.31	28.05	32.27
学杂费	元	91.94			33.85	15.22		29.54
培训费	元	69.21	189.25	77.52	65.26	259.62	113.64	77.98
赞助费	元	0.37						9.97
一揽子教育服务（含食宿）	元	73.55	50.25	6.29		192.41	1.32	
其他费用	元	6.62	0.39	0.12	0.36	0.96		7.01
初中教育	元	106.48	457.51	24.67	11.69	659.41	20.73	350.81
教育用品	元	18.61	13.55	12.86	3.36	41.78	15.52	85.53
学杂费	元	17.62	117.97		3.91	223.40	0.00	138.36
培训费	元	19.03	14.60	5.03	1.31	263.29	5.21	97.76
赞助费	元	2.62						
一揽子教育服务（含食宿）	元	47.51	311.38	4.06	3.03	129.91		22.38
其他费用	元	1.08		2.72	0.08	1.02		6.79
高中教育	元	249.80		62.92	669.66	127.02	317.07	813.26
教育用品	元	29.60		6.65	5.37	54.39	33.66	9.54

中牟县	巩义市	荥阳市	新密市	新郑市	登封市	经开区	高新区	郑东新区	航空港实验区
0.10	0.08	0.05	0.12	0.08	0.07	0.09	0.03	0.04	0.04
212.95	220.84	95.49	310.64	153.48	175.08	214.80	74.70	49.72	54.55
8.69	16.55	10.21	22.67	8.86	6.80	57.86	10.43	7.71	6.85
437.39	422.88	490.62	652.84	499.21	359.78	257.10	294.11	397.85	266.85
0.08	0.97		0.24	0.49	7.00	0.13			
427.12	389.47	430.96	628.20	482.76	323.81	243.76	248.82	384.76	255.59
0.70	22.76	40.55	13.01	11.55	27.20	9.07	39.33	1.04	5.54
1.16	7.45	11.27	10.58	2.45	0.65	0.04	1.59	10.72	0.33
8.33	2.23	7.84	0.81	1.96	1.13	4.10	4.37	1.33	5.39
1508.06	**1610.02**	**1207.49**	**1666.54**	**1232.91**	**1161.24**	**1585.72**	**2797.67**	**1744.26**	**2792.97**
1333.52	**1252.84**	**1014.38**	**1360.92**	**950.06**	**937.46**	**1256.14**	**2372.04**	**1407.86**	**2307.46**
83.97	283.36	74.77	229.91	56.81	88.10	955.12	1092.43	131.39	113.85
3.57	1.21	2.33	2.37	0.63	0.70	6.90	33.34	2.63	0.04
60.12	215.41	59.25	167.29	30.38	45.02	947.38	190.39	27.97	77.39
1.57	3.72	6.62	5.90	9.21	2.96		211.74	9.16	
							338.90	19.13	
17.53	61.88	6.57	54.35	16.59	39.02	0.82	259.62	71.03	36.41
1.18	1.14				0.40	0.03	58.44	1.48	
314.81	124.56	151.79	151.74	57.93	496.64	266.57	141.88	968.43	211.99
29.81	21.62	13.23	19.98	14.26	11.97	85.18	13.28	62.73	17.65
10.23		2.07	14.95		353.85	0.01		612.12	
93.88	37.83	26.91	51.27	27.31	113.61	178.05	124.60	65.41	54.09
175.18	63.59	105.09	52.56	0.00	10.81	3.21		227.83	140.17
5.71	1.51	4.49	12.98	16.36	6.40	0.12	4.00	0.35	0.07
129.25	73.53	38.17	167.61	21.98	11.71	8.78	307.88	122.86	131.10
28.96	8.25	9.37	31.42	16.07	4.32	2.19	16.34	0.47	30.53
13.30	15.44	0.17	6.99	0.87	2.34		39.33	7.24	1.29
1.32	7.01	3.53	41.43			5.59	63.22	17.81	19.33
							167.76		
83.35	42.72	25.09	85.77	4.24	4.18	1.00	21.23	97.34	79.94
2.32	0.10	0.01	2.00	0.79	0.86				
463.05	244.96	250.59	386.46	35.04	182.41	6.14	202.43	111.99	149.15
55.59	26.15	45.53	53.66	15.54	27.68	0.18	14.69	5.87	9.17

5-17 续表 9

指 标	单位	郑州市	中原区	二七区	管城区	金水区	上街区	惠济区
学杂费	元	34.03		10.00	66.41	20.85	5.07	16.81
培训费	元	12.43			14.99		20.73	26.82
赞助费	元	5.40		0.40	3.86			
一揽子教育服务（含食宿）	元	137.31		32.37	579.02	51.21	218.65	30.05
其他费用	元	31.02		13.50		0.58	38.97	730.05
中专职高教育	元	6.01	38.26	2.66			4.90	
教育用品	元	0.04					0.72	
学杂费	元	0.25						
培训费	元	0.00						
一揽子教育服务（含食宿）	元	5.39	38.26	2.66			4.19	
其他费用	元	0.33						
大专及以上教育	元	458.40	328.40	556.38	1528.85	726.63	41.01	45.03
教育用品	元	3.49		0.08	85.73	1.79		0.36
学杂费	元	159.24	76.66	321.67	856.11	438.09	14.74	18.74
培训费	元	9.61						
一揽子教育服务（含食宿）	元	281.48	249.15	234.63	586.94	275.02	25.13	25.94
其他费用	元	4.58	2.58		0.07	11.73	1.13	
成人教育	元	58.94	77.78	0.12	312.99	36.36	16.51	89.84
教育用品	元	2.94			0.89	4.47		0.82
培训费	元	43.89	35.94		311.58	29.46	14.95	9.96
其他费用	元	12.10	41.84	0.12	0.52	2.44	1.56	79.06
文化娱乐	**元**	**329.93**	**488.16**	**757.75**	**792.55**	**879.98**	**311.59**	**657.55**
文娱耐用消费品	元	124.01	42.45	642.45	590.70	262.02	11.54	241.46
组合音响	台							
金额	元	1.41						
彩色电视机	台	0.01	0.01	0.04		0.02		
金额	元	43.26	14.59	612.12		62.62		17.78
照相机	台							
金额	元	0.04						
家用台式电脑	台							
金额	元	3.32		4.32				
家用笔记本电脑	台	0.01		0.01	0.10	0.02		0.04
金额	元	51.86		24.76	554.81	116.81	6.80	202.15

中牟县	巩义市	荥阳市	新密市	新郑市	登封市	经开区	高新区	郑东新区	航空港实验区
176.22	18.05		36.78		4.66	0.29			72.61
0.07	3.54	35.01	59.86			1.87			
10.54	6.55		27.35				18.44		
216.64	190.35	153.97	203.10	19.44	146.69	2.08	169.30	106.03	67.37
3.98	0.32	16.08	5.72	0.06	3.38	1.72		0.08	
6.81	14.42	0.46	4.73	2.39		0.02			39.93
0.20			0.06						
1.71				0.32					
4.90	14.42	0.46	4.66						39.93
				2.07		0.02			
277.15	472.90	468.55	306.18	737.63	121.97	7.21	570.43	22.41	1574.48
	3.57		1.60	6.86		0.16			
124.71	125.49	88.71	103.58	376.12	49.67	1.83	420.10	1.62	22.18
0.00	26.37	52.99	8.65	0.53	0.28				
149.53	317.47	326.85	188.79	331.93	72.02	5.22	150.33	20.79	1552.30
2.91			3.56	22.19					
58.48	39.12	30.05	114.29	38.28	36.63	12.31	57.00	50.78	86.97
0.00	26.11	0.20					4.07		
53.32	7.18	22.92	107.19	30.65	33.96	6.62	29.43	20.62	53.71
5.16	5.83	6.93	7.10	7.63	2.67	5.68	23.50	30.15	33.26
174.54	**357.18**	**193.12**	**305.63**	**282.86**	**223.78**	**329.58**	**425.63**	**336.40**	**485.51**
35.59	164.19	56.05	83.73	46.24	105.68	39.40	177.33	43.38	376.11
	0.01					0.01			
	11.83					9.47		1.37	
	0.03		0.02	0.01	0.04	0.01	0.02		0.01
2.09	126.85	5.40	15.34	11.74	66.10	7.30	68.56		28.70
									0.70
0.01									
9.12		8.71	6.42		3.55	1.23			
			0.01				0.01		0.06
5.21		32.09	35.02	20.38	2.07		17.56		344.92

5-17 续表 10

指 标	单位	郑州市	中原区	二七区	管城区	金水区	上街区	惠济区
中高档乐器	元	0.36			7.82			1.10
健身器材	元	0.63	0.22	0.09		0.76		0.16
其他文娱耐用消费品	元	10.45		0.11	0.55	44.35	0.30	15.29
文娱耐用消费品的零配件及维修	元	12.67	27.64	1.05	27.51	37.48	4.44	4.98
其他文娱用品	元	136.29	299.54	92.41	146.08	279.83	145.19	234.88
书报杂志及音像制品	元	15.47	127.24	9.28	4.88	61.09	6.84	28.80
文具纸张	元	23.74	19.49	29.84	16.68	41.24	23.18	23.58
体育户外用品	元	6.61	12.72	2.46	7.06	23.15	31.97	16.29
游戏用品和玩具	元	34.83	83.95	11.01	23.56	51.66	36.75	75.19
园艺花卉及有关产品	元	14.50	12.55	3.57	11.19	52.88	23.81	14.68
宠物及有关产品	元	18.48	20.29	13.53	4.65	5.24	0.16	6.77
其他文娱用品及维修	元	22.65	23.30	22.72	78.06	44.55	22.49	69.57
文化娱乐服务	元	69.63	146.17	22.89	55.77	338.13	154.86	181.20
团体旅游	元	16.62	41.11	5.69		47.28		9.32
景点门票	元	21.06	20.22	5.17	13.55	78.57	97.99	85.73
体育健身活动	元	7.50	21.20	0.74		111.65	7.19	4.34
电影话剧演出票	元	5.38	33.96	7.60	1.79	15.47	4.58	25.08
有线电视费	元	2.60	1.12		2.54	2.33	0.04	3.02
其他文化娱乐服务	元	16.46	28.54	3.70	37.89	82.84	45.06	53.71
医疗保健	**元**	**1630.50**	**1176.87**	**572.49**	**3125.05**	**2081.83**	**1186.20**	**4012.47**
医疗器具及药品	**元**	**289.62**	**505.01**	**170.94**	**487.58**	**530.29**	**493.88**	**453.58**
药品	元	246.21	441.22	168.02	435.04	470.19	340.23	417.51
滋补保健品	元	34.30	20.77	1.67	40.73	32.48	139.28	21.80
医疗卫生器具	元	6.03	10.85	1.19	11.37	16.20	11.13	11.01
保健器具	元	3.08	32.17	0.06	0.44	11.41	3.25	3.26
医疗服务	**元**	**1340.88**	**671.86**	**401.55**	**2637.47**	**1551.54**	**692.32**	**3558.89**
门诊医疗总费用	元	407.66	287.34	309.47	821.90	1204.90	684.00	1129.89
住院医疗总费用	元	933.22	384.52	92.08	1815.57	346.64	8.32	2429.00
其他用品和服务	**元**	**310.84**	**416.06**	**344.50**	**272.68**	**762.96**	**471.93**	**771.29**
其他用品	**元**	**139.02**	**258.84**	**33.94**	**116.13**	**468.01**	**49.26**	**408.47**
首饰及手表	元	74.87	109.36	19.08	23.38	273.29	37.17	47.01
其他杂项用品	元	64.15	149.48	14.86	92.75	194.72	12.09	361.46
其他服务	**元**	**171.82**	**157.22**	**310.56**	**156.54**	**294.95**	**422.67**	**362.82**
旅馆住宿费	元	11.91	5.31	0.89	1.32	42.47		6.97
美容美发洗浴	元	124.50	79.45	134.84	129.32	180.58	295.03	276.71
其他杂项服务	元	35.42	72.46	174.83	25.90	71.90	127.64	79.14

中牟县	巩义市	荥阳市	新密市	新郑市	登封市	经开区	高新区	郑东新区	航空港实验区
							0.92	2.22	
	0.10			0.10		18.10	25.28		
11.13	18.43	0.16	9.36	9.15	0.55	2.30	49.27	34.59	
8.04	6.97	9.70	17.59	4.87	33.42	0.99	15.74	5.20	1.79
89.98	132.09	100.02	146.63	155.55	74.04	203.36	121.44	260.88	68.69
16.23	16.62	8.75	17.02	9.43	6.62	10.56	28.03	4.35	19.55
15.05	24.33	19.82	32.24	29.40	28.36	17.59	23.85	12.75	12.41
2.66	8.29	4.26	11.68	5.71	2.43	1.78	4.41	5.08	5.10
16.40	43.76	34.76	42.77	50.50	15.72	143.82	41.02	14.15	8.53
8.43	20.79	5.41	9.74	35.68	5.87	1.01	8.67	7.13	4.26
3.81	1.85	15.48	1.20	4.87	1.04	16.24	3.23	212.02	0.07
27.41	16.45	11.54	31.97	19.95	13.99	12.37	12.22	5.41	18.76
48.97	60.90	37.04	75.26	81.07	44.06	86.83	126.86	32.14	40.71
21.88	7.45	14.58	18.01	25.63	10.97		36.46	6.67	18.54
11.44	26.78	11.62	33.10	14.79	7.52	60.77	43.94	8.33	8.22
0.12		0.83	3.15	22.95	0.27	0.05		4.32	0.82
3.03	2.87	1.66	4.65	5.06	2.60	22.46	14.15	4.36	2.37
2.24	3.44	0.57	1.27	0.65	10.60		2.11		
10.25	20.35	7.79	15.09	11.98	12.10	3.55	30.20	8.47	10.75
1079.17	**889.62**	**1438.41**	**1389.40**	**1520.70**	**1508.11**	**373.63**	**1506.97**	**839.40**	**5350.55**
94.81	**247.43**	**548.04**	**514.79**	**219.60**	**225.55**	**47.32**	**272.51**	**132.60**	**62.10**
72.83	196.98	441.58	413.12	195.98	219.12	30.10	234.10	120.78	54.16
18.05	33.45	95.85	92.00	15.35	4.17	16.97	24.34	4.40	5.46
3.87	3.77	10.09	5.45	7.72	1.69	0.17	12.82	6.24	2.48
0.05	13.24	0.53	4.23	0.55	0.56	0.09	1.25	1.17	
984.36	**642.19**	**890.37**	**874.61**	**1301.11**	**1282.56**	**326.31**	**1234.46**	**706.80**	**5288.45**
356.71	415.55	387.58	392.92	328.12	311.88	183.71	557.00	309.33	198.49
627.66	226.63	502.78	481.69	972.99	970.68	142.60	677.46	397.47	5089.97
688.79	**250.73**	**210.07**	**345.03**	**174.25**	**141.41**	**216.57**	**304.18**	**220.14**	**109.28**
492.36	**116.85**	**58.70**	**90.29**	**42.47**	**45.15**	**19.35**	**212.85**	**25.51**	**16.90**
310.91	82.24	33.79	49.16	18.86	28.12	4.42	115.66	11.08	4.39
181.45	34.61	24.91	41.13	23.61	17.04	14.93	97.19	14.44	12.51
196.43	**133.88**	**151.37**	**254.73**	**131.79**	**96.25**	**197.23**	**91.33**	**194.62**	**92.38**
4.63	3.09	0.49	22.18	16.53	32.19	21.04	3.02	0.35	
132.41	114.07	111.13	204.24	105.14	58.97	166.37	78.45	134.01	52.07
59.39	16.72	39.76	28.31	10.12	5.10	9.83	9.86	60.27	40.31

5-18 农村居民

（2022年）

指 标	单位	郑州市	中原区	二七区	管城区	金水区	上街区	惠济区
住户居住空间样式								
单栋楼房	%	58.1	2.3	100.0	61.7	33.8	9.4	100.0
单栋平房	%	25.9				3.3		
四居室及以上单元房	%	0.5						
三居室单元房	%	11.8	55.7		38.3	32.1	71.3	
二居室单元房	%	3.5	29.9			30.8	19.2	
一居室单元房	%	0.2	12.1					
筒子楼	%							
其他	%							
主要建筑材料								
钢筋混凝土	%	46.8	82.8	58.1	21.3	72.9	78.7	47.6
砖混材料	%	52.8	17.2	41.9	78.7	27.1	21.3	52.4
砖瓦砖木	%	0.3						
其他	%							
现住房房屋来源								
租赁公房								
租赁私房	%	1.1	10.8		0.4	26.5		
自建住房	%	79.3	0.0	100.0	99.6	33.8		100.0
购买商品房	%	3.8	34.1			39.8		
购买房改住房	%	0.7						
购买保障性住房	%	0.6					9.4	
拆迁安置房		10.6	55.1				90.6	
继承或获赠住房								
免费借用房								
雇主提供免费住房								
其他来源		4.0						
现住房建筑面积	**平方米/人**	**64.1**	**36.4**	**85.7**	**86.1**	**46.4**	**44.5**	**77.6**

家庭现住房情况

中牟县	巩义市	荥阳市	新密市	新郑市	登封市	经开区	高新区	郑东新区	航空港实验区
83.1	34.7	44.9	23.6	74.5	62.2	99.8		100.0	68.4
	55.4	41.1	64.3	21.2	33.2	0.2			8.8
	3.6						4.1		1.0
14.9	6.3	5.1	12.1	4.3	3.7		71.0		21.8
2.0		8.9			0.9		24.9		
73.8	39.1	87.5	12.8	27.9	10.0	0.7	100.0	22.7	77.7
26.2	60.9	12.5	85.4	71.6	90.0	99.3		77.3	21.3
			1.8	0.5					1.0
		1.9							
79.3	91.5	85.3	82.0	95.7	95.4	100.0		100.0	17.4
4.6	6.3	1.2	7.5						
			5.9						
					4.1				
16.1	2.1	11.6	4.6	4.2	0.5				26.7
				0.1					55.9
69.7	**42.8**	**78.4**	**54.7**	**61.9**	**62.8**	**115.5**	**32.0**	**103.5**	**35.8**

5-19 农村居民家庭

（2022年）

指 标	单位	郑州市	中原区	二七区	管城区	金水区	上街区	惠济区
家用汽车	辆	69	67	73	96	118	55	98
摩托车	辆	36	3		1	20	30	6
助力车	台	112	122	115	134	144	118	218
洗衣机	台	106	102	100	117	101	100	108
电冰箱（柜）	台	100	100	100	101	103	100	108
微波炉	台	33	38	31	53	94	13	94
彩色电视机	台	124	106	132	149	151	100	145
空调	台	192	245	209	170	272	237	277
热水器	台	93	104	100	109	100	100	112
洗碗机	台	1	4			11		
排油烟机	台	56	100	99	75	100	99	96
固定电话	线	9			1	4	8	1
移动电话	部	292	249	314	330	297	218	325
计算机	台	51	39	27	29	84	28	80
照相机	台	2	2		5	20		1
乐器	架	2	2			18		
健身器材	台	3	2			11		16

注：航空港实验区样本包含集体宿舍。

每百户耐用消费品拥有量

中牟县	巩义市	荥阳市	新密市	新郑市	登封市	经开区	高新区	郑东新区	航空港实验区
78	40	63	74	52	82	68	81	98	59
34	83	35	45	21	36		6	25	50
159	52	171	85	75	85	85	11	168	96
104	100	104	139	103	118	106	100	121	50
99	123	101	102	103	100	106	100	101	44
13	38	35	35	24	34	76	66	19	15
127	122	115	133	114	160	106	139	153	49
154	172	232	243	168	179	155	258	189	105
99	95	90	105	93	79	91	100	116	45
2	3	1	3				2		
43	42	79	63	44	57	37	100	6	21
2	32	3			26	1			18
277	293	295	333	296	310	281	245	320	186
28	35	68	67	38	57	96	6	60	65
	3	1	1	1	1	1	4	1	6
	9	1	4		1		2	1	2
	4	5	2	5	2				4

5-20 农村居民

（2022年）

指 标	郑州市	中原区	二七区	管城区	金水区	上街区	惠济区
粮食消费量	**125.51**	**103.68**	**142.59**	**124.33**	**117.99**	**144.78**	**130.66**
谷物消费量	**111.27**	**89.58**	**122.57**	**110.92**	**105.40**	**132.76**	**115.57**
小麦	90.01	60.93	92.95	84.47	78.83	106.40	92.37
稻谷	13.46	22.95	17.90	20.85	16.79	16.52	12.31
玉米	2.01	1.65	0.75	1.46	4.13	1.11	1.52
其他谷物	5.79	4.05	10.98	4.13	5.66	8.73	9.37
薯类消费量	**2.52**	**3.01**	**4.08**	**4.05**	**3.08**	**1.85**	**3.17**
红薯	1.01	0.88	1.71	0.84	1.26	0.99	1.42
马铃薯	1.16	1.79	2.11	2.49	1.08	0.73	1.32
其他薯类	0.35	0.34	0.26	0.72	0.74	0.13	0,43
豆类消费量	**11.73**	**11.09**	**15.94**	**9.36**	**9.50**	**10.17**	**11.92**
大豆	0.29	0.16	0.20	0.11	0.18	0.39	0.22
其他豆类	11.44	10.92	15.74	9.25	9.32	9.78	11.70
油脂类消费量	**8.01**	**8.10**	**5.21**	**7.79**	**4.12**	**7.86**	**3.53**
植物油	7.99	8.09	5.21	7.75	4.12	7.86	3.50
动物油	0.03	0.01		0.03			0.03
蔬菜及菜制品消费量	**100.12**	**118.98**	**145.66**	**137.59**	**129.90**	**108.64**	**107.91**
鲜菜	97.25	111.88	140.75	134.53	122.70	104.96	101.58
干菜及菜制品	0.96	1.16	0.98	1.35	2.78	1.19	3.25
鲜菌	1.88	5.82	3.91	1.63	4.24	2.25	4.09
干菌及菌制品	0.10	0.13	0.01	0.08	0.19	0.24	0.10
肉类	**22.32**	**36.57**	**34.96**	**33.25**	**37.15**	**26.62**	**26.62**

人均食品消费量

单位：公斤

中牟县	巩义市	荥阳市	新密市	新郑市	登封市	经开区	高新区	郑东新区	航空港实验区
136.75	**103.38**	**195.01**	**136.27**	**99.33**	**136.98**	**70.92**	**100.35**	**91.59**	**83.14**
128.26	**89.80**	**174.93**	**118.48**	**86.30**	**116.21**	**67.63**	**90.09**	**84.88**	**75.96**
118.30	70.61	147.98	92.36	70.47	90.06	42.42	65.59	54.16	68.71
6.55	12.82	15.98	14.45	10.12	13.32	22.19	14.44	27.96	4.86
1.50	1.74	2.21	5.63	1.02	1.80	0.18	2.69	1.06	0.58
1.91	4.62	8.76	6.04	4.68	11.03	2.83	7.37	1.69	1.81
2.74	**2.05**	**3.13**	**2.98**	**2.89**	**1.55**	**0.67**	**2.73**	**1.65**	**1.35**
1.31	0.74	1.31	1.09	1.34	0.42	0.17	0.94	0.68	0.46
1.09	1.07	1.50	1.25	1.19	0.91	0.40	1.50	0.68	0.73
0.34	0.23	0.31	0.63	0.36	0.22	0.10	0.29	0.29	0.16
5.75	**11.53**	**16.95**	**14.81**	**10.14**	**19.22**	**2.62**	**7.53**	**5.06**	**5.82**
0.14	0.20	0.13	0.48	0.15	0.14	0.34	0.30	1.25	0.49
5.61	11.32	16.82	14.33	9.99	19.08	2.28	7.23	3.80	5.33
5.59	**9.09**	**7.34**	**11.25**	**9.29**	**12.20**	**3.13**	**5.44**	**5.36**	**2.25**
5.58	9.09	7.33	11.25	9.29	12.04	3.11	5.43	5.36	2.20
		0.01			0.16	0.02	0.01		0.04
102.77	**95.82**	**151.92**	**124.10**	**78.94**	**76.35**	**71.25**	**96.40**	**64.44**	**60.39**
101.26	91.95	147.92	121.21	77.02	74.31	68.94	91.49	62.82	59.30
0.68	0.96	1.50	0.87	0.73	0.27	0.70	1.68	0.93	0.22
0.77	2.73	2.45	1.99	1.09	1.70	1.56	3.14	0.65	0.77
0.06	0.18	0.05	0.18	0.09	0.07	0.05	0.10	0.04	0.10
22.46	**20.11**	**22.12**	**23.02**	**18.62**	**19.77**	**22.58**	**23.02**	**26.00**	**14.69**

5-20 续表

指 标	郑州市	中原区	二七区	管城区	金水区	上街区	惠济区
猪肉	17.07	28.37	26.55	26.18	25.87	18.80	18.87
牛肉	0.90	1.41	2.49	1.18	2.70	1.06	1.16
羊肉	0.78	0.86	1.69	1.98	1.95	1.89	0.71
其他肉类及制品	3.58	5.92	4.23	3.90	6.62	4.87	5.87
禽类	**5.87**	**12.44**	**11.19**	**8.59**	**15.39**	**4.93**	**12.89**
鸡	4.11	6.74	10.23	7.31	9.39	2.77	7.52
鸭	0.09	0.28	0.02	0.05	0.62	0.09	0.20
鹅	0.28	0.00	0.32	0.01	0.51	0.00	1.23
其他禽类及制品	1.39	5.42	0.61	1.22	4.88	2.07	3.94
水产品	**3.31**	**10.40**	**9.05**	**5.96**	**10.77**	**5.30**	**5.68**
鱼类	2.13	4.95	7.77	4.06	5.77	2.46	3.62
虾贝蟹类	0.64	4.72	1.06	0.95	3.49	1.60	0.94
藻类	0.17	0.16	0.04	0.44	0.20	0.38	0.17
其他	0.37	0.57	0.18	0.50	1.31	0.85	0.95
蛋类及蛋制品	**18.51**	**18.71**	**33.26**	**25.12**	**25.43**	**21.16**	**22.07**
鲜蛋	18.31	18.49	33.22	24.67	25.05	20.61	21.86
蛋制品	0.20	0.22	0.04	0.45	0.38	0.55	0.21
奶和奶制品	**12.98**	**11.75**	**10.02**	**11.46**	**16.94**	**13.11**	**27.60**
鲜奶	9.88	8.62	7.75	9.58	12.76	7.10	16.33
酸奶	2.37	2.37	2.05	1.71	2.75	2.55	7.66
奶粉	0.44	0.09	0.14	0.05	0.53	2.40	1.91
其他奶制品	0.29	0.67	0.08	0.13	0.90	1.06	1.70
鲜瓜果	**63.88**	**56.08**	**94.66**	**76.67**	**99.75**	**69.33**	**96.93**
食糖	0.91	0.80	0.53	0.55	0.65	0.39	0.93

单位：公斤

中牟县	巩义市	荥阳市	新密市	新郑市	登封市	经开区	高新区	郑东新区	航空港实验区
18.15	14.94	16.75	16.58	14.66	16.10	19.58	16.62	18.36	12.40
0.45	0.99	0.52	0.48	0.95	1.09	0.12	1.10	1.42	0.38
0.72	0.80	0.74	1.12	0.36	0.74	1.37	0.86	0.70	0.14
3.15	3.38	4.11	4.85	2.65	1.85	1.52	4.44	5.52	1.77
6.96	**3.95**	**3.93**	**7.13**	**4.01**	**3.00**	**12.30**	**7.63**	**8.03**	**3.05**
5.71	2.38	2.69	5.11	2.34	2.29	11.38	5.03	5.42	2.59
0.08	0.04	0.01	0.11	0.02	0.06	0.27	0.44	0.14	0.02
0.03			0.02	0.89				1.12	
1.14	1.53	1.23	1.88	0.77	0.65	0.65	2.17	1.35	0.44
3.27	**2.03**	**2.84**	**3.19**	**3.06**	**0.91**	**9.68**	**4.99**	**3.59**	**1.48**
2.28	1.20	1.66	1.99	2.37	0.41	7.60	2.86	2.05	0.91
0.76	0.26	0.48	0.62	0.23	0.10	1.91	0.72	0.99	0.36
0.08	0.21	0.33	0.22	0.15	0.14	0.02	0.12	0.05	0.14
0.15	0.37	0.37	0.36	0.31	0.25	0.15	1.29	0.50	0.07
17.06	**18.43**	**23.48**	**18.26**	**13.95**	**19.05**	**16.41**	**24.53**	**17.45**	**10.34**
16.95	18.30	23.21	18.04	13.78	18.87	16.37	24.23	17.06	10.25
0.11	0.13	0.26	0.21	0.17	0.17	0.04	0.30	0.39	0.10
15.80	**9.63**	**15.49**	**13.09**	**10.52**	**14.26**	**5.68**	**15.47**	**11.50**	**4.34**
12.09	8.08	13.05	9.24	8.00	11.45	2.18	8.57	9.63	2.86
3.44	0.89	2.25	3.11	1.93	2.31	0.22	5.41	1.00	0.77
0.12	0.55	0.07	0.50	0.32	0.19	3.13	0.69	0.73	0.60
0.16	0.12	0.13	0.24	0.28	0.32	0.15	0.81	0.14	0.11
65.93	**61.60**	**69.32**	**75.52**	**59.70**	**55.41**	**74.66**	**76.85**	**35.68**	**36.33**
0.82	1.29	0.60	1.84	0.80	0.60	0.10	0.62	0.93	0.79

5-21 农村居民按五等份分组人均可支配收入

（2022年） 单位：元

指标	农村低收入户	农村中低收入户	农村中等收入户	农村中高收入户	农村高收入户
可支配收入	**12111.92**	**19916.88**	**26010.80**	**35377.87**	**60777.99**
工资性收入	**8742.72**	**15710.69**	**18428.05**	**21500.99**	**30837.07**
工资	8613.19	15325.97	18103.95	21103.57	29818.33
实物福利	29.93	109.95	161.46	318.98	606.73
其他	99.60	274.77	162.64	78.44	412.01
经营净收入	**1162.56**	**2611.48**	**3269.32**	**8486.06**	**19515.71**
第一产业经营净收入	693.16	1179.56	1635.94	2015.34	6096.59
第二产业经营净收入	64.72	52.90	7.17	−0.06	1065.68
第三产业经营净收入	404.68	1379.02	1626.21	6470.79	12353.44
财产净收入	**514.15**	**491.09**	**1550.17**	**2312.04**	**3228.43**
利息净收入	1.37	−96.31	−60.66	401.73	102.86
红利收入	45.73	116.49	211.94	277.38	118.25
储蓄性保险净收益	0.00	0.00	0.00	0.00	0.00
转让承包土地经营权租金净收入	85.37	140.32	252.68	203.02	95.19
出租房屋财产性收入	337.30	294.58	1152.86	1424.52	2924.76
出租机械专利版权等资产的收入	45.07	27.90	0.00	0.00	8.21
其他财产净收入	−0.69	8.11	−6.65	5.39	−20.83
转移净收入	**1692.49**	**1103.62**	**2763.27**	**3078.77**	**7196.78**
转移性收入	**2115.07**	**1449.70**	**3591.36**	**3626.15**	**8126.09**
养老金或离退休金	627.54	472.47	2159.33	1198.23	2718.72
社会救济和补助	76.56	26.88	35.21	217.14	24.67
政策性生活补贴	132.81	128.59	189.58	395.63	185.40
报销医疗费	32.56	80.33	110.38	143.34	1988.62
家庭外出从业人员寄回带回收入	644.56	542.05	429.37	1055.93	792.80
赡养收入	522.60	129.73	570.10	493.04	2274.09
其他经常转移收入	24.92	0.70	13.91	4.88	23.44
从政府和组织得到的实物产品和服务折价	3.20	5.57	26.00	9.74	53.82
现金政策性惠农补贴	50.32	63.38	57.48	108.21	64.53
转移性支出	**422.57**	**346.09**	**828.09**	**547.38**	**929.32**
个人所得税	0.49	54.41	0.45	13.13	47.20
社会保障支出	349.14	267.36	782.02	411.73	689.52
赡养支出	24.77	20.39	38.56	106.83	141.32
其他转移性支出	8.50	3.92	7.07	15.69	51.28

5-22 农村居民按五等份分组人均消费支出

（2022年）　　　　单位：元

指 标	农村低收入户	农村中低收入户	农村中等收入户	农村中高收入户	农村高收入户
消费支出	**13250.79**	**15947.44**	**18389.06**	**25235.64**	**35700.10**
食品烟酒	**3855.83**	**4811.02**	**5174.13**	**5933.63**	**8335.17**
食品	**2724.06**	**2785.73**	**3382.83**	**3631.65**	**4144.85**
谷物	429.94	359.55	557.94	470.46	825.44
薯类	55.96	63.38	67.39	68.26	70.80
豆类	67.46	59.39	95.90	70.70	77.79
食用油	95.92	110.26	119.83	143.66	168.40
蔬菜和食用菌	347.51	367.51	418.54	453.81	469.85
肉类	510.83	643.39	677.68	898.63	892.07
禽类	111.25	116.09	126.46	133.11	113.51
水产品	49.85	69.90	73.62	107.21	93.72
蛋类	146.52	139.61	191.47	209.48	233.31
奶类	312.32	238.23	294.90	285.86	302.96
干鲜瓜果类	320.37	348.26	447.92	464.32	531.90
糖果糕点类	122.17	120.66	129.37	110.80	176.35
其他食品	153.97	149.48	181.83	215.35	188.75
烟酒	**279.75**	**559.00**	**543.06**	**622.81**	**1837.73**
烟草	207.60	438.98	421.34	415.48	1651.38
酒类	72.15	120.01	121.73	207.32	186.35
饮料	**100.15**	**123.78**	**142.86**	**116.87**	**226.51**
饮食服务	**751.87**	**1342.52**	**1105.38**	**1562.30**	**2126.08**
食堂用餐	119.26	209.36	253.17	401.24	169.88
其他在外饮食	630.46	1131.06	848.35	1159.58	1953.48

5-22 续表 1

单位：元

指 标	农村低收入户	农村中低收入户	农村中等收入户	农村中高收入户	农村高收入户
食品加工服务费	2.15	2.09	3.86	1.49	2.71
衣着	**937.85**	**1143.46**	**1209.12**	**1333.20**	**1775.63**
衣类	711.64	911.81	963.36	1049.27	1469.64
鞋类	226.22	231.65	245.76	283.93	306.00
居住	**2991.92**	**3543.06**	**3588.19**	**6466.74**	**8140.47**
租赁房房租	85.10	23.84	39.46	36.60	38.87
住房维修及管理	249.69	742.19	671.36	1522.80	1111.42
水电燃料及其他	659.11	588.67	793.16	979.94	1436.91
自有住房折算租金	1998.01	2188.35	2084.21	3927.40	5553.26
租赁房房租中租赁公房房租	0.55	0.77	0.25	0.00	0.60
租赁房房租中租赁私房房租	84.55	23.07	39.21	36.60	38.27
住房维修及管理中物业管理费	6.45	94.64	63.96	22.26	71.74
生活用品及服务	**884.63**	**889.34**	**1031.45**	**1330.57**	**1628.62**
家具及室内装饰品	121.72	86.19	177.96	251.34	110.29
家用器具	292.03	260.80	250.27	426.12	557.83
家用纺织品	81.00	63.63	67.08	94.31	190.14
家庭日用杂品	201.87	218.22	281.78	261.93	453.21
个人用品	156.77	237.06	216.82	254.52	284.23
家庭服务	31.23	23.43	37.54	42.35	32.92
#家政服务	6.95	2.07	5.79	6.09	9.00
交通通信	**1898.39**	**2510.66**	**3676.51**	**7368.62**	**8573.35**
交通	**1412.05**	**1858.97**	**3050.93**	**6733.55**	**7541.87**
交通工具	598.79	266.42	1633.63	5225.21	4756.28
交通费	84.36	47.53	51.31	37.15	234.35
交通工具用燃料	506.78	1079.73	890.02	862.24	1497.66

5-22 续表 2 单位：元

指 标	农村低收入户	农村中低收入户	农村中等收入户	农村中高收入户	农村高收入户
交通工具使用及维修	222.11	465.29	475.97	608.95	1053.58
#车辆保险支出	50.03	192.36	194.20	186.53	390.48
通信	**486.35**	**651.69**	**625.58**	**635.07**	**1031.48**
通信工具	149.25	138.08	206.51	164.88	453.34
通信服务	337.10	513.61	419.07	470.19	578.14
教育文化娱乐	**1461.75**	**1551.69**	**2040.16**	**1190.81**	**2293.53**
教育	**1173.81**	**1359.02**	**1623.92**	**950.83**	**1620.38**
学前教育	152.40	168.89	180.73	141.57	180.87
小学教育	217.65	333.88	362.63	243.13	118.58
初中教育	105.72	96.44	143.07	51.85	148.39
高中教育	89.02	297.22	331.72	187.17	410.43
中专职高教育	6.10	12.25	0.00	0.25	12.68
大专及以上教育	571.83	382.93	529.77	256.00	699.16
成人教育	31.09	67.42	76.00	70.86	50.27
文化娱乐	**287.94**	**192.66**	**416.25**	**239.99**	**673.15**
文娱耐用消费品	131.50	56.29	193.47	46.75	227.99
其他文娱用品	111.69	97.51	139.29	126.37	247.04
文化娱乐服务	44.75	38.86	83.49	66.87	198.12
医疗保健	**1038.95**	**1278.56**	**1320.91**	**1128.81**	**4426.36**
医疗器具及药品	238.83	182.57	413.39	360.09	324.98
医疗服务	800.12	1095.98	907.52	768.72	4101.39
门诊总费用	328.90	346.49	455.09	347.33	652.33
住院总费用	471.23	749.49	452.43	421.39	3449.05
其他用品和服务	**181.47**	**219.66**	**348.59**	**483.24**	**526.97**
其他用品	68.64	56.09	165.58	294.37	217.72
其他服务	112.83	163.57	183.00	188.88	309.25

主要统计指标解释

住户 指居住在一个住宅内,共同分享生活开支或收入的一群人。居住在同一房间内、不共同分享生活开支的人群,每个人都视为一个住户。住家保姆、住家家庭帮工视为单独的住户。

常住成员 指住户成员中,经常在家居住、或者调查期内居住时间超过一半的人员,以及本住户供养的学生。

可支配收入 指调查户在调查期内获得的、可用于最终消费支出和储蓄的总和,即调查户可以用来自由支配的收入。可支配收入既包括现金,也包括实物收入。按照收入的来源,可支配收入包含四项,分别为:工资性收入、经营净收入、财产净收入和转移净收入。可支配收入=工资性收入+经营净收入+财产净收入+转移净收入

工资性收入 指就业人员通过各种途径得到的全部劳动报酬和各种福利,包括受雇于单位或个人、从事各种自由职业、兼职和零星劳动得到的全部劳动报酬和福利。

经营净收入 指住户或住户成员从事生产经营活动所获得的净收入,是全部经营收入中扣除经营费用、生产性固定资产折旧和生产税之后得到的净收入。经营净收入=经营收入-经营费用-生产性固定资产折旧-生产税

财产净收入 指住户或住户成员将其所拥有的金融资产、住房等非金融资产和自然资源交由其他机构单位、住户或个人支配而获得的回报并扣除相关的费用之后得到的净收入。财产净收入包括利息净收入、红利收入、储蓄性保险净收益、转让承包土地经营权租金净收入、出租房屋净收入、出租其他资产净收入和自有住房折算净租金等。财产净收入=财产性收入-财产性支出

转移性收入 指国家、单位、社会团体对住户的各种经营性转移支付和住户之间的经常性收入转移。包括养老金或退休金、社会救济和补助、政策性生产补贴、政策性生活补贴、救灾款、经营性捐赠和赔偿、报销医疗费、住户之间的赡养收入,以及本住户非常住成员寄回带回的收入等。转移净收入=转移性收入-转移性支出

消费支出 指出户用于满足家庭日常生活消费需要的全部支出,包括用于消费品的支出和用于服务性消费的支出。根据用途不同,消费支出可划分为食品烟酒、衣着、居住、生活用品及服务、交通通信、教育文化娱乐、医疗保健、其他用品及服务八大类。根据来源不同,消费支出可划分为现金消费支出、实物消费支出(含自产自用、来自单位、来自政府和其他社会组织)。

六、城市公共事业和环保

6-1 城市设施水平

指 标	单位	2021年	2022年
人口密度	人/平方公里	9433.51	10056.92
人均日生活用水量	升	142.14	137.31
用水普及率	%	100	100
燃气普及率	%	95.14	100
人均拥有道路面积	平方米	10.57	10.28
排水管道密度	公里/平方公里	8.33	8.06
污水处理率	%	100	100
人均公园绿地面积	平方米	15.27	14.62
建成区绿地率	%	36.74	34.83
建成区绿化覆盖率	%	41.63	39.34
垃圾粪便无害化处理率	%	100	100

6-2 城市建设用地情况

单位：平方公里

指 标	2021年	2022年
城市市区面积	1112.57	1128.78
建成区面积	866.38	933.38
#城市建设用地面积	832.93	889.83
#工业	74.47	80.63
物流仓储	30.48	31.47
交通设施	147.18	156.98
居住	221.36	234.26
公共管理与公共服务	112.31	116.84
公用设施	33.17	34.35
绿地	179.84	199.03
商业服务业设施	34.12	36.27
本年征用土地面积	2.44	27.01

6-3 城市供水、供电

指　标	单位	2021 年	2022 年
供水			
水厂数	个	9	11
自来水综合生产能力	万立方米 /日	189.3	192.4
地下水	万立方米 /日	22.3	22.4
供水管道长度	公里	6320.02	6632.7
全年供水总量	万立方米	47625.12	48989.58
生产用水	万立方米	3968.64	4181.13
生活用水	万立方米	26680.17	28244.74
家庭用量	万立方米	26680.17	28244.74
用水人口	万人	719.22	766.75
节约用水			
计划用水量	万立方米	14094	14251
取水量	万立方米	9593	10275
生产用水重复利用量	万立方米	4501	3976
节约用水量	万立方米	4470	6007
供电			
公用配电线路长度	公里	23145	28492
全年销售总量	亿千瓦时	495	527
生活用电	亿千瓦时	137.88	157
售给居民每千度电售价	元	544.35	547.24

6-4 城市燃气及供热

指　标	单位	2021 年	2022 年
液化石油气			
储气能力	吨	970	970
供气总量	吨	11285	11035
家庭用量	吨	6305	6226
用气家庭户数	户	18356	17545
用气人口数	万人	72.35	68.81
天然气			
储气能力	万立方米	220	223
供气总量	万立方米	163155	189849
家庭用量	万立方米	45912	51086
用气家庭户数	户	2960383	3225678
用气人口数	万人	611.9	697.94
输送管道长度	公里	3207	3792
供热能力			
蒸汽	吨/小时	100	100
热水	兆瓦	6872	7043
供热总量			
蒸汽	万吉焦	17.07	16
热水	万吉焦	3525	3869
管道长度			
蒸汽	公里		
热水	公里	3680.02	3943
集中供热面积	万平方米	23310	24170
住宅	万平方米	19548	20393

6-5 市政设施及公共交通

指　标	单位	2021 年	2022 年
实有铺装道路长度	公里	3506	3647
实有铺装道路面积	万平方米	10074	10525
人行道面积	万平方米	2110	2223
实有桥梁数	座	441	458
立交桥	座	116	125
路灯盏数	盏	206598	215035
排水管道长度	公里	7356	7534
污水年排放量	万立方米	86032	88264
污水处理厂	座	17	19
处理能力	万立方米 /日	221	257.5
污水年处理量	万立方米	72710	85762
公共汽 、电车运营车数	辆	6316	6717
标准运营车数	标台	8166.7	8456.5
运营线路网长度	公里	2076.76	2142.06
全年客运总量	万人次	53091.11	33534.48
实有出租汽车数	辆	11875	11875
轨道交通全年客运量	万人次	43609	26328
快速公交运营线路网长度	公里		
公交运营线路条数	条	352	390

6-6 园林绿化及环境卫生

指　标	单位	2021 年	2022 年
绿化覆盖面积	公顷	39181	40262
建成区	公顷	35817	36893
园林绿地面积	公顷	34169	35203
建成区	公顷	31691	32724
公园绿地面积	公顷	13058	13462
公园个数	个	280	304
公园面积	公顷	6269	7239
实际清扫面积	万平方米	12243	
生活垃圾清运量	万吨	332.9	303.5
公厕数量	座	3033	3223
市容环卫专用车辆总数	台	8901	9119

6-7 全市工业污染排放及处理利用情况

（2022年）

指　标	单位	数量
工业废水		
废水治理设施数	套	308
废水治理处理能力	万吨/日	71.2
废水治理设施运行费用	万元	18912.9
工业废水处理量	万吨	6521.4
工业废水排放量	万吨	3747.7
化学需氧量产生量	吨	24664.3
化学需氧量排放量	吨	726.2
氨氮产生量	吨	765.8
氨氮排放量	吨	13.5
工业废气		
工业废气排放量	亿立方米	5781.0
废气治理设施数	套	2775
废气治理设施处理能力	万立方米/时	24294.6
废气治理设施运行费用	万元	134931.1
二氧化硫产生量	吨	319507.1
二氧化硫排放量	吨	5031.8
烟（粉）尘产生量	吨	6182769.4
烟（粉）尘排放量	吨	6355.5
工业固体废物		
一般工业固体废物产生量	万吨	1398.1
一般工业固体废物综合利用量	万吨	1183.0
一般工业固体废物处置量	万吨	215.4
危险废物产生量	万吨	20.7
危险废物利用处置量	万吨	20.6
企业基本情况		
工业企业数	个	1040
工业企业工业总产值	万元	78989031.1
工业锅炉	台/蒸吨	450/5248.13
工业炉窑数	座	1293

6-8 全市工业污染防治投资情况

（2022 年）

指　标	单位	数量	指　标	单位	数量
工业企业数	**个**	**15**	**施工项目本年投资来源**		
施工项目总数	**个**	**14**	政府其他补助	万元	119.6
废气治理项目	个	10	企业自筹	万元	4998.0
其他治理项目	个	4	**竣工项目数**	**个**	**4**
施工项目本年完成投资	**万元**	**5117.6**	废气治理项目	个	2
废气治理项目	万元	2957.6	其他治理项目	个	2
其他治理项目	万元	2160.0	**竣工项目新增设计处理能力**		
			治理废气	万标立方米/时	7.5

6-9 城镇生活污染排放情况及污水处理厂运行情况

（2022 年）

指　标	单位	数值
污染排放		
城镇生活污水排放量	万吨	39693.3
生活化学需氧量产生量	吨	251556.9
生活化学需氧量排放量	吨	38940.3
生活氨氮产生量	吨	26667.8
生活氨氮排放量	吨	1505.0
二氧化硫排放量	吨	72.3
烟尘排放量	吨	300.8
污水处理厂运行情况		
污水处理厂数	个	50.0
本年运行费用	万元	96419.5
污水设计处理能力	万吨/ 日	378.4
污水实际处理量	万吨	103607.7
生活污水处理量	万吨	101271.0
工业废水处理量	万吨	2334.7

主要统计指标解释

建成区面积 城市行政区内实际已成片开发建设、市政公用设施和公共设施基本具备的区域。对核心城市，它包括集中连片的部分以及分散的若干个已经成片建设起来，市政公用设施和公共设施基本具备的地区；对一城多镇来说，它包括由几个连片开发建设起来的，市政公用设施和公共设施基本具备的地区组成。因此建成区范围，一般是指建成区外轮线所能包括的地区也就是这个城市实际建设用地所达到的范围。

供水综合生产能力 指按供水设施取水、净化、送水、出厂输水管等环节设计能力计算的综合生产能力。包括在原设计能力的基础上，经挖、革、改增加的生产能力。计算时，以四个环节中最薄弱的环节为主确定能力。原则上按设计能力填报，对于经过更新改造后,实际生产能力与设计能力相差很大的，按实际能力填报。

年底供水管道长度 指从送水泵至用户水表之间所有管道的长度。不包括新安装尚未使用、水厂内以及用户建筑物内的管道。在同一条街道埋设两条或两条以上管道时，应按每条管道的长度计算。

供水总量 指各种水源为用水户提供的包括输水损失在内的毛水量。

生活用水 指城镇生活用水。城镇生活用水由居民用水和公共用水（含第三产业及建筑业等用水）组成。

城市人口用水普及率 指报告期末城市用水人口数与城区人口总数的比率。计算公式:

$$\text{用水普及率}=\frac{\text{城区用水人口（含暂住人口）}}{\text{城区人口+城区暂住人口}}\times 100\%$$

全年供气总量 指报告期燃气企业（单位）向用户供应的燃气数量。包括销售量和损失量城市供热管道长度 指从各类热源到热用户建筑物接入口之间的全部蒸汽和热水的管道长度。不包括各类热源厂内部的管道长度。可按管沟敷设方式（管沟直等）分类统计。

集中供热面积 指从一个或多个热源通过热网向城市的热用户供给生产和生活热能，供热企业（单位）向城市各类房屋建筑物、构筑物及其附属设施供热的全部建筑面积。

道路长度 指道路长度和与道路相通的桥梁、隧道的长度，按车行道中心线计算。

桥梁 指为跨越天然或人工障碍物而修建的构筑物。包括跨河桥、立交桥、人行天桥以及人行地下通道等。

排水管道长度 指所有排水总管、干管、支管、检查井及连接井进出口等长度之和。计算时应按单管计算，即在同一条街道上如有两条或两条以上并排的排水管道时应按每条排水管道的长度相加计算。

无营运线路长度 指设置的固定营运线路长度，包括郊区营运线路长度。不包括临时行驶的线路长度。

绿地面积 指报告期末用作园林和绿化的各种绿地面积。包括公园绿地、生产绿地、防护绿地、附届绿地和其他绿地的面积。

公园绿地 城市中向公众开放的、以游憩为主要功能，有一定的游憩设施和服务设施，同时兼有健全生态、美化景观、防灾减灾等综合作用的绿化用地。

污水排放总量 指生活污水、工业废水的排放总量，包括从排水管道和排水沟（渠）排出的污水量

污水处理量 指污水处理厂（或污水处理装置）实际处理的污水量。包括物理处理生物处理量和化学处理量。

其中处理本市（县）外，指污水处理厂作用区域设施，不仅处理本市（县）的污水，还处理本市（县）以外其他市、县或乡镇等的污水。这部分污水处理单独统计，并在计算本市（县）的污水处理率时扣除。

工业废气排放量 指报告期内企业厂区内燃料燃烧和产工艺过程中产的各种排人空气中含有污染物的气体的总量，以标准状态（273K101325Pa）计算。

工业固体废物产生量 指未被列人《国家危险废物名录》或者根据国家规定的危险废物鉴别标（GB5085）固体废物浸出毒性方法（CB5086）及固体废物出性测定方法（CB/T 15555）鉴别方判定不具有危险特性的工业固体废物。计算公式是:

一般工业固体废物产生量=（一般工业固体废物综合利用量–其中：综合利用往年贮存量）+一般工业固体废物贮存量+（一般工业固体废物处置量–其中：处置往年贮存量）+一般工业固体废物倾倒丢弃量

工业固体废物处置量 指报告期内企业将工业固体废物焚烧和用其他改变工业固体废物的物理、化学、生物特性的方法，达到减少或者消除其危险成分的活动，或者将工业固体废物最终置于符合环境保护规定要求的填埋场的活动中，所消纳固体废物的量。

工业废水排放量 指报告期内经过企业厂区所有排放口排到企业外部的工业废水量。包括生产废水、外排的直接冷却水、废气治理设施废水、超标排放的矿井地下水和与工业废水混排的厂区生活污水，不包括独立外排的间接冷却水（清浊不分流的间接冷却水应计算在内）。

生活垃圾清运量 指报告期内收集和运送到各生活垃圾处理厂（场）和生活垃圾最终消纳点的生活垃圾数量。生活垃圾指城市日常生活或为城市日常生活提供服务的活动中产生的固体废物以及法律行政规定的视为城市生活垃圾的固体废物。包括：居民生活垃圾、商业垃圾、集市贸易市场垃圾、街道清扫垃圾、公共场所垃圾和机关、学校、厂矿等单位的生活垃圾。

七、农　业

7-1 农业机械、电气、化学、水利情况

（2022年）

指　标	单 位	合 计	二七区	管城区	金水区	上街区	惠济区	中牟县
农业机械化情况								
实际机耕面积	千公顷	200.65	0.07	0.36	0.18	0.14	4.40	47.39
当年机播面积	千公顷	313.64	0.02	0.49	0.26	0.27	3.57	56.13
当年机收面积	千公顷	298.99	0.02	0.28	0.25	0.27	3.39	53.77
农用化肥施用量								
按折纯量计算	吨	162609	12	74	178	27	1588	31295
氮肥	吨	39958	1	4	23		443	7124
磷肥	吨	19930		9			243	4566
钾肥	吨	11859		4			196	2882
复合肥	吨	90863	11	57	155	27	706	16723
农田水利化情况						27		
耕地有效灌溉面积	千公顷	131.26	0.07	1.46	0.06	0.20	2.10	36.40

7-1 续表

指　标	巩义市	荥阳市	新密市	新郑市	登封市	经开区	高新区	郑东新区	航空港实验区
农业机械化情况									
实际机耕面积	20.33	25.10	28.56	28.53	22.76	1.99	0.46	4.52	15.85
当年机播面积	36.00	41.80	51.55	40.86	51.53	2.72	0.88	7.24	20.32
当年机收面积	34.00	39.06	48.21	41.19	47.34	2.72	0.88	7.17	20.44
农用化肥施用量									
按折纯量计算	18645	23670	22704	27886	21994	1514	138	1879	11006
氮肥	4953	7197	4677	7158	6050	103	7	107	2111
磷肥	1689	4163	1390	1970	4162	309	5	99	1325
钾肥	715	1678	593	1749	2437	319	2	138	1146
复合肥	11288	10632	16045	17009	9345	783	124	1535	6424
农田水利化情况									
耕地有效灌溉面积	14.53	24.96	11.90	29.75	9.83				

7-2 水果产量

（2022年）

单位：吨

指 标	总计	二七区	管城区	金水区	上街区	惠济区	中牟县
园林水果产量	**211360.12**	**5294.60**	**296.00**	**74.00**	**81.00**	**4092.30**	**22830.60**
苹果	23449.55				10.00	142.00	9640.60
红富士	13528.00					142.00	8945.60
国光	861.60						453.00
梨	19650.83	42.00		55.00	34.00	627.60	1663.00
雪花梨	6386.30	12.00				440.60	415.00
鸭梨	1353.50	12.00		55.00		187.00	138.00
其它	168259.74	5252.60	296.00	19.00	37.00	3322.70	11527.00
桃子	38990.14	287.50	292.00	10.00	11.00	1062.10	8268.90
猕猴桃	376.30						15.00
葡萄	37646.45	856.50	4.00	9.00	19.00	1786.10	2707.20
红枣	26101.45					117.30	78.80
柿子	5299.14	1.50				9.00	48.00

7-2 续表

指 标	巩义市	荥阳市	新密市	新郑市	登封市	经开区	高新区	郑东新区	航空港实验区
园林水果产量	**24311.46**	**50278.28**	**18373.02**	**61297.28**	**16641.32**	**596.70**	**20.00**	**1055.55**	**6118.01**
苹果	3277.35	2932.50	1153.10	2425.50	3461.50			407.00	
红富士	705.20	1193.50	145.20	661.00	1589.50			146.00	
国光		235.00	165.60		8.00				
梨	5615.18	4956.15	990.90	810.30	2250.20			265.50	2341.00
雪花梨	38.30	1987.10	74.20	302.30	1021.80				2095.00
鸭梨		450.50	33.00	472.00	1.00			5.00	
其它	15418.93	42389.63	16229.02	58061.48	10929.62	596.70	20.00	383.05	3777.01
桃子	2960.28	5821.05	3742.59	7973.67	5022.14	207.80		113.10	3218.01
猕猴桃	130.90	30.00	59.50	51.40	79.50			10.00	
葡萄	2983.23	5206.20	8212.22	13784.00	1272.30	342.00	20.00	247.70	197.00
红枣	118.16	492.30	144.60	25114.20	21.09				15.00
柿子	1389.28	2653.20	265.60	6.00	923.56	3.00			

7-3 果园面积

（2022年）

单位：公顷

指　标	总 计	二七区	管城区	金水区	上街区	惠济区	中牟县	巩义市
果园面积	**15098.91**	**313.07**	**116.80**	**4.47**	**23.20**	**913.13**	**1008.69**	**1835.33**
苹果园	1278.43				1.33	9.30	538.53	215.70
梨园	941.34	0.53		1.40	3.20	38.30	51.80	152.28
桃园	2026.15	2.00	116.40	2.13	4.00	67.07	252.67	260.99
猕猴桃园	42.41						5.40	3.93
葡萄园	1775.03	51.87	0.40	0.93	4.67	69.20	96.60	134.72
枣园	3247.60					15.00	3.53	15.40
柿园	270.84					1.00	9.27	82.22

7-3 续表

指　标	荥阳市	新密市	新郑市	登封市	经开区	高新区	郑东新区	航空港实验区
果园面积	**2795.87**	**881.58**	**5126.70**	**1603.85**	**26.89**	**4.67**	**49.73**	**394.93**
苹果园	106.07	88.25	118.87	181.32			19.07	
梨园	200.69	53.49	49.95	241.03			10.00	138.67
桃园	279.37	213.94	324.27	349.65	9.53		6.67	137.47
猕猴桃园	1.87	9.88	11.20	9.13			1.00	
葡萄园	230.14	304.87	644.23	150.60	14.93	4.67	9.47	57.73
枣园	43.73	49.27	3106.79	11.20				2.67
柿园	91.37	13.61	1.73	71.43	0.20			

7–4 农业机械主要

（2022年）

指　标	单位	总计	二七区	管城区	金水区	上街区	惠济区	中牟县
农业机械总动力	**千瓦**	**4417060.96**	**7773**	**27222**	**12429**	**5507.40**	**29077.60**	**696188.30**
拖拉机及配套机械								
拖拉机	台	103354	96	184	44	95	139	38579
	千瓦	1847587.85	1772	3947	902	3237	5706.14	570626.90
大中型拖拉机	台	15456	20	31	21	35	87	3929
	千瓦	948604.13	867	1958	754	2227	4830.60	241701.20
小型拖拉机	台	87898	76	153	23	60	52	34650
	千瓦	898983.72	905	1989	148	1010	875.54	328925.70
拖拉机配套农具	部	171761	176	346	53	95	505	53165
种植业机械								
耕整地及种植业机械								
机引犁	台	69627	224	144	7	85	126	26107
机引耙	台	59155	50	90	10	80		25804
秸秆粉碎还田机	台	9927		34	19	61	80	2179
农用水泵	台	92690		1152	576	240	1150	31667
节水喷灌机械	套	11664					61	18
收获机械								
联合收获机	台	8990	7	27	21	36	58	1361
	千瓦	801036	717	2035.80	1140	2480	5603.92	118521
脱粒烘干机械								
机动脱粒机	台	24778			38	1		780
农副产品加工机械								
加工作业机械								
粮食加工机械	台	20543		267		170	56	2111
棉花加工机械	台	1530				118		186
油料加工机械	台	3122	30			61	8	331

生产情况

巩义市	荥阳市	新密市	新郑市	登封市	经开区	高新区	郑东新区	航空港实验区
503929	**506750**	**971532.46**	**632664**	**694828**	**71732**	**8920**	**92583.20**	**155925**
11073	790	10989	6920	17130	5115	50	5633	6517
169910	45820	303472.21	226378	278079	80024	1639	65130.60	90944
1481	696	3590	2356	1383	626	47	308	846
73414	44490	209226.03	162066	104598	39132	1597	16805.30	44938
9592	94	7399	4564	15747	4489	3	5325	5671
96496	1330	94246.18	64312	173481	40892	42	48325.30	46006
18945	2340	14304	12358	45401	6930	170	8523	8450
8620	790	2896	4176	15269	3100	39	4652	3392
4083	810	2001	2495	13949	3000	22	4036	2725
839	620	2386	1892	991	122	40	205	459
4412	4800	15051	9454	13569	975	251	6720	2673
727	180	850	406	5112	3804	3		503
795	370	2749	1621	1445	65	42	80	313
59606	39460	270177.26	150924	109121	5158	3057	6575	26460
8628	2060	4336	675	7949	5			306
4494	2010	5136	2007	3026	255		552	459
	220	411	90	410	19		40	36
110	279	688	354	920	48		144	149

7-5 林业生产情况

（2022年）

单位：公顷

区县（市）	当年造林面积	经济林	木材产量（立方米）	森林抚育实际面积
总计	**1826.7**	**242**	**197785**	**2140.1**
市辖区	161.4			13.4
中原区			20	
二七区			531	
管城区			138	
金水区				
上街区				
惠济区	60			100
中牟县	85.3		18967	133.3
巩义市	323	3	5529	466.7
荥阳市	518.7			306.7
新密市	235	15	70000	153.3
新郑市	224	138	93000	366.7
登封市	219.3	86	9600	600

备注：“经济林”面积包含在“当年造林面积”中。

7-6 渔业生产情况

（2022年）

单位：吨、公顷

区县（市）	水产品总产量			养殖面积
		鱼类产量	虾蟹类产量	
郑州市	**48709**	**48619**	**76**	**4124**
金水区	2355	2355		87
惠济区	980	980		23
中牟县	22000	21914	76	1367
巩义市	471	471		230
荥阳市				
新密市	750	750		574
新郑市	503	499		220
登封市	650	650		423
郑东新区	21000	21000		1200

7-7 农作物主要

（2022年）

指　标	总 计	二七区	管城区	金水区	上街区	惠济区	中牟县
经济作物播种面积	**94.77**	**0.01**	**0.33**	**0.03**	**0.02**	**4.13**	**40.94**
粮食作物播种面积	**275.36**	**0.06**	**0.29**	**0.25**	**0.26**	**0.69**	**31.67**
总产量	1377597	434	1526	1323	1196	3828	200848
夏收粮食播种面积	**130.87**	**0.00**	**0.16**	**0.14**	**0.12**	**0.14**	**11.98**
总产量	681458	7	774	803	738	890	79764
秋收粮食播种面积	**144.50**	**0.06**	**0.13**	**0.11**	**0.14**	**0.55**	**19.69**
总产量	696139	427	752	521	458	2938	121085
谷物合计播种面积	**259.85**	**0.02**	**0.29**	**0.22**	**0.25**	**0.48**	**29.14**
总产量	1299630	58	1526	1254	1180	2916	184133
小麦播种面积	130.87	0.00	0.16	0.14	0.12	0.14	11.98
总产量	681458	7	774	803	738	890	79764
玉米播种面积	127.64	0.01	0.13	0.08	0.13	0.34	17.16
总产量	613816	51	752	452	442	2026	104369
谷子播种面积	1.25						
总产量	3833						
高粱播种面积	0.08						
总产量	438						
豆类合计播种面积	**4.85**			**0.03**		**0.14**	**0.19**
总产量	8784			45	1	460	496
大豆播种面积	3.66			0.03		0.13	0.19
总产量	7312			45		440	496
绿豆播种面积	1.10					0.01	
总产量	1339					17	
红小豆播种面积	0.08						

产品生产情况

单位：千公顷、吨

巩义市	荥阳市	新密市	新郑市	登封市	经开区	高新区	郑东新区	航空港实验区
3.06	**10.28**	**8.46**	**9.47**	**6.09**	**0.81**	**0.01**	**0.81**	**10.31**
36.45	**38.81**	**52.65**	**38.77**	**51.62**	**1.91**	**0.89**	**6.79**	**14.25**
156516	224111	212903	232544	202000	11603	4661	34674	89430
16.79	**17.82**	**25.96**	**20.10**	**25.24**	**0.95**	**0.45**	**3.29**	**7.74**
75681	115257	114219	124604	91363	5596	2431	19274	50057
19.66	**20.99**	**26.69**	**18.67**	**26.38**	**0.96**	**0.44**	**3.50**	**6.51**
80834	108855	98684	107940	110636	6007	2230	15400	39373
34.95	**37.77**	**49.42**	**36.43**	**49.17**	**1.68**	**0.89**	**5.98**	**13.15**
152094	219187	198959	221058	187209	9489	4661	33487	82417
16.79	17.82	25.96	20.10	25.24	0.95	0.45	3.29	7.74
75681	115257	114219	124604	91363	5596	2431	19274	50057
17.88	19.37	23.28	16.14	23.82	0.73	0.44	2.69	5.42
75642	101705	84222	95940	95518	3893	2230	14213	32360
0.26	0.52	0.18	0.19	0.09				
686	1852	485	514	297				
	0.06	0.01		0.01				
	373	34		32				
0.80	**0.35**	**1.17**	**0.74**	**0.61**			**0.80**	**0.02**
1709	664	1422	1802	1014	8		1128	36
0.61	0.21	0.83	0.57	0.28			0.80	0.02
1479	445	1091	1604	546	3		1128	36
0.18	0.11	0.33	0.17	0.29				
227	146	323	198	423	5			
	0.04	0.01		0.04				

7–7 续表

指　标	总 计	二七区	管城区	金水区	上街区	惠济区	中牟县
总产量	125						
红薯播种面积	10.66	0.04			0.007	0.06	2.34
总产量	345913	1876		122	78	2258	81099
油料合计播种面积	**31.93**	**0.01**	**0.20**	**0.02**	**0.02**	**0.12**	**10.34**
总产量	121496.13	16.65	487.80	33.53	23.09	315.30	49931.43
花生播种面积	26.71	0.01	0.17	0.01		0.07	10.19
总产量	113099.11	16.58	452.00	23.80	7.86	220.90	49673.73
油菜籽播种面积	4.28		0.03	0.01	0.01	0.03	0.11
总产量	7280.69		35.80	8.70	13.73	53.00	214.20
芝麻播种面积	0.88					0.01	0.03
总产量	1004.85	0.07		1.03	1.50	27.10	43.50
葵花籽播种面积	0.06					0.01	
总产量	111.48					14.30	
棉花播种面积	**0.29**						**0.14**
总产量	318.77						179.60
烟叶播种面积	0.004						
总产量	15.00						
中草药材播种面积	**0.75**						**0.02**
蔬菜（含菜用瓜）播种面积	**55.65**		**0.12**		**0.01**	**3.98**	**25.54**
总产量	2061548.33	239.82	2905.10	112.96	79.93	190778.20	906616.62
瓜类（果用瓜）播种面积	**5.95**		**0.02**				**4.91**
总产量	227813.25		351.50		1.60	160.30	194869.20
西瓜播种面积	4.35		0.02				3.60
总产量	180827.33		351.50			108.60	155831.90

单位：千公顷、吨

巩义市	荥阳市	新密市	新郑市	登封市	经开区	高新区	郑东新区	航空港实验区
1	73	8		43	1			
1	0.68	2.06	1.59	1.85	0.23		0.01	1.08
13563	21301	62610	48417	68881	10531		293	34884
1.73	**2.11**	**2.38**	**5.00**	**3.04**	**0.68**		**0.14**	**6.14**
3682.03	6417.98	6235.63	16879.52	6178.05	2590.85	2.78	338.79	28362.70
0.74	1.68	1.02	4.32	1.74	0.65		0.06	6.04
2189.82	5605.25	3618.10	15834.26	4535.44	2557.70	1.68	196.95	28165.04
0.78	0.36	1.17	0.64	1.00	0.03		0.04	0.08
1249.78	738.19	2370.35	993.64	1322.31	29.69		86.70	164.60
0.21	0.07	0.19	0.04	0.26			0.04	0.03
219.24	74.54	240.38	51.62	253.11	3.46	1.10	55.14	33.06
0.01				0.04				
23.19		6.80		67.19				
0.11		**0.01**		**0.04**				
104.59	1.00	4.56		29.02				
				0.004				
				15.00				
0.10	**0.05**	**0.14**	**0.07**	**0.37**			**0.01**	
0.94	**8.00**	**5.82**	**4.24**	**2.36**	**0.12**	**0.01**	**0.64**	**3.87**
22180.31	294057.32	237954.09	170004.29	79581.50	3368.19	348.86	13277.78	140043.36
0.13	**0.08**	**0.04**	**0.17**	**0.28**	**0.01**		**0.01**	**0.30**
4015.31	2999.50	1216.70	5957.05	6632.11	203.32		258.45	11148.21
0.12	0.05	0.02	0.09	0.20				0.25
3751.80	2385.20	584.40	3465.60	4897.20	67.00		191.10	9193.03

7-8 农林牧

（2022年）

指　标	全市	中原区	二七区	管城区	金水区	上街区	惠济区	中牟县
农林牧渔业总产值	**2787843**	**150**	**6888**	**10255**	**5014**	**460**	**124098**	**488252**
农业	**1802114**	**150**	**6888**	**6434**	**485**	**460**	**117245**	**369158**
谷物及其他作物	541632		65	1862		434	1835	38972
谷物	398547		14	996	369	414	834	27680
小麦	214861			604		222	268	17006
玉米	180738			393		193	566	10674
薯类	16907		10			5	456	2174
油料	85109			472		15	244	5462
花生	78407			452		6	129	5346
油菜籽	4987			20		10	36	54
豆类	6250		41				254	228
棉花	748							93
其他农作物	5524			393			47	3335
蔬菜园艺作物	835160		1724	3499	41	13	110057	205050
蔬菜(含菜用瓜)	579878		10	3499		13	58178	204637
花卉	75895						37502	338
水果、坚果、饮料和香料作物	447923	150	5099	1073		13	5353	125114
水果(含果用瓜)	418093		5078	953		13	2104	125064
苹果	11606		10				66	3748
梨	13213		5				378	229
坚果	27438	150	21	120			3249	50
林业	**90982**			**2709**	**54**		**337**	**5978**
林木的培育和种植	66912			2699			325	506
牧业	**606821**							**54466**
牲畜饲养	188862							31544
牛的饲养	58503							7570
羊的饲养	31378							6561
奶产品	37211							17413
猪的饲养	240007							9656
家禽饲养	109055							13226
肉禽	39521							8507
禽蛋	69520							4719
其他畜牧业	68896							
渔业								
鱼类	116403						1555	35035
虾蟹类	366							
农林牧渔服务业	155956			1112			4961	23615

渔业总产值

单位：万元

巩义市	荥阳市	新密市	新郑市	登封市	经开区	高新区	郑东新区	航空港实验区
285393	**495838**	**399452**	**408308**	**382039**	**22732**	**1634**	**30796**	**126536**
101718	**351403**	**252915**	**275914**	**208288**	**6927**	**1634**	**20796**	**81699**
48137	116087	78183	101332	102936	5426	1499	10796	37378
42302	103626	54052	69085	77462	2823	1499		21240
22757	33862	30473	41116	50233	1696	729		12421
19213	64854	22612	27738	27076	1127	770		8819
	1942	15333	4009	13374	971			1483
1901	8395	4265	20909	11776	1631			13448
1548	7000	2381	20265	6739	1604			13291
	1181	1559	577	1163	23			113
990	1226	645	2164	324	1			18
272	10							
2673	888	25108	5165					1189
7547	126476	92132	106800	72607	793	364	10000	37141
5519	118783	86933	85727	71387	793	364	10000	37141
1452	6505	4514	411					
45993	102915	21369	67782	31090	708	10	13	7180
32079	82009	13290	66778	13461	708	10	13	7130
1376	1618	782	1916	6621				
33	2413	754	1128	2184				485
13472	5112	8046	1004	17629				50
10072	**13162**	**13758**	**16425**	**14270**	**11825**			**2392**
6899	6964	7783	4346	14055	11825			
81794	**65065**	**113269**	**105469**	**145852**				**40906**
8821	36621	38918	13802	73389				15276
3522	10140	6592	6774	15733				7505
4144	5095	12232	6549	17181				7771
1154	20814	36	479					
60079	21324	52191	67681	49425				9189
5789	42966	29253	23986	23038				16441
781	8335	7450	4874	5847				5531
5008	34631	21803	19112	17191				10909
		16000						
40050	36626		800	125				
		1019	800	125				
38453	29582	19510	9700	13504	3980		10000	1539

7-9 牧业主要产品产量

（2022年）

指标	单位	合计	中牟县	巩义市	荥阳市	新密市	新郑市	登封市	航空港区
猪当年出栏头数	万头	84.59	2.93	24.13	6.53	12.41	17.70	19.56	1.33
牛当年出栏头数	万头	4.08	0.94	0.33	0.81	0.33	0.46	0.96	0.25
羊当年出栏只数	万只	26.17	3.27	3.15	2.52	4.66	3.59	6.05	2.93
禽当年出栏只数	万只	944.43	121.87	54.08	162.29	180.32	203.17	155.27	67.43
肉类总产量	吨	83919	5487	19291	47495	12833	17614	18913	2577
猪肉产量	吨	62181	2200	17725	4768	9123	12912	14478	975
牛肉产量	吨	6108	1405	498	1212	500	680	1432	382
羊肉产量	吨	3317	413	396	324	594	453	767	370
禽肉产量	吨	11401	1460	651	1962	2180	2455	1879	814
兔肉产量	吨	872	8	21		436	13	357	36
奶类总产量	吨	80985	38837	2886	36732	624	1893	1	12
生牛奶产量	吨	80285	38837	2885	36615	41	1893	1	12
山羊毛产量	公斤	813				104	168	537	4
绵羊毛产量	公斤	9593				37	5236	4214	107
蜂蜜产量	公斤	204243	493	91559	55540	5585	6327	41169	3570
禽蛋产量	吨	99885	3571	4493	21053	27128	16788	19985	6867

7-10 主要牲畜年末存栏情况

（2022年）　　　　单位：头（只）

指　标	合计	中牟县	巩义市	荥阳市	新密市	新郑市	登封市	航空港实验区
大牲畜年末总头数	**55846**	**15053**	**5354**	**12170**	**4562**	**5083**	**10615**	**3009**
牛年末总头数	55500	15053	5042	12170	4540	5071	10615	3009
马年末存栏数	14		2			12		
驴年末存栏数	332		310		22			
猪年末总头数	**571600**	**25048**	**157111**	**44606**	**83992**	**116030**	**137785**	**7028**
能繁殖母猪	56400	2056	16064	5626	8351	11548	12051	704
羊年末总只数	**323836**	**34803**	**44510**	**32448**	**56017**	**40073**	**80980**	**35005**
家禽期末存栏数	**8302693**	**660360**	**481178**	**1606625**	**2104734**	**1454491**	**1667443**	**327862**
兔期末总只数	**163203**	**6272**	**13650**		**63267**	**21055**	**56999**	**1960**

主要统计指标解释

农林牧渔业总产值 是以货币表现的农林牧渔业全部产品的总量和对农林牧渔业生产活动进行的各种支持性服务活动的价值,它反映一定时期内农业生产的总规模和总成果。

农林牧渔五业统计范围是:1. 种植业:包括粮、棉、油、糖料、麻类、烟叶、蔬菜、药材、瓜类、采集野生植物和其他农作物的种植以及茶园、桑园、果园的生产经营。

2. 林业:包括林木的栽培、林产品的采集和竹木采伐。

3. 牧业:包括除渔业以外的一切动物饲养和放牧及捕猎野兽。

4. 渔业:包括水生动物和海藻类植物养殖和捕捞。

5. 农林牧渔服务业:包括农林牧渔服务业营业收入。

农业总产值的计算方法通常是以农林牧渔业产品的产量乘以该项单位价格而得该项产品产值。少数生产周期较长,当年没有产品或产品不易统计的则采用间接方法匡算产值。五业产品产值之和即为农业总产值。

农业增加值 指各单位生产经营或劳务活动提供最终产品的货币表现,即本单位或本行业对社会所做的贡献。农业增加值是社会各经济单位,即企业、事业单位和行政单位及个体经营户在报告期内生产经营和业务活动最终成果的货币表现。

农业增加值主要采用生产法和分配法(收入法)两种方法计算。

农作物种植业 包括谷物、豆类、薯类、棉、油料、糖料、麻类、烟叶、蔬菜、药材、瓜类和其他农作物的种植,以及茶园、桑园、果园的生产经营。

其他农业 包括采集野生植物的果实、纤维、树胶、树脂、油料以及柴草、野生药材、菌类等。

粮食产量 指全社会的产量。包括国有经济经营的、集体统一经营的和农民家庭经营的粮食产量,还包括工矿企业家属办的农场和其他生产单位的产量。粮食除包括稻谷、小麦、玉米、高粱、谷子及其他杂粮外,还包括薯类和大豆。其产量计算方法,豆类按去豆荚后的干豆计算;薯类(包括甘薯和马铃薯,不包括芋头和木薯)1963 年以前按每 4 公斤鲜薯折 1 公斤粮食计算,从 1964 年开始及以后改为按 5 公斤鲜薯折 1 公斤粮食计算。郑州辖区作为蔬菜的薯类(如:马铃薯等)按鲜品计算,并且不做为粮食统计。其他粮食一律按脱粒后的原粮计算。

油料产量 指全部油料作物的生产量。包括花生、油菜籽、芝麻、向日葵籽、胡麻籽(亚麻籽)和其他油料。不包括大豆,也不包括木本油料和野生油料。花生以带壳干花生计算。

水产品产量 指人工养殖的水产品和天然生长的水产品的捕捞量。包括海水的鱼类、虾蟹类、贝类和藻类以及内陆水域的鱼类、虾蟹类和贝类,不包括淡水生植物。

猪、牛、羊肉产量 指当年出栏并已屠宰后除去头蹄下水 后带骨肉(即胴体重)的重量。

耕地面积 指年初可以用来种植农作物、经常进行耕锄的田地,除包括熟地、当年新开荒地、连续撩荒未满三年的耕地和当年的休闲地(轮歇地)外,还包括以种植农作物为主并附带种植桑树、茶树、果树和其他林木的土地,以及沿海、沿湖地区已围垦利用的"海涂"、"湖田"等面积。但不包括属于专业性的桑园、茶园、果园、果木苗圃、林地、芦苇地、天然或人工草地面积。

农作物播种面积 指实际播种或移植有农作物的面积,凡是实际种植有农作物的面积,不论种植在耕地上还是种植在非耕地上,均包括在农作物播种面积中,同时还包括因遭灾而重新改种和补种的农作物面积,种一公顷算一公顷。

农用化肥施用量 指本年内实际用于农业生产的化肥数量。包括氮肥、磷肥、钾肥和复合肥。化肥施用量要求按折纯量计算数量。折纯法化肥施用量是把氮肥、磷肥和钾肥分别按含氮、含五氧化二磷、含氧化钾的百分之百有效成分计算。复合肥按其所含主要成分折算。

农业机械总动力 指主要用于农、林、牧、渔业的各种动力机械的动力总和。包括耕作机械、排灌机械、收获机械、农产品加工机械、运输机械、植物保护机械、牧业机械、林业机械、渔业机械和其他农业机械〔内燃机按引擎马力折成瓦(特)计算,电动机按功率折成瓦(特)计算〕。不包括专门用于乡、镇、村、组办工业、基本建设、非农业运输、科学试验和教学等非农业生产方面用的动力机械与作业机械。

八、工 业

8-1 规模以上工业总产值、增加值及销售产值指数

（2022年）　　上年=100

项　目	公有制、非公有制企业个数（个）	工业总产值指数	工业增加值指数	工业销售产值指数
总计	**2710**	**102.5**	**104.4**	**103.2**
按轻重工业分				
轻工业	491	98.4	99.9	97.4
重工业	2219	106.1	107.2	108.4
按三大门类分				
采矿业	55	114.8	115.0	108.7
制造业	2541	102.8	104.7	103.7
电力热力燃气及水生产和供应业	114	96.7	98.3	95.2
按登记注册类型分				
内资企业	2627	107.3	107.8	110.1
国有企业	23	86.5	89.2	86.6
集体企业	14	96.3	99.4	97.1
股份合作企业	3	96.0	96.5	96.0
联营企业				
有限责任公司	597	119.9	115.9	125.0
股份有限公司	47	106.8	107.3	108.5
私营企业	1943	95.6	96.7	97.0
其他企业				
港澳台商投资企业	37	99.5	99.8	97.0
外商投资企业	46	74.3	78.8	74.8
按所有制类型分				
公有制	222	98.3	101.5	97.9
非公有制	2488	103.4	105.4	104.3
按企业规模分				
大型企业	59	100.1	102.3	101.1
中型企业	179	111.6	111.5	110.4
小型企业	1973	105.9	107.4	106.8
微型企业	499	79.6	81.0	79.8

8-2 各种分组的规模以上工业增加值指数

上年=100

项 目	2012年	2013年	2014年	2015年	2016年	2017年	2018年	2019年	2020年	2021年	2022年
指数	**117.2**	**111.3**	**111.2**	**110.2**	**106.0**	**107.8**	**106.8**	**106.1**	**106.1**	**110.4**	**104.4**
按注册类型分											
内资企业	112.4	108.8	109.5	108.6	105.9	107.7	107.2	104.4	105.2	104.2	107.8
国有	108.8	107.8	101.9	102.3	108.4	114.2	103.8	112.8	102.5	110.6	89.2
集体	124.4	101.0	111.7	104.2	111.4	109.8	67.7	100.6	105.7	108.1	99.4
股份合作	115.1	112.2	96.8	121.4	97.9	109.7	90.4	112.2	123.6	151.7	96.5
联营	92.1	116.5	96.6	7.0	114.5	108.8	120.4	88.4	29.6		
有限责任公司	115.1	112.7	112.8	108.5	105.6	110.2	104.8	101.5	110.2	103.4	115.9
股份有限公司	114.1	105.4	104.1	113.1	109.3	103.4	117.5	112.0	95.9	98.7	107.3
私营	112.3	106.4	110.3	108.1	104.8	103.2	108.6	103.3	102.3	105.9	96.7
其他	94.4	144.5	117.2	122.3	125.2	104.6	202.1	134.5	214.1	117.7	
港澳台商投资	213.8	134.6	122.2	122.4	105.6	107.5	107.0	114.4	117.7	135.3	99.8
外商投资	100.4	105.6	109.3	99.6	109.4	110.6	104.0	98.8	78.8	92.2	78.8
按控股类型分											
国有控股	107.0	105.6	102.1	100.1	97.4	110.6	110.2	104.6	111.2	103.7	101.8
集体控股	129.0	104.0	111.6	109.2	108.8	104.8	90.5	101.1	92.4	102.2	94.0
私人控股	112.7	109.4	111.8	110.3	106.2	104.5	95.0	106.0	104.5	106.3	108.7
港澳台控股	212.1	137.0	122.7	121.7	106.3	108.0	107.1	114.4	116.5	136.0	99.8
外商控股	105.5	100.7	102.5	101.5	111.7	113.8	94.0	100.3	75.7	86.5	90.3
按所有制分											
公有制	109.1	105.4	103.1	101.2	98.9	109.9	109.7	104.4	110.5	103.7	101.5
非公有制	119.6	112.7	113.0	111.7	107.1	107.5	105.9	106.6	104.8	112.8	105.4
按轻重工业分											
轻工业	108.4	105.5	106.6	106.4	102.8	111.3	104.0	109.2	108.9	118.5	99.9
重工业	119.5	112.7	112.3	111.1	106.8	106.9	108.8	104.1	103.9	104.4	107.2
按企业规模分											
大型企业	125.4	116.3	110.9	110.5	101.8	108.8	111.7	103.6	102.0	112.8	102.3
中型企业	109.7	109.8	109.3	107.5	102.9	101.8	104.0	99.4	118.8	105.6	111.5
小型企业	117.7	109.1	113.1	112.0	112.9	111.3	94.4	115.5	113.1	105.9	107.4
微型企业	161.1	71.9	142.5	100.7	121.7	109.1	115.5	96.3	97.7	123.0	81.0

8-3 分行业规模以上工业增加值指数

上年=100

行 业	2012年	2013年	2014年	2015年	2016年	2017年	2018年	2019年	2020年	2021年	2022年
总计	**117.2**	**111.3**	**111.2**	**110.2**	**106.0**	**107.8**	**106.8**	**106.1**	**106.1**	**110.4**	**104.4**
煤炭开采和洗选业	100.0	102.1	102.0	93.3	90.9	94.7	118.1	91.2	142.1	76.3	112.8
黑色金属矿采选业	85.8	81.2	154.2	199.3	119.5	95.4	84.4				
有色金属矿采选业	115.1	84.7	117.8	119.0	100.5	97.4	95.3	13.4	132.6	40.9	22.8
非金属矿采选业	111.3	120.0	111.0	114.5	107.9	79.1	51.1	118.1	122.9	97.5	142.8
农副食品加工业	123.6	100.8	110.3	110.1	107.6	108.7	93.0	85.2	90.3	113.9	99.1
食品制造业	101.8	112.1	107.0	105.1	105.2	113.5	99.7	108.0	106.6	97.8	96.6
酒、饮料和精制茶制造业	109.2	124.2	102.0	111.0	111.8	104.5	99.0	111.0	93.5	113.5	97.7
烟草制品业	118.5	107.4	100.6	99.8	85.9	110.9	105.5	101.7	108.4	106.4	104.5
纺织业	108.2	97.6	77.9	80.9	96.2	93.9	88.1	141.9	113.2	52.1	94.6
纺织服装、服饰业	100.3	105.6	124.8	112.9	111.2	115.3	107.0	88.8	106.1	101.4	80.1
皮革、毛皮、羽毛及其制品和制鞋业	113.9	67.0	98.9	67.7	103.1	67.9	63.3	88.0	106.4	104.8	69.0
木材加工和木、竹、藤、棕、草制品业	113.1	99.0	104.3	67.7	89.2	83.9	49.1	96.1	79.6	135.6	81.2
家具制造业	132.3	77.3	98.7	112.7	116.7	95.5	72.2	151.2	84.9	97.7	80.7
造纸和纸制品业	94.9	111.3	103.2	106.3	97.0	106.0	102.8	112.7	95.6	111.7	97.1
印刷和记录媒介复制业	104.7	94.7	101.9	93.4	85.8	109.7	103.6	97.9	107.7	123.7	97.9
文教、工美、体育和娱乐用品制造业	106.4	100.3	111.8	115.3	106.9	99.6	88.9	80.2	80.8	117.4	68.9
石油、煤炭及其他燃料加工业	98.8	78.8	100.5	107.1	107.8	73.9	97.5	115.1	107.4	87.4	50.7
化学原料和化学制品制造业	125.1	109.4	108.7	111.4	100.1	96.2	99.0	110.6	112.7	98.4	92.1
医药制造业	89.0	92.9	117.5	113.5	106.2	114.6	116.2	114.3	107.6	123.7	115.0
化学纤维制造业	115.0	105.2	135.8	100.2	115.2	120.7	95.9	71.8	71.3	168.7	252.5
橡胶和塑料制品业	112.4	112.3	121.1	107.2	114.8	92.9	90.1	101.0	109.7	84.6	91.2
非金属矿物制品业	114.2	109.8	110.4	107.9	104.6	106.9	108.4	93.8	100.3	96.7	89.4
黑色金属冶炼和压延加工业	118.3	114.1	115.8	107.1	81.8	75.9	110.1	106.8	89.5	73.8	104.0
有色金属冶炼和压延加工业	112.3	109.9	107.1	115.3	107.8	103.8	112.9	108.2	111.1	117.1	108.4
金属制品业	102.6	111.0	116.6	105.0	114.0	107.6	85.5	111.3	105.5	108.8	102.0
通用设备制造业	132.8	115.7	113.1	108.3	108.5	113.1	97.1	114.1	103.1	116.0	101.6
专用设备制造业	110.7	103.9	109.8	110.6	106.7	113.2	123.2	124.1	104.5	102.8	101.0
汽车制造业	106.1	115.1	116.6	113.1	113.3	103.2	104.3	101.5	86.9	93.4	84.9
铁路、船舶、航空航天和其他运输设备制造业	119.3	99.1	134.6	150.3	105.8	105.5	140.1	161.0	310.1	110.8	101.6
电气机械和器材制造业	112.9	111.6	116.8	110.1	116.2	142.3	134.9	103.3	102.4	92.6	82.3
计算机、通信和其他电子设备制造业	273.4	137.9	124.5	126.3	113.5	117.5	110.8	110.5	113.2	128.9	115.3
仪器仪表制造业	118.5	147.7	118.1	119.2	110.7	106.3	92.7	120.9	114.1	99.9	92.1
废弃资源综合利用业			213.7	118.0	120.7	379.4	132.2	94.7	234.7	284.7	59.9
金属制品、机械和设备修理业	64.9	70.9	32.0	60.1	264.6	171.1	177.6	116.2	94.2	125.2	115.3
电力、热力生产和供应业	103.6	108.2	94.9	96.3	104.3	107.7	97.6	107.0	101.0	103.5	94.6
燃气生产和供应业	115.3	113.0	123.7	98.1	106.7	116.9	118.4	110.2	96.2	123.3	111.7
水的生产和供应业	103.0	108.9	111.5	97.8	150.1	109.8	104.4	100.5	102.7	105.3	95.9

8-4 各区县（市）规模以上工业企业单位数

（2022年底）

单位：个

区县（市）	合计	国有控股	集体控股	港澳台商控股	外商控股	轻工业	重工业	#大型	#中型
全市	**2710**	**187**	**35**	**34**	**34**	**491**	**2219**	**59**	**179**
中原区	32	5		1	1	8	24	2	4
二七区	88	7	1		4	32	56	6	5
管城区	18	4	1	1		5	13	2	1
金水区	17	4	1			9	8		3
上街区	112	10	2		1	9	103	1	4
惠济区	22	3	1	1	3	9	13	3	1
中牟县	128	7		1	2	23	105	2	8
巩义市	502	6	3	2	2	19	483	6	26
荥阳市	291	15	6	2	1	52	239		12
新密市	287	15	3	4		43	244	1	17
新郑市	262	13	4	1	2	107	155	4	11
登封市	228	27	3	3	1	9	219	3	19
经开区	200	20	5	10	12	53	147	12	28
高新区	358	24	5	3	5	74	284	5	32
郑东新区	44	10		1		6	38	3	
航空港区	118	14		4		33	85	6	8

备注：三个单位是郑煤、煤电、市电力。

8-5 各区县（市）规模以上工业总产值指数

（2022年）

上年=100

区县（市）	合计	国有控股	集体控股	港澳台商控股	外商控股	轻工业	重工业	#大型	#中型
全市	**102.5**	**99.0**	**87.5**	**99.5**	**88.4**	**98.4**	**106.1**	**100.1**	**111.6**
中原区	104.9	107.5		103.9	73.0	87.8	106.5	106.2	107.1
二七区	95.7	111.0	84.1		100.3	92.2	99.0	98.4	102.7
管城区	94.2	110.3	113.7	134.1		107.3	93.6	90.5	127.2
金水区	108.7	122.9	87.1			97.8	132.7	110.4	101.1
上街区	93.3	101.5	112.6		93.0	101.6	93.0	100.5	118.7
惠济区	96.7	105.1	64.9		98.6	98.8	82.8	80.9	134.0
中牟县	84.8	80.2		75.5	102.4	87.8	83.5	77.6	107.9
巩义市	109.3	121.1	169.1	91.2	110.9	82.2	109.6	89.1	129.3
荥阳市	98.4	103.1	95.4	55.6	114.4	97.4	98.5		111.4
新密市	103.6	106.3	119.0	92.0		118.8	101.5	94.6	110.6
新郑市	100.6	111.7	102.9	71.3	96.7	118.3	86.0	90.6	114.0
登封市	101.8	82.3	189.4	119.2	106.4	97.6	102.0	122.1	99.5
经开区	94.8	105.9	79.0	88.8	81.0	98.0	93.3	97.0	89.4
高新区	97.4	130.6	72.4	109.1	103.0	87.4	100.5	88.3	107.6
郑东新区	164.0	8.0		75.4		85.5	165.7	10.2	84.8
航空港区	103.8	76.7		96.0	0.5	96.0	137.2	102.0	190.0

8-6 各区县（市）规模以上工业销售产值指数

（2022年）

上年=100

区县(市)	合计	国有控股	集体控股	港澳台商控股	外商控股	轻工业	重工业	#大型	#中型
全市	**103.2**	**98.3**	**89.6**	**97.0**	**89.1**	**97.4**	**108.4**	**101.1**	**110.4**
中原区	105.2	107.5		103.9	62.6	90.7	106.6	106.2	112.2
二七区	95.9	111.0	77.0		99.2	91.8	100.1	97.6	108.1
管城区	94.7	93.5	119.0	136.3		109.9	94.0	91.4	124.7
金水区	106.2	126.1	87.1			96.1	127.8	106.1	100.2
上街区	93.0	98.4	122.2		95.6	112.4	92.4	97.1	119.3
惠济区	100.1	105.1	62.3		103.7	103.1	82.3	82.8	148.7
中牟县	84.0	75.2		69.8	103.5	93.6	80.2	75.6	109.4
巩义市	109.5	126.7	175.5	91.2	129.0	87.7	109.8	87.3	130.4
荥阳市	96.2	103.5	58.9	55.4	117.7	92.4	96.7		109.7
新密市	99.5	97.6	113.8	89.7		118.3	96.9	88.6	107.2
新郑市	102.0	112.7	104.0	71.3	93.6	117.9	88.2	98.8	110.8
登封市	99.2	78.7	194.7	117.9	96.3	95.7	99.4	108.4	98.3
经开区	98.6	106.5	83.0	90.0	80.5	99.6	98.1	101.5	90.2
高新区	98.8	125.6	76.4	146.1	103.2	102.8	97.7	106.0	99.3
郑东新区	161.3	8.1		76.6		85.7	162.8	10.3	56.4
航空港区	103.9	82.2		93.4	0.5	93.5	153.4	102.0	188.2

8-7 各区县（市）规模以上工业增加值指数

（2022年）

上年=100

区县(市)	合计	国有控股	集体控股	港澳台商控股	外商控股	轻工业	重工业	#大型	#中型
全市	**104.4**	**101.8**	**94.0**	**99.8**	**90.3**	**99.9**	**107.2**	**102.3**	**111.5**
中原区	104.5	106.8		103.9	73.0	90.8	106.4	105.7	104.3
二七区	94.8	111.0	84.1		99.2	92.7	97.6	99.4	92.7
管城区	97.3	102.3	113.3	134.1		108.5	96.4	90.5	128.4
金水区	114.1	131.3	87.1			97.5	146.1	110.4	100.4
上街区	93.5	100.3	114.9		92.9	99.4	93.3	99.6	115.2
惠济区	97.5	104.8	64.9		98.6	99.0	91.5	80.9	126.1
中牟县	86.9	81.2		75.5	110.3	90.7	85.6	78.5	105.6
巩义市	109.1	126.6	241.7	91.2	108.9	86.5	109.5	90.1	127.3
荥阳市	101.4	107.6	97.3	56.4	114.4	102.3	101.3		111.7
新密市	106.8	109.7	118.1	93.7		116.9	105.3	93.5	120.7
新郑市	102.2	108.0	103.6	71.3	111.5	113.4	93.3	93.9	117.1
登封市	105.2	93.1	219.2	115.9	106.4	100.8	105.4	122.6	99.6
经开区	99.3	106.9	79.0	85.2	79.9	104.0	94.1	100.9	90.8
高新区	99.4	124.1	72.5	102.3	103.2	92.7	101.4	90.2	107.7
郑东新区	146.7	11.4		75.4		95.8	148.1	16.0	84.8
航空港区	109.7	84.5		96.0	0.5	95.9	130.7	107.3	171.1

8-8 历年主要

（2022年）

产品名称	单位	1978年	1980年	1985年	1990年	1995年	1998年	1999年	2000年	2001年	2002年	2003年	2004年	2005年	2006年
原煤	万吨	868	897	1352	1628	2220	2613	1724	1830	2039	2581	3297	4096	6217	6699
饲料	万吨		0.5	3.3	5.3	6.6	11.5	16.3	21.6	27.3	38.8	57.4	62.8	65.1	114.1
速冻米面食品	万吨											21.5	23.8	32.3	59.6
方便面	万吨							5.5	6.9	14.7	18.7	22.3	17.9	20.5	25.5
啤酒	万千升			0.7	6.9	14.2	34.4	36.7	38.1	37.2	36.0	32.0	39.1	41.6	25.1
饮料	万吨		0.2	1.4	1.6	4.5	2.0	6.8	6.4	8.2	21.1	19.2	22.1	25.5	46.0
卷烟	亿支	243.0	350.4	443.2	456.1	476.3	412.2	423.0	428.7	393.1	403.7	404.6	419.0	408.4	436.7
纱	万吨	7.7	8.5	7.9	8.8	8.8	7.6	8.4	6.9	7.3	7.4	7.5	7.7	8.4	7.8
布	万米	41876	44804	38904	40510	40981	32762	30530	23391	21735	21239	20442	24063	24647	22513
印染布	万米	15086	19188	13210	8758	20321	10321	9884	14620	14833	16258	23138	22574	23949	36615
服装	万件		1529	1730	2260	1619	939	912	1132	1240	1306	1483	1784	2974	4804
人造板	立方米		1548	5622	3788	196849	46744	75312	51276	47750	34895	46920	99406	104698	111770
家具	万件		23.2	66.0	72.1	49.4	8.6	8.2	9.9	6.0	4.7	5.4	5.5	7.2	26.2
机制纸及纸板	万吨	2.7	3.6	9.2	6.7	35.4	59.9	90.9	92.3	101.3	101.9	123.3	143.2	183.4	237.5
硫酸	万吨	0.5	0.9	1.3	2.8	13.3	11.5	9.7	9.4	7.3	6.2	8.8	8.5	9.0	10.2
化学农药原药	吨			435	768	1976	3264	4772	2684	5390	5126	2770	3861	5016	4615
中成药	吨	422	895	1851	1322	1763	2774	2634	3276	4618	2822	3664	2208	3972	11334
化学肥料	万吨	8.9	3.8	3.4	8.0	11.7	18.2	15.9	15.7	15.1	13.8	13.4	13.8	13.8	13.4
塑料制品	万吨			1.5	1.9	5.6	4.2	5.0	5.8	6.3	6.4	5.9	5.7	7.5	8.0
水泥	万吨	38	55	119	227	737	881	966	932	1006	1030	1134	1278	1538	1592
工业陶瓷	万件												7397	8844	10100
耐火材料制品	万吨											265.5	406.3	544.1	810.4
日用玻璃制品	万吨		1.7	3.2	2.6	7.3	4.3	3.5	2.1	1.1	0.8	1.1	1.0	0.6	
石墨及碳素制品	万吨														
磨具	万吨	1.3	1.6	1.8	1.9	4.2	9.4	7.1	5.2	4.1	3.8	3.7	4.8	4.8	4.4
粗钢	万吨	2.2	3.7	4.5	5.9	13.0	16.3	11.8	1.6	1.1	1.2	1.3	7.6	9.8	13.0
钢材	万吨		1.9	4.5	7.4	15.5	25.1	27.6	14.1	14.7	17.6	46.1	103.8	159.7	215.8
原铝（电解铝）	万吨	1.8	2.9	3.4	4.0	5.9	13.0	15.5	15.8	26.5	35.5	37.3	42.2	49.3	49.1
氧化铝	万吨	40.0	40.6	53.3	60.1	66.6	73.1	87.5	96.6	107.1	127.1	138.3	148.1	171.4	234.3
阀门	万吨		0.1	0.2	1.0	3.9	3.5	3.0	3.2	3.7	3.9	5.6	7.4	9.9	18.3
汽车	辆	695	1577	1625	1043	16187	10118	7698	7689	9129	15650	27327	29806	35855	47688
新能源汽车	辆														
变压器	万千伏安	54.9	36.9	62.5	50.1	94.2	98.3	128.7	169.9	168.4	177.1	174.7	112.4	126.3	202.2
电力电缆	千米	2513	3533	6318	7853	5732	4633	11810	7801	6970	5823	9062	3103	5758	6855
移动通信手持机（手机）	万台														
发电量	亿千瓦小时	13.3	11.1	10.6	18.3	65.7	87.8	77.0	85.1	95.1	108.0	119.0	159.8	204.6	206.1
供热量	万百万千焦		451.0	468.0	464.0	1901.0	2297.0	2040.0	2861.9	1166.0	3060.0	3440.0	3369.0	3355.0	3186.0
自来水生产量	万立方米		13127	17570	19435	30119	26427	27766	26079	25465	31013	31622	32772	24936	25754

注：2010年始卷烟产量含河南中烟工业有限责任公司。从2010年至2018年郑州地区卷烟产量分别为572.4亿支，581.3亿支，586.4亿支，594.1亿支，601.09亿支，514.7亿支，469.7亿支，466.3亿支，468.9亿支。2019年开始卷烟产量不包含河南中烟工业有限责任公司，仅为郑州地区。

工业产品产量

2007年	2008年	2009年	2010年	2011年	2012年	2013年	2014年	2015年	2016年	2017年	2018年	2019年	2020年	2021年	2022年
6707	6629	6660	5963	6914	4568	4084	3554	3223	2512.4	2128.8	2313.4	2085.9	1821.1	1244.1	1562.7
126.5	150.8	106.2	148.1	178.4	210.7	266.5	239.3	192.9	176.0	182.8	126.8	68.1	76.2	83.8	72.6
70.2	87.1	90.9	100.6	125.3	100.6	109.5	125	122.4	128.1	125.5	125.3	117.1	129.2	143.8	140.1
32.8	24.0	30.4	44.5	28.2	26.4	29.0	30.2	37.9	38.5	33.4	18.1	20.7	25.1	22.9	28.4
28.7	45.3	49.0	56.0	48.4	58.6	63.6	54.3	60.6	83.1	102.1	63.4	66.3	53.7	53.9	61.9
70.2	108.1	163.4	216.6	236.3	251.1	344.7	300.4	328.5	367.3	306.6	197.2	213.9	198.2	217.3	231.0
477.1	487.6	559.6	1650.4	1676.1	1691.0	1713.0	1733.3	1674.3	1528.1	1517.0	1525.4	473.7	793.8	817.4	787.6
11.1	11.4	3.3	4.1	4.5	6.7	5.3	4.7	4.8	5.2	3.6	0.5	0.4	0.3	0.2	0.2
26034	27388	86063	81715	75968	87995	96156	6053.2	3504.8	3322.9	3495.8	3333.3	3215.6	2267.8	1018.0	1244.5
59217	67429	67446	62277	53171	60895	66909	64582	12557	6804.0	3862.0	2417.9	573.8	2486.0	2915.0	4107.0
5681	7377	10117	10950	11708	12987	15590	20820	20410	21742.7	16691.4	3132.2	2125.6	2435.3	1948.2	1869.1
101649	76398	118077	155128	170786	200844	259772	200494	152393	146812.0	148294.0	6303.1	9992.7	8556.1	3708.5	
97.1	81.9	249.6	196.6	233.5	284.7	223.4	236.8	283	227.0	154.6	42.5	61.3	61.0	81.4	103.9
273.4	280.8	266.9	260.2	275.1	209.4	218.3	206.8	216.9	212.8	243.2	79.1	33.1	25.7	29.3	31.2
10.3	10.7	10.0	17.1	29.4	33.4	41.6	13.5	19.2	33.3	0.8	1.5				
12361	3097	18255	14048	20244	22171	13881	37476	42505	49373.0	53357.0	3125.4	2847.5	7168.8	5056.1	4941.0
13973	65055	106412	3941	3290	5956.7	7771.9	8773.3	9003	9809.9	12272.4	6797.4	3496.1	3844.8	3628.6	3454.7
18.7	40.3	25.6	8.3	1.5	5.8	10.6	1.6	6.1	4.5	6.8	1.7	0.8			
11.7	14.3	16.6	112.6	17.6	20.7	20.8	28.7	33.1	40.0	45.4	11.5	10.1	13.7	12.6	10.8
2109	1898	2198	2096	2153	2322	2518	2427.8	2184.4	2168.2	2311.4	1437.1	1437.9	1558.9	1372.9	1240.4
11211	42277	37670	47209	36348	49585	192593	524363	555763	632299.0	672138.7	17025.6				
1267.7	1368.3	1533.4	1807.7	2080.6	2417.1	2897.6	3235.8	3375.5	3249.5	3409.2	868.5	485.8	445.8	500.3	467.5
	4.3	3.2	3.6	4.3				3	3.4	89.7	0.9	0.7			
		280.5	311.6	439.7	514.2	581.4	590.4	601.2	617.0	577.1	147.9	42.6	35.8	53.3	47.4
6.1	8.0	20.4	9.4	14.6	45.4	69.4	75.8	73	68.6	63.3	12.4				
12.2	24.1	19.5	17.3	4.8	4.8	2.2	2.95	0.2	20.9	9.9	70.5	116.5	70.9	64.8	54.9
326.1	358.7	339.7	377.0	424.7	481.1	525.6	657.2	627.4	536.1	305.8	189.2	162.0	168.8	141.5	154.3
67.0	66.4	60.1	58.4	56.8	69.7	65.2	53.2	55.7	57.2	55.8	42.8	22.3	23.0	22.9	23.0
237.8	219.7	167.3	221.8	246.0	253.0	264.9	238.3	260.6	174.4	248.9	218.9	181.6	161.0	153.1	151.4
29.0	52.4	65.3	79.9	102.5	126.7	144.4	156.3	160.5	172.0	157.8	8.6	5.2	4.0	5.8	5.7
62261	74044	112874	225196	354985	367597	461479	507047	513908	584702	471084	582801	606878	462735	406701	417320
								20569	26554	31085	39184	54177	38624	38912	69826
168.9	138.9	218.9	247.3	357.9	377.9	350.6	240.2	241.7	192.9	123.5	235.1	432.8	300.4	209.4	326.6
41031	60818	91775	83450	296201	321919	401496	401579	313043	222942.9	140054.3	399525.2	388400.6	397765.4	535252.4	599194.4
				2445	6846	9645	11890	19672	25754.4	29505.7	21304.1	21369.6	13548.9	15920.7	15449.1
254.3	285.2	266.8	292.8	386.3	447.4	518.0	494.98	444.2	445.6	432.3	411.1	372.1	373.6	347.2	395.6
3050.0	2981.5	2229.0	2851.2	3464.1	4015.4	3928.0	3604	3867	3849.6	4333.9	5487.7	5227.6	6367.3	5782.5	6502.6
26044	27595	27744	29368	26900	29265	44281	58599	61722	71470.8	59182.4	67403.3	72764.3	72354.4	78504.9	8.0

8-9 各区县（市）

（2022年）

产品名称	单位	全 市	市 直	中原区	二七区	管城区	金水区	上街区
小麦粉	吨	1427980						
饲料	吨	725734					11485	
精制食用植物油	吨	170822					8656	
速冻米面食品	吨	1400631					108817	
方便面	吨	284316			166840			
乳制品	吨	267750			140987			
饮料酒	吨	619477						
啤酒	千升	619477						
饮料	吨	2310184			449782			
卷烟	万支	7875903						
纱	吨	2283						
布	万米	1245		277				
印染布	万米	4107		967				
服装	万件	1869		643	26	10		5
家具	件	1038664			126586	80984		
机制纸及纸板	吨	312279						
纸制品	吨	622205			332914			
化学农药原药	吨	4941					3542	
涂料	吨	255821					36700	
中成药	吨	3455						
塑料制品	吨	108100			5369			
水泥	万吨	1240						37

主要工业产品产量

惠济区	中牟县	巩义市	荥阳市	新密市	新郑市	登封市	经济技术开发区	高新技术开发区	郑东新区	航空港区
			53408		192305	4121	1082537	95609		
	160879		250224		121639		14684	112671		54154
			3249		156785					2132
1242435			2448	5836				41095		
					117077					399
					75515					51248
					619477					
					619477					
	7188	655903			120833		346513	522943		207023
							7875903			
									2283	
									968	
			3140							
	10		506	532			8	129		
	452348			53712	9421		298295			17318
				282146		30133				
11836	162269	4712	5887	22251	49752		7329	20242		5013
						549	850			
	8937			196675		3432	6699	3378		
394			463		46			2553		
	11474	12154	8227	8105	45772		8759	4975		3265
		124	282	41	45	711				

8-9 续表

产品名称	单位	全市	市直	中原区	二七区	管城区	金水区	上街区
耐火材料制品	万吨	468			4			21
钢材	吨	1543291			658879			
焊接钢管	吨	658879			658879			
铁合金	吨	2052						
原铝（电解铝）	吨	229909						
氧化铝	吨	1514242						1437612
铝材	吨	6888177						70548
工业锅炉	蒸发量吨	2821						
泵	台	36936				178		12474
阀门	吨	57238						10119
矿山专用设备	吨	970162		5609	1483			20860
水泥专用设备	吨	754						
汽车	辆	417320				13246		
基本型乘用车（轿车）	辆	122158						
客车	辆	29659				13246		
载货汽车	辆	40222						
改装汽车	辆	4560						
电动自行车	辆	30103						
发动机	千瓦	39202446						
变压器	千伏安	3266103						
电力电缆	千米	599194			8357			
光缆	芯千米	2971135						
电子计算机整机	台	1395145						
移动通信手持机（手机）	台	154491083						
发电量	万千瓦小时	3956137						40157
自来水生产量	万立方米	80296		39042				1018

惠济区	中牟县	巩义市	荥阳市	新密市	新郑市	登封市	经济技术开发区	高新技术开发区	郑东新区	航空港区
		121	11	275	5	29		1		
		11613			451582		384029	36934		254
		2052								
		229909								
						76630				
		5906830	137372	1846	10340	166899		594343		
								2591		230
			11634				11244	1406		
			26064					21055		
		13108	141595	3561		12535	658002	113410		
								754		
	54683						348345	1046		
	5157						117001			
							16413			
	39028						1194			
	1508				280		2771	1		
								30103		
	7840489						31361957			
			233196		285585		715	714270		2032337
		416384	4531	31863	58714		79	73112		6156
			2971135							
								820266	223403	351476
										154491083
	67323	901760	1015260	986381	13571	686122		174940	57474	13150
7545	2592	1317	1856	1806	5890	1318	3836	4081	1163	8832

8-10 规模以上工业

（2022年）

指　标	合　计	按控股类型		
		国有控股	集体控股	港澳台商控股
企业单位数（个）	2710	187	35	34
#亏损企业	696	51	5	10
资产总计	115168145	36455157	800753	19244415
应收帐款	27708751	3340264	164450	10453060
存货	13430431	3359211	110690	2709618
#产成品	4682877	1113421	45757	1060850
负债合计	71799295	22591650	458342	14859921
营业收入	130997020	20264561	932247	41914825
营业成本	117434359	16041055	767892	41251848
税金及附加	2174099	1824649	5026	89551
销售费用	1990338	241325	18920	161805
管理费用	2523419	839158	41414	140687
财务费用	518698	290653	6665	-10514
#利息费用	591647	318248	6802	12175
利润总额	3447580	718017	81363	216604
亏损企业亏损额	1314777	657637	6238	47239
利税总额	7167939	3131287	112854	394149
本年应交增值税	1546261	588621	26465	87995
全部从业人员年平均人数（人）	632487	101563	8176	188182

企业主要经济指标

单位：万元

	按轻重工业分		按企业规模分			
外商控股	轻工业	重工业	大型企业	中型企业	小型企业	微型企业
34	491	2219	59	179	1973	499
3	135	561	11	36	484	165
2975394	13739746	101428400	62248871	20395790	29313485	3209999
456089	2158181	25550570	18727179	2752867	5619879	608827
394565	2678888	10751543	7995769	2064412	3094920	275330
198318	792330	3890547	2534968	840171	1176709	131029
2120303	6900222	64899074	39948807	11855518	17816895	2178076
3653622	14120559	116876461	90395677	16680918	21734589	2185837
3202705	9831241	107603118	83030195	13790706	18611882	2001575
28043	1721928	452170	1958902	97350	104871	12975
209972	828679	1161659	847432	490085	620616	32206
99672	676440	1846978	1106527	516714	827052	73126
5358	20588	498110	83820	153950	256346	24582
5500	50367	541280	209865	131571	236318	13892
248674	847369	2600211	2342600	484272	603437	17271
9753	81353	1233424	370287	460462	417255	66773
361065	3102909	4065030	5085374	845624	1170328	66614
84347	533612	1012649	783871	264002	462020	36368
21989	95238	537249	365221	95896	158032	13338

8-11 规模以上工业企业

（2022年）

项　目	企 业 单位数（个）	资产总计	应收帐款	存货	#产成品
总计	**2710**	**115168145**	**27708751**	**13430431**	**4682877**
按轻重工业分					
轻工业	491	13739746	2158181	2678888	792330
重工业	2219	101428400	25550570	10751543	3890547
按企业规模分					
大型企业	59	62248871	18727179	7995769	2534968
中型企业	179	20395790	2752867	2064412	840171
小型企业	1973	29313485	5619879	3094920	1176709
微型企业	499	3209999	608827	275330	131029
按行业分					
煤炭开采和洗选业	45	5207957	284262	57999	31184
有色金属矿采选业	2	29430	6073	11179	1153
非金属矿采选业	8	103546	2823	1659	369
农副食品加工业	64	1173868	117698	283281	115382
食品制造业	62	3476087	517091	391477	171361
酒、饮料和精制茶制造业	12	838906	181784	93521	32975
烟草制品业	3	2163764	25572	1048636	31476
纺织业	18	174037	12969	16683	9001
纺织服装、服饰业	21	224901	35885	51733	32097
皮革、毛皮、羽毛及其制品和制鞋业	1	35294	89	20257	19599
木材加工和木、竹、藤、棕、草制品业	8	43625	11703	10211	2563
家具制造业	17	164750	18573	15006	7218

分行业主要经济指标

单位：万元

负债合计	营业收入	销售费用	税金 及附加	利润总额	利税总额	全部从业人员 年平均人数(人)
71799295	**130997020**	**1990338**	**2174099**	**3447580**	**7167939**	**632487**
6900222	14120559	828679	1721928	847369	3102909	95238
64899074	116876461	1161659	452170	2600211	4065030	537249
39948807	90395677	847432	1958902	2342600	5085374	365221
11855518	16680918	490085	97350	484272	845624	95896
17816895	21734589	620616	104871	603437	1170328	158032
2178076	2185837	32206	12975	17271	66614	13338
4423393	1487634	14343	40765	167582	307178	34969
20198	6741	768	25	–938	–706	179
62155	62250	145	3736	3585	9272	476
745065	2465671	41453	5362	64388	90100	8415
2117769	2546593	153540	11656	129462	186822	23219
553817	1376426	238989	21720	117204	182270	10804
671388	3054578	49878	1653932	239121	2190922	5374
90498	129969	2130	1453	3150	4230	1861
122059	193983	28263	1534	6041	15134	5581
30188	9129	1670	30	–704	–403	410
30415	47171	405	196	–822	104	1011
119071	70175	2351	381	–773	625	1180

8-11 续表

项　目	企　业 单位数（个）	资产总计	应收帐款	存货	#产成品
造纸和纸制品业	47	316328	68364	57940	27285
印刷和记录媒介复制业	43	384886	58450	48432	16662
文教、工美、体育和娱乐用品制造业	13	87362	7566	36581	26816
石油、煤炭及其他燃料加工业	8	48757	10077	15954	5979
化学原料和化学制品制造业	114	909914	175956	150127	45353
医药制造业	60	2055420	189641	196042	66358
化学纤维制造业	1	24552	1478	3130	485
橡胶和塑料制品业	61	360502	104630	54036	26627
非金属矿物制品业	796	9612906	3149918	1103556	609559
黑色金属冶炼和压延加工业	19	580757	37243	107787	42191
有色金属冶炼和压延加工业	182	7470248	683848	1198416	271790
金属制品业	134	1961510	471094	243432	97102
通用设备制造业	152	3479025	943999	541165	168826
专用设备制造业	213	7816641	1031450	1646018	910449
汽车制造业	121	7911888	1770219	586283	152021
铁路、船舶、航空航天和其他运输设备制造业	26	1768145	369404	187544	59362
电气机械和器材制造业	182	3184080	1121584	530602	284952
计算机、通信和其他电子设备制造业	71	28976581	14466461	4222799	1330384
仪器仪表制造业	70	1785812	270784	201000	60061
其他制造业	2	4368	32	1099	467
废弃资源综合利用业	9	98117	45768	19058	15570
金属制品、机械和设备修理业	11	303421	112368	27873	3949
电力、热力生产和供应业	52	15676655	621675	98693	1455
燃气生产和供应业	30	2530652	502443	101741	3250
水的生产和供应业	32	4183457	279778	49484	1551

单位：万元

负债合计	营业收入	销售费用	税金 及附加	利润总额	利税总额	全部从业人员 年平均人数(人)
164703	410283	10650	1603	10084	21412	3633
157676	330701	5513	2042	8970	20284	3690
47978	67044	4451	635	1362	3646	2120
35084	45574	745	180	490	874	214
451977	936417	41308	3454	48402	72343	7657
704506	1024708	205945	8666	135249	194364	11766
1849	10956	430	19	1098	1641	179
213491	387539	9170	1590	21398	27774	3929
6170213	5668411	269816	42395	175598	406123	54812
507137	1040494	4482	2197	-1819	11153	2100
3997049	16561124	57137	31550	211515	334113	31062
1018787	1582819	27805	6391	97146	131474	15475
1903552	2318538	59302	11061	206037	269787	19054
4230410	3995188	162354	28832	383843	524454	28489
5253171	8163247	221816	84724	188598	381909	39591
582800	753952	13814	4908	87655	113853	7119
1709354	4150224	63047	21378	119024	220729	16980
20837798	62514229	134550	121326	869206	1084903	244768
576430	699488	58557	6226	115715	149824	9787
2400	5283	942	17	843	963	279
73905	167029	1569	1209	1800	16914	450
159933	345613	7580	1197	23052	34343	2068
10167608	5627376	2960	22081	-271009	-185690	22895
1662506	1970475	71814	4126	196929	218089	4488
2182964	769990	20649	25504	89101	127115	6403

8-12 国有控股工业

（2022年）

项　目	企 业 单位数（个）	资产总计	应收账款	存货	#产成品
总计	**187**	**36455157**	**3340264**	**3359211**	**1113421**
按轻重工业分					
轻工业	20	2978526	101926	1122216	63345
重工业	167	33476631	3238338	2236995	1050076
按企业规模分					
大型企业	21	21112358	1862399	2546926	839383
中型企业	33	4527977	576352	352251	147078
小型企业	114	10247686	877817	455312	124142
微型企业	19	567136	23697	4721	2818
按行业分					
煤炭开采和洗选业	20	4314094	229263	35400	23354
农副食品加工业	4	234143	15784	37962	19190
食品制造业	3	105199	27550	9171	6569
烟草制品业	2	2140619	22917	1043921	30196
纺织服装、服饰业	3	25299	804	1105	1018
印刷和记录媒介复制业	4	141314	19997	16788	5520
化学原料和化学制品制造业	3	32710	3475	4582	1047

企业主要经济指标

单位：万元

负债合计	营业收入	销售费用	税金及附加	利润总额	利税总额	全部从业人员年平均人数（人）
22591650	**20264561**	**241325**	**1824649**	**718017**	**3131287**	**101563**
1132249	3811862	73133	1656848	243992	2211550	8829
21459401	16452699	168192	167801	474025	919737	92734
13629465	13557467	132875	1779830	511955	2746466	65864
2440709	2343300	59205	19759	168880	244722	20166
6117146	4335142	49129	24237	35818	134254	14758
404330	28653	116	824	1365	5845	775
3428522	1166361	10910	30987	152008	249169	24582
207513	489555	4608	770	1004	6419	527
73463	74711	2364	324	1438	1972	342
660761	3027996	49651	1653684	237838	2187841	5165
6410	29913	86	213	1518	3408	752
44566	108126	1917	997	393	4828	1307
10049	50645	470	267	5779	7154	149

8-12 续表

项　目	企业单位数（个）	资产总计	应收账款	存货	
					#产成品
医药制造业	2	304122	12545	9384	517
橡胶和塑料制品业	2	11677	673	2522	892
非金属矿物制品业	20	794225	163900	92218	58590
黑色金属冶炼和压延加工业	1	47894	3471	19260	5219
有色金属冶炼和压延加工业	6	687237	27942	124086	8101
金属制品业	6	311039	108106	22845	10608
通用设备制造业	12	1651012	347957	257854	66159
专用设备制造业	16	5755109	598222	1281375	793617
汽车制造业	8	2283637	589307	133140	15713
铁路、船舶、航空航天和其他运输设备制造业	8	649667	192409	85234	19260
电气机械和器材制造业	3	123528	28654	24729	9753
计算机、通信和其他电子设备制造业	6	1137891	277300	104454	31463
仪器仪表制造业	3	60355	9197	6830	3349
电力、热力生产和供应业	26	11438879	422958	26486	1050
燃气生产和供应业	10	830206	31908	15376	2177
水的生产和供应业	19	3375306	205927	4488	61

单位：万元

负债合计	营业收入	销售费用	税金及附加	利润总额	利税总额	全部从业人员年平均人数（人）
121399	58047	14201	571	-3455	396	629
14031	5906	230	125	-50	451	215
498271	375162	16662	6679	27746	45582	3799
30221	218404	540	276	381	1438	49
284004	551426	1494	5620	-175505	-154134	4392
164083	273788	4145	1257	27615	33765	1792
932827	1112238	15923	4434	143097	169436	5756
3200162	2490391	45917	18823	258146	347339	9650
2133170	3443623	25743	54138	64315	126518	6549
332658	427394	4359	2624	27361	38266	4525
60201	39784	1129	473	867	2414	593
864455	867369	11631	1695	-24970	-9771	4427
39665	28825	2277	329	2563	3678	243
7191258	4285573	1341	14413	-135157	-80841	19756
710755	554235	6360	1148	38599	44500	1028
1583206	585089	19369	24804	66488	101460	5336

8-13 规模以上公有制

（2022年）

项　目	企业单位数（个）	资产总计	应收帐款	存货	#产成品
总计	**222**	**37255910**	**3504714**	**3469901**	**1159178**
按轻重工业分					
轻工业	32	3286224	134531	1184139	86973
重工业	190	33969686	3370183	2285762	1072205
按企业规模分					
大型企业	22	21261684	1862399	2581718	853846
中型企业	39	4770114	652964	387747	166088
小型企业	136	10625553	961392	494241	135073
微型企业	25	598559	27959	6195	4172
按行业分					
煤炭开采和洗选业	22	4375413	230026	36296	23653
农副食品加工业	5	383468	15784	72754	33652
食品制造业	4	135677	39397	11603	9001
烟草制品业	3	2163764	25572	1048636	31476
纺织业	1	10228	885	3457	1914
纺织服装、服饰业	3	25299	804	1105	1018

工业企业主要经济指标

单位：万元

负债合计	营业收入	销售费用	税金及附加	利润总额	利税总额	全部从业人员年平均人数（人）
23049992	**21196808**	**260245**	**1829675**	**799380**	**3244142**	**109739**
1252090	4467915	84948	1660124	318277	2306285	12854
21797902	16728893	175297	169551	481103	937857	96885
13660492	14019706	141553	1781948	573503	2819634	68459
2596496	2577745	64671	21272	177546	262698	23112
6335829	4558846	52937	25568	51986	160722	16958
457176	40511	1084	886	–3654	1088	1210
3503893	1187859	11267	31638	150938	251085	25822
238540	951795	13286	2888	62552	79586	3122
92044	127022	2425	620	3058	5140	705
671388	3054578	49878	1653932	239121	2190922	5374
9114	29006	191	101	368	1035	142
6410	29913	86	213	1518	3408	752

8-13 续表

项　目	企业单位数（个）	资产总计	应收账款	存货	#产成品
印刷和记录媒介复制业	8	209901	30028	24604	7183
化学原料和化学制品制造业	5	40174	3649	4678	1105
医药制造业	5	326413	19223	17587	1884
橡胶和塑料制品业	2	11677	673	2522	892
非金属矿物制品业	28	917104	206765	108572	68792
黑色金属冶炼和压延加工业	1	47894	3471	19260	5219
有色金属冶炼和压延加工业	6	687237	27942	124086	8101
金属制品业	9	382241	128973	31359	13872
通用设备制造业	15	1706316	368391	262445	68697
专用设备制造业	17	5755468	598222	1281488	793625
汽车制造业	8	2283637	589307	133140	15713
铁路、船舶、航空航天和其他运输设备制造业	9	672586	207945	90536	19260
电气机械和器材制造业	5	185149	54071	37397	15280
计算机、通信和其他电子设备制造业	6	1137891	277300	104454	31463
仪器仪表制造业	3	60355	9197	6830	3349
电力、热力生产和供应业	26	11438879	422958	26486	1050
燃气生产和供应业	10	830206	31908	15376	2177
水的生产和供应业	21	3468936	212226	5230	803

单位：万元

负债合计	营业收入	销售费用	税金 及附加	利润总额	利税总额	全部从业人员年平均人数（人）
72352	167989	2033	1416	3387	11015	1769
12313	55668	781	299	6365	7817	240
137323	76634	16025	660	4321	9719	848
14031	5906	230	125	-50	451	215
578324	422605	17676	6839	27460	46908	4394
30221	218404	540	276	381	1438	49
284004	551426	1494	5620	-175505	-154134	4392
198173	369028	5380	1426	29775	37605	2490
961655	1135820	17451	4661	143721	171474	6279
3200189	2491164	45930	18826	258224	347443	9887
2133170	3443623	25743	54138	64315	126518	6549
338558	436421	4497	2653	29055	40184	4728
106391	97413	4354	859	2024	5920	1050
864455	867369	11631	1695	-24970	-9771	4427
39665	28825	2277	329	2563	3678	243
7191258	4285573	1341	14413	-135157	-80841	19756
710755	554235	6360	1148	38599	44500	1028
1655766	608533	19369	24902	67321	103041	5478

8-14 规模以上非公有制

（2022年）

项　目	企业单位数（个）	资产总计	应收帐款	存货	#产成品
总计	**2488**	**77912236**	**24204037**	**9960530**	**3523699**
按轻重工业分					
轻工业	459	10453521	2023650	1494749	705357
重工业	2029	67458714	22180387	8465781	2818343
按企业规模分					
大型企业	37	40987187	16864780	5414051	1681122
中型企业	140	15625676	2099903	1676665	674084
小型企业	1837	18687932	4658486	2600679	1041637
微型企业	474	2611440	580868	269134	126857
按行业分					
煤炭开采和洗选业	23	832545	54236	21703	7531
有色金属矿采选业	2	29430	6073	11179	1153
非金属矿采选业	8	103546	2823	1659	369
农副食品加工业	59	790400	101914	210528	81729
食品制造业	58	3340411	477694	379874	162360
酒、饮料和精制茶制造业	12	838906	181784	93521	32975
纺织业	17	163809	12085	13226	7087
纺织服装、服饰业	18	199602	35080	50628	31079
皮革、毛皮、羽毛及其制品和制鞋业	1	35294	89	20257	19599
木材加工和木、竹、藤、棕、草制品业	8	43625	11703	10211	2563
家具制造业	17	164750	18573	15006	7218

工业企业主要经济指标

单位：万元

负债合计	营业收入	销售费用	税金及附加	利润总额	利税总额	全部从业人员年平均人数（人）
48749303	**109800212**	**1730093**	**344424**	**2648199**	**3923798**	**522748**
5648132	9652645	743731	61805	529091	796624	82384
43101172	100147567	986362	282619	2119108	3127174	440364
26288315	76375971	705879	176954	1769097	2265740	296762
9259022	14103173	425415	76077	306726	582925	72784
11481066	17175742	567678	79303	551451	1009606	141074
1720900	2145326	31122	12089	20925	65526	12128
919501	299775	3076	9127	16644	56092	9147
20198	6741	768	25	–938	–706	179
62155	62250	145	3736	3585	9272	476
506525	1513877	28167	2473	1835	10514	5293
2025725	2419571	151114	11036	126403	181682	22514
553817	1376426	238989	21720	117204	182270	10804
81384	100963	1939	1352	2783	3194	1719
115649	164070	28177	1322	4523	11726	4829
30188	9129	1670	30	–704	–403	410
30415	47171	405	196	–822	104	1011
119071	70175	2351	381	–773	625	1180

8-14 续表

项　目	企　业 单位数 （个）	资产总计	应收账款	存货	#产成品
造纸和纸制品业	47	316328	68364	57940	27285
印刷和记录媒介复制业	35	174985	28422	23828	9478
文教、工美、体育和娱乐用品制造业	13	87362	7566	36581	26816
石油、煤炭及其他燃料加工业	8	48757	10077	15954	5979
化学原料和化学制品制造业	109	869740	172308	145450	44247
医药制造业	55	1729007	170418	178455	64474
化学纤维制造业	1	24552	1478	3130	485
橡胶和塑料制品业	59	348825	103957	51514	25735
非金属矿物制品业	768	8695802	2943153	994985	540767
黑色金属冶炼和压延加工业	18	532863	33772	88526	36972
有色金属冶炼和压延加工业	176	6783011	655906	1074329	263689
金属制品业	125	1579269	342122	212073	83229
通用设备制造业	137	1772709	575607	278720	100129
专用设备制造业	196	2061173	433228	364530	116825
汽车制造业	113	5628251	1180912	453143	136307
铁路、船舶、航空航天和其他运输设备制造业	17	1095559	161458	97008	40102
电气机械和器材制造业	177	2998931	1067514	493205	269672
计算机、通信和其他电子设备制造业	65	27838690	14189162	4118345	1298922
仪器仪表制造业	67	1725458	261587	194169	56712
其他制造业	2	4368	32	1099	467
废弃资源综合利用业	9	98117	45768	19058	15570
金属制品、机械和设备修理业	11	303421	112368	27873	3949
电力、热力生产和供应业	26	4237776	198717	72206	405
燃气生产和供应业	20	1700446	470536	86366	1073
水的生产和供应业	11	714521	67552	44255	748

单位：万元

负债合计	营业收入	销售费用	税金及附加	利润总额	利税总额	全部从业人员年平均人数（人）
164703	410283	10650	1603	10084	21412	3633
85323	162712	3480	626	5584	9269	1921
47978	67044	4451	635	1362	3646	2120
35084	45574	745	180	490	874	214
439663	880749	40527	3155	42037	64526	7417
567183	948073	189920	8006	130928	184645	10918
1849	10956	430	19	1098	1641	179
199460	381633	8940	1466	21448	27324	3714
5591889	5245806	252140	35556	148138	359215	50418
476916	822090	3942	1921	–2200	9715	2051
3713045	16009698	55642	25930	387020	488246	26670
820614	1213792	22425	4965	67371	93869	12985
941897	1182717	41852	6400	62316	98314	12775
1030221	1504024	116424	10007	125620	177010	18602
3120001	4719624	196073	30586	124283	255392	33042
244243	317531	9317	2255	58600	73669	2391
1602963	4052811	58693	20519	117000	214809	15930
19973344	61646861	122918	119631	894176	1094674	240341
536765	670663	56280	5897	113152	146146	9544
2400	5283	942	17	843	963	279
73905	167029	1569	1209	1800	16914	450
159933	345613	7580	1197	23052	34343	2068
2976350	1341803	1619	7668	–135852	–104849	3139
951751	1416240	65454	2977	158330	173589	3460
527197	161457	1280	602	21781	24075	925

8-15 规模以上工业企业主要经济效益指标

（2022年） 单位：%

项 目	总资产贡献率	成本费用利润率	资产负债率
总计	**6.6**	**2.8**	**62.3**
按轻重工业分			
轻工业	22.6	7.3	50.2
重工业	4.4	2.3	64.0
按企业规模分			
大型企业	8.4	2.7	64.2
中型企业	4.4	3.1	58.1
小型企业	4.7	2.9	60.8
微型企业	2.5	0.8	67.9
按行业分			
煤炭开采和洗选业	7.1	12.5	84.9
有色金属矿采选业	-1.6	-12.3	68.6
非金属矿采选业	9.8	6.5	60.0
农副食品加工业	8.3	2.7	63.5
食品制造业	5.2	5.2	60.9
酒、饮料和精制茶制造业	21.5	9.4	66.0
烟草制品业	100.7	21.1	31.0
纺织业	3.3	2.5	52.0
纺织服装、服饰业	6.9	3.2	54.3
皮革、毛皮、羽毛及其制品和制鞋业	0.1	-7.1	85.5
木材加工和木、竹、藤、棕、草制品业	1.1	-1.7	69.7
家具制造业	0.8	-1.1	72.3
造纸和纸制品业	7.5	2.5	52.1

8-15 续表

项　目	总资产贡献率	成本费用利润率	资产负债率
印刷和记录媒介复制业	5.2	2.8	41.0
文教、工美、体育和娱乐用品制造业	4.9	2.1	54.9
石油、煤炭及其他燃料加工业	2.6	1.1	72.0
化学原料和化学制品制造业	8.1	5.5	49.7
医药制造业	9.9	14.9	34.3
化学纤维制造业	6.7	9.2	7.5
橡胶和塑料制品业	8.2	5.9	59.2
非金属矿物制品业	4.9	3.2	64.2
黑色金属冶炼和压延加工业	2.6	-0.2	87.3
有色金属冶炼和压延加工业	5.2	1.4	53.5
金属制品业	7.4	6.5	51.9
通用设备制造业	8.1	9.7	54.7
专用设备制造业	6.9	10.4	54.1
汽车制造业	4.9	2.4	66.4
铁路、船舶、航空航天和其他运输设备制造业	6.2	12.8	33.0
电气机械和器材制造业	7.1	3.1	53.7
计算机、通信和其他电子设备制造业	3.8	1.4	71.9
仪器仪表制造业	8.4	19.1	32.3
其他制造业	22.1	19.1	54.9
废弃资源综合利用业	17.2	1.1	75.3
金属制品、机械和设备修理业	11.6	7.2	52.7
电力、热力生产和供应业	-0.4	-4.6	64.9
燃气生产和供应业	8.8	11.1	65.7
水的生产和供应业	4.1	13.0	52.2

8-16 国有控股工业企业主要经济效益指标

（2022年）　　单位：%

项　目	总资产贡献率	成本费用利润率	资产负债率
总计	**9.3**	**4**	**62.0**
按轻重工业分			
轻工业	74	13.1	38.0
重工业	3.6	3	64.1
按企业规模分			
大型企业	13.6	4.5	64.6
中型企业	6.3	7.7	53.9
小型企业	2.3	0.8	59.7
微型企业	2.1	3.4	71.3
按行业分			
煤炭开采和洗选业	7.1	14.3	79.5
农副食品加工业	3.3	0.2	88.6
食品制造业	2	1.9	69.8
烟草制品业	101.6	21.5	30.9
纺织服装、服饰业	12.6	5.4	25.3
印刷和记录媒介复制业	3.2	0.4	31.5
化学原料和化学制品制造业	20.7	12.9	30.7
医药制造业	1.5	–5.7	39.9
橡胶和塑料制品业	8.1	–0.8	120.2
非金属矿物制品业	6.7	8	62.7
黑色金属冶炼和压延加工业	3	0.2	63.1
有色金属冶炼和压延加工业	–20.3	–33.5	41.3
金属制品业	11.9	11.3	52.8
通用设备制造业	10.3	14.6	56.5
专用设备制造业	6.2	11.3	55.6
汽车制造业	5.7	1.9	93.4
铁路、船舶、航空航天和其他运输设备制造业	5.7	6.9	51.2
电气机械和器材制造业	2.6	2.2	48.7
计算机、通信和其他电子设备制造业	–0.7	–2.8	76.0
仪器仪表制造业	5.7	9.8	65.7
电力、热力生产和供应业	0.5	–3	62.9
燃气生产和供应业	5.7	7.5	85.6
水的生产和供应业	3.9	12.9	46.9

8-17 公有制工业企业主要经济效益指标

（2022年）

单位：%

项　目	总资产贡献率	成本费用利润率	资产负债率
总计	**9.4**	**4.3**	**61.9**
按轻重工业分			
轻工业	70	13.1	38.1
重工业	3.6	3	64.2
按企业规模分			
大型企业	13.8	4.9	64.3
中型企业	6.4	7.4	54.4
小型企业	2.5	1.2	59.6
微型企业	1.4	-6.4	76.4
按行业分			
煤炭开采和洗选业	7	13.9	80.1
农副食品加工业	21.1	7.3	62.2
食品制造业	3.9	2.5	67.8
烟草制品业	100.7	21.1	31.0
纺织业	11.4	1.3	89.1
纺织服装、服饰业	12.6	5.4	25.3
印刷和记录媒介复制业	4.9	2.1	34.5
化学原料和化学制品制造业	18.6	12.9	30.7
医药制造业	4.3	6	42.1
橡胶和塑料制品业	8.1	-0.8	120.2
非金属矿物制品业	6.1	7	63.1
黑色金属冶炼和压延加工业	3	0.2	63.1
有色金属冶炼和压延加工业	-20.3	-33.5	41.3
金属制品业	10.9	8.8	51.9
通用设备制造业	10.2	14.4	56.4
专用设备制造业	6.2	11.3	55.6
汽车制造业	5.7	1.9	93.4
铁路、船舶、航空航天和其他运输设备制造业	5.8	7.2	50.3
电气机械和器材制造业	3.7	2.1	57.5
计算机、通信和其他电子设备制造业	-0.7	-2.8	76.0
仪器仪表制造业	5.7	9.8	65.7
电力、热力生产和供应业	0.5	-3	62.9
燃气生产和供应业	5.7	7.5	85.6
水的生产和供应业	3.9	12.4	47.7

8-18 非公有制工业企业主要经济效益指标

（2022年）　　单位：%

项　目	总资产贡献率	成本费用利润率	资产负债率
总计	**5.2**	**2.5**	**62.6**
按轻重工业分			
轻工业	7.8	5.8	54.0
重工业	4.8	2.2	63.9
按企业规模分			
大型企业	5.6	2.4	64.1
中型企业	3.8	2.3	59.3
小型企业	6	3.3	61.4
微型企业	2.7	1	65.9
按行业分			
煤炭开采和洗选业	7.1	6.4	110.4
有色金属矿采选业	-1.6	-12.3	68.6
非金属矿采选业	9.8	6.5	60.0
农副食品加工业	2.1	0.1	64.1
食品制造业	5.2	5.4	60.6
酒、饮料和精制茶制造业	21.5	9.4	66.0
纺织业	2.8	2.9	49.7
纺织服装、服饰业	6.1	2.8	57.9
皮革、毛皮、羽毛及其制品和制鞋业	0.1	-7.1	85.5
木材加工和木、竹、藤、棕、草制品业	1.1	-1.7	69.7
家具制造业	0.8	-1.1	72.3
造纸和纸制品业	7.5	2.5	52.1
印刷和记录媒介复制业	5.6	3.6	48.8
文教、工美、体育和娱乐用品制造业	4.9	2.1	54.9
石油、煤炭及其他燃料加工业	2.6	1.1	72.0
化学原料和化学制品制造业	7.7	5.0	50.6
医药制造业	11.0	15.7	32.8
化学纤维制造业	6.7	9.2	7.5
橡胶和塑料制品业	8.2	6.0	57.2
非金属矿物制品业	4.8	2.9	64.3
黑色金属冶炼和压延加工业	2.6	-0.3	89.5
有色金属冶炼和压延加工业	7.8	2.7	54.7
金属制品业	6.5	5.8	52.0
通用设备制造业	6.2	5.6	53.1
专用设备制造业	8.8	9.1	50.0
汽车制造业	4.6	2.7	55.4
铁路、船舶、航空航天和其他运输设备制造业	6.5	21.0	22.3
电气机械和器材制造业	7.4	3.2	53.5
计算机、通信和其他电子设备制造业	4.0	1.5	71.8
仪器仪表制造业	8.4	19.5	31.1
其他制造业	22.1	19.0	54.9
废弃资源综合利用业	17.2	1.1	75.3
金属制品、机械和设备修理业	11.6	7.2	52.7
电力、热力生产和供应业	-3.0	-9.0	70.2
燃气生产和供应业	10.3	12.6	56.0
水的生产和供应业	5.1	15.5	73.8

8-19 各区县（市）规模以上工业企业主要经济效益指标

（2022年）

单位：%

区县（市）	总资产贡献率	成本费用利润率	资产负债率
全市	**6.6**	**2.8**	**62.3**
中原区	4.5	3.4	59.0
二七区	1.7	1.9	70.4
管城区	4.5	4.2	49.1
金水区	4.2	2.7	53.6
上街区	-0.4	-4.3	47.4
惠济区	5.7	8.2	62.6
中牟县	5.1	2	67.6
巩义市	7.3	2.9	57.5
荥阳市	0.7	-3.6	70.3
新密市	1.9	0.2	73.8
新郑市	8.4	5.7	57.0
登封市	3.6	0.6	80.5
经开区	19.1	9.2	51.9
高新区	5.9	6.3	47.1
郑东新区	2.3	3.4	52.5
航空港区	3.3	1.1	74.7

8-20 各区县（市）国有控股工业企业主要经济效益指标

（2022年）

单位：%

区县（市）	总资产贡献率	成本费用利润率	资产负债率
全市	**9.3**	**4**	**62.0**
中原区	3.2	0.6	60.1
二七区	0	0.7	70.4
管城区	2.8	1.6	61.5
金水区	1.9	-0.8	54.6
上街区	-4.4	-9.6	45.5
惠济区	4.3	18.1	37.1
中牟县	10	4.1	78.7
巩义市	11	7.4	72.6
荥阳市	-4.1	-12.4	81.6
新密市	2.5	-1.4	84.6
新郑市	17.8	16.2	65.5
登封市	4	3.1	84.5
经开区	29	11.4	56.5
高新区	0.8	-3.6	57.5
郑东新区	1.6	9.1	42.8
航空港区	0.6	-0.7	68.3

8-21 各区县（市）公有制工业企业主要经济效益指标

（2022年） 单位：%

区县（市）	总资产贡献率	成本费用利润率	资产负债率
全市	**9.4**	**4.3**	**61.9**
中原区	3.2	0.6	60.1
二七区	0.1	0.7	70.0
管城区	4.1	2.6	57.6
金水区	2.2	-0.5	54.3
上街区	-4.3	-9.3	45.8
惠济区	4.3	17.8	38.3
中牟县	10	4.1	78.7
巩义市	12.5	8.5	76.1
荥阳市	-3.9	-12.1	80.9
新密市	2.5	-1.5	84.1
新郑市	17	15.6	64.7
登封市	3.9	2.6	84.7
经开区	29.3	11.7	55.9
高新区	1.1	-3	58.0
郑东新区	1.6	9.1	42.8
航空港区	0.6	-0.7	68.3

8-22 各区县（市）非公有制工业企业主要经济效益指标

（2022 年） 单位：%

区县（市）	总资产贡献率	成本费用利润率	资产负债率
全市	**5.2**	**2.5**	**62.6**
中原区	8.6	10.8	55.6
二七区	5.8	2.8	71.2
管城区	4.6	4.5	47.7
金水区	6.3	6	53.0
上街区	6.7	6	50.2
惠济区	6.4	6.8	74.9
中牟县	2.6	0.6	61.8
巩义市	7.2	2.8	57.2
荥阳市	2.6	0.2	65.9
新密市	1.7	0.6	68.4
新郑市	5.6	2.9	54.4
登封市	3.3	-0.4	75.4
经开区	8.5	7.2	47.7
高新区	7.9	8.3	42.4
郑东新区	3.7	2.3	71.9
航空港区	3.5	1.2	75.1

8-23 规模以上工业企业能源购进、消费与库存情况

（2022年）

能源名称	单位	年初库存量	购进实物量	工业生产消费量	年末库存量
原煤	吨	1103804	20474752	20540423	1006257
无烟煤	吨	8190	298802	286357	20575
一般烟煤	吨	1095614	20175950	20254066	985682
焦炭	吨	822	35093	35034	714
其它焦化产品	吨	679	56771	56459	1061
其他煤气	万立方米		8717	39269	
天然气	万立方米	495	182268	172365	6636
液化天然气	吨	163	25432	25367	77
氢气	万立方米	0.21	27	28	0.18
汽油	吨	76	13636	13680	64
煤油	吨	0.22	58	78	
柴油	吨	1668	29438	29808	1452
燃料油	吨	454	2909	2931	433
液化石油气	吨	0.44	1665	1665	0.40
润滑油	吨	108	13276	13168	192
石蜡	吨		95	95	
溶剂油	吨		326	326	
石油焦	吨	5704	359877	352513	13056
石油沥青	吨	1310	8120	8692	143
其它石油制品	吨	371	8622	2143	166
热力	百万千焦		11679481	14752930	
电力	万千瓦时		2731018	2410147	
城市生活垃圾（用于燃料）	吨	34365	2521098	2318485	16392
生物质能（用于燃料）	吨标准煤		32011	32011	
余热余压	百万千焦			4537870	
其他燃料	吨标准煤		139	139	
能源合计	吨标准煤		14106	21255980	

8-24 规模以上工业企业分行业综合能源消费量

行　业	综合能源消费量（吨标准煤）	比上年 ± %
总计	**13644198**	3.2
煤炭开采和洗选业	146479	7.9
有色金属矿采选业	1549	-5.0
非金属矿采选业	11099	50.0
农副食品加工业	84821	-7.4
食品制造业	153939	-2.3
酒、饮料及精制茶制造业	70549	-4.6
烟草制品业	16470	27.6
纺织业	10392	-8.6
纺织服装、服饰业	5687	-33.9
皮革、毛皮、羽毛及其制品和制鞋业	90	-37.8
木材加工和木、竹、藤、棕、草制品业	2383	-20.0
家具制造业	3205	-5.3
造纸和纸制品业	135805	-14.5
印刷和记录媒介复制业	13303	10.9
文教、工美、体育和娱乐用品制造业	5219	-11.2
石油、煤炭及其他燃料加工业	2742	-24.1
化学原料和化学制品制造业	160882	18.5
医药制造业	32547	0.5
化学纤维制造业	1787	21.9
橡胶和塑料制品业	47009	10.1
非金属矿物制品业	2436077	0.3
黑色金属冶炼和压延加工业	59884	-30.0
有色金属冶炼和压延加工业	2003527	10.7
金属制品业	138242	-20.3
通用设备制造业	50113	5.9
专用设备制造业	49217	1.4
汽车制造业	142768	-3.7
铁路、船舶、航空航天和其他运输设备制造业	7158	1.7
电气机械和器材制造业	66649	14.5
计算机、通信和其他电子设备制造业	217642	11.7
仪器仪表制造业	4208	11.1
其他制造业	18	-81.7
废弃资源综合利用业	1735	-44.1
金属制品、机械和设备修理业	1736	63.7
电力、热力生产和供应业	7481430	3.5
燃气生产和供应业	6385	-23.8
水的生产和供应业	70770	6.1

8-25 各区县（市）规模以上工业企业能源消费量

区县（市）	综合能源消费量（吨标准煤）	比上年 ± %
郑州市	13644198	3.2
中原区	303358	-13.1
二七区	152361	-1.0
管城区	31862	-5.4
金水区	8688	18.9
上街区	807527	-5.8
惠济区	68939	-6.3
中牟县	322977	-6.3
巩义市	3618544	7.9
荥阳市	2358899	10.9
新密市	2622645	9.4
新郑市	399246	-13.6
登封市	2249999	-5.1
经开区	304341	4.3
高新区	183022	-9.9
郑东新区	18008	-1.9
航空港实验区	193782	13.2

8-26 规模以上工业企业分行业

（2022年）

行业	原煤（吨）	其它洗煤（吨）	焦炭（吨）	其它焦化产品（吨）	其他煤气（万立方米）	天然气（万立方米）	液化天然气（吨）	氢气（万立方米）	汽油（吨）	煤油（吨）	柴油（吨）
总计	**20540423**	**38261**	**35034**	**56459**	**39269**	**172365**	**25367**	**28**	**13680**	**78**	**29808**
煤炭开采和洗选业	707635					417	4		109		1352
有色金属矿采选业											293
非金属矿采选业									8		4364
农副食品加工业						3062			86		184
食品制造业						4185	545		173		69
酒、饮料及精制茶制造业						2621			7		223
烟草制品业						593					2
纺织业						192			5		
纺织服装、服饰业						290			92		28
皮革、毛皮、羽毛及其制品和制鞋业											
木材加工和木、竹、藤、棕、草制品业						37			3		55
家具制造业						85	39		62		10
造纸和纸制品业						2297	1654		41		525
印刷和记录媒介复制业						91			63		21
文教、工美、体育和娱乐用品制造业						166			30		2
石油、煤炭及其他燃料加工业				1017		99					
化学原料和化学制品制造业	65881	38261				3448	1136		210		513
医药制造业						1240			475		21
化学纤维制造业						61					
橡胶和塑料制品业						1989			139		13
非金属矿物制品业	1211223		35034	55442		36211	19334		1638	1	9390
黑色金属冶炼和压延加工业						370	148		132		15
有色金属冶炼和压延加工业	883227				39269	48536	915	2	526		3748
金属制品业						3431	1233		801		450
通用设备制造业						1098	167		575	56	51
专用设备制造业						825	35		1700	1	309
汽车制造业						4097	147	23	3795	21	2088
铁路、船舶、航空航天和其他运输设备制造业						26			28		
电气机械和器材制造业						2006	11		578		511
计算机、通信和其他电子设备制造业						1550			426		8
仪器仪表制造业						5			372		14
其他制造业											
废弃资源综合利用业						7					25
金属制品、机械和设备修理业						9			166		2
电力、热力生产和供应业	17672457					53312		2	877		5065
燃气生产和供应业						5			429		45
水的生产和供应业									133		412

主要能源品种消费

燃料油（吨）	液化石油气（吨）	润滑油（吨）	石蜡（吨）	溶剂油（吨）	石油焦（吨）	石油沥青（吨）	其它石油制品（吨）	热力（百万千焦）	电力（万千瓦时）	城市生活垃圾（用于燃料）（吨）	生物质能（用于燃料）（吨标准煤）	余热余压（百万千焦）	其他燃料(吨标准煤)
2931	**1665**	**13168**	**95**	**326**	**352513**	**8692**	**2143**	**14752930**	**2410147**	**2318485**	**32011**	**4537870**	**139**
								46357	98029				
									913				
									3848				
								158442	31311				
								1182155	46544				
								269037	21992				
								3111	6891				
									6572				
									1404				
									73				
									1506				
									1671				
	10							2141996	24877				
								24739	9091				
	111								2327				
									262				
	3	6						1271986	16855				
				326					12271		96		
									790				
		16						28964	15895				
2322	674	63			352513	8692	10	6129	403871			4537870	135
		13							44323				
	584	11559					1571	9506511	637110				
	47	3							75419				
	137	81					25	6	27660				
	50	11					538	1081	28245				5
	49	102							64789				
									5507				
		1261	95						32274				
		50						111730	156802				
	1								2910				
									15				
									1318				
									1132				
609		2						687	564141	2318485	31915		
									4574				
									56936				

8-27 全社会用电量

（2022年）

行 业	用电量本年（万千瓦时）	比上年±%
全社会用电总计	**6237841**	**8.58**
全行业用电合计	4895774	5.4
第一产业	47114	13.33
第二产业	2978653	6.77
第三产业	1870007	3.12
城乡居民生活用电合计	1342067	21.97
城镇居民	986143	20.69
乡村居民	355924	25.67
全行业用电分类	**4895774**	**5.4**
农、林、牧、渔业	74292	9.05
工业	2871881	7.86
采矿业	129015	11.61
制造业	1903034	5.45
电力、热力、燃气及水生产和供应业	839832	13.12
建筑业	107679	-16.06
交通运输、仓储和邮政业	277701	-0.66
信息传输、软件和信息技术服务业	143991	23.17
批发和零售业	385151	10.68
住宿和餐饮业	75030	14.03
金融业	16191	6.5
房地产业	434980	-2.92
租赁和商务服务业	43395	-7.11
公共服务及管理组织	465483	-0.01
科学研究和技术服务业	28147	0.39
水利、环境和公共设施管理业	58774	-4.14
居民服务、修理和其他服务业	28493	-18.89
教育、文化、体育和娱乐业	166586	-9.17
卫生和社会工作	93487	6.01
公共管理和社会组织、国际组织	89996	-19.82

主要统计指标解释

因统计制度规定的口径调整、剔除重复数据、企业改革剥离、四经普单位清查等因素影响,规模以上工业企业利润总额、营业收入等财务指标和工业产品产量报告期数据与上年所公布的同指标数据不可比。

按照国家统计方法制度规定，1998年独立核算工业统计范围由原乡及乡以上调整为全部国有及年销售收入500万元及以上非国有工业企业（即新口径）。2007年起为规模以上工业企业,即年主营业务收入为500万元及以上的法人工业企业。2011年起为年主营业务收入为2000万元及以上的法人工业企业。同时，统计分类中的原经济组织类型分组相应地调整为按企业登记注册类型分组。

工业 指从事自然资源的开采，对采掘品和农产品进行加工和再加工的物质生产部门。具体包括：1.对自然资源的开采,如采矿、晒盐、森林采伐等（但不包括禽兽捕猎和水产捕捞）；2.对农副产品的加工、再加工，如粮油加工、食品加工、轧花、缆丝、纺织、制革等；3.对采掘品的加工、再加工，如炼铁、炼钢、化工生产、石油加工、机器制造、木材加工等，以及电力、自来水、煤气的生产和供应等；4.对工业品的修理、翻新，如机器设备的修理，交通运输工具（包括小卧车）的修理等。1984年以前农村的村及村以下办工业归属农业，1984年以后划归工业。

工业统计调查单位工业统计调查单位分为两类：独立核算法人工业企业和工业活动单位。

1. 独立核算法人工业企业是指从事工业生产经营活动的单位 。独立核算法人工业企业应同时具备以下条件：（1）依法成立，有自己的名称、组织机构和场所，能够承担民事责任；（2）独立拥有和使用资产，承担负债，有权与其他单位签订合同；（3）独立核算盈亏，并能够编制资产负债表。

2. 工业活动单位是指在一个场所从事一种或主要从事一种工业生产活动的经济单位。它包括独立核算工业企业按主营业务活动（即工业生产活动）划分的主营业务活动单位和非工业企业所属的工业生产活动单位（即原非独立核算工业生产单位）。工业活动单位，一般应同时具备以下三个条件：（1）具有一个场所，从事一种或主要从事一种工业活动；（2）单独组织工业生产、经营或业务活动；（3）单独核算收入和支出。

轻工业 主要是指生产消费资料的工业部门 。如：食品、纺织、皮革、造纸、日用化工、文教艺术体育用品工业等。

轻工业主要指提供生活消费品的工业部门，包括：①以农产品为原料的。如棉、毛、麻、丝的纺织及缝纫，皮革及其制品，纸浆及造纸，食品制造等工业；②以非农产品为原料的。如日用金属、日用化工、日用玻璃、日用陶瓷、化学纤维及其织品、火柴、生活用木制品等工业。轻工业产品大部门是生产消费品，一部分作为原料和半成品用于生产，如化学纤维、工业用布、纸张、盐等。

重工业 指为国民经济各部门提供物质技术基础的主要生产资料的工业。按其生产性质和产品用途，可以分为下列三类：1.采掘（伐）工业,是指对自然资源的开采，包括石油开采、煤炭开采、金属矿开采、非金属矿开采和木材采伐等工业；2.原材料工业，指向国民经济各部门提供基本材料、动力和燃料的工业。包括金属冶炼及加工、炼焦及焦炭化学、化工原料、水泥、人造板以及电力、石油和煤炭加工业等工业；3.加工工业，是指对工业原材料进行再加工制造的工业。包括装备国民经济各部门的机械设备制造工业、金属结构、水泥制品等工业，以及为农业提供的生产资料如化肥、农药等工业。

根据上述划分原则，修理业中以重工业产品为修理作业对象的划为重工业，反之划为轻工业。

工业增加值 指工业行业在报告期内以货币表现的工业生产活动的最终成果。

产品销售率 该指标反映工业产品已实现销售的程度，是分析工业产销衔接情况、研究工业产品满足社会需求的指标。计算公式为：

产品销售率=工业销售产值 / 工业总产值（现价）

营业收入 指企业从事销售商品、提供劳务和让渡资产使用权等生产经营活动形成的经济利益流入。

营业成本 指企业从事销售商品、提供劳务和让渡资产使用权等生产经营活动发生的实际成本。

销售成本 指企业在销售商品和材料、提供劳务的过程中发生的各种费用，包括保险费、包装费、展览费和广告费、商品维修费、预计产品质量保证损失、运输费、装卸费等以及为销售本企业商品而专设的销售机构（含销售网点、售后服务网点等）的职工薪酬、业务费、折旧费等经营费用。

税金及附加 指企业因从事生产经营活动按税法规定应缴纳的消费税、城市维护建设税、资源税、环境保护税、教育费附加、房产税、城镇土地使用税、车船税、印花税等相关税费。

利润总额 指企业在一定会计期间的经营成果，是生产经营过程中各种收入扣除各种耗费后的盈余，反映企业在报告期内实现的盈亏总额。

利税总额 指企业产品销售税金及附加、应交增值税和利润总额之和。

资产总计 指企业过去的交易或者事项形成的、由企业拥有或者控制的、预期会给企业带来经济利益的资源。包括企业拥有的土地、办公楼、厂房、机器、运输工具、存货等实物资产和现金、存款、应收账款和预付账款等金融资产。资产一般按流动性（资产的变现或耗用时间长短）分为流动资产和非流动资产。其中流动资产可分为货币资金、交易性金融资产、应收票据、应收账款、预付款项、其他应收款、存货等；非流动资产可分为长期股权投资、固定资产、无形资产及其他非流动资产等。

负债合计 指企业过去的交易或者事项形成的，预期会导致经济利益流出企业的现时义务。包括银行贷款、借款、应付账款、应付职工工资、应付职工福利费、应交税金等企业负有偿还责任的债务。

1. 流动负债指企业在一年内或者超过一年的一个营业周期内需要偿还的债务合计，其中包括短期借款、应付票据、应付账款、应付职工薪酬、应交税费等项目。

2. 长期负债指企业在一年以上或者超过一年的一个生产周期以上需要偿还的债务合计,其中包括长期借款、应付债务、长期应付款项等。

从业人员平均人数 是指报告期内平均拥有的从业人员人数。

应交增值税 按照税法规定，以销售货物、服务、无形资产、不动产或提供加工、修理修配劳务的增值额和货物进口金额为计税依据而课征的一种流转税。计算公式：

应交增值税＝销项税额－（进项税额－进项税额转出）－出口抵减内销产品应纳税额－减免税款+出口退税+简易计税

进项税额 指企业在报告期内购入货物或接受应税劳务而支付的、准予从销项税额中抵扣的增值税额。

销项税额 指企业在报告期内销售货物或提供应税劳务应收取的增值税额。

成本费用利润率 指在一定时期内实现的利润与成本费用之比,是反映工业生产成本及费用投入的经济效益指标,同时也是反映降低成本的经济效益的指标。计算公式：

$$\text{工业成本费用利用率（\%）}=\frac{\text{利润总额}}{\text{成本费用总额}}\times 100\%$$

总资产贡献率 该指标反映企业全部资产的获利能力，是企业经营业绩和管理水平的集中体现,是评价和考核企业盈利能力的核心指标。计算公式为：

$$\text{总资产贡献率}=（\text{利润总额+税金总额+利息支出}）/\text{平均资产总额}\times\frac{12}{\text{累计月数}}$$

税金总额为产品销售税金及附加与应交增值税之和；平均资产总额为期初期末资产总计的算术平均值。

资产负债率 该指标既反映企业经营风险的大小，也反映企业利用债权人提供的资金从事经营活动的能力。

计算公式为：资产负债率=负债合计 / 资产总计 × 100%

能源生产总量 指一定时期内，全国一次能源生产量的总和。该指标是观察全国能源生产水平、规模、构成和发展速度的总量指标。一次能源生产量包括原煤、原油、天然气、水电、核能及其他动力能(如风能、地热能等)发电量，不包括低热值燃料生产量、生物质能、太阳能等的利用和由一次能源加工转换而成的二次能源产量。

能源消费总量 指一定时期内，全国各行业和居民生活消费的各种能源的总和。该指标是观察能源消费水平、构成和增长速度的总量指标。能源消费总量包括原煤和原油及其制品、天然气、电力，不包括低热值燃料、生物质能和太阳能等的利用。能源消费总量分为终端能源消费量、能源加工转换损失量和能源损失量三部分。

九、建筑业

9-1 建筑业生产情况

（2022年）

指　标	合计	内资企业	国有	集体	港澳台投资企业	外商投资企业
全部建筑业企业个数（个）	2457	2454	12	9	1	2
有工作量的建筑业企业个数（个）	2226	2223	12	9	1	2
签订的合同额（千元）	1565036864	1560908178	55253775	112308	356895	3771791
上年结转合同额	860877162	856799052	27370440	30858	356895	3721215
本年新签合同额	704159702	704109126	27883335	81450		50576
承包工程完成情况（千元）						
直接从建设单位承揽工程完成的产值	537630016	537572958	25324320	68412	8993	48065
自行完成施工产值	533588275	533531217	25324320	68412	8993	48065
分包出去工程的产值	4041741	4041741				
从建设单位以外承揽工程完成的产值	18033693	16499514				1534179
建筑业总产值（千元）	551621968	550030731	25324320	68412	8993	1582244
装配式建筑工程产值	8429194	8427956	579064			1238
装饰装修产值	18465146	18454381				10765
在外省完成的产值	209828876	208287472	4725119			1541404
建筑工程产值	488590664	487045503	18526650	67807	8993	1536168
安装工程产值	42361562	42350797	1655463	405		10765
其他产值	20669742	20634431	5142207	200		35311
建筑业竣工产值（千元）	164333763	164181987	3330224	47405		151776
从事生产建筑业活动的从业人员平均人数（人）	833710	832560	26903	622	62	1088
年末从业人数	788802	787665	23142	445	85	1052
工程技术人员	129234	129070	3402	88	5	159
房屋建筑施工面积（平方米）	344693090	344693090	9150840	32130		
本年新开工面积	53732873	53732873	1810934	29769		
房屋建筑竣工面积（平方米）	49952007	49952007	648347	14580		
年末自有施工机械设备（净值）（千元）	8273580	8273580	112994	1768		
年末自有施工机械设备（总台数）（台）	99112	99112	2296	108		
年末自有施工机械设备（总功率）（千瓦）	3898168	3898168	140299	3495		

9-1 续表

指　标	合 计	房屋建筑业	土木工程建筑业	建筑安装业	建筑装饰、装修和其他建筑业	
						建筑装饰和装修业
全部建筑业企业个数(个)	2457	659	647	400	751	595
有工作量的建筑业企业个数(个)	2226	602	582	378	664	522
签订的合同额（千元）	1565036864	885810359	549622914	76613580	52990011	44261466
上年结转合同额	860877162	540605645	277045928	30531420	12694169	9650178
本年新签合同额	704159702	345204714	272576986	46082160	40295842	34611288
承包工程完成情况（千元）						
直接从建设单位承揽工程完成的产值	537630016	283517415	194402282	37681217	22029102	16377664
自行完成施工产值	533588275	282379464	192940027	36428316	21840468	16201891
分包出去工程的产值	4041741	1137951	1462255	1252901	188634	175773
从建设单位以外承揽工程完成的产值	18033693	2185410	5435774	2297163	8115346	7867084
建筑业总产值(千元)	551621968	284564874	198375801	38725479	29955814	24068975
装配式建筑工程产值	8429194	6446987	255959	1545972	180276	161123
装饰装修产值	18465146	5898516	129338	817109	11620183	11542254
在外省完成的产值	209828876	88968173	104356913	12659738	3844052	2885465
建筑工程产值	488590664	265868598	181421358	17197688	24103020	20618272
安装工程产值	42361562	11876616	13328484	14266896	2889566	2172359
其他产值	20669742	6819660	3625959	7260895	2963228	1278344
建筑业竣工产值（千元）	164333763	122238493	21209405	12649089	8236776	6996211
从事生产建筑业活动的从业人员平均人数（人）	833710	558323	169928	55756	49703	37703
年末从业人数	788802	545871	149857	51741	41333	31874
工程技术人员	129234	75046	34975	10823	8390	6448
房屋建筑施工面积（平方米）	344693090	315639113	17725611	9733418	1594948	872357
本年新开工面积	53732873	43910856	6414744	2531783	875490	273024
房屋建筑竣工面积（平方米）	49952007	30969766	1227403	818106	453049	483891
年末自有施工机械设备（净值）（千元）	8273580	2820142	4602455	581808	269175	87099
年末自有施工机械设备（总台数）（台）	99112	50343	31037	7162	10570	2935
年末自有施工机械设备（总功率）（千瓦）	3898168	1640954	2022702	134168	100344	37884

9–2 建筑业主要经济指标

（2022年）　　　　单位：千元

指标	合计	内资企业			港澳台投资企业	外商投资企业
			国有	集体		
年初存货	**60709091**	**60139512**	**3015041**	**61719**	**569390**	**189**
流动资产合计	488295845	485280460	29347803	231775	882869	2132516
应收账款	154558857	153209608	8463227	93035	95605	1253644
应收工程款	127991176	126641927	8081449	88520	95605	1253644
#存货	59858241	59282856	3894182	62696	575374	11
固定资产减值准备	30489	30489				
固定资产原价	38313638	38279534	1590245	105702	13244	20860
房屋和构筑物	7856221	7849055	454552	4269		7166
机器设备	12670372	12652016	485694	7557	13244	5112
累计折旧	20591241	20581815	881805	42537	702	8724
#本年折旧	2582799	2581716	182948	7308	133	950
在建工程	3131918	3131917	123939	5270		1
无形资产	4409458	4407938	280460	4864	33	1487
土地使用权	2033410	2033410	222716			
资产总计	581146612	578084901	31909701	312439	897445	2164266
流动负债合计	412182055	409867068	25521730	119797	825401	1489586
应付账款	150918760	149381784	11258517	83824	619851	917125
非流动负债合计	22222535	22208635	1568758	899	900	13000
负债合计	438005326	435556439	27090489	121690	826301	1622586
所有者权益合计	143141286	142528462	4819212	190749	71144	541680
实收资本	83682613	83391339	3060137	117142	21880	269394
个人资本	15755160	15695766				59394

9-2 续表 1

指　标	合计	内资企业	国有	集体	港澳台投资企业	外商投资企业
损益及分配						
营业收入	424531875	424242657	23502658	67439	5456	283762
主营业务收入	422246308	421957090	23350303	65566	5456	283762
营业成本	391698119	391447790	21984379	59282	5624	244705
主营业务成本	388260716	388010387	21909277	57631	5624	244705
营业税金及附加	1285882	1281464	57404	316	16	4402
主营业务税金及附加	1178368	1173950	52120	297	16	4402
其他业务利润	493043	493043	61810	27		
销售费用	794632	794632	6882	101		
管理费用	12437573	12425949	579800	16911	1069	10555
研发费用	8154803	8141559	236299			13244
财务费用	3854938	3846869	171242	-54	-7	8076
利息收入	482708	483890	16138	-32	-7	-1175
利息支出	3269287	3260096	113179	4		9191
资产减值损失	-495679	-436509	-43250			-59170
公允价值变动收益	618	618				
投资收益	219924	219924	7377			
其他收益	168862	168613	1154			249
营业利润	8525659	8583032	449640	-9064	-1231	-56142
营业外收入	359146	354115	20391	1873	31	5000
营业外支出	374476	374335	15099	2864	16	125
利润总额	8532101	8584584	454932	-10055	-1216	-51267
所得税费用	1536254	1545162	54288	219		-8908
应付职工薪酬(本年贷方累计发生额	68999636	68950086	3769273	30203	2850	46700
应交增值税	6104238	6082359	350719	5081		21879
建筑业企业在境外完成的营业收入	7516629	7516629	42427			

9-2 续表 2

单位：千元

指　标	合 计	房屋建筑业	土木工程建筑业	建筑安装业	建筑装饰、装修和其他建筑业	建筑装饰和装修业
年初存货	**60709091**	**34482746**	**20080155**	**3366906**	**2779284**	**1857476**
流动资产合计	488295845	252731684	160509016	40845273	34209872	24814333
应收账款	154558857	77728243	45581908	16510475	14738231	9847785
应收工程款	127991176	70793505	31252672	13186799	12758200	8767935
存货	59858241	33433979	20277778	3220168	2926316	2108985
固定资产减值准备	30489	10312	2077	2661	15439	5618
固定资产原价	38313638	13936881	19506490	2209631	2660636	1016561
房屋和构筑物	7856221	4721968	2374324	410007	349922	183916
机器设备	12670372	4151419	6816279	563412	1139262	181779
累计折旧	20591241	6530245	11343536	1178675	1538785	523947
本年折旧	2582799	654662	1445176	138800	344161	213599
在建工程	3131918	1058900	1149368	455788	467862	411349
无形资产	4409458	2519323	1504744	320037	65354	41749
土地使用权	2033410	1080821	798797	133338	20454	20454
资产总计	581146612	309215959	189617623	44568842	37744188	26981185
流动负债合计	412182055	225514666	134320641	28742833	23603915	16777265
应付账款	150918760	80387561	48150413	13230614	9150172	5683117
非流动负债合计	22222535	14562130	7117535	203663	339207	233707
负债合计	438005326	242058622	142039635	29449075	24457994	17430218
所有者权益合计	143141286	67157337	47577988	15119767	13286194	9550967
实收资本	83682613	40488860	27221485	7949939	8022329	5769165
个人资本	15755160	7771957	3768102	1600726	2614375	1709850

9-2 续表 3

单位：千元

指　标	合 计	房屋建筑业	土木工程建筑业	建筑安装业	建筑装饰、装修和其他建筑业	建筑装饰和装修业
损益及分配						
营业收入	424531875	199420342	164990475	32628054	27493004	21073082
主营业务收入	422246308	198300889	164084826	32454853	27405740	21023169
营业成本	391698119	184764430	152558159	29373827	25001703	19318354
主营业务成本	388260716	183513833	150715657	29229750	24801476	19168865
营业税金及附加	1285882	612752	408888	96012	168230	144649
主营业务税金及附加	1178368	551376	372666	91889	162437	140379
其他业务利润	493043	281091	181780	17308	12864	5468
销售费用	794632	151168	280358	167092	196014	126884
管理费用	12437573	4687505	4719930	1462339	1567799	1206105
研发费用	8154803	4094415	3073581	701176	285631	223126
财务费用	3854938	2785003	788907	110658	170370	121462
利息收入	482708	285317	178825	12195	6371	5783
利息支出	3269287	2527529	580585	53185	107988	61942
资产减值损失	-495679	-251481	-197536	-40516	-6146	-8247
公允价值变动收益	618	5939	-4880	-414	-27	-27
投资收益	219924	446407	-229742	-20343	23602	22443
其他收益	168862	78619	74660	11837	3746	2611
营业利润	8525659	3104131	3774165	1019792	627571	407425
营业外收入	359146	158782	129554	50180	20630	10871
营业外支出	374476	212138	97908	35084	29346	16823
利润总额	8532101	3050763	3828823	1033700	618815	401432
所得税费用	1536254	566110	747592	146191	76361	38641
应付职工薪酬（本年贷方累计发生额）	68999636	38474457	22061850	5216444	3246885	2605000
应交增值税	6104238	2938913	1943535	562658	659132	434570
建筑业企业在境外完成的营业收入	7516629	402595	6750717	316781	46536	29483

9–3 建筑业企业房屋建筑工程完成情况

（2022年） 单位：万平方米

指　标	房屋建筑竣工面积	
	2021年	2022年
合计	**5412.77**	**4995.2**
住宅房屋	3940.89	3349.92
商业及服务用房屋	527.96	450.91
办公用房屋	211.07	190.82
科研、教育、医疗用房屋	239.71	383.45
文化、体育、娱乐用房屋	102.11	95.09
厂房及建筑物	244.73	363.42
仓库	62.00	54.59
其他未列明的房屋建筑物	84.31	107.02

9–4 各县（市）区建筑业企业个数

（2022年）

区县(市)	企业个数（个）			年末从业人数（人）	从事建筑业活动的平均人数		
		国有控股	集体控股			国有控股	集体控股
郑州市	**2457**	**111**	**28**	**788802**	**833710**	**370985**	**19370**
中原区	191	18	6	117797	100406	37947	3325
二七区	188	14	4	104207	105429	77727	250
管城区	207	8	1	46017	56258	8168	13456
金水区	656	18	4	104595	116931	27513	324
上街区	31	3	1	3879	3932	494	65
惠济区	97	3		30292	39784	3094	
中牟县	56	3	1	8686	13676	2270	675
巩义市	84	4	3	5265	7428	822	342
荥阳市	53	5		14238	21655	698	
新密市	70	2		13280	15269	4195	
新郑市	70	1	2	6792	7161	1998	87
登封市	33		2	3095	3134		215
经开区	138	10		190019	191780	178278	
高新区	190	8	1	33967	40707	15248	310
郑东新区	351	12	3	100556	103262	12446	321
航空港实验区	42	2		6117	6898	87	

9-5 各县（市）区建筑业合同及承包工程完成情况

（2022年）

单位：千元

区 县（市）	签订的合同额	上年结转合同额	本年新签合同额	直接从建设单位承揽工程完成的产值	自行完成施工产值	分包出去工程的产值	从建设单位以外承揽工程完成的产值
郑州市	**1565036864**	**860877162**	**704159702**	**537630016**	**533588275**	**4041741**	**18033693**
中原区	145801300	68867877	76933423	54689982	54187987	501995	8059442
二七区	145488543	72023318	73465225	43129596	43004706	124890	343565
管城区	46706570	29224493	17482077	26578405	26510840	67565	661700
金水区	172646349	86917922	85728427	82511916	82099688	412228	800381
上街区	3724680	1135830	2588850	2172179	2079209	92970	81038
惠济区	28337774	14190766	14147008	20244106	20181265	62841	219087
中牟县	28147821	9526641	18621180	7804359	7766106	38253	328434
巩义市	6804386	2012123	4792263	3656356	3593877	62479	56421
荥阳市	18792592	12335914	6456678	9771610	9748402	23208	120330
新密市	7326794	2131442	5195352	5557812	5554458	3354	14515
新郑市	66272015	48049047	18222968	13700595	13677478	23117	80794
登封市	2500203	727250	1772953	1336579	1332981	3598	15433
经开区	608068893	326685307	281383586	183657600	183607572	50028	182692
高新区	118867039	83600345	35266694	28976530	28902617	73913	4351745
郑东新区	156466541	97510271	58956270	51699886	49207537	2492349	2668706
航空港实验区	9085364	5938616	3146748	2142505	2133552	8953	49410

9-6 各县（市）区企业总产值

（2022年）

单位：千元

区 县（市）	建筑业总产值			建筑工程产值		
		国有控股	集体控股		国有控股	集体控股
郑州市	**551621968**	**347043880**	**13261798**	**488590664**	**320333910**	**12137058**
中原区	62247429	36181147	2913377	45647551	24491354	2339355
二七区	43348271	35792636	142349	38689883	32703192	131433
管城区	27172540	4429910	9000210	25557139	4305362	9000210
金水区	82900069	35982318	70125	70135917	29453092	58296
上街区	2160247	68295	4682	1889246	62447	4682
惠济区	20400352	2071806		17250482	1761783	
中牟县	8094540	6217919	164360	7801090	6204769	164360
巩义市	3650298	789270	207756	3059038	730166	110700
荥阳市	9868732	558636		8344456	279176	
新密市	5568973	1447725		4377981	1446022	
新郑市	13758272	12001310	14682	13400558	12001310	14682
登封市	1348414		89600	1250652		89600
经开区	183790264	175245753		178665484	171356720	
高新区	33254362	20623417	446818	29439419	20459903	114276
郑东新区	51876243	15364108	207839	41350830	14808984	109464
航空港实验区	2182962	269630		1730938	269630	

9–7 各县（市）区建筑业竣工产值

（2022年）　　单位：千元

区县(市)	竣工产值	国有控股	集体控股
郑州市	**164333763**	**73168177**	**4056363**
中原区	19073124	5617313	14226
二七区	4324951	1856735	32673
管城区	12025960	66437	3582870
金水区	25854713	8139218	15598
上街区	1504315	9684	4682
惠济区	6641936	326635	
中牟县	614047		122510
巩义市	1215910	9256	171056
荥阳市	4052766	264273	
新密市	2629883	908765	
新郑市	1156466		
登封市	688661		85400
经开区	52913100	49825418	27348
高新区	6019962	954076	
郑东新区	24831301	5190367	
航空港实验区	786668		

9–8 各县（市）区建筑业全员劳动生产率

（2022年）　　单位：元/人

区县(市)	劳动生产率	国有控股	集体控股
郑州市	**661647**	**935466**	**684657**
中原区	619957	953465	876204
二七区	411161	460492	569396
管城区	482999	542349	668862
金水区	708966	1307830	216435
上街区	549402	138249	72031
惠济区	512778	669621	
中牟县	591879	2739171	243496
巩义市	491424	960182	607474
荥阳市	455725	800338	
新密市	364724	345107	
新郑市	1921278	6006662	168759
登封市	430253		416744
经开区	958339	982991	
高新区	816920	1352533	1441348
郑东新区	502375	1234462	647474
航空港实验区	316463	3099195	

9-9 各县（市）区建筑业施工、竣工面积

（2022年）

单位：平方米

区 县(市)	施工面积	国有控股	集体控股	竣工面积	国有控股	集体控股
郑州市	**344693090**	**203791156**	**16124680**	**49952007**	**15074651**	**1150793**
中原区	25704542	5764381	2000	9125194	296890	2000
二七区	7112180	2371208		1428957	87756	
管城区	28940697	55306	15855023	4084321		1122054
金水区	34403555	9071361	10780	6502029	1872796	12004
上街区	749764			624801		
惠济区	17371324	2543699		3594197		
中牟县	2984336	2656654	102830	66694		
巩义市	1163491	228368	9528	262190		
荥阳市	7025063	100000		2367409	100000	
新密市	1450588	372272		945279	201875	
新郑市	3182646	1959390		410900		
登封市	606092		19350	146658		1800
经开区	150509952	145669738		12573925		
高新区	6925745	1441765	80169	886743	182469	12935
郑东新区	56018897	31557014	45000	6632507	545785	
航空港实验区	544218			300203		

9-10 各县（市）区建筑业自有机械设备情况

（2022年）

单位：千瓦、千元

区 县(市)	总功率	国有控股	集体控股	设备净值	国有控股	集体控股
郑州市	**3898168**	**2093625**	**15382**	**8273580**	**4295810**	**25971**
中原区	372617	136492	6528	520379	165262	5498
二七区	144548	91989	287	339106	217299	175
管城区	336407	205284	4966	505765	39700	12420
金水区	1070557	94778	715	1582124	187802	612
上街区	2762	2	2	33417	1800	66
惠济区	83292	577		187503	1789	
中牟县	24882	60	84	20607	67	2700
巩义市	7134			19792		
荥阳市	11236			28614		
新密市	44741	12587		122678	11075	
新郑市	80794	65995		49272	7230	
登封市	9184			21711		
经开区	1086392	1071108		1885439	1787614	
高新区	399696	364319	2800	1653016	1616979	4500
郑东新区	222564	50434		1253419	259193	
航空港实验区	1362			50738		

9-11 各县（市）区建筑业实收资本及资产合计

（2022年）

单位：千元

区 县(市)	实收资本			资产合计		
		国有控股	集体控股		国有控股	集体控股
郑州市	**83682613**	**30180654**	**1427894**	**581146612**	**324255881**	**15636527**
中原区	9351340	5380310	383981	65402096	42804171	3743820
二七区	5972071	2717513	71384	43647981	31237696	202414
管城区	5692662	1550560	570000	41897021	4975913	9698311
金水区	15932374	3018326	44880	78642515	24442082	313267
上街区	535971	58986	4000	3951906	125345	14834
惠济区	3289306	41000		14297843	1223264	
中牟县	1784907	629180	160000	10840542	6124557	383421
巩义市	863939	5658	110000	3049655	487993	451243
荥阳市	1960630	27207		8650668	163430	
新密市	1031727	111500		6364248	1772550	
新郑市	2618953	1000000	53000	14923488	5827274	118261
登封市	807668		8000	2435404		276756
经开区	14667346	11849294		161650600	151010395	
高新区	6230266	1527892	3649	45538183	21652466	183577
郑东新区	11585760	2175728	19000	74616110	32152921	250623
航空港实验区	1357693	87500		5238352	255824	

9-12 各县（市）区建筑业流动资产及固定资产原价

（2022年）

单位：千元

区 县(市)	流动资产合计			固定资产原价		
		国有控股	集体控股		国有控股	集体控股
郑州市	**488295845**	**262419315**	**13187251**	**38313638**	**19987403**	**1977295**
中原区	57267418	37265827	3399427	4289974	2007779	756606
二七区	37102364	25630836	165183	2203037	1558506	48710
管城区	70246437	22223986	289815	5055610	1771195	33507
金水区	35435907	3847620	8100448	3043497	618774	637922
上街区	3709859	107659	9152	282962	12946	946
惠济区	12477195	1206516		948341	24751	
中牟县	9177033	4937250	266546	648526	163990	117666
巩义市	2434497	484381	205413	493280	897	258323
荥阳市	7810015	135988		823394	53521	
新密市	5744541	1695827		412499	120002	
新郑市	13724519	5514453	79930	865944	324496	55160
登封市	1784706		242592	338363		60512
经开区	128898809	119618219		10076524	9320214	
高新区	39705195	18295193	182227	4261626	2727567	1383
郑东新区	58210333	21200039	246518	3997157	1282765	6560
航空港实验区	4567017	255521		572904		

9-13 各县（市）区建筑业负债合计及主营业务收入

（2022年）

单位：千元

区县(市)	负债总计	国有控股	集体控股	主营业务收入	国有控股	集体控股
郑州市	**438005326**	**268747191**	**12081121**	**422246308**	**272394295**	**9654526**
中原区	47909757	32584841	2713754	51123794	30275018	3437533
二七区	34169397	25894730	105239	36042614	29094344	143345
管城区	32316106	3231049	7996396	19791906	4346260	5220672
金水区	52777441	19317502	224656	56557720	20402221	110206
上街区	3141650	95803	10811	1660585	79506	3630
惠济区	9321569	576131		7808768	607550	
中牟县	7881196	5202540	157399	7106555	5257560	164458
巩义市	2045239	475220	397638	3000983	420270	158243
荥阳市	5699167	101822		4953818	87902	
新密市	3789766	1547030		4618941	1352790	
新郑市	11860344	4731069	20910	9087285	7529192	14022
登封市	1136927		178749	959330		8111
经开区	134236653	127717473		149591776	144211198	
高新区	37172139	20529389	178583	25562796	14780107	195850
郑东新区	51614691	26575538	96986	42506558	13815477	198456
航空港实验区	2933284	167054		1872879	134900	

9-14 各县（市）区建筑业利润、利税总额

（2022年）

单位：千元

区县(市)	利润总额	国有控股	集体控股	利税总额	国有控股	集体控股
郑州市	**8532101**	**5188412**	**316961**	**15814707**	**7928547**	**556323**
中原区	1290390	959169	130541	2623687	1556689	203621
二七区	1144481	1182466	-5904	1593208	1486110	253
管城区	390772	115161	134223	874432	214637	256850
金水区	990100	479459	-980	2187717	774631	7256
上街区	-40579	-810	-618	13063	2544	-369
惠济区	289099	169099		627498	207074	
中牟县	243064	191866	10026	375300	254733	17547
巩义市	344518	10368	14557	429853	11905	22099
荥阳市	110525	-12985		265285	-9705	
新密市	119559	-44764		331375	-3126	
新郑市	6556	26921	-367	110761	76287	917
登封市	43957		-4439	87571		-3820
经开区	2570937	2368513		3810138	3447594	
高新区	201545	99579	2524	618159	174245	7536
郑东新区	791499	-357063	37398	1769599	-266814	44433
航空港实验区	35678	1433		97061	1743	

主要统计指标解释

签订合同额 指建筑业企业在报告期直接同建设单位签订的各种国内工程合同的总价款和以前年度同建设单位签订的各种国内工程合同的未完工程跨入本年度继续施工工程合同的总价款余额。

上年结转合同额 指以前年度同建设单位签订合同的未完工程跨入本年度继续施工工程合同的总价款余额。

本年新签合同额 指建筑业企业在报告期内同建设单位直接新签订的各种国内工程合同的总价款，不包括与其他建筑业企业新签的分包合同额。

建筑业总产值 指以货币表现的建筑业企业在一定时期内生产的建筑业产品和服务的总和。建筑业总产值包括建筑工程产值、安装工程产值和其他产值三部分内容。

装配式建筑工程产值 指用货币表现的用预制部品部件在工地装配而成的建筑产品产值。目前，装配式建筑工程类型主要包括装配式混凝土建筑、装配式钢结构建筑、装配式木结构建筑等。

房屋施工面积 指报告期内施工的全部房屋建筑面积。包括本期新开工的房屋建筑面积、上期跨入本期继续施工的房屋建筑面积、上期停缓建在本期恢复施工的房屋建筑面积、本期竣工的房屋建筑面积以及本期施工后又停缓建的房屋建筑面积。多层建筑应填各层建筑面积之和。

房屋新开工面积 指报告期内新开工建设的房屋建筑面积，以单位工程为核算对象，即整栋房屋的全部建筑面积，不能分割计算。不包括在上期开工跨入报告期继续施工的房屋建筑面积和上期停缓建而在本期恢复施工的房屋建筑面积。房屋的开工应以房屋正式开始破土刨槽（地基处理或打永久桩）的日期为准。

房屋竣工面积 指报告期内房屋建筑按照设计要求已全部完工，达到住人和使用条件，经验收鉴定合格或达到竣工验收标准，可正式移交使用的各栋房屋建筑面积的总和。竣工面积以房屋单位工程（栋）为核算对象，在整栋房屋符合竣工条件后按其全部建筑面积一次性计算，而不是按各栋施工房屋中已完成的部分或层次分割计算。

从事建筑业活动的平均人数 指建筑业企业(或单位)报告期实际拥有的、与建筑施工活动有关的人员的平均人数，包括参加本企业(或单位)建筑施工活动的非本企业(或单位)人员，但不包括企业内部社会服务性机构的人员以及由本企业支付工资但所从事的工作与本企业生产基本无关的人员。

资产总计 指企业过去的交易或者事项形成的、由企业拥有或者控制的、预期会给企业带来经济利益的资源。包括企业拥有的土地、办公楼、厂房、机器、运输工具、存货等实物资产和现金、存款、应收账款和预付账款等金融资产。资产一般按流动性（资产的变现或耗用时间长短）分为流动资产和非流动资产。其中流动资产可分为货币资金、交易性金融资产、应收票据、应收账款、预付款项、其他应收款、存货等；非流动资产可分为长期股权投资、固定资产、无形资产及其他非流动资产等。根据会计"资产负债表"中"资产总计"项目的期末余额数填报。

流动资产合计 资产满足以下条件之一应归为流动资产：（1）预计在一个正常营业周期中变现、出售或耗用，主要包括存货、应收账款等；（2）主要为交易目的而持有；（3）预计在资产负债表日起一年内（含一年）变现；（4）自资产负债表日起一年内，交换其他资产或清偿负债的能力不受限制的现金或现金等价物。包括货币资金、应收票据、应收账款、存货等项目。根据会计"资产负债表"中"流动资产合计"项目的期末余额数填报。

固定资产原价 指固定资产的成本，包括企业在购置、自行建造、安装、改建、扩建、技术改造某项固定资产时所发生的全部支出总额。根据会计"固定资产"科目的期末借方余额填报。

负债合计 指企业过去的交易或者事项形成的，预期会导致经济利益流出企业的现时义务。包括银行贷款、借款、应付账款、应付职工工资、应付职工福利费、应交税金等企业负有偿还责任的债务。根据会计"资产负债表"中"负债合计"项目的期末余额数填报。包括银行贷款、借款、应付账款、应付职工工资、应付职工福利费、应交税金等企业负有偿还责任的债务。

实收资本 指企业各投资者实际投入的资本（或股本）总额，包括货币、实物、无形资产等各种形式的投入。实收资本按投资主体可分为国家资本、集体资本、法人资本、个人资本、港澳台资本和外商资本。根据会计资产负债表中"所有者权益"项下"实收资本"的期末余额数填报。

主营业务收入 指企业经营主要业务所实现的收入。如果会计“利润表”列示“主营业务收入”项目，则根据其本年累计数填报；或者，根据会计“主营业务收入”科目的本年各月贷方余额（结转前）之和填报，如未设置该科目，以“营业收入”代替填报。

利润总额 指企业在一定会计期间的经营成果，是生产经营过程中各种收入扣除各种耗费后的盈余，反映企业在报告期内实现的盈亏总额。利润总额为营业利润加上营业外收入，减去营业外支出后的金额，根据会计“利润表”中“利润总额”项目的本年累计数填报。

应付职工薪酬（本年贷方累计发生额） 指企业为获得职工提供的服务或解除劳动关系而给予的各种形式的报酬或补偿。包括职工工资、奖金、津贴和补贴，职工福利费，医疗保险费、养老保险费、失业保险费、工伤保险费和生育保险费等社会保险费，住房公积金，工会经费和职工教育经费，带薪缺勤，利润分享计划，非货币性福利，辞退福利和其他为获得职工提供的服务而给予的报酬或补偿。如果企业财务报告附注中包含“应付职工薪酬”项目，则根据其“应付职工薪酬列示”部分的合计项的本期增加额填报。或者，执行企业会计准则或《小企业会计准则》的企业，根据会计“应付职工薪酬”科目的本年贷方累计发生额填报；执行其他企业会计制度的企业，应将本年上述职工薪酬包含的项目归并填报。

应交增值税 指按照税法规定，以销售货物、服务、无形资产、不动产或提供加工、修理修配劳务的增值额和货物进口金额为计税依据而课征的一种流转税。填报本指标时，应按权责发生制核算企业本期应负担的增值税，有两种计算方法，可选其一，一旦确定，原则上不得更改。

十、交通运输和邮电通讯

10-1 公路路线年底到达数

（2022年）

单位：公里

指 标	合计	干线公路	1.国道	2.省道	农村公路	3.县道	4.乡道	5.村道
总里程	**13491.986**	**1580.563**	**500.426**	**1080.137**	**11911.423**	**1636.634**	**3500.461**	**6774.328**
按技术等级分								
等级公路								
高速	681	1573.651	495.929	1077.722	11853.039	1634.603	3482.728	6735.708
一级	723.04	718.95	280.944	438.006	4.09	4.09		
二级	2105.109	576.72	165.858	410.862	1528.389	813.589	437.945	276.855
三级	1652.435	165.458	25.763	139.695	1486.977	438.14	790.197	258.64
四级	8946.106	112.523	23.364	89.159	8833.583	378.784	2254.586	6200.213
等外公路	65.296	6.912	4.497	2.415	58.384	2.031	17.733	38.62
按路面等级分								
有铺装路面里程								
合计	13055.731	1572.602	480.149	1049.631	11483.129	1628.214	3390.205	6464.71
沥青混凝土	4615.805	1377.21	465.832	911.378	3238.595	1243.637	1284.843	710.115
水泥混凝土	8397.104	152.57	14.317	138.253	8244.534	384.577	2105.362	5754.595
简易铺装路面里程	411.783	43.871	15.78	28.091	367.912	6.389	92.261	269.262
未铺装路面里程	67.294	6.912	4.497	2.415	60.382	2.031	17.995	40.356

10-2 公路桥梁年底到达数

（2022年）

指 标	总计		永久性		特大桥		大桥		中桥		小桥	
	座	延米	座	延米	座	延米	座	延米	座	延米	座	延米
序 号	1	2	8	9	14	15	16	17	18	19	20	21
合计	2271	269243.62	2271	269243.62	16	39003.09	670	164486.23	910	52212.41	675	13542.89
高速公路	1144	157906	1144	157906	8	9746	467	113893	539	31509	130	2759
普通干线公路	427	82017.01	427	82017.01	7	28207.09	153	42582.34	153	9015.43	114	2212.15
农村公路	700	29320.61	700	29320.61	1	1050	50	8010.89	218	11687.98	431	8571.74

10–3 民用车辆拥有量

（2022年）

单位：辆

指　标	总 计	营运	非营运	校车	进口	个人	新注册	报废
合计	**5332596**	**298217**	**5033219**	**1160**	**254314**	**4839653**	**373167**	**621997**
汽车	**4706041**	**245908**	**4458973**	**1160**	**245304**	**4285070**	**329554**	**464390**
载客汽车	4417541	68326	4348055	1160	244715	4127265	309944	224413
#大型	17354	12889	3734	731	154	81	867	20527
中型	4264	432	3403	429	212	952	117	11035
小型	4366154	54980	4311174		242924	4098268	308960	146817
微型	29769	25	29744		1425	27964		46034
#轿车	2647975	52234	2595741		92281	2497334	179291	83935
载货汽车	262518	167156	95362		588	133423	19610	153619
#重型	61541	57803	3738		39	14915	3078	48906
中型	4736	2808	1928		3	2095	221	23810
轻型	196013	106480	89533		546	116413	16311	58287
微型	228	65	163			172		22616
#普通载货	88600	32338	56262		358	67539	4304	55841
其它汽车	25982	10426	15556		1	24382		86358
#三轮汽车	15471	5108	10363		1	14534		64588
低速货车	10511	5318	5193			9848		21770
摩托车	**547693**	**15**	**547678**		**7976**	**539814**	**40591**	**132677**
普通	531506	15	531491		7963	523735	40357	122561
轻便	16187		16187		13	16079	234	10116
拖拉机	**1**		**1**			**1**		**21**
挂车	**27209**	**25723**	**1486**		**31**	**3281**	**711**	**11059**
其他类型车	**51652**	**26571**	**25081**		**1003**	**11487**	**2311**	**13850**

补充资料：机动车驾驶员（29）5155413 人，其中汽车驾驶员（30）5134212 人。

10-4 邮电通信行业基本情况

（2022年）

指　标	单位	本年实际	指　标	单位	本年实际
邮政业网点及邮递线路			订销报刊期发数	万份	93
营业网点	处	244	期刊数	万份	
邮政局所	处	244	订销报刊累计数	万份	15738
邮政信筒信箱	个	276	期刊数	万份	
邮路条数	条		固定电话主叫通话时长（含IP）	亿分钟	5.55
邮路总长度	公里	643639	移动电话通话时长合计	亿分钟	440
汽车邮路	公里	63723	去话通话时长	亿分钟	240.04
铁路邮路	公里	8558	移动短信业务量	亿条	
航空邮路	公里	43979	移动电话年末用户	万户	1780
农村投递线路总长度	公里	16294	4G移动电话用户	万户	953
城市投递线路总长度	公里	34791.7	5G移动电话用户	万户	827
通信业务量			固定电话年末用户	万户	132
邮电业务总量	万元	4040647.6	住宅电话用户	万户	
邮政业务总量	万元	1709489.9	（固定）互联网宽带接入用户	万户	563
电信业务总量	万元	2331157.7	**电信主要通信能力**		
函件	万件	0.13	光缆线路长度	公里	
包裹	万件	20	长途光缆线路长度	公里	
汇票（汇兑）	万笔	6	固定长途电话交换机容量	万门	
快递	万件	148490	局用电话交换机容量	万门	
国内同城快递	万件	19157	移动电话交换机容量	万门	
国内异地快递	万件	128197	移动电话基站	万个	11.82
国际及港澳台快递	万件	1136	(固定）互联网宽带接入端口	万个	1122
快递业务收入	亿元	131.14			

10-5 电话用户情况

（2022年）

区县（市）	单位	移动电话用户期末数	本地电话用户期末数
市区	户	11235066	714338
上街区	户	233623	31290
中牟县	户	1248562	47491
巩义市	户	852944	57542
荥阳市	户	840836	71353
新密市	户	915030	46107
新郑市	户	1142519	42697
登封市	户	740742	62468

10-6 社会客货运输量

（2022年）

指　标	单位	总计	铁路	航空	公路	天然气管道
货运量	万吨	20087	1346	31	18584	126
货运周转量	万吨公里	8664785	1793994	186672	6683994	126
客运量	万人	4469	2869	263	1338	
客运周转量	万人公里	1267188	742898	404390	119900	
换算周转量	万吨公里	9448766	2536892	215765	6695984	126

注：1.天然气管道外购量：180198万立方；2.换算货运量周转量126万吨；3.换算比例0.7千克。

10-7 新郑国际机场运输生产情况

（2022 年）

指　标	单位	2022年累计		
		累计	去年同期	增长（%）
旅客吞吐量	**人次**	**9221674**	**18954907**	**-51.4**
航线				
国内航线	人次	9177085	18910562	-51.5
国际地区航线	人次	44589	44445	0.3
货邮吞吐量	**吨**	**624654**	**704749**	**-11.4**
航线				
国内航线	吨	102571	159583	-35.7
国际地区航线	吨	522083	545166	-4.2
总起降架次	**架次**	**94427**	**161163**	**-41.4**
其中运输飞行架次	**架次**	**93588**	**160410**	**-41.7**
航线				
国内航线	架次	82395	149483	-44.9
国际地区航线	架次	11193	10927	2.4

主要统计指标解释

公路里程 指在一定时期内实际达到《公路工程技术标准TJ01-88》规定的等级公路，并经公路主管部门正式验收交付使用的公路里程数。其计算单位为：km。它包括大中城市的郊区公路以及通过小城镇街道部分的公路里程，也包括桥梁、渡口的长度，但不包括大中城市的街道、厂矿、林区生产用道和农业生产用道的里程。两条或多条公路共同经由同一路段，只计算一次，不得重复计算里程长度。公路里程是反映公路建设发展规模的重要指标，也是计算运输网密度等指标的基础资料。

货（客）运量 指在一定时期内，各运输部门实际运送的货物（旅客）数量。是反映运输业为国民经济和人民生活服务的数量指标，也是制定和检查运输生产计划，研究运输发展规模和速度的重要指标。货运按吨计算，客运按人计算。货物不论运输距离长短，货物类别，均按实际重量统计；旅客不论里程远近或票价多少，均按一人一次作为客运量统计。半价票、小孩票也按一人统计。

货物（旅客）周转量 指在一定时期内，由各种运输工具运送的货物（旅客）数量与其相应运输距离的乘积之总和，是反映运输业生产总成果的重要指标，也是编制和检查运输生产计划，计算运输效率、劳动生产率以及核算运输单位成本的主要基础资料。通常以吨公里和人公里为计算单位。计算货物周转量通常按发出站到达站之间的最短距离，也就是计费距离计算。

邮电业务总量 指以货币表现的邮电部门用于传递信息和提供其他邮电服务的总数量。它综合反映了一定时期邮电工作的总成果,是研究邮电业务量构成和发展趋势的重要指标。根据邮电管理体制不同，分为中央国营业务总量和地方国营业务总量。它用各种邮由分类业务量，如函件件数、由报价数、长话张数、市内电话和农村电话的年均户数、订销报刊累计份数等，分别乘以相应的平均单价（不变价），加总后再加上出租电路和设备的收人、代用户维护电话交换机和线路等设备的收人、其他业务收人求得。

十一、国内贸易

11-1　社会消费品零售总额

（2022年）　　单位：万元

类别	合计	限额以上单位	限额以下单位
社会消费品零售总额	**52231362**	**20407612**	**31823750**
按销售单位所在地分			
城镇	47151395	19695261	27456134
乡村	5079967	712351	4367616
按行业分			
批发业	5732846	875126	4857720
零售业	37557733	18708909	18848824
住宿业	218152	118849	99303
餐饮业	8722631	704728	8017903

注：2022年社会消费品零售总额包含尉氏2个乡。

11-2　分区县（市）社会消费品零售总额

（2022年）　　单位：万元

区县（市）	合计	批发零售业	住宿餐饮业
中原区	2703654	2052552	651102
二七区	4824893	4483314	341580
管城区	5651636	5457333	194304
金水区	9927438	7565609	2361829
上街区	395184	320039	75145
惠济区	2137749	1986349	151400
中牟县	1731190	1702953	28237
巩义市	2966378	2139439	826939
荥阳市	1531990	1326501	205489
新密市	1819277	1511261	308016
新郑市	3152263	2830860	321403
登封市	1552022	1342067	209955
经开区	4771440	4686508	84932
高新区	1853964	1803907	50057
郑东新区	5676310	5316117	360193
航空港实验区	1535975	1131085	404891

11-3 限额以上批发和零售法人企业

（2022年）

指 标	法人企业数（个）	从业人员期末人数（人）	商品购进额	进口
总计	**3789**	**151268**	**92040973**	**2541672**
一、批发业	**2430**	**65943**	**74718387**	**1893450**
农、林、牧、渔产品批发	**85**	**2071**	**1872470**	**88066**
谷物、豆及薯类批发	16	644	806475	1196
种子批发	16	765	143205	
畜牧渔业饲料批发	25	272	277183	
棉、麻批发	12	160	558153	80356
林业产品批发	4	36	8978	
牲畜批发	1	57	16383	
其他农牧产品批发	11	137	62094	6513
食品、饮料及烟草制品批发	**242**	**10333**	**4974493**	**492414**
米、面制品及食用油批发	38	2297	1123841	13417
糕点、糖果及糖批发	2	8	7566	
果品、蔬菜批发	26	847	278249	38738
肉、禽、蛋、奶及水产品批发	49	526	804784	420041
盐及调味品批发	20	428	123376	8794
营养和保健品批发	4	191	87663	62
酒、饮料及茶叶批发	53	2900	761032	
烟草制品批发	2	1238	1303844	10092
其他食品批发	48	1898	484139	1271
纺织、服装及家庭用品批发	**125**	**5060**	**2260735**	**30079**
纺织品、针织品及原料批发	15	234	99749	
服装批发	33	1663	221331	3686
鞋帽批发	1	55	3493	
化妆品及卫生用品批发	17	641	292604	
厨具卫具及日用杂品批发	9	350	37540	1563
灯具、装饰物品批发	4	128	26280	
日用家电批发	33	1459	1417089	
其他家庭用品批发	13	530	162651	24831
文化、体育用品及器材批发	**72**	**2989**	**2269808**	
文具用品批发	26	382	295969	
体育用品及器材批发	2	105	34252	
图书批发	14	1806	844020	
音像制品、电子和数字出版物批发	2	50	23147	
首饰、工艺品及收藏品批发	15	409	802271	
乐器批发	2	23	4432	
其他文化用品批发	11	214	265718	
医药及医疗器材批发	**328**	**16398**	**9853136**	**123646**
西药批发	50	6696	4866380	
中药批发	22	3517	2675021	

商品购进、销售、库存总额

单位：万元

商品销售额	批发额	出口	零售额	期末商品库存额	年末零售营业面积（万平方米）
96118172	**76599693**	**1642530**	**19427238**	**5542737**	**547.69**
76500977	**75534779**	**1642530**	**875004**	**3814415**	**18.76**
1914321	**1903868**	**131529**	**4987**	**363492**	**0.06**
773743	773743	1203		282688	
180805	180424		380	31027	0.05
298027	297859	6153	167	25086	0.00
557432	552992	94372	4440	19956	0.01
9585	9179	6480			
15106	15106	15106			
79625	74566	8217		4736	
5889642	**5629991**	**111072**	**259329**	**515716**	**2.28**
1244510	1168987	348	75523	177941	0.51
6940	6940			3559	
295113	286275	19113	8838	10725	0.58
806825	799183	16210	7642	47219	0.11
128219	127434	4598	785	16212	0.03
85980	83507	55034	2473	4760	
872298	738073		134225	172595	0.85
1883872	1883872	7443		33293	
565886	535720	8327	29843	49412	0.20
2410438	**2268102**	**256392**	**138164**	**250853**	**2.17**
103410	103410	70087		2371	
235498	229912	67005	3392	58325	0.32
3479	3479			1461	
299702	296158		1564	18978	0.40
42460	41628	18069	832	5497	0.15
30872	30403		469	4920	0.04
1517616	1390056	1454	127560	129073	0.33
177402	173055	99777	4347	30230	0.93
2109296	**2076814**	**25257**	**31816**	**430690**	**2.70**
302272	301119	1227	1153	32070	0.20
35506	35067		439	19280	0.65
654999	628278		26721	325247	1.78
26472	26472			317	
820724	819513	24030	1212	18121	0.02
4456	3176		614	382	0.04
264868	263191		1677	35273	0.01
10601048	**10481328**	**564**	**116371**	**815156**	**2.14**
5009566	4959770		49796	453546	1.86
2859192	2819338		39854	168198	0.15

11-3 续表 1

指 标	法人企业数（个）	从业人员期末人数（人）	商品购进额	进口
动物用药品批发	14	354	201564	1247
医疗用品及器材批发	242	5831	2110172	122399
矿产品、建材及化工产品批发	**999**	**13699**	**44912390**	**1107075**
煤炭及制品批发	77	1580	12490908	62165
石油及制品批发	34	1149	5438559	1288
非金属矿及制品批发	41	571	326540	
金属及金属矿批发	519	5365	21759691	961040
建材批发	185	2431	1887155	17826
化肥批发	15	430	757819	6256
农药批发	2	847	71725	
其他化工产品批发	126	1326	2179994	58500
机械设备、五金产品及电子产品批发	**527**	**14132**	**7746754**	**46027**
农业机械批发	3	16	12069	
汽车及零配件批发	110	2564	1293518	8938
摩托车及零配件批发	4	28	19489	
五金产品批发	26	450	157383	
电气设备批发	37	722	237388	509
计算机、软件及辅助设备批发	84	1675	420255	
通讯设备批发	58	1873	3426412	799
广播影视设备批发	1	8	1141	
其他机械设备及电子产品批发	204	6796	2179100	35780
贸易经纪与代理	**8**	**133**	**163459**	
贸易代理	6	119	158638	
其他贸易经纪与代理	2	14	4821	
其他批发业	**44**	**1128**	**665141**	**6145**
再生物资回收与批发	17	132	148920	
互联网批发	8	611	44673	
其他未列明批发业	19	385	471548	6145
内资企业	**2416**	**64666**	**74233755**	**1893194**
国有企业	19	2159	3241735	
股份合作企业	1	127	2113	
有限责任公司	390	21764	37071253	959648
国有独资公司	22	1859	5054455	696120
其他有限责任公司	368	19905	32016798	263528
股份有限公司	15	3312	5650780	
私营企业	1991	37304	28267873	933546
私营独资企业	10	128	50261	
私营有限责任公司	1971	36076	26971981	933546
私营股份有限公司	10	1100	1245631	
港、澳、台商投资企业	**7**	**984**	**375130**	
与港澳台商合资经营企业	3	12	4243	
港澳台商独资企业	4	972	370888	
外商投资企业	**7**	**293**	**109502**	**257**

单位：万元

商品销售额	批发额	出口	零售额	期末商品库存额	年末零售营业面积（万平方米）
221514	213734		7780	28085	0.04
2510777	2488486	564	18942	165328	0.09
44554388	**44398789**	**746046**	**129369**	**981776**	**4.10**
12688066	12679001	73129	146	141937	0.20
4233937	4107148		122852	203172	0.14
341606	341606	35606		14091	
22099897	22096227	514373	568	457080	3.05
2067577	2052818	53267	5173	68056	0.24
736701	736584		118	53834	
100895	100895			5014	
2285708	2284510	69672	513	38592	0.46
8146993	**7950908**	**216890**	**187192**	**442466**	**4.86**
11049	11049			5300	
1392039	1353024	42934	30836	112314	1.23
20160	17603		2557	1694	0.03
169560	167200	40554	2360	10546	0.01
266374	253434	1642	12939	25558	0.13
470244	412992		57252	40961	1.03
3509524	3441609	2277	67915	107131	1.95
1161	1161			25	
2306882	2292835	129483	13332	138937	0.47
175911	**175911**	**100032**		**1804**	
171390	171390	96148		1791	
4521	4521	3883		13	
698938	**649069**	**54748**	**7776**	**12463**	**0.45**
154826	118149			1006	
54567	48264	30404	6303	2246	
489545	482657	24344	1473	9211	0.45
75922061	**74973739**	**1562540**	**857128**	**3759284**	**18.75**
3897607	3896980		627	119560	0.02
2077	2077			202	
37574179	37281533	619397	292457	1893482	7.17
4861465	4815069	11945	46396	533009	1.54
32712715	32466464	607452	246061	1360473	5.63
4534111	4496112		37999	238116	0.15
29914087	29297036	943143	526046	1507924	11.41
50975	50635		8	3035	
28576015	27969729	943143	515614	1468603	11.21
1287097	1276672		10424	36286	0.20
456959	**441604**	**15106**	**15355**	**50954**	
5008	4562		446	92	
451951	437042	15106	14909	50862	
121957	**119437**	**64884**	**2521**	**4178**	**0.01**

11-3 续表 2

指 标	法人企业数（个）	从业人员期末人数（人）	商品购进额	进口
中外合作经营企业	1	73	2971	
外资企业	6	220	106532	257
国有控股	138	12761	34344380	867390
集体控股	12	526	505814	751
私人控股	2266	51356	39363816	1025053
港澳台商控股	6	984	373145	
外商控股	8	316	131233	257
独立门店	1056	25565	22520240	581282
连锁总店（总部）	1	171	15988	
连锁直营店	2	111	23997	
连锁加盟店	1	427	12996	
其他	1370	39669	52145165	1312169
大型	30	13352	17823796	5484
中型	507	31008	29418859	1491225
小型	1291	19400	21436708	367726
微型	602	2183	6039024	29015
二、零售业	**1359**	**85325**	**17322587**	**648221**
综合零售	**88**	**19657**	**2310132**	**8470**
百货零售	38	11063	1692948	8470
超级市场零售	29	6960	528389	
便利店零售	8	961	27482	
其他综合零售	13	673	61313	
食品、饮料及烟草制品专门零售	**93**	**5345**	**716726**	
粮油零售	3	25	1097	
糕点、面包零售	4	717	13953	
果品、蔬菜零售	5	69	5748	
肉、禽、蛋、奶及水产品零售	19	328	38482	
营养和保健品零售	5	83	6051	
酒、饮料及茶叶零售	39	1883	594790	
其他食品零售	18	2240	56605	
纺织、服装及日用品专门零售	**103**	**5766**	**424263**	**1873**
纺织品及针织品零售	3	194	3861	
服装零售	52	2374	299225	242
鞋帽零售	9	538	9075	
化妆品及卫生用品零售	15	2138	62490	1631
厨具卫具及日用杂品零售	3	95	2350	
钟表、眼镜零售	8	267	34204	
自行车等代步设备零售	1			
其他日用品零售	12	160	13059	
文化、体育用品及器材专门零售	**56**	**3149**	**305314**	
文具用品零售	15	195	24743	
体育用品及器材零售	5	1493	56732	
图书、报刊零售	15	881	104701	

单位：万元

商品销售额	批发额	出口	零售额	期末商品库存额	年末零售营业面积（万平方米）
4645	4597		48	2905	0.01
117312	114839	64884	2473	1273	
33904490	33645224	199447	259077	1597933	4.78
512483	512483	19646		23300	
41481277	40792221	1343447	598052	2134594	13.98
454723	439368	15106	15355	50862	
148003	145483	64884	2521	7727	0.01
23329846	22600037	464634	669876	1478401	12.89
18526	17906		620	1225	0.00
25966	22258		3433	3080	0.02
11692	10340		1352	4166	0.00
53114947	52884238	1177896	199723	2327544	5.84
17461060	17168726		292334	1228922	2.73
30687676	30244263	1072409	443414	1508075	8.44
22151068	22034648	506202	111440	927401	4.77
6201172	6087143	63919	27816	150018	2.81
19617195	**1064913**		**18552234**	**1728322**	**528.93**
2639543	**13318**		**2626225**	**113849**	**228.32**
1873106	436		1872670	49879	182.31
668904	12818		656086	58988	37.91
31060	64		30996	3040	1.28
66473			66473	1942	6.81
910271	**214795**		**695476**	**97732**	**7.80**
1450			1450	200	0.06
24405			24405	622	0.23
6551			6551	407	0.28
49585	3802		45783	3487	0.51
8528			8528	1343	0.18
743779	210532		533247	85904	2.97
75972	461		75511	5770	3.57
538594	**10666**		**527928**	**80940**	**23.08**
6074	1038		5036	3515	0.69
353611	4089		349521	48443	14.78
15510			15510	8383	1.18
98888	3614		95274	10238	4.22
2535			2535	4411	1.27
46114	1565		44549	1996	0.45
15862	360		15502	3954	0.50
365361	**11870**		**353477**	**65825**	**7.23**
25720	335		25386	4069	0.26
75083			75083	21568	2.74
123012	3478		119534	23751	3.41

11-3 续表 3

指 标	法人企业数（个）	从业人员期末人数（人）	商品购进额	进口
珠宝首饰零售	7	275	75054	
乐器零售	4	35	3518	
照相器材零售	3	38	28122	
其他文化用品零售	7	232	12445	
医药及医疗器材专门零售	**51**	**14477**	**978362**	**5660**
西药零售	35	13685	601359	
中药零售	8	699	356900	
动物用药品零售	1	8	5569	4655
医疗用品及器材零售	7	85	14535	1005
汽车、摩托车、零配件和燃料及其他动力销售	**546**	**26554**	**9676758**	**606764**
汽车新车零售	429	21917	8554745	597852
汽车旧车零售	2	113	25097	
汽车零配件零售	6	94	33981	
摩托车及零配件零售	4	104	19310	8911
机动车燃油零售	99	4263	1037969	
机动车燃气零售	4	27	2960	
机动车充电销售	2	36	2697	
家用电器及电子产品专门零售	**307**	**6213**	**1252661**	
家用视听设备零售	14	187	23422	
日用家电零售	113	3473	757753	
计算机、软件及辅助设备零售	109	1068	187798	
通信设备零售	44	828	175998	
其他电子产品零售	27	657	107689	
五金、家具及室内装饰材料专门零售	**37**	**1032**	**88066**	
五金零售	14	193	25086	
灯具零售	2	50	1270	
家具零售	11	671	32256	
卫生洁具零售	1	55	11826	
陶瓷、石材装饰材料零售	1	18	742	
其他室内装饰材料零售	8	45	16886	
货摊、无店铺及其他零售业	**78**	**3132**	**1570305**	**25454**
互联网零售	58	2561	1497784	25454
邮购及电视、电话零售	1	17	3045	
自动售货机零售	2	79	5424	
生活用燃料零售	6	69	8979	
其他未列明零售业	11	406	55072	
内资企业	**1330**	**73550**	**14807021**	**615888**
国有企业	5	706	312495	
集体企业	4	82	15997	
有限责任公司	311	28160	8123165	436617
国有独资公司	5	251	68325	
其他有限责任公司	306	27909	8054841	436617
股份有限公司	9	11562	438784	1301

单位：万元

商品销售额	批发额	出口	零售额	期末商品库存额	年末零售营业面积（万平方米）
93449	5836		87613	11725	0.26
3772	266		3493	360	0.04
29026	1764		27261	1574	0.07
15299	191		15108	2779	0.45
1186454	**104289**		**1082166**	**157541**	**52.50**
795200	8907		786293	105357	51.33
360049	95038		265011	48139	0.50
5607			5607	171	0.02
25598	343		25255	3873	0.65
10832364	**619709**		**10212622**	**1023629**	**170.35**
8603876	178735		8425141	922506	120.19
34798	2742		32057	1583	0.36
32716			32716	3296	0.29
24199	3696		20503	2836	0.99
2130680	434206		1696441	93170	44.59
2925	330		2595	238	0.27
3171			3171		3.65
1320772	**66056**		**1254717**	**112429**	**29.58**
25569	447		25122	4438	0.61
790630	30075		760555	67560	24.68
200908	16064		184844	22116	1.60
182429	12250		170180	11269	1.71
121236	7220		114016	7046	0.98
106607	**1993**		**104614**	**19480**	**6.09**
29997	1665		28331	3542	0.41
2364			2364	3831	0.71
44736			44736	7337	4.74
11716			11716	2546	0.07
1000			1000	256	0.01
16795	328		16467	1969	0.16
1717229	**22219**		**1695010**	**56899**	**3.99**
1641151	19142		1622010	38607	2.77
3166			3166	1425	
5716	2737		2979	375	0.11
9329			9329	168	0.95
57868	340		57527	16324	0.17
16913135	**1017620**		**15895467**	**1612375**	**380.88**
351072	14503		336569	13461	21.13
17258	2014		15244	6199	0.42
8733830	390169		8343661	674081	174.30
73638	9532		64106	3432	1.18
8660192	380637		8279555	670649	173.12
1586259	419401		1166858	145168	45.51

11-3 续表 4

指 标	法人企业数（个）	从业人员期末人数（人）	商品购进额	进口
私营企业	1001	33040	5916580	177970
私营独资企业	35	471	105664	
私营合伙企业	1	12	614	
私营有限责任公司	960	32452	5783542	177970
私营股份有限公司	5	105	26761	
港、澳、台商投资企业	**15**	**10671**	**2287820**	**24528**
与港澳台商合资经营企业	4	488	352911	
港澳台商独资企业	9	9968	1857249	
其他港澳台投资企业	2	215	77660	24528
外商投资企业	**14**	**1104**	**227745**	**7805**
中外合资经营企业	4	192	85832	
外资企业	10	912	141913	7805
国有控股	42	5031	1616483	38732
集体控股	11	455	81239	
私人控股	1280	68406	13260729	601684
港澳台商控股	11	10267	2126816	
外商控股	15	1166	237319	7805
独立门店	1022	50762	12742165	612576
连锁总店（总部）	51	20335	1213768	7805
连锁直营店	24	3656	413137	25667
连锁加盟店	12	338	56704	
其他	250	10234	2896813	2173
大型	23	31078	3226712	
中型	346	37951	9260328	504281
小型	615	14564	2883709	113087
微型	375	1732	1951838	30853
有店铺零售	**1292**	**82447**	**15774601**	**622767**
便利店	8	961	27482	
超市	39	7588	584344	
折扣店	8	345	25292	
仓储会员店	1		24	
百货店	41	11148	1703097	8470
购物中心	3	453	9763	
专业店	707	32062	7244980	129799
品牌专卖店	436	28750	5990799	481602
集合店	49	1140	188822	2896
无店铺零售	**67**	**2878**	**1547986**	**25454**
网络零售	57	2561	1497784	25454
无人售货设备零售	2	79	5424	
电话零售	1	17	3045	
直销	3	126	24804	
其他	4	95	16929	
其他	3	52	5217	

单位：万元

商品销售额	批发额	零售额	期末商品库存额	年末零售营业面积（万平方米）
6224716	191533	6033136	773466	139.52
117127	1924	115169	2915	3.38
702		702	2	0.15
6078391	189412	5888966	768205	135.73
28497	197	28300	2344	0.26
2474154	**44942**	**2429212**	**87085**	**138.14**
377512	26584	350928	30295	6.29
1998587	15921	1982666	51592	131.82
98055	2438	95617	5198	0.03
229907	**2351**	**227555**	**28862**	**9.91**
84814		84814	8767	1.63
145093	2351	142741	20095	8.29
2866921	732879	2134042	201168	43.34
98281	3050	95231	11679	4.87
14120471	284129	13836295	1414589	332.84
2285659	42504	2243155	72025	133.93
245863	2351	243511	28862	13.95
14428921	948125	13480762	1355306	376.55
1449050	25	1449025	166406	105.88
484639	6863	477776	33987	15.50
61002	3803	57199	13282	1.91
3193584	106098	3087472	159341	29.10
4721939	535118	4186822	336773	233.49
9652044	202581	9449462	937238	194.25
3149595	95206	3054389	361744	91.30
2093617	232008	1861561	92566	9.90
17922882	**1042694**	**16880140**	**1679094**	**526.05**
31060	64	30996	3040	1.28
727799	12818	714980	60576	42.43
27478	245	27233	7456	0.90
15		15		
1884184	436	1883748	57240	184.63
13448		13448	8942	0.63
8683095	961791	7721257	878006	162.66
6364134	62839	6301295	627243	129.66
191670	4503	187167	36592	3.86
1694314	**22219**	**1672095**	**49228**	**2.88**
1641151	19142	1622010	38607	2.77
5716	2737	2979	375	0.11
3166		3166	1425	
23278	38	23240	8620	
21003	302	20700	201	0.01
5798		5798	687	

11-4 分区县（市）限额以上批发和零售法人企业商品购销存总额

（2022年）

单位：万元

区县（市）	商品购进额	进口	商品销售额	批发额	出口	零售额	期末商品库存额
中原区	2256575	197278	2380353	947085	42126	1431289	184465
二七区	3188005	10152	3381294	1727051	129100	1651663	270513
管城区	6548035	55013	7939766	5220379	58932	2714172	601195
金水区	15005819	384540	16001015	11552679	433554	4438789	1020825
上街区	806309	1232	834661	820143	399	12942	20659
惠济区	2875975	444221	3004295	1856416	23948	1147221	297639
中牟县	1169997	50974	1290981	1068614	7705	222368	62519
巩义市	4003128	359	4166225	3976087	32371	151981	40457
荥阳市	811081	0	849566	724664	674	123893	58968
新密市	713785	0	765448	645700	0	112692	31614
新郑市	6649292	8047	6884929	6160176	0	721699	233433
登封市	690611	2248	757113	659360	514	95181	23157
经开区	13568265	120694	14424854	11898056	44721	2525359	1150122
高新区	4845239	28735	3848172	2931555	161174	911146	322538
郑东新区	12872967	927933	13350014	10233745	596532	3109371	989649
航空港实验区	16035891	310246	16239487	16177985	110779	57473	234985

11-5 限额以上批发和零售业法人企业财务状况

单位：万元

指 标	法人企业数（个）	执行《2006年企业会计准则》企业数（个）	一、年初存货	二、期末资产负债		
				流动资产合计	应收账款	存货
总计	**3789**	**2457**	**4781199**	**41913365**	**11530572**	**5422737**
一、批发业	**2430**	**1524**	**3222971**	**35442410**	**10510794**	**3636716**
1.按批发行业小类分						
农、林、牧、渔产品批发	**85**	**59**	**286743**	**1118847**	**79267**	**361476**
谷物、豆及薯类批发	16	14	227921	537254	24609	273833
种子批发	16	13	21415	212978	21042	35243
畜牧渔业饲料批发	25	14	15641	73367	16615	22678
棉、麻批发	12	10	11499	240700	7620	24999
林业产品批发	4	2	157	6253	4845	143
牲畜批发	1	1		19623	72	
其他农牧产品批发	11	5	10110	28672	4464	4580
食品、饮料及烟草制品批发	**242**	**135**	**483130**	**2535031**	**245648**	**547641**
米、面制品及食用油批发	38	22	183476	583632	112161	190231
糕点、糖果及糖批发	2	2	933	5073	593	1359
果品、蔬菜批发	26	9	12444	69891	26000	17028
肉、禽、蛋、奶及水产品批发	49	23	26085	536316	13951	56310
盐及调味品批发	20	11	16585	58774	15590	19119
营养和保健品批发	4	4	3963	28369	13804	4841
酒、饮料及茶叶批发	53	33	157440	548297	28200	169993
烟草制品批发	2	1	33343	452547	1531	29655
其他食品批发	48	30	48861	252133	33818	59106
纺织、服装及家庭用品批发	**125**	**83**	**273395**	**1572394**	**160864**	**257730**
纺织品、针织品及原料批发	15	11	1446	23124	7307	2448
服装批发	33	20	50240	138276	34238	58353
鞋帽批发	1		1160	4137	2386	1461
化妆品及卫生用品批发	17	9	19559	224610	49630	18182
厨具卫具及日用杂品批发	9	7	7130	24626	5848	5298
灯具、装饰物品批发	4	4	5887	16226	4723	4884
日用家电批发	33	23	149380	1042628	30298	132630
其他家庭用品批发	13	9	38593	98767	26435	34475
文化、体育用品及器材批发	**72**	**41**	**280750**	**779154**	**96536**	**316124**
文具用品批发	26	14	21998	78806	24144	30825
体育用品及器材批发	2	1	20534	26762	2378	22519
图书批发	14	9	200203	505395	34434	210182

11-5 续表 1

单位：万元

指 标	法人企业数（个）	执行《2006年企业会计准则》企业数（个）	一、年初存货	二、期末资产负债		
				流动资产合计	应收账款	存货
首饰、工艺品及收藏品批发	15	8	15108	67106	21164	18846
乐器批发	2		2005	3533	283	1988
其他文化用品批发	11	8	20463	77139	14043	31443
医药及医疗器材批发	**328**	**212**	**676922**	**11093217**	**6144400**	**727750**
西药批发	50	39	333522	2986026	1423554	347803
中药批发	22	18	165806	1468418	324490	178041
动物用药品批发	14	5	28367	112262	27881	26293
医疗用品及器材批发	242	150	149228	6526512	4368476	175614
矿产品、建材及化工产品批发	**999**	**626**	**744439**	**14961438**	**2754402**	**960083**
煤炭及制品批发	77	52	64651	4672124	999356	146670
石油及制品批发	34	21	82431	489770	76219	187723
非金属矿及制品批发	41	20	12384	182071	90557	13464
金属及金属矿批发	519	329	423209	7662607	942369	450240
建材批发	185	113	92992	1326717	549291	90477
化肥批发	15	10	24664	180173	14407	27782
农药批发	2	1	3352	93813	2823	5014
其他化工产品批发	126	80	40757	354164	79381	38714
机械设备、五金产品及电子产品批发	**527**	**338**	**464350**	**3226733**	**981592**	**449184**
农业机械批发	3	2	3519	8809	238	4333
汽车及零配件批发	110	70	108810	578026	162544	113418
摩托车及零配件批发	4	3	1556	3369	470	1693
五金产品批发	26	9	15031	76926	28518	16613
电气设备批发	37	22	32065	157459	65696	29963
计算机、软件及辅助设备批发	84	59	55801	326460	102404	50949
通讯设备批发	58	38	96763	831838	152446	96560
广播影视设备批发	1	1	52	918	524	25
其他机械设备及电子产品批发	204	134	150753	1242927	468752	135630
贸易经纪与代理	**8**	**4**	**299**	**37449**	**8598**	**1628**
贸易代理	6	4	268	34836	6828	1615
其他贸易经纪与代理	2		31	2613	1770	13
其他批发业	**44**	**26**	**12944**	**118146**	**39487**	**15100**
再生物资回收与批发	17	10	3129	24919	10502	3098
互联网批发	8	6	2533	38381	11749	3023
其他未列明批发业	19	10	7283	54846	17237	8979
2.按登记注册类型分						
内资企业	**2416**	**1512**	**3165619**	**34981959**	**10399042**	**3569739**
国有企业	19	15	130997	947006	77067	111345
股份合作企业	1	1	116	651	173	182

11-5 续表 2

单位：万元

指 标	法人企业数（个）	执行《2006年企业会计准则》企业数（个）	一、年初存货	二、期末资产负债		
				流动资产合计	应收账款	存货
有限责任公司	390	314	1291565	14974250	4136923	1571861
国有独资公司	22	20	370342	2055391	315502	397770
其他有限责任公司	368	294	921222	12918859	3821421	1174091
股份有限公司	15	14	153328	1680619	199546	241458
私营企业	1991	1168	1589613	17379433	5985333	1644894
私营独资企业	10	9	2480	18159	11774	3538
私营有限责任公司	1971	1151	1556904	17145003	5934935	1603535
私营股份有限公司	10	8	30229	216272	38624	37820
港、澳、台商投资企业	**7**	**6**	**50923**	**420568**	**90960**	**62176**
合资经营企业(港或澳、台资)	3	2	726	6203	560	228
港、澳、台商独资经营企业	4	4	50197	414366	90401	61948
外商投资企业	**7**	**6**	**6429**	**39883**	**20792**	**4801**
中外合作经营企业	1	1	3719	10364	2404	2840
外资企业	6	5	2710	29519	18388	1960
3.按控股情况分						
国有控股	138	129	1126443	12349677	2924244	1409194
集体控股	12	10	16563	143138	29835	22601
私人控股	2266	1373	2021039	22484450	7442649	2136814
港澳台商控股	6	5	50633	418123	90960	62084
外商控股	8	7	8292	47022	23106	6024
4.按经营形式分						
独立门店	1056	671	1225618	8583462	1976848	1412849
连锁总店（总部）	1	1	907	7498	-19	1225
连锁直营店	2	1	5164	11200	214	3374
连锁加盟店	1		2492	7603	442	5706
其他	1370	851	1988790	26832648	8533308	2213563
5.按单位规模分						
大型	30	28	809783	6677137	2206226	977449
中型	507	375	1342605	14363159	2614655	1520600
小型	1291	753	888829	12357796	5252037	953800
微型	602	368	181754	2044318	437876	184867
二、零售业	**1359**	**933**	**1558228**	**6470955**	**1019779**	**1786021**
1.按零售行业小类分						
综合零售	**88**	**65**	**128671**	**1081032**	**202865**	**158394**
百货零售	38	28	59866	803245	119843	80645
超级市场零售	29	24	61988	185114	44553	65664
便利店零售	8	3	3991	19112	4310	5152

11-5 续表 3

单位: 万元

指 标	法人企业数（个）	执行《2006年企业会计准则》企业数（个）	一、年初存货	二、期末资产负债		
				流动资产合计	应收账款	存货
其他综合零售	13	10	2826	73562	34159	6933
食品、饮料及烟草制品专门零售	**93**	**55**	**92976**	**364007**	**37788**	**113610**
粮油零售	3		2047	12470	316	11693
糕点、面包零售	4	3	182	11858	1364	560
果品、蔬菜零售	5	3	328	1376	764	407
肉、禽、蛋、奶及水产品零售	19	9	5868	24199	4240	3882
营养和保健品零售	5	3	1173	4609	335	1528
酒、饮料及茶叶零售	39	25	78127	279913	20673	89576
其他食品零售	18	12	5251	29582	10097	5964
纺织、服装及日用品专门零售	**103**	**71**	**90304**	**241704**	**47441**	**94158**
纺织品及针织品零售	3	3	1760	3721	200	3116
服装零售	52	36	47247	134880	29082	50688
鞋帽零售	9	4	13868	27393	8253	12095
化妆品及卫生用品零售	15	11	18669	30863	3328	18136
厨具卫具及日用杂品零售	3	3	3426	5871	735	3982
钟表、眼镜零售	8	5	2444	27852	3296	2821
自行车等代步设备零售	1					
其他日用品零售	12	9	2891	11124	2548	3320
文化、体育用品及器材专门零售	**56**	**34**	**69714**	**161859**	**40113**	**61234**
文具用品零售	15	11	3607	23068	9052	7193
体育用品及器材零售	5	1	20297	26366	2156	19086
图书、报刊零售	15	10	26925	67383	21960	17543
珠宝首饰零售	7	4	13532	27767	4632	12247
乐器零售	4	3	905	4405	1366	900
照相器材零售	3	1	1860	6748	100	1703
其他文化用品零售	7	4	2588	6122	847	2562
医药及医疗器材专门零售	**51**	**34**	**144692**	**629301**	**231534**	**161419**
西药零售	35	24	113139	353014	117950	110296
中药零售	8	4	24367	225629	93251	45775
动物用药品零售	1	1	325	5361	3689	189
医疗用品及器材零售	7	5	6862	45298	16644	5159
汽车、摩托车、零配件和燃料及其他动力销售	**546**	**410**	**841235**	**3098030**	**262397**	**972057**
汽车新车零售	429	331	781326	2829391	243562	913507
汽车旧车零售	2	2	5678	10993	22	1584
汽车零配件零售	6	3	1951	11970	1939	3423
摩托车及零配件零售	4	2	1231	6986	129	2585
机动车燃油零售	99	66	50894	226595	15778	50626

11-5 续表 4

单位: 万元

指 标	法人企业数（个）	执行《2006年企业会计准则》企业数（个）	一、年初存货	二、期末资产负债		
				流动资产合计	应收账款	存货
机动车燃气零售	4	4	129	2139	756	289
机动车充电销售	2	2	26	9957	211	44
家用电器及电子产品专门零售	**307**	**195**	**120705**	**550305**	**108902**	**137259**
家用视听设备零售	14	8	4976	14481	2858	5670
日用家电零售	113	59	68965	293413	35836	80699
计算机、软件及辅助设备零售	109	79	22667	132614	41416	23885
通信设备零售	44	25	13676	58518	9617	16256
其他电子产品零售	27	24	10421	51279	19175	10748
五金、家具及室内装饰材料专门零售	**37**	**25**	**17758**	**81241**	**15112**	**25749**
五金零售	14	10	3575	23892	8575	4917
灯具零售	2	1	3826	4018	19	3831
家具零售	11	8	8133	38476	3312	11816
卫生洁具零售	1		419	4110	471	2546
陶瓷、石材装饰材料零售	1		283	543	92	306
其他室内装饰材料零售	8	6	1524	10201	2644	2334
货摊、无店铺及其他零售业	**78**	**44**	**52173**	**263476**	**73627**	**62141**
互联网零售	58	34	39045	189745	56927	39515
邮购及电视、电话零售	1	1	1436	3270	953	1261
自动售货机零售	2	1	331	5372	367	1365
生活用燃料零售	6	4	454	13395	461	457
其他未列明零售业	11	4	10908	51694	14919	19543
2.按登记注册类型分						
内资企业	**1330**	**907**	**1440394**	**5635270**	**880108**	**1644502**
国有企业	5	4	14433	13446	3827	12438
集体企业	4	2	4916	9659	1232	6199
有限责任公司	311	244	589174	2756410	393645	672514
国有独资公司	5	4	3119	18466	3798	2457
其他有限责任公司	306	240	586055	2737945	389847	670058
股份有限公司	9	9	113116	300757	54283	98884
私营企业	1001	648	718756	2554998	427122	854467
私营独资企业	35	23	3975	19012	1723	2692
私营合伙企业	1	1	6	81		2
私营有限责任公司	960	619	712170	2528909	423751	849349
私营股份有限公司	5	5	2605	6996	1649	2424
港、澳、台商投资企业	**15**	**13**	**85510**	**747555**	**127403**	**114494**
合资经营企业(港或澳、台资)	4	4	19719	47316	5909	27321
港、澳、台商独资经营企业	9	8	62723	678685	117891	83793

11-5 续表 5

单位: 万元

指 标	法人企业数（个）	执行《2006年企业会计准则》企业数（个）	一、年初存货	二、期末资产负债		
				流动资产合计	应收账款	存货
其他港澳台投资企业	2	1	3068	21554	3603	3381
外商投资企业	**14**	**13**	**32324**	**88130**	**12268**	**27025**
中外合资经营企业	4	3	14923	30983	1793	8157
外资企业	10	10	17400	57148	10475	18867
3.按控股情况分						
国有控股	42	35	118827	569785	138123	144617
集体控股	11	9	9264	27781	2442	10813
私人控股	1280	865	1320901	5069975	744117	1501216
港澳台商控股	11	10	76912	712602	122052	102350
外商控股	15	14	32324	90812	13045	27025
4.按经营形式分						
独立门店	1022	714	1150102	4820187	678560	1339739
连锁总店（总部）	51	39	177003	642173	177201	181836
连锁直营店	24	21	40279	138761	12879	45312
连锁加盟店	12	6	13984	30128	8179	13497
其他	250	153	176861	839705	142959	205636
5.按单位规模分						
大型	23	22	297744	1445358	320696	324343
中型	346	272	811074	3151568	361040	956676
小型	615	397	353272	1383420	244959	393236
微型	375	242	96138	490609	93083	111766
6.按零售业态分						
有店铺零售	**1292**	**894**	**1512651**	**6238823**	**949145**	**1731798**
便利店	8	3	3991	19112	4310	5152
超市	39	31	64721	258014	78706	72160
折扣店	8	4	7596	12947	361	8363
仓储会员店	1	1				
百货店	41	30	65435	811477	120278	88047
购物中心	3	3	8030	17235	4948	8526
专业店	707	480	707047	2733160	432572	864084
品牌专卖店	436	308	631148	2303649	296331	649535
集合店	49	34	24683	83229	11641	35932
无店铺零售	**67**	**39**	**45577**	**232131**	**70633**	**54223**
网络零售	57	34	39045	189745	56927	39515
无人售货设备零售	2	1	331	5372	367	1365
电话零售	1	1	1436	3270	953	1261
直销	3	2	4323	19996	6540	11881
其他	4	1	443	13748	5846	201

11-5 续表 6

单位: 万元

指 标	二、期末资产负债					
	固定资产原价	房屋和构筑物	机器设备	累计折旧	本年折旧	固定资产净额
总计	**2816247**	**973072**	**470523**	**1217196**	**185039**	**1248338**
一、批发业	**1094750**	**487848**	**258568**	**498798**	**72790**	**551447**
1.按批发行业小类分						
农、林、牧、渔产品批发	**90104**	**57251**	**13166**	**50529**	**3192**	**33990**
谷物、豆及薯类批发	14205	8970	2178	4683	717	8067
种子批发	40998	20643	9109	18028	2045	19373
畜牧渔业饲料批发	482	0	30	266	29	198
棉、麻批发	30760	26022	1596	26188	150	4571
林业产品批发	1283	759		60	2	759
牲畜批发	904	728	10	423	29	481
其他农牧产品批发	1472	130	243	881	220	541
食品、饮料及烟草制品批发	**172103**	**84569**	**16523**	**77605**	**9165**	**86612**
米、面制品及食用油批发	19901	3236	2137	5900	1208	8363
糕点、糖果及糖批发	8	3	2	5	4	
果品、蔬菜批发	39485	21657	6948	16297	1258	23137
肉、禽、蛋、奶及水产品批发	2942	1274	705	761	326	2024
盐及调味品批发	19736	18136	648	3983	768	15752
营养和保健品批发	686		502	516	18	170
酒、饮料及茶叶批发	23223	2421	1997	8578	1356	12747
烟草制品批发	55685	35008	2968	37695	3366	17991
其他食品批发	10439	2834	618	3871	861	6429
纺织、服装及家庭用品批发	**34688**	**25596**	**2433**	**9199**	**1849**	**24149**
纺织品、针织品及原料批发	4682	3376	220	1475	125	2865
服装批发	16421	14676	835	3741	826	12649
鞋帽批发	42		42	13	13	30
化妆品及卫生用品批发	1690	261	260	1078	224	578
厨具卫具及日用杂品批发	351		14	226	75	124
灯具、装饰物品批发	191			80	49	98
日用家电批发	9074	7283	668	1776	452	7217
其他家庭用品批发	2237		394	811	85	589
文化、体育用品及器材批发	**57644**	**9061**	**3131**	**30300**	**2512**	**27033**
文具用品批发	4809	965	1674	2802	492	1803
体育用品及器材批发	266			185	15	80
图书批发	42967	749	108	23664	1543	19269

11-5 续表 7

单位：万元

指 标	二、期末资产负债					
	固定资产原价			累计折旧		固定资产净额
		房屋和构筑物	机器设备		本年折旧	
首饰、工艺品及收藏品批发	5666	5076	115	868	282	4798
乐器批发	127			114	4	10
其他文化用品批发	3251	2271	741	2296	107	887
医药及医疗器材批发	**218457**	**71563**	**76915**	**96117**	**21723**	**118028**
西药批发	88494	34898	22383	38221	6891	48253
中药批发	42822	19274	15445	20282	2794	21986
动物用药品批发	3309	2428	115	1055	259	2216
医疗用品及器材批发	83833	14962	38972	36559	11779	45574
矿产品、建材及化工产品批发	**308837**	**187649**	**44535**	**150362**	**19360**	**142874**
煤炭及制品批发	20495	8220	4275	10014	1235	5902
石油及制品批发	119919	100849	10989	66183	6077	51975
非金属矿及制品批发	9064	494	1694	3301	452	5544
金属及金属矿批发	79137	36554	17048	37631	5531	38736
建材批发	47276	26107	6638	14429	3703	27005
化肥批发	3011	441	251	1630	365	1299
农药批发	7885	6231	383	4555	374	3330
其他化工产品批发	22050	8754	3257	12620	1622	9083
机械设备、五金产品及电子产品批发	**195627**	**47950**	**92780**	**78608**	**14188**	**109036**
农业机械批发	24			22	1	2
汽车及零配件批发	36844	11911	11078	12383	3053	20464
摩托车及零配件批发	60		25	34	3	22
五金产品批发	2881		875	1741	237	856
电气设备批发	20701	15045	1304	6202	1018	14273
计算机、软件及辅助设备批发	9082	1384	2899	4700	919	3529
通讯设备批发	4906	1701	616	2900	551	2003
广播影视设备批发	0			0		
其他机械设备及电子产品批发	121131	17908	75984	50626	8407	67886
贸易经纪与代理	**1033**	**118**	**140**	**381**	**48**	**537**
贸易代理	965	118	72	350	48	500
其他贸易经纪与代理	68		68	31		37
其他批发业	**16258**	**4091**	**8945**	**5698**	**754**	**9188**
再生物资回收与批发	10861	1541	6869	3698	470	5802
互联网批发	498		65	329	66	157
其他未列明批发业	4899	2550	2011	1671	217	3229
2.按登记注册类型分						
内资企业	**1064469**	**471294**	**255730**	**491443**	**70917**	**528522**
国有企业	85861	59715	5249	44711	4570	40900
股份合作企业	477	282	5	436	4	41

11-5 续表 8

单位：万元

指 标	二、期末资产负债					
	固定资产原价	房屋和构筑物	机器设备	累计折旧	本年折旧	固定资产净额
有限责任公司	401364	156189	108165	187544	22589	201736
国有独资公司	61618	8394	1026	32104	2105	23547
其他有限责任公司	339746	147795	107139	155440	20484	178189
股份有限公司	143015	115220	20591	70188	6293	71230
私营企业	433753	139888	121721	188564	37461	214616
私营独资企业	1225	759	169	205	136	933
私营有限责任公司	427561	137289	120108	185089	37060	211985
私营股份有限公司	4967	1841	1445	3269	264	1698
港、澳、台商投资企业	**13237**	**2548**	**1049**	**2604**	**949**	**10632**
合资经营企业(港或澳、台资)	10359	1123	940	1746	487	8613
港、澳、台商独资经营企业	2878	1425	109	858	462	2020
外商投资企业	**17044**	**14006**	**1788**	**4751**	**924**	**12293**
中外合作经营企业	13383	13383		2210	635	11173
外资企业	3661	623	1788	2541	289	1120
3.按控股情况分						
国有控股	375755	224626	47787	183318	20635	184265
集体控股	45320	37587	2012	26483	938	18813
私人控股	643382	209081	205932	281638	49343	325437
港澳台商控股	13237	2548	1049	2604	949	10632
外商控股	17056	14006	1788	4756	925	12300
4.按经营形式分						
独立门店	423139	196482	64091	187495	24192	209859
连锁总店（总部）	183		55	42	28	140
连锁直营店	81			49	12	28
连锁加盟店						
其他	671347	291366	194423	311212	48558	341420
5.按单位规模分						
大型	305573	155297	55730	158314	19826	144651
中型	404511	165723	118420	174457	26881	216362
小型	332812	151566	73416	145372	23469	169785
微型	51855	15262	11003	20655	2614	20649
二、零售业	**1721497**	**485224**	**211955**	**718397**	**112250**	**696891**
1.按零售行业小类分						
综合零售	**711484**	**95334**	**37008**	**323310**	**37523**	**109273**
百货零售	628289	77538	10392	272424	28330	81867
超级市场零售	73630	17796	25318	48253	7193	20978
便利店零售	2744		1210	1004	423	1740

11-5 续表 9

单位: 万元

指 标	二、期末资产负债					
	固定资产原价	房屋和构筑物	机器设备	累计折旧	本年折旧	固定资产净额
其他综合零售	6822		88	1630	1577	4688
食品、饮料及烟草制品专门零售	**20804**	**6509**	**6573**	**9858**	**2295**	**10762**
粮油零售	576	424	33	27	1	549
糕点、面包零售	934		798	650	79	284
果品、蔬菜零售	120	4	65	28	22	92
肉、禽、蛋、奶及水产品零售	1735	628	656	765	107	970
营养和保健品零售	173			118	52	56
酒、饮料及茶叶零售	14043	5454	4121	6281	1495	7742
其他食品零售	3222		899	1990	540	1069
纺织、服装及日用品专门零售	**64518**	**43542**	**4788**	**19415**	**4545**	**44038**
纺织品及针织品零售	124	1	8	85	14	39
服装零售	47747	43485	2904	11224	2516	36005
鞋帽零售	4297		750	1084	485	3213
化妆品及卫生用品零售	9769	15	758	5581	1180	4189
厨具卫具及日用杂品零售	130		39	61	21	69
钟表、眼镜零售	1608		304	1147	279	461
自行车等代步设备零售						
其他日用品零售	844	40	25	233	51	62
文化、体育用品及器材专门零售	**32198**	**6760**	**676**	**13203**	**1546**	**18904**
文具用品零售	662		145	297	86	351
体育用品及器材零售	1272			1138	139	134
图书、报刊零售	24642	2329	248	10158	895	14484
珠宝首饰零售	4269	3482	173	1244	354	3019
乐器零售	98		10	32		56
照相器材零售	12			12		
其他文化用品零售	1242	949	101	322	73	860
医药及医疗器材专门零售	**69144**	**26411**	**11406**	**34633**	**5541**	**33993**
西药零售	65437	25896	10996	32418	4880	32520
中药零售	2268		377	1452	520	801
动物用药品零售	503	485		114	12	389
医疗用品及器材零售	936	30	33	650	130	283
汽车、摩托车、零配件和燃料及其他动力销售	**705296**	**251654**	**128890**	**288865**	**51012**	**395144**
汽车新车零售	443179	153307	75572	176897	36851	250207
汽车旧车零售	113		40	97	16	15
汽车零配件零售	1204	900	217	584	60	619
摩托车及零配件零售	1202		49	845	546	166
机动车燃油零售	250591	95670	47412	107947	12721	137987

11-5 续表 10

单位：万元

指 标	二、期末资产负债					
	固定资产原价	房屋和构筑物	机器设备	累计折旧	本年折旧	固定资产净额
机动车燃气零售	1486	20	10	628	51	494
机动车充电销售	7523	1758	5592	1867	766	5656
家用电器及电子产品专门零售	**32507**	**19343**	**5360**	**7976**	**1664**	**20802**
家用视听设备零售	889	96	443	399	124	490
日用家电零售	25658	18984	1836	4433	824	17988
计算机、软件及辅助设备零售	2989	248	1305	1381	358	1458
通信设备零售	1065		475	508	176	432
其他电子产品零售	1906	16	1301	1255	181	434
五金、家具及室内装饰材料专门零售	**42137**	**32280**	**918**	**9120**	**2729**	**32882**
五金零售	690	1	155	483	92	200
灯具零售	11			2	0	
家具零售	41064	32279	503	8451	2550	32566
卫生洁具零售	118		118	72	10	46
陶瓷、石材装饰材料零售						
其他室内装饰材料零售	255		142	111	77	70
货摊、无店铺及其他零售业	**43408**	**3391**	**16336**	**12018**	**5395**	**31094**
互联网零售	4278	975	2040	2618	1460	1416
邮购及电视、电话零售	90			82	8	8
自动售货机零售	1813		1813	1285	521	528
生活用燃料零售	3828	2416	883	1522	239	2256
其他未列明零售业	33399		11600	6512	3167	26885
2.按登记注册类型分						
内资企业	**1002791**	**342577**	**186711**	**411726**	**78233**	**560023**
国有企业	35456	6053	28389	16443	1912	19012
集体企业	813			648	63	165
有限责任公司	461392	164130	71664	187536	39853	262898
国有独资公司	3105	1922	117	1658	630	1256
其他有限责任公司	458286	162209	71547	185878	39223	261643
股份有限公司	202005	70236	21956	93728	10056	104330
私营企业	303125	102157	64701	113371	26348	173618
私营独资企业	9961	3756	875	4486	821	5266
私营合伙企业	79	11	67			79
私营有限责任公司	292714	98388	63463	108545	25510	168242
私营股份有限公司	372	1	297	340	17	32
港、澳、台商投资企业	**653080**	**103993**	**18202**	**280169**	**30687**	**99170**
合资经营企业(港或澳、台资)	80034	71128	3934	19290	2380	60744
港、澳、台商独资经营企业	572681	32865	13903	260763	28204	38177

11-5 续表 11

单位：万元

指 标	二、期末资产负债					
	固定资产原价	房屋和构筑物	机器设备	累计折旧	本年折旧	固定资产净额
其他港澳台投资企业	365		365	116	103	249
外商投资企业	**65626**	**38655**	**7043**	**26503**	**3330**	**37699**
中外合资经营企业	6545	2698	1325	4321	118	1515
外资企业	59082	35956	5718	22182	3212	36183
3.按控股情况分						
国有控股	276910	68808	59168	112121	15642	160512
集体控股	2416	165	623	1590	319	684
私人控股	726148	273603	127285	299158	62500	400366
港澳台商控股	593367	47537	17261	272467	28877	47158
外商控股	122658	95111	7618	33062	4912	88171
4.按经营形式分						
独立门店	1445655	397440	146341	594626	84497	550532
连锁总店（总部）	129208	45563	22619	64668	12171	61122
连锁直营店	26504	798	6684	15820	2178	9398
连锁加盟店	873	152	340	290	88	323
其他	119257	41271	35970	42994	13315	75517
5.按单位规模分						
大型	851247	111234	70358	388419	44008	179747
中型	653071	312049	94428	239251	50006	401698
小型	189481	56826	41727	77184	16209	106304
微型	27698	5115	5442	13543	2027	9142
6.按零售业态分						
有店铺零售	**1682523**	**484249**	**196869**	**708037**	**107163**	**668523**
便利店	2744		1210	1004	423	1740
超市	80409	17796	25406	49882	8770	25660
折扣店	127		101	98	98	19
仓储会员店						
百货店	628354	77538	10413	272428	28333	81891
购物中心	411		410	199	88	198
专业店	642377	266526	108480	247273	42620	382731
品牌专卖店	324060	121923	50033	135677	26410	174412
集合店	4042	467	816	1477	421	1872
无店铺零售	**38974**	**975**	**15086**	**10360**	**5087**	**28367**
网络零售	4278	975	2040	2618	1460	1416
无人售货设备零售	1813		1813	1285	521	528
电话零售	90			82	8	8
直销	86		5	74	8	13
其他	32706		11228	6301	3091	26403

11-5 续表12 单位：万元

指标	二、期末资产负债					
	在建工程	无形资产	土地使用权	资产总计	流动负债合计	应付账款
总计	**225694**	**449200**	**270997**	**50027109**	**35913395**	**7932001**
一、批发业	**157976**	**142779**	**63207**	**40818567**	**28391581**	**8724504**
1.按批发行业小类分						
农、林、牧、渔产品批发	**716**	**18257**	**3205**	**1469887**	**881337**	**51859**
谷物、豆及薯类批发	74	980	297	730767	482036	20289
种子批发	383	17272	2909	299313	114564	19086
畜牧渔业饲料批发				76883	54640	-1486
棉、麻批发	219			280929	203247	13877
林业产品批发	40			7443	5363	871
牲畜批发		2		45274	871	609
其他农牧产品批发		4		29279	20616	-1387
食品、饮料及烟草制品批发	**6746**	**12328**	**8250**	**2750149**	**1831242**	**262083**
米、面制品及食用油批发	4024	2077	680	624250	492538	122226
糕点、糖果及糖批发				5073	3990	77
果品、蔬菜批发		558		107098	53757	17897
肉、禽、蛋、奶及水产品批发		10		541957	508732	11134
盐及调味品批发		2730	2718	77602	42292	7686
营养和保健品批发				28796	19304	5300
酒、饮料及茶叶批发	1975	1252	1164	586210	439580	60348
烟草制品批发	376	3859	3688	497882	81712	8451
其他食品批发	372	1844		281281	189338	28964
纺织、服装及家庭用品批发	**0**	**2343**	**65**	**1641220**	**1394215**	**136535**
纺织品、针织品及原料批发		509	48	30467	16522	2943
服装批发		204		154120	125497	75418
鞋帽批发		29		4195	2717	17
化妆品及卫生用品批发	0	96		227342	209043	10305
厨具卫具及日用杂品批发				25282	21335	2560
灯具、装饰物品批发		2		16494	14225	5709
日用家电批发		1426		1061159	938019	24889
其他家庭用品批发		78	17	122161	66858	14693
文化、体育用品及器材批发	**96011**	**34234**	**3510**	**1167243**	**714735**	**439674**
文具用品批发		414	291	93297	49790	19506
体育用品及器材批发				27104	27250	-5591
图书批发	88532	30424		844808	507144	378016

11-5 续表 13

单位：万元

指 标	二、期末资产负债					
	在建工程	无形资产	土地使用权	资产总计	流动负债合计	应付账款
首饰、工艺品及收藏品批发		150		72889	42305	16574
乐器批发				3539	625	339
其他文化用品批发	7479	3222	3219	102270	67177	14375
医药及医疗器材批发	**7238**	**27576**	**15118**	**11766664**	**10027205**	**4889136**
西药批发	5753	11076	5371	3372644	2697835	678345
中药批发	767	10704	8672	1624952	1335461	366494
动物用药品批发	2	4		114539	98392	30435
医疗用品及器材批发	717	5792	1075	6654530	5895517	3813862
矿产品、建材及化工产品批发	**23960**	**34012**	**27325**	**17940824**	**10996676**	**2140068**
煤炭及制品批发		1900	772	5515994	3808307	646286
石油及制品批发	20496	12907	12629	1317845	775031	93326
非金属矿及制品批发		2355	89	223496	162119	64104
金属及金属矿批发	319	10919	8714	8703424	4702753	871029
建材批发	2705	461		1516136	1013252	334402
化肥批发		15		188749	179931	45621
农药批发	240	1512	1400	98690	82713	39076
其他化工产品批发	200	3943	3722	376492	272570	46225
机械设备、五金产品及电子产品批发	**23220**	**13090**	**4808**	**3910158**	**2448114**	**761916**
农业机械批发				8811	8150	4293
汽车及零配件批发		2685	1650	630911	495198	129199
摩托车及零配件批发				3391	2386	605
五金产品批发		56		108375	51406	26692
电气设备批发	2	999	826	178589	112112	48696
计算机、软件及辅助设备批发	1186	675		653957	211594	79386
通讯设备批发		1740	1289	861119	636193	128851
广播影视设备批发				919		
其他机械设备及电子产品批发	22033	6936	1044	1464086	931075	344194
贸易经纪与代理		**1**		**37982**	**13887**	**5118**
贸易代理		1		35332	11817	3376
其他贸易经纪与代理				2650	2069	1742
其他批发业	**83**	**937**	**926**	**134438**	**84171**	**38116**
再生物资回收与批发	83	936	926	34415	22645	4181
互联网批发		0		39224	31084	21835
其他未列明批发业		1		60799	30442	12100
2.按登记注册类型分						
内资企业	**157891**	**141531**	**63207**	**40291568**	**28030205**	**8602503**
国有企业	477	6929	6757	1013322	364811	118735
股份合作企业		281	281	1025	2114	105

11-5 续表 14

单位: 万元

指 标	二、期末资产负债					
	在建工程	无形资产	土地使用权	资产总计	流动负债合计	应付账款
有限责任公司	120278	82922	31657	18182945	12281795	2890230
国有独资公司	88532	31838	1218	3010985	1568110	594010
其他有限责任公司	31745	51084	30439	15171961	10713685	2296221
股份有限公司	20306	20998	8963	2742390	1735018	307015
私营企业	16831	30401	15549	18351887	13646467	5286418
私营独资企业	40	1		19419	15311	4217
私营有限责任公司	16791	28472	15237	18084618	13463855	5270409
私营股份有限公司		1929	312	247849	167301	11792
港、澳、台商投资企业	**85**	**1248**		**470442**	**334612**	**99237**
合资经营企业(港或澳、台资)				23372	4622	653
港、澳、台商独资经营企业	85	1248		447069	329990	98584
外商投资企业				**56557**	**26764**	**22763**
中外合作经营企业				21837	11475	11122
外资企业				34720	15289	11641
3.按控股情况分						
国有控股	118631	73833	27118	15492797	9630593	2120208
集体控股	219	1134	936	183069	129743	39870
私人控股	39041	66563	35153	24611587	18262730	6442264
港澳台商控股	85	1248		467408	334614	99237
外商控股				63706	33903	22924
4.按经营形式分						
独立门店	92519	62600	20635	9832854	7256177	1863175
连锁总店（总部）				8254	6217	485
连锁直营店				12058	7769	3902
连锁加盟店				7899	9013	6283
其他	65457	80179	42572	30957503	21112406	6850658
5.按单位规模分						
大型	116270	64238	25128	8395013	5578713	1557269
中型	37581	48343	22156	16781720	10308628	2335590
小型	2826	24518	10339	13410266	10782707	4489315
微型	1300	5680	5584	2231568	1721533	342330
二、零售业	**67718**	**306421**	**207790**	**9208542**	**7521814**	**–792503**
1.按零售行业小类分						
综合零售	**13057**	**10526**	**2616**	**1992294**	**912948**	**155214**
百货零售	12532	5460	601	1487108	577588	72588
超级市场零售	330	5041	2015	396280	295897	67493
便利店零售	195	25		21901	33770	13455

11-5 续表 15

单位：万元

指 标	二、期末资产负债					
	在建工程	无形资产	土地使用权	资产总计	流动负债合计	应付账款
其他综合零售				87005	5693	1678
食品、饮料及烟草制品专门零售	**4069**	**1676**	**25**	**422251**	**238402**	**56563**
粮油零售				13283	12335	74
糕点、面包零售				16003	12698	3713
果品、蔬菜零售				1489	422	134
肉、禽、蛋、奶及水产品零售	54	25	25	30472	17898	5652
营养和保健品零售		4		4672	2251	570
酒、饮料及茶叶零售	3977	1635		314194	149871	28190
其他食品零售	38	12		42139	42929	18229
纺织、服装及日用品专门零售	**47**	**34427**	**32387**	**393483**	**246245**	**106991**
纺织品及针织品零售				4762	4588	4498
服装零售		33819	32387	218964	132353	51894
鞋帽零售		583		77880	47127	32922
化妆品及卫生用品零售	47	22		43054	31709	8284
厨具卫具及日用杂品零售				5940	8961	1754
钟表、眼镜零售				30959	13987	2996
自行车等代步设备零售						
其他日用品零售		3		11923	7520	4644
文化、体育用品及器材专门零售	**12543**	**6057**	**1458**	**209132**	**129151**	**60638**
文具用品零售				23477	16052	9225
体育用品及器材零售		11		27871	34336	10681
图书、报刊零售	12543	5988	1458	103601	50366	33160
珠宝首饰零售		39		34826	18660	4838
乐器零售				4476	1597	367
照相器材零售				6749	4957	1590
其他文化用品零售		19		8133	3183	777
医药及医疗器材专门零售	**9474**	**3011**	**529**	**785601**	**588366**	**133293**
西药零售	7747	2967	529	480525	351211	70955
中药零售	1728	3		250402	214503	54856
动物用药品零售				6125	4232	3691
医疗用品及器材零售		42		48549	18421	3791
汽车、摩托车、零配件和燃料及其他动力销售	**25182**	**207448**	**165135**	**4307762**	**4637316**	**-1562646**
汽车新车零售	11252	15827	11281	3482277	2660677	426760
汽车旧车零售				11028	4222	1593
汽车零配件零售		10		12599	11506	5468
摩托车及零配件零售		1540		10050	3560	89
机动车燃油零售	13752	188426	152504	764479	1949583	-1998136

11-5 续表 16　　　　单位：万元

指 标	二、期末资产负债					
	在建工程	无形资产	土地使用权	资产总计	流动负债合计	应付账款
机动车燃气零售				3126	2787	112
机动车充电销售	178	1646	1350	24202	4982	1468
家用电器及电子产品专门零售	**122**	**4875**	**4701**	**635218**	**468278**	**164583**
家用视听设备零售				15014	8592	3148
日用家电零售	4	4859	4701	371095	303671	106139
计算机、软件及辅助设备零售		17		136012	74683	29715
通信设备零售	118			59611	54837	17547
其他电子产品零售				53486	26495	8035
五金、家具及室内装饰材料专门零售	**80**	**36609**		**151339**	**77404**	**9191**
五金零售				24264	17748	7863
灯具零售				4027	4535	125
家具零售	80	36609		107971	43687	–848
卫生洁具零售				4156	3119	
陶瓷、石材装饰材料零售				543	466	205
其他室内装饰材料零售				10377	7848	1846
货摊、无店铺及其他零售业	**3143**	**1792**	**939**	**311464**	**223704**	**83671**
互联网零售	1432	747		199352	172248	64134
邮购及电视、电话零售				3279	1985	1909
自动售货机零售		69		6546	6090	221
生活用燃料零售	611	976	939	20047	14695	390
其他未列明零售业	1100	0		82240	28686	17017
2.按登记注册类型分						
内资企业	**58210**	**265517**	**203979**	**7678069**	**6887084**	**–867705**
国有企业		9314	9258	66212	1014983	5519
集体企业		0		9865	8083	6779
有限责任公司	22508	87906	68318	3908397	2619676	621805
国有独资公司		2276	579	23307	6695	4487
其他有限责任公司	22508	85630	67739	3885091	2612981	617319
股份有限公司	9774	103802	78324	632861	965870	–2007826
私营企业	25929	64496	48079	3060733	2278473	506018
私营独资企业		2537		28663	27211	837
私营合伙企业				160	135	29
私营有限责任公司	25929	61959	48079	3024549	2246860	503608
私营股份有限公司				7362	4266	1544
港、澳、台商投资企业	**9382**	**3744**	**3255**	**1352387**	**510297**	**58428**
合资经营企业(港或澳、台资)		1601	1240	124147	94757	22750
港、澳、台商独资经营企业	9382	2020	2015	1206077	402036	28790

11-5 续表 17

单位: 万元

指 标	二、期末资产负债					
	在建工程	无形资产	土地使用权	资产总计	流动负债合计	应付账款
其他港澳台投资企业		123		22163	13505	6888
外商投资企业	**126**	**37160**	**557**	**178086**	**124433**	**16775**
中外合资经营企业	126	181	181	35664	22412	650
外资企业		36979	376	142422	102021	16125
3.按控股情况分						
国有控股	27151	142756	109039	1105405	2181531	-1903143
集体控股		0		38810	19108	8760
私人控股	31060	122986	94939	6574771	4706492	1038220
港澳台商控股	9382	3519	3255	1257527	431970	38088
外商控股	126	37160	557	232029	182714	25573
4.按经营形式分						
独立门店	50204	227798	148073	6754066	5901443	-1193025
连锁总店（总部）	8060	8054	5230	1048317	682245	150334
连锁直营店	47	11594	5411	269212	227785	69871
连锁加盟店		19		31406	27852	10481
其他	9406	58957	49075	1105542	682489	169837
5.按单位规模分						
大型	31988	160916	127385	2649258	2886837	-1836136
中型	15378	115030	56778	4314847	3154145	646536
小型	20284	30435	23626	1719578	1147656	283629
微型	69	40		524860	333176	113467
6.按零售业态分						
有店铺零售	**65185**	**305605**	**207790**	**8935545**	**7324570**	**-869746**
便利店	195	25		21901	33770	13455
超市	330	5041	2015	482581	301478	69171
折扣店				13052	11140	1841
仓储会员店						
百货店	12532	5460	601	1495402	586318	77335
购物中心		76		62669	15699	2265
专业店	47054	269866	183850	3968942	4180357	-1440465
品牌专卖店	5075	25138	21324	2801657	2122894	387797
集合店				89342	72915	18856
无店铺零售	**2532**	**816**		**272997**	**197244**	**77243**
网络零售	1432	747		199352	172248	64134
无人售货设备零售		69		6546	6090	221
电话零售				3279	1985	1909
直销				20219	5276	2920
其他	1100	0		43602	11646	8061

11-5 续表 18

单位: 万元

指 标	二、期末资产负债				三、损益及分配	
	负债合计	所有者权益合计	实收资本	个人资本	营业收入	主营业务收入
总计	**37151583**	**13876011**	**8465741**	**1715603**	**85905695**	**84874693**
一、批发业	**29594368**	**11179512**	**7154010**	**1530681**	**68483247**	**68004211**
1.按批发行业小类分						
农、林、牧、渔产品批发	**957545**	**509593**	**351419**	**39705**	**1831214**	**1817070**
谷物、豆及薯类批发	536638	192282	188808	4450	736096	730800
种子批发	125495	173819	75933	9817	181242	178162
畜牧渔业饲料批发	63487	13396	12268	1000	283842	283840
棉、麻批发	205131	75797	33543	20180	531780	530566
林业产品批发	4377	2189	1000	1000	9069	8956
牲畜批发	871	44403	35000		15146	15106
其他农牧产品批发	21546	7708	4868	3258	74040	69641
食品、饮料及烟草制品批发	**1902386**	**846973**	**255214**	**53976**	**5499041**	**5361957**
米、面制品及食用油批发	556424	67227	118240	3649	1311219	1189108
糕点、糖果及糖批发	3990	1083	500	500	6436	6436
果品、蔬菜批发	61976	45122	21247	7011	279573	279182
肉、禽、蛋、奶及水产品批发	522597	19359	12679	4789	751385	749497
盐及调味品批发	42742	34861	13880	3827	110613	109712
营养和保健品批发	19004	9792	2982	500	83381	83381
酒、饮料及茶叶批发	441671	144539	27474	13516	783048	774476
烟草制品批发	84119	413764	7887		1669042	1667999
其他食品批发	169864	111226	50326	20185	504345	502167
纺织、服装及家庭用品批发	**1391869**	**241100**	**118217**	**29242**	**2185729**	**2174970**
纺织品、针织品及原料批发	16727	13740	10192	1010	101852	101597
服装批发	124617	21428	21769	4692	220613	218596
鞋帽批发	2717	1478	1000		3079	3079
化妆品及卫生用品批发	209456	17712	13177	1510	258360	253325
厨具卫具及日用杂品批发	21488	3794	3626	2116	40382	40382
灯具、装饰物品批发	14225	2269	300		28114	28114
日用家电批发	935178	125981	27972	10965	1360288	1357292
其他家庭用品批发	67463	54698	40181	8950	173041	172585
文化、体育用品及器材批发	**729366**	**437479**	**88220**	**17780**	**1947058**	**1939226**
文具用品批发	54236	39061	29562	11020	273406	273406
体育用品及器材批发	27250	−145	500	500	31421	31421
图书批发	511497	333311	28412	4403	644454	638845

11-5 续表 19

单位: 万元

指标	二、期末资产负债				三、损益及分配	
	负债合计	所有者权益合计	实收资本	个人资本	营业收入	主营业务收入
首饰、工艺品及收藏品批发	44821	28068	11367	100	730902	730409
乐器批发	2891	249	56	56	3776	3255
其他文化用品批发	68195	34075	17823	1201	236728	236060
医药及医疗器材批发	**10206769**	**1557683**	**1063375**	**68273**	**9281876**	**9254788**
西药批发	2763164	609480	559475	14223	4257916	4245600
中药批发	1348107	276845	159356	17552	2574954	2569307
动物用药品批发	98970	15569	8708	1600	198195	198195
医疗用品及器材批发	5996528	655789	335836	34898	2250811	2241686
矿产品、建材及化工产品批发	**11603651**	**6314480**	**4307791**	**1216176**	**39791408**	**39644164**
煤炭及制品批发	3979585	1534750	1419559	30707	11269258	11230540
石油及制品批发	803103	508643	41817	10131	3767976	3759776
非金属矿及制品批发	172047	51449	31642	2945	318494	318442
金属及金属矿批发	4993556	3706303	2416884	1099802	19736454	19657373
建材批发	1114789	391505	331956	36130	1860776	1841663
化肥批发	179943	8806	10063	2440	680813	680735
农药批发	83385	15305	2100	1600	101755	100895
其他化工产品批发	277244	97720	53770	32422	2055882	2054740
机械设备、五金产品及电子产品批发	**2705143**	**1199462**	**940070**	**98482**	**7130016**	**7036858**
农业机械批发	8150	661	200		10904	10904
汽车及零配件批发	524105	105702	181238	13984	1285607	1229280
摩托车及零配件批发	2386	1005	800	100	18246	18246
五金产品批发	51442	56421	42656	2391	161237	160086
电气设备批发	131880	44840	30741	4638	236365	219234
计算机、软件及辅助设备批发	219371	433030	405268	36212	427415	426665
通讯设备批发	654162	206957	67788	5182	3123400	3117929
广播影视设备批发	31	888			1029	1029
其他机械设备及电子产品批发	1113616	349957	211379	35976	1865814	1853486
贸易经纪与代理	**13148**	**24834**	**3252**	**701**	**178649**	**178649**
贸易代理	11079	24254	3102	551	174130	174130
其他贸易经纪与代理	2070	581	150	150	4519	4519
其他批发业	**84490**	**47909**	**26451**	**6346**	**638256**	**596529**
再生物资回收与批发	22556	10058	11022	2874	144086	108681
互联网批发	31084	8141	995	100	53061	52880
其他未列明批发业	30850	29711	14434	3372	441109	434969
2.按登记注册类型分						
内资企业	**29203920**	**11042961**	**7009158**	**1530681**	**67791407**	**67425604**
国有企业	404936	608387	180318	10	3469082	3465669
股份合作企业	2116	-1091	92	20	1956	1838

11-5 续表 20　　　　单位：万元

指标	二、期末资产负债				三、损益及分配	
	负债合计	所有者权益合计	实收资本	个人资本	营业收入	主营业务收入
有限责任公司	12966967	5205418	3839813	87925	33185446	33049156
国有独资公司	1673473	1337511	801008		4396459	4385551
其他有限责任公司	11293494	3867907	3038805	87925	28788987	28663605
股份有限公司	1760744	981646	269364	7319	4065548	4056339
私营企业	14069158	4248601	2719571	1435407	27069374	26852602
私营独资企业	15580	3503	2249	1450	45988	45657
私营有限责任公司	13884959	4165869	2683685	1424044	25877802	25662321
私营股份有限公司	168619	79230	33637	9913	1145584	1144625
港、澳、台商投资企业	**363684**	**106758**	**130840**		**569659**	**456434**
合资经营企业(港或澳、台资)	5694	17679	10215		4613	4489
港、澳、台商独资经营企业	357990	89079	120625		565047	451945
外商投资企业	**26764**	**29793**	**14012**		**122181**	**122173**
中外合作经营企业	11475	10362	10285		5696	5696
外资企业	15289	19431	3727		116485	116478
3.按控股情况分						
国有控股	10085962	5403228	3164917	31559	29960391	29866674
集体控股	131197	51873	12098	418	466365	459657
私人控股	18983365	5587143	3835043	1498704	37343559	37078201
港澳台商控股	363686	103723	127840		567681	454455
外商控股	30160	33547	14112		145251	145223
4.按经营形式分						
独立门店	7866978	1940627	1108558	211741	20958464	20643680
连锁总店（总部）	6217	2038	3000		17893	17893
连锁直营店	7330	402	50		23024	22735
连锁加盟店	9013	-1115			10930	10930
其他	21704830	9237560	6042402	1318940	47472936	47308973
5.按单位规模分						
大型	5664856	2730157	1268604	7421	15595582	15424209
中型	10996369	5785351	2751146	193094	27740586	27649746
小型	11035864	2374346	2847081	1253809	19602146	19499238
微型	1897278	289658	287179	76357	5544933	5431017
二、零售业	**7557216**	**2696499**	**1311732**	**184923**	**17422448**	**16870483**
1.按零售行业小类分						
综合零售	**1914091**	**132400**	**183858**	**7407**	**2101109**	**1874475**
百货零售	1250074	237110	129272	4942	1437774	1288374
超级市场零售	538397	-87897	44778	1080	578397	509673
便利店零售	33770	-11869	8202	1240	32453	30085

11-5 续表 21

单位：万元

指标	二、期末资产负债				三、损益及分配	
	负债合计	所有者权益合计	实收资本	个人资本	营业收入	主营业务收入
其他综合零售	91849	–4945	1606	146	52485	46343
食品、饮料及烟草制品专门零售	**250210**	**171877**	**65226**	**11339**	**837368**	**833193**
粮油零售	12335	949	80		1368	1368
糕点、面包零售	13194	2809	350		23575	23575
果品、蔬菜零售	501	988	493	204	6274	6270
肉、禽、蛋、奶及水产品零售	18956	11353	5963	1100	46168	45422
营养和保健品零售	3208	1464	24	20	7896	7896
酒、饮料及茶叶零售	152760	161432	40653	9763	677770	674848
其他食品零售	49257	–7118	17663	252	74318	73815
纺织、服装及日用品专门零售	**254263**	**134382**	**107777**	**12318**	**477104**	**461227**
纺织品及针织品零售	5496	–734	200		5379	5229
服装零售	139880	74039	77154	9469	314425	299821
鞋帽零售	47127	30753	10690	580	14346	14341
化妆品及卫生用品零售	32877	10383	14822	1822	86116	86100
厨具卫具及日用杂品零售	6316	–377	545	50	2244	1220
钟表、眼镜零售	14806	16154	3799	312	40854	40825
自行车等代步设备零售						
其他日用品零售	7761	4163	567	85	13740	13690
文化、体育用品及器材专门零售	**138051**	**70046**	**43080**	**3031**	**331382**	**326067**
文具用品零售	19528	3707	1912	651	22954	22716
体育用品及器材零售	34336	–6465	1400	900	65553	65218
图书、报刊零售	51843	51758	20980	580	113559	111504
珠宝首饰零售	20399	14426	11254		86233	83574
乐器零售	1993	1690	1305		3288	3263
照相器材零售	4957	1792	1500	500	25900	25900
其他文化用品零售	4996	3137	4730	400	13895	13893
医药及医疗器材专门零售	**633561**	**151504**	**56552**	**8129**	**1068771**	**1053953**
西药零售	379354	101171	41295	4317	715957	702834
中药零售	231622	18780	9201	3366	322779	322633
动物用药品零售	4232	1894	500		5591	5591
医疗用品及器材零售	18353	29660	5556	446	24444	22897
汽车、摩托车、零配件和燃料及其他动力销售	**3468645**	**1839058**	**638752**	**103478**	**9813550**	**9545258**
汽车新车零售	2790425	703358	526380	95289	7821096	7606873
汽车旧车零售	4222	6806	5100		34547	33914
汽车零配件零售	11684	915	1250	150	28919	28538
摩托车及零配件零售	3560	6490	3600	600	22491	22150
机动车燃油零售	647588	1105478	82272	7389	1900538	1848099

11-5 续表 22

单位：万元

指 标	二、期末资产负债				三、损益及分配	
	负债合计	所有者权益合计	实收资本	个人资本	营业收入	主营业务收入
机动车燃气零售	2882	94	150	50	2715	2633
机动车充电销售	8285	15917	20000		3244	3050
家用电器及电子产品专门零售	**517193**	**115364**	**124985**	**32967**	**1167269**	**1153727**
家用视听设备零售	8986	6028	3952	2521	22533	22520
日用家电零售	335735	34950	71355	10807	687681	676454
计算机、软件及辅助设备零售	83953	49785	29859	13601	181540	180951
通信设备零售	57322	2312	3235	1468	165768	164721
其他电子产品零售	31198	22289	16584	4570	109747	109081
五金、家具及室内装饰材料专门零售	**133435**	**17904**	**37674**	**2910**	**95410**	**94878**
五金零售	17872	6392	2443	1210	27379	27290
灯具零售	4535	–509	650		986	986
家具零售	99594	8377	32591	810	40894	40452
卫生洁具零售	3119	1038	500	500	10370	10370
陶瓷、石材装饰材料零售	466	77			888	888
其他室内装饰材料零售	7849	2529	1490	390	14892	14892
货摊、无店铺及其他零售业	**247767**	**63965**	**53829**	**3344**	**1530486**	**1527706**
互联网零售	173019	26601	19007	1774	1442955	1440628
邮购及电视、电话零售	1985	1294	1000		2861	2802
自动售货机零售	6119	427	1387		5846	5846
生活用燃料零售	14695	5352	8320	1170	8957	8625
其他未列明零售业	51949	30292	24115	400	69867	69806
2.按登记注册类型分						
内资企业	**6230721**	**2445495**	**1177542**	**184783**	**15204459**	**14797546**
国有企业	1032904	21959	6039		305620	291169
集体企业	8083	1783	228		16520	16520
有限责任公司	3133480	786625	594550	13105	7816286	7612996
国有独资公司	6949	16357	8700		66818	66369
其他有限责任公司	3126531	770268	585850	13105	7749468	7546627
股份有限公司	–472405	1105266	36013	12184	1412181	1377813
私营企业	2528660	529862	540712	159494	5653852	5499048
私营独资企业	28442	157	4418	732	106062	105209
私营合伙企业	135	24	75	75	621	621
私营有限责任公司	2495397	527004	535068	158637	5522638	5368868
私营股份有限公司	4686	2676	1151	50	24532	24350
港、澳、台商投资企业	**1076824**	**275563**	**81007**		**2006637**	**1889471**
合资经营企业(港或澳、台资)	114420	9727	9290		338955	336009
港、澳、台商独资经营企业	948900	257177	71093		1612577	1498358

11-5 续表 23

单位: 万元

指 标	二、期末资产负债				三、损益及分配	
	负债合计	所有者权益合计	实收资本	个人资本	营业收入	主营业务收入
其他港澳台投资企业	13505	8658	624		55105	55104
外商投资企业	**249670**	**-24558**	**53183**	**140**	**211351**	**183466**
中外合资经营企业	76635	8877	2466		75751	69856
外资企业	173035	-33435	50717	140	135600	113610
3.按控股情况分						
国有控股	840737	1253318	148187	3319	2496137	2429143
集体控股	25330	13481	10778		87911	87447
私人控股	5391364	1192903	1023201	181464	12744418	12402335
港澳台商控股	978834	278693	76383		1866966	1752747
外商控股	320951	-41896	53183	140	227016	198810
4.按经营形式分						
独立门店	5357816	2393866	921866	136493	12704207	12278447
连锁总店(总部)	1027494	20823	107075	9664	1291290	1209884
连锁直营店	320541	-1481	78746		438259	419933
连锁加盟店	23987	7419	6720	920	54501	54318
其他	827377	275873	197325	37846	2934191	2907901
5.按单位规模分						
大型	2250097	1387811	167086	15433	4038032	3817657
中型	3575436	739886	733145	61249	8679964	8465383
小型	1264024	455920	344234	89684	2859053	2812822
微型	467658	112883	67267	18557	1845399	1774620
6.按零售业态分						
有店铺零售	**7336362**	**2644087**	**1272323**	**182748**	**15914048**	**15364470**
便利店	33770	-11869	8202	1240	32453	30085
超市	630134	-93333	46084	1225	624159	549372
折扣店	12750	33	400	100	24470	24318
仓储会员店						
百货店	1258804	236573	129672	4942	1448212	1298732
购物中心	15699	46970	10050		11906	11901
专业店	3141778	1826799	684025	110792	7846186	7668786
品牌专卖店	2170386	625344	383856	60601	5751726	5609521
集合店	73041	13570	10034	3847	174937	171756
无店铺零售	**220854**	**52412**	**39409**	**2174**	**1508400**	**1506012**
网络零售	173019	26601	19007	1774	1442955	1440628
无人售货设备零售	6119	427	1387		5846	5846
电话零售	1985	1294	1000		2861	2802
直销	16852	3367	1000		22831	22831
其他	22878	20724	17015	400	33906	33906

11-5 续表 24

单位: 万元

指 标	三、损益及分配					
	营业成本	税金及附加	其他业务利润	销售费用	管理费用	研发费用
总计	**80258792**	**346798**	**250682**	**2515407**	**1278201**	**29175**
一、批发业	**65208310**	**294682**	**51270**	**1272024**	**766283**	**25233**
1.按批发行业小类分						
农、林、牧、渔产品批发	**1729470**	**1250**	**4900**	**31375**	**27242**	**10666**
谷物、豆及薯类批发	711975	470	2900	11730	7811	238
种子批发	129719	277	843	10010	10230	10428
畜牧渔业饲料批发	276408	47		2146	3849	
棉、麻批发	517856	378	1180	5215	2483	
林业产品批发	8521	24		234	96	
牲畜批发	15094	32	-24	681	708	
其他农牧产品批发	69898	23		1359	2064	
食品、饮料及烟草制品批发	**4610941**	**229016**	**9127**	**212355**	**171050**	**226**
米、面制品及食用油批发	1186329	1268	6520	82843	25316	0
糕点、糖果及糖批发	5790	4		0	308	
果品、蔬菜批发	262280	166	28	8236	7003	72
肉、禽、蛋、奶及水产品批发	737615	157	0	7647	6070	50
盐及调味品批发	102354	224	758	3567	4633	
营养和保健品批发	68430	76		10087	6359	
酒、饮料及茶叶批发	657386	1872	685	42747	23503	25
烟草制品批发	1158687	224621	342	27413	78976	45
其他食品批发	432070	631	794	29814	18883	34
纺织、服装及家庭用品批发	**2022022**	**2016**	**3069**	**86584**	**38740**	**762**
纺织品、针织品及原料批发	95515	55	93	2466	2768	
服装批发	196358	241		15577	10312	
鞋帽批发	2351	3			599	
化妆品及卫生用品批发	242974	254	2254	6269	4651	21
厨具卫具及日用杂品批发	34122	22		4674	1299	
灯具、装饰物品批发	26703	21		694	1335	
日用家电批发	1263847	1236	712	52482	10921	346
其他家庭用品批发	160152	185	9	4422	6856	395
文化、体育用品及器材批发	**1837426**	**3101**	**743**	**36581**	**28701**	**521**
文具用品批发	264194	152		5183	3310	0
体育用品及器材批发	28327	41		2575	176	
图书批发	578416	1011	40	21758	18146	521

11-5 续表 25

单位: 万元

指 标	三、损益及分配					
	营业成本	税金及附加	其他业务利 润	销售费用	管理费用	研发费用
首饰、工艺品及收藏品批发	715526	323	244	3210	3016	
乐器批发	3475	5		38	323	
其他文化用品批发	223749	1559	459	2691	2966	
医药及医疗器材批发	**8445582**	**21573**	**14096**	**344368**	**193788**	**339**
西药批发	3938378	9255	7154	135912	72670	25
中药批发	2415568	5141	3538	66093	21516	63
动物用药品批发	185735	215		6719	3366	
医疗用品及器材批发	1905901	6962	3405	135645	96236	251
矿产品、建材及化工产品批发	**39049206**	**29006**	**9389**	**298998**	**174286**	**2395**
煤炭及制品批发	11090040	10774	898	46435	29329	0
石油及制品批发	3758221	2447	6921	23899	14334	120
非金属矿及制品批发	289449	743	-1144	12663	7276	178
金属及金属矿批发	19423884	11188	931	112030	71029	945
建材批发	1762588	2517	1244	42973	26943	832
化肥批发	666895	355	1	7467	4791	320
农药批发	72224	183		17241	3834	
其他化工产品批发	1985905	800	536	36290	16750	1
机械设备、五金产品及电子产品批发	**6744729**	**8102**	**9512**	**240906**	**117134**	**9562**
农业机械批发	9881	3		405	87	
汽车及零配件批发	1248227	988	4819	45306	17930	665
摩托车及零配件批发	17478	11		302	144	
五金产品批发	144665	154	1194	6916	5687	0
电气设备批发	217441	452	661	8150	7156	285
计算机、软件及辅助设备批发	393946	626	6	11996	15918	4831
通讯设备批发	3040873	2397	1148	68591	12427	321
广播影视设备批发	970	1		17	37	
其他机械设备及电子产品批发	1671249	3471	1684	99224	57749	3460
贸易经纪与代理	**165104**	**20**		**3282**	**3664**	**0**
贸易代理	160774	19		3213	3595	0
其他贸易经纪与代理	4329	1		69	70	0
其他批发业	**603831**	**599**	**434**	**17575**	**11678**	**763**
再生物资回收与批发	140996	255	5	2176	1413	
互联网批发	43322	29		4766	4640	528
其他未列明批发业	419513	315	429	10634	5625	235
2.按登记注册类型分						
内资企业	**64615918**	**293859**	**51286**	**1204222**	**746911**	**25208**
国有企业	2912820	226326	1277	35994	87709	45
股份合作企业	1681	1		156	283	

11-5 续表 26

单位：万元

指 标	三、损益及分配					
	营业成本	税金及附加	其他业务利　润	销售费用	管理费用	研发费用
有限责任公司	32101343	34797	31217	464204	232551	7778
国有独资公司	4296244	4175	–27	23728	27614	
其他有限责任公司	27805099	30622	31244	440475	204936	7778
股份有限公司	3950598	5441	7018	39443	19672	3264
私营企业	25649477	27294	11773	664425	406696	14121
私营独资企业	44120	36	306	665	1049	23
私营有限责任公司	24505529	26706	11210	643079	397630	11418
私营股份有限公司	1099828	553	258	20681	8017	2680
港、澳、台商投资企业	**486837**	**715**	**–24**	**58497**	**13947**	**26**
合资经营企业(港或澳、台资)	2783	8		305	990	26
港、澳、台商独资经营企业	484054	707	–24	58192	12957	
外商投资企业	**105554**	**108**	**8**	**9305**	**5425**	
中外合作经营企业	4015	76		765	808	
外资企业	101539	32	8	8540	4617	
3.按控股情况分						
国有控股	28831658	254152	18043	199192	191132	4554
集体控股	449320	630	1599	5690	6422	0
私人控股	35315152	39062	31644	998867	549578	20654
港澳台商控股	485530	710	–24	58314	13344	26
外商控股	126649	128	8	9961	5807	
4.按经营形式分						
独立门店	20029248	21838	14707	460468	238739	2961
连锁总店（总部）	13357	37		2602	1245	
连锁直营店	21078	48		1863	108	
连锁加盟店	9539	11		2611	88	
其他	45135087	272748	36562	804479	526104	22273
5.按单位规模分						
大型	14381183	244822	21799	375118	181907	965
中型	26465772	27420	16259	564450	312066	16682
小型	18889720	18301	12431	304678	240956	6955
微型	5471634	4140	781	27778	31355	631
二、零售业	**15050482**	**52116**	**199413**	**1243383**	**511918**	**3942**
1.按零售行业小类分						
综合零售	**1645721**	**14157**	**129980**	**219234**	**154925**	**25**
百货零售	1113956	12866	112392	103654	127600	0
超级市场零售	469161	1173	15638	94250	16436	24
便利店零售	25012	53	1950	8175	6231	

11-5 续表 27

单位: 万元

指 标	三、损益及分配					
	营业成本	税金及附加	其他业务利 润	销售费用	管理费用	研发费用
其他综合零售	37593	66		13155	4657	
食品、饮料及烟草制品专门零售	**662179**	**2004**	**512**	**73481**	**25312**	**563**
粮油零售	1227	1		1	44	
糕点、面包零售	13544	89	6	7700	1005	
果品、蔬菜零售	5546	3		171	508	
肉、禽、蛋、奶及水产品零售	42305	27		1850	1517	37
营养和保健品零售	5111	28		675	1039	203
酒、饮料及茶叶零售	544090	1687	185	39441	15198	323
其他食品零售	50357	170	321	23643	6001	0
纺织、服装及日用品专门零售	**371665**	**1969**	**469**	**81328**	**25316**	**804**
纺织品及针织品零售	3335	13		2202	231	
服装零售	255587	1457	2	41370	11950	0
鞋帽零售	10508	80	175	7554	2359	0
化妆品及卫生用品零售	60329	247	283	22802	7052	797
厨具卫具及日用杂品零售	1597	1		843	298	
钟表、眼镜零售	29747	148	9	4988	2012	
自行车等代步设备零售						
其他日用品零售	10562	24		1570	1414	7
文化、体育用品及器材专门零售	**271551**	**1106**	**244**	**44744**	**13653**	**8**
文具用品零售	20434	25	32	321	1566	1
体育用品及器材零售	49143	194	2	16658	2317	
图书、报刊零售	95277	333	208	8014	6639	
珠宝首饰零售	67572	525		16158	1939	
乐器零售	2996	3		29	249	
照相器材零售	25062	7		166	284	
其他文化用品零售	11067	20	2	3398	659	7
医药及医疗器材专门零售	**799284**	**4213**	**8775**	**184788**	**33398**	
西药零售	486447	3481	8671	170625	26054	
中药零售	293659	589	98	8811	4484	
动物用药品零售	5050	7		167	211	
医疗用品及器材零售	14128	137	6	5185	2650	
汽车、摩托车、零配件和燃料及其他动力销售	**8799085**	**25677**	**54465**	**415444**	**180299**	**342**
汽车新车零售	7330964	22011	49555	311009	152252	0
汽车旧车零售	32453	23	587	2205	334	
汽车零配件零售	26987	21		1014	459	
摩托车及零配件零售	21204	27	16	840	810	2
机动车燃油零售	1381980	3565	4214	99695	25590	30

11-5 续表 28

单位: 万元

指 标	三、损益及分配					
	营业成本	税金及附加	其他业务利 润	销售费用	管理费用	研发费用
机动车燃气零售	2450	2		2	188	
机动车充电销售	3048	28	94	679	664	309
家用电器及电子产品专门零售	**1075461**	**1193**	**-861**	**68727**	**36838**	**1255**
家用视听设备零售	20582	17		774	1175	34
日用家电零售	634983	753	-975	52219	19414	28
计算机、软件及辅助设备零售	164693	188	2	3956	9090	512
通信设备零售	156711	95	113	6195	3726	1
其他电子产品零售	98492	141		5584	3433	680
五金、家具及室内装饰材料专门零售	**74666**	**797**	**1569**	**9569**	**13849**	
五金零售	23793	44	1400	2113	739	
灯具零售	841	1		136	354	
家具零售	25552	730	120	6621	12116	
卫生洁具零售	9521	15		642	114	
陶瓷、石材装饰材料零售	711	0			217	
其他室内装饰材料零售	14248	5	49	58	309	
货摊、无店铺及其他零售业	**1350871**	**1000**	**4261**	**146068**	**28329**	**945**
互联网零售	1276039	904	3956	141198	21277	2
邮购及电视、电话零售	2398	10		1	397	
自动售货机零售	3646	12		2150	475	97
生活用燃料零售	8281	3	305	42	895	0
其他未列明零售业	60507	71		2678	5285	846
2.按登记注册类型分						
内资企业	**13215638**	**36045**	**78873**	**1093159**	**373280**	**3942**
国有企业	278681	373	1169	21032	4776	
集体企业	14282	32		724	409	
有限责任公司	7007991	22499	42706	547131	159370	380
国有独资公司	60637	242	78	4713	1338	2
其他有限责任公司	6947354	22258	42628	542418	158033	377
股份有限公司	820937	4617	7966	176615	20940	353
私营企业	5093747	8525	27032	347658	187785	3209
私营独资企业	96620	188	203	2669	5304	
私营合伙企业	547	2			56	
私营有限责任公司	4973834	8318	26829	343739	182116	3209
私营股份有限公司	22746	17		1250	310	
港、澳、台商投资企业	**1642991**	**14796**	**119886**	**132241**	**126527**	
合资经营企业(港或澳、台资)	313852	2426	10422	12304	6094	
港、澳、台商独资经营企业	1296202	12096	109464	102251	117821	

11–5 续表 29

单位: 万元

指 标	三、损益及分配					
	营业成本	税金及附加	其他业务利　润	销售费用	管理费用	研发费用
其他港澳台投资企业	32936	275		17687	2612	
外商投资企业	**191853**	**1275**	**654**	**17982**	**12110**	
中外合资经营企业	73977	136		3026	889	
外资企业	117876	1139	654	14956	11222	
3.按控股情况分						
国有控股	1881846	5686	16698	122854	32835	32
集体控股	77562	139	26	7274	925	0
私人控股	11352266	30540	64234	984116	343088	3909
港澳台商控股	1532349	13984	117800	110650	121330	
外商控股	206459	1768	654	18490	13741	
4.按经营形式分						
独立门店	11059368	44167	181376	663634	380887	1861
连锁总店（总部）	968752	4365	7528	274607	42580	40
连锁直营店	387827	509	871	61646	13963	37
连锁加盟店	49755	38	98	2994	1867	
其他	2584780	3037	9540	240501	72620	2004
5.按单位规模分						
大型	2960071	18073	130859	412695	159146	400
中型	7869563	21273	52853	559407	228106	1383
小型	2536700	11249	11704	171081	102111	2094
微型	1684148	1521	3996	100200	22555	65
6.按零售业态分						
有店铺零售	**13718708**	**51140**	**195457**	**1098521**	**486290**	**3290**
便利店	25012	53	1950	8175	6231	
超市	500928	1230	15638	107402	20298	24
折扣店	21093	13		3254	698	
仓储会员店						
百货店	1123311	12875	112392	103657	129293	0
购物中心	8519	14	−4	5555	2355	0
专业店	6703724	18136	31204	461256	191925	3179
品牌专卖店	5175610	18572	33427	400740	130101	85
集合店	160512	248	850	8482	5388	1
无店铺零售	**1331774**	**976**	**3956**	**144862**	**25628**	**652**
网络零售	1276039	904	3956	141198	21277	2
无人售货设备零售	3646	12		2150	475	97
电话零售	2398	10		1	397	
直销	21225	20		955	873	286
其他	28466	30		559	2606	267

11-5 续表 30

单位: 万元

指标	三、损益及分配					
	财务费用	利息收入	利息费用	投资收益	营业利润	营业外收入
总计	**326586**	**55197**	**291450**	**126355**	**1318201**	**57316**
一、批发业	**222401**	**45054**	**223464**	**111341**	**816166**	**32737**
1.按批发行业小类分						
农、林、牧、渔产品批发	**13938**	**808**	**11974**	**–313**	**21769**	**3159**
谷物、豆及薯类批发	9075	625	8411	1391	321	876
种子批发	39	19	409	2612	23523	2212
畜牧渔业饲料批发	378	–23	162	–806	139	85
棉、麻批发	4483	–9	2972	46	4485	–111
林业产品批发	4		4		190	
牲畜批发	–164	165		–3750	–7638	
其他农牧产品批发	123	30	16	193	750	98
食品、饮料及烟草制品批发	**–496**	**12729**	**5890**	**2316**	**275520**	**3423**
米、面制品及食用油批发	7430	208	2276	1126	8959	1131
糕点、糖果及糖批发	2	0			311	0
果品、蔬菜批发	–593	0	355	97	3259	344
肉、禽、蛋、奶及水产品批发	353	–78	306	64	–648	71
盐及调味品批发	28	47	5	8	–357	236
营养和保健品批发	106	30	1		–1680	48
酒、饮料及茶叶批发	3441	508	2790	880	53663	534
烟草制品批发	–11557	11722	104	18	191145	528
其他食品批发	295	292	53	123	20867	531
纺织、服装及家庭用品批发	**170**	**2656**	**6596**	**654**	**36440**	**929**
纺织品、针织品及原料批发	–290	–7	77	170	1565	92
服装批发	14	79	–14	1	–1996	227
鞋帽批发	8	8			118	2
化妆品及卫生用品批发	2168	191	1765	–110	1795	40
厨具卫具及日用杂品批发	86	–1	144	164	280	40
灯具、装饰物品批发	–30	33			–610	3
日用家电批发	678	2103	3936		30899	224
其他家庭用品批发	–2464	251	688	429	4389	302
文化、体育用品及器材批发	**1567**	**2315**	**2149**	**–201**	**56814**	**2084**
文具用品批发	418	–1	415	6	187	972
体育用品及器材批发	1251				–949	6
图书批发	–544	2021	1289	380	41733	306

11-5 续表 31

单位: 万元

指 标	三、损益及分配					
	财务费用	利息收入	利息费用	投资收益	营业利润	营业外收入
首饰、工艺品及收藏品批发	205	248	229	2	8547	519
乐器批发	5	0	5		-72	1
其他文化用品批发	242	35	210	-604	6708	279
医药及医疗器材批发	**83964**	**11998**	**70120**	**20611**	**176537**	**4930**
西药批发	53945	3824	38580	13615	29748	772
中药批发	13788	5789	19067	8755	65608	784
动物用药品批发	632	253	435		1243	10
医疗用品及器材批发	15598	2132	12038	-1760	79939	3364
矿产品、建材及化工产品批发	**115580**	**-434**	**110268**	**84151**	**219039**	**12842**
煤炭及制品批发	27901	-17845	31034	10482	76655	2362
石油及制品批发	6617	1835	7475	2227	-16626	922
非金属矿及制品批发	-117	-207	1140	1610	2397	280
金属及金属矿批发	66236	12336	61333	63131	115204	5794
建材批发	10717	2611	6187	7028	20279	2348
化肥批发	1724	377	1787		-781	336
农药批发	-94	196	97	-160	8206	45
其他化工产品批发	2597	264	1216	-168	13706	755
机械设备、五金产品及电子产品批发	**7527**	**14871**	**16416**	**3353**	**18543**	**4229**
农业机械批发	16	4	15		511	1
汽车及零配件批发	3087	806	2938	301	-10687	916
摩托车及零配件批发	64				247	1
五金产品批发	512	7	280	2791	6143	116
电气设备批发	1499	106	980	42	1586	168
计算机、软件及辅助设备批发	491	872	794	-55	901	289
通讯设备批发	-9961	5452	1975	1710	13027	282
广播影视设备批发	0				5	
其他机械设备及电子产品批发	11819	7624	9433	-1437	6811	2457
贸易经纪与代理	**-26**	**2**	**6**		**6604**	**141**
贸易代理	-26	2	6		6554	127
其他贸易经纪与代理	0		0		50	14
其他批发业	**177**	**110**	**47**	**771**	**4899**	**1000**
再生物资回收与批发	77	2	70		-790	461
互联网批发	-105	6	-63	1	238	379
其他未列明批发业	205	102	40	770	5451	161
2.按登记注册类型分						
内资企业	**217784**	**44767**	**222593**	**114969**	**818110**	**31989**
国有企业	-8126	12432	1642	8	214604	1151
股份合作企业	28		28		-193	

11-5 续表32　　　　单位：万元

指 标	三、损益及分配					
	财务费用	利息收入	利息费用	投资收益	营业利润	营业外收入
有限责任公司	143318	19427	147021	82765	278431	14524
国有独资公司	17602	16522	16545	17777	60088	1462
其他有限责任公司	125715	2905	130476	64989	218343	13062
股份有限公司	15778	6527	21953	33005	78140	1350
私营企业	66787	6380	51949	−809	247129	14964
私营独资企业	246	20	114		−150	1
私营有限责任公司	65935	6338	51820	−1032	233120	14333
私营股份有限公司	606	22	15	223	14159	631
港、澳、台商投资企业	**5766**	**182**	**871**	**−3747**	**−5005**	**683**
合资经营企业(港或澳、台资)	100		118	3	464	12
港、澳、台商独资经营企业	5666	182	753	−3750	−5469	671
外商投资企业	**−1149**	**106**	**1**	**118**	**3060**	**65**
中外合作经营企业	−74	75	1		106	11
外资企业	−1075	31	0	118	2955	54
3.按控股情况分						
国有控股	97637	27128	133689	68086	472000	7933
集体控股	814	−66	843	46	4672	133
私人控股	119258	17704	88019	46841	340559	23915
港澳台商控股	5796	182	871	−3747	−4995	680
外商控股	−1105	107	42	114	3930	77
4.按经营形式分						
独立门店	53369	6822	55326	20598	215191	13300
连锁总店（总部）	−50	51	1		720	41
连锁直营店	2	−9	0	217	141	9
连锁加盟店	42				−1361	0
其他	169037	38190	168137	90526	601474	19387
5.按单位规模分						
大型	60436	25242	65382	21146	388049	3713
中型	108662	15099	95921	67920	295342	16282
小型	29066	1936	39996	20629	144460	10435
微型	24238	2777	22167	1646	−11685	2307
二、零售业	**104185**	**10143**	**67986**	**15015**	**502035**	**24579**
1.按零售行业小类分						
综合零售	**20320**	**1105**	**10118**	**−80**	**52836**	**5381**
百货零售	7229	1095	5602	−104	76755	3128
超级市场零售	11605	6	4506	−37	−13656	2064
便利店零售	183		11	61	−5416	50

11-5 续表 33

单位: 万元

指 标	三、损益及分配					
	财务费用	利息收入	利息费用	投资收益	营业利润	营业外收入
其他综合零售	1303	4	1		-4847	139
食品、饮料及烟草制品专门零售	**940**	**-248**	**987**	**438**	**73273**	**651**
粮油零售	0	0	0		96	
糕点、面包零售	58			154	1306	34
果品、蔬菜零售	13				-48	101
肉、禽、蛋、奶及水产品零售	150	10	128		256	239
营养和保健品零售	10	2	0		832	42
酒、饮料及茶叶零售	280	-264	549	202	76950	188
其他食品零售	430	5	310	83	-6117	47
纺织、服装及日用品专门零售	**1242**	**305**	**962**	**1381**	**2935**	**702**
纺织品及针织品零售	45	0	37		-283	3
服装零售	817	232	566	19	8381	519
鞋帽零售	186	2	97	46	-6291	17
化妆品及卫生用品零售	235	58	237	-66	-4381	87
厨具卫具及日用杂品零售	0	0	0		-54	
钟表、眼镜零售	100	28	0	82	3950	14
自行车等代步设备零售						
其他日用品零售	-141	-15	26	1300	1614	62
文化、体育用品及器材专门零售	**618**	**190**	**210**	**37**	**32**	**347**
文具用品零售	70	3	26		523	35
体育用品及器材零售	102	-9	20		-2980	69
图书、报刊零售	-72	189	23	23	3378	154
珠宝首饰零售	131	5	105	14	-44	79
乐器零售	1	0	1		10	
照相器材零售	325				56	3
其他文化用品零售	61	1	36		-910	8
医药及医疗器材专门零售	**14233**	**4114**	**15076**	**321**	**32211**	**2190**
西药零售	5453	900	3589	321	24077	2084
中药零售	8091	3054	10732		6126	41
动物用药品零售	40				116	3
医疗用品及器材零售	650	159	755		1892	62
汽车、摩托车、零配件和燃料及其他动力销售	**57523**	**4278**	**34683**	**13136**	**359363**	**12762**
汽车新车零售	48204	3778	32998	8653	-22450	11901
汽车旧车零售	10	3		1451	703	48
汽车零配件零售	-1	3	1		439	35
摩托车及零配件零售	2	13	9		503	51
机动车燃油零售	9014	446	1274	2946	381802	714

11-5 续表 34

单位：万元

指 标	三、损益及分配					
	财务费用	利息收入	利息费用	投资收益	营业利润	营业外收入
机动车燃气零售	1				30	12
机动车充电销售	294	35	403	86	-1663	1
家用电器及电子产品专门零售	**5272**	**56**	**2242**	**40**	**-19508**	**679**
家用视听设备零售	31	2	19		-75	13
日用家电零售	3916	-107	1498	29	-21647	455
计算机、软件及辅助设备零售	620	18	387	9	2722	122
通信设备零售	372	88	268	0	-1336	41
其他电子产品零售	334	54	70	2	828	48
五金、家具及室内装饰材料专门零售	**2405**	**-19**	**2227**		**-6158**	**102**
五金零售	38	2	35		618	5
灯具零售	34		34		-573	2
家具零售	2304	-21	2151		-6472	84
卫生洁具零售	-12		-12		90	10
陶瓷、石材装饰材料零售	0	0			-40	1
其他室内装饰材料零售	42	0	19		220	1
货摊、无店铺及其他零售业	**1631**	**363**	**1481**	**-258**	**7050**	**1766**
互联网零售	919	325	826	-272	7319	1682
邮购及电视、电话零售	16				39	4
自动售货机零售	-9	0	-9		-525	2
生活用燃料零售	64	3	57		-200	1
其他未列明零售业	640	34	607	13	418	78
2.按登记注册类型分						
内资企业	**97974**	**8238**	**59548**	**14991**	**420418**	**21040**
国有企业	1297	469	131		-613	44
集体企业	22	7			1052	69
有限责任公司	53115	5909	34331	9727	55124	11633
国有独资公司	-4	53	4		688	26
其他有限责任公司	53119	5857	34327	9727	54436	11608
股份有限公司	6685	324	1482	2835	388551	858
私营企业	36855	1530	23604	2429	-23696	8436
私营独资企业	1460	57	1316		-226	90
私营合伙企业					17	0
私营有限责任公司	35367	1453	22287	2429	-23767	8344
私营股份有限公司	28	19	1		280	1
港、澳、台商投资企业	**-304**	**1442**	**2687**	**91**	**98764**	**3305**
合资经营企业(港或澳、台资)	2044	191	1580	88	10660	744
港、澳、台商独资经营企业	-2154	1072	1105		86321	2481

11-5 续表 35

单位: 万元

指 标	三、损益及分配					
	财务费用	利息收入	利息费用	投资收益	营业利润	营业外收入
其他港澳台投资企业	-194	180	3	3	1782	80
外商投资企业	**6514**	**462**	**5751**	**-67**	**-17146**	**235**
中外合资经营企业	2267	326	2082	13	-3594	49
外资企业	4248	137	3669	-80	-13552	186
3.按控股情况分						
国有控股	16528	3872	13915	2769	438646	984
集体控股	505	39	64	370	1918	191
私人控股	81143	4557	45581	11854	-17355	20137
港澳台商控股	-1549	1202	1704	88	98588	3032
外商控股	7557	472	6723	-67	-19761	236
4.按经营形式分						
独立门店	74509	9253	54524	12276	506686	18129
连锁总店（总部）	13898	448	3854	244	-2365	3665
连锁直营店	5534	21	3655	107	-30785	672
连锁加盟店	316	9	67	0	-459	16
其他	9927	412	5885	2387	28959	2098
5.按单位规模分						
大型	18687	4987	15108	2901	473739	5444
中型	63094	4460	40912	4220	-39900	12026
小型	18709	751	8953	8056	32789	5051
微型	3695	-55	3013	-161	35408	2058
6.按零售业态分						
有店铺零售	**102626**	**9787**	**66569**	**15286**	**493765**	**22875**
便利店	183		11	61	-5416	50
超市	12898	6	4506	-37	-18585	2203
折扣店	60	10	1		-648	140
仓储会员店						
百货店	7240	1099	5602	-104	76123	3128
购物中心	5	-3	3	46	-4494	14
专业店	49308	5269	36187	14912	431427	8502
品牌专卖店	32410	3358	20110	409	14321	8787
集合店	521	48	150		1039	52
无店铺零售	**1559**	**356**	**1417**	**-272**	**8270**	**1704**
网络零售	919	325	826	-272	7319	1682
无人售货设备零售	-9	0	-9		-525	2
电话零售	16				39	4
直销	91	3	32		-332	4
其他	541	28	567		1770	14

11-5 续表 36

单位: 万元

指标	三、损益及分配			四、人工成本及增值税		五、从事批发和零售业活动的从业人员平均人数（人）
	营业外支出	利润总额	所得税费用	应付职工薪酬(本年贷方累计发生额)	应交增值税	
总计	**37951**	**1339707**	**256349**	**1287058**	**567649**	**159273**
一、批发业	**21288**	**828683**	**178070**	**699339**	**384723**	**69417**
1.按批发行业小类分						
农、林、牧、渔产品批发	**789**	**24139**	**723**	**28392**	**2459**	**2129**
谷物、豆及薯类批发	525	671	610	10102	1461	674
种子批发	112	25622	15	11875	99	734
畜牧渔业饲料批发	2	222	-32	1830	134	281
棉、麻批发	62	4312	72	2191	540	163
林业产品批发		190	11	199	142	55
牲畜批发	1	-7639		1167	9	55
其他农牧产品批发	88	759	48	1029	74	167
食品、饮料及烟草制品批发	**1509**	**277434**	**74676**	**177085**	**98745**	**10257**
米、面制品及食用油批发	114	9977	1564	29838	7826	2293
糕点、糖果及糖批发		311	16	42	23	8
果品、蔬菜批发	243	3359	747	4533	1770	799
肉、禽、蛋、奶及水产品批发	33	-610	67	3155	1226	577
盐及调味品批发	101	-222	59	2719	883	415
营养和保健品批发	15	-1646	106	3935	431	268
酒、饮料及茶叶批发	663	53535	14319	24349	14022	2830
烟草制品批发	77	191596	52811	89861	65832	1266
其他食品批发	263	21135	4988	18654	6733	1801
纺织、服装及家庭用品批发	**1807**	**35552**	**9931**	**36449**	**13226**	**4923**
纺织品、针织品及原料批发	41	1617	176	1903	-17	231
服装批发	278	-2046	150	8984	2472	1381
鞋帽批发		120	4	18	31	52
化妆品及卫生用品批发	14	1820	435	4969	1667	655
厨具卫具及日用杂品批发	523	-203	3	1529	212	372
灯具、装饰物品批发		-608	12	1252	-306	128
日用家电批发	626	30497	8047	13217	8585	1497
其他家庭用品批发	326	4356	1106	4577	582	607
文化、体育用品及器材批发	**778**	**58120**	**6504**	**31790**	**2595**	**2912**
文具用品批发	38	1122	187	2643	961	377
体育用品及器材批发		-943		851	242	103
图书批发	500	41539	1478	21883	289	1779

11-5 续表 37

单位: 万元

指 标	三、损益及分配			四、人工成本及增值税		五、从事批发和零售业活动的从业人员平均人数（人）
	营业外支出	利润总额	所得税费用	应付职工薪酬(本年贷方累计发生额)	应交增值税	
首饰、工艺品及收藏品批发	172	8893	3033	2697	-67	351
乐器批发		-70	1	143	43	43
其他文化用品批发	68	6919	1652	3111	1076	214
医药及医疗器材批发	**6935**	**175053**	**35307**	**155779**	**143162**	**16361**
西药批发	3589	26930	6915	66484	55610	6654
中药批发	773	65620	11426	28628	29056	3359
动物用药品批发	35	1218	251	3169	1673	344
医疗用品及器材批发	2539	81285	16714	57499	56823	6004
矿产品、建材及化工产品批发	**6320**	**226172**	**40703**	**134810**	**69747**	**16775**
煤炭及制品批发	3870	75227	12317	20870	9152	1464
石油及制品批发	-282	-15422	2057	16832	5421	4551
非金属矿及制品批发	105	2572	668	6382	2882	507
金属及金属矿批发	1078	119695	16721	43479	23575	5177
建材批发	1243	22268	4388	22100	23870	2533
化肥批发	94	-589	430	3657	839	364
农药批发	71	8179	2045	9967	46	810
其他化工产品批发	140	14243	2077	11525	3962	1369
机械设备、五金产品及电子产品批发	**3040**	**19718**	**8115**	**122995**	**43687**	**14751**
农业机械批发		512	20	163	158	16
汽车及零配件批发	603	-10373	1246	23126	3952	2687
摩托车及零配件批发		247	23	121	89	29
五金产品批发	69	6190	118	4620	692	421
电气设备批发	31	1723	199	5561	2463	724
计算机、软件及辅助设备批发	102	1088	41	15262	4233	1658
通讯设备批发	398	12893	1770	16510	7884	2164
广播影视设备批发		5	0	46	1	8
其他机械设备及电子产品批发	1837	7434	4699	57585	24217	7044
贸易经纪与代理	**28**	**6717**	**1103**	**1866**	**5719**	**126**
贸易代理	28	6653	1101	1787	5719	112
其他贸易经纪与代理		64	2	79	0	14
其他批发业	**82**	**5778**	**1008**	**10174**	**5383**	**1183**
再生物资回收与批发	9	-378	40	679	3564	215
互联网批发	19	598	-8	5285	300	592
其他未列明批发业	54	5558	976	4210	1519	376
2.按登记注册类型分						
内资企业	**21140**	**830027**	**176408**	**681474**	**380296**	**68139**
国有企业	555	215200	59260	98151	70916	2277
股份合作企业		-193	3	498	17	131

11-5 续表 38

单位：万元

指 标	三、损益及分配			四、人工成本及增值税		五、从事批发和零售业活动的从业人员平均人数（人）
	营业外支出	利润总额	所得税费用	应付职工薪酬（本年贷方累计发生额）	应交增值税	
有限责任公司	10536	282168	54635	258208	117367	21599
国有独资公司	823	60526	5514	30511	–4394	1781
其他有限责任公司	9713	221642	49122	227697	121760	19818
股份有限公司	198	79292	11937	33987	24599	6525
私营企业	9851	253560	50572	290630	167397	37607
私营独资企业		–183	37	871	839	145
私营有限责任公司	9648	239155	49705	277188	163557	36417
私营股份有限公司	203	14587	830	12572	3001	1045
港、澳、台商投资企业	**64**	**–4386**	**926**	**14682**	**4145**	**983**
合资经营企业(港或澳、台资)	45	430	2	115	64	13
港、澳、台商独资经营企业	19	–4816	924	14567	4081	970
外商投资企业	**84**	**3042**	**736**	**3183**	**283**	**295**
中外合作经营企业	73	44	8	481	241	73
外资企业	11	2998	728	2703	42	222
3.按控股情况分						
国有控股	2971	476762	100761	241993	140312	16094
集体控股	36	4768	1084	5965	1329	538
私人控股	18135	347607	74336	432791	238493	51485
港澳台商控股	63	–4378	926	14682	4145	983
外商控股	84	3923	963	3908	445	317
4.按经营形式分						
独立门店	6712	222084	49429	219646	88805	26008
连锁总店（总部）	51	711	15	2063	520	119
连锁直营店		150	57	1601	290	134
连锁加盟店	0	–1361	2	409	100	75
其他	14525	607099	128568	475620	295008	43081
5.按单位规模分						
大型	1837	389925	87893	247229	164254	16236
中型	9972	302592	68088	286740	106552	29979
小型	8689	146084	20171	150997	100564	20024
微型	789	–9919	1917	14374	13353	3178
二、零售业	**16664**	**511024**	**78280**	**587719**	**182926**	**89856**
1.按零售行业小类分						
综合零售	**7426**	**50796**	**19791**	**111050**	**28120**	**20061**
百货零售	5806	74081	18789	61486	23671	11065
超级市场零售	1531	–13122	991	40544	3899	7415
便利店零售	31	–5397	1	5468	408	815

11-5 续表 39

单位: 万元

指 标	三、损益及分配			四、人工成本及增值税		五、从事批发和零售业活动的从业人员平均人数（人）
	营业外支出	利润总额	所得税费用	应付职工薪酬（本年贷方累计发生额）	应交增值税	
其他综合零售	58	–4766	11	3551	142	766
食品、饮料及烟草制品专门零售	**402**	**73376**	**21039**	**29716**	**16722**	**9520**
粮油零售		96	1	16	4	20
糕点、面包零售	92	1248	–48	879	609	722
果品、蔬菜零售	40	–98	7	297	27	64
肉、禽、蛋、奶及水产品零售	5	453	37	1903	200	331
营养和保健品零售	84	789	122	512	546	73
酒、饮料及茶叶零售	151	76987	21271	12502	14173	1870
其他食品零售	29	–6100	–352	13606	1163	6440
纺织、服装及日用品专门零售	**886**	**2747**	**4198**	**37388**	**8537**	**5930**
纺织品及针织品零售		–280	2	1074	182	189
服装零售	86	8814	3072	14755	4962	2529
鞋帽零售	26	–6300	2	4072	130	562
化妆品及卫生用品零售	763	–5057	172	13395	1810	2109
厨具卫具及日用杂品零售	0	–58	8	684	151	107
钟表、眼镜零售	8	3956	914	2264	1101	269
自行车等代步设备零售						
其他日用品零售	3	1673	29	1144	201	165
文化、体育用品及器材专门零售	**173**	**206**	**145**	**19098**	**4277**	**3169**
文具用品零售	4	554	48	1043	514	192
体育用品及器材零售	95	–3006		3022	1524	1480
图书、报刊零售	22	3510	8	10633	344	903
珠宝首饰零售	42	–7	54	2561	1552	298
乐器零售		10	28	148	25	40
照相器材零售		59	3	157	104	39
其他文化用品零售	11	–914	4	1535	214	217
医药及医疗器材专门零售	**1073**	**33328**	**8440**	**89518**	**19145**	**14487**
西药零售	1054	25107	6593	82687	14620	13716
中药零售	16	6152	1400	5732	3253	667
动物用药品零售		119	5	48	17	6
医疗用品及器材零售	4	1950	442	1052	1256	98
汽车、摩托车、零配件和燃料及其他动力销售	**5654**	**367360**	**22934**	**232482**	**85279**	**26773**
汽车新车零售	4838	–14518	16618	189232	50997	22218
汽车旧车零售	6	745	26	849	63	100
汽车零配件零售	22	452	17	649	222	85
摩托车及零配件零售	5	549	11	780	243	100
机动车燃油零售	766	381769	6321	40370	33732	4210

11-5 续表 40 单位：万元

指 标	三、损益及分配			四、人工成本及增值税		五、从事批发和零售业活动的从业人员平均人数（人）
	营业外支出	利润总额	所得税费用	应付职工薪酬（本年贷方累计发生额）	应交增值税	
机动车燃气零售		41	2	65	15	24
机动车充电销售	18	−1679	−60	538	7	36
家用电器及电子产品专门零售	**778**	**−19276**	**407**	**38706**	**6491**	**6225**
家用视听设备零售	11	−73	12	910	116	185
日用家电零售	594	−21455	160	24202	3507	3537
计算机、软件及辅助设备零售	39	2805	164	5453	1544	1037
通信设备零售	57	−1352	29	4205	464	814
其他电子产品零售	78	798	42	3937	861	652
五金、家具及室内装饰材料专门零售	**12**	**−6069**	**82**	**8799**	**958**	**1039**
五金零售	2	621	19	1392	503	192
灯具零售		−571	3	297	11	50
家具零售	11	−6399	29	6469	310	676
卫生洁具零售		100	25	296	74	55
陶瓷、石材装饰材料零售		−39		126	11	20
其他室内装饰材料零售		220	7	219	51	46
货摊、无店铺及其他零售业	**259**	**8557**	**1244**	**20961**	**13397**	**2652**
互联网零售	243	8758	747	17635	13035	2173
邮购及电视、电话零售	0	42	1	75	70	16
自动售货机零售		−523		212	7	79
生活用燃料零售	8	−207	3	377	30	70
其他未列明零售业	9	487	492	2662	255	314
2.按登记注册类型分						
内资企业	**8313**	**434218**	**54687**	**504209**	**152932**	**77779**
国有企业	−100	−469	886	7561	14570	712
集体企业	8	1113	280	639	266	82
有限责任公司	4059	62692	40109	223888	71957	28511
国有独资公司	2	712	119	2588	559	250
其他有限责任公司	4057	61980	39990	221300	71398	28261
股份有限公司	1069	388344	6256	82367	16461	11582
私营企业	3278	−17462	7155	189754	49678	36892
私营独资企业	77	−306	175	2500	2005	493
私营合伙企业		17	0	44	12	10
私营有限责任公司	3182	−17434	6967	187012	47531	36285
私营股份有限公司	19	262	13	199	130	104
港、澳、台商投资企业	**7984**	**94084**	**23847**	**73696**	**28654**	**10849**
合资经营企业(港或澳、台资)	1673	9732	3395	7527	2711	555
港、澳、台商独资经营企业	6281	82521	20327	62841	23820	10075

11-5 续表 41

单位: 万元

指 标	三、损益及分配			四、人工成本及增值税		五、从事批发和零售业活动的从业人员平均人数（人）
	营业外支出	利润总额	所得税费用	应付职工薪酬（本年贷方累计发生额）	应交增值税	
其他港澳台投资企业	30	1832	124	3328	2124	219
外商投资企业	**366**	**−17278**	**−254**	**9814**	**1340**	**1228**
中外合资经营企业	354	−3899	0	1167	607	308
外资企业	13	−13379	−254	8647	733	920
3.按控股情况分						
国有控股	707	438924	22054	58760	38230	5039
集体控股	47	2061	573	3134	4725	464
私人控股	7604	−3748	32483	445950	112476	72628
港澳台商控股	7939	93680	23423	69416	26154	10397
外商控股	367	−19893	−253	10460	1340	1328
4.按经营形式分						
独立门店	13041	512963	61332	368173	131216	55448
连锁总店（总部）	2329	−1029	6371	121030	20430	20358
连锁直营店	775	−30888	1074	22347	3855	3874
连锁加盟店	3	−449	21	1891	226	323
其他	515	30426	9481	74278	27199	9853
5.按单位规模分						
大型	8362	470821	27756	193819	49253	31051
中型	5453	−32210	28068	297843	82173	37724
小型	2015	35472	12950	86505	39112	18264
微型	834	36941	9506	9552	12389	2817
6.按零售业态分						
有店铺零售	**16412**	**501302**	**77039**	**568584**	**169780**	**87414**
便利店	31	−5397	1	5468	408	815
超市	1584	−17965	997	43876	4020	8155
折扣店		−508	2	1554	145	313
仓储会员店						
百货店	5811	73444	18793	61745	23693	11097
购物中心	8	−4489	0	3667	−13	468
专业店	5217	434561	37380	244219	87578	36686
品牌专卖店	3696	20632	19345	202652	52413	28814
集合店	66	1024	521	5404	1538	1066
无店铺零售	**252**	**9723**	**1241**	**19135**	**13146**	**2442**
网络零售	243	8758	747	17635	13035	2173
无人售货设备零售		−523		212	7	79
电话零售	0	42	1	75	70	16
直销	9	−337	4	351	123	119
其他		1784	488	861	−89	55

11-6 分区县（市）限额以上批发和零售业法人企业财务状况

（2022年）

单位：万元

区县（市）	流动资产合计	存货	固定资产原价	资产总计	所有者权益	实收资本	营业收入
中原区	1023157	201028	109821	1204796	228004	182613	2139433
二七区	1264960	285545	155695	1675919	209568	214165	2824033
管城区	2430611	567265	317688	2945749	1500514	359689	7055206
金水区	6072059	1123652	817251	7134166	1987706	1398280	14312751
上街区	152873	29581	7329	160820	28036	12911	742179
惠济区	1971252	293203	117560	2265792	431677	156996	2723748
中牟县	300963	70458	64552	412092	164737	164319	1200979
巩义市	395117	49785	25295	467194	110381	1059017	3685275
荥阳市	547585	57375	99338	750801	43430	57600	762664
新密市	223783	39453	22907	253502	50393	37673	691037
新郑市	1111902	256048	72379	1188047	188191	177148	6117100
登封市	5124660	36049	37658	5369887	352702	317434	680071
经开区	6481420	912687	354015	7576500	1786653	872590	12770207
高新区	1413822	338764	233348	2477249	995272	245677	3548358
郑东新区	5145665	965064	343380	6873713	2195252	1724051	12116217
航空港实验区	8253536	196781	38032	9270882	3603495	1485580	14536438

11-6 续表

单位：万元

区县（市）	营业成本	税金及附加	销售费用	管理费用	营业利润	利润总额	应付职工薪酬	应交增值税
中原区	1941981	4167	111519	58285	1926	3334	53231	19033
二七区	2538131	3912	204991	82564	-13179	-10966	96014	17417
管城区	6103922	11199	374006	112684	411010	414782	166273	64223
金水区	13172764	31885	541346	309986	208144	204384	265484	104422
上街区	709521	253	21284	5193	4779	4709	3554	2699
惠济区	2556109	3674	65285	54247	37391	39063	42563	17219
中牟县	1152851	2011	41991	16160	11189	11892	18299	7027
巩义市	3594261	1606	23996	16900	68329	68111	10696	8541
荥阳市	709103	1311	33750	15198	-7080	-6453	17442	4029
新密市	640228	967	26646	15075	4034	5704	13904	17055
新郑市	5987570	3978	74792	40695	7330	8710	43454	12389
登封市	628910	3232	20921	18613	8003	8397	10746	5462
经开区	11502574	245029	387804	219386	381821	381559	249485	166214
高新区	3292752	3948	144716	80213	17086	22638	83365	29968
郑东新区	11428267	18578	313230	195914	129102	134048	188366	70177
航空港实验区	14299848	11049	129131	37088	48317	49795	24183	21776

11-7 限额以上住宿和餐饮业

（2022年）

指 标	法人企业数（个）	从业人员期末人数（人）	营业额	
				客房收入
总计	**681**	**41858**	**920799**	**181508**
一、住宿业	**371**	**19428**	**316835**	**174171**
旅游饭店	170	12974	207395	100784
一般旅馆	183	5722	100386	67862
经济型连锁酒店	58	1885	35103	25425
其他一般旅馆	125	3837	65282	42437
民宿服务	2	86	1833	1232
露营地服务	1	9	29	9
其他住宿业	15	637	7193	4285
内资企业	**367**	**18585**	**306699**	**169521**
国有企业	16	2587	28708	9670
集体企业	5	344	3360	994
有限责任公司	102	6944	112551	56926
国有独资公司	7	707	7626	2999
其他有限责任公司	95	6237	104924	53927
股份有限公司	2	282	2404	1093
私营企业	242	8428	159677	100838
私营独资企业	2	40	1512	1097
私营有限责任公司	238	8068	150776	98360
私营股份有限公司	2	320	7389	1382
港、澳、台商投资企业	**3**	**604**	**8373**	**3501**
与港澳台商合资经营企业	2	366	4783	2010
与港澳台商合作经营企业	1	238	3590	1491
外商投资企业	**1**	**239**	**1763**	**1149**
中外合资经营企业	1	239	1763	1149
国有控股	41	5587	72856	25761
集体控股	12	708	10948	5209
私人控股	316	12724	228763	141009
港澳台商控股	2	409	4268	2193
独立门店	278	16685	260996	129793
连锁总店（总部）	2	59	2087	2087
连锁直营店	3	108	1816	1307
连锁加盟店	47	991	22834	21049
其他	41	1585	29103	19935
中型	30	7405	118957	44727
小型	286	11706	189613	122263

法人企业经营情况

单位：万元

			客房数（间）	床位数（个）	餐位数（位）	年末餐饮营业面积（万平方米）
餐费收入	商品销售额收入	其他收入				
666261	**20459**	**52570**	**52855**	**86933**	**289059**	**151.65**
90065	**12108**	**40491**	**51119**	**84270**	**79082**	**82.27**
67583	6728	32300	27796	47162	54192	59.30
20504	5321	6699	21113	33290	22670	21.89
6673	89	2916	7491	11171	6754	8.66
13831	5232	3783	13622	22119	15916	13.23
555	16	30	142	250	60	0.21
7		13	90	180	300	0.02
1416	43	1448	1978	3388	1860	0.85
85936	**12049**	**39193**	**49991**	**82641**	**77182**	**79.94**
10638	1921	6480	3541	6218	8273	6.17
901	13	1452	329	739	1277	1.44
37409	2382	15835	15430	25360	33527	25.94
3308	201	1118	1141	1981	2740	2.11
34100	2181	14716	14289	23379	30787	23.82
1019		292	608	906	996	0.53
35970	7734	15135	30083	49418	33109	45.86
129	160	127	260	383	100	0.02
34307	5843	12267	29401	48213	32293	43.73
1534	1731	2741	422	822	716	2.11
3620	**5**	**1247**	**748**	**893**	**1660**	**2.18**
1664	5	1104	533	568	1370	2.10
1956		143	215	325	290	0.08
509	**54**	**51**	**380**	**736**	**240**	**0.15**
509	54	51	380	736	240	0.15
27520	2478	17097	8208	13895	17041	14.13
3600	526	1613	1332	2462	2998	4.14
57928	9046	20780	40849	66827	57603	61.85
1017	59	1000	730	1086	1440	2.15
81532	11560	38110	39153	66574	68357	73.09
			285	325		
379	13	116	503	863	272	0.57
953	276	555	5694	8107	1779	1.11
7200	258	1710	5484	8401	8674	7.49
43453	4908	25870	9788	17993	22398	29.56
46043	7093	14215	38047	61068	55017	52.02

11-7 续表

指 标	法人企业数（个）	从业人员期末人数（人）	营业额	客房收入
微型	55	317	8265	7182
五星	10	2216	27187	11199
四星	27	2790	37896	17553
三星	37	2616	37759	14218
二星	4	87	1236	781
一星	2	41	733	544
其他	291	11678	212024	129875
二、餐饮业	**310**	**22430**	**603964**	**7337**
正餐服务	249	16064	410191	7337
快餐服务	21	4085	116627	
饮料及冷饮服务	6	105	3252	
餐饮配送及外卖送餐服务	29	2077	70200	
其他餐饮业	5	99	3695	
小吃服务	2	68	1766	
其他未列明餐饮业	3	31	1929	
内资企业	**307**	**19013**	**502605**	**7337**
国有企业	3	67	932	
有限责任公司	74	7399	215901	101
国有独资公司	2	69	2637	
其他有限责任公司	72	7330	213264	101
私营企业	230	11547	285771	7236
私营有限责任公司	230	11547	285771	7236
港、澳、台商投资企业	**1**	**39**	**1000**	
港澳台商独资企业	1	39	1000	
外商投资企业	**2**	**3378**	**100359**	
外资企业	2	3378	100359	
国有控股	10	747	20292	101
私人控股	297	18266	482313	7236
港澳台商控股	1	39	1000	
外商控股	2	3378	100359	
独立门店	206	10834	259003	5236
连锁总店（总部）	5	6022	136256	
连锁直营店	24	909	63620	
连锁加盟店	3	82	1462	
其他	72	4583	143623	2101
大型	5	9656	238066	
中型	22	3724	140212	1801
小型	230	8734	209510	5536
微型	53	316	16177	

单位：万元

			客房数（间）	床位数（个）	餐位数（位）	年末餐饮营业面积（万平方米）
餐费收入	商品销售额收入	其他收入				
569	107	406	3284	5209	1667	0.69
11647	1171	3170	2355	3617	8026	2.73
12388	853	7102	5149	8487	13014	13.35
14171	3548	5822	5138	9300	13619	8.50
430	14	11	335	461	412	0.64
188			115	145	150	0.40
51241	6522	24386	38027	62260	43861	56.65
576196	**8351**	**12080**	**1736**	**2663**	**209977**	**69.38**
395976	2971	3908	1736	2663	176496	56.77
108558	2326	5743			26929	7.47
3252					404	0.25
64859	3041	2299			5592	4.78
3551	14	130			556	0.13
1623	14	130			311	0.09
1929					245	0.03
480529	**8338**	**6401**	**1736**	**2663**	**191738**	**63.87**
932		0			629	0.23
206745	4481	4575	32	44	69034	16.05
2172	165	300			108	0.12
204573	4316	4275	32	44	68926	15.93
272852	3857	1826	1704	2619	122075	47.58
272852	3857	1826	1704	2619	122075	47.58
994	**6**				**1926**	**0.33**
994	6				1926	0.33
94674	**7**	**5678**			**16313**	**5.18**
94674	7	5678			16313	5.18
17249	165	2777	32	44	30704	3.24
463280	8173	3624	1704	2619	161034	60.63
994	6				1926	0.33
94674	7	5678			16313	5.18
247724	2527	3517	1366	2245	78835	39.08
130571	7	5678			40662	8.34
63404	85	131			7937	4.22
1462					275	0.13
133036	5733	2753	370	418	82268	17.61
235886	1593	587			44711	12.22
133647	1958	2807	378	576	41744	13.00
190677	4765	8531	1358	2087	114749	41.31
15988	35	154			8773	2.86

11-8 分区县（市）限额以上住宿和餐饮业法人企业经营情况

（2022年）

单位：万元

区县（市）	营业额	客房收入	餐费收入	商品销售额收入	其他收入
中原区	169789	13493	150543	1735	4018
二七区	45773	13561	24801	3151	4259
管城区	22812	7369	11479	3583	382
金水区	210112	41158	146076	4592	18286
上街区	2448	909	1526	4	9
惠济区	24212	8731	11302	970	3209
中牟县	11742	2816	8153	247	526
巩义市	10594	3472	5811	282	1029
荥阳市	15717	4899	7768	250	2800
新密市	24378	9625	11408	68	3277
新郑市	20573	4567	15423	165	419
登封市	15057	5596	7649	36	1776
经开区	27334	4757	19179	1963	1435
高新区	39083	7795	29183	666	1439
郑东新区	221000	39250	172262	2377	7110
航空港实验区	60176	13510	43700	370	2596

11-9 限额以上住宿和餐饮业法人企业财务状况

（2022年）

单位：万元

指 标	法人企业数（个）	执行《2006年企业会计准则》企业数（个）	一、年初存货	二、期末资产负债		
				流动资产合计	应收帐款	存货
总计	**681**	**429**	**39320.0**	**755379.6**	**127048.9**	**40922.4**
一、住宿业	**371**	**255**	**21523.8**	**538553.0**	**87203.6**	**22687.7**
1. 按住宿业行业小类分						
旅游饭店	170	122	15848.1	317885.5	69372.4	16292.0
一般旅馆	183	121	5178.3	213551.0	16675.0	5912.1
经济型连锁酒店	58	38	1236.8	78073.4	7914.2	1512.0
其他一般旅馆	125	83	3941.5	135477.6	8760.8	4400.1
民宿服务	2	1	115.0	1085.6	511.9	88.8
露营地服务	1	1		335.1	50.4	
其他住宿业	15	10	382.4	5695.8	593.9	394.8
2. 按登记注册类型分						
内资企业	**367**	**251**	**16055.5**	**519213.9**	**85407.0**	**17248.5**
国有企业	16	11	2157.3	24518.0	3238.0	1838.7
集体企业	5	2	751.3	10920.4	434.9	674.8
有限责任公司	102	80	7175.8	207202.0	21788.7	7541.8
国有独资公司	7	6	639.1	6892.1	945.5	625.6
其他有限责任公司	95	74	6536.7	200309.9	20843.2	6916.2
股份有限公司	2	2	63.1	22116.1	666.6	67.7
私营企业	242	156	5908.0	254457.4	59278.8	7125.5
私营独资企业	2	2	106.8	5706.1	186.8	125.7
私营有限责任公司	238	152	5537.9	239432.0	58203.8	6749.8
私营股份有限公司	2	2	263.3	9319.3	888.2	250.0
港、澳、台商投资企业	**3**	**3**	**535.3**	**12285.6**	**1276.5**	**506.9**
与港澳台商合资经营企业	2	2	374.7	10418.5	1138.9	354.1
与港澳台商合作经营企业	1	1	160.6	1867.1	137.6	152.8
外商投资企业	**1**	**1**	**4933.0**	**7053.5**	**520.1**	**4932.3**
3. 按控股情况分						

11-9 续表 1 单位：万元

指 标	法人企业数（个）	执行《2006年企业会计准则》企业数（个）	一、年初存货	二、期末资产负债		
				流动资产合计	应收帐款	存货
国有控股	41	32	5083.8	103024.4	10012.2	4833.3
集体控股	12	8	904.7	16749.7	1118.7	860.7
私人控股	316	213	10518.2	409919.3	74665.4	11987.6
港澳台商控股	2	2	5017.1	8859.6	1407.3	5006.1
4. 按经营形式分						
独立门店	278	199	18727.5	459034.5	65861.2	19927.2
连锁总店（总部）	2	1		3026.6	141.4	
连锁直营店	3	2	46.3	1337.2	371.5	38.5
连锁加盟店	47	23	394.6	25765.0	8727.2	385.4
其他	41	30	2355.4	49389.7	12102.3	2336.6
5. 按单位规模分						
中型	30	25	6216.8	197460.7	42060.0	6159.9
小型	286	197	14410.0	320361.8	41213.9	16032.0
微型	55	33	897.0	20730.5	3929.7	495.8
6. 按星级分						
五星	10	9	1826.1	114753.8	28325.9	1693.9
四星	27	22	1887.4	87917.4	7424.1	2130.0
三星	37	32	7561.6	44069.1	8178.8	7479.6
二星	4	3	296.8	2386.7	455.2	309.1
一星	2	2	102.0	1078.7	205.6	53.9
其他	291	187	9849.9	288347.3	42614.0	11021.2
二、餐饮业	**310**	**174**	**17796.2**	**216826.6**	**39845.3**	**18234.7**
1. 按餐饮业行业小类分						
正餐服务	249	135	11463.7	152170.2	25927.9	11584.9
快餐服务	21	16	1575.1	16739.4	3538.9	1567.7
饮料及冷饮服务	6	4	14.1	645.0	35.5	27.1
餐饮配送及外卖送餐服务	29	15	4683.2	44518.8	9513.5	5018.7
其他餐饮业	5	4	60.1	2753.2	829.5	36.3

11-9 续表 2

单位：万元

指 标	法人企业数（个）	执行《2006年企业会计准则》企业数（个）	一、年初存货	二、期末资产负债		
				流动资产合计	应收帐款	存货
小吃服务	2	1	60.1	639.1	31.3	36.3
其他未列明餐饮业	3	3		2114.1	798.2	
2. 按登记注册类型分						
内资企业	307	171	16493.8	207669.9	38009.6	16915.0
国有企业	3	3	42.4	2820.9	212.5	45.8
有限责任公司	74	53	6690.5	69937.6	14965.7	7348.2
国有独资公司	2	2	65.9	680.8	125.8	60.0
其他有限责任公司	72	51	6624.6	69256.8	14839.9	7288.2
私营企业	230	115	9760.9	134911.4	22831.4	9521.0
港、澳、台商投资企业	**1**	**1**	**39.4**	**1173.2**	**20.8**	**22.3**
外商投资企业	**2**	**2**	**1263.0**	**7983.5**	**1814.9**	**1297.4**
3. 按控股情况分						
国有控股	10	9	1494.1	15566.5	6579.9	1095.1
私人控股	297	162	14999.7	192103.4	31429.7	15819.9
港澳台商控股	1	1	39.4	1173.2	20.8	22.3
外商控股	2	2	1263.0	7983.5	1814.9	1297.4
4. 按经营形式分						
独立门店	206	113	7636.4	114152.3	17458.9	7275.1
连锁总店（总部）	5	5	1832.8	11251.8	2800.2	1867.0
连锁直营店	24	13	569.7	9524.0	686.1	647.2
连锁加盟店	3	2	59.8	196.9	52.5	34.8
其他	72	41	7697.5	81701.6	18847.6	8410.6
5. 按单位规模分						
大型	5	4	2343.2	25761.1	1699.3	2443.9
中型	22	17	4594.0	57601.9	12653.7	4563.6
小型	230	127	10363.8	121758.5	22170.3	10660.5
微型	53	26	495.2	11705.1	3322.0	566.7

11-9 续表 3

单位：万元

指 标	二、期末资产负债							
	固定资产原价	房屋和构筑物	机器设备	累计折旧	本年折旧	固定资产净额	在建工程	无形资产
总计	**898854.9**	**353177.1**	**111039.5**	**487448.1**	**36918.9**	**358481.1**	**58726.0**	**34816.6**
一、住宿业	**716348.8**	**312244.8**	**85342.9**	**396354.7**	**26352.2**	**275253.3**	**44864.6**	**25522.6**
1. 按住宿业行业小类分								
旅游饭店	509217.4	227383.2	59694.5	263269.5	19148.1	209946.5	35562.8	12732.1
一般旅馆	174187.8	68034.3	24425.0	115215.8	6019.7	50374.5	8609.7	9318.4
经济型连锁酒店	53178.3	20276.9	10078.3	36761.1	2322.2	15599.0	6421.7	777.3
其他一般旅馆	121009.5	47757.4	14346.7	78454.7	3697.5	34775.5	2188.0	8541.1
民宿服务	197.2			72.2	11.9	125.0		
露营地服务	205.4			148.7	29.7	56.7	12.0	
其他住宿业	32541.0	16827.3	1223.4	17648.5	1142.8	14750.6	680.1	3472.1
2. 按登记注册类型分								
内资企业	**631248.2**	**265051.7**	**71044.2**	**346181.8**	**23275.6**	**241658.6**	**31271.2**	**25405.5**
国有企业	156566.6	118002.9	4231.3	82792.3	4301.7	72682.6	12193.7	781.0
集体企业	21578.3	13985.8	5376.0	13679.0	365.8	7889.1	2446.1	5.0
有限责任公司	306093.5	80685.0	21116.2	168634.6	11537.5	122686.7	6270.2	20504.7
国有独资公司	47409.8	6147.6	855.3	29437.3	1280.9	17329.2	9.7	6449.2
其他有限责任公司	258683.7	74537.4	20260.9	139197.3	10256.6	105357.5	6260.5	14055.5
股份有限公司	13348.0	10278.0	2405.8	11600.0	152.1	1717.1	6318.2	514.3
私营企业	133661.8	42100.0	37914.9	69475.9	6918.5	36683.1	4043.0	3600.5
私营独资企业	3810.9	2911.2	8.1	803.9	241.3			
私营有限责任公司	122250.3	34489.7	36020.6	62600.1	6366.3	35154.5	3896.2	2933.5
私营股份有限公司	7600.6	4699.1	1886.2	6071.9	310.9	1528.6	146.8	667.0
港、澳、台商投资企业	**75926.7**	**39695.6**	**12622.3**	**42675.4**	**2786.5**	**31918.3**		**117.1**
与港澳台商合资经营企业	49177.4	30785.1	5483.6	25586.1	1551.6	23144.6		19.3
与港澳台商合作经营企业	26749.3	8910.5	7138.7	17089.3	1234.9	8773.7		97.8
外商投资企业	**9173.9**	**7497.5**	**1676.4**	**7497.5**	**290.1**	**1676.4**	**13593.4**	
3. 按控股情况分								

11-9 续表 4 单位：万元

指 标	二、期末资产负债							
	固定资产原价	房屋和构筑物	机器设备	累计折旧	本年折旧	固定资产净额	在建工程	无形资产
国有控股	364289.9	168901.7	20540.8	200637.4	10434.6	158992.5	18673.3	10020.5
集体控股	26228.6	14414.3	5423.0	17416.8	480.5	8637.2	2446.1	5.0
私人控股	284922.4	96076.9	54323.1	157179.8	14244.3	87836.4	10151.8	15497.1
港澳台商控股	40907.9	32851.9	5056.0	21120.7	1192.8	19787.2	13593.4	
4. 按经营形式分								
独立门店	656321.3	302050.2	73352.9	366227.0	22358.6	255571.7	42381.0	24413.8
连锁总店（总部）	463.4	296.1	150.4	28.1	0.2	435.3		
连锁直营店	5820.7	4146.1	1297.1	3082.6	144.3	2738.0	8.1	230.7
连锁加盟店	12607.2	3096.2	4261.1	6640.2	933.7	3443.0	575.9	27.8
其他	41136.2	2656.2	6281.4	20376.8	2915.4	13065.3	1899.6	850.3
5. 按单位规模分								
中型	329870.7	177449.2	40843.0	171349.9	10949.7	155361.7	7796.7	3310.3
小型	353241.6	133389.9	43820.9	205574.2	14528.1	117519.1	36800.3	21925.0
微型	33236.5	1405.7	679.0	19430.6	874.4	2372.5	267.6	287.3
6. 按星级分								
五星	134105.2	49689.3	11192.9	74420.2	4038.5	47958.4	493.4	13870.7
四星	106703.2	41613.4	9598.0	77212.6	4250.5	28797.7	8438.8	3947.4
三星	116047.1	38456.2	17217.4	76596.6	3583.1	31712.9	24102.9	2190.5
二星	5550.9	354.5	72.6	3702.5	43.7	279.4		
一星	197.1			54.5	39.7		1353.6	2.8
其他	353745.3	182131.4	47262.0	164368.3	14396.7	166504.9	10475.9	5511.2
二、餐饮业	**182506.1**	**40932.3**	**25696.6**	**91093.4**	**10566.7**	**83227.8**	**13861.4**	**9294.0**
1. 按餐饮业行业小类分								
正餐服务	128055.3	29085.1	18964.4	67496.4	6816.2	54279.9	10864.3	4090.7
快餐服务	32801.6	8450.2	1266.0	16877.8	1777.3	14646.9	1521.6	3612.8
饮料及冷饮服务	574.9		574.9	323.7	64.6	251.2		
餐饮配送及外卖送餐服务	20798.6	3397.0	4639.1	6359.7	1877.5	13809.9	1475.5	1590.5
其他餐饮业	275.7		252.2	35.8	31.1	239.9		

11-9 续表 5

单位：万元

指 标	二、期末资产负债							
	固定资产原价	房屋和构筑物	机器设备	累计折旧	本年折旧	固定资产净额	在建工程	无形资产
小吃服务	274.4		250.9	35.8	31.1	238.6		
其他未列明餐饮业	1.3		1.3			1.3		
2. 按登记注册类型分								
内资企业	152388.5	35833.5	23991.3	73645.9	9080.4	71824.3	12348.7	5681.9
国有企业	597.5	485.9	107.9	524.2	22.4	73.3		
有限责任公司	43802.6	4892.4	8696.2	21750.7	4133.1	20966.4	1794.5	2282.4
国有独资公司	949.7	516.0	256.2	458.0	62.7	491.7		3.5
其他有限责任公司	42852.9	4376.4	8440.0	21292.7	4070.4	20474.7	1794.5	2278.9
私营企业	107988.4	30455.2	15187.2	51371.0	4924.9	50784.6	10554.2	3399.5
港、澳、台商投资企业	**1602.1**		**1035.1**	**1406.6**	**24.3**	**195.5**		
外商投资企业	**28515.5**	**5098.8**	**670.2**	**16040.9**	**1462.0**	**11208.0**	**1512.7**	**3612.1**
3. 按控股情况分								
国有控股	9508.4	4108.2	3036.2	5621.8	329.5	3886.6	319.2	121.0
私人控股	142880.1	31725.3	20955.1	68024.1	8750.9	67937.7	12029.5	5560.9
港澳台商控股	1602.1		1035.1	1406.6	24.3	195.5		
外商控股	28515.5	5098.8	670.2	16040.9	1462.0	11208.0	1512.7	3612.1
4. 按经营形式分								
独立门店	95714.8	29626.2	14768.6	48856.0	5861.6	44830.1	10849.6	4045.8
连锁总店（总部）	47881.1	5098.8	824.3	27842.4	1596.8	18772.0	1512.7	3616.6
连锁直营店	6045.3	37.0	1421.3	3870.9	434.5	2174.1	14.7	
连锁加盟店	302.8	131.3	152.3	143.4	47.8	145.0		
其他	32562.1	6039.0	8530.1	10380.7	2626.0	17306.6	1484.4	1631.6
5. 按单位规模分								
大型	60818.7	11341.6	2116.4	34191.0	2798.6	25361.1	2168.0	4831.4
中型	44114.0	2128.2	6503.5	22236.7	2594.5	21710.2	1396.0	999.8
小型	73693.0	25305.4	16575.0	32950.1	4986.0	34166.2	10297.4	3462.8
微型	3880.4	2157.1	501.7	1715.6	187.6	1990.3		

11-9 续表 6　　　　单位：万元

指 标	二、期末资产负债							
	土地使用权	资产总计	流动负债合计	应付账款	负债合计	所有者权益	实收资本	个人资本
总计	**7133.7**	**1564332.2**	**1142763.8**	**174762.4**	**1391245.9**	**167354.8**	**436239.5**	**48412.7**
一、住宿业	**5477.3**	**1143311.1**	**820407.9**	**108591.4**	**1018326.9**	**119872.0**	**334938.1**	**30285.9**
1. 按住宿业行业小类分								
旅游饭店	3037.5	773518.9	527265.3	78599.1	646343.9	127635.3	233164.1	14649.3
一般旅馆	2439.8	338167.2	253194.1	27193.6	329938.8	2713.6	94274.6	15182.4
经济型连锁酒店	230.7	117101.7	66405.2	8745.3	84520.2	34566.0	35354.2	6599.6
其他一般旅馆	2209.1	221065.5	186788.9	18448.3	245418.6	–31852.4	58920.4	8582.8
民宿服务		1210.7	662.6	630.7	662.6	548.1	100.0	
露营地服务		403.7	292.0	73.7	292.0	111.7	254.2	254.2
其他住宿业		30010.6	38993.9	2094.3	41089.6	1– 1136.7	7145.2	200.0
2. 按登记注册类型分								
内资企业	**5477.3**	**1075922.1**	**772529.3**	**103096.8**	**916800.8**	**154009.1**	**297416.8**	**30285.9**
国有企业		123583.9	40317.5	6434.5	41927.4	81656.5	57004.9	
集体企业		21785.6	31617.3	549.9	32821.1	–11035.5	3333.7	
有限责任公司	3057.2	491315.2	344557.9	33709.6	467125.2	19000.3	156183.4	5801.4
国有独资公司		33651.2	25787.5	1422.2	27709.3	6167.8	30500.0	
其他有限责任公司	3057.2	457664.0	318770.4	32287.4	439415.9	12832.5	125683.4	5801.4
股份有限公司	50.0	36365.7	11490.3	481.0	11643.7	24722.0	5900.0	
私营企业	2370.1	402871.7	344546.3	61921.8	363283.4	39665.8	74994.8	24484.5
私营独资企业		8555.1	3033.0	111.3	8914.6	–724.5	2586.9	
私营有限责任公司	2370.1	341416.7	322611.7	60647.3	335467.1	6392.1	69592.9	22660.8
私营股份有限公司		52899.9	18901.6	1163.2	18901.7	33998.2	2815.0	1823.7
港、澳、台商投资企业		**45065.5**	**17684.6**	**1322.7**	**59331.8**	**–14266.3**	**28157.1**	
与港澳台商合资经营企业		33892.8	10640.2	770.5	21936.2	11956.6	14790.0	
与港澳台商合作经营企业		11172.7	7044.4	552.2	37395.6	–26222.9	13367.1	
外商投资企业		**22323.5**	**30194.0**	**4171.9**	**42194.3**	**–19870.8**	**9364.2**	
3. 按控股情况分								

11-9 续表 7　　　　　　　　　　　　　　　　　　　　　　　　单位：万元

指 标	二、期末资产负债							
	土地使用权	资产总计	流动负债合计	应付账款	负债合计	所有者权益	实收资本	个人资本
国有控股	230.7	331080.5	136877.9	15235.4	179362.4	145266.2	128186.0	
集体控股		30245.0	42873.6	1276.1	44201.7	–13956.7	6874.9	
私人控股	5246.6	739549.0	608919.1	87719.8	739729.2	1159.5	182785.0	30285.9
港澳台商控股		42436.6	31737.3	4360.1	55033.6	–12597.0	17092.2	
4. 按经营形式分								
独立门店	4865.7	964960.1	706428.5	79980.3	868822.0	91060.8	273878.3	20312.9
连锁总店（总部）		3461.9	1275.0		1856.1	1605.8	2000.0	2000.0
连锁直营店	230.7	6803.6	4231.6	272.8	7065.9	–262.3	3081.0	1001.0
连锁加盟店		47249.7	34642.5	4940.6	51664.8	–4472.8	10073.6	3130.7
其他	380.9	120835.8	73830.3	23397.7	88918.1	31940.5	45905.2	3841.3
5. 按单位规模分								
中型		454597.3	237108.4	33448.4	310067.0	144530.3	97238.1	2023.7
小型	5477.3	641681.5	554045.7	63588.6	664977.2	–23295.7	222999.7	26873.8
微型		47032.3	29253.8	11554.4	43282.7	–1362.6	14700.3	1388.4
6. 按星级分								
五星	959.0	197300.6	191086.5	7282.6	249478.0	–52177.4	65432.1	
四星	433.1	223509.8	92400.2	9796.4	110923.3	111975.6	91906.9	1531.2
三星	1486.6	124805.4	108411.5	11186.5	127726.5	–3257.0	46257.8	3388.2
二星		10251.4	4992.9	273.7	6900.1	–3326.5	470.1	150.0
一星		2735.3	3222.8	729.3	3222.8	–487.5		
其他	2598.6	584708.6	420294.0	79322.9	520076.2	67144.8	130871.2	25216.5
二、餐饮业	**1656.4**	**421021.1**	**322355.9**	**66171.0**	**372919.0**	**47482.8**	**101301.4**	**18126.8**
1. 按餐饮业行业小类分								
正餐服务	1656.4	292946.9	237967.6	42965.0	273631.6	18696.0	66897.4	11567.6
快餐服务		58916.9	37643.2	14799.7	51487.7	7429.2	6017.7	135.4
饮料及冷饮服务		1010.4	1412.7	1072.3	1412.8	–402.4	830.0	
餐饮配送及外卖送餐服务		64695.2	42908.8	6501.1	43821.5	20873.7	26846.3	6423.8
其他餐饮业		3451.7	2423.6	832.9	2565.4	886.3	710.0	

11-9 续表 8

单位：万元

指 标	二、期末资产负债							
	土地使用权	资产总计	流动负债合计	应付账款	负债合计	所有者权 益	实收资本	个人资本
小吃服务		1336.3	947.4	189.2	1089.2	247.1	130.0	
其他未列明餐饮业		2115.4	1476.2	643.7	1476.2	639.2	580.0	
2. 按登记注册类型分								
内资企业	1656.4	373868.1	292813.9	52902.7	329598.5	43650.3	97788.4	18126.8
国有企业		3178.6	2974.7	301.4	3243.3	-64.7	1278.0	
有限责任公司		116537.8	93457.2	20892.7	95090.7	20130.4	37162.4	4588.0
国有独资公司		1222.6	221.5	40.5	221.5	1001.1	710.0	
其他有限责任公司		115315.2	93235.7	20852.2	94869.2	19129.3	36452.4	4588.0
私营企业	1656.4	254151.7	196382.0	31708.6	231264.5	23584.6	59348.0	13538.8
港、澳、台商投资企业		**1371.2**	**119.1**	**45.3**	**119.1**	**1252.1**	**1111.5**	
外商投资企业		**45781.8**	**29422.9**	**13223.0**	**43201.4**	**2580.4**	**2401.5**	
3. 按控股情况分								
国有控股		21225.2	18875.0	2042.0	19143.6	2081.6	9418.0	
私人控股	1656.4	352642.9	273938.9	50860.7	310454.9	41568.7	88370.4	18126.8
港澳台商控股		1371.2	119.1	45.3	119.1	1252.1	1111.5	
外商控股		45781.8	29422.9	13223.0	43201.4	2580.4	2401.5	
4. 按经营形式分								
独立门店	1656.4	208231.2	179642.7	23677.8	197152.1	10578.7	44225.3	10442.8
连锁总店（总部）		66182.8	48661.8	24208.1	62877.1	3305.7	17404.3	
连锁直营店		31539.2	13599.4	2282.0	26791.2	4748.0	2288.5	
连锁加盟店		529.1	292.1	48.8	358.0	171.1	600.0	100.0
其他		114538.8	80159.9	15954.3	85740.6	28679.3	36783.3	7584.0
5. 按单位规模分								
大型	1228.7	96291.3	68639.4	19246.4	77626.0	18665.3	16383.2	308.0
中型		113362.6	99956.4	11733.4	123339.1	-9976.5	22016.5	5837.0
小型	427.7	196495.9	146392.9	34410.3	161194.2	35287.7	59974.1	11651.6
微型		14871.3	7367.2	780.9	10759.7	3506.3	2927.6	330.2

11-9 续表 9

单位：万元

指标	三、损益及分配						
	营业收入	主营业务收入	营业成本	税金及附加	其他业务利润	销售费用	管理费用
总计	**883690.1**	**855659.8**	**449298.4**	**4365.8**	**8528.3**	**325146.7**	**196807.9**
一、住宿业	**303637.5**	**293050.9**	**128607.6**	**3657.3**	**7180.4**	**118376.5**	**130580.5**
1. 按住宿业行业小类分							
旅游饭店	197404.0	190113.7	78969.0	2186.4	6362.9	79929.2	89380.6
一般旅馆	97278.2	94259.9	45650.6	1115.9	803.6	35020.4	37348.0
经济型连锁酒店	34407.3	33068.1	15426.8	437.6	296.9	11635.9	14124.4
其他一般旅馆	62870.9	61191.8	30223.8	678.3	506.7	23384.5	23223.6
民宿服务	1793.5	1793.5	510.4	6.6		1002.0	432.6
露营地服务	28.2	28.2	8.5	0.8			41.0
其他住宿业	7133.6	6855.6	3469.1	347.6	13.9	2424.9	3378.3
2. 按登记注册类型分							
内资企业	**294078.7**	**284015.9**	**125232.0**	**3145.8**	**7107.4**	**113160.8**	**124955.1**
国有企业	27260.4	26064.9	7828.5	442.3	1350.5	15554.2	14719.8
集体企业	3186.0	3186.0	1127.6	189.1	110.5	1972.8	1125.9
有限责任公司	107766.5	104718.2	50799.4	1722.6	390.0	37996.5	52771.5
国有独资公司	7303.5	7288.5	5276.1	368.0	32.5	2705.2	5033.0
其他有限责任公司	100463.0	97429.7	45523.3	1354.6	357.5	35291.3	47738.5
股份有限公司	2302.5	2302.5	464.5	86.3		2152.4	2379.3
私营企业	153563.3	147744.3	65012.0	705.5	5256.4	55484.9	53958.6
私营独资企业	1412.3	1246.4	503.3	26.6		79.4	1569.0
私营有限责任公司	145265.7	139707.4	62639.1	590.2	5256.4	51435.1	51121.9
私营股份有限公司	6885.3	6790.5	1869.6	88.7		3970.4	1267.7
港、澳、台商投资企业	**7895.7**	**7855.0**	**3161.2**	**499.2**		**4568.8**	**3904.4**
与港澳台商合资经营企业	4508.2	4467.5	2613.6	394.1		1954.7	1767.3
与港澳台商合作经营企业	3387.5	3387.5	547.6	105.1		2614.1	2137.1
外商投资企业	**1663.1**	**1180.0**	**214.4**	**12.3**	**73.0**	**646.9**	**1721.0**
3. 按控股情况分							

11-9 续表 10

单位：万元

指 标	三、损益及分配						
	营业收入	主营业务收入	营业成本	税金及附加	其他业务利润	销售费用	管理费用
国有控股	69680.2	67656.9	30662.7	1633.2	1383.0	31017.8	37599.4
集体控股	10438.9	10438.9	2856.4	251.3	110.5	4730.6	4518.0
私人控股	219488.5	211449.0	92737.7	1479.3	5613.9	81900.7	86210.3
港澳台商控股	4029.9	3506.1	2350.8	293.5	73.0	727.4	2252.8
4. 按经营形式分							
独立门店	250061.2	241203.8	103229.8	3439.0	7349.8	101430.8	108891.5
连锁总店（总部）	2087.2	2087.2	1979.3	5.0		119.2	373.5
连锁直营店	1748.2	1697.2	949.6	49.5		639.1	960.2
连锁加盟店	22226.3	21478.4	12450.3	60.0	-90.5	3534.2	9917.6
其他	27514.6	26584.3	9998.6	103.8	21.1	12653.2	10437.7
5. 按单位规模分							
中型	112346.7	108405.9	40705.4	1425.8	5446.1	52582.5	47867.5
小型	183541.0	178706.3	83204.1	2159.8	1734.3	64106.4	78220.6
微型	7749.8	5938.7	4698.1	71.7		1687.6	4492.4
6. 按星级分							
五星	25632.7	25632.7	7352.5	844.8	4837.5	13014.3	13178.7
四星	35932.6	35241.1	13404.2	618.0	99.2	21813.6	13834.8
三星	36486.3	34502.8	16484.2	721.9	1070.8	11670.9	14647.1
二星	1233.4	1189.4	554.6	8.5		483.2	677.0
一星	706.8	706.8	450.2	0.2		72.7	269.0
其他	203645.7	195778.1	90361.9	1463.9	1172.9	71321.8	87973.9
二、餐饮业	**580052.6**	**562608.9**	**320690.8**	**708.5**	**1347.9**	**206770.2**	**66227.4**
1. 按餐饮业行业小类分							
正餐服务	395413.7	389408.4	200465.4	448.6	1127.4	174500.4	34928.6
快餐服务	110885.4	102170.1	65324.1	102.6	153.4	23871.7	17356.7
饮料及冷饮服务	3060.2	3047.3	927.3		-12.1	2749.9	
餐饮配送及外卖送餐服务	66497.5	63800.9	50900.4	156.0	63.1	5551.3	12963.7
其他餐饮业	4195.8	4182.2	3073.6	1.3	16.1	96.9	978.4

11-9 续表 11

单位：万元

指 标	三、损益及分配						
	营业收入	主营业务收入	营业成本	税金及附加	其他业务利润	销售费用	管理费用
小吃服务	2267.7	2254.2	1381.7	0.6	16.1	95.5	756.8
其他未列明餐饮业	1928.1	1928.0	1691.9	0.7		1.4	221.6
2. 按登记注册类型分							
内资企业	484091.0	475296.1	264562.0	631.2	1265.0	183605.3	52863.5
国有企业	958.3	918.9	829.2	2.8	0.1	383.6	35.8
有限责任公司	206445.5	202397.2	117842.7	256.7	79.6	82893.5	19387.6
国有独资公司	2520.3	2520.3	1896.7	2.2		146.8	478.4
其他有限责任公司	203925.2	199876.9	115946.0	254.5	79.6	82746.7	18909.2
私营企业	276687.2	271980.0	145890.1	371.7	1185.3	100328.2	33440.1
港、澳、台商投资企业	**943.2**	**943.2**	**378.5**	**0.1**		**703.4**	**36.0**
外商投资企业	**95018.4**	**86369.6**	**55750.3**	**77.2**	**82.9**	**22461.5**	**13327.9**
3. 按控股情况分							
国有控股	19573.2	19440.6	14858.2	98.0	-30.1	3172.4	4712.3
私人控股	464517.8	455855.5	249703.8	533.2	1295.1	180432.9	48151.2
港澳台商控股	943.2	943.2	378.5	0.1		703.4	36.0
外商控股	95018.4	86369.6	55750.3	77.2	82.9	22461.5	13327.9
4. 按经营形式分							
独立门店	249438.0	244197.0	130907.4	355.5	1067.1	106077.7	24859.2
连锁总店（总部）	130782.1	122120.4	67907.3	79.1	74.3	49156.4	14302.4
连锁直营店	60932.9	60870.3	22807.0	9.1	12.8	34563.4	1618.6
连锁加盟店	1437.0	1434.8	685.7			213.6	426.6
其他	137462.6	133986.4	98383.4	264.8	193.7	16759.1	25020.6
5. 按单位规模分							
大型	226712.4	223642.6	114393.0	83.5		103818.5	12429.9
中型	135146.3	134650.8	70929.7	221.5	24.2	49288.8	15338.1
小型	201420.2	190712.7	123010.5	378.9	1255.9	51578.2	36138.4
微型	16773.7	13602.8	12357.6	24.6	67.8	2084.7	2321.0

11-9 续表 12

单位：万元

指 标	三、损益及分配						
	研发费用	财务费用			投资收益	营业利润	营业外收入
			利息收入	利息费用			
总计	**297.0**	**17528.1**	**1215.3**	**13395.1**	**1755.8**	**-92911.5**	**9136.2**
一、住宿业	**1.5**	**12502.2**	**1128.7**	**10506.1**	**1758.9**	**-83149.3**	**5938.5**
1. 按住宿业行业小类分							
旅游饭店	0.6	9335.3	1079.2	7928.5	891.9	-56601.0	4739.5
一般旅馆	0.9	3100.9	46.6	2528.7	867.5	-23824.0	914.9
经济型连锁酒店	0.2	1457.8	19.4	1219.9	847.0	-7789.1	165.2
其他一般旅馆	0.7	1643.1	27.2	1308.8	20.5	-16034.9	749.7
民宿服务		1.1				-172.8	5.8
露营地服务		8.9		8.8		-31.0	0.5
其他住宿业		56.0	2.9	40.1	-0.5	-2520.5	277.8
2. 按登记注册类型分							
内资企业	**1.0**	**11341.0**	**1153.7**	**9322.3**	**1758.9**	**-76965.5**	**5764.1**
国有企业		152.3	448.2	477.5	53.7	-11896.2	1460.2
集体企业		1346.5	0.8	740.7		-2576.0	20.6
有限责任公司		4374.9	679.9	3588.7	727.4	-35255.3	1020.0
国有独资公司		0.1	52.4	49.8		-6037.8	43.3
其他有限责任公司		4374.8	627.5	3538.9	727.4	-29217.5	976.7
股份有限公司	0.1	53.2	10.0	61.7	845.7	-1981.2	
私营企业	0.9	5414.1	14.8	4453.7	132.1	-25256.8	3263.3
私营独资企业		306.6		286.3		-1031.1	198.1
私营有限责任公司	0.9	4408.5	14.8	3576.4	2.1	-23215.2	964.4
私营股份有限公司		699.0		591.0	130.0	-1010.5	2100.8
港、澳、台商投资企业	**0.5**	**1160.5**	**-24.3**	**1183.8**		**-5357.8**	**21.0**
与港澳台商合资经营企业	0.5	-23.1	-24.3	0.2		-2179.4	21.0
与港澳台商合作经营企业		1183.6		1183.6		-3178.4	
外商投资企业		0.7	-0.7			-826.0	153.4
3. 按控股情况分							

11-9 续表 13

单位：万元

指 标	三、损益及分配						
	研发费用	财务费用	利息收入	利息费用	投资收益	营业利润	营业外收入
国有控股		1029.7	720.5	1748.0	899.4	−27215.4	1613.8
集体控股		1353.1	3.0	740.7		−3265.8	27.5
私人控股	1.0	10141.6	430.6	8017.4	859.5	−51201.4	4122.8
港澳台商控股	0.5	−22.2	−25.4			−1466.7	174.4
4. 按经营形式分							
独立门店	1.0	9851.8	1110.8	9155.8	1101.8	−71260.7	5414.6
连锁总店（总部）		6.8	0.1			−211.3	11.1
连锁直营店		149.6	0.2			−975.5	2.6
连锁加盟店	0.2	1022.3	11.5	521.5	0.8	−3838.4	322.6
其他	0.3	1471.7	6.1	828.8	656.3	−6863.4	187.6
5. 按单位规模分							
中型	0.5	5207.9	977.7	6082.4	254.5	−30703.1	3569.8
小型	0.5	6905.9	147.3	4214.5	1503.6	−48742.3	2332.7
微型	0.5	388.4	3.7	209.2	0.8	−3703.9	36.0
6. 按星级分							
五星		1885.2	38.5	1896.8		−12149.7	523.5
四星		2381.1	491.0	1911.4	1683.4	−13515.3	548.7
三星	0.2	862.8	46.1	57.9	55.0	−8379.7	2619.6
二星		0.9		0.1		−486.1	9.8
一星		5.5				−90.8	2.9
其他	1.3	7366.7	553.1	6639.9	20.5	−48527.7	2234.0
二、餐饮业	**295.5**	**5025.9**	**86.6**	**2889.0**	**−3.1**	**−9762.2**	**3197.7**
1. 按餐饮业行业小类分							
正餐服务	16.4	4057.4	19.4	2022.5	−252.2	−9034.6	1978.6
快餐服务	0.3	700.0	36.9	697.7	269.6	4079.8	785.5
饮料及冷饮服务		3.6	−0.2			−639.0	−0.3
餐饮配送及外卖送餐服务	278.8	254.7	30.4	169.5	−20.5	−4238.1	435.7
其他餐饮业		10.2	0.1	−0.7		69.7	−1.8

11-9 续表 14

单位：万元

指 标	三、损益及分配						
	研发费用	财务费用	利息收入	利息费用	投资收益	营业利润	营业外收入
小吃服务		10.5		-0.3		57.0	-1.9
其他未列明餐饮业		-0.3	0.1	-0.4		12.7	0.1
2. 按登记注册类型分							
内资企业	295.5	4450.0	59.5	2292.5	-182.7	-13135.9	2471.4
国有企业		26.1	0.1	25.2	-154.0	-470.4	
有限责任公司	277.0	1392.9	36.5	917.7	-42.9	-5569.4	658.6
国有独资公司		0.8				-4.5	5.9
其他有限责任公司	277.0	1392.1	36.5	917.7	-42.9	-5564.9	652.7
私营企业	18.5	3031.0	22.9	1349.6	14.2	-7096.1	1812.8
港、澳、台商投资企业			0.1			-162.1	0.9
外商投资企业		575.9	27.0	596.5	179.6	3535.8	725.4
3. 按控股情况分							
国有控股		74.1	22.8	89.4	-154.0	-3491.5	30.7
私人控股	295.5	4375.9	36.7	2203.1	-28.7	-9644.4	2440.7
港澳台商控股			0.1			-162.1	0.9
外商控股		575.9	27.0	596.5	179.6	3535.8	725.4
4. 按经营形式分							
独立门店	31.4	2779.3	7.8	1237.8	-261.8	-6453.5	1440.1
连锁总店（总部）		1003.7	27.3	601.4	179.6	-965.3	972.2
连锁直营店		731.0	7.9	697.0		1539.1	139.1
连锁加盟店		15.3	-0.1	3.7		-155.8	8.7
其他	264.1	496.6	43.7	349.1	79.1	-3726.7	637.6
5. 按单位规模分							
大型	1.6	1874.5	8.1	1190.6		4203.6	1289.4
中型		1858.5	49.4	751.9	-120.8	-2252.3	605.7
小型	293.8	1256.2	26.1	918.6	117.7	-11804.2	1214.1
微型	0.1	36.7	3.0	27.9		90.7	88.5

11-9 续表 15

单位：万元

指 标	三、损益及分配			四、人工成本及增值税		五、从事住宿和餐饮业活动的从业人员平均人数（人）
	营业外支出	利润总额	所得税费用	应付职工薪酬（本年贷方累计发生额）	应交增值税	
总计	**3409.5**	**-87168.1**	**3337.0**	**211188.6**	**11720.8**	**42379**
一、住宿业	**674.5**	**-77932.2**	**162.6**	**102390.1**	**6322.2**	**19612**
1. 按住宿业行业小类分						
旅游饭店	442.5	-52336.4	2.3	71962.8	4042.7	12966
一般旅馆	110.4	-23034.0	155.2	27117.4	2003.8	5895
经济型连锁酒店	44.1	-7668.0	99.0	9887.7	562.4	1884
其他一般旅馆	66.3	-15366.0	56.2	17229.7	1441.4	4011
民宿服务	2.0	-169.0		406.9	57.1	84
露营地服务		-30.5		30.6	1.1	9
其他住宿业	119.6	-2362.3	5.1	2872.4	217.5	658
2. 按登记注册类型分						
内资企业	660.9	-71909.1	162.6	97047.2	6076.3	18786
国有企业	154.2	-10590.2	0.2	17612.8	322.9	2584
集体企业	0.9	-2556.3	0.3	1967.8	121.7	255
有限责任公司	344.3	-34579.7	69.7	36777.3	2354.3	7153
国有独资公司	21.3	-6015.8		3461.7	174.8	736
其他有限责任公司	323.0	-28563.9	69.7	33315.6	2179.5	6417
股份有限公司	4.0	-1985.2	0.8	1744.1	14.0	260
私营企业	157.5	-22197.7	91.6	38945.2	3263.4	8534
私营独资企业		-837.0	0.9	186.9	-43.5	71
私营有限责任公司	152.5	-22446.0	90.7	36499.0	3119.3	8136
私营股份有限公司	5.0	1085.3		2259.3	187.6	327
港、澳、台商投资企业	11.4	-5348.2		4474.4	182.4	605
与港澳台商合资经营企业	11.1	-2169.5		2581.2	95.7	367
与港澳台商合作经营企业	0.3	-3178.7		1893.2	86.7	238
外商投资企业	**2.2**	**-674.9**		**868.5**	**63.5**	**221**
3. 按控股情况分						

11-9 续表 16

单位：万元

指 标	三、损益及分配			四、人工成本及增值税		五、从事住宿和餐饮业活动的从业人员平均人数（人）
	营业外支出	利润总额	所得税费用	应付职工薪酬（本年贷方累计发生额）	应交增值税	
国有控股	201.0	-25802.6	-8.9	37530.2	1296.9	5704
集体控股	0.9	-3239.2	57.0	4780.9	285.7	652
私人控股	469.2	-47594.6	114.5	58174.7	4596.0	12865
港澳台商控股	3.4	-1295.8		1904.3	143.6	391
4. 按经营形式分						
独立门店	642.0	-66534.2	9.6	90831.9	5338.8	16714
连锁总店（总部）	0.1	-200.3	6.9	495.9	36.9	113
连锁直营店	0.4	-973.3	104.1	561.4	50.6	109
连锁加盟店	4.2	-3520.0	17.6	4205.6	228.4	1004
其他	27.8	-6704.4	24.4	6295.3	667.5	1672
5. 按单位规模分						
中型	257.1	-27390.5	140.2	47512.4	2487.1	7357
小型	409.4	-46862.1	-2.9	53462.6	3700.4	11591
微型	8.0	-3679.6	25.3	1415.1	134.7	664
6. 按星级分						
五星	120.3	-11746.5		11301.7	709.4	2234
四星	40.4	-13007.0	32.7	15975.5	1067.4	2829
三星	199.8	-5960.1	-9.1	15114.0	881.7	2643
二星		-476.3	0.9	381.8	32.5	136
一星	0.1	-88.0	0.3	300.9	26.6	52
其他	313.9	-46654.3	137.8	59316.2	3604.6	11718
二、餐饮业	**2735.0**	**-9235.9**	**3174.4**	**108798.5**	**5398.6**	**22767**
1. 按餐饮业行业小类分						
正餐服务	1738.7	-8731.0	1927.3	73011.1	4111.2	16437
快餐服务	316.1	4549.2	1370.6	24248.2	329.3	4095
饮料及冷饮服务	60.9	-700.2	-0.2	540.6	2.2	144
餐饮配送及外卖送餐服务	617.3	-4419.7	-125.9	10526.7	947.2	1967
其他餐饮业	2.0	65.8	2.6	471.9	8.7	124

11-9 续表 17

单位：万元

指 标	三、损益及分配			四、人工成本及增值税		五、从事住宿和餐饮业活动的从业人员平均人数（人）
	营业外支出	利润总额	所得税费用	应付职工薪酬（本年贷方累计发生额）	应交增值税	
小吃服务	2.0	53.0	1.9	305.3	3.7	96
其他未列明餐饮业		12.8	0.7	166.6	5.0	28
2. 按登记注册类型分						
内资企业	2416.1	−13017.0	2005.0	86917.2	5307.0	19297
国有企业		−470.4		338.0	2.7	83
有限责任公司	559.5	−5468.3	284.5	47757.9	2332.2	7665
国有独资公司	0.5	0.9	3.2	593.4	18.2	57
其他有限责任公司	559.0	−5469.2	281.3	47164.5	2314.0	7608
私营企业	1856.6	−7078.3	1720.5	38821.3	2972.1	11549
港、澳、台商投资企业	7.2	−168.4	−168.4	340.3	−0.9	41
外商投资企业	311.7	3949.5	1337.8	21541.0	92.5	3429
3. 按控股情况分						
国有控股	1.7	−3462.5	10.0	5730.0	626.2	687
私人控股	2414.4	−9554.5	1995.0	81187.2	4680.8	18610
港澳台商控股	7.2	−168.4	−168.4	340.3	−0.9	41
外商控股	311.7	3949.5	1337.8	21541.0	92.5	3429
4. 按经营形式分						
独立门店	986.5	−5942.0	608.8	59299.7	2935.4	11148
连锁总店（总部）	591.5	−584.6	1337.8	21758.7	94.2	6185
连锁直营店	356.6	1321.5	1267.8	5285.3	119.9	1019
连锁加盟店		−147.1		303.1	28.0	89
其他	800.4	−3883.7	−40.0	22151.7	2221.1	4326
5. 按单位规模分						
大型	503.3	4989.7	1916.4	50020.7	1122.3	9917
中型	1017.4	−2661.7	1340.8	18265.3	830.2	3553
小型	1197.5	−11732.3	−105.2	39538.2	3249.5	8891
微型	16.8	168.4	22.4	974.3	196.6	406

11-10 分区县（市）限额以上住宿和餐饮业法人财务状况

（2022年）

单位：万元

区县（市）	流动资产合计	存货	固定资产原价	资产总计	所有者权益	实收资本	营业收入
中原区	32311	2188	52296	84597	1617	23969	161234
二七区	55648	6974	85516	117225	-9099	44376	44660
管城区	22016	1739	20480	34116	-2862	14936	21453
金水区	163849	7072	283970	400984	25718	124022	205445
上街区	4312	124	1949	5145	-337	264	2396
惠济区	22407	2214	112754	146150	72851	59789	22919
中牟县	9052	1022	10859	17226	4974	8553	11226
巩义市	13632	859	28035	35470	4358	3566	9842
荥阳市	28391	372	6551	73090	21916	1819	15159
新密市	129112	609	27732	151527	-17411	14489	23175
新郑市	26594	622	8947	36134	5351	12683	20231
登封市	14581	1734	72630	66182	-19404	22587	14613
经开区	26096	1065	16715	41474	21106	20618	26295
高新区	33980	1675	20577	44570	8089	10660	38635
郑东新区	131402	8169	103868	230907	20687	50862	211463
航空港实验区	41996	4483	45976	79536	29801	23049	54945

11-10 续表

单位：万元

区县（市）	营业成本	税金及附加	销售费用	管理费用	营业利润	利润总额	应付职工薪酬	应交增值税
中原区	58544	285	91105	12378	-3551	-3619	40398	1255
二七区	20728	460	20271	13608	-10182	-9796	12960	803
管城区	14670	163	3079	5039	-1737	-1624	2951	247
金水区	105673	1559	92558	49366	-32663	-30247	45244	3005
上街区	1463	7	372	625	-76	-74	682	9
惠济区	9385	77	10485	13360	-11749	-10889	10319	192
中牟县	6468	45	2859	2546	-647	-607	3061	245
巩义市	5464	132	2761	2072	-50	-128	2804	125
荥阳市	6444	26	6103	2745	-1628	-1292	3618	499
新密市	11367	-7	9214	4501	-2059	-1749	5614	153
新郑市	12122	54	2414	5389	-320	-253	3298	292
登封市	6882	422	6011	3654	-5402	-5157	4407	190
经开区	17418	152	4706	6532	-2455	-2227	5233	290
高新区	23565	201	5602	11717	-3048	-3588	6695	864
郑东新区	112177	442	60078	50298	-13582	-12340	51261	2446
航空港实验区	36933	349	7531	12979	-3762	-3579	12645	1107

11–11 限额以上批发和零售业商品销售分类情况

（2022年）

单位：万元

指 标	批发业				零售业			
	商品销售额		零售额		商品销售额		零售额	
	2021 年	2022 年	2021 年	2022 年	2021 年	2022 年	2021 年	2022 年
总计	**68113565**	**69574124**	**1178880**	**975383**	**20206352**	**19054319**	**19562957**	**18046563**
通过公共网络实现的商品销售	3212686	3382404	148821	173924	2309910	2717235	2271192	2673703
粮油、食品类	2419498	2374323	78479	86079	1453324	1322088	1429199	1304150
粮油类	1388215	1324352	57953	57911	239952	223104	238198	221435
肉禽蛋类	304657	341217	5247	5133	227212	183434	223624	180500
水产品类	21244	5137	567	169	65462	59408	64768	58171
蔬菜类	35245	34754	2114	525	123941	105348	123289	104751
干鲜果品类	206798	184208	7312	10668	201664	181565	200956	180144
饮料类	80810	76771	2985	689	191239	171517	189422	168427
烟酒类	2653436	2688749	154655	172130	708108	813715	665279	594730
服装、鞋帽、针纺织品类	388209	331998	7473	11761	1415380	1158543	1410455	1153609
服装类	253324	223202	4669	10604	1139849	929061	1137159	925277
鞋帽类	86056	59641	629	784	218846	181835	218740	181806
针纺织品类	48830	49155	2176	373	56685	47647	54557	46526
化妆品类	30239	16747	573	488	347705	274765	346619	272449
金银珠宝类	787618	769844	7302	1147	167303	142879	167303	137039
日用品类	408641	158059	4295	3868	699894	814132	693808	806752
可穿戴智能设备	4068	20101		140	788	1394	788	1394
五金、电料类	578952	538811	14176	5731	111127	119479	108743	115700
体育、娱乐用品类	18624	17454	2972	2274	70586	79934	65368	77733
照相器材类	8002	12571	842	1640	30492	42703	26408	40669
书报杂志类	575264	608095	27816	28627	120948	145640	117041	142130
电子出版物及音像制品类	2024	374	2024	347	4268	2275	4268	2275
家用电器和音像器材类	1888140	2071235	93910	110958	1254370	1194640	1148820	1108143

11-11 续表

单位：万元

指 标	批发业				零售业			
	商品销售额		零售额		商品销售额		零售额	
	2021 年	2022 年	2021 年	2022 年	2021 年	2022 年	2021 年	2022 年
能效等级为1级和2级的商品	803141	1054351	48166	93183	441465	527426	420434	467098
智能家用电器和音像器材	593260	769125	51225	91631	455306	523926	360413	444083
中西药品类	7756646	7662181	390252	228736	1141211	1233274	1052540	1128103
西药类	5516486	5433691	316626	158352	481794	572943	461641	568543
中草药及中成药类	1167834	1211425	24910	28828	167529	173172	155189	172156
文化办公用品类	944952	823711	59920	52150	587924	561649	566714	533378
计算机及其配套产品	500707	403441	39716	44613	505295	491744	486707	465680
家具类	130381	102537	217	257	67672	51588	67672	51588
通讯器材类	4323290	4621763	90607	67220	383484	386962	363010	372458
智能手机	4119500	4454810	27901	51987	306800	304074	289096	293969
煤炭及制品类	8073452	10133012						
木材及制品类	77732	44234						
石油及制品类	4093026	5051721	101522	124844	1879781	2024034	1696389	1702311
化工材料及制品类	3277823	3724147						
化肥类	838608	863828						
金属材料类	17721017	18833878			107	17		
建筑及装潢材料类	2045590	1039448	3784	2926	17086	18564	15257	17610
机电产品及设备类	1234151	1086188	16089	13999	35525	30533	31841	26489
农机类	32099	29115						
汽车类	1823808	1073078	55565	33939	9197273	8196822	9082320	8023985
新能源汽车	32666	53631	1362	561	842549	1225228	790049	1212543
新车	1276244	973438	14735	33602	7347448	7724927	7198631	7529989
二手车	36	40	36	40	47427	87769	46422	84433
种子饲料类	292464	407348						
棉麻类	723843	622588		4440				
其他未列明商品类	5763935	4695834	64264	22775	352039	311269	340886	307504

11-12 按行业分企业信息化及电子商务情况

（2022年）

行 业	企业个数（个）	期末使用计算机数（台）	每百人使用计算机数（台）	企业拥有网站数（个）	每百家企业拥有网站数（个）
总计	**13071**	**727312**	**38.0**	**7547**	**57.7**
采矿业	48	4723	13.1	14	29.2
制造业	2462	163285	30.3	2915	118.4
电力、热力、燃气及水生产和供应业	113	40636	34.6	58	51.3
建筑业	2311	124286	28.8	957	41.4
批发和零售业	3625	88925	58.8	1242	34.3
交通运输、仓储和邮政业	355	36362	33.9	122	34.4
住宿和餐饮业	638	11174	26.7	206	32.3
信息传输、软件和信息技术服务业	456	76116	69.5	436	95.6
房地产业	1583	41984	43.0	695	43.9
租赁和商务服务业	599	26203	23.5	303	50.6
科学研究和技术服务业	538	71677	90.6	399	74.2
水利、环境和公共设施管理业	86	3202	12.1	39	45.3
居民服务、修理和其他服务业	63	1446	5.0	23	36.5
教育	37	19586	183.9	26	70.3
卫生和社会工作	64	8815	69.0	58	90.6
文化、体育和娱乐业	93	8892	72.8	54	58.1

11-12 续表

行业	有电子商务交易活动		电子商务销售额（万元）	电子商务采购额（万元）
	企业数（个）	比重（%）		
总计	**1321**	**10.1**	**23619227.4**	**10146596.1**
采矿业	1	2.1		5200.0
制造业	273	11.1	9379935.6	2452124.0
电力、热力、燃气及水生产和供应业	9	8.0	13241.9	1046.1
建筑业	41	1.8	1390.9	1819343.9
批发和零售业	518	14.3	9712326.3	4376176.4
交通运输、仓储和邮政业	23	6.5	178694.0	100236.0
住宿和餐饮业	248	38.9	146738.3	869.9
信息传输、软件和信息技术服务业	74	16.2	1315060.3	127297.3
房地产业	21	1.3	786.4	2300.3
租赁和商务服务业	31	5.2	2791543.0	1259289.2
科学研究和技术服务业	30	5.6	25008.8	2032.5
水利、环境和公共设施管理业	5	5.8	1830.4	48.6
居民服务、修理和其他服务业	4	6.3	184.5	436.0
教育	5	13.5	14188.0	
卫生和社会工作	4	6.3	1287.1	170.0
文化、体育和娱乐业	34	36.6	37012.0	25.9

注：有电子商务交易活动的企业是指通过互联网开展电子商务销售或电子商务采购的企业（下表同）。

11-13 按地区分企业信息化及电子商务情况

（2022年）

区县（市）	企业个数（个）	期末使用计算机数（台）	每百人使用计算机数（台）	企业拥有网站数（个）	每百家企业拥有网站数（个）
郑州市	**13071**	**727312**	**38.0**	**7547**	**57.7**
中原区	664	51650	36.7	297	44.7
二七区	728	41395	34.3	328	45.1
管城区	807	49301	40.5	308	38.1
金水区	2423	123987	45.0	1192	49.2
上街区	266	6790	36.5	125	47.0
惠济区	390	17401	34.0	171	43.8
中牟县	456	13976	40.5	223	48.9
巩义市	865	20861	32.3	418	48.3
荥阳市	568	14182	25.8	312	54.9
新密市	576	11180	24.6	256	44.4
新郑市	867	16969	31.1	288	33.2
登封市	428	8409	21.1	157	36.7
经开区	837	115611	56.1	482	57.6
高新区	1200	81151	66.3	2074	172.8
郑东新区	1516	109957	36.4	733	48.4
航空港实验区	480	44492	17.2	183	38.1

11-13 续表

区县（市）	有电子商务交易活动		电子商务销售额（万元）	电子商务采购额（万元）
	企业数（个）	比重（%）		
郑州市	**1321**	**10.1**	**23619227.0**	**10146596.0**
中原区	74	11.1	495941.9	789388.4
二七区	104	14.3	1279394.0	364636.0
管城区	67	8.3	2021096.0	960712.6
金水区	286	11.8	2851344.0	1091671.0
上街区	20	7.5	4740.2	47637.2
惠济区	36	9.2	115961.4	52087.6
中牟县	26	5.7	104767.9	3709.1
巩义市	44	5.1	76195.8	7988.8
荥阳市	44	7.7	33674.4	32729.5
新密市	40	6.9	130357.0	36.6
新郑市	59	6.8	246544.7	48399.3
登封市	38	8.9	15237.8	380.2
经开区	85	10.2	5061849.0	2914808.0
高新区	194	16.2	635305.8	403489.9
郑东新区	164	10.8	10437071.0	3163444.0
航空港实验区	40	8.3	109745.5	265478.2

主要统计指标解释

社会消费品零售总额 指企业（单位、个体户）通过交易直接售给个人、社会集团非生产、非经营用的实物商品金额，以及提供餐饮服务所取得的收人金额。个人包括城乡居民和入境人员，社会集团包括机关、社会团体、部队、学校、企事业单位、居委会或村委会等。

商品零售不包括：（1）售给城乡居民已确知是用于生产、经营的商品；（2）售给各类农业生产者的产资料类商品，如农机、农药化肥、农膜、种子饲料等商品；（3）售给企业单位生产用具及生产上专用的劳动保护用品；（4）专用于科研的用品和设备；（5）售给医疗机构的中、西药品、中药材和医疗设备器材；（6）以投资为目的商品，如黄金、收藏品等。

商品购进额 指从本企业以外的单位和个人购进（包括从国外直接进口）作为转卖或加工后转卖的商品金额（含增值税）。本指标反映批发和零售业从国内外市场上购进商品的总价。商品购进包括：（1）从工农业生产者、批发和零售业、住宿和餐饮业、出版社或报社的出版发行部门和其他服务业等企事业单位和个体经营户购进的商品；（2）从机关、社会团体购进的商品；（3）从海关、市场管理部门购进的缉私和没收的商品；（4）从居民收购的废旧商品等。

不包括：（1）个业为本单位自身经营用，不是作为转卖而购进的商品，如材料物资、装物、低值易料品、办公用品等；（2）未通过买卖行为而收人的商品，如接受其他部门移交的商品、借入的商品、收入代其他单位保管的商品、其他单位赠送的样品、加工回收的成品等；（3）经本单位介绍，由买卖双方直接结算，本单位只收取手续费的业务；（4）销售退回和买方拒付货款的商品；（5）商品溢余；（6）期货交易商品。

商品销售额 指对本单位以外的单位和个人出售的商品金额（包括售给本单位消费用的商品，含增值税），在批发和零售业中，本指标反映在国内市场上销售商品以及出口商品的总价。

商品销售包括：（1）售给个人和社会集团消费用的商品；（2）售给农业、工业、建筑业、服务业等国民经济各行业用于生产、经营用的商品，包括售予批发和零售业作为转卖或加工后转卖的商品；（3）对国（境）外直接出口的商品。

商品销售不包括：（1）未通过买卖行为付出的商品，如因机构变动移交给其他企业单位的商品、借出的商品、归还受其他单位委托代保管的商品、付出的加工原料和赠送给其他单位的样品等；（2）促销返券所销售的、不计人营业收入的商品；（3）经本单位介绍，由买卖双方直接结算，本单位只收取手续费的业务；（4）未发生所有权转移的商品预付卡销售，如加油卡；（5）汽车维修、电话卡销售等服务性经济活动；（6）购货退回的商品；（7）商品损耗和损失；（8）出售本单位自用的废旧物资；（9）期货交易商品；（10）自来水供应企业、电力企业、天然气供应企业提供的水、电气。

期末商品库存额 对于批发和零售业法人单位和个体经营户，是指报告期末取得所有权的全部商品金额（含增值税）；对于批发和零售业产业活动单位，是指报告期末实际在库且归属法人具有所有权的全部商品金额（含增值税）。这个指标反映批发和零售业的商品库存情况，以及对市场商品供应的保证程度。

库存商品包括：（1）存放在本单位（如门市部、批发站、采购站、经营处）的仓库、货场、货柜和货架中的商品；（2）挑选、整理、包装中的商品；（3）已记人购进而尚未运到本单位的商品，即发货单或银行承兑凭证已到而货未到的商品；（4）寄放他处的商品，如因购货方拒绝付款而暂时存在购货方的商品；（5）委托其他单位代销（未作销售或调出）尚未售出的商品；（6）代其他单位购进尚未交付的商品。

库存商品不包括：（1）所有权不属于本单位的商品，如商品已作销售但买方尚未取走的商品，代替他人保管、运输、加工的商品，代其他单位销售（未做购进或调入）而未售出的商品；（2）委托外单位加工的商品（包括本单位所属加工厂和其他生产单位加工生产尚未收回成品的商品）；（3）外贸企业代理其他单位从国外进口，尚未付给订货单位的商品；（4）代国家储备部门保管的商品。

十二、对外经济贸易和旅游

12-1 对外经济贸易

单位：亿元

项 目	2021年	2022年	2022年比2021年 ± %
全市进出口总值	**5892.1**	**6069.7**	**3.1**
全市进口总值	2339.3	2473.4	5.8
全市出口总值	3552.8	3596.3	1.3
新设立外商投资企业数（个）	133	73	-45.1

12-2 分县（市）区新设立外商投资企业数

单位：个

区县（市）	2021年	2022年	2022年比2021年 ± %
合计	**133**	**73**	**-45.1**
中原区	6	5	-16.7
二七区	12	5	-58.3
管城区	4	6	50.0
金水区	23	17	-26.1
上街区	1	2	100.0
惠济区	3	1	-66.7
中牟县	1	2	100.0
巩义市	2	1	-50.0
荥阳市	0	0	
新密市	0	0	
新郑市	3	1	-66.7
登封市	0	2	
经开区	8	1	-87.5
高新区	10	3	-70.0
郑东新区	52	23	-55.8
航空港实验区	8	4	-50.0

12-3 与郑州市建立友好关系的城市

国 家	城 市	建立时间
日本	埼玉市	1981.10
美国	里士满市	1994.9
罗马尼亚	克卢日·纳波卡市	1995.5
韩国	晋州市	2000.7
俄罗斯	萨马拉市	2000.8
纳米比亚	马林塔尔市	2001.8
约旦	伊尔比德市	2002.2
巴西	若茵维莱市	2003.11
德国	什未林市	2006.4
保加利亚	舒门市	2007.4
白俄罗斯	莫吉廖夫市	2014.6
布基纳法索	瓦加杜古市	2021.11

12-4 2022年郑州市国内旅游调查主要指标

指 标	单 位	2021年	2022年	2022年比2021年±%
国内旅游总人次	万人	10192.8	8949.3	-12.2
其中：过夜游客人数	万人	4946.2	4377.4	-11.5
一日游游客人数	万人	5246.6	4571.9	-12.9
国内旅游总收入	亿元	1272.3	1132.4	-11.0
其中：过夜游客总花费	亿元	811.6	724.0	-10.8
一日游游客总花费	亿元	460.7	408.4	-11.3
国内游客人均花费	元	1248.2	1265.3	1.4
国内游客人均天花费	元	734.3	702.9	-4.3
国内过夜游客人均旅游长度	天	1.7	1.8	5.9
城镇居民家庭人均接待国内游客比例	人次	1.0	1.3	30.0

主要统计指标解释

进出口总额 海关进出口总额指实际进出我国国境的货物总金额。包括对外贸易实际进出口货物来料加工装配进出口货物，国家间、联合国及国际组织无偿援助的物资和赠送品，华侨、港澳台同胞、外籍华人的捐赠品的金额。租赁期满归承租人所有的租赁货物，进料加工进出口货物，边境地方贸易及边境地区小额贸易进出口货物（边民互市贸易除外），中外合资企业、中外合作经营企业、外商独资经营企业进出口货物和公用物品，到、离岸价格在规定限额以上的进出口货样和广告品（无商业价值、无使用价值和免费提供出口的除外）。从保税仓库提取在中国境内销售的进口货物。以及其他进出口货物。进出口总额用以观察一个国家在对外贸易方面的总规模。我国规定出口货物按离岸价格统计，进口货物按到岸价格统计。

出口总值 指在对外贸易中实际离开我国口岸或边境直接出口或转口的商品，包括来料加工装配（工缴费）和补偿贸易出口。

进口总值 指在对外贸易中实际到达我国口岸或边境的进口商品。

旅游人数 包括入境国际旅游者人数、出境居民人数和国内旅游者人数。1.入境国际旅游者人数指来我国参观、访问、旅行、探亲、访友、休养、考察、参加会议和从事经济、科技、文化、教育、体育、宗教等活动的外国人、华侨、港澳和台湾同胞的人数。不包括外国在我国的常驻机构，如使领馆、通讯社、企业办事处的工作人员；来我国常住的外国专家、留学生以及在岸逗留不过夜人员。2.出境居民人数：指大陆居民因公务活动或私人事务短期出境的人数。公务活动出境居民人数包括在国际交通工具上的中国服务员工，因私出境居民人数不包括在国际交通工具上的中国服务员工。3.国内旅游者人数：指我国大陆居民和在我国常住1年以上的外国人、华侨、港澳台同胞离开常住地在境内其他地方的旅游设施内至少停留一夜，最长不超过6个月的人数。

旅游外汇收入 指国内各部门为来我国旅游的外国人、华侨、港澳和台湾同胞提供商品和劳务而获得的外汇收人。包括供应商品、饮食和提供住宿、交通、邮电文化娱乐、导游等各项服务所得到的全部外汇收入。

十三、财政金融

13-1 金融机构信贷收支

（2022年底）　　单位：万元

项 目	合计	2022年比年初	2022年比年初±%	市区	中牟县	巩义市	荥阳市	新密市	新郑市	登封市	上街区
各项存款	**290318982**	**27503717**	**10.47**	**252491192**	**7154308**	**6486736**	**5501389**	**6111838**	**7906411**	**4667108**	**2074840**
境内存款	290210355	27497529	10.47	252387523	7153664	6485440	5500711	6111522	7904473	4667022	2074119
住户存款	113934867	15632471	15.90	84734744	5783564	4894166	4004798	4978055	5670087	3869452	1732517
活期存款	41426551	2904892	7.54	32737537	1629416	1459491	1164595	1577948	1841145	1016420	519845
定期及其他存款	72508316	12727579	21.29	51997207	4154148	3434675	2840204	3400107	3828942	2853033	1212672
非金融企业存款	90459919	−26688	−0.03	85733171	698633	966284	1010198	476317	1077587	497730	194776
活期存款	33470214	−1698278	−4.83	30428285	474808	486820	783541	348107	682782	265871	126366
定期及其他存款	56989705	1671589	3.02	55304886	223825	479463	226657	128210	394804	231859	68410
机关团体存款	41737279	4423578	11.86	38059426	661177	537531	474619	635798	1145534	223193	145093
财政性存款	3129430	89446	2.94	3071222	10286	7115	9096	20263	9881	1567	1718
非银行业金融机构存款	40948860	7378723	21.98	40788960	5	80343	2000	1089	1384	75079	14
境外存款	108627	6188	6.04	103669	644	1297	677	316	1938	86	721
各项贷款	**343373835**	**29709102**	**9.47**	**315828099**	**6434636**	**3816148**	**3915768**	**3700286**	**6662171**	**3016727**	**1424869**
境内贷款	343364730	29717157	9.47	315819110	6434625	3816102	3915768	3700227	6662171	3016727	1424869
住户贷款	117290174	−480482	−0.41	103685004	3222202	1476951	2517690	1520998	3728677	1138650	903591
短期贷款	14755499	−514081	−3.37	11730246	889762	276768	403278	502954	629405	323086	68868
消费贷款	7629298	−1007998	−11.67	6683906	203220	105058	148901	113142	212387	162684	35009
经营贷款	7126200	493917	7.45	5046340	686542	171710	254377	389812	417017	160402	33859
中长期贷款	102534675	33599	0.03	91954758	2332441	1200183	2114412	1018044	3099273	815564	834723
消费贷款	87742467	−1794249	−2.00	78069754	1978882	1121937	2033057	874331	2907326	757179	801341
经营贷款	14792208	1827849	14.10	13885004	353559	78246	81355	143714	191947	58385	33382
非金融企业及机关团体贷款	226074557	30197639	15.42	212134105	3212423	2339151	1398078	2179229	2933493	1878077	521278
短期贷款	47542287	1287244	2.78	42853576	668665	688742	581956	777862	1117838	853649	128865
中长期贷款	151797876	18451395	13.84	144399786	2354039	1095232	643091	1248883	1220771	836074	386505
票据融资	18614230	6328380	51.51	16772064	189719	555178	161547	152484	594884	188355	5908
融资租赁	6957999	4023022	137.07	6957999							
各项垫款	1162164	107597	10.20	1150680			11484				
境外贷款	9105	−8055	−46.94	8990	10		45	59			

13-2 中资全国性四家行信贷收支

（2022年底）　　单位：万元

项　目	合计	市区	中牟县	巩义市	荥阳市	新密市	新郑市	登封市	上街区
各项存款	**88271966**	**74923991**	**1687363**	**2669541**	**1947298**	**2458313**	**2809749**	**1775711**	**1058774**
境内存款	88220150	74876430	1687191	2668297	1946629	2458045	2807931	1775627	1058238
个人存款	45207994	34606854	1366728	2000791	1506056	2126577	2137353	1463635	894620
活期储蓄存款	20494781	16091443	638787	797691	636083	838339	964629	527810	344145
定期储蓄存款	17245835	12592894	526772	907299	662246	964885	932278	659461	436427
结构性存款	146237	136081	2540	2686	1222	1006	1608	1094	2100
单位存款	35439610	32856847	320458	587244	438573	330379	669197	236913	163600
活期存款	14170905	12441970	216016	371785	327966	223053	439354	150761	107204
定期存款	3212283	3051767	28609	43780	30806	7695	33265	16361	8085
保证金存款	1370472	1257390	11882	26528	21283	23606	25446	4336	3739
结构性存款	355850	344150	2700		7000		2000		
非存款类金融机构存款	7572546	7412729	5	80262	2000	1089	1382	75079	19
境外存款	51816	47561	172	1244	669	268	1817	85	535
各项贷款	**99452509**	**88357515**	**1658754**	**1650450**	**1911521**	**1804114**	**2809352**	**1260802**	**900008**
境内贷款	99450662	88355745	1658744	1650404	1911521	1804093	2809352	1260802	900008
短期贷款	12899818	11035897	231434	381341	209249	286975	421058	333863	92529
个人贷款	4087201	3434821	152541	77146	78312	98955	152064	93362	34345
个人消费贷款	2276086	1937671	49761	45491	48261	59414	85973	49517	19787
单位贷款	8812617	7601076	78894	304195	130937	188021	268994	240501	58183
经营贷款	6719093	5532592	78894	282195	130897	188021	265994	240501	58183
固定资产贷款	184697	164697		20000					
贸易融资	1908827	1903787		2000	40		3000		
中长期贷款	82054006	73372221	1378966	1087434	1697615	1382988	2279109	855672	805605
个人贷款	41542432	35871368	942583	565363	1386828	564856	1851855	359579	576027
个人消费贷款	39710792	34172308	928468	552278	1367826	544579	1792595	352738	555686
单位贷款	40511574	37500853	436383	522071	310788	818133	427254	496093	229578
经营贷款	7731181	7466494	29848	80625	19131	22774	46864	65445	28069
固定资产贷款	31986933	29257898	406535	441446	291657	795359	380390	413648	201509
并购贷款	185282	168282						17000	
贸易融资	608179	608179							
票据融资	3633859	3084648	48343	181629	4656	134130	109186	71267	1875
各项垫款	862979	862979							
境外贷款	1847	1770	10	45		21			

13-3 农村合作金融机构（农信、农商）信贷收支表

（2022年底）　　　　单位：万元

项 目	合计	市区	中牟县	巩义市	荥阳市	新密市	新郑市	登封市	上街区
各项存款	**21793175**	**8755175**	**2734395**	**1822995**	**1801903**	**2115498**	**2859057**	**1704152**	**173240**
境内存款	21793175	8755175	2734395	1822995	1801903	2115498	2859057	1704152	173240
个人存款	17984127	6690865	2468033	1665445	1464882	1710610	2339620	1644672	136090
活期储蓄存款	3912002	1716058	558214	324335	214561	359953	488329	250552	16642
定期储蓄存款	13022060	4739655	1686625	1256114	1141624	1183121	1669535	1345386	116936
单位存款	3809048	2064310	266362	157550	337021	404888	519437	59480	37150
活期存款	2568164	1197461	240077	84753	318357	202317	484253	40946	14423
定期存款	538882	289395	930	45756	11668	185069	4763	1301	18583
保证金存款	51566	14069	4325	7587	1831	9700	3721	10333	144
各项贷款	**12505417**	**5463692**	**1533607**	**1062011**	**788517**	**1122919**	**1653253**	**881418**	**103168**
境内贷款	12505417	5463692	1533607	1062011	788517	1122919	1653253	881418	103168
短期贷款	5507565	2148899	671580	348109	466678	745520	608971	517808	32976
个人贷款	2265160	726687	445304	139003	241624	327799	206098	178645	9092
个人消费贷款	636535	229143	76038	43621	75523	32670	89476	90064	4847
单位贷款	3242405	1422212	226276	209106	225054	417721	402873	339163	23884
中长期贷款	4836270	2444757	720651	340838	165834	359055	558613	246522	70192
个人贷款	2369498	1150801	305863	171668	133175	255538	232422	120031	41739
个人消费贷款	1862933	1030292	148239	134758	113366	168628	164570	103080	41042
单位贷款	2466772	1293956	414788	169170	32659	103517	326191	126491	28453
票据融资	2161582	870036	141376	373064	156005	18344	485669	117088	

13-4 财政

（2022年）

指 标	郑州市	市直本级	高新区	经济区	郑东新区	航空港区	巩义市
一般公共预算收入	**11307855**	**2093661**	**601077**	**1033419**	**1060391**	**685573**	**529006**
税收收入	**7243037**	**722568**	**484347**	**770798**	**982397**	**514654**	**305083**
增值税	2553798	368382	171876	304391	257903	208074	138958
国内增值税	2553798	368382	171876	304391	257903	208074	138958
国有企业增值税	141394	13137	3318	28279	17564	973	1714
集体企业增值税	7868	537	4	89	570	26	752
股份制企业增值税	2270165	329804	165294	268172	341053	73037	110161
联营企业增值税	11						
港澳台和外商投资企业增值税	129628	17362	4844	22352	27310	6693	220
私营企业增值税	369120	561	29585	13881	74644	28739	43635
其他增值税	49871	7091	2039	831	12068	420	1533
增值税税款滞纳金、罚款收入	6307	171	358	163	372	37	331
残疾人就业增值税退税	-11192				-676	-453	-2831
软件增值税退税	-24134		-11175	-5422	-4694	-149	
宣传文化单位增值税退税	-1932	-195			-35		
资源综合利用增值税退税	-23918				-18	-105	-18041
管道运输增值税退税	-178		-149				
融资租赁增值税退税	-184				-183	-1	
增值税留抵退税	-62899	-3	-3704	-13813	-10361	-4546	-1872
小微企业原政策增值税留抵退税	-31515		-954	-1017	-10814	-2991	-637
小微企业新增政策增值税留抵退税	-173057	-67	-7456	-14522	-27982	-23780	-4180
其他企业原政策增值税留抵退税	-66181	-16	-7842	-4368	-18039	-4186	-288
其他企业新增政策增值税留抵退税	-235879		-9130	-16873	-145289	-8256	-4813
免抵调增增值税	210503		6844	26639	2413	142616	13274
企业所得税	1296699	211210	61937	137611	225491	70973	21718
国有冶金工业所得税	-1						
国有电力工业所得税	24635						
国有机械工业所得税	4596			278	145		
国有兵器工业所得税	-2						
国有纺织企业所得税	247						
国有民航企业所得税	6						
国有文教企业所得税	1016				8		

收入

单位：万元

荥阳市	中牟县	新郑市	登封市	新密市	二七区	金水区	中原区	管城区	上街区	惠济区
502218	**539516**	**709625**	**292999**	**382500**	**410134**	**1142292**	**468185**	**449867**	**146936**	**260456**
242435	**235802**	**341880**	**154289**	**202535**	**330960**	**972768**	**333861**	**314989**	**112710**	**220961**
53448	55036	102813	60638	86850	88569	314612	129354	114089	33605	65200
53448	55036	102813	60638	86850	88569	314612	129354	114089	33605	65200
4302	5060	8577	3548	2403	6332	8788	32599	1685	1848	1267
473	13	1118	244	241	748	877	260	1572	151	193
57434	46429	87754	44885	81166	93037	265049	121049	100415	27786	57640
7						4				
621	2343	4037	3352	2215	8826	13473	3010	6560	827	5583
10313	17948	20313	14679	12426	19078	58983	2053	7397	4746	10139
1054	745	2071	1850	1138	1621	8198	4912	3078	721	501
267	309	271	176	285	822	1160	950	441	45	149
-113	-471	-2366	-218	-2369	-215	-995	-11	-23	-451	
-25			-50	-15	-30	-1210	-1294	-41		-29
					-77	-1235	-82			-308
-1538	-6	-9	-2748	-991	-64		-282		-110	-6
						-29				
-3247	-2925	-4705	-863	-719	-1776	-4572	-3137	-3903	-457	-2296
-698	-1462	-750	-162	-750	-1031	-4631	-2090	-2282	-75	-1171
-7940	-10236	-11221	-2534	-3721	-20118	-13450	-11181	-8301	-1867	-4501
-2175	-990	-782	-827	-2299	-5110	-5207	-9914	-2290	-258	-1590
-7964	-3258	-1495	-1428	-2860	-14974	-10591	-7488	-554	-535	-371
2677	1537		734	700	1500			10335	1234	
18889	23065	43741	19006	17972	76967	237760	50410	34712	10727	34510
							-1			
					24623		12			
					450		3723			
							-2			
						247				
									6	
						76				932

13-4 续表 1

指 标	郑州市	市直本级	高新区	经济区	郑东新区	航空港区	巩义市
国有电影企业所得税	556						
国有出版企业所得税	449				3		
其他国有文教企业所得税	11				5		
国有电信企业所得税	408						
其他国有企业所得税	18463		524	1612	1965	35	16
集体企业所得税	8988	4088		11	3061	1	328
股份制企业所得税	580370	14702	47527	81002	103439	38407	19160
其他股份制企业所得税	580370	14702	47527	81002	103439	38407	19160
联营企业所得税	2						
港澳台和外商投资企业所得税	55659	14365	867	5575	7375	8832	70
其他港澳台和外商投资企业所得税	55659	14365	867	5575	7375	8832	70
私营企业所得税	110889	–48	7053	1821	33491	18858	1586
其他企业所得税	60392	54283	474	47	1284	15	3
分支机构预缴所得税	143327	39554	1003	4746	10096	3044	71
国有企业分支机构预缴所得税	478		53		5		
股份制企业分支机构预缴所得税	61347	39215	911	4250	9200	1205	64
港澳台和外商投资企业分支机构预缴所得税	80381	109	18	496	489	1821	
其他企业分支机构预缴所得税	1121	230	21		402	18	7
总机构预缴所得税	9295		555	2090	1155	456	
国有企业总机构预缴所得税	146		30				
股份制企业总机构预缴所得税	6537		450	935	1041	3	
港澳台和外商投资企业总机构预缴所得税	2047			1074		453	
其他企业总机构预缴所得税	565		75	81	114		
总机构汇算清缴所得税	5638	–12	226	1467	1701	125	
国有企业总机构汇算清缴所得税	141						
股份制企业总机构汇算清缴所得税	4460	–12	68	809	1667	73	
港澳台和外商投资企业总机构汇算清缴所得税	723			658		52	
其他企业总机构汇算清缴所得税	314		158		34		
跨市县分支机构预缴所得税	43062	23739	752	6240	2116	521	94
国有企业分支机构预缴所得税	220				1		
股份制企业分支机构预缴所得税	36441	23479	215	6038	979	521	93
港澳台和外商投资企业分支机构预缴所得税	6401	260	537	202	1136		1
跨市县总机构预缴所得税	132411	18532	1560	26533	35505	176	77
国有企业总机构预缴所得税	22761			20855		6	

单位：万元

荥阳市	中牟县	新郑市	登封市	新密市	二七区	金水区	中原区	管城区	上街区	惠济区
						62				494
						8				438
						6				
						408				
88	99	1222	14	73	7501	1984	2530	351	9	440
43	1	137	21		189	130	7	289	177	505
15754	8571	32793	12953	13925	27366	83214	24650	23974	6543	26390
15754	8571	32793	12953	13925	27366	83214	24650	23974	6543	26390
2										
32	752	1295	441	1783	–739	7447	4283	1746	427	1108
32	752	1295	441	1783	–739	7447	4283	1746	427	1108
2259	6812	3638	5030	1748	6055	13882	1713	1010	2093	3888
104	891	239	36	181	–94	2092	250	502	3	82
216	187	100	39	30	2324	78906	1822	981	21	187
					271	1	54	36		58
182	175	85	39	30	1198	2547	1507	604	21	114
28	12	15			707	76184	256	233		13
6					148	174	5	108		2
	1	129		1	2431	1028	904	450	1	94
						1	112	3		
	1	129		1	1942	988	792	210	1	44
					483	37				
					6	2		237		50
		109			614	453	715	148		92
							128	13		
		109			600	453	587	14		92
					13					
					1			121		
10	77	755	192	3	678	6664	564	524	27	106
			30				189			
9	77	755	162	3	678	2542	375	382	27	106
1						4122		142		
60	2495	624	82	104	1813	34488	6070	2200	1801	291
					1		4	171	1724	

13-4 续表 2

指 标	郑州市	市直本级	高新区	经济区	郑东新区	航空港区	巩义市
股份制企业总机构预缴所得税	74341	18532	846	5039	33803	161	77
港澳台和外商投资企业总机构预缴所得税	33126		401	636	1490		
其他企业总机构预缴所得税	2183		313	3	212	9	
跨市县总机构汇算清缴所得税	39721	8720	76	4376	16587	96	1
国有企业总机构汇算清缴所得税	556			1085			
股份制企业总机构汇算清缴所得税	33809	8720	58	3135	16338	82	1
港澳台和外商投资企业总机构汇算清缴所得税	4481		1	156	34		
其他企业总机构汇算清缴所得税	875		17		215	14	
跨市县分支机构汇算清缴所得税	16773	12172	103	1580	270	19	64
国有企业分支机构汇算清缴所得税	169		7		1		
股份制企业分支机构汇算清缴所得税	9079	4680	96	1580	269	19	62
港澳台和外商投资企业分支机构汇算清缴所得税	7525	7492					2
分支机构汇算清缴所得税	29315	21066	656	129	5320	276	26
国有企业分支机构汇算清缴所得税	212		105				
股份制企业分支机构汇算清缴所得税	28647	21199	535	66	4985	142	17
港澳台和外商投资企业分支机构汇算清缴所得税	162	-212	4	62	208	132	
其他企业分支机构汇算清缴所得税	294	79	12	1	127	2	9
企业所得税税款滞纳金、罚款、加收利息收入	11489	49	561	104	1973	112	222
内资企业所得税税款滞纳金、罚款、加收利息收入	11458	45	560	104	1968	108	222
港澳台和外商投资企业所得税税款滞纳金 、罚款、加收利息收入	31	4	1		5	4	
个人所得税（款）	410047	39908	26601	26974	65517	21199	13501
个人所得税（项）	446069	42952	29389	29426	71559	23482	13872
储蓄存款利息所得税	1	1					
其他个人所得税	446068	42951	29389	29426	71559	23482	13872
个人所得税综合所得汇算清缴退税	-29959	-2236	-2345	-1959	-5011	-1940	-526
个人所得税代扣代缴手续费退库	-7034	-810	-485	-500	-1069	-353	-58
个人所得税税款滞纳金、罚款、加收利息收入	971	2	42	7	38	10	213
资源税	85881		1492	1548	1240	1595	7264
水资源税	41135		1491	1544	1214	1587	2256
其他资源税	42223			2		3	4840
资源税税款滞纳金、罚款收入	2523		1	2	26	5	168
城市维护建设税	445350	72369	24327	119491	38551	28088	15293
国有企业城市维护建设税	32619	3497	454	17400	791	136	230

单位：万元

荥阳市	中牟县	新郑市	登封市	新密市	二七区	金水区	中原区	管城区	上街区	惠济区
32	2353	617	82	59	1644	8497	624	1608	77	290
		1				25225	5006	367		
28	142	6		45	168	766	436	54		1
18	3024	–114	–9	2	1426	3075	1367	1562	–528	42
						–1			–528	
17	3024	–114	–9	2	1389	–540	153	1511		42
						3098	1145	47		
1					37	518	69	4		
52	8	–170	39	2	1091	141	589	711	73	29
			4				157			
52	8	–170	35	2	1091	127	432	694	73	29
						14		17		
17	76	34	14	10	390	503	623	125	53	–3
					117	–5	25			–30
14	75	20	14	10	65	779	561	87	53	25
1	1	14			188	–309	33	38		2
2					20	38	4			
234	71	2950	154	110	849	3022	591	139	21	327
234	71	2949	151	109	849	3019	582	139	21	327
		1	3	1		3	9			
6755	5790	9922	2560	11060	37754	92217	25701	14871	2062	7655
7180	6536	10984	2807	11598	41248	99899	27923	16432	2275	8507
7180	6536	10984	2807	11598	41248	99899	27923	16432	2275	8507
–359	–659	–933	–230	–377	–2800	–6378	–1966	–1355	–205	–680
–72	–97	–150	–34	–163	–756	–1749	–286	–247	–28	–177
6	10	21	17	2	62	445	30	41	20	5
10017	1738	13913	21964	8682	844	142	484	342	786	13830
1480	1648	6969	3045	3502	837	142	481	340	786	13813
8179	81	5027	18901	5172	7					11
358	9	1917	18	8			3	2		6
8274	7015	13558	6389	6495	15328	41226	20212	15576	4369	8789
562	472	1128	485	326	870	1187	4415	238	256	172

13-4 续表 3

指 标	郑州市	市直本级	高新区	经济区	郑东新区	航空港区	巩义市
其他国有企业城市维护建设税	32619	3497	454	17400	791	136	230
集体企业城市维护建设税	951	150		13	4	3	84
股份制企业城市维护建设税	335997	61906	19430	97314	27242	10423	10595
港澳台和外商投资企业城市维护建设税	29571	4704	751	3309	1685	11755	25
私营企业城市维护建设税	39294	120	3189	1301	8264	5718	4165
其他城市维护建设税	5383	1988	244	67	496	35	93
城市维护建设税税款滞纳金、罚款收入	1575	4	296	88	69	18	101
成品油价格和税费改革城市维护建设税划	-40		-37	-1			
房产税	337411	18440	20790	36840	54623	33229	9146
国有企业房产税	27523	224	987	1366	5031	7726	104
集体企业房产税	2694	196	29	39	37	2	427
股份制企业房产税	217661	15931	16386	28967	33509	12452	6804
联营企业房产税	3				3		
港澳台和外商投资企业房产税	36057	504	1324	4079	6106	6989	306
私营企业房产税	31019	43	986	1412	6146	5743	1029
其他房产税	17901	1467	842	543	3156	272	208
房产税税款滞纳金、罚款收入	4553	75	236	434	635	45	268
印花税	199575	10607	9512	20176	30968	42051	12326
其他印花税	198383	10603	9455	20134	30925	42029	11981
印花税税款滞纳金、罚款收入	1192	4	57	42	43	22	345
城镇土地使用税	234026	1574	11504	23260	16230	20655	32801
国有企业城镇土地使用税	10618	26	487	373	365	820	141
集体企业城镇土地使用税	2415	36	3	21	1	2	1738
股份制企业城镇土地使用税	161824	1308	8915	19180	10817	10686	21809
联营企业城镇土地使用税	1						
私营企业城镇土地使用税	36521	3	1363	1395	4227	5588	4372
港澳台和外商投资企业城镇土地使用税	12335	66	595	1671	552	3307	560
其他城镇土地使用税	2832	133	51	57	212	17	340
城镇土地使用税税款滞纳金、罚款收入	7480	2	90	563	56	235	3841
土地增值税	605602	59	28878	38283	117180	5300	15402
国有企业土地增值税	7153			63			6

单位：万元

荥阳市	中牟县	新郑市	登封市	新密市	二七区	金水区	中原区	管城区	上街区	惠济区
562	472	1128	485	326	870	1187	4415	238	256	172
41	1	149	27	13	87	99	35	211	11	23
6588	4940	9076	4328	5141	10707	30557	14405	13036	3478	6831
68	231	993	191	237	1270	2151	377	888	112	824
893	1297	2014	1146	702	2005	6064	263	852	431	870
74	45	156	165	55	190	938	470	294	27	46
48	31	42	47	21	199	230	247	57	54	23
	-2									
7879	13064	12664	7542	4433	22890	39434	27527	14380	4209	10321
422	143	1232	275	286	3090	2628	2647	810	265	287
25	1	87	32	1	133	872	590	146	47	30
4613	9008	7716	5039	2584	12541	19150	20834	10913	2797	8417
1052	234	978	835	247	2893	7532	389	1383	453	753
1517	3341	1885	496	1144	1561	3700	902	283	501	330
167	118	591	102	96	2309	5347	1466	797	110	310
83	219	175	763	75	363	205	699	48	36	194
3132	4785	7404	1666	2257	12097	19157	9209	9257	1611	3360
3107	4754	7370	1593	2245	11981	18941	9151	9183	1606	3325
25	31	34	73	12	116	216	58	74	5	35
16047	28602	16553	6649	6696	8112	12966	8688	8925	7308	7456
318	807	846	188	292	500	1143	1184	665	2099	364
75	14	89	33	9	54	146	30	75	53	36
11504	19494	11536	4241	4657	5601	8532	7025	7320	3396	5803
	1									
2799	6610	2778	1543	1311	722	1430	46	372	1457	505
358	462	406	520	314	982	1166	272	327	169	608
479	180	297	102	32	207	430	101	102	27	65
514	1034	601	22	81	46	119	30	64	107	75
78999	46295	29832	6727	5355	31771	94889	21593	47695	3369	33975
	238	37			94	6706	9			

13-4 续表 4

指 标	郑州市	市直本级	高新区	经济区	郑东新区	航空港区	巩义市
集体企业土地增值税	305					1	55
股份制企业土地增值税	453930	59	23125	30821	75615	-595	13602
港澳台和外商投资企业土地增值税	17591		13		279		
私营企业土地增值税	115879		5692	7314	40736	5783	1416
其他土地增值税	5474		38	70	374	3	284
土地增值税税款滞纳金、罚款收入	5270		10	15	176	108	39
车船税（款）	177345		85	221	29632	130	9583
车船税（项）	177336		85	221	29632	130	9583
车船税税款滞纳金、罚款收入	9						
耕地占用税（款）	138435		-405	3076	18298	28072	9147
耕地占用税（项）	86752		-405	1537	11078	23327	4624
耕地占用税税款滞纳金、罚款收入	51683			1539	7220	4745	4523
契税（款）	744152		127701	58782	126631	55224	17427
契税（项）	743893		127701	58782	126645	55224	17418
契税税款滞纳金、罚款收入	259				-14		9
环境保护税（款）	13596		42	145	140	64	2517
环境保护税（项）	13470		42	145	140	64	2443
环境保护税税款滞纳金、罚款收入	126						74
其他税收收入（款）	1120	19	7		-7		
其他税收收入（项）	892	8	3		-9		
其他税收收入税款滞纳金、罚款收入	228	11	4		2		
非税收入	**4064818**	**1371093**	**116730**	**262621**	**77994**	**170919**	**223923**
专项收入	1979120	1102755	16326	71787	54385	65965	28573
教育费附加收入（项）	193535	-4	10102	51025	32915	12004	8495
教育费附加收入（目）	193552	-4	10118	51025	32915	12004	8495
成品油价格和税费改革教育费附加收入划出	-17		-16				
地方教育附加收入（项）	65548	-13	3357	17031	11563	4004	2839
地方教育附加收入（目）	65548	-13	3357	17031	11563	4004	2839
文化事业建设费收入	10979	157	69	58	325	18	
残疾人就业保障金收入	49066	17	2798	3673	9582	3829	1013
教育资金收入	894113	599752				38950	8100
农田水利建设资金收入	765095	502524				7160	8100
森林植被恢复费	425	322					26
其他专项收入（项）	359						

单位：万元

荥阳市	中牟县	新郑市	登封市	新密市	二七区	金水区	中原区	管城区	上街区	惠济区
		105		49	3			70	22	
48059	24732	25845	2698	4132	31351	76042	22739	40735	1888	33082
10986	1205		783	59	300	3387			536	43
19914	18275	3539	2241	955	5	8281	7	161	883	677
23	252	49	994	122	8	194	-1196	4243	16	
17	1593	257	11	38	10	279	34	2486	24	173
5868	15952	6418	8897	35759	788	27775	1261	4106	30747	123
5868	15945	6418	8897	35758	788	27775	1261	4106	30746	123
	7			1					1	
2051	4704	53201	1346	5876	1118	80	1416	448	7000	3007
1954	4296	26073	1122	2422	1118	80	1416	448	4968	2694
97	408	27128	224	3454					2032	313
29400	29700	31511	7202	6780	34672	92480	37569	49719	6686	32668
29400	29670	31511	7202	6747	34584	92480	37468	49717	6676	32668
	30			33	88		101	2	10	
1648	56	350	3699	4320	54	22	225	13	231	70
1645	56	350	3698	4276	53	22	225	13	228	70
3			1	44	1				3	
28			4		-4	8	212	856		-3
					-4	2	39	856		-3
28			4			6	173			
259783	**303714**	**367745**	**138710**	**179965**	**79174**	**169524**	**134324**	**134878**	**34226**	**39495**
89487	150322	216689	46899	22441	11306	48270	24535	11179	12280	5921
3773	4152	6989	3605	4808	6252	28575	8330	6883	1899	3732
3773	4153	6989	3605	4808	6252	28575	8330	6883	1899	3732
	-1									
1264	1388	2335	1207	1608	2256	9683	2806	2342	634	1244
1264	1388	2335	1207	1608	2256	9683	2806	2342	634	1244
6	7	6	5	10	83	1065	9005	99	1	65
2279	1175	2379	1382	1342	2715	8947	4394	1855	806	880
40947	71800	102442	20350	7302					4470	
40947	71800	102442	20350	7302					4470	
8				69						
263		96								

13-4 续表 5

指 标	郑州市	市直本级	高新区	经济区	郑东新区	航空港区	巩义市
广告收入	359						
行政事业性收费收入	293206	55198	8261	1522	3420	4749	45134
公安行政事业性收费收入	20825	19550					476
外国人证件费	4	4					
公民出入境证件费	344	338					6
户籍管理证件工本费	3	3					
居民身份证工本费	158						
机动车号牌工本费	7679	7408					
机动车行驶证工本费	801	758					8
机动车登记证书工本费	380	353					5
驾驶证工本费	821	777					4
驾驶许可考试费	9572	8903					452
保安员资格考试费	7	2					1
其他缴入国库的公安行政事业性收费	1056	1004					
法院行政事业性收费收入	158						
诉讼费	158						
商贸行政事业性收费收入	548	548					
其他缴入国库的商贸行政事业性收费	548	548					
财政行政事业性收费收入	445	445					
考试考务费	445	445					
应急管理行政事业性收费收入	225	211					14
缴入国库的应急管理行政事业性收费	225	211					14
人防办行政事业性收费收入	49740	3959	433	768		3132	4238
防空地下室易地建设费	49740	3959	433	768		3132	4238
文化和旅游行政事业性收费收入	119	119					
其他缴入国库的文化和旅游行政事业性收费	119	119					
教育行政事业性收费收入	47048	13066	4150	687	3258		1843
其他缴入国库的教育行政事业性收费	24617	12193	4150				77
公办幼儿园保教费	22431	873		687	3258		1766
自然资源行政事业性收费收入	144126	5308	2416			1195	36563
土地复垦费	354					353	
耕地开垦费	132430					200	36357
不动产登记费	11330	5301	2416			642	206
其他缴入国库的自然资源行政事业性收费	12	7					

单位：万元

荥阳市	中牟县	新郑市	登封市	新密市	二七区	金水区	中原区	管城区	上街区	惠济区
263		96								
65133	21904	10194	6007	5327	3294	2360	6257	40704	10027	3715
129	93	176	232	8					161	
128									30	
	67	143	32						29	
	8	19	4						4	
	5	11	1						5	
	1	2	5	8					24	
			190						27	
1		1							2	
	12								40	
								157		1
								157		1
448	19989	4455	2303	840					9175	
448	19989	4455	2303	840					9175	
1471	60	4099	2142	2668	2789	1928	3181	1822	250	3634
1471	60	58	131	44	2789		3181	220		243
		4041	2011	2624		1928		1602	250	3391
62612	742	796	176	377				33585	356	
		1								
62046								33585	242	
562	742	795	176	377					113	
4									1	

13-4 续表 6

指 标	郑州市	市直本级	高新区	经济区	郑东新区	航空港区	巩义市
建设行政事业性收费收入	6607	178	835	40	2	200	1501
城市道路占用挖掘修复费	1617	4	126	40		200	1086
城镇垃圾处理费	4790		709		2		415
其他缴入国库的建设行政事业性收费	200	174					
农业农村行政事业性收费收入	26						
其他缴入国库的农业农村行政事业性收费	26						
水利行政事业性收费收入	2860	243	26	26	112	76	184
水土保持补偿费	2797	243	26	26	112	76	184
其他缴入国库的水利行政事业性收费	63						
卫生健康行政事业性收费收入	7626	855			19	146	124
预防接种服务费	474	38				79	110
医疗事故鉴定费	5	5					
考试考务费	360	360					
预防接种异常反应鉴定费	3	3					
其他缴入国库的卫生健康行政事业性收费	6784	449			19	67	14
民政行政事业性收费收入	1383	916					166
殡葬收费	1383	916					166
人力资源和社会保障行政事业性收费收入	2077	1586					25
职业技能鉴定考试考务费	67	65					2
其他缴入国库的人力资源和社会保障行政事业性收费	2010	1521					23
仲裁委行政事业性收费收入	7657	7657					
仲裁收费	7657	7657					
党校行政事业性收费收入	371	359					
缴入国库的党校行政事业性收费	371	359					
其他行政事业性收费收入	1365	198	401	1	29		
其他缴入国库的行政事业性收费	1365	198	401	1	29		
罚没收入	131524	41702	2282	3219	3652	2448	17005
一般罚没收入	131524	41702	2282	3219	3652	2448	17005
公安罚没收入	58452	27654					2962
检察院罚没收入	-2						
法院罚没收入	53						
新闻出版罚没收入	20	15					5
海关罚没收入	110	38				72	

单位：万元

荥阳市	中牟县	新郑市	登封市	新密市	二七区	金水区	中原区	管城区	上街区	惠济区
296	714	195	189	336	550	365	546	542	38	80
6	116	1							38	
290	598	194	189	336	550	365	520	542		80
							26			
								26		
								26		
99	120	410	695	477		7	199	163	23	
99	120	410	695	477		7	199	100	23	
								63		
			243				2268	3967	4	
			243						4	
							2268	3967		
78	185	24		14						
78	185	24		14						
	1	39	15	21		60	63	247	20	
	1	39	15	21		60	63	247	20	
			12							
			12							
				586	–45			195		
				586	–45			195		
8412	9748	8053	7344	12835	2833	3933	3530	1458	1757	1313
8412	9748	8053	7344	12835	2833	3933	3530	1458	1757	1313
5467	2903	3192	4372	10594					1308	
			–2							
			–1					54		

13-4 续表 7

指 标	郑州市	市直本级	高新区	经济区	郑东新区	航空港区	巩义市
药品监督罚没收入	110	24		2		33	47
卫生罚没收入	1475	1128	28			2	84
检验检疫罚没收入	9						
交通罚没收入	4926	2126				1	516
渔政罚没收入	2	2					
市场监管罚没收入	5053	836		169	287	26	391
生态环境罚没收入	5						
水利罚没收入	2						
监察罚没收入	64			64			
其他一般罚没收入	61245	9879	2254	2984	3365	2314	13000
国有资本经营收入	578125	2791	41454	168808		50322	9
利润收入	140022	979				50322	
其他企业利润收入	140022	979				50322	
股利、股息收入	1366	1353					
金融业公司股利、股息收入	1353	1353					
其他股利、股息收入	13						
产权转让收入	322926	459		168808			9
其他产权转让收入	322926	459		168808			9
其他国有资本经营收入	113811		41454				
国有资源(资产)有偿使用收入	740002	62000	45439	13505	11060	25548	73207
利息收入	72697	11378	43784	132	296	2622	1608
国库存款利息收入	3577	1147	123	78	210	456	99
财政专户存款利息收入	37						
其他利息收入	69083	10231	43661	54	86	2166	1509
非经营性国有资产收入	404186	8831	635	13194	4162		29818
行政单位国有资产出租、出借收入	6049	270	635	1984	767		35
行政单位国有资产处置收入	235665	359		10590	3345		25075
事业单位国有资产处置收入	79028	1269			16		4708
事业单位国有资产出租出借收入	7931	5069		6	13		
其他非经营性国有资产收入	75513	1864		614	21		
矿产资源专项收入	339	59					
矿产资源补偿费收入	63						
探矿权、采矿权使用费收入	2						
矿业权出让收益	274	59					

单位：万元

荥阳市	中牟县	新郑市	登封市	新密市	二七区	金水区	中原区	管城区	上街区	惠济区
	2							2		
25	9	100	6	8	42	14	18	3	5	3
3				6						
617	167	525	516	401					57	
411	251	490	239	373	212	363	551	223	78	153
									5	
								2		
1889	6416	3746	2214	1453	2579	3556	2961	1174	304	1157
35324	52800	65935	7510		237	90506	3500	51929	7000	
			3010			75211	3500		7000	
			3010			75211	3500		7000	
13										
13										
34780	52800	65935			135					
34780	52800	65935			135					
531			4500		102	15295		51929		
57899	67490	65607	64571	25736	61456	24022	96129	19655	737	25941
326	169	976	59	6600	323	150	449	3210	295	320
207	74	240	51	106	137	94	305	123	29	98
				37						
119	95	736	8	6457	186	56	144	3087	266	222
56438	59170	1555	44950	796	60651	9272	93214	3732	248	17520
		33	90		319	909	420	336	219	32
45788	14526	14	39616	713	607	121	81428	2003	1	11479
7274	44617	55	5244	83	105	7636	796	1216		6009
	27	1453			549	606	3	177	28	
3376					59071		10567			
			221					59		
			63							
			2							
			156					59		

13-4 续表 8

指 标	郑州市	市直本级	高新区	经济区	郑东新区	航空港区	巩义市
水资源费收入	31		31				
其他水资源费收入	31		31				
市政公共资源有偿使用收入	1354		71				
停车泊位及公共停车场等有偿使用收入	1354		71				
其他国有资源（资产）有偿使用收入	261395	41732	918	179	6602	22926	41781
捐赠收入	5342	230			92		111
国内捐赠收入	5342	230			92		111
政府住房基金收入	138775	106183	1300	3780	5385	19829	87
上缴管理费用	5180	5180					
计提公共租赁住房资金	91667	91667					
公共租赁住房租金收入	41834	9329	1300	3780	5385	19829	
其他政府住房基金收入	94	7					87
其他收入（款）	198724	234	1668			2058	59797
主管部门集中收入	155						
生态环境损害赔偿资金	37						37
其他收入（项）	198532	234	1668			2058	59760
政府性基金预算收入	5210501	3709084	70000	29484	71776	682350	120835
政府性基金收入（款）	**5207814**	**3706397**	**70000**	**29484**	**71776**	**682350**	**120835**
国有土地收益基金收入	310429	265444				21202	2504
农业土地开发资金收入	38541	14357				14149	1430
国有土地使用权出让收入	4482224	3301451				631172	114084
土地出让价款收入	4004410	2977921				584197	102210
补缴的土地价款	166758	128326					14365
划拨土地收入	339639	205380				62399	
缴纳新增建设用地土地有偿使用费	-41424	-17281				-15424	-2539
其他土地出让收入	12841	7105					48
城市基础设施配套费收入	318576	82585	70000	29484	71174	12420	1988
污水处理费收入	58004	42562			602	3407	829
其他政府性基金收入	40	-2					
专项债务对应项目专项收入	2687	2687					
其他政府性基金专项债务对应项目专项收入	2687	2687					
其他地方自行试点项目收益专项债务对应项目专项收入	2687	2687					

单位：万元

荥阳市	中牟县	新郑市	登封市	新密市	二七区	金水区	中原区	管城区	上街区	惠济区
						824		382		77
						824		382		77
1135	8151	63076	19341	18340	482	13776	2466	12272	194	8024
			2925	523	48			1413		
			2925	523	48			1413		
	1358			34		433	373		13	
	1358			34		433	373		13	
3528	92	1267	3454	113069				8540	2412	2605
										155
3528	92	1267	3454	113069				8540	2412	2450
90423	143815	102590	86558	86846		11			16729	
90423	143815	102590	86558	86846		11			16729	
6712	5825	4759	2347	1636						
1756	1512	1368	3220	749						
74438	115336	77141	75851	77728					15023	
37259	104761	55532	69208	60316					13006	
16855	1601	542	3622	1075					372	
21620	10091	23730	3812	11438					1169	
–1296	–1117	–2664	–791	–312						
		1		5211					476	
5055	18922	16751	3714	5253					1230	
2462	2200	2571	1439	1480		11			441	
	20		–13						35	

13-5 财政

（2022年底）

指 标	郑州市	市直本级	高新区	经济区	郑东新区	航空港区	巩义市
一般公共预算支出	**14564080**	**5511651**	**363723**	**517539**	**753825**	**1075708**	**940208**
一般公共服务支出	**1278151**	**233457**	**37461**	**84995**	**81286**	**103905**	**55834**
人大事务	26423	6410	77	33	212	8347	988
行政运行	14226	3766			75	3240	417
一般行政管理事务	2300	1386	76	14		163	10
机关服务	5487	12		19	95	4681	
人大会议	1283	490	1				80
人大立法	54	54					
人大监督	44	34					
人大代表履职能力提升	55						
代表工作	426	66					75
事业运行	1434	442					118
其他人大事务支出	1114	160			42	263	288
政协事务	13570	5755				8	683
行政运行	9459	3466					466
一般行政管理事务	557	289					58
机关服务	8					8	
政协会议	852	396					60
委员视察	17						
参政议政	182	83					8
事业运行	981	121					79
其他政协事务支出	1514	1400					12
政府办公厅（室）及相关机构事务	630417	57084	24635	50883	50495	44886	20923
行政运行	351623	21287	19879	36999	30484	36128	6570
一般行政管理事务	44187	9256	4335	5723	204	6929	3
机关服务	43607	16871	220	7801	5659		3228
专项服务	819	686					
专项业务及机关事务管理	601	160		101			340
政务公开审批	1762						79
信访事务	8889	312	201	75	462	635	3505

支出

单位：万元

荥阳市	中牟县	新郑市	登封市	新密市	二七区	金水区	中原区	管城区	上街区	惠济区
680702	**719472**	**934313**	**527406**	**564243**	**372043**	**514804**	**310867**	**381143**	**174090**	**222343**
56341	**86331**	**124079**	**48997**	**56076**	**58624**	**72981**	**43112**	**73465**	**24868**	**36339**
642	1642	712	689	1418	686	777	927	849	483	1531
354	1332	423	616	572	485	223	814	830	327	752
1		261	17	27			19		90	236
				412						268
130	151		49	161	29	32	18		66	76
										10
29										26
34			3		29	53		3		163
77		20		246	133	314	68	16		
17	159	8	4		10	155	8			
500	987	531	492	827	712	623	637	568	476	771
319	910	368	426	554	359	361	623	568	359	680
10		64	66	7					49	14
61	77	67		90					43	58
				17						
50		22								19
60				159	353	195	14			
		10				67			25	
27284	56374	84758	18903	23815	35115	36537	21742	49413	10698	16872
4232	45467	21003	17033	13888	11947	4622	19874	47748	5023	9439
970	626	5547	30	336	1147		143	19	4408	4511
	2606	1791		4390			86	671		284
								28	105	
519			775			50	339			
472	668	152	558	407	489	133	34	366	340	80

13-5 续表 1

指 标	郑州市	市直本级	高新区	经济区	郑东新区	航空港区	巩义市
事业运行	81746	4334			1461		877
其他政府办公厅（室）及相关机构事务支出	97183	4178		184	12225	1194	6321
发展与改革事务	35135	14277	166	294	2758	1986	1777
行政运行	15628	7375			119	1196	390
一般行政管理事务	1311	59	67			6	510
机关服务	53						
战略规划与实施	1553	1281	99	76		86	
日常经济运行调节	508	508					
社会事业发展规划	218			218			
经济体制改革研究	83	83					
物价管理	231	103					
事业运行	7480	2084					809
其他发展与改革事务支出	8070	2784			2639	698	68
统计信息事务	13015	3222	119	84	660	481	1216
行政运行	6242	1734		3	63	306	383
一般行政管理事务	203			23		110	
信息事务	116						114
专项统计业务	599		119	34			81
专项普查活动	261	58				5	1
统计抽样调查	476	89		11	7		3
事业运行	3727	1008			219		266
其他统计信息事务支出	1391	333		13	371	60	368
财政事务	63780	11231	2067	1306	3464	4020	5036
行政运行	28426	6091	1700		1100	2668	603
一般行政管理事务	4591	1916	47			40	1639
预算改革业务	40						
财政国库业务	329						
信息化建设	715	229	15		72	27	
财政委托业务支出	7537	1854	305	1296	1866	1285	
事业运行	19698	701					2794
其他财政事务支出	2444	440		10	426		

单位：万元

荥阳市	中牟县	新郑市	登封市	新密市	二七区	金水区	中原区	管城区	上街区	惠济区
10169	6996	3472		1272	21532	30518	1115			
10922	11	52793	507	3522		1214	151	581	822	2558
1274	1425	3467	1712	1273	1275	979	570	1049	300	553
211	1308	535	1250	347	401	156	536	1049	256	499
7			461	118					41	42
				53						
1					10					
3	117	5	1	2						
860		1777		703	627	620				
192		1150		50	237	203	34		3	12
864	858	1076	541	659	528	610	909	651	142	395
213	754	362	458	177	189	190	469	499	131	311
31										39
				2						
72	31	232		29					1	
162	23			4				8		
5	38		68	128		58		55	10	4
381		434		316	339	312	411			41
	12	48	15	3		50	29	89		
5289	5678	5797	3127	4138	2392	2258	2702	2692	1298	1285
812	4390	1747	3030	241	841	138	495	2312	1056	1202
455		66	97	127			116		5	83
	40									
70						22			237	
80	68			119		24		81		
307	438						115	71		
2878	742	3415		3628	1548	2040	1952			
687		569		23	3	34	24	228		

13-5 续表 2

指 标	郑州市	市直本级	高新区	经济区	郑东新区	航空港区	巩义市
税收事务	27374	7591		1222	1863	900	
行政运行	920	400					
一般行政管理事务	2917	100				200	
信息化建设	111	111					
其他税收事务支出	23426	6980		1222	1863	700	
审计事务	21129	4508	511	338	5996		969
行政运行	7843	3520					268
一般行政管理事务	28						
审计业务	8590		491	320	5996		165
审计管理	121						
信息化建设	217	184					
事业运行	4217	804					536
其他审计事务支出	113		20	18			
海关事务	3602			2002		1600	
其他海关事务支出	3602			2002		1600	
纪检监察事务	63498	17845	1159	71	1361	1495	5675
行政运行	28427	31	1028		860	1021	1866
一般行政管理事务	4964	269	123	71		253	1783
机关服务	886	886					
大案要案查处	6144	2722					661
派驻派出机构	2243	2080					
巡视工作	877	802	8			11	
事业运行	16116	8873					1339
其他纪检监察事务支出	3841	2182			501	210	26
商贸事务	55061	19239	93	13082	5643	1570	1068
行政运行	8575	2677			863	875	225
一般行政管理事务	2577	1841	7			517	
对外贸易管理	20130	7150		12980			
国际经济合作	25	25					
国内贸易管理	4776	4775					
招商引资	6385	1700	86	14	343	178	515
事业运行	3722	1071					287

单位：万元

荥阳市	中牟县	新郑市	登封市	新密市	二七区	金水区	中原区	管城区	上街区	惠济区
5398	645			1540				1580	5813	822
								520		
55				1540				200		822
5343	645							860	5813	
1268	966	1406	758	1107	846	620	452	447	180	757
382	773	602	580	191	153	104	331	423	180	336
6							2			20
324	141		178	209	220	38	107			401
		121								
	1				20		12			
556		683		707	453	478				
	51							24		
3022	4162	3353	3240	5152	3252	3308	3180	2816	1199	3208
1113	3839	2464	2956	1239	1850	1546	3065	2381	880	2288
133		174	212	622			115		289	920
101	319			2341						
10						1		152		
					56					
1461		552		944	1346	1601				
204	4	163	72	6		160		283	30	
512	3383	1186	2965	1273	1281	1026	638	735	328	1039
165	734	398	301	191	110	128	620	572	240	476
3									7	202
	1									
31	57		2509	125	24	569	18	39	49	128
290		326		482	672	329			32	233

13-5 续表 3

指 标	郑州市	市直本级	高新区	经济区	郑东新区	航空港区	巩义市
其他商贸事务支出	8871			88	4437		41
知识产权事务	2876	2861					
行政运行	1450	1450					
知识产权宏观管理	436	436					
其他知识产权事务支出	990	975					
民族事务	2029	1299	23		65		7
行政运行	1238	807					
一般行政管理事务	39		23				
民族工作专项	98	14			65		7
事业运行	324	172					
其他民族事务支出	330	306					
港澳台事务	265	265					
行政运行	265	265					
档案事务	4244	1528					281
行政运行	2955	1375					135
机关服务	226						
档案馆	357	153					21
其他档案事务支出	706						125
民主党派及工商联事务	2807	1776	7			46	86
行政运行	2412	1660					75
一般行政管理事务	82	16	7			46	
参政议政	67	67					
事业运行	192						11
其他民主党派及工商联事务支出	54	33					
群众团体事务	21946	10072	221	639	615	82	496
行政运行	6844	3608					384
一般行政管理事务	947	482		224		80	10
工会事务	5964	3691	221	412			
事业运行	2512	1333					87
其他群众团体事务支出	5679	958		3	615	2	15
党委办公厅（室）及相关机构事务	40334	12039	2815		1320	975	3772
行政运行	24184	8845	2008		388	895	2270

单位：万元

荥阳市	中牟县	新郑市	登封市	新密市	二七区	金水区	中原区	管城区	上街区	惠济区
23	2591	462	155	475	475			124		
						15				
						15				73
		93	125		201		12	127	4	71
		59	110		73			118		
							12		4	2
					10					
		34			118					
			15					9		
										206
260	301	326	168	170	227	195	206	304	72	206
102	297		168	56		39	206	304	67	
					226					
155				22	1				5	
3	4	326		92		156				117
86	107	74	112	53	104	141		65	33	117
53	107	64	107	37	48	48		63	33	
8			5							
25				16	56	84				
		10				9		2		264
352	632	1480	601	378	775	4018	299	801	221	197
154	628	270	461	56	86	163	290	345	202	66
20		13	6	27					19	
		844	133	207			9	447		
178		303		88	262	261				1
	4	50	1		427	3594		9		4184
1662	994	2810	3423	2009	1219	888	942	624	658	1904
480	994	1582	1482	633	513	284	742	624	540	

13-5 续表 4

指 标	郑州市	市直本级	高新区	经济区	郑东新区	航空港区	巩义市
一般行政管理事务	5634	1293	807			32	175
机关服务	1500						
专项业务	728					48	94
事业运行	5384	1037			932		999
其他党委办公厅（室）及相关机构事务支出	2904	864			1719		234
组织事务	24414	6931	20		1312	2103	1922
行政运行	15976	5140	19			2086	1459
一般行政管理事务	2316	1600				17	
公务员事务	43						
事业运行	2869				407		456
其他组织事务支出	3210	191	1		3		7
宣传事务	26121	12469	171	763		637	1601
行政运行	8489	2883					249
一般行政管理事务	1978	1022	14				
宣传管理	390		157				8
事业运行	3375	1			3		275
其他宣传事务支出	11889	8563		763	19	637	1069
统战事务	6046	1618		70			407
行政运行	4113	1428					247
一般行政管理事务	354	173			19		
宗教事务	573	17		37			8
事业运行	950						152
其他统战事务支出	56			33			
其他共产党事务支出（款）	19125	7153		71		21	13
行政运行	9634	4008					
一般行政管理事务	4559	1754		71			
事业运行	1777	141					
其他共产党事务支出（项）	3155	1250				21	13
网信事务	2807	1435		386			986
行政运行	742	632					110
一般行政管理事务	684	684					
事业运行	876						876

单位：万元

荥阳市	中牟县	新郑市	登封市	新密市	二七区	金水区	中原区	管城区	上街区	惠济区
512		186	41	434					8	512
			1500							
		38		146			200		110	
656		658		796	706	490				
14		346	400			114				
1033	1043	1267	897	1060	796	1629	959	2163	230	
421	1034	422	753	387	277	259	955	819	187	
106		185	12	161					42	
		8		35						
501		475		477	331	629				
5	9	177	132		188	741	4	1344	1	
669	1221	2075	542	1053	1018	1225	742	685	686	
114	903	887	494	189	549	172	669	679	390	
20			30	293			58		291	
220									5	
315		1128		571	469	611	5			
	318	60	18			442	10	6		
516	376	362	276	489	235	481	432	261	200	
207	290	177	261	132	115	167	427	255	165	
25		57	2	68					14	
19	86	59	13	150	35	51	5	6	21	
265		69		139	85	240				
						23				
			205	1398	1910	875	3059	3734	686	
			205	257	1240	210	1039	2056	619	
				815			1862		57	
				307	670	501	158			
				19		164		1678	10	

13-5 续表 5

指 标	郑州市	市直本级	高新区	经济区	郑东新区	航空港区	巩义市
其他网信事务支出	505	119		386			5687
市场监督管理事务	90075	26820	1939	661	4096	5147	3089
行政运行	55879	12441	1826		3793	3061	2
一般行政管理事务	2701	668	107	522		308	
机关服务	30						3
市场主体管理	1132	726		9			34
市场秩序执法	758	145	6	3		34	9
信息化建设	81						266
质量基础	2101	1796					22
药品事务	1093	744					
化妆品事务	40					40	4
质量安全监管	1606	1246		4		225	15
食品安全监管	4098	2560		5		802	2109
事业运行	17623	6309					134
其他市场监督管理事务	2933	185		118	303	677	2241
其他一般公共服务支出（款）	82058	29	3438	13090	997	29601	2241
其他一般公共服务支出（项）	82058	29	3438	13090	997	29601	1444
国防支出	6935	1391		139	100	770	1444
国防动员	5652	1382		139	100		
兵役征集	466			15	100		6
人民防空	672	607					438
民兵	1930	775					1000
其他国防动员支出	2584			124			
其他国防支出（款）	1283	9				770	
其他国防支出 （项）	1283	9				770	29380
公共安全支出	575718	380428	7143	5299	8538	5136	
武装警察部队（款）	20						
武装警察部队（项）	20						25974
公安	520184	354335	6293	4151	7044	3247	12429
行政运行	314694	239314					7197
一般行政管理事务	113872	74874	6293	4151		1980	
机关服务	1900	1900					

单位：万元

荥阳市	中牟县	新郑市	登封市	新密市	二七区	金水区	中原区	管城区	上街区	惠济区
4556	5532	6257	4197	4536	4301	4915	3986	3563	1155	2727
2063	4714	3347	3790	1956	2705	2487	3981	3563	1097	1966
40			380	17	286				3	368
										30
109				29					20	236
23		52	24	427					10	
34	38									
35	4									
		325							2	
86				1						40
243	191				189				6	87
1728	354	1545		2106	1099	2373				
195	231	988	3		22	55	5		17	
1154	5	7049	6024	3728	1751	11861	718	338	6	28
1154	5	7049	6024	3728	1751	11861	718	338	6	28
334	227	1247	59	479			14	362		369
334	225	911	59	479			14	196		369
50	2			204						95
		59								
126	54	72	49	265			14			137
158	169	780	10	10				196		137
	2	336						166		
	2	336						166		
25218	27326	29901	20209	22133	1819	2337	915	2352	6487	1097
20										
20										
22813	24277	27578	18028	20502					5942	
7171	18196	11653	12451	9184					4296	
1417	169	8833	5445	3396					117	

13-5 续表 6

指 标	郑州市	市直本级	高新区	经济区	郑东新区	航空港区	巩义市
信息化建设	11355	10654				294	
执法办案	15002	6645					244
特别业务	108						
特勤业务	260	260					
移民事务	270	270					
事业运行	39442	16345					4090
其他公安支出	23281	4073			7044	973	2014
国家安全	789	450				339	
其他国家安全支出	789	450				339	
检察	3384	206	850		900	485	
行政运行	1977	123	850			258	
一般行政管理事务	362	83				132	
事业运行	50						
其他检察支出	995				900	95	
法院	3611	264		177	572	528	150
行政运行	1907	264				313	
一般行政管理事务	486					125	
“两庭”建设	150						150
其他法院支出	1068			177	572	90	
司法	27363	8783		248	22	455	2289
行政运行	11758	3882					774
一般行政管理事务	704	160		155			173
基层司法业务	3800	5		54		455	256
普法宣传	61	4					2
律师管理	87			24			
公共法律服务	3252	2601					107
国家统一法律职业资格考试	125	125					
社区矫正	684			15			120
法治建设	599				22		217
信息化建设	6	6					
事业运行	5241	1376					640
其他司法支出	1046	624					

单位：万元

荥阳市	中牟县	新郑市	登封市	新密市	二七区	金水区	中原区	管城区	上街区	惠济区
170			90							
1206	2811	135		3961						
				108						
8610		6648		3749						
4239	3101	309	42	104					1382	
108	96	50	164		108	128		250	39	
	96		164		108	128		250		
108									39	
		50								
182	158	179	271		178	305		647		
	158		271		178	305		418		
182		179								
								229		
1981	1362	2084	1470	1379	1532	1807	914	1439	505	1093
418	976	892	902	406	358	516	756	670	340	868
10		31	69	47					36	23
457	229	385	385	152	166	611	63	418	51	113
1	1	25		4	6	14		4		
24	3					36				
51		29	34	62	61	74	67	73	62	31
2	94	4	30	270	6	9		85		49
				2	201	12		130	6	9
973		615		436	709	492				
45	59	103	50		25	43	28	59	10	

13-5 续表 7

指 标	郑州市	市直本级	高新区	经济区	郑东新区	航空港区	巩义市
监狱	6322	6322					
行政运行	5608	5608					
一般行政管理事务	193	193					
罪犯生活及医疗卫生	397	397					
监狱业务及罪犯改造	75	75					
狱政设施建设	49	49					
强制隔离戒毒	9798	9758					40
行政运行	8815	8815					
一般行政管理事务	105	105					
强制隔离戒毒人员生活	207	207					
强制隔离戒毒人员教育	10	10					
所政设施建设	429	389					40
信息化建设	32	32					
其他强制隔离戒毒支出	200	200					
国家保密	59						55
保密管理	4						
其他国家保密支出	55						55
其他公共安全支出(款)	4188	310		723		82	872
国家司法救助支出	15	3					
其他公共安全支出(项)	4173	307		723		82	872
教育支出	2313914	571755	71510	75226	164524	77036	118849
教育管理事务	131853	20445		1035	329	54275	1537
行政运行	69275	3051			329	53572	489
一般行政管理事务	2184			985		19	
机关服务	4165						
其他教育管理事务支出	56229	17394		50		684	1048
普通教育	1711054	312245	59206	61693	122828	14923	102887
学前教育	97672	4512	571	2787	19629	1100	6822
小学教育	658030	2861	33595	27349	54212	4722	49054
初中教育	389781	3	17451	26450	39601	126	29494
高中教育	352157	237955	454		2798	571	16520
高等教育	58785	58750			29		3

单位：万元

荥阳市	中牟县	新郑市	登封市	新密市	二七区	金水区	中原区	管城区	上街区	惠济区
										4
										4
114	1433	10	276	252	1	97	1	16	1	
		10			1		1			
114	1433		276	252		97		16	1	
101576	165966	152851	114140	117594	111485	184839	106962	85940	24296	69365
3072	6792	34352	708	2665	1199	293	517	1005	515	3114
153	6540	742	202	17	135	293	402	980	161	2209
									275	905
			453	2648	1064					
2,919	252	33610	53				115	25	79	
88529	146292	96573	79611	105307	103105	167590	102072	72,967	17301	57925
6570	9709	9724	2776	4503	6531	8303	7567	3306	1121	2141
32745	58252	30574	29501	37903	50717	105533	57037	43137	7228	33610
16676	35215	19660	25249	27898	36297	49303	29676	21965	3838	10879
13579	19792	18486	11552	16070	4941		1717	2092	2852	2778
		3								

13-5 续表 8

指 标	郑州市	市直本级	高新区	经济区	郑东新区	航空港区	巩义市
其他普通教育支出	154629	8164	7135	5107	6559	8404	994
职业教育	243748	217219				67	3789
中等职业教育	106804	80774					3789
技校教育	43926	43926					
高等职业教育	92927	92519					
其他职业教育支出	91					67	
成人教育	273	144					129
成人中等教育	123						123
成人高等教育	144	144					
成人广播电视教育	6						6
特殊教育	8487	4121		8	5		456
特殊学校教育	7761	3411			5		456
工读学校教育	680	680					
其他特殊教育支出	46	30		8			
进修及培训	16700	8662	5	261	8		336
教师进修	3985	784		243	8		94
干部教育	12240	7817					242
培训支出	200	61	5	18			
退役士兵能力提升	10						
其他进修及培训	265						
教育费附加安排的支出	141400		9382	12229	41354	7771	8454
农村中小学校舍建设	3068					16	
农村中小学教学设施	552				196		
城市中小学校舍建设	8180				7897		
城市中小学教学设施	3074				2922		
中等职业学校教学设施	27						
其他教育费附加安排的支出	126499		9382	12229	30339	7755	8454
其他教育支出（款）	60399	8919	2917				1261
其他教育支出（项）	60399	8919	2917				1261
科学技术支出	854910	238778	97689	83512	21716	281885	53113
科学技术管理事务	21195	3030	6221	3	4	875	1477
行政运行	13168	2691	5785			635	486

单位：万元

荥阳市	中牟县	新郑市	登封市	新密市	二七区	金水区	中原区	管城区	上街区	惠济区
18959	23324	18126	10533	18933	4619	4451	6075	2467	2262	8517
4962	4912	3755	3332	4058	408		5	30		1211
4948	4912	3755	3332	4048			5	30		1211
					408					
14				10						
435	371	484	396	626	654	533		398		
435	371	484	396	626	646	533		398		
					8					
680	1757	957	860	1789	127	334	414	226	116	168
	892	404	460	796		42	151	110		1
430	865	553	400	993	102	292	263		116	167
								116		
10										
240					25					
3773	5541	6937	3605	3139	5932	16089	3954	9226	1948	2066
	2085			923	44					
	344				12					
					195				88	
					79				73	
	27									
3773	3085	6937	3605	2216	5602	16089	3954	9226	1787	2066
125	301	9793	25628	10	60			2088	4416	4881
125	301	9793	25628	10	60			2088	4416	4881
6514	9724	17833	9599	6456	2571	1480	2641	12782	6011	2606
1089	810	2273	100	1216	239	399	367	442	347	2303
394	810	736		250	89	98	367	429	297	101

13-5 续表 9

指 标	郑州市	市直本级	高新区	经济区	郑东新区	航空港区	巩义市
一般行政管理事务	3044	339	63	3			
机关服务	1321						
其他科学技术管理事务支出	3662		373		4	240	991
基础研究	2951	2075	720	71	60	5	
机构运行	1954	1949				5	
实验室及相关设施	63	63					
科技人才队伍建设	11			11			
其他基础研究支出	923	63	720	60	60		
应用研究	115579	39429		376	20	72320	972
社会公益研究	4865	3811		191		50	5
高技术研究	14070	14070					
其他应用研究支出	96644	21548		185	20	72270	967
技术研究与开发	161272	77519	25142	25190	20690	1162	601
机构运行	10000	10000					
科技成果转化与扩散	17510				17354		
共性技术研究与开发	64933	64830					87
其他技术研究与开发支出	68829	2689	25142	25190	3336	1162	514
科技条件与服务	6561	2207	1152	710	344		
技术创新服务体系	4613	1319	887		336		
科技条件专项	74		70				
其他科技条件与服务支出	1874	888	195	710	8		
社会科学	1179	225	922		1		
社会科学研究机构	213	213					
社科基金支出	14	12			1		
其他社会科学支出	952		922				
科学技术普及	3987	2201				2	95
机构运行	1772	375					92
科普活动	753	536					3
科技馆站	1277	1277					
其他科学技术普及支出	185	13				2	
科技交流与合作	216		216				
其他科技交流与合作支出	216		216				

单位：万元

荥阳市	中牟县	新郑市	登封市	新密市	二七区	金水区	中原区	管城区	上街区	惠济区
7				380					50	2202
585				586	150					
103		1537	100			301		13		
									20	
									20	
702	342	668	5	334	156	95	20		50	90
204	42	146	5		156	95	20		50	90
498	300	522		334						
1229	1968	958		2467	978		60	3000	105	203
				156						
16										
1213	1968	958		2311	978		60	3000	105	203
1981	70				97					
1981					90					
					4					
	70				3					
	30					1				
						1				
	30									
124	295	306	196	184	114	259	110	80	11	10
105	240	271	196	166	98	145	84			
19	55	35		18	16	24	26		11	10
						90		80		

13-5 续表 10

指 标	郑州市	市直本级	高新区	经济区	郑东新区	航空港区	巩义市
科技重大项目	15283	12958		1395			
科技重大专项	14683	12958		1395			
其他科技重大项目	600						
其他科学技术支出（款）	526687	99134	63316	55767	597	207521	49968
科技奖励	1583						
其他科学技术支出（项）	525104	99134	63316	55767	597	207521	49968
文化旅游体育与传媒支出	188796	109206	161	1051	359	1002	27794
文化和旅游	85250	30854	152	207	207	380	23483
行政运行	11952	3130					527
一般行政管理事务	1978						
机关服务	3035						
图书馆	5314	4522		42			2
文化展示及纪念机构	814	814					
艺术表演场所	822	408					95
艺术表演团体	5697	4345					59
文化活动	354	273				67	3
群众文化	2539	1063	2	127		7	255
文化创作与保护	1410	1264					
文化和旅游市场管理	3500	2226					
旅游宣传	133						
文化和旅游管理事务	5017	358			57		2,710
其他文化和旅游支出	42685	12451	150	38	150	306	19832
文物	49660	42590				32	2874
行政运行	2832	2706					
机关服务	199						6
文物保护	19769	14296				32	2589
博物馆	23853	23586					130
历史名城与古迹	2854	2002					
其他文物支出	153						149
体育	20231	18637		528		93	157
行政运行	990	990					
一般行政管理事务	11						

单位：万元

荥阳市	中牟县	新郑市	登封市	新密市	二七区	金水区	中原区	管城区	上街区	惠济区
200			40	600	90					
200			40		90					
				600						
1189	6209	13628	9258	1655	897	726	2084	9260	5478	
				1583						
1189	6209	13628	9258	72	897	726	2084	9260	5478	
4279	9787	9719	12779	4978	1289	1249	989	3051	437	666
2328	6212	4681	6332	3298	1194	998	928	2973	388	635
357	1281	167	4583	73	63	102	67	915	126	561
								1978		
1463				1040	532					
11		219			45	208	227	38		
		319								
43	144	1012	94							
	11									
53	220	205	57	5	164		309		72	
4				142						
2	305	781	8						178	
23		40	70							
		1210		420			262			
372	4251	728	1520	1618	390	688	63	42	12	74
664	16	1941	516	926				59	42	
		32	94							
193										
403	16	1908	409	74					42	
64		1	13					59		
				852						
4										
283	2	520					11			
							11			

13-5 续表 11

指 标	郑州市	市直本级	高新区	经济区	郑东新区	航空港区	巩义市
运动项目管理	433	150					
体育竞赛	20	20					
体育场馆	2732	2700					30
群众体育	3641	2977		528		93	43
其他体育支出	12404	11800					84
新闻出版电影	1098						1013
新闻通讯	1013						1013
电影	6						
其他新闻出版电影支出	79						
广播电视	23556	16950					17
行政运行	23						
一般行政管理事务	22						
机关服务	387	387					
监测监管	113	113					
传输发射	721	700					
广播电视事务	14944	9213					12
其他广播电视支出	7346	6537					5
其他文化旅游体育与传媒支出（款）	9001	175	9	316	152	497	250
宣传文化发展专项支出	389	13	6		8	4	59
文化产业发展专项支出	10						
其他文化旅游体育与传媒支出（项）	8602	162	3	316	144	493	191
社会保障和就业支出	1324483	585675	20057	6638	40984	44637	103561
人力资源和社会保障管理事务	163224	107088	4630	1095	1140	3934	6660
行政运行	24117	4910	4410			2281	536
一般行政管理事务	5,307	1360	22	1038		954	27
机关服务	642	642					
综合业务管理	70887	70802					
劳动保障监察	4827	3085		7	670	226	
就业管理事务	3505	2588	185	46			
社会保险业务管理事务	213				213		
信息化建设	1880	1880					
社会保险经办机构	23394	13884		4	1		1392

单位：万元

荥阳市	中牟县	新郑市	登封市	新密市	二七区	金水区	中原区	管城区	上街区	惠济区
283										
	2									
		520								
			79						6	
									6	
			79							
955	1468	2531	777	754		104				
	1			22						
				22						
			21							
945	1467	2531	756	20						
10				690		104				
49	2089	46	5075		95	147	50	19	1	31
18		1	83		80	75	1	19	1	21
							10			
31	2089	45	4992		15	72	39			10
71709	26180	60276	66298	70371	43807	60656	39538	39887	18773	25436
3624	3209	6640	2864	4503	2138	3302	2183	2689	4103	3422
370	2117	403	2169	431	234	267	1649	2080	456	1804
22			77	261						1546
	85									
	314		123	10	5			386		1
	28	568			4				86	
702	602	4723	337	872	484	285	16	60	4	28

13-5 续表 12

指 标	郑州市	市直本级	高新区	经济区	郑东新区	航空港区	巩义市
劳动关系和维权	393	382			4		
公共就业服务和职业技能鉴定机构	4024	4004					
劳动人事争议调解仲裁	75		10		17		
引进人才费用	473					473	
事业运行	16101	2253					4175
其他人力资源和社会保障管理事务支出	7386	1298	3		235		530
民政管理事务	54063	6592	3893	1556	6710	1398	5380
行政运行	9322	2635			1466		276
一般行政管理事务	474	55		37		143	
机关服务	3060						
社会组织管理	1016	962			2		5
行政区划和地名管理	305			10	12	33	6
基层政权建设和社区治理	30,654	649	2931	1386	3845	228	4149
其他民政管理事务支出	9232	2291	962	123	1385	994	944
行政事业单位养老支出	567736	249727	700	74	15151	14038	44092
行政单位离退休	84096	62339			1835	2595	2663
事业单位离退休	102061	43896		74	2298	3353	8778
离退休人员管理机构	440						
机关事业单位基本养老保险缴费支出	206897	57536			10242	7611	15444
机关事业单位职业年金缴费支出	16837	1269	700		776	479	2207
对机关事业单位基本养老保险基金的补助	126625	74000					15000
对机关事业单位职业年金的补助	13725	10647					
其他行政事业单位养老支出	17055	40					
企业改革补助	4209	3806					315
企业关闭破产补助	315						315
其他企业改革发展补助	3894	3806					
就业补助	48438	32640	207	405	833	328	1201
就业创业服务补贴	6766	3590			35		
职业培训补贴	2816	2538					70
社会保险补贴	4641	3713					190
公益性岗位补贴	10060	8416					740
就业见习补贴	183						115

单位：万元

荥阳市	中牟县	新郑市	登封市	新密市	二七区	金水区	中原区	管城区	上街区	惠济区
		2			5					
									20	
	1	1		1					45	
2146		834		2829	1387	2477				
384	62	109	158	99	19	273	518	163	3492	43
2363	1451	2372	556	1486	3471	6840	2151	6467	646	731
234	847	339	495	137	171	750	558	872	221	321
17		135							21	66
1549				782	729					
					5	32		10		
9		201		1	2	31				
493	180	702	43	451	2455	5867	1554	5205	175	341
61	424	995	18	115	109	160	39	380	229	3
36161	5231	23180	31963	36927	26640	20529	21224	16969	10713	14417
2260		1262	4	1661	2734		1863	2209	786	1885
6881		7054	3	5675	8315		7946	2555	1026	4207
243				197						
16312		14629	7133	23202	13590	7127	11407	11328	4240	7096
		6	2392	2043	2001	2999		877	588	500
8094	5000		17448	3010					4073	
2371										707
	231	229	4983	1139		10403	8			22
					88					
					88					
1779	402	2489	1814	1113	2041	1170	981	601	145	289
	5			1095	2041					
	127		55						26	
	83		646						9	
	126		684						94	
	27		36						5	

13-5 续表 13

指 标	郑州市	市直本级	高新区	经济区	郑东新区	航空港区	巩义市
高技能人才培养补助	545	545					
促进创业补贴	11108	11094					2
其他就业补助支出	12319	2744	207	405	798	328	84
抚恤	78201	2089	914	756	6678	3305	8952
死亡抚恤	21351		501	325	858	1507	1914
伤残抚恤	2748						1258
在乡复员、退伍军人生活补助	9668		36	29		234	1856
义务兵优待	25137		241	74	5105	638	2350
农村籍退役士兵老年生活补助	1901						1457
光荣院	102						
烈士纪念设施管理维护	1231	1207					14
其他优抚支出	16063	882	136	328	715	926	103
退役安置	114188	94933	145	61	530	118	1182
退役士兵安置	4350	813	80	32	306	59	344
军队移交政府的离退休人员安置	9763	7116			250		16
军队移交政府离退休干部管理机构	75205	70998			27		264
退役士兵管理教育	786	578	9	5	12	7	16
军队转业干部安置	19257	15424	14	22	55		542
其他退役安置支出	4827	4	42	2	-120	52	
社会福利	39516	13003	856	68	4505	287	3604
儿童福利	6228	3928	27	8	200	216	253
老年福利	10815	101	788	53	470	66	247
殡葬	6420	1847					2324
社会福利事业单位	7557	7087					
养老服务	2821	40	1	1	2	5	440
其他社会福利支出	5675		40	6	3833		340
残疾人事业	43214	2764	1574	936	1923	4154	3332
行政运行	2923	832					108
一般行政管理事务	215			32		29	
机关服务	475						
残疾人康复	1835	71	90	122	34	61	213

单位：万元

荥阳市	中牟县	新郑市	登封市	新密市	二七区	金水区	中原区	管城区	上街区	惠济区
	5		6						1	
1779	29	2489	387	18		1170	981	601	10	289
6809	5683	9522	6985	2972	1619	10251	4264	2804	964	3634
27	79	2258	1511	244	144	6616	1565	2087	23	1692
30	730				203	303			224	
377	120	5	3541	2629	464	205		63	20	89
2090	2649	3967	1804		485	2959	614	449	338	1374
					297	57			90	
	37	65								
		10								
4285	2068	3217	129	99	26	111	2085	205	269	479
766	1158	1157	692	851	1896	7227	1381	1427	77	587
175	154	452	184	552	329		128	264	24	454
	104	7		99	526	1475	16	123	10	21
80	15	157	138	5	139	2499	494	337	21	31
8	16	32	12	31	21	9	11	7	3	9
412	14	23	358		392	1192	439	317	2	51
91	855	486		164	489	2052	293	379	17	21
699	1232	1547	1290	764	1441	3349	2141	3736	578	416
23	157	154	100	279	468	109	46	32	22	206
235	146	349	689	278	968	3233	1136	1311	555	190
300	701	713	332	203						
	71	258	141							
141	23	4	4	4	5	7	959	1164	1	20
	134	69	24					1229		
3638	3609	4812	3455	2814	1643	2670	1540	1958	968	1424
67	219	99	254	127	64	3	146	396	466	142
2		118					10			24
150	2			196	127					
50	43	257		46	264	281	173	62	7	61

13-5 续表 14

指 标	郑州市	市直本级	高新区	经济区	郑东新区	航空港区	巩义市
残疾人就业	1806				3	3	979
残疾人生活和护理补贴	16520		485	410	178	1308	1206
其他残疾人事业支出	19440	1861	999	372	1708	2753	826
红十字事业	2653	1333					85
行政运行	1687	1070					71
一般行政管理事务	270	263					
机关服务	185						
其他红十字事业支出	511						14
最低生活保障	35121	1247	145	196	360	3712	5018
城市最低生活保障金支出	14240	1247	145	196	360	1013	338
农村最低生活保障金支出	20881					2699	4680
临时救助	4078	1719	56	9	78	691	283
临时救助支出	1976		52	7	15	691	235
流浪乞讨人员救助支出	2102	1719	4	2	63		48
特困人员救助供养	14541		11	10	230	805	2459
城市特困人员救助供养支出	1709		11	10	230	782	
农村特困人员救助供养支出	12832					23	2459
其他生活救助	1168	3	199	7	22	289	46
其他城市生活救助	588	3	1	7	22	130	
其他农村生活救助	580		198			159	46
财政对基本养老保险基金的补助	110004	54821	1349	1377	2321	3973	12103
财政对城乡居民基本养老保险基金的补助	110004	54821	1349	1377	2321	3973	12103
退役军人管理事务	19398	11216	22	37	318	232	2264
行政运行	3883	1619					160
一般行政管理事务	6184	6148					
机关服务	18						
拥军优属	2547	669		23	318		209
军供保障	2332	2283					49
事业运行	3590	495					1760
其他退役军人事务管理支出	844	2	22	14		232	86
其他社会保障和就业支出（款）	24731	2694	5356	51	185	7373	6585
其他社会保障和就业支出（项）	24731	2694	5356	51	185	7373	6585

单位：万元

荥阳市	中牟县	新郑市	登封市	新密市	二七区	金水区	中原区	管城区	上街区	惠济区
205		65	116	4	29	10	6	358	11	17
2794	928	3283	942	2228	1040	466	423	507	132	190
370	2417	990	2143	213	119	1910	782	635	352	990
81	42	263	188	73	109	130	101	124		124
	42		172				91	123		118
							1			6
78					107					
3		263	16	73	2	130	9	1		
4398	1599	4375	5553	3108	1458	1675	792	1091	277	117
1742	118	970	2465	236	1458	1675	792	1091	277	117
2656	1481	3405	3088	2872						
309	174	317	123	38	173	46	19	25	12	6
306	172	245	121	19	25	30	19	25	8	6
3	2	72	2	19	148	16			4	
1673	1419	1817	1926	3539	314	93	32	58	133	22
	7	17			314	93	32	58	133	22
1673	1412	1800	1926	3539						
56	11	87	84	41	32	92	56	108	29	6
27		87			28	84	56	108	29	6
29	11		84	41	4	8				
8723	33	1093	7918	11202		1997	1637	1457		
8723	33	1093	7918	11202		1997	1637	1457		
523	868	532	447	458	649	801	379	296	115	241
86	788	94	292	46	26	88	277	155	61	191
4									8	24
					18					
20	72	28	65	136	378	483	3	83	42	18
362		250		276	227	220				
51	8	160	90			10	99	58	4	8
107	59	73	440	482	95	484	657	77	13	
107	59	73	440	482	95	484	657	77	13	

13-5 续表 15

指 标	郑州市	市直本级	高新区	经济区	郑东新区	航空港区	巩义市
卫生健康支出	1352379	700131	16747	14394	52067	94148	67684
卫生健康管理事务	38399	5303	10	429	1434	2305	2346
行政运行	15755	3718					368
一般行政管理事务	1233	449	10	279			
机关服务	3,561						
其他卫生健康管理事务支出	17850	1136		150	1434	2305	1978
公立医院	97195	81441			200		2290
综合医院	36288	33065					1501
中医(民族)医院	3361	231					
传染病医院	10542	10542					
职业病防治医院	26	26					
精神病医院	1269	1269					
妇幼保健医院	6999	6759					200
儿童医院	10091	10091					
其他专科医院	853	722					
其他公立医院支出	27766	18736			200		589
基层医疗卫生机构	30677	3016	402	1961	2498	660	3775
城市社区卫生机构	4712	3	286		1428	200	960
乡镇卫生院	9736				359		
其他基层医疗卫生机构支出	16229	3013	116	1961	711	460	2815
公共卫生	569763	215777	12267	9170	33741	80384	18012
疾病预防控制机构	79158	9866			149	56758	1068
卫生监督机构	5014	1732			111		8
妇幼保健机构	2976			53	73	63	357
应急救治机构	137						
采供血机构	133						
其他专业公共卫生机构	740						
基本公共卫生服务	75541	5522	2020	2195	6183	3708	7501
重大公共卫生服务	38468	12253	3485	3220	229	10	959
突发公共卫生事件应急处理	358031	185624	6663	3625	26674	14792	7975
其他公共卫生支出	9565	780	99	77	322	5053	144
中医药	3493	2511	19		132	105	12

单位：万元

荥阳市	中牟县	新郑市	登封市	新密市	二七区	金水区	中原区	管城区	上街区	惠济区
41089	34731	52993	36941	43496	31900	69047	24164	39791	7796	25260
2408	3342	9606	3093	1221	928	1457	998	1555	432	1532
283	3179	705	3033	379	313	222	719	1167	389	1280
17		139					56	11	20	252
2082				835	615		29			
26	163	8762	60	7		1235	194	377	23	
1871	4234	1237	1986	3464	134	97			75	166
	744	898							10	70
	656			2474						
	40									
				131						
1871	2794	339	1986	859	134	97			65	96
2677	2061	1697	910	633	754	1815	356	7167	69	226
15				100	322	1371	13			14
1695	113	35		446	35			7053		
967	1948	1662	910	87	397	444	343	114	69	212
15361	14470	24068	15159	14854	17382	49441	12775	17795	3377	15730
1799	1363	374	897	1077	842	975	773	1906	313	998
		214		579	441	901	433	402	193	
	339	170		200	309	299	214	561	74	264
		4	6	127						
				133						
					700			40		
5502	4709	6893	5323	3758	2403	8171	3776	3131	1270	3476
664	485	1913	230	81	259	5363	65	9207	20	25
7251	7508	14084	7093	8688	12286	33545	7358	2446	1495	10924
145	66	416	1,610	211	142	187	156	102	12	43
150	50	70	15	45	97	56	38	62	15	116

13-5 续表 16

指 标	郑州市	市直本级	高新区	经济区	郑东新区	航空港区	巩义市
中医（民族医）药专项	3414	2511	19		132	105	
其他中医药支出	79						12
计划生育事务	11862	202	1522	487	364	1282	1733
计划生育机构	9				1		
计划生育服务	7974	202	691	470	300	454	1156
其他计划生育事务支出	3879		831	17	63	828	577
行政事业单位医疗	137484	43579			8983	5395	7661
行政单位医疗	34019	15210			2187		1073
事业单位医疗	79417	13121			6796	5395	6586
公务员医疗补助	21770	13365					
其他行政事业单位医疗支出	2278	1883					2
财政对基本医疗保险基金的补助	430317	335045		2297	4239	3432	29625
财政对职工基本医疗保险基金的补助	246	46					
财政对城乡居民基本医疗保险基金的补助	430071	334999		2297	4239	3432	29625
医疗救助	5095	597	8	30	57	386	1222
城乡医疗救助	4917	440	8	9	57	386	1222
疾病应急救助	157	157					
其他医疗救助支出	21			21			
优抚对象医疗	1243		15	10	135	140	159
优抚对象医疗补助	1005		15	10	134	55	159
其他优抚对象医疗支出	238				1	85	
医疗保障管理事务	15051	5865		6	203		447
行政运行	8790	4437					108
一般行政管理事务	96						
机关服务	59	36			23		
信息化建设	193	132			3		50
医疗保障政策管理	66				24		15
医疗保障经办事务	1040	1020					20
事业运行	4256	112					235
其他医疗保障管理事务支出	551	128		6	153		19
老龄卫生健康事务（款）	200	18			10		

单位：万元

荥阳市	中牟县	新郑市	登封市	新密市	二七区	金水区	中原区	管城区	上街区	惠济区
150	50	70	15		94	56	38	43	15	116
				45	3			19		
869	1024	1710	1		411	1,091		504	118	544
	8									
866	715	459			411	1,091		497	118	544
3	301	1251	1					7		
8782	2836	7793	3576	9666	11482	6463	5660	7100	2260	6248
1382		1191	1126	1315	552	4733	425	2997	1088	740
7400	2836	6602	2450	8,51	5994	1730	5235	242	1171	5508
					4636			3768	1	
					300			93		
6941	5171	4235	9752	12616		7528	3315	4964	1111	46
			200							
6941	5171	4235	9552	12616		7528	3315	4964	1111	46
518	125	471	983	41	190	207	59	13	25	163
518	125	471	983	41	190	207	59	13	25	163
103	75	148	70	68	50	152	48	23	25	22
27	75	106	70	68	50	152	14	23	25	22
76		42					34			
605	1004	1799	1322	888	454	660	497	555	289	457
81	958	147	1300	22	61	81	497	466	195	437
4									92	
		8								
	25								2	
509		1574		855	393	564				14
11	21	70	22	11		15		89		6
15		17			18	67	23	23		9

13-5 续表 17

指 标	郑州市	市直本级	高新区	经济区	郑东新区	航空港区	巩义市
老龄卫生健康事务（项）	200	18			10		
其他卫生健康支出（款）	11600	6777	2504	4	71	59	402
其他卫生健康支出（项）	11600	6777	2504	4	71	59	402
节能环保支出	428773	324440	3594	3418	4124	4705	40964
环境保护管理事务	46816	38824	2320	857		1823	334
行政运行	40371	37169	2304				
一般行政管理事务	1149			809			
机关服务	398						
生态环境保护宣传	361	333		16		12	
环境保护法规、规划及标准	202	202					
生态环境保护行政许可	431	431					
应对气候变化管理事务	16	16					
其他环境保护管理事务支出	3888	673	16	32		1811	334
环境监测与监察	1473	1178		168		113	
建设项目环评审查与监督	609	609					
其他环境监测与监察支出	864	569		168		113	
污染防治	85938	53473	915	1186	1124	2502	2474
大气	63417	45566	915	1017	1124	878	1621
水体	16319	2855		78		1624	477
固体废弃物与化学品	704	20		67			
辐射	24			24			
土壤	1766	1766					
其他污染防治支出	3708	3266					376
自然生态保护	10871	218				84	635
生态保护	3653					84	
农村环境保护	5161	218					635
其他自然生态保护支出	2057						
天然林保护	103						3
停伐补助	103						3
能源节约利用（款）	225622	219372	359	1070		183	810
能源节约利用（项）	225622	219372	359	1070		183	810
污染减排	11738	11375		137			1

单位：万元

荥阳市	中牟县	新郑市	登封市	新密市	二七区	金水区	中原区	管城区	上街区	惠济区
15		17			18	67	23	23		9
789	339	142	74			13	395	30		1
789	339	142	74			13	395	30		1
7468	7452	11239	9600	2908	617	1567	347	3315	2268	747
311	77	913	327	58	98	172	122	78	180	322
86	77	51	327	1		18		78	180	80
							122			218
219				57	98					24
6		862				154				
		14								
		14								
3808	7135	10143	10	1243	194	895	181	285	21	349
3271	7135	285	10	220		888	181	285	21	
471		9241		1023	194	7				349
		617								
66										
2757	240	42	1883	67		500	44	2268	2057	76
			681			500	44	2268		76
2757	240	42	1202	67						
									2057	
			100							
			100							
592		127	555	1540	325			684	5	
592		127	555	1540	325			684	5	
			225							

13-5 续表 18

指 标	郑州市	市直本级	高新区	经济区	郑东新区	航空港区	巩义市
生态环境监测与信息	7220	7082		137			1
生态环境执法监察	3138	3138					
清洁生产专项支出	6	6					
其他污染减排支出	1374	1149					
循环经济（款）	35735						35735
循环经济（项）	35735						35735
其他节能环保支出（款）	10477				3000		972
其他节能环保支出（项）	10477				3000		972
城乡社区支出	2936800	1059623	43489	77032	228344	312390	126456
城乡社区管理事务	331703	96529	13971	4247	56454	14666	6944
行政运行	75073	13482	12541		2123	11085	1753
一般行政管理事务	38986	19314	594	601	336	736	
机关服务	10142						
城管执法	60180	21407	568	3452	3227	654	3667
工程建设标准规范编制与监管	95	95					
工程建设管理	19350	17887	1			278	
市政公用行业市场监管	60	60					
住宅建设与房地产市场监管	4579	3311					
其他城乡社区管理事务支出	123238	20973	267	194	50768	1913	1524
城乡社区规划与管理（款）	17842	14956	225			92	2011
城乡社区规划与管理（项）	17842	14956	225			92	2011
城乡社区公共设施	1860499	872495	2250	34513	155333	256342	60963
小城镇基础设施建设	318818	17111					34648
其他城乡社区公共设施支出	1541681	855384	2250	34513	155333	256342	26315
城乡社区环境卫生（款）	259193	67103	23052	26876	14936	26853	12337
城乡社区环境卫生（项）	25993	67103	23052	26876	14936	26853	12337
建设市场管理与监督（款）	929					7	493
建设市场管理与监督（项）	929					7	493
其他城乡社区支出（款）	466634	8540	3991	11396	1621	14430	43708
其他城乡社区支出（项）	466634	8540	3991	11396	1621	14430	43708
农林水支出	768481	243660	4265	4896	20223	16072	83022
农业农村	182548	28478	1812	1171	1692	5508	19616

单位：万元

荥阳市	中牟县	新郑市	登封市	新密市	二七区	金水区	中原区	管城区	上街区	惠济区
			225							
			6500						5	
			6500						5	
188107	191699	283525	38086	91667	34885	67538	47962	61426	59707	24864
9318	8804	30876	4228	9363	16827	11880	6152	18946	7209	15289
534	784	734	4099	191	964	487	1608	18257	2136	4295
41			47		2044		142		4439	10692
3316	44				6782					
5224	4249		11	7554	5713	224	3675	263		292
	54				1084			46		
78	1180		10							
125	2493	30142	61	1618	240	11169	727	380	634	10
			109	431						18
			109	431						18
168641	82903	93442	4469	56029	4809	17357	29895	13763		7295
166332	82829	11291	3049	892	916		1750			
2309	74	82151	1420	55137	3893	17357	28145	13763		7295
8591	12555	1712	10345	10977	12584	7808	7525	12621	1406	1912
8591	12555	1712	10345	10977	12584	7808	7525	12621	1406	1912
					428					1
					428					1
1557	87437	157495	18935	14867	237	30493	4390	16096	51092	349
1557	87437	157495	18935	14867	237	30493	4390	16096	51092	349
61788	65021	99119	68730	65111	20391	3792	1533	2608	1705	6545
18693	27128	20386	16950	29610	2364	3592	1165	1254	639	2490

13-5 续表 19

指 标	郑州市	市直本级	高新区	经济区	郑东新区	航空港区	巩义市
行政运行	15902	4414					1123
一般行政管理事务	769	200	17			22	
机关服务	10463						
事业运行	34546	16936			291		2779
农垦运行	65	65					
科技转化与推广服务	5798	3694	1699				15
病虫害控制	1789	545	1			10	303
农产品质量安全	2472	2202					22
执法监管	32	7					10
统计监测与信息服务	29						
行业业务管理	257	140					
防灾救灾	2171		5	9	32	52	513
农业生产发展	59248	216		928	590	3313	6581
农村合作经济	2084						334
农村社会事业	11344						1114
农业资源保护修复与利用	626	59		10	20		26
农村道路建设	7144					864	119
对高校毕业生到基层任职补助	126						
农田建设	6362			189			1381
其他农业农村支出	21321		90	35	759	1247	5296
林业和草原	115032	32320	40	56	3201	12	3221
行政运行	6358	1254					320
一般行政管理事务	925						8
事业机构	23828	10588			3136		931
森林资源培育	6519	64			55	12	715
技术推广与转化	79	79					
森林资源管理	17315	16583	40	56			194
森林生态效益补偿	1763	44					54
动植物保护	205	135					3
湿地保护	1511	111			10		17
执法与监督	561	542					

单位：万元

荥阳市	中牟县	新郑市	登封市	新密市	二七区	金水区	中原区	管城区	上街区	惠济区
338	3096	284	1931	305	139	211	1160	1064	426	1411
21			55				1		2	451
15				10448						
2315	1652	6368		2445	625	1135				
50	23	91	121			105				
349	59	233	272	1	5	5		2		4
153	10	31	17			32		1	4	
	5					10				
			1	28						
50		47	20							
578	128	424	204	203		2		3	1	17
7797	8495	9559	9178	11117	24	799		23	32	596
95	15	93	656	891						
1966	981	933	1847	2911	463	1114	4	1	8	2
174		327	10							
	4938		84	142	997					
126										
3276			1281	235						
1390	7726	1996	1273	884	111	179		160	166	9
2730	15992	42585	9032	3768	199	8	40	89	2	1737
278	890	224	2418	109						865
8	1		665							243
637	4777	2720		1039						
1510	80		3029	398	199	8	12	89		348
		3	398	41						
109	29	41	592	894						
	31	21	15							
87	1092									194
19										

13-5 续表 20

指 标	郑州市	市直本级	高新区	经济区	郑东新区	航空港区	巩义市
产业化管理	1266						
贷款贴息	4						
林业草原防灾减灾	1857	598					673
行业业务管理	181	181					
其他林业和草原支出	52660	2141					306
水利	302271	177006	511	117	10511	916	31692
行政运行	12541	4770			472		230
一般行政管理事务	87			49			
机关服务	2446						
水利行业业务管理	15370	11832					13
水利工程建设	128354	118286			302	700	5915
水利工程运行与维护	13098	9590		5			506
水利前期工作	1746	1478					
水土保持	704	61					20
水资源节约管理与保护	6083	320	38	63	50		3564
防汛	10676	8204	29		4	175	689
抗旱	130						34
农村水利	3970	794					36
江河湖库水系综合整治	11348	5000					73
大中型水库移民后期扶持专项支出	428						163
水利建设征地及移民支出	1349						
农村人畜饮水	489						1
南水北调工程建设	812						
南水北调工程管理	1141	858					
其他水利支出	91499	15813	444		9683	41	20448
巩固脱贫衔接乡村振兴	80263	2506	17			988	14322
行政运行	261	6					
一般行政管理事务	381		17				49
农村基础设施建设	29457					525	2041
生产发展	14650						2567
贷款奖补和贴息	338						39

单位：万元

荥阳市	中牟县	新郑市	登封市	新密市	二七区	金水区	中原区	管城区	上街区	惠济区
58	60	10	286	852						
		4								
24	48	187	83	155					2	87
	8984	39375	1546	280			28			
17271	8107	18778	10458	8145	16439	92	142	999	835	252
355	3666	648	2158	143			99			
18										20
2264				3	179					
				3525						
1816		279	219	837						
99	830	1828	197		17			26		
			268							
25		23	213	360						2
284		1545	7		43	52	43	44		30
141	410	42	140	112	16			514		200
			96							
10	899	83	2148							
	415	5841						19		
155			110							
		1349								
120	11		357							
					812					
2	195		56	30						
11982	1681	7140	4489	3135	15372	40		396	835	
12572	8290	6928	19910	14729					1 1	
	5		250							
182	78			54					1 1	
75	3608	1576	14014	7618						
252	4479	2551	4687	114						
	23		75	201						

13-5 续表 21

指 标	郑州市	市直本级	高新区	经济区	郑东新区	航空港区	巩义市
事业运行	181						181
其他巩固脱贫衔接乡村振兴支出	34995	2500				463	9445
农村综合改革	65074	410	1875	3459	4390	8020	10708
对村级公益事业建设的补助	5155						2267
国有农场办社会职能改革补助	97	97					
对村民委员会和村党支部的补助	53933	237	1875	3459	4390	7899	5432
对村集体经济组织的补助	3868					121	2710
农村综合改革示范试点补助	529						15
其他农村综合改革支出	1492	76					284
普惠金融发展支出	15799	2898	7	1	429	382	2382
农业保险保费补贴	12153	142			427	382	2206
创业担保贷款贴息及奖补	3208	2742			1		16
其他普惠金融发展支出	438	14	7	1	1		160
其他农林水支出（款）	7494	42	3	92		246	1081
其他农林水支出（项）	7494	42	3	92		246	1081
交通运输支出	559343	372406		30718	448	4925	34004
公路水路运输	301971	170501		28	11	4875	25752
行政运行	6867	2574				116	289
一般行政管理事务	1131						
机关服务	5770						
公路建设	58087	957				994	13646
公路养护	21049	5853				265	2982
交通运输信息化建设	1493	1413					
公路和运输安全	1396	20					60
公路运输管理	10719	2014				3500	172
航道维护	45	45					
海事管理	415	361					
其他公路水路运输支出	194999	157264		28	11		8603
铁路运输	28865			28865			
其他铁路运输支出	28865			28865			
民用航空运输	30000	30000					
其他民用航空运输支出	30000	30000					

单位：万元

荥阳市	中牟县	新郑市	登封市	新密市	二七区	金水区	中原区	管城区	上街区	惠济区
12063	97	2801	884	6742						
6961	3873	9386	4607	7339	1384	78	167	258	145	2014
162	227	1548	51	850	50					
6266	3468	7174	4221	5762	1253	78	167	93	145	2014
427	20	280		275	35					
60		335		73	46					
46	158	49	335	379				165		
3531	1533	1056	1878	1520	5	22	12	8	83	52
3292	1492	960	1711	1489						52
26	41	89	167	18		11	6	8	83	
213		7		13	5	11	6			
30	98		5895				7			
30	98		5895				7			
17140	17564	35819	18424	20377	1895	989	504	905	1922	1303
13636	15093	32769	14802	19700	484	948	504	905	660	1303
236	512	99	272	411		167	456	410	596	729
19			1056				40			16
1763			1350	2506	151					
10456	7501	2824	7632	13626		58		335	58	
607	4051	2927	1460	2615		240				49
80										
			1316							
	2590		1342	368	292	388			3	50
5	31					6				12
470	408	26919	374	174	41	89	8	160	3	447

13-5 续表 22

指 标	郑州市	市直本级	高新区	经济区	郑东新区	航空港区	巩义市
邮政业支出	2						2
一般行政管理事务	2						2
车辆购置税支出	26407	7992				50	7102
车辆购置税用于公路等基础设施建设支出	21728	7992					2768
车辆购置税用于农村公路建设支出	4559						4334
车辆购置税其他支出	120					50	
其他交通运输支出（款）	172098	163913		1825	437		1148
公共交通运营补助	121250	116356					787
其他交通运输支出（项）	50848	47557		1,25	437		361
资源勘探工业信息等支出	329896	136963	6880	45824	125	46583	12858
资源勘探开发	2045	130		22	105		129
行政运行	427						
其他资源勘探业支出	1618	130		22	105		129
制造业	12553	8415		2776			
其他制造业支出	12553	8415		2776			
建筑业	427	427					
其他建筑业支出	427	427					
工业和信息产业监管	143423	115386		6666	20	2395	6390
行政运行	8148	3560					868
一般行政管理事务	163			1			
机关服务	366	130					
产业发展	132909	111155		6665	20	2395	5448
事业运行	812	441					
其他工业和信息产业监管支出	1025	100					74
国有资产监管	17528	10453					
行政运行	2492	2492					
一般行政管理事务	461	461					
其他国有资产监管支出	14575	7500					
支持中小企业发展和管理支出	72056	2152	5731	4120		44188	5429
行政运行	1095	1095					
中小企业发展专项	3394	1057				2	515
减免房租补贴	108						

单位：万元

荥阳市	中牟县	新郑市	登封市	新密市	二七区	金水区	中原区	管城区	上街区	惠济区
3048		2466	3092	367	1411	12			867	
3028		2466	3092	142	1377	12			851	
				225						
20					34				16	
456	2471	584	530	310		29			395	
390	2471	252	453	186					355	
66		332	77	124		29			40	
3416	4859	1838	49113	7526	1656	1011	1722	8462	1037	23
	16	566	432	33	35	394	91	69		23
			427							
	16	566	5	33	35	394	91	69		23
		962						400		
		962						400		
3404	879	310	1675	2195	1521	617	439	489	1037	
	529		802		1285	203	439	462		
			122	40						
					236					
2775	350	310	645	2155		14			977	
						371				
629			106			29		27	60	
				436				6639		
				436				6639		
	3964		153	4862	100		1192	165		
	1223		153	244			200			
								108		

13-5 续表 23

指 标	郑州市	市直本级	高新区	经济区	郑东新区	航空港区	巩义市
其他支持中小企业发展和管理支出	67459		5731	4120		44186	4914
其他资源勘探工业信息等支出（款）	81864		1149	32240			910
技术改造支出	28749		1149	26900			
其他资源勘探工业信息等支出（项）	53115			5340			910
商业服务业等支出	129443	84967	1937	9520	1804	9442	3338
商业流通事务	95679	70877	1800	3020	1747	800	3275
行政运行	2456	1,371					240
一般行政管理事务	340	328					
事业运行	1308	709					158
其他商业流通事务支出	91575	68469	1800	3020	1747	800	2877
涉外发展服务支出	26386	12551		6500		7066	63
行政运行	108						
一般行政管理事务	1379	1379					
其他涉外发展服务支出	24899	11172		6500		7066	63
其他商业服务业等支出（款）	7378	1539	137		57	1576	
其他商业服务业等支出（项）	7378	1539	137		57	1576	
金融支出	16446	3047	6614	771	2048	734	143
金融部门行政支出	825	660					
行政运行	739	660					
金融部门其他行政支出	86						
金融部门监管支出	1925	1900	25				
金融稽查与案件处理	25		25				
金融部门其他监管支出	1900	1900					
金融发展支出	7541	487	840	771	1947	648	115
利息费用补贴支出	5					5	
其他金融发展支出	7536	487	840	771	1947	643	115
其他金融支出（款）	6155		5749		101	86	28
重点企业贷款贴息	1						
其他金融支出（项）	6154		5749		101	86	28
自然资源海洋气象等支出	76377	19036	601		1886	6496	5109
自然资源事务	73389	16684	601		1886	6496	4984
行政运行	18501	3464			822	2329	283

单位：万元

荥阳市	中牟县	新郑市	登封市	新密市	二七区	金水区	中原区	管城区	上街区	惠济区
	2741			4618	100		992	57		
12			46853					700		
								700		
12			46853							
3505	1538	1120	733	642	1729	1917	2524	1400	318	3009
1430	1183	1009	704	642	1709	1749	1025	1400	300	3009
156	405		213	71						
12										
138		191		112						
1124	778	818	491	459	1709	1749	1025	1400	300	3009
	185	21								
	108									
	77	21								
2075	170	90	29		20	168	1499		18	
2075	170	90	29		20	168	1499		18	
	10	240		114	130	1272	1017	165	50	91
								165		
								79		
								86		
	10	50		114	130	1271	1017		50	91
	10	50		114	130	1271	1017		50	91
		190				1				
						1				
		190								
4407	7504	10866	5141	5756	2197	2022	1459	2,090	613	1194
4381	7442	10774	4975	5591	2197	2022	1459	2,090	613	1194
143	1675	64	4374	195	134	121	1260	1,948	604	1085

13-5 续表 24

指 标	郑州市	市直本级	高新区	经济区	郑东新区	航空港区	巩义市
一般行政管理事务	603	30	507				
自然资源规划及管理	4683	159	94			4166	
自然资源利用与保护	1975	796					
自然资源社会公益服务	429	19					
自然资源行业业务管理	473						
自然资源调查与确权登记	189	25					
土地资源储备支出	3191	2604					
地质勘查与矿产资源管理	500	70					
基础测绘与地理信息监管	14	14					
事业运行	41498	9185			375		4701
其他自然资源事务支出	1333	318			689	1	
气象事务	2988	2352					125
行政运行	66						
气象事业机构	1425	1363					
气象服务	316						125
气象基础设施建设与维修	902	802					
其他气象事务支出	279	187					
住房保障支出	502852	107493	12190	45808	95118	31136	47019
保障性安居工程支出	221103	15757	9710	44297	78792	18532	28794
廉租住房	1049						
棚户区改造	119089			28642	70949		17300
农村危房改造	17						17
公共租赁住房	5926	1914	900		1407		8
保障性住房租金补贴	2103	2086					5
老旧小区改造	17871				1		1462
住房租赁市场发展	57241	11757	8785	12109	6058	18532	
其他保障性安居工程支出	17807		25	3545	378		10002
住房改革支出	269744	86237		13	16326	12604	17712
住房公积金	269744	86237		13	16326	12604	17712
城乡社区住宅	12005	5499	2480	1498			513
住房公积金管理	5165	5165					
其他城乡社区住宅支出	6840	334	2480	1498			513

单位：万元

荥阳市	中牟县	新郑市	登封市	新密市	二七区	金水区	中原区	管城区	上街区	惠济区
33									9	24
	138	78	48							
	560	187		347						85
		410								
355		118								
		41	123							
	487							100		
			430							
3748	4582	9839		5005	2063	1872	128			
102		37		44		29	71	42		
26	62	92	166	165						
			66							
	62									
26				165						
			100							
		92								
15477	16731	18956	7501	14804	20359	13301	20281	19561	6406	10711
3255	5475	264	1387	795	2859	2885	2975	4825	406	95
							5	1044		
	988		507			703				
1317	376			4						
		7							5	
1936	1071	257	80	791	2859	2167	2970	3781	401	95
2	3040		800			15				
12222	11256	18692	6114	13985	17481	10391	15828	14270	5997	10616
12222	11256	18692	6114	13985	17481	10391	15828	14270	5997	10616
				24	19	25	1478	466	3	
				24	19	25	1478	466	3	

13-5 续表 25

指 标	郑州市	市直本级	高新区	经济区	郑东新区	航空港区	巩义市
粮油物资储备支出	27815	22117	33				876
粮油物资事务	13136	9653					195
行政运行	1568	1031					
一般行政管理事务	27						
财务和审计支出	25	25					
专项业务活动	17	17					
事业运行	790	435					
其他粮油物资事务支出	10709	8145					195
粮油储备	13271	11332	33				681
储备粮油补贴	12908	11332	33				681
其他粮油储备支出	363						
重要商品储备	1408	1132					
化肥储备	1081	874					
医药储备	69						
应急物资储备	258	258					
灾害防治及应急管理支出	392219	51014	5980	7590	18140	10597	113320
应急管理事务	35021	9729	741	324	1633	2156	3171
行政运行	12969	3760				781	1173
一般行政管理事务	712	82		31			
机关服务	1987						
灾害风险防治	1225	572	140	105		52	
安全监管	3096		601	25	892	962	282
应急救援	2930	2830				27	4
应急管理	3078	2147		3	418	221	
事业运行	7613	309					1394
其他应急管理支出	1411	29		160	323	113	318
消防救援事务	62417	30047	1754	3139	2940	6991	1394
行政运行	2435					748	180
一般行政管理事务	1599					1350	
消防应急救援	16667		1728	3125			1214
其他消防救援事务支出	41716	30047	26	14	2940	4893	
矿山安全	3399	3100					179

单位：万元

荥阳市	中牟县	新郑市	登封市	新密市	二七区	金水区	中原区	管城区	上街区	惠济区
553	1007	2286	363	156		321			86	17
156	731	1821		156		321			86	17
116	332	13							76	
									10	17
38		64				253				
2	399	1744		156		68				
397		465	363							
397		465								
			363							
	276									
	207									
	69									
50270	10849	10656	13008	25695	24561	22767	10152	12625	1894	3101
1630	1070	1776	2858	4603	1025	1284	815	967	277	962
194	898	778	2590	254	181	140	696	655	275	594
10	34	106	99				12			338
1278					709					
		118	50			44	93	51		
32	138	40			79		14		1	30
			10	59						
10		12	5	29	56			177		
		674		4261		975				
106		48	104			125		84	1	
1333	2717	6273	1070	1245	130	2974		100	210	100
		605	902							
			149							100
1333	2717	2102	19	1245		2974			210	
		3566			130			100		
			120							

13-5 续表 26

指 标	郑州市	市直本级	高新区	经济区	郑东新区	航空港区	巩义市
行政运行	4	4					
矿山安全监察事务	925	925					
矿山应急救援事务	1894	1894					
事业运行	443	264					179
其他矿山安全支出	133	13					
地震事务	279	267					
地震监测	79	79					
地震应急救援	9						
地震事业机构	188	188					
其他地震事务支出	3						
自然灾害防治	458			101	96		
森林草原防灾减灾	49				49		
其他自然灾害防治支出	409			101	47		
自然灾害救灾及恢复重建支出	290099	7541	3459	4026	13441	1450	108561
自然灾害救灾补助	36481		369	1135	1854		1448
自然灾害灾后重建补助	182932	7541	3039	843	11587	56	71738
其他自然灾害救灾及恢复重建支出	70686		51	2048		1394	35375
其他灾害防治及应急管理支出（款）	546	330	26		30		15
其他灾害防治及应急管理支出（项）	546	330	26		30		15
其他支出（类）	38605	409	16946	5847		3000	
其他支出（款）	38605	409	16946	5847		3000	
其他支出（项）	38605	409	16946	5847		3000	
债务付息支出	461595	265561	10421	14855	11989	21102	15435
地方政府一般债务付息支出	461595	265561	10421	14855	11989	21102	15435
地方政府一般债券付息支出	460853	264997	10421	14855	11989	21102	15435
地方政府向外国政府借款付息支出	67	67					
地方政府向国际组织借款付息支出	675	497					
债务发行费用支出	149	94	5	6	2	7	5
地方政府一般债务发行费用支出	149	94	5	6	2	7	5
政府性基金预算支出	**6383880**	**1197508**	**593567**	**426216**	**141973**	**841288**	**294333**
文化旅游体育与传媒支出	178			4	17	5	67
国家电影事业发展专项资金安排的支出	177			4	17	5	67

单位：万元

荥阳市	中牟县	新郑市	登封市	新密市	二七区	金水区	中原区	管城区	上街区	惠济区
			120							
		3				9				
						9				
		3								
				2		38			221	
				2		38			221	
47307	7012	2604	8877	19841	23406	18462	9337	11550	1186	2039
12431	6122	9	33	5945	2025	865	538	3047	358	302
22737	370	1286	2460	12983	21287	13955	3183	8266	502	1099
12,139	520	1309	6384	913	94	3642	5616	237	326	638
	50		83	4				8		
	50		83	4				8		
331	2807		591	2	2498	24		4916	1214	20
331	2807		591	2	2498	24		4916	1214	20
331	2807		591	2	2498	24		4916	1214	20
21174	32151	9748	7092	7900	9628	5693	5030	6038	8200	9578
21174	32151	9748	7092	7900	9628	5693	5030	6038	8200	9578
21174	32151	9748	7019	7795	9628	5693	5030	6038	8200	9578
			73	105						
6	8	2	2	2	2	1	1	2	2	2
6	8	2	2	2	2	1	1	2	2	2
351469	284676	164317	162712	268474	198184	456139	530743	246290	26126	199865
1	35	30				1			3	15
1	35	30							3	15

13-5 续表 27

指 标	郑州市	市直本级	高新区	经济区	郑东新区	航空港区	巩义市
资助国产影片放映	20					5	
资助影院建设	30						
其他国家电影事业发展专项资金支出	127			4	17		67
旅游发展基金支出	1						
地方旅游开发项目补助	1						
社会保障和就业支出	7284		10	3	340	211	325
大中型水库移民后期扶持基金支出	7133		10	3	340	211	322
移民补助	4681		10		130	24	287
基础设施建设和经济发展	2200				210	187	35
其他大中型水库移民后期扶持基金支出	252			3			
小型水库移民扶助基金安排的支出	151						3
基础设施建设和经济发展	151						3
城乡社区支出	3808494	344964	512705	299735	87034	706549	260366
国有土地使用权出让收入安排的支出	2451178	219552	368367	230478	5711	512954	72388
征地和拆迁补偿支出	1392651	50614	306849	62257	5501	99568	59715
土地开发支出	14877					7491	
城市建设支出	294119	60690	51295	9795		88270	
农村基础设施建设支出	12640					1201	959
补助被征地农民支出	9525					29	
土地出让业务支出	669	63					
支付破产或改制企业职工安置费	41010	38160					2850
棚户区改造支出	166418			158425			
公共租赁住房支出	34975	34975					
农业农村生态环境支出	539					539	
其他国有土地使用权出让收入安排的支出	483755	35050	10223	1	210	315856	8864
国有土地收益基金安排的支出	111704	71207	9200			21130	
征地和拆迁补偿支出	77479	70760					
土地开发支出	21822					21130	
其他国有土地收益基金支出	12403	447	9200				
农业土地开发资金安排的支出	14358					14129	

单位：万元

荥阳市	中牟县	新郑市	登封市	新密市	二七区	金水区	中原区	管城区	上街区	惠济区
										15
		30								
1	35								3	
						1				
						1				
1932	528	267	2701	351	330	7	254	5	10	10
1880	528	267	2605	351	330	7	254	5	10	10
1175	528	267	1471	351	162	7	254	5	10	
705			895		168					
			239							10
52			96							
52			96							
152505	221140	86914	82090	75470	109659	336814	296314	88194	13017	135024
41865	62891	50865	54910	60910	29269	336814	248347	88194	9539	58124
31475	7009	8960	19602	1122	27831	336057	230106	84439	3583	57963
		1547		2000					3839	
3157	1689	29376	9212	23745	1408		13897	976	609	
5532	110	211	2162	2361	10	44				50
		2807	6601	88						
216	250		123	17						
	7935		58							
1485	45898	7964	17152	31577	20	713	4344	2779	1508	111
6712		3448	7							
6712			7							
		692								
		2756								
		209		20						

13-5 续表 28

指 标	郑州市	市直本级	高新区	经济区	郑东新区	航空港区	巩义市
城市基础设施配套费安排的支出	151581	41317	55138	7057	10323	12420	1878
城市公共设施	65674	41317			10323	8642	
城市环境卫生	10860					3278	1878
城市防洪	40						
其他城市基础设施配套费安排的支出	75007		55138	7057		500	
污水处理费安排的支出	22570	12888			500	3406	
污水处理设施建设和运营	20326	12888			500	3406	
其他污水处理费安排的支出	2244						
棚户区改造专项债券收入安排的支出	1057103		80000	62200	70500	142510	186100
征地和拆迁补偿支出	77938						
其他棚户区改造专项债券收入安排的支出	979165		80000	62200	70500	142510	186100
农林水支出	132						16
大中型水库库区基金安排的支出	132						16
基础设施建设和经济发展	132						16
交通运输支出	356					75	
车辆通行费安排的支出	126						
其他车辆通行费安排的支出	126						
民航发展基金支出	230					75	
通用航空发展	230					75	
其他支出	2122440	742436	55375	110953	33695	89326	13919
其他政府性基金及对应专项债务收入安排的支出	2096202	731161	55000	110730	33172	88434	12378
其他地方自行试点项目收益专项债务收入安排的支出	2096202	731161	55000	110730	33172	88434	12378
彩票发行销售机构业务费安排的支出	396	319					77
福利彩票销售机构的业务费支出	396	319					77

单位：万元

荥阳市	中牟县	新郑市	登封市	新密市	二七区	金水区	中原区	管城区	上街区	惠济区
5055		9642	3694	3830					1227	
		2933	263	2196						
5015									689	
40										
		6709	3431	1634					538	
2677		370	1379	710					640	
2452		370		710						
225			1379						640	
96196	158249	22380	22100	10000	80390		47967		1611	76900
		22380			37790		17768			
96196	158249		22100	10000	42600		30199		1611	76900
82					34					
82					34					
82					34					
126									155	
126										
126										
									155	
									155	
174621	45425	46825	55753	173054	54134	112718	214202	145360	7385	47259
173657	44401	45336	55138	172595	52480	110345	213223	144299	7070	46783
173657	44401	45336	55138	172595	52480	110345	213223	144299	7070	46783

13-5 续表 29

指 标	郑州市	市直本级	高新区	经济区	郑东新区	航空港区	巩义市
彩票公益金安排的支出	25842	10956	375	223	523	892	1464
用于社会福利的彩票公益金支出	15825	4855	53	166	305	726	1073
用于体育事业的彩票公益金支出	7183	5899	276		132	62	89
用于教育事业的彩票公益金支出	32				6		
用于残疾人事业的彩票公益金支出	2,012	32	46	57	80	92	127
用于法律援助的彩票公益金支出	170	170					
用于城乡医疗救助的彩票公益金支出	259					12	37
用于其他社会公益事业的彩票公益金支出	361						138
债务付息支出	444882	110047	25475	15520	20886	45114	19635
地方政府专项债务付息支出	444882	110047	25475	15520	20886	45114	19635
国有土地使用权出让金债务付息支出	303442	110047	25475	15520		45114	1062
土地储备专项债券付息支出	4550						2493
棚户区改造专项债券付息支出	56230				12018		11538
其他地方自行试点项目收益专项债券付息支出	80660				8868		4542
债务发行费用支出	108	61	2	1	1	7	5
地方政府专项债务发行费用支出	108	61	2	1	1	7	5
国有土地使用权出让金债务发行费用支出	86	61	2			3	1
土地储备专项债券发行费用支出	4						3
棚户区改造专项债券发行费用支出	6			1		3	1
其他地方自行试点项目收益专项债券发行费用支出	12				1	1	
抗疫特别国债安排的支出	6					1	
基础设施建设	6					1	
其他基础设施建设	6					1	

单位：万元

荥阳市	中牟县	新郑市	登封市	新密市	二七区	金水区	中原区	管城区	上街区	惠济区
964	1024	1489	615	459	1654	2373	979	1061	315	476
492	678	1041	357	331	1390	2028	692	997	289	352
187	120	168	38	15	31	94	37	6	5	24
			9		8	1	3	5		
133	168	215	106	113	225	219	243	53	15	88
43		16	105			31	4			11
109	58	49							6	1
22200	17544	30272	22164	19596	34025	6599	19972	12723	5554	17556
22200	1544	30272	22164	19596	34025	6599	19972	12723	5554	17556
2091	4983	30272	9823	8200	34025				5554	11276
303	235		394	1125						
9583	5234		1265	976		613	14030			973
10223	7092		10682	9295		5986	5942	12723		5307
2	4	9	4	3	2		1	3	2	1
2	4	9	4	3	2		1	3	2	1
2	3	9			2				2	1
	1									
							1			
			4	3				3		
								5		
								5		
								5		

主要统计指标解释

财政收入 国家财政参与社会产品分配所取得的收入，是实现国家职能的财力保证。公共财政预算收入主要包括税收收入和非税收入。财政收入所包括的内容几经变化,目前主要包括：增值税、企业所得税、个人所得税、资源税、城市维护建设税、房产税、印花税、城镇土地使用税、土地增值税、车船税、耕地占用税、契税、烟叶税、环境保护税、国有资本营业收入、国有资源（资产）有偿使用收入、罚没收入、专项收入、其他收入等。

财政支出 国家财政将筹集起来的资金进行分配使用，以满足经济建设和各项事业的需要，主要包括：一般公共服务支出、国防支出、公共安全支出、教育支出、科学技术支出、文化旅游与传媒支出、社会保障和就业支出、卫生健康支出、节能环保支出、城乡社区支出、农林水支出、交通运输支出、资源勘探信息支出、商业服务业等支出、金融支出、援助其他地区支出、自然资源海洋气象等支出、住户保障支出、粮油物资储备支出、灾害防治及应急管理支出、其他支出等。

存款 企业、机关、团体或居民根据可以收回的原则，把货币资金存入银行或其他信用机构保管并取得一定利息的一种信用活动形式。根据存款对象的不同可划分为企业存款、财政存款、机关团体存款、基本建设存款,城镇储蓄存款、农村存款等科目。它是银行信贷资金的主要来源。

贷款 银行或其他信用机构根据必须归还的原则，按一定利率为企业、个人等提供资金的一种信用活动形式。我国银行贷款分为流动资金贷款、固定资产贷款、城乡个体工商户贷款以及农业贷款等科目。

十四、教育、文化、卫生、体育、科技和民政

14-1 教育事业主要综合指标

（2022年）

指 标	数 值	指 标	数 值
平均每万人拥有各类学校数（个）	**1.36**	普通高中	187.00
高等学校	0.05	普通初中	377.73
中等职业学校	0.08	普通小学	860.29
技工学校	0.01	**平均每万人各类学校教职工数（人）**	**233.81**
普通高中	0.11	#专任教师	183.70
普通初中	0.33	#高等学校	69.32
普通小学	0.76	中等职业学校	11.27
平均每万人各类学校在校生数（人）	**3146.21**	技工学校	2.16
高等学校	1378.09	普通高中	18.03
中等职业学校	257.00	普通初中	35.25
技工学校	84.40	普通小学	46.02

注：平均每万人拥有各类学校数及在校生数不含幼儿园。

14-2 全市学前教育及

（2022年）

指 标	总计	市直	中原区	二七区	管城区	金水区	上街区	惠济区
各类学校教育合计数								
学校数	3701	93	236	312	165	359	61	171
毕业生数	675738	45283	51874	42707	25073	79738	10412	26581
招生数	733142	51480	58033	42976	34090	88191	10840	33009
在校学生数	2721277	151211	199558	173852	129834	323277	41421	127911
教职工数	211012	12152	14137	15217	9855	25136	3189	8938
#专任教师	166135	10078	10860	11818	7984	18810	2435	6916
幼儿园								
幼儿园数	2026	2	125	182	97	229	44	105
离园幼儿数	143232	505	9259	11676	6245	16420	3226	5426
入园幼儿数	110307	451	8193	10259	5446	14705	2752	4927
在园幼儿数	453128	1293	31746	35709	20493	59493	8758	18573
教职工数	65810	136	4937	5476	3316	9595	1452	3015
#专任教师	34838	96	2593	2941	1698	4975	785	1564
小学								
学校数	981	1	58	76	45	77	9	45
毕业生数	159704	644	11108	11462	9649	18488	1851	6564
招生数	194963	512	15710	15447	12822	23436	2804	9196
在校学生数	1103583	3829	84751	84689	70355	133164	14952	49522
教职工数	59036	104	4304	4518	4091	8085	802	2714
#专任教师	56409	101	4189	4391	4004	7491	795	2523
初中								
学校数	422	4	34	41	18	35	3	14
毕业生数	149700	2716	9012	12361	4825	11976	1711	4747
招生数	167989	2929	10084	12068	8883	14989	1625	6719
在校学生数	484547	8462	28802	36818	21230	41273	4801	17902
教职工数	45224	268	2848	3899	1821	4064	404	1945
#专任教师	40970	228	2490	3462	1732	3697	391	1798
高中								
学校数	137	74	1	2	1		2	1
毕业生数	70910	32791	448	936	516		701	667

中初等教育基本情况

单位：所、人

高新区	经开区	郑东新区	航空港实验区	中牟县	巩义市	荥阳市	新密市	新郑市	登封市
114	106	190	172	267	234	267	339	362	253
17706	14763	23099	18176	49335	35684	50539	41815	76535	66418
26508	20223	33004	20510	47078	32620	59975	40717	77645	56243
99177	72313	128774	83599	194029	135113	188066	163631	292239	217272
7849	5777	11298	7094	14152	12260	13675	13182	20746	16355
6179	4529	9152	5560	12063	9835	10677	10345	16418	12476
62	49	114	101	148	121	164	170	201	112
3631	3465	5688	5920	10834	12065	10680	11512	16909	9771
3475	2223	7101	4028	6951	7329	9206	7511	10171	5579
15864	12325	25292	18885	34332	31855	33846	31588	49462	23614
2485	2015	4368	2593	3507	4211	4539	4327	6504	3334
1286	1094	2562	1512	2045	2093	2368	2176	3455	1595
27	39	46	43	76	76	59	119	110	75
5355	4040	9432	5377	13741	9436	8325	11541	16583	16108
11642	7426	14109	8432	13322	9324	10655	11024	19113	9989
51781	34784	74643	42974	85655	57107	60304	68875	113985	72213
2318	1968	3815	2237	4197	3382	3081	3936	6329	3155
2175	1832	3598	2184	4077	3270	2929	3670	6200	2980
21	13	27	17	26	27	24	36	32	50
7407	5183	5834	4825	13244	8202	7489	10598	13774	25796
9094	6942	10041	4860	14516	8933	8108	11291	16246	20661
24622	17873	24941	13935	41853	27065	23766	34386	47630	69188
1979	1276	2698	1225	3746	2996	2272	2840	4249	6694
1830	1196	2618	1166	3490	2847	2184	2623	3955	5263
2	2	2	8	8	7	7	8	7	5
1086	235	292	1601	5302	4806	3735	6227	6087	5480

14-2 续表

指 标	总计	市直	中原区	二七区	管城区	金水区	上街区	惠济区
招生数	85627	37794	471	938	582		946	714
在校学生数	239884	108548	1369	2812	1709		2684	2099
教职工数	23129	9992	105	304	141		263	195
#专任教师	19904	8215	95	277	139		247	188
中等职业学校								
学校数	103	9	12	10	3	17	1	4
毕业生数	113895	8521	6197	6258	3823	32844	455	9122
招生数	122884	9679	3259	4245	6345	35049	516	11204
在校学生数	329684	28408	7647	13669	15955	89266	1707	39482
教职工数	14462	1456	729	975	455	3369	55	993
#专任教师	11234	1263	549	702	380	2624	26	822
技工学校								
学校数	18		5				2	2
毕业生数	38001		15834				2468	55
招生数	51085		20304				2197	249
在校学生数	108262		45146				8519	333
教职工数	2773		1184				213	76
#专任教师	2235		915				191	21
特殊教育学校								
学校数	13	2	1	1	1	1		
毕业生数	265	75	16	14	15	10		
招生数	235	63	12	19	12	12		
在校学生数	2069	551	97	155	92	81		
教职工数	549	167	30	45	31	23		
#专任教师	518	148	29	45	31	23		
专门学校								
学校数	1	1						
毕业生数	31	31						
招生数	52	52						
在校学生数	120	120						
教职工数	29	29						
#专任教师	27	27						

单位：所、人

高新区	经开区	郑东新区	航空港实验区	中牟县	巩义市	荥阳市	新密市	新郑市	登封市
1640	920	585	2700	6806	6047	4954	7485	7555	5490
4182	2221	1649	6824	18181	15459	13881	20978	20860	16428
1037	387	281	945	1962	1382	1370	1500	1972	1293
860	285	264	650	1806	1353	1247	1380	1801	1097
1	1	1	1	6	2	11	5	9	10
227	54	1853	134	6125	1145	12788	1874	13231	9244
445	53	1168	235	4637	958	18040	3358	9171	14522
1087	157	2249	503	13044	3423	39316	7571	30516	35684
	11	136	17	644	257	1709	517	1294	1845
	6	110	8	593	241	1304	437	662	1507
1	2		1	2		1		2	
0	1786		313	89		7514		9942	
212	2659		240	846		8997		15381	
1641	4953		385	846		16810		29629	
30	120		46	73		664		367	
28	116		13	29		606		316	
			1	1	1	1	1	1	1
			6		30	8	63	9	19
			15		29	15	48	8	2
			93	118	204	143	233	157	145
			31	23	32	40	62	31	34
			27	23	31	39	59	29	34

14-3 全市各级各类学校

类 别	总计	国家财政性教育经费	一般公共预算安排的教育经费	一般公共预算教育经费	教育事业费	基本建设经费
总计	**3542804**	**2727471**	**2596123**	**2173747**	**1948998**	**95032**
高等学校	**253298**	**162948**	**162916**	**146978**	**130958**	**16020**
普通高等学校	252815	162635	162603	146787	130768	16020
成人高等学校	484	313	313	190	190	
中等职业学校	**311768**	**232270**	**184274**	**164224**	**163366**	**359**
中等专业学校	67811	55776	55776	52702	52701	
职业高中	129628	127986	81429	70496	69638	359
技工学校	50285	43466	42029	37038	37038	
成人中等专业学校	64044	5041	5041	3988	3988	
普通中学	**1340762**	**1103203**	**1078110**	**904933**	**780413**	**73413**
普通高中	604874	471846	458978	395229	318117	66855
普通初中	735888	631356	619133	509704	462296	6558
普通小学	**1109091**	**984366**	**968751**	**790743**	**711927**	**5020**
特殊教育	**11908**	**11908**	**11908**	**9411**	**9256**	**100**
幼儿园	**455173**	**172912**	**131728**	**111246**	**106866**	**120**
教育行政单位	**14431**	**14412**	**14412**	**11298**	**11298**	
教育事业单位	**28797**	**28317**	**28201**	**22261**	**22261**	
其他	**17575**	**17135**	**15821**	**12653**	**12653**	

教育经费收入情况

单位：万元

教育费附加	其他一般公共预算安排的教育经费	政府性基金预算安排的教育经费	捐赠收入	事业收入	学费	其他教育经费
129717	**422376**	**131268**	**814**	**758060**	**685974**	**14937**
	15938	**32**		**82905**	**72576**	**1831**
	15815	32		82735	72502	1831
	123			170	74	
500	**20050**	**47995**		**75989**	**57293**	**636**
1	3074			11989	9299	2
499	10933	46558		1584	369	10
	4991	1437		6819	205	
	1052			55597	47419	624
51106	**173178**	**25092**	**573**	**219429**	**191608**	**5902**
10256	63749	12869	312	126432	109665	2532
40850	109429	12224	262	92998	81943	3370
73796	**178008**	**15614**	**174**	**116626**	**105863**	**4767**
55	**2497**					
4260	**20482**	**41103**	**67**	**262575**	**258634**	**1398**
	3114			**18**		**1**
	5940	**116**		**90**		**390**
	3168	**1314**		**428**		**12**

14-4 高等教育基本情况

（2022年）

单位：所、人

指 标	学校数	招生数	在校学生数	毕业生数	教职工数	
						专任教师
总 计	**68**	**616432**	**1767812**	**520769**	**88921**	**69516**
研究生	（13）	23771	65581	15411		
普通本专科	68	438402	1330098	371114		
成人本专科	（37）	135126	296368	104497		
网络本专科	（1）	19133	75765	29747		

注:1.标注“（ ）”为不计总计数中；2.教职工数、专任教师只有总计数。

14-5 全市各级各类学校教育经费支出情况

（2022年）

单位：万元

类 别	总计	事业性经费支出	工资福利支出	对个人和家庭的补助支出	商品和服务支出	资本性支出	基本建设支出	其它支出
总计	**3575404**	**3564001**	**2113207**	**136460**	**689942**	**493254**	**131138**	**10522**
高等学校	**297611**	**292946**	**101670**	**16191**	**58121**	**100945**	**16020**	**3782**
普通高等学校	297127	292463	101414	16142	57942	100945	16020	3782
成人高等学校	484	484	255	49	179			
中等职业学校	**319372**	**318021**	**108003**	**15524**	**110564**	**83571**	**359**	**1351**
中等专业学校	66327	66023	14807	8150	36818	6247		304
职业高中	129664	129664	47833	3174	21864	56434	359	
技工学校	50547	50547	13562	1470	25091	10424		
成人中等专业学校	72833	71787	31800	2730	26791	10466		1046
普通中学	**1320089**	**1318146**	**812501**	**52569**	**213005**	**156005**	**84067**	**1942**
普通高中	598727	597519	305216	24897	107058	92839	67509	1208
普通初中	721361	720627	507285	27673	105946	63166	16558	734
普通小学	**1105378**	**1103216**	**782787**	**43984**	**157870**	**88101**	**30473**	**2163**
特殊教育	**11925**	**11925**	**8713**	**719**	**1757**	**636**	**100**	
幼儿园	**460302**	**459236**	**266635**	**2618**	**129142**	**60721**	**120**	**1066**
教育行政单位	**14370**	**14154**	**7517**	**1407**	**4904**	**326**		**217**
教育事业单位	**28779**	**28778**	**16686**	**2192**	**8547**	**1354**		**1**
其他	**17578**	**17578**	**8696**	**1255**	**6032**	**1595**		

14-6 规模以上文化及相关产业法人单位主要经济指标

（2022年）

单位：万元

指 标	合 计	文化制造业	文化批零业	文化服务业
法人单位数（个）	519	72	127	320
从业人员期末人数（人）	56258	7098	4660	44500
固定资产原价	2457178	307575	89007	2060595
本年折旧	127519	15528	4007	107985
资产总计	11012757	587392	1332553	9092812
负债合计	6991053	268972	813091	5908990
所有者权益合计	4020272	318421	518030	3183822
营业收入	5783032	548140	2195737	3039155
营业成本	4930334	467631	2044461	2418242
税金及附加	36205	3324	3971	28910
销售费用	258746	13214	62699	182833
管理费用	391197	36548	40799	313850
研发费用	96976	16355	563	80058
财务费用	68946	2502	836	65609
投资收益	44237	289	-164	44112
营业利润	47675	8824	60588	-21736
利润总额	79588	12947	62092	4549
应付职工薪酬	676217	66401	47614	562201
应交增值税	76315	15815	5191	55309

14-7 按行业大类分规模以上文化及相关产业法人单位主要经济指标

（2022年）

单位：万元

指 标	法人单位数（个）	从业人员期末人数（人）	资产总计	营业收入	利润总额	应交增值税
总 计	**519**	**56258**	**11012757**	**5783032**	**79588**	**76315**
文化核心领域	**346**	**47599**	**10014951**	**4612159**	**64732**	**56498**
新闻信息服务	29	5344	868722	544789	18671	6364
内容创作生产	64	9497	3111950	653941	52926	12055
创意设计服务	142	17913	1802392	1547339	46735	34282
文化传播渠道	88	11293	2480816	1774573	-181	3344
文化投资运营	4	262	727696	31373	-15454	189
文化娱乐休闲服务	19	3290	1023374	60146	-37965	264
文化相关领域	**173**	**8659**	**997806**	**1170873**	**14856**	**19817**
文化辅助生产和中介服务	89	6604	677913	490360	5507	15020
文化装备生产	18	738	44865	64765	1312	1205
文化消费终端生产	66	1317	275028	615748	8037	3593

14-8 公有制艺术表演团体（事业）基本情况

（2022年）

区县（市）	机构数（个）	从业人员（人）	专业技术人员	演出场次（场）	国内演出场次	农村演出场次	国内演出观众人次（千人次）	本年收入（千元）	本年支出（千元）
总　计	**15**	**1214**	**750**	**2317**	**2317**	**1595**	**1292**	**217425**	**215686**
省本级	4	599	437	314	314	138	236	133653	133261
郑州市	11	615	313	2003	2003	1457	1056.5	83772	82425
市本级	4	370	258	487	487	76	206	65590	64401
中牟县	1	46	3	120	120	120	100	2214	2214
巩义市	1	34	5	223	223	175	120	1130	1130
荥阳市	1	40	13	338	338	298	250	979	979
新密市	2	42	17	200	200	200	75	656	626
新郑市	1	42	17	335	335	300	120	11928	11800
登封市	1	41		300	300	288	186	1275	1275

14-9 公有制艺术表演场馆（事业）基本情况

（2022年）

区县（市）	机构数（个）	从业人员（个）	专业技术人员	座席数（个）	演（映）出场次（场）	艺术演出场次	观众人次（千人次）	艺术演出观众人次	实际使用建筑面积（平方米）	演（映）出业务用房	本年收入（千元）	本年支出（千元）
总　计	**12**	**415**	**81**	**10610**	**1086**	**1044**	**585**	**555**	**51878**	**24245**	**79264**	**69194**
省本级	2	243	54	5491	1046	1016	562	535	23961	14880	62111	50762
郑州市	10	172	27	5119	40	28	24	20	27917	9365	17153	18432
市本级	7	126	13	1326	28	28	20	20	15978	4523	11215	12498
巩义市	1	13	13	1093					2050	1642	1116	1112
新密市	1	11		1500	12		4		1500	1500	380	380
新郑市	1	22	1	1200					8389	1700	4442	4442

14–10 公共图书馆情况

（2022年）

区县（市）	机构数（个）	从业人员（个）		年末总藏量(千册)		书刊文献外借(千册次)	总流通人次(千人次)	为读者举办各种活动(次)			实际使用公用房屋建筑面积(平方米)		阅览室坐席数（个）
			专业技术人员		图书			举办展览	组织各类讲座	举办培训班		阅览室面积	
总　计	**16**	**577**	**442**	**9575**	**8047**	**1876**	**4985**	**111**	**296**	**185**	**152212**	**39260**	**8261**
省本级	1	212	196	4385	3484	800	782	35	13		38864	14606	2078
郑州市	15	365	246	5190	4563	1076	4202	76	283	185	113348	24654	6183
市本级	2	218	201	1922	1666	463	3416	22	21	89	70476	12065	2146
中原区	1	16	9	186	184	30	18		11	12	2000	500	269
二七区	1	7		224	205	10	4		5	17			
管城区	1	6	1	223	221	28	30		14	4	2500	460	120
金水区	1	22	7	141	137	91	113	1	7	12	2000	900	351
惠济区	1	9		130	127	36	34	1	4	3	1500	280	180
经开区	1	13		361	325	48	48	1		3	4108	500	350
上街区	1	11	3	392	334	48	101	1	6	6	5200	4000	620
中牟县	1	7	3	250	231	91	112	5	26		2200	820	300
巩义市	1	4	2	294	247	40	96	26	133	15	11700	1432	457
荥阳市	1	18	11	359	313	43	65	5	1	2	5000	695	460
新密市	1	12	2	254	190	65	71	6	9	8	2600	1100	500
新郑市	1	15	5	356	309	66	80	6	9	5	3258	1758	300
登封市	1	7	2	99	76	18	14	2	37	9	806	144	130

14-11 文化馆基本情况

（2022年）

区县（市）	机构数（个）	从业人员（个）	专业技术人员	举办展览个数（个）	组织文艺活动（次）	参加人次（千人次）	举办训练班次（次）	培训人次（千人次）
合　计	**14**	**349**	**153**	**115**	**569**	**116**	**1296**	**33**
省本级	1	64	39	9	12	2	36	2
郑州市	13	285	114	106	557	114	1260	30
市本级	1	48	42	16	29	1	7	
中原区	1	20	2	5	22	5	292	6
二七区	1	15	4		68	2	52	1
管城区	1	33	6	9	56	2	88	1
金水区	1	19	3	2	40	6	68	2
惠济区	1	24	7	2	7	2	209	4
上街区	1	8	2	4	50	3	65	3
中牟县	1	19	7	23	24	6	189	5
巩义市	1	36	18	10	126	76	132	3
荥阳市	1	25	4	2	28	1	86	4
新密市	1	17	9	10	8	4	6	1
新郑市	1	14	8	8	33	4	36	1
登封市	1	7	2	15	66	2	30	1

备注：从2016年，群众艺术馆统称为文化馆。

14-12 广播电视事业基本情况

指 标	单位	2018年	2019年	2020年	2021年	2022年
广播电台	座	2	2	1	—	—
电视台	座	2	2	1	—	—
广播电视台	座	7	7	1	2	2
中短波转播发射台	座	2	2	2	2	3
调频、电视转播发射台	座	9	9	11	11	11
广播节目套数	套	22	22	22	22	22
全年公共广播节目播出时间	时：分	151596:40	151923:20	159062:40	156689:42	158864:49
全年制作广播节目时间	时：分	136260:35	136601:15	109364:14	123640:22	126319:22
广播人口综合覆盖率	%	99.59	99.6	99.7	99.01	99.30
电视节目套数	套	27	27	23	23	23
全年电视节目播出时间	时：分	168004:12	168759:56	169983:71	168238:33	170796:23
全年制作电视节目时间	时：分	68492:40	69462:28	25511:58	32302:17	26671:38
电视人口综合覆盖率	%	99.85	99.85	99.85	99.65	99.76
有线电视用户	万户	183	180	161.65	152.8	152.35

注：2020年机构改革，省广播电台、电视台合并为广播电视台，2021年，市广播电台、电视台合并为广播电视台。

14-13 博物馆情况

（2022年）

区县（市）	机构数（个）	从业人员（个）	藏品数（件）		展览（次）	观众人数（千人次）
				一级品		
总　计	**56**	**1948**	**358501**	**773**	**313**	**4925**
省本级	4	528	185346	589	31	1079
郑州市	52	1420	173155	184	282	3846
市本级	4	871	28989	81	46	1816
中原区	3	28	797		23	168
二七区	2	24	733		8	68
管城区	5	47	2240		26	63
金水区	7	53	32456	34	34	173
惠济区	4	35	782		23	25
高新区	2	25	321		6	123
经开区	5	78	3414	1	4	514
郑东新区	4	40	3259	3	26	98
巩义市	1	43	16027	19	13	332
荥阳市	3	25	14268	4	13	55
新密市	2	12	4202	8	11	9
新郑市	3	87	62967	34	16	292
登封市	7	52	2700		33	110

注：博物馆统计包含民办博物馆。

14-14 文物保护管理单位情况

（2022年）

区县（市）	机构数（个）	从业人员（个）	藏品数（件）		观众人数（千人次）
				一级品	
总　计	**9**	**372**	**3093**	**5**	**1228**
中牟县	1	8	970	2	
巩义市	4	313	2021	3	802
荥阳市	1	20			
新密市	2	26	102		
新郑市	1	5			426

14-15 等级运动员、社会体育指导员发展情况

单位：人

年 度	二级运动员	女	社会体育指导员当年审批人数
2015年	369	120	4101
2016年	426	122	3781
2017年	458	125	4413
2018年	435	139	3363
2019年	505	145	3020
2020年	391	103	1516
2021年	515	172	2305
2022年	204	84	1616

14-16 体育彩票发行情况

年 度	体育彩票销售点（个）	体育彩票销售收入（万元）
2015年	1783	239200
2016年	1877	280760
2017年	1852	316744
2018年	2013	467093
2019年	2309	400281
2020年	3292	335410
2021年		458000
2022年		470300

14-17 卫生事业基本情况

（2022年）

指标	机构数（个）	实有床位数（张）	在岗职工（人）	卫生技术人员	执业（助理）医师	执业医师	注册护士	药师（士）	技师（士）	其他	其他技术人员	管理人员	工勤技能人员
总　计	**6111**	**113676**	**169122**	**143423**	**53576**	**48308**	**68930**	**5302**	**10021**	**5188**	**7110**	**10020**	**8535**
医院	**290**	**98614**	**123152**	**106314**	**36234**	**34795**	**54820**	**4056**	**7642**	**3562**	**5274**	**8115**	**6163**
综合医院	122	56215	71911	62942	21367	20623	32727	2229	4296	2323	2581	4415	3253
中医医院	81	18164	20550	17793	6557	6164	8311	930	1379	616	966	1343	1136
中西医结合医院	7	1878	2135	1760	667	625	905	49	106	33	85	106	192
专科医院	78	22147	28428	23749	7625	7366	12838	843	1853	590	1637	2243	1536
口腔医院	7	105	750	577	252	222	294	5	23	3	11	93	84
眼科医院	10	1731	2694	2120	684	659	1161	74	105	96	138	170	295
耳鼻喉科医院	2	180	153	118	48	47	61	3	6		20	15	10
肿瘤医院	2	4592	5453	4909	1556	1556	2772	140	407	34	126	317	210
心血管病医院	4	2986	4169	3618	1133	1117	1978	153	226	128	148	317	108
胸科医院	1	1682	1975	1710	608	608	930	72	100		141	343	60
妇产(科)医院	9	1028	1814	1342	428	401	739	49	121	5	267	70	161
儿童医院	1	2418	3237	2824	886	881	1491	108	241	98	48	239	126
精神病医院	7	1438	821	660	202	194	331	26	56	45	57	66	55
传染病医院	1	1233	1679	1418	365	362	864	60	69	60	73	142	46
皮肤病医院	2	120	222	136	40	36	85	6	5		57	15	26
职业病医院	1	200	365	253	104	103	96	6	22	25	57	84	27
骨科医院	5	499	397	331	137	101	138	14	26	16	14	38	24
康复医院	6	1545	1024	879	239	230	378	25	209	28	25	90	52
整形外科医院	1	55	166	119	42	39	69	4	4		2	45	27
美容医院	9	211	869	490	207	171	230	17	23	13	331	79	27
其他专科医院	10	2124	2640	2245	694	639	1221	81	210	39	122	120	198
护理院(中心)	2	210	128	70	18	17	39	5	8		5	8	46
基层医疗卫生机构	**5734**	**11129**	**34649**	**28675**	**14855**	**11125**	**10796**	**1033**	**1086**	**905**	**716**	**740**	**1341**
社区卫生服务中心(站)	306	4618	8926	8015	3209	2738	3646	364	526	270	254	302	460
社区卫生服务中心	119	4596	7717	6877	2638	2232	3116	347	522	254	225	276	432
社区卫生服务站	187	22	1209	1138	571	506	530	17	4	16	29	26	28

14-17 续表

指 标	机构数（个）	实有床位数（张）	在岗职工（人）	卫生技术人员	执业（助理）医师	执业医师	注册护士	药师（士）	技师（士）	其他	其他技术人员	管理人员	工勤技能人员
卫生院	94	6484	6190	5126	2047	1401	1861	262	398	558	341	117	641
乡镇卫生院	94	6484	6190	5126	2047	1401	1861	262	398	558	341	117	641
中心卫生院	26	2117	1783	1511	645	433	519	85	125	137	96	28	160
乡卫生院	68	4367	4407	3615	1402	968	1342	177	273	421	245	89	481
村卫生室	2690		5765	2303	1771	599	509	23					
门诊部	421	27	5474	5137	2793	2146	2081	105	129	29	55	208	182
综合门诊部	78	4	1753	1668	788	670	751	42	80	7	10	53	48
中医门诊部	63		838	756	473	405	202	49	22	10	12	42	61
中西医结合门诊部	1		13	13	7	7	4		2				
专科门诊部	279	23	2870	2700	1525	1064	1124	14	25	12	33	113	73
诊所.卫生所.医务室	2223		8294	8094	5035	4241	2699	279	33	48	66	113	58
诊所	2090		7738	7573	4704	3951	2539	270	31	29	41	96	57
卫生所、医务室	133		556	521	331	290	160	9	2	19	25	17	1
专业公共卫生机构	**57**	**3933**	**9729**	**7699**	**2363**	**2271**	**3258**	**209**	**916**	**548**	**677**	**954**	**739**
疾病预防控制中心	17		1814	1189	445	408	133	31	236	344	175	350	238
专科疾病防治院（所、站）	1		68	53	11	11	1		15	26	5	5	10
健康教育机构	2		55	2	1	1		1			16	34	4
妇幼保健机构	14	3933	6525	5620	1853	1799	2878	173	619	97	381	350	309
妇幼保健院	8	3933	6403	5557	1820	1769	2863	173	607	94	375	305	301
妇幼保健所	5		78	49	25	22	12		9	3	6	18	5
急救中心（站）	5		169	100	27	26	64	4	3	2	9	43	25
采供血机构	1		475	296	26	26	182		43	45	64	19	96
卫生监督所（中心）	17		623	439						34	27	153	57
其他卫生机构	**30**		**1592**	**735**	**124**	**117**	**56**	**4**	**377**	**173**	**443**	**211**	**292**
卫生监督检验所	1		54	30	3	3	7		15	5	15	5	4
医学科学研究机构	3		88	43	38	38	2	1	2		42	35	1
医学在职培训机构	1		13	7	4	4	2			1	4		2
临床检验中心（所、站）	19		1297	578	57	50	2	1	350	167	372	131	272
统计信息中心	1		15	1	1	1					6	8	
其他	5		125	76	21	21	43	2	10		4	32	13

14-18 医疗卫生机构门诊服务情况

（2022年）

机构分类	总诊疗人次数（人次）	门、急诊人次	观察室留观病例数（人）	健康检查人数（人）	急诊死亡率（%）	观察室病死率（%）	预约诊疗人次占总诊疗人次百分比（%）
总　计	**82033142**	**76397123**	**355320**	**4601956**	**0.11**	**0.06**	**20.60**
医院	**49443486**	**45468385**	**229164**	**2787998**	**0.13**	**0.10**	**32.79**
综合医院	29853449	28121765	130517	2052263	0.14	0.03	33.61
中医医院	10732304	9282015	45437	280362	0.14	0.41	30.88
中西医结合医院	545457	410445	195	17			18.32
专科医院	8302827	7644711	53015	455356	0.13		33.29
口腔医院	176969	176969					33.67
眼科医院	930487	910959		64035	0.02		13.52
耳鼻喉科医院	23492	23492					
肿瘤医院	1616271	1216072	2026	15008	0.01		33.41
心血管病医院	1259960	1211749	17	80894	0.22		64.51
胸科医院	364420	364420	25	31870			1.71
妇产（科）医院	616037	612492	52	43107			1.55
儿童医院	1651412	1651412	50640	8823			64.02
精神病医院	245076	242912					28.55
传染病医院	250621	201596		109845			22.47
皮肤病医院	41003	40910					10.97
职业病医院	68048	14475		53149			
骨科医院	65935	63300					0.19
康复医院	308213	233714		7374	0.03		

14-18 续表

机构分类	总诊疗人次数（人次）	门、急诊人次	观察室留观病例数（人）	健康检查人数（人）	急诊死亡率（%）	观察室病死率（%）	预约诊疗人次占总诊疗人次百分比（%）
整形外科医院	9752	8489					
美容医院	184936	181683		500			
其他专科医院	490195	490067	255	40751	0.85		4.40
护理院（中心）	9449	9449					
基层医疗卫生机构	**29162010**	**27674008**	**117448**	**1720722**	**0.02**		
社区卫生服务中心（站）	8540484	7947581	85024	615347			
社区卫生服务中心	7644697	7096197	83000	553121			
社区卫生服务站	895787	851384	2024	62226			
卫生院	6968203	6712528	32424	440050	0.04		
乡镇卫生院	6968203	6712528	32424	440050	0.04		
中心卫生院	2348908	2214469	1545	180407			
乡卫生院	4619295	4498059	30879	259643	0.05		
村卫生室	7612887	7206196					
门诊部	1351810	1162789		665325			
诊所、卫生所、医务室	4688626	4644914					
诊所	4352257	4310830					
卫生所、医务室	336369	334084					
专业公共卫生机构	**3427646**	**3254730**	**8708**	**93236**		**0.01**	
妇幼保健院（所、站）	3237751	3064835	8708	93236	0.01	0.01	
妇幼保健院	3218036	3048970	8708	73521	0.01	0.01	
急救中心（站）	189895	189895					

14–19 医疗机构住院服务情况

（2022年）

机构分类	入院人数（人）	出院人数（人）	死亡	住院病人手术人次数（人次）	每百门急诊的入院人数（人）	死亡率（%）
总　计	**3312527**	**3285319**	**11702**	**1172743**	**5.24**	**0.36**
医院	**2946104**	**2922320**	**11335**	**1114828**	**6.48**	**0.39**
综合医院	1901863	1883274	7565	808400	6.76	0.40
中医医院	450558	446349	1593	89245	4.85	0.36
中西医结合医院	45629	45928	21	21732	11.12	0.05
专科医院	546795	545483	2111	195451	7.15	0.39
眼科医院	44914	44694	143	27896	4.93	0.32
耳鼻喉科医院	3222	3202		1010	13.72	
肿瘤医院	201738	202731	453	45562	16.59	0.22
心血管病医院	75103	74914	166	55271	6.20	0.22
胸科医院	41655	40900	245	14597	11.43	0.60
妇产（科）医院	19577	18844	16	11556	3.20	0.08
儿童医院	74837	76245	19	22144	4.53	0.02
精神病医院	8458	8627	2		3.48	0.02
传染病医院	14561	12515	108	1423	7.22	0.86
皮肤病医院	1343	1410		50	3.28	
职业病医院	2127	2146	4	332	14.69	0.19
骨科医院	8196	8100		3114	12.95	
康复医院	13799	13745	123		5.90	0.89
整形外科医院	2652	2652		1263	31.24	
美容医院	4946	5695		1956	2.72	
其他专科医院	29667	29063	832	9277	6.05	2.86
护理院（中心）	1259	1286	45		13.32	3.50
基层医疗卫生机构	**226532**	**222223**	**322**	**6218**	**1.55**	**0.14**
社区卫生服务中心（站）	63732	62288	251	1245	0.80	0.40
社区卫生服务中心	63732	62288	251	1245	0.90	0.40
卫生院	162800	159935	71	4973	2.43	0.04
乡镇卫生院	162800	159935	71	4973	2.43	0.04
中心卫生院	60908	60077	6	1531	2.75	0.01
乡卫生院	101892	99858	65	3442	2.27	0.07
专业公共卫生机构	**139891**	**140776**	**45**	**51697**	**4.56**	**0.03**
妇幼保健院（所、站）	139891	140776	45	51697	4.56	0.03

14-20 门诊部、诊所、卫生所、医务室

（2022年）

指标名称	合计	按管理类别分		按经济类型分				
		非营利性	营利性	国有	集体办	联营	私营	其他
机构总数（个）	**2644**	**288**	**2356**	**46**	**44**	**3**	**2388**	**163**
总人员数（人）	**13768**	**1584**	**12184**	**232**	**309**	**6**	**12321**	**900**
卫生技术人员	13231	1502	11729	220	277	6	11869	859
执业医师	6387	707	5680	126	131	5	5720	405
执业助理医师	1441	169	1272	4	36		1326	75
注册护士	14	1	13				14	
药剂师（士）	384	54	330	6	5		353	20
技师（士）	162	24	138	2	7		142	11
其他卫生技术人员	77	26	51	7	4		57	9
工勤技能人员	240	22	218	1	6		204	29
床位数（门诊部）	**27**	**8**	**19**				**27**	
房屋建筑面积（m²）	**449550**	**56900**	**392650**	**10667**	**7869**	**205**	**387748**	**43061**
总收入（万元）	**106657**	**7901**	**98755**	**291**	**3492**	**23**	**91545**	**11305**
医疗收入	79852	6768	73084	181	3361	6	71615	4689
药品收入	25510	3484	22026	117	2225	3	21664	1503
总支出（万元）	**82387**	**6346**	**76041**	**518**	**2230**	**20**	**71052**	**8567**
人员经费	44391	3777	40614	333	1427	13	36380	6239
诊疗人次数	**6040436**	**722329**	**5318107**	**82468**	**171441**	**3540**	**5357442**	**425545**
出诊人次数	232733	14944	217789	230	1100		218280	13123

基本情况

按设置/主办单位分			按诊所类别分				
政府办	社会办	私人办	普通	中医	中西医结合	口腔	其他
6	**274**	**2364**	**1023**	**456**	**110**	**388**	**246**
18	**1686**	**12064**	**3591**	**1390**	**381**	**1725**	**1207**
13	1618	11600	3539	1372	380	1694	1109
9	772	5606	1922	763	181	823	552
1	158	1282	266	87	25	338	78
		14	8	1		2	
	44	340	58	161	46	1	13
	26	136	9	9	1	4	10
	14	63	9	9		9	21
1	15	224	5	3	1	7	42
	4	**23**					
910	**56341**	**392299**	**96274**	**40871**	**11074**	**37382**	**56114**
1746	**20796**	**84115**	**16017**	**7460**	**1747**	**10174**	**11032**
1738	15783	62332	12724	5628	1410	9061	9962
1719	3976	19815	6282	3027	755	695	2833
81	**19045**	**63260**	**15467**	**6858**	**1656**	**8616**	**7352**
23	8936	35432	8257	3454	818	5620	3372
10665	**839844**	**5189927**	**2719383**	**856334**	**243394**	**448917**	**420598**
50	19501	213182	11435	13748	1675	11317	5537

14-21 医疗卫生机构病床使用情况

（2022年）

机构分类	实际开放总床位（床日）	平均开放病床数（张）	实际占用总床日数（床日）	出院者占用总床日数（床日）	病床周转次数（次）	病床工作日（日）	病床使用率（%）	出院者平均住院日（日）
总　计	**39685965**	**108729**	**29703432**	**29343243**	**30.2**	**273.2**	**74.85**	**8.9**
医院	**34731474**	**95155**	**26852032**	**26602622**	**30.7**	**282.2**	**77.31**	**9.1**
综合医院	20291574	55593	15740030	15662575	33.9	283.1	77.57	8.3
中医医院	6206500	17004	4751752	4697825	26.2	279.4	76.56	10.5
中西医结合医院	608383	1667	581448	585910	27.6	348.8	95.57	12.8
专科医院	7542892	20665	5730398	5628789	26.4	277.3	75.97	10.3
口腔医院	11100	30						
眼科医院	588837	1613	248937	246237	27.7	154.3	42.28	5.5
耳鼻喉科医院	59000	162	20451	20380	19.8	126.5	34.66	6.4
肿瘤医院	1773603	4859	1763857	1788069	41.7	363.0	99.45	8.8
心血管病医院	1013336	2776	661858	636971	27.0	238.4	65.31	8.5
胸科医院	592961	1625	686083	693879	25.2	422.3	115.70	17.0
妇产（科）医院	367089	1006	133381	130853	18.7	132.6	36.33	6.9
儿童医院	806674	2210	515482	523685	34.5	233.2	63.90	6.9
精神病医院	482282	1321	439151	388399	6.5	332.4	91.06	45.0
传染病医院	369169	1011	237058	224840	12.4	234.4	64.21	18.0
皮肤病医院	25400	70	12381	12107	20.3	177.9	48.74	8.6
职业病医院	63440	174	45589	45881	12.3	262.3	71.86	21.4
骨科医院	180706	495	96017	91427	16.4	193.9	53.13	11.3
康复医院	452158	1239	275398	252933	11.1	222.3	60.91	18.4
整形外科医院	20075	55	12598	11424	48.2	229.1	62.75	4.3
美容医院	46631	128	14328	12008	44.6	112.2	30.73	2.1
其他专科医院	690431	1892	567829	549696	15.4	300.2	82.24	18.9
护理院（中心）	82125	225	48404	27523	5.7	215.1	58.94	21.4
基层医疗卫生机构	**3544209**	**9710**	**1865335**	**1746050**	**22.9**	**192.1**	**52.63**	**7.9**
社区卫生服务中心（站）	1277202	3499	661484	640900	17.8	189.0	51.79	10.3
社区卫生服务中心	1276519	3497	661176	640900	17.8	189.1	51.80	10.3
社区卫生服务站	683	2	308			164.6	45.10	
卫生院	2267007	6211	1203851	1105150	25.8	193.8	53.10	6.9
乡镇卫生院	2267007	6211	1203851	1105150	25.8	193.8	53.10	6.9
中心卫生院	745543	2043	409230	392355	29.4	200.3	54.89	6.5
乡卫生院	1521464	4168	794621	712795	24	190.6	52.23	7.1
专业公共卫生机构	**1410282**	**3864**	**986065**	**994571**	**36.4**	**255.2**	**69.92**	**7.1**
妇幼保健院（所、站）	1410282	3864	986065	994571	36.4	255.2	69.92	7.1

14-22 医疗机构收入与支出

（2022年）

机构分类	总收入(万元)	财政拨款收入	事业收入	医疗收入	上级补助收入	总费用/支出（万元）	业务活动费	单位管理费
总　计	**8343922**	**829185**	**7089999**	**7031747**	**28004**	**8224262**	**7167635**	**769050**
医院	**7301962**	**679671**	**6492222**	**6454394**	**8304**	**7282305**	**6471498**	**707516**
综合医院	4665654	438267	4147101	4128683	7885	4617709	4175137	384014
中医医院	873250	76638	783043	781394	303	889883	746447	127948
中西医结合医院	112547	11022	99721	99657		114236	96586	15711
专科医院	1648331	153744	1460177	1442480	117	1657855	1451047	179500
口腔医院	18512		18365	18358	51	17178	9688	4911
眼科医院	101290	15880	85070	84638		84858	73263	9354
耳鼻喉科医院	4934		4934	4934		4884	3446	437
肿瘤医院	542791	28435	503724	488304		544812	502464	39676
心血管病医院	331394	40865	274237	273653		331698	295185	35605
胸科医院	207745	9408	197388	196988		198786	179197	19347
妇产（科）医院	49637		49154	49154	10	52903	32575	16252
儿童医院	136579	13556	120015	119782		159375	148739	10629
精神病医院	26365	8065	18212	18212	16	26555	22518	3883
传染病医院	63425	27697	34653	34055		66170	51926	14213
皮肤病医院	4823		4823	4823		5215	3442	878
职业病医院	11149	3703	6988	6977		12051	8763	3264
骨科医院	8454		8339	8339		9346	7211	1336
康复医院	29689	1405	28028	28028	40	29086	23662	4851
整形外科医院	996		996	996		1508	308	200

14–22 续表

机构分类（万元）	总收入	财政拨款收入	事业收入	医疗收入	上级补助收入	总费用/支出（万元）	业务活动费	单位管理费
美容医院	27549		27545	27545		25716	17844	2154
其他专科医院	83001	4729	77708	77694		87714	70816	12510
护理院（中心）	2180		2180	2180		2623	2280	343
基层医疗卫生机构	**541034**	**101093**	**386050**	**366936**	**19699**	**527652**	**401075**	**9879**
社区卫生服务中心（站）	233712	58395	167345	161204	4239	241621	232348	4053
社区卫生服务中心	225649	56920	160893	155377	4147	233696	225103	4018
社区卫生服务站	8063	1475	6452	5828	92	7925	7246	36
卫生院	171145	42698	120794	113530	5529	178861	168727	5826
乡镇卫生院	171145	42698	120794	113530	5529	178861	168727	5826
中心卫生院	55129	12319	38491	38488	3713	58830	56868	1316
乡卫生院	116016	30379	82303	75041	1817	120031	111859	4510
村卫生室	29520		18059	12350	9930	25081		
门诊部	60227		41068	41068		42438		
诊所.卫生所.医务室	46429		38784	38784		39650		
诊所	43210		36022	36022		38073		
卫生所、医务室	3219		2762	2762		1577		
专业公共卫生机构	**274939**	**48421**	**211721**	**210418**	**1**	**289193**	**251283**	**32869**
专科疾病防治院（所、站）	2339	1865	474			2704	2519	185
妇幼保健院（所、站）	269360	43324	211247	210418		283216	245682	32516
妇幼保健院	265981	39993	211198	210369		280472	244299	31155
急救中心（站）	3240	3232	1		1	3274	3083	168
其他机构	**225987**		**5**			**125112**	**43779**	**18786**

14-23 村卫生室基本情况

（2022年）

类别	合计	按主办单位分					按行医方式分		
		村办	乡镇卫生院设点	联合办	私人办	其他	中医	西医	中西医结合
机构数（个）	2690	1371	100	161	374	684	76	1655	959
执业（助理）医师（人）	1771	922	57	95	253	501	46	1006	719
乡村全科执业助理医师人数	47	25	1	6		16.00	2	24	22
注册护士（人）	509	216	7	59	93	141	7	301	201
乡村医生和卫生员（人）	3462	1879	184	231	311	857	77	2060	1325
乡村医生	3397	1852	173	227	309	836	74	2023	1300
卫生员	65	27	11	4	2	21	3	37	25
年内培训人次数	9916	4660	218	881	1271	2886	161	5873	3882
设备数：简易呼吸器（人）	1970	1053	34	102	203	578	53	1183	734
便携式高压消毒锅（带压力表）（人）	2141	1169	35	131	198	608	51	1303	787
冷藏箱	1840	1036	60	110	149	485	45	1124	671
诊查（观察）床（张）	4526	2474	143	215	552	1142	113	2654	1759
无菌柜（个）	1395	700	40	68	185	402	39	898	458
中药柜（个）	3344	1922	93	156	292	881	119	1831	1394
西药柜（个）	5579	2957	143	327	649	1503	124	3258	2197
担架（付）	302	160	4	19	36	83	16	174	112
处置台（个）	2585	1350	62	154	347	672	75	1582	928
总收入（万元）	**29520**	**16390**	**1426**	**1485**	**3049**	**7171**	**734**	**17811**	**10975**
事业收入	29520	16390	1426	1485	3049	7171	734	17811	10975
医疗收入	18059	9277	907	743	2396	4736	546	10804	6708
药品收入	9014	4904	406	345	1078	2281	291	5184	3539
上级补助收入	9930	6492	262	647	413	2117	150	5996	3785
总费用（万元）	**25082**	**13838**	**1334**	**1388**	**2485**	**6037**	**621**	**14926**	**9534**
人员经费	13175	7452	267	865	1399	3192	314	7819	5042
药品费	9556	5390	453	410	894	2409	282	5476	3798
诊疗人次数	**7612887**	**3793796**	**769280**	**586011**	**816009**	**1647791**	**199120**	**4699766**	**2714001**
出诊人次数	406691	248159	44099	22586	11447	80400	5734	218863	182094

14-24 科技事业发展情况

指 标	2020年	2021年	2022年
重点实验室（个）	527	562	616
国家级	6	6	9
省级	136	136	141
市级	385	420	466
工程技术研究中心（个）	1579	1794	2069
国家级	6	6	6
省级	594	712	847
市级	979	1076	1216
科技企业孵化器（个）	73	86	96
国家级	19	23	23
省级	26	29	38
市级	28	34	35
众创空间（个）	160	169	180
国家级	33	47	47
省级	75	59	71
市级	52	63	62
高新技术企业数（个）	2918	4130	5189
签订技术合同（份）	6681	8622	11140
技术合同成交额（亿元）	212.8	306.5	509.3
专利授权量（件）	50224	62853	52031
发明专利	4252	6731	7408
实用新型	40847	50910	39911
外观专利	5125	5212	4712

14-25 城乡最低生活救助标准

单位：元/月

年 度	城市居民最低生活保障金标准	农村居民最低生活保障金标准
2010年	300	160
2011年	340	180
2012年	380	200
2013年	430	240
2014年	470	260
2015年	520	290
2016年	550	320
2017年	600	380
2018年	630	430
2019年	700	700
2020年	730	730
2021年	740	740
2022年	750	750

14-26 社会福利彩票及捐赠情况

指 标	社会福利彩票销售额（亿元）	福利彩票公益金（万元）	接受社会捐赠额（万元）
2020年	9.12	5061	36597
2021年	11.93	6180	386249
2022年	12.04	10239	40465

14–27 结婚与离婚登记情况

单位：对、人

年 度	结婚登记	内地居民登记结婚	初婚人数	再婚人数	涉外结婚	离婚登记	内地居民	华侨、港澳台居民登记离婚
2010年	83594	83562	151647	15541	32	15606	15602	4
2011年	94275	94226	166279	22271	49	19281	19276	5
2012年	99522	99480	178566	20478	42	22879	22871	8
2013年	100531	100492	188849	12135	39	29269	29260	9
2014年	98036	97996	181060	14932	40	28433	28427	6
2015年	88996	88964	162699	15229	32	31032	31026	
2016年	84308	84273	150828	17788	35	37173	37166	7
2017年	78307	78277	135171	21443	30	46441	46428	13
2018年	78444	78417	107054	49834	27	44696	44687	9
2019年	71987	71940	91203	52765	44	46506	46492	14
2020年	61844	61830	77887	45801	14	41324	41319	5
2021年	62355	62336	80023	44687	19	24174	24171	3
2022年	55116	55100	73794	36438	16	21365	21362	3

14–28 分区县（市）最低生活保障情况

（2022年）

指 标	最低生活保障人数（人）	城镇	农村	最低生活保障保障金（万元）	城镇	农村
郑州市	49586	16126	33460	31266	11745	19521
中原区	1061	1061		1068	1068	
二七区	1609	1069		1408	1408	
管城区	887	887		906	906	
金水区	1658	1658		1627	1627	
上街区	376	376		303	303	
惠济区	143	143		125	125	
高新区	145	145		145	145	
经开区	137	137		108	108	
郑东新区	430	430		355	355	
航空港实验区	7242	7242		3612	3612	
中牟县	2310	133	2177	1631	122	1509
巩义市	8611	413	8198	4855	339	4516
荥阳市	5847	270	5577	3384	228	3155
新密市	4847	254	4593	3188	242	2946
新郑市	7421	1249	6172	4613	1057	3556
登封市	6862	119	6743	3938	100	3838

14-29 规模以上工业企业

（2022年）

类 别	有R&D活动企业个数（个）	有研发机构企业个数（个）	R&D人员合计（人）	项目研究开发人员	管理和服务人员
总计	**1281**	**376**	**59111**	**55532**	**3579**
按企业规模分组					
大型	44	25	25017	23709	1308
中型	136	58	13052	12188	864
小型	1026	272	19951	18598	1353
微型	75	21	1091	1037	54
按隶属关系分组					
中央	36	19	7615	7223	392
地方	45	15	2026	1864	162
其他	1200	342	49470	46445	3025
按登记注册类型分组					
内资企业	1238	358	51416	48093	3323
国有企业	10	2	2840	2778	62
集体企业	7	2	126	113	13
股份合作企业	1		9	9	
有限责任公司	326	91	22904	21413	1491
国有独资公司	9	9	1014	976	38
其他有限责任公司	317	82	21890	20437	1453
股份有限公司	39	23	3603	3359	244
私营企业	855	240	21934	20421	1513
私营独资企业	1		16	14	2
私营有限责任公司	790	206	16005	14789	1216
私营股份有限公司	64	34	5913	5618	295
港、澳、台商投资企业	19	7	4314	4237	77
合资经营企业（港或澳、台资）	11	3	3872	3841	31
港、澳、台商独资经营企业	6	3	298	268	30
港、澳、台商投资股份有限公司	2	1	144	128	16
外商投资企业	24	11	3381	3202	179
中外合资经营企业	16	5	1670	1567	103
中外合作经营企业	1		16	12	4
外资企业	4	3	650	621	29
外商投资股份有限公司	3	3	1045	1002	43

R&D人员情况

#女性	#研究人员	#全时人员	非全时人员	R&D人员折合全时当量合计（人年）	#研究人员	基础研究人员	应用研究人员	试验发展人员
11820	**18636**	**45928**	**13183**	**44489**	**14169**	**13**	**982**	**43495**
4378	8654	20629	4388	20806	7041	2	519	20285
2740	4188	9320	3732	9076	2997	10	199	8868
4497	5596	15293	4658	13955	4011	1	201	13753
205	198	686	405	652	120		64	588
1139	3573	6105	1510	5214	2499	12	177	5025
432	693	1364	662	1309	419		18	1291
10249	14370	38459	11011	37966	11251	1	787	37179
9877	16249	39997	11419	38059	12093	13	895	37151
156	1559	2517	323	1773	967			1773
53	28	85	41	72	18			72
2	5	8	1	8	4			8
4080	6764	18465	4439	17714	5163	12	227	17476
120	490	782	232	825	397	10	36	779
3960	6274	17683	4207	16889	4766	2	191	16696
914	1304	2511	1092	2570	953		150	2420
4672	6589	16411	5523	15922	4988	1	518	15403
7	2	14	2	11	1			11
3591	3976	11681	4324	11262	2894	1	229	11032
1074	2611	4716	1197	4649	2093		289	4360
884	1259	3504	810	3966	1168		2	3965
796	1157	3251	621	3646	1094		2	3644
28	47	146	152	203	31			203
60	55	107	37	118	43			118
1059	1128	2427	954	2464	908		85	2379
329	497	1259	411	1148	372		31	1116
	3	14	2	10	2			10
168	88	347	303	405	69		54	352
562	540	807	238	901	466			901

14–29 续表 1

类 别	有R&D活动企业个数（个）	有研发机构企业个数（个）	R&D人员合计（人）		
				项目研究开发人员	管理和服务人员
按国民经济行业大类分组					
采矿业	9	1	464	358	106
煤炭开采和洗选业	7	1	408	319	89
有色金属矿采选业	1		53	36	17
非金属矿采选业	1		3	3	
制造业	1244	366	55437	52015	3422
农副食品加工业	27	9	489	444	45
食品制造业	34	16	1900	1796	104
酒、饮料和精制茶制造业	6	2	441	397	44
烟草制品业	2	2	316	291	25
纺织业	11	5	175	165	10
纺织服装、服饰业	10	2	457	426	31
木材加工和木、竹、藤、棕、草制品业	3	1	115	110	5
家具制造业	8	1	164	154	10
造纸和纸制品业	17	4	403	380	23
印刷和记录媒介复制业	21	4	419	393	26
文教、工美、体育和娱乐用品制造业	6	2	234	227	7
石油、煤炭及其他燃料加工业	3	2	44	40	4
化学原料和化学制品制造业	48	23	1000	947	53
医药制造业	49	19	2446	2285	161
化学纤维制造业	1	1	27	27	
橡胶和塑料制品业	29	7	448	421	27
非金属矿物制品业	289	62	5627	5153	474
黑色金属冶炼和压延加工业	5	1	191	158	33
有色金属冶炼和压延加工业	49	18	3174	2961	213
金属制品业	70	24	1482	1390	92
通用设备制造业	110	28	3520	3341	179
专用设备制造业	156	38	5628	5354	274
汽车制造业	60	24	4779	4503	276
铁路、船舶、航空航天和其他运输设备制造业	16	10	1416	1288	128
电气机械和器材制造业	90	31	2885	2484	401
计算机、通信和其他电子设备制造业	54	10	14050	13414	636
仪器仪表制造业	60	18	3270	3142	128

#女性	#研究人员	#全时人员	非全时人员	R&D人员折合全时当量合计（人年）	#研究人员	基础研究人员	应用研究人员	试验发展人员
43	144	73	391	323	93		42	281
27	132	24	384	293	87		17	276
16	11	48	5	30	6		25	5
	1	1	2	1				1
11553	16790	43217	12220	42012	12937	13	939	41060
154	131	341	148	296	84		13	283
685	536	1223	677	1301	408		55	1246
25	58	238	203	138	16			138
89	152	137	179	267	131		31	236
58	15	129	46	133	12		6	127
289	76	338	119	314	51			314
21	5	103	12	64	2			64
38	55	133	31	126	42			126
110	67	219	184	304	51		3	302
114	110	317	102	281	73			281
83	45	182	52	166	31		34	133
15	8	31	13	28	6			28
257	269	782	218	731	206		13	718
1376	987	1884	562	1817	770		2	1816
3	13	24	3	27	13			27
92	106	329	119	265	57		7	258
1165	1087	3969	1658	3863	769		54	3809
2	24	71	120	95	16			95
436	537	2173	1001	1952	347		125	1827
256	300	995	487	991	202		50	940
473	1381	2667	853	2478	978	10	62	2406
828	2062	4503	1125	4332	1620	3	82	4248
787	2250	4167	612	3845	1836		319	3525
356	693	1183	233	1140	555			1140
586	797	1888	997	1931	544		25	1906
2549	3518	12342	1708	12206	2896		42	12164
649	1463	2583	687	2630	1184		18	2612

14-29 续表 2

类 别	有R&D活动企业个数（个）	有研发机构企业个数（个）	R&D人员合计（人）	项目研究开发人员	管理和服务人员
其他制造业	1		21	20	1
废弃资源综合利用业	1		19	18	1
金属制品、机械和设备修理业	8	2	297	286	11
电力、热力、燃气及水生产和供应业	28	9	3210	3159	51
电力、热力生产和供应业	16	3	2678	2657	21
燃气生产和供应业	3	1	230	221	9
水的生产和供应业	9	5	302	281	21
按经济成分分组					
公有经济	118	46	11219	10534	685
非公有经济	1163	330	47892	44998	2894
按企业控股情况分组					
国有控股	96	40	10595	9961	634
集体控股	22	6	624	573	51
私人控股	1131	315	40499	37763	2736
港澳台商控股	16	7	4362	4296	66
外商控股	16	8	3031	2939	92
按地区分组					
郑州市	1281	376	59111	55532	3579
中原区	26	5	1336	1255	81
二七区	22	11	3587	3429	158
管城区	11	4	2295	2164	131
金水区	14	5	368	356	12
上街区	60	10	2152	1995	157
惠济区	8	4	981	930	51
中牟县	64	19	2239	2006	233
巩义市	89	49	2609	2454	155
荥阳市	139	31	2922	2724	198
新密市	129	23	2446	2254	192
新郑市	150	45	3220	2914	306
登封市	91	15	2239	2024	215
经开区	103	37	8888	8537	351
高新区	305	100	12807	11977	830
郑东新区	14	3	1235	1190	45
航空港实验区	56	15	9787	9323	464

#女性	#研究人员	#全时人员	非全时人员	R&D人员折合全时当量合计（人年）	#研究人员	基础研究人员	应用研究人员	试验发展人员
21	3	19	2	18	3			18
2	6	17	2	15	5			15
34	36	230	67	258	31			258
224	1702	2638	572	2155	1140		2	2153
58	1477	2276	402	1773	975			1773
73	98	98	132	170	71		2	168
93	127	264	38	212	94			212
1834	4892	8784	2435	8053	3565	12	214	7827
9986	13744	37144	10748	36436	10604	1	767	35668
1674	4721	8367	2228	7675	3454	12	214	7449
160	171	417	207	378	112			378
8381	11920	31434	9065	30061	8981	1	681	29379
843	1195	3515	847	3995	1112		2	3993
762	629	2195	836	2380	510		85	2296
11820	18636	45928	13183	44489	14169	13	982	43495
393	448	815	521	974	338		2	973
383	1785	3026	561	2343	1215		1	2342
284	1218	2052	243	2097	1119		294	1803
79	133	288	80	286	106		9	277
488	433	1689	463	1335	265		20	1315
305	250	535	446	625	176		54	572
548	723	1681	558	1641	545		15	1625
381	422	1687	922	1893	316		141	1752
530	717	2163	759	2089	533		13	2076
476	472	1630	816	1731	349		38	1693
1019	841	2323	897	1992	533		52	1940
486	379	1462	777	1245	203		34	1211
1706	3163	7563	1325	7397	2612	2	92	7303
2650	4860	9373	3434	9147	3460	10	142	8996
143	525	904	331	846	336		35	812
1949	2267	8737	1050	8848	2062	1	42	8806

14-30 规模以上工业企业

（2022年）

类 别	R&D经费内部支出合计（万元）	按活动类型分组			按支出用途分组		
		基础研究支出	应用研究支出	试验发展支出	经常费支出	#人员劳务费	资产性支出
总计	**1857495.5**	**37.7**	**43729.2**	**1813728.6**	**1781702.3**	**721552.3**	**75793.2**
按企业规模分组							
大型	894828.3	2.6	21812.3	873013.4	881751.1	422484.9	13077.2
中型	489231.2	12.9	11432.0	477786.3	449793.0	137353.8	39438.2
小型	449344.5	22.2	8172.0	441150.3	426624.2	153864.4	22720.3
微型	24091.5		2312.9	21778.6	23534.0	7849.2	557.5
按隶属关系分组							
中央	257543.6	15.5	7274.0	250254.1	238377.9	111823.6	19165.7
地方	137218.6		4419.0	132799.6	135615.2	27890.2	1603.4
其他	1462733.3	22.2	32036.2	1430674.9	1407709.2	581838.5	55024.1
按登记注册类型分组							
内资企业	1662713.6	37.7	40178.5	1622497.4	1592836.0	618508.5	69877.6
国有企业	65126.7			65126.7	65044.3	58300.0	82.4
集体企业	2851.3			2851.3	2681.6	1040.1	169.7
股份合作企业	170.3			170.3	170.3	68.9	
有限责任公司	800409.2	15.5	14629.6	785764.1	760143.6	290396.0	40265.6
国有独资公司	44329.5	12.9	1897.0	42419.6	33136.7	9907.2	11192.8
其他有限责任公司	756079.7	2.6	12732.6	743344.5	727006.9	280488.8	29072.8
股份有限公司	136543.5		6128.5	130415.0	129660.1	41587.8	6883.4
私营企业	657612.6	22.2	19420.4	638170.0	635136.1	227115.7	22476.5
私营独资企业	180.5			180.5	122.0	45.7	58.5
私营有限责任公司	448725.6	22.2	7573.1	441130.3	428941.0	114423.7	19784.6
私营股份有限公司	208706.5		11847.3	196859.2	206073.1	112646.3	2633.4
港、澳、台商投资企业	100927.2		21.8	100905.4	100615.8	65587.2	311.4
合资经营企业（港或澳、台资）	92568.5		21.8	92546.7	92468.0	62333.8	100.5
港、澳、台商独资经营企业	4729.6			4729.6	4729.6	1845.6	
港、澳、台商投资股份有限公司	3629.1			3629.1	3418.2	1407.8	210.9
外商投资企业	93854.7		3528.9	90325.8	88250.5	37456.6	5604.2
中外合资经营企业	46840.1		1791.6	45048.5	44383.3	19668.4	2456.8
中外合作经营企业	256.8			256.8	139.6	98.1	117.2
外资企业	16753.1		1737.3	15015.8	16711.9	6029.7	41.2
外商投资股份有限公司	30004.7			30004.7	27015.7	11660.4	2989.0

R&D经费情况

		按资金来源分组			R&D经费外部支出合计(万元)	对境内研究机构支出	对境内高等学校支出	对境内企业支出	对境外支出
#土建工程	#仪器设备	政府资金	企业资金	其他资金					
2228.8	**73564.4**	**15715.1**	**1840671.1**	**1109.3**	**72575.8**	**5801.7**	**6493.5**	**56127.6**	**4153.0**
936.7	12140.5	4994.2	889834.1		50357.5	1811.9	2657.5	43017.9	2870.2
915.9	38522.3	7814.6	481291.9	124.7	11729.7	3530.2	1809.2	5213.7	1176.6
340.3	22380.0	2899.1	445474.6	970.8	10290.9	459.6	1957.7	7767.4	106.2
35.9	521.6	7.2	24070.5	13.8	197.7		69.1	128.6	
141.3	19024.4	7901.7	249517.2	124.7	11059.5	1044.5	2722.5	7292.5	
56.4	1547.0	1055.0	136163.6		2430.3	2009.0	322.1	99.2	
2031.1	52993.0	6758.4	1454990.3	984.6	59086.0	2748.2	3448.9	48735.9	4153.0
2150.1	67727.5	15225.0	1646379.3	1109.3	67279.5	4940.9	6463.6	54648.1	1226.9
82.4			65126.7		7418.8	518.1	2010.3	4890.4	
	169.7		2851.3						
			170.3						
1141.0	39124.6	8368.2	791529.2	511.8	47042.4	1972.6	1081.6	43512.1	476.1
	11192.8	3097.7	41107.1	124.7	515.0		515.0		
1141.0	27931.8	5270.5	750422.1	387.1	46527.4	1972.6	566.6	43512.1	476.1
713.0	6170.4	2190.2	134353.3		6132.7	2023.3	1018.3	3091.1	
213.7	22262.8	4666.6	652348.5	597.5	6685.6	426.9	2353.4	3154.5	750.8
	58.5		135.4	45.1					
197.7	19586.9	2457.6	445747.6	520.4	3781.7	386.9	1758.8	1626.4	9.6
16.0	2617.4	2209.0	206465.5	32.0	2903.9	40.0	594.6	1528.1	741.2
0.2	311.2	107.7	100819.5		435.4		29.9	349.6	55.9
0.2	100.3		92568.5		55.9				55.9
		107.7	4621.9		99.7			99.7	
	210.9		3629.1		279.8		29.9	249.9	
78.5	5525.7	382.4	93472.3		4860.9	860.8		1129.9	2870.2
23.5	2433.3		46840.1		1395.8	265.9		1129.9	
0.2	117.0	10.0	246.8						
41.2			16753.1						
13.6	2975.4	372.4	29632.3		3465.1	594.9			2870.2

14–30 续表 1

类 别	R&D经费内部支出合计（万元）	按活动类型分组			按支出用途分组		
		基础研究支出	应用研究支出	试验发展支出	经常费支出	#人员劳务费	资产性支出
按国民经济行业大类分组							
采矿业	4096.7		252.9	3843.8	3711.6	904.1	385.1
煤炭开采和洗选业	2940.0		26.8	2913.2	2556.8	621.3	383.2
有色金属矿采选业	446.4		226.1	220.3	444.5	247.5	1.9
非金属矿采选业	710.3			710.3	710.3	35.3	
制造业	1774229.3	37.7	43454.5	1730737.1	1699143.4	654524.8	75085.9
农副食品加工业	9829.1		457.5	9371.6	9424.2	2938.6	404.9
食品制造业	34412.3		1900.1	32512.2	34035.5	13576.4	376.8
酒、饮料和精制茶制造业	4200.7			4200.7	4193.0	1774.9	7.7
烟草制品业	8720.2		549.1	8171.1	8177.8	6188.4	542.4
纺织业	4008.4		122.5	3885.9	2890.5	1162.5	1117.9
纺织服装、服饰业	5043.3			5043.3	5013.7	2600.0	29.6
木材加工和木、竹、藤、棕、草制品业	1731.2			1731.2	1731.2	466.3	
家具制造业	2778.7			2778.7	2759.6	1055.5	19.1
造纸和纸制品业	8707.9		18.9	8689.0	8557.7	2102.7	150.2
印刷和记录媒介复制业	6771.7			6771.7	6641.8	3066.0	129.9
文教、工美、体育和娱乐用品制造业	2452.1		253.7	2198.4	2452.1	1433.9	
石油、煤炭及其他燃料加工业	1063.0			1063.0	1060.9	288.2	2.1
化学原料和化学制品制造业	27160.0		502.6	26657.4	24810.0	7371.9	2350.0
医药制造业	66735.0		49.4	66685.6	60937.9	24047.7	5797.1
化学纤维制造业	1272.7			1272.7	1178.0	562.6	94.7
橡胶和塑料制品业	12908.6		1831.5	11077.1	11236.2	2442.4	1672.4
非金属矿物制品业	130918.1		2167.6	128750.5	125620.5	34577.7	5297.6
黑色金属冶炼和压延加工业	7347.8			7347.8	7347.8	807.3	
有色金属冶炼和压延加工业	272879.1		10813.0	262066.1	258847.5	23448.7	14031.6
金属制品业	49890.2		2433.4	47456.8	40907.5	11678.0	8982.7
通用设备制造业	114984.9	12.9	2516.7	112455.3	101689.4	31827.7	13295.5
专用设备制造业	205384.5	24.8	3785.8	201573.9	202387.8	62270.4	2996.7
汽车制造业	227057.4		13476.1	213581.3	221690.9	123746.3	5366.5
铁路、船舶、航空航天和其他运输设备制造业	42725.4			42725.4	40403.9	16215.9	2321.5
电气机械和器材制造业	83969.6		774.0	83195.6	79645.5	25459.4	4324.1
计算机、通信和其他电子设备制造业	370421.0		1657.1	368763.9	367467.0	209886.8	2954.0
仪器仪表制造业	61375.1		145.5	61229.6	59294.9	40260.9	2080.2

		按资金来源分组			R&D经费外部支出合计(万元)	对境内研究机构支出	对境内高等学校支出	对境内企业支出	对境外支出
#土建工程	#仪器设备	政府资金	企业资金	其他资金					
	385.1		4096.7		313.0	146.2	166.7	0.1	
	383.2		2940.0		305.2	146.2	158.9	0.1	
	1.9		446.4		7.8		7.8		
			710.3						
2226.5	72859.4	15291.1	1757828.9	1109.3	63911.4	5137.4	4117.1	50503.9	4153.0
1.2	403.7	110.8	9718.3		50.3	24.3	26.0		
2.6	374.2	536.5	33862.1	13.7	661.6	4.6	402.8	203.9	50.3
7.4	0.3		4200.7						
	542.4		8720.2		1273.4	524.4	176.5	572.5	
	1117.9		4008.4						
0.1	29.5		5043.3						
			1731.2						
0.6	18.5	22.8	2755.9		35.7			35.7	
	150.2		8707.9						
	129.9	35.2	6611.5	125					
			2452.1						
	2.1		1063.0						
31.0	2319.0	2.1	27157.9		453.3	74.2	282.7	96.4	
79.1	5718.0	213.8	66521.2		9824.5	2583.4	176.3	4194.6	2870.2
1.7	93.0		1272.7		66.0			66.0	
25.2	1647.2	22.4	12841.1	45.1	221.2	30.0	120.0	71.2	
139.8	5157.8	881.3	130036.8		2082.3	152.3	160.0	1028.8	741.2
			7347.8						
0.6	14031.0	1262.4	271535.3	81.4	92.5	2.0	56.5	34.0	
65.9	8916.8	723.0	49135.2	32.0	672.4	51.3	25.7	595.4	
49.5	13246.0	4771.6	110088.6	124.7	1156.8	30.0	1033.2	93.6	
17.5	2979.2	3064.9	201653.3	666.3	914.6	433.7	289.3	135.7	55.9
30.1	5336.4	1669.8	225387.6		1221.7	57.4	215.8	948.5	
698.7	1622.8	950.0	41775.4		1807.4			1807.4	
4.8	4319.3	89.0	83879.0	1.6	3185.0	1128.3	4.1	2052.6	
988.7	1965.3	180.0	370241.0		36437.4		84.3	35917.7	435.4
76.3	2003.9	755.5	60600.1	19.5	2864.7	41.5	1063.9	1759.3	

14-30 续表 2

类 别	R&D经费内部支出合计（万元）	按活动类型分组			按支出用途分组		
		基础研究支出	应用研究支出	试验发展支出	经常费支出	#人员劳务费	资产性支出
其他制造业	207.2			207.2	207.2	195.2	
废弃资源综合利用业	880.4			880.4	555.5	207.2	324.9
金属制品、机械和设备修理业	8393.7			8393.7	7977.9	2865.3	415.8
电力、热力、燃气及水生产和供应业	79169.5		21.8	79147.7	78847.3	66123.4	322.2
电力、热力生产和供应业	63183.2			63183.2	63170.4	57523.1	12.8
燃气生产和供应业	7700.1		21.8	7678.3	7600.7	3731.1	99.4
水的生产和供应业	8286.2			8286.2	8076.2	4869.2	210.0
按经济成分分组							
公有经济	411624.7	15.5	7870.7	403738.5	388139.5	163699.8	23485.2
非公有经济	1445870.8	22.2	35858.5	1409990.1	1393562.8	557852.5	52308.0
按企业控股情况分组							
国有控股	398148.5	15.5	7870.7	390262.3	375168.6	158189.3	22979.9
集体控股	13476.2			13476.2	12970.9	5510.5	505.3
私人控股	1289890.4	22.2	32307.8	1257560.4	1238409.2	460730.4	51481.2
港澳台商控股	98696.9		21.8	98675.1	98559.4	64251.9	137.5
外商控股	57283.5		3528.9	53754.6	56594.2	32870.2	689.3
按地区分组							
郑州市	1857495.5	37.7	43729.2	1813728.6	1781702.3	721552.3	75793.2
中原区	71685.5		21.8	71663.7	70718.2	18541.1	967.3
二七区	80039.8		162.8	79877.0	79813.2	61075.6	226.6
管城区	131292.5		11807.0	119485.5	131291.5	77774.8	1.0
金水区	7710.0		291.2	7418.8	7603.7	3572.7	106.3
上街区	54142.4		704.8	53437.6	49317.9	18610.0	4824.5
惠济区	18525.6		1737.3	16788.3	18197.4	5484.7	328.2
中牟县	69807.7		247.7	69560.0	66414.5	24092.9	3393.2
巩义市	220473.3		9987.2	210486.1	216430.1	15629.9	4043.2
荥阳市	68044.5		583.5	67461.0	66387.2	20556.9	1657.3
新密市	52140.6		957.5	51183.1	50209.9	12718.1	1930.7
新郑市	84030.6		4041.2	79989.4	77202.1	21310.5	6828.5
登封市	41301.1		1516.1	39785.0	39141.9	9409.1	2159.2
经开区	311560.0	2.6	5565.3	305992.1	300636.1	132058.6	10923.9
高新区	332260.9	12.9	3857.5	328390.5	297150.4	129711.7	35110.5
郑东新区	80365.7		591.2	79774.5	78910.3	30666.5	1455.4
航空港实验区	234115.3	22.2	1657.1	232436.0	232277.9	140339.2	1837.4

		按资金来源分组			R&D经费外部支出合计(万元)	对境内研究机构支出	对境内高等学校支出	对境内企业支出	对境外支出
#土建工程	#仪器设备	政府资金	企业资金	其他资金					
			207.2						
	324.9		880.4		690.0			690.0	
5.7	410.1		8393.7		200.6			200.6	
2.3	319.9	424.0	78745.5		8351.4	518.1	2209.7	5623.6	
	12.8		63183.2		8124.8	518.1	2004.3	5602.4	
	99.4		7700.1						
2.3	207.7	424.0	7862.2		226.6		205.4	21.2	
178.3	23306.9	7440.7	404059.3	124.7	13536.3	1276.4	3202.1	8622.4	435.4
2050.5	50257.5	8274.4	1436611.8	984.6	59039.5	4525.3	3291.4	47505.2	3717.6
175.6	22804.3	7440.7	390583.1	124.7	13016.1	1276.4	3190.1	8114.2	435.4
2.7	502.6		13476.2		520.2		12	508.2	
1985.4	49495.8	7784.3	1281121.5	984.6	58922.1	4525.3	3291.4	47387.8	3717.6
0.2	137.3	107.7	98589.2		117.4			117.4	
64.9	624.4	382.4	56901.1						
2228.8	73564.4	15715.1	1840671.1	1109.3	72575.8	5801.7	6493.5	56127.6	4153.0
0.1	967.2	775.0	70910.5		464.0	187.8	253.6	22.6	
6.6	220.0	802.6	79205.2	32.0	8131.1	518.1	2014.3	5598.7	
0.2	0.8	1461.2	129831.3						
0.4	105.9	21.8	7688.2						
7.7	4816.8	577.5	53483.5	81.4	25.8		25.8		
2.3	325.9	347.4	18178.2						
23.7	3369.5	273.2	69534.5		3558.0	72.1	211.0	3274.9	
9.9	4033.3	759.8	219668.4	45.1	840.8		98.4	742.4	
63.4	1593.9	1114.7	66928.2	1.6	1166.4	152.8	99.1	904.9	9.6
38.5	1892.2	436.0	51704.6		111.6	33.0	78.5	0.1	
63.5	6765.0	2862.3	80750.4	417.9	4672.9	2022.1	1103.4	1506.7	40.7
73.1	2086.1	23.6	41277.5		259.5	72.6	114.8	72.1	
112.8	10811.1	1945.7	309227.2	387.1	7375.1	1861.4	309.1	1593.2	3611.4
904.3	34206.2	4136.4	327980.3	144.2	9582.6	357.4	1952.9	6781.0	491.3
893.7	561.7	50.5	80315.2		34897.4	524.4	194.5	34178.5	
28.6	1808.8	127.4	233987.9		1490.6		38.1	1452.5	

14－31 规模以上工业企业办科技机构情况

（2022年）

类别	机构数（个）	企业在境外设立的研发机构数(个)	机构人员合计（人）	#博士毕业	硕士毕业	机构经费支出（万元）	仪器和设备原价（万元）
总计	453	16	24721	336	3860	1046667.2	729831.9
按企业规模分组							
大型	40	1	11889	100	2011	590863.6	274065.5
中型	78	2	6056	116	1129	261376.7	291694.7
小型	312	11	6234	105	688	174359.5	150027.1
微型	23	2	542	15	32	20067.4	14044.6
按隶属关系分组							
中央	34	1	3453	66	1109	148823.6	143941.8
地方	18		925	12	127	116643.7	61298.0
其他	401	15	20343	258	2624	781199.9	524592.1
按登记注册类型分组							
内资企业	431	16	22215	285	3095	944316.0	645124.9
国有企业	2		85		14	2151.2	3156.3
集体企业	2		38	1		1267.8	1320.9
有限责任公司	118	5	9624	83	1584	385221.3	351656.8
国有独资公司	16		1069	6	347	39667.6	80625.1
其他有限责任公司	102	5	8555	77	1237	345553.7	271031.7
股份有限公司	28		2332	22	311	116840.8	44693.5
私营企业	281	11	10136	179	1186	438834.9	244297.4
私营有限责任公司	227	10	5119	96	530	211801.9	128500.4
私营股份有限公司	54	1	5017	83	656	227033.0	115797.0
港、澳、台商投资企业	8		623	4	66	16162.6	15100.2
合资经营企业（港或澳、台资）	4		342	2	34	9268.2	6446.1
港、澳、台商独资经营企业	3		176	1	7	3606.1	6982.1
港、澳、台商投资股份有限公司	1		105	1	25	3288.3	1672.0
外商投资企业	14		1883	47	699	86188.6	69606.8
中外合资经营企业	6		599	1	90	32530.9	30322.7
外资企业	3		522	16	84	20031.6	17374.4
外商投资股份有限公司	5		762	30	525	33626.1	21909.7

14–31 续表 1

类 别	机构数（个）	企业在境外设立的研发机构数(个)	机构人员合计（人）	#博士毕业	硕士毕业	机构经费支出（万元）	仪器和设备原价（万元）
按国民经济行业大类分组							
采矿业	1		30			231.2	7297.2
煤炭开采和洗选业	1		30			231.2	7297.2
制造业	438	16	24137	328	3748	1028081.0	705885.4
农副食品加工业	10		108	2	17	3172.9	1365.8
食品制造业	17		1068	38	144	31428.7	31957.1
酒、饮料和精制茶制造业	2		223		5	2854.5	6948.6
烟草制品业	2		238	12	73	22748.6	22445.4
纺织业	5		76			992.2	554.2
纺织服装、服饰业	2		135		2	2054.6	830.6
木材加工和木、竹、藤、棕、草制品业	1		18			353.9	103.0
家具制造业	1		16	2	8	535.9	139.6
造纸和纸制品业	5		106	1	1	5053.3	7975.0
印刷和记录媒介复制业	4		161		6	3026.4	13895.2
文教、工美、体育和娱乐用品制造业	2		100		3	1175.1	1049.6
石油、煤炭及其他燃料加工业	4		26	4	2	766.1	601.5
化学原料和化学制品制造业	27	1	549	15	94	14561.8	10194.5
医药制造业	22		1506	36	695	56305.9	39730.5
化学纤维制造业	1		27		13	1455.3	1058.6
橡胶和塑料制品业	7		121	3	16	4803.9	2914.1
非金属矿物制品业	69	6	1659	43	249	42576.1	34188.1
黑色金属冶炼和压延加工业	1		32		1	782.4	134.4
有色金属冶炼和压延加工业	20	1	1780	38	191	196028.5	87909.8
金属制品业	26	2	751	16	88	25341.6	32020.7
通用设备制造业	36	2	1293	16	358	54697.4	71439.3
专用设备制造业	50	2	2711	26	548	145688.9	57184.0
汽车制造业	25		3569	27	608	209447.4	195357.5
铁路、船舶、航空航天和其他运输设备制造业	14		1221	3	195	38222.0	26201.4
电气机械和器材制造业	45	1	923	12	129	28972.0	20911.8
计算机、通信和其他电子设备制造业	16	1	3886	4	94	94642.1	26684.0
仪器仪表制造业	22		1777	30	206	39449.8	11592.9
金属制品、机械和设备修理业	2		57		2	943.7	498.2

14-31 续表 2

类 别	机构数（个）	企业在境外设立的研发机构数（个）	机构人员合计（人）	#博士毕业	硕士毕业	机构经费支出（万元）	仪器和设备原价（万元）
电力、热力、燃气及水生产和供应业	14		554	8	112	18355.0	16649.3
电力、热力生产和供应业	5		88		9	2950.5	10860.5
燃气生产和供应业	2		176	2	33	5751.8	606.3
水的生产和供应业	7		290	6	70	9652.7	5182.5
按经济成分分组							
公有经济	66	1	5330	69	1417	272122.6	225541.5
非公有经济	387	15	19391	267	2443	774544.6	504290.4
按企业控股情况分组							
国有控股	59	1	5121	68	1389	267760.7	223614.3
集体控股	7		209	1	28	4361.9	1927.2
私人控股	368	15	17963	225	2238	732209.4	457493.9
港澳台商控股	9		547	3	48	13872.4	10878.0
外商控股	10		881	39	157	28462.8	35918.5
按地区分组							
郑州市	453	16	24721	336	3860	1046667.2	729831.9
中原区	6	1	665	10	126	60614.5	2789.2
二七区	14		830	5	129	20895.4	30820.1
管城区	4		2640	22	449	160835.0	74841.9
金水区	6		260	3	44	6259.3	11801.9
上街区	11	2	648	19	121	16456.2	21444.3
惠济区	5		523	35	93	20395.5	21063.6
中牟县	20		911	3	183	51252.7	33596.1
巩义市	51	5	2272	51	146	208641.4	105377.1
荥阳市	37	2	966	7	86	26452.9	16167.6
新密市	24	1	402	9	16	10261.4	6017.8
新郑市	48	1	1127	10	175	45923.0	38585.4
登封市	16	1	442	8	22	5041.2	8658.3
经开区	55	3	3798	29	1299	167144.2	172419.4
高新区	136		5312	94	732	127507.5	132985.5
郑东新区	3		243	12	73	22873.4	21304.5
航空港实验区	17		3682	19	166	96113.6	31959.2

14–32　规模以上工业企业自主知识产权保护情况

（2022年）

类　型	专利申请数（件）	#发明专利	期末有效发明专利数（件）	#已被实施	专利所有权转让及许可数（项）	专利所有权转让及许可收入（万元）	发表科技论文（篇）	期末拥有注册商标（件）	形成国家或行业标准（项）
总计	**14170**	**4473**	**12156**	**7225**	**21344**	**22140**	**983**	**14113**	**346**
按企业规模分组									
大型	4739	2485	4240	3196	19	16	454	6295	99
中型	3089	950	2327	1423	448	541	359	2418	110
小型	6080	1012	5201	2488	20853	21583	168	4915	136
微型	262	26	388	118	24		2	485	1
按隶属关系分组									
中央	3575	1836	2111	1415	51	570	604	2528	45
地方	328	65	311	218	8		74	168	5
其他	10267	2572	9734	5592	21285	21570	305	11417	296
按登记注册类型分组									
内资企业	13652	4311	11666	6988	21333	22124	937	12412	321
国有企业	1498	925	59	44			20		9
集体企业	9		1	1				7	
股份合作企业	10							1	
有限责任公司	5272	2073	5385	3849	20812	18315	683	3967	101
国有独资公司	184	114	399	346	2	520	39	46	8
其他有限责任公司	5088	1959	4986	3503	20810	17795	644	3921	93
股份有限公司	597	172	725	368	12		130	724	69
私营企业	6266	1141	5496	2726	509	3809	104	7713	142
私营独资企业	3							1	
私营有限责任公司	5094	823	3976	1872	114	3809	64	4864	55
私营股份有限公司	1169	318	1520	854	395		40	2848	87
港、澳、台商投资企业	252	65	197	152			13	117	6
合资经营企业（港或澳、台资）	139	28	46	28			9	47	4
港、澳、台商独资经营企业	32	14	33	6				2	2
港、澳、台商投资股份有限公司	81	23	118	118			4	68	
外商投资企业	266	97	293	85	11	16	33	1584	19
中外合资经营企业	141	46	92	54	11	16	12	295	15
中外合作经营企业	14							3	
外资企业	43	21	25	14				222	

14-32 续表 1

类 型	专利申请数（件）	#发明专利	期末有效发明专利数（件）	#已被实施	专利所有权转让及许可数（项）	专利所有权转让及许可收入（万元）	发表科技论文（篇）	期末拥有注册商标（件）	形成国家或行业标准（项）
外商投资股份有限公司	68	30	176	17			21	1064	4
按国民经济行业大类分组									
采矿业	56	11	23	22			53	7	
煤炭开采和洗选业	11	1	3	2			50		
有色金属矿采选业	45	10	20	20			3	7	
制造业	12539	3498	12014	7100	21344	22140	886	14079	329
农副食品加工业	67	12	100	53			7	265	6
食品制造业	165	18	305	79			15	3311	3
酒、饮料和精制茶制造业	27		22					55	
烟草制品业	967	304	696	153			174	2416	
纺织业	35	3	29	7				10	
纺织服装、服饰业	21	1	11	1				153	1
木材加工和木、竹、藤、棕、草制品业	28	1	23						
家具制造业	105	9	36					39	
造纸和纸制品业	70	3	73	4				7	2
印刷和记录媒介复制业	107	15	48	31				8	
文教、工美、体育和娱乐用品制造业	52	6	29	18				57	3
石油、煤炭及其他燃料加工业	18	3	8	8			2	71	
化学原料和化学制品制造业	291	99	340	171	20744		21	1489	14
医药制造业	425	131	666	304	6		31	1372	16
化学纤维制造业	26	11	25	25				2	
橡胶和塑料制品业	135	50	106	72	39		2	97	1
非金属矿物制品业	2071	457	1587	783	2		49	612	51
黑色金属冶炼和压延加工业	11		25						1
有色金属冶炼和压延加工业	637	153	196	167	45		114	43	7
金属制品业	462	78	408	160			31	121	4
通用设备制造业	1122	322	1047	751	25	22065	157	333	26
专用设备制造业	1706	436	1566	1037	13		173	803	41
汽车制造业	694	183	974	862	43	16	55	1127	79
铁路、船舶、航空航天和其他运输设备制造业	248	68	357	219			24	41	11
电气机械和器材制造业	753	156	769	356	30		16	333	30
计算机、通信和其他电子设备制造业	1466	797	1614	1471	5		10	543	4

14–32 续表 2

类 型	专利申请数（件）	#发明专利	期末有效发明专利数（件）	#已被实施	专利所有权转让及许可数（项）	专利所有权转让及许可收入（万元）	发表科技论文（篇）	期末拥有注册商标（件）	形成国家或行业标准（项）
仪器仪表制造业	737	180	913	332	392	59	3	720	28
其他制造业	7							11	
废弃资源综合利用业	11	1							
金属制品、机械和设备修理业	75	1	41	36			2	40	1
电力、热力、燃气及水生产和供应业	1575	964	119	103			44	27	17
电力、热力生产和供应业	1451	911	56	51			29	14	8
燃气生产和供应业	22	1	7	7			9	1	4
水的生产和供应业	102	52	56	45			6	12	5
按经济成分分组									
公有经济	4049	1973	2486	1587	70	586	649	3140	77
非公有经济	10121	2500	9670	5638	21274	21554	334	10973	269
按企业控股情况分组									
国有控股	3972	1964	2397	1554	70	586	646	3057	77
集体控股	77	9	89	33			3	83	
私人控股	9845	2428	9503	5583	21274	21554	322	9754	262
港澳台商控股	154	40	125	24			9	2	7
外商控股	122	32	42	31			3	1217	
按地区分组									
郑州市	14170	4473	12156	7225	21344	22140	983	14113	346
中原区	189	49	133	85	16	17724	63	198	5
二七区	1603	960	308	197			28	374	7
管城区	253	119	625	599			21	613	28
金水区	94	26	64	41			1	573	4
上街区	370	144	299	157	20741		73	164	5
惠济区	58	9	61	42			3	1270	1
中牟县	414	99	524	268	43	16	17	420	21
巩义市	1147	142	353	188	36		36	281	7
荥阳市	801	162	563	394	2	50	17	468	30
新密市	790	169	734	330	2		23	294	15
新郑市	709	115	684	318	28	520	23	1901	4
登封市	499	71	288	190	46		74	264	12
经开区	1783	594	1575	1017	1		150	1021	61
高新区	3092	737	3447	1648	416	3821	262	3269	142
郑东新区	1708	958	2165	1534			176	2642	1
航空港实验区	660	119	333	217	13	9	16	361	3

14–33 规模以上工业企业新产品开发、生产及销售

（2022年）

类 别	新产品开发项目数（项）	新产品开发经费支出（万元）	新产品销售收入（万元）	出口
总计	**6939**	**1569758.6**	**51442494.0**	**20901758.5**
按企业规模分组				
大型	1186	727450.3	42286027.7	20304714.9
中型	1450	409754.8	5077540.9	338938.4
小型	4066	413074.6	3636742.4	161819.2
微型	237	19478.9	442183.0	96286.0
按隶属关系分组				
中央	717	218799.8	1417390.0	71934.5
地方	255	118384.8	1518018.4	63681.8
其他	5967	1232574.0	48507085.6	20766142.2
按登记注册类型分组				
内资企业	6486	1424448.8	33819549.3	4671350.0
国有企业	188	74325.8	116281.0	
集体企业	20	2663.4	9907.3	229.4
股份合作企业	4	188.2	3090.3	
有限责任公司	2138	653343.6	24449626.8	3987393.8
国有独资公司	99	40982.6	235204.2	
其他有限责任公司	2039	612361.0	24214422.6	3987393.8
股份有限公司	353	114331.0	1685741.4	128950.8
私营企业	3783	579596.8	7554902.5	554776.0
私营独资企业	5	455.0	6187.8	
私营有限责任公司	3199	420219.7	5615080.1	244464.1
私营股份有限公司	579	158922.1	1933634.6	310311.9
港、澳、台商投资企业	185	65665.1	16288417.1	16107640.2
合资经营企业（港或澳、台资）	121	56210.3	16245411.2	16106973.8
港、澳、台商独资经营企业	39	5341.2	32436.3	666.4
港、澳、台商投资股份有限公司	25	4113.6	10569.6	
外商投资企业	268	79644.7	1334527.6	122768.3
中外合资经营企业	98	35856.9	778377.0	119344.6
中外合作经营企业	7	454.1	3107.1	444.6
外资企业	59	13572.9	199971.6	
外商投资股份有限公司	104	29760.8	353071.9	2979.1

14-33 续表 1

类 别	新产品开发项目数（项）	新产品开发经费支出（万元）	新产品销售收入（万元）	出口
按国民经济行业大类分组				
采矿业	7	1402.5		
煤炭开采和洗选业	3	624.0		
有色金属矿采选业	3	68.2		
非金属矿采选业	1	710.3		
制造业	6683	1494350.9	51329041.7	20901758.5
农副食品加工业	90	9272.6	70284.5	
食品制造业	229	28181.7	608032.5	6549.2
酒、饮料和精制茶制造业	21	2960.1	6940.6	
烟草制品业	66	7462.8	188158.7	576.8
纺织业	70	3954.1	40143.3	206.0
纺织服装、服饰业	38	3962.0	60639.8	2676.0
木材加工和木、竹、藤、棕、草制品业	5	342.6	5503.6	2064.3
家具制造业	46	2976.2	15269.7	
造纸和纸制品业	42	4625.8	52195.5	
印刷和记录媒介复制业	53	4893.1	74730.0	229.4
文教、工美、体育和娱乐用品制造业	25	2045.3	26689.5	1332.5
石油、煤炭及其他燃料加工业	8	638.0	1310.8	
化学原料和化学制品制造业	224	23519.8	218604.7	4607.0
医药制造业	480	63423.7	426007.6	2958.6
化学纤维制造业	4	1273.8		
橡胶和塑料制品业	92	9244.4	151836.0	68786.2
非金属矿物制品业	962	110063.8	1192967.8	64842.3
黑色金属冶炼和压延加工业	13	2787.4	19219.4	
有色金属冶炼和压延加工业	413	258178.9	4512490.0	400650.3
金属制品业	253	32809.3	516948.0	11902.2
通用设备制造业	609	104339.5	720370.5	13245.7
专用设备制造业	925	184501.9	2490870.3	140923.3
汽车制造业	383	170606.9	1736118.2	230391.0
铁路、船舶、航空航天和其他运输设备制造业	97	42614.7	274253.1	813.7
电气机械和器材制造业	498	79634.4	1576416.1	110253.8
计算机、通信和其他电子设备制造业	551	273312.5	36107953	19827941.7
仪器仪表制造业	454	60013.1	220109.5	10808.5
其他制造业	4	207.2	3140.9	

14–33 续表 2

类 别	新产品开发项目数 (项)	新产品开发经费支出（万元）	新产品销售收入（万元）	出口
废弃资源综合利用业	3	666.2	11654.1	
金属制品、机械和设备修理业	25	5839.1	184.0	
电力、热力、燃气及水生产和供应业	249	74005.2	113452.3	
电力、热力生产和供应业	207	70035.7	68893.3	
燃气生产和供应业	23	1904.3	3377.2	
水的生产和供应业	19	2065.2	41181.8	
按经济成分分组				
公有经济	1069	350233.3	3633915.0	135447.5
非公有经济	5870	1219525.3	47808579.0	20766311.0
按企业控股情况分组				
国有控股	998	340837.3	3517797.1	135103.5
集体控股	71	9396.0	116117.9	344.0
私人控股	5528	1118484.2	16164965.5	4662099.6
港澳台商控股	154	63197.8	16278639.9	16103635.5
外商控股	188	37843.3	15364973.6	575.9
按地区分组				
郑州市	6939	1569758.6	51442494.0	20901758.5
中原区	99	58507.1	957816.9	37313.1
二七区	302	90566.2	162819.8	6289.8
管城区	68	81829.5	877314.7	203113.2
金水区	68	6805.9	66752.0	5705.9
上街区	291	36980.6	226046.7	2482.5
惠济区	137	15133.6	359296.2	
中牟县	316	53710.4	1044191.1	121123.8
巩义市	780	248029.2	4543502.9	216673.6
荥阳市	523	61570.7	642032.7	14595.7
新密市	380	40120.5	371921.1	28553.7
新郑市	437	59428.8	865882.2	62739.7
登封市	226	23650.0	408027.2	1495.4
经开区	989	290746.2	3366853.9	1526534.4
高新区	1716	289688.0	2737359.6	284113.1
郑东新区	121	52389.4	1179912.9	128782.0
航空港实验区	486	160602.5	33632764.1	18262242.6

14-34 规模以上工业企业政府相关政策落实情况

（2022年）

单位：万元

类 别	使用来自政府部门的研发资金	研究开发费用加计扣除减免税	高新技术企业减免税
总计	**1432565.1**	**226109.5**	**134924.7**
按企业规模分组			
大型	699676.7	97481.5	68885.4
中型	313053.5	57940.7	36440.5
小型	409198.8	68510.1	29458.7
微型	10636.1	2177.2	140.1
按隶属关系分组			
中央	119852.0	16841.7	11595.8
地方	67648.7	11534.9	17854.5
其他	1245064.4	197732.9	105474.4
按登记注册类型分组			
内资企业	1289474.0	196869.6	125959.6
国有企业	7063.6	1123.2	316.6
集体企业	328.6	215.8	1.0
有限责任公司	534064.1	92963.1	71497.0
国有独资公司	30520.2	4517.6	7098.2
其他有限责任公司	503543.9	88445.5	64398.8
股份有限公司	102416.7	17840.1	23697.2
私营企业	645601.0	84727.4	30447.8
私营独资企业	78.8	7.8	2.6
私营有限责任公司	407750.8	55584.9	22408.6
私营股份有限公司	237771.4	29134.7	8036.6
港、澳、台商投资企业	97588.4	22463.1	1806.9
合资经营企业（港或澳、台资）	88414.1	20949.5	896.5
港、澳、台商独资经营企业	4485.6	580.0	272.6
港、澳、台商投资股份有限公司	4688.7	933.6	637.8
外商投资企业	45502.7	6776.8	7158.2
中外合资经营企业	14653.7	2430.4	481.0
中外合作经营企业	145.5	36.4	30.8
外资企业	4734.0	116.2	
外商投资股份有限公司	25969.5	4193.8	6646.4

14–34 续表 1

单位：万元

类 别	使用来自政府部门的研发资金	研究开发费用加计扣除减免税	高新技术企业减免税
按国民经济行业大类分组			
采矿业	1491.7	247.3	
煤炭开采和洗选业	1037.5	247.3	
有色金属矿采选业	454.2		
制造业	1411638.0	223080.7	128871.4
农副食品加工业	9668.2	1319.7	234.6
食品制造业	16971.4	4463.5	1272.2
酒、饮料和精制茶制造业	3611.4	568.1	
纺织业	2857.1	500.4	171.2
纺织服装、服饰业	3996.6	1709.6	36.1
木材加工和木、竹、藤、棕、草制品业	888.5	19.8	1.0
家具制造业	2175.7	80.4	44.3
造纸和纸制品业	5792.5	1683.6	131.4
印刷和记录媒介复制业	5227.0	1152.9	550.3
文教、工美、体育和娱乐用品制造业	2518.5	604.5	38.4
石油、煤炭及其他燃料加工业	991.9	342.8	
化学原料和化学制品制造业	21837.7	4080.6	1978.2
医药制造业	54685.1	7845.9	8396.4
化学纤维制造业	1427.0	241.0	
橡胶和塑料制品业	10821.1	6350.2	1567.8
非金属矿物制品业	108717.9	21723.0	8970.2
黑色金属冶炼和压延加工业	11239.4	164.2	6.9
有色金属冶炼和压延加工业	157818.2	13661.6	1191.6
金属制品业	32947.7	5760.5	3363.6
通用设备制造业	84754.5	15482.7	8644.3
专用设备制造业	173528.1	22659.3	28741.3
汽车制造业	241344.4	31276.8	4231.7
铁路、船舶、航空航天和其他运输设备制造业	30478.4	4595.5	7447.4
电气机械和器材制造业	60919.7	9113.3	5281.5
计算机、通信和其他电子设备制造业	303690.4	57670.1	38606.8
仪器仪表制造业	58392.7	9386.5	7077.0
废弃资源综合利用业	108.1	27.0	
金属制品、机械和设备修理业	4228.8	597.2	887.2

14–34 续表 2　　单位：万元

类 别	使用来自政府部门的研发资金	研究开发费用加计扣除减免税	高新技术企业减免税
电力、热力、燃气及水生产和供应业	19435.4	2781.5	6053.3
电力、热力生产和供应业	5346.6	643.5	2976.6
燃气生产和供应业	5910.7	1213.0	
水的生产和供应业	8178.1	925.0	3076.7
按经济成分分组			
公有经济	202506.8	29128.7	38020.2
非公有经济	1230058.3	196980.8	96904.5
按企业控股情况分组			
国有控股	195719.9	28102.6	38019.2
集体控股	6786.9	1026.1	1.0
私人控股	1093181.4	166243.6	95246.9
港澳台商控股	92024.8	21109.7	1449.7
外商控股	44852.1	9627.5	207.9
按地区分组			
郑州市	1432565.1	226109.5	134924.7
中原区	54570.0	9284.7	16230.1
二七区	20155.1	5967.0	1063.6
管城区	160701.3	20006.6	836.7
金水区	6873.6	1307.2	502.6
上街区	28370.1	5294.4	2333.6
惠济区	4397.2	1584.3	144.5
中牟县	37675.2	5692.2	853.5
巩义市	184630.8	19621.1	3556.2
荥阳市	52755.3	8474	5274.6
新密市	34364.2	5784.8	4506.2
新郑市	77751.7	11981.9	4710.8
登封市	30674.7	8784.5	2290.2
经开区	275126.8	38571.5	40372.7
高新区	230935	38023.7	31255.2
郑东新区	10302.5	1718.3	634.2
航空港实验区	223281.6	44013.3	20360.0

14-35 规模以上工业企业技术获取和技术改造情况

（2022年）

单位：万元

类 别	引进境外技术经费支出	购买境内技术经费支出	技术改造经费支出
总计	**36.0**	**1521.3**	**42624.1**
按企业规模分组			
大型	36.0	736.9	10066.1
中型		515.0	16212.6
小型		269.4	11964.8
微型			4380.6
按隶属关系分组			
中央		548.8	16547.3
地方		145.0	4.0
其他	36.0	827.5	26072.8
按登记注册类型分组			
内资企业		929.4	37934.8
国有企业			78.1
集体企业			15.3
有限责任公司		663.3	17135.9
国有独资公司		515.0	3006.9
其他有限责任公司		148.3	14129.0
股份有限公司		145.0	10727.7
私营企业		121.1	9977.8
私营有限责任公司		30.9	9901.8
私营股份有限公司		90.2	76.0
港、澳、台商投资企业			207.3
合资经营企业（港或澳、台资）			207.3
外商投资企业	36.0	591.9	4482.0
中外合资经营企业	36.0	591.9	223.7
外资企业			4258.3
按国民经济行业大类分组			
制造业	36.0	1487.5	41357.3
农副食品加工业			94.9
食品制造业			4284.4
烟草制品业			4690.4
纺织业			15.0
造纸和纸制品业			1761.5
印刷和记录媒介复制业			1795.6
化学原料和化学制品制造业		7.2	85.9
医药制造业		30.9	2073.4

14–35 续表 单位：万元

类 别	引进境外技术经费支出	购买境内技术经费支出	技术改造经费支出
橡胶和塑料制品业			3872.6
非金属矿物制品业			6730.4
有色金属冶炼和压延加工业			364.3
金属制品业			2883.0
通用设备制造业		515.0	3934.1
专用设备制造业		145.0	1729.3
汽车制造业	36.0	634.3	2325.1
铁路、船舶、航空航天和其他运输设备制造业			3468.0
电气机械和器材制造业		72.1	198.5
仪器仪表制造业		83.0	1050.9
电力、热力、燃气及水生产和供应业		33.8	1266.8
电力、热力生产和供应业		33.8	693.7
水的生产和供应业			573.1
按经济成分分组			
公有经济	36.0	1285.7	17240.2
非公有经济		235.6	25383.9
按企业控股情况分组			
国有控股	36.0	1285.7	17224.9
集体控股			15.3
私人控股		235.6	20918.3
港澳台商控股			207.3
外商控股			4258.3
按地区分组			
郑州市	36.0	1521.3	42624.1
中原区		145.0	
二七区			3757.4
管城回族区			917.6
金水区			78.1
惠济区			4258.3
中牟县	36.0	591.9	3874.0
巩义市			2348.7
荥阳市		72.1	2129.8
新密市		7.2	454.4
新郑市		515.0	6451.8
登封市			4097.4
经开区		58.3	1315.5
高新区		98.0	7020.2
郑东新区			4675.1
航空港实验区		33.8	1245.8

14–36 建筑业企业

（2022年）

类 别	有R&D活动企业个数（个）	有研发机构企业个数（个）	R&D人员合计（人）	项目研究开发人员	管理和服务人员	#女性
总计	**126**	**53**	**9753**	**9259**	**494**	**1558**
按企业规模分组						
大型	36	24	8028	7678	350	1183
中型	50	17	1311	1212	99	264
小型	40	11	414	369	45	111
微型		1				
按隶属关系分组						
中央	18	10	5941	5823	118	885
地方	11	6	1076	1044	32	154
其他	97	37	2736	2392	344	519
按登记注册类型分组						
内资企业	126	53	9753	9259	494	1558
国有企业	3	1	312	250	62	46
有限责任公司	42	25	7773	7489	284	1149
国有独资公司	9	6	929	909	20	62
其他有限责任公司	33	19	6844	6580	264	1087
股份有限公司	7	4	339	317	22	38
私营企业	74	23	1329	1203	126	325
私营有限责任公司	68	20	1233	1112	121	303
私营股份有限公司	6	3	96	91	5	22
按国民经济行业大类分组						
建筑业	126	53	9753	9259	494	1558
房屋建筑业	31	20	3166	2961	205	375
土木工程建筑业	42	18	5588	5391	197	971

R&D人员情况

#研究人员	#全时人员	非全时人员	R&D人员折合全时当量合计（人年）	#研究人员	应用研究人员	试验发展人员
4301	**7622**	**2131**	**7888**	**3575**	**1570**	**6318**
3669	6310	1718	6716	3144	1491	5225
500	963	348	850	328	63	786
132	349	65	323	103	15	307
2926	4989	952	5164	2563	1122	4042
465	749	327	871	389	183	688
910	1884	852	1853	623	265	1588
4301	7622	2131	7888	3575	1570	6318
157	279	33	185	97	92	93
3565	6184	1589	6688	3130	1387	5302
397	603	326	741	316	17	724
3168	5581	1263	5947	2814	1370	4577
135	181	158	193	79	4	189
444	978	351	822	270	87	734
410	894	339	745	243	84	661
34	84	12	77	27	3	73
4301	7622	2131	7888	3575	1570	6318
1405	2123	1043	2357	1078	240	2117
2515	4763	825	4807	2211	1294	3512

14-36 续表

类 别	有R&D活动企业个数（个）	有研发机构企业个数（个）	R&D人员合计（人）	项目研究开发人员	管理和服务人员	#女性
建筑安装业	31	6	564	508	56	121
建筑装饰、装修和其他建筑业	22	9	435	399	36	91
按经济成分分组						
公有经济	30	18	7277	7002	275	1044
非公有经济	96	35	2476	2257	219	514
按企业控股情况分组						
国有控股	30	17	7277	7002	275	1044
集体控股		1				
私人控股	96	35	2476	2257	219	514
按地区分组						
郑州市	126	53	9753	9259	494	1558
中原区	8	5	952	883	69	61
二七区	5	1	463	453	10	54
管城区	9	7	307	291	16	45
金水区	49	15	1725	1442	283	304
上街区		1				
惠济区	3	3	61	58	3	8
中牟县	2	1	103	99	4	12
荥阳市	1	1	185	178	7	42
新密市	1		50	44	6	4
新郑市	2	3	19	18	1	5
经开区	10	4	4795	4755	40	799
高新区	12	1	263	250	13	45
郑东新区	19	9	767	727	40	163
航空港实验区	5	2	63	61	2	16

			R&D人员折合全时当量合计（人年）			
#研究人员	#全时人员	非全时人员		#研究人员	应用研究人员	试验发展人员
210	423	141	414	162		414
171	313	122	310	124	35	275
3423	6052	1225	6171	2956	1299	4873
878	1570	906	1717	619	271	1445
3423	6052	1225	6171	2956	1299	4873
878	1570	906	1717	619	271	1445
4301	7622	2131	7888	3575	1570	6318
388	458	494	752	306	57	695
181	401	62	315	125	20	295
117	246	61	192	82	98	95
605	1324	401	1172	418	124	1048
25	39	22	47	19	37	10
50	92	11	96	48	94	2
77	76	109	68	28		68
7	27	23	10	1		10
8	13	6	14	6		14
2420	4244	551	4342	2196	1125	3217
111	190	73	205	88		205
285	455	312	617	234	11	605
27	57	6	57	23	3	54

14-37 建筑业企业

（2022年）

类 别	R&D经费内部支出合计	按活动类型分组			按支出用途分组	
		基础研究支出	应用研究支出	试验发展支出	经常费支出	#人员劳务费
总计	**528785.5**	**470.0**	**33094.1**	**495221.4**	**525367.7**	**124473.3**
按企业规模分组						
大型	483871.3		29997.6	453873.7	482302.3	109436.4
中型	36622.1	470.0	2832.6	33319.5	35173.1	12086.6
小型	8292.1		263.9	8028.2	7892.3	2950.3
按隶属关系分组						
中央	383955.0		20848.5	363106.5	383851.4	88048.0
地方	67564.9		3879.9	63685.0	67563.9	13063.0
其他	77265.6	470.0	8365.7	68429.9	73952.4	23362.3
按登记注册类型分组						
内资企业	528785.5	470.0	33094.1	495221.4	525367.7	124473.3
国有企业	9303.1		1416.4	7886.7	9303.1	1966.3
有限责任公司	462313.5		26739.1	435574.4	461643.3	107002.4
国有独资公司	47759.2		697.0	47062.2	47738.2	11173.9
其他有限责任公司	414554.3		26042.1	388512.2	413905.1	95828.5
股份有限公司	18856.2		1473.6	17382.6	17600.8	4400.4
私营企业	38312.7	470.0	3465.0	34377.7	36820.5	11104.2
私营有限责任公司	33051.4	470.0	3332.7	29248.7	32061.7	9994.0
私营股份有限公司	5261.3		132.3	5129.0	4758.8	1110.2
按国民经济行业大类分组						
建筑业	528785.5	470.0	33094.1	495221.4	525367.7	124473.3
房屋建筑业	328114.7		7936.2	320178.5	327012.7	42593.4
土木工程建筑业	167427.2	470.0	24276.2	142681.0	165346.7	74022.4

R&D经费情况

单位：万元

资产性支出	#土建工程	#仪器设备	按资金来源分组 企业资金	按资金来源分组 其他资金	R&D经费外部支出合计	对境内研究机构支出	对境内高等学校支出	对境内企业支出
3417.8	**129.0**	**3288.8**	**528750.3**	**35.2**	**1908.1**	**131.7**	**796.5**	**979.9**
1569.0	97.0	1472.0	483836.1	35.2	1235.8	43.0	438.3	754.5
1449.0	32.0	1417.0	36622.1		547.4	88.7	249.3	209.4
399.8		399.8	8292.1		124.9		108.9	16.0
103.6	80.5	23.1	383919.8	35.2	626.5	43.0	387.1	196.4
1.0		1.0	67564.9		112.0		13.9	98.1
3313.2	48.5	3264.7	77265.6		1169.6	88.7	395.5	685.4
3417.8	129.0	3288.8	528750.3	35.2	1908.1	131.7	796.5	979.9
			9303.1					
670.2	91.3	578.9	462278.3	35.2	1270.6	43.0	496.0	731.6
21.0		21.0	47759.2		60.5	0.2	16.5	43.8
649.2	91.3	557.9	414519.1	35.2	1210.1	42.8	479.5	687.8
1255.4		1255.4	18856.2					
1492.2	37.7	1454.5	38312.7		637.5	88.7	300.5	248.3
989.7	37.2	952.5	33051.4		548.8		300.5	248.3
502.5	0.5	502.0	5261.3		88.7	88.7		
3417.8	129.0	3288.8	528750.3	35.2	1908.1	131.7	796.5	979.9
1102.0	39.3	1062.7	328114.7		723.6		165.5	558.1
2080.5	80.5	2000.0	167392.0	35.2	959.7	131.7	437.3	390.7

14-37 续表

类 别	R&D经费内部支出合计	按活动类型分组			按支出用途分组	
		基础研究支出	应用研究支出	试验发展支出	经常费支出	#人员劳务费
建筑安装业	19513.5			19513.5	19493.0	5072.1
建筑装饰、装修和其他建筑业	13730.1		881.7	12848.4	13515.3	2785.4
按经济成分分组						
公有经济	454675.2		24652.7	430022.5	453316.2	102592.1
非公有经济	74110.3	470.0	8441.4	65198.9	72051.5	21881.2
按企业控股情况分组						
国有控股	454675.2		24652.7	430022.5	453316.2	102592.1
私人控股	74110.3	470.0	8441.4	65198.9	72051.5	21881.2
按地区分组						
郑州市	528785.5	470.0	33094.1	495221.4	525367.7	124473.3
中原区	39317.6		511.8	38805.8	39309.3	10102.0
二七区	42450.4		1853.5	40596.9	42450.4	6676.9
管城区	4675.7		1707.6	2968.1	4654.8	1407.0
金水区	41445.2	470.0	4197.9	36777.3	41434.9	13329.8
惠济区	1471.9		1171.7	300.2	1315.7	448.2
中牟县	4641.0		2849.2	1791.8	4641.0	1985.4
荥阳市	4096.1			4096.1	3276.0	1403.1
新密市	334.9			334.9	334.9	168.7
新郑市	310.0			310.0	310.0	97.8
经开区	333966.6		20566.0	313400.6	333864.2	75506.2
高新区	13729.7			13729.7	12144.4	3429.0
郑东新区	40318.2		104.1	40214.1	40001.8	9443.3
航空港实验区	2028.2		132.3	1895.9	1630.3	475.9

单位：万元

资产性支出			按资金来源分组		R&D经费外部支出合计	对境内研究机构支出	对境内高等学校支出	对境内企业支出
	#土建工程	#仪器设备	企业资金	其他资金				
20.5	4.8	15.7	19513.5		210.9		179.8	31.1
214.8	4.4	210.4	13730.1		13.9		13.9	
1359.0	80.5	1278.5	454640.0	35.2	724.6	43.0	387.1	294.5
2058.8	48.5	2010.3	74110.3		1183.5	88.7	409.4	685.4
1359.0	80.5	1278.5	454640.0	35.2	724.6	43.0	387.1	294.5
2058.8	48.5	2010.3	74110.3		1183.5	88.7	409.4	685.4
3417.8	129.0	3288.8	528750.3	35.2	1908.1	131.7	796.5	979.9
8.3		8.3	39317.6		60.5	0.2	16.5	43.8
			42450.4		124.5			124.5
20.9		20.9	4675.7					
10.3	0.4	9.9	41445.2		224.8		193.7	31.1
156.2	6.2	150	1471.9		77.1		51.2	25.9
			4641.0					
820.1	22.3	797.8	4096.1		114.3		114.3	
			334.9					
			310.0		0.4		0.4	
102.4	89.7	12.7	333966.6		469.5	42.8	325.4	101.3
1585.3		1585.3	13694.5	35.2	153.7	88.7		65
316.4	10.4	306.0	40318.2		588.3			588.3
397.9		397.9	2028.2		95.0		95.0	

14-38 建筑业企业办科技机构情况

（2022年）

类 别	机构数（个）	机构人员合计（人）	#博士毕业	硕士毕业	机构经费支出（万元）	仪器和设备原价（万元）
总计	**78**	**9368**	**93**	**478**	**312552.5**	**92383.7**
按企业规模分组						
大型	42	8582	66	402	296281.9	79729.6
中型	22	649	20	55	12966.8	11655.2
小型	13	130	7	20	3246.5	983.7
微型	1	7		1	57.3	15.2
按隶属关系分组						
中央	21	6423	10	319	207282.9	52562.9
地方	6	776	12	41	7169.6	3576.3
其他	51	2169	71	118	98100.0	36244.5
按登记注册类型分组						
内资企业	78	9368	93	478	312552.5	92383.7
国有企业	1	215	2	16	652.6	224.7
有限责任公司	43	8058	47	403	252606.2	70922.0
国有独资公司	6	1515	5	97	59911.6	13199.2
其他有限责任公司	37	6543	42	306	192694.6	57722.8
股份有限公司	4	391		16	37198.9	8321.4
私营企业	30	704	44	43	22094.8	12915.6
私营有限责任公司	25	613	43	40	18284.3	12245.6
私营股份有限公司	5	91	1	3	3810.5	670.0
按国民经济行业大类分组						
建筑业	78	9368	93	478	312552.5	92383.7
房屋建筑业	26	1760	63	109	82207.3	32845.6
土木工程建筑业	33	6716	26	273	205179.2	56195.3

14-38 续表

类 别	机构数（个）	机构人员合计（人）	#博士毕业	硕士毕业	机构经费支出（万元）	仪器和设备原价（万元）
建筑安装业	10	322	4	11	15464.4	1757.7
建筑装饰、装修和其他建筑业	9	570		85	9701.6	1585.1
按经济成分分组						
公有经济	32	7973	23	371	257446.1	66694.5
非公有经济	46	1395	70	107	55106.4	25689.2
按企业控股情况分组						
国有控股	31	7797	23	356	256133.9	66684.5
集体控股	1	176		15	1312.2	10.0
私人控股	46	1395	70	107	55106.4	25689.2
按地区分组						
郑州市	78	9368	93	478	312552.5	92383.7
中原区	8	1412	5	90	50421.4	9752.3
二七区	1	11			289.6	8.8
管城区	7	508	4	37	3929.5	3500.9
金水区	22	952	20	63	26138.8	13356.6
上街区	1	40		1	1158.0	186.2
惠济区	3	197	12	21	5337.7	5776.9
中牟县	1	308	10	5	3503.9	1164.4
荥阳市	1	100	16	2	1320.0	1160.3
新郑市	5	378	3	19	24730.8	2737.4
经开区	11	4563	2	204	124822.5	42423.0
高新区	1	331		12	35377.8	7650.3
郑东新区	14	526	16	18	34495.2	3806.7
航空港实验区	3	42	5	6	1027.3	859.9

14–39 建筑业企业政府相关政策落实情况

（2022年）　　　　单位：万元

类 别	使用来自政府部门的研发资金	研究开发费用加计扣除减免税	高新技术企业减免税
总计	**200327.3**	**29813.0**	**30815.3**
按企业规模分组			
大型	145376.1	19761.8	28509.4
中型	41854.5	7406.2	2114.0
小型	12954.9	2642.3	191.9
微型	141.8	2.7	
按隶属关系分组			
中央	123307.3	16366.4	21949.6
地方	17607.7	2601.3	6101.6
其他	59412.3	10845.3	2764.1
按登记注册类型分组			
内资企业	200327.3	29813.0	30815.3
国有企业	7882.4	1339.6	
有限责任公司	142153.3	19417.9	28680.2
国有独资公司	23151.1	3135.8	9238.9
其他有限责任公司	119002.2	16282.1	19441.3
股份有限公司	11948.3	1845.0	485.5
私营企业	38343.3	7210.5	1649.6
私营有限责任公司	33640.7	6701.8	1352.7
私营股份有限公司	4702.6	508.7	296.9
按国民经济行业大类分组			
建筑业	200327.3	29813.0	30815.3
房屋建筑业	70546.1	10291.5	21185.9

14-39 续表　　　　单位：万元

类 别	使用来自政府部门的研发资金	研究开发费用加计扣除减免税	高新技术企业减免税
土木工程建筑业	90694.2	11461.3	6681.9
建筑安装业	22316.4	4819.0	2653.4
建筑装饰、装修和其他建筑业	16770.6	3241.2	294.1
按经济成分分组			
公有经济	144286.5	18734.5	27538.9
非公有经济	56040.8	11078.5	3276.4
按企业业控股情况分组			
国有控股	143763.2	18656	27431.3
集体控股	523.3	78.5	107.6
私人控股	56040.8	11078.5	3276.4
按地区分组			
郑州市	200327.3	29813.0	30815.3
中原区	16676.8	2193.0	8954.2
二七区	13255.7	1870.8	5258.4
管城区	3410.1	441.1	58.7
金水区	38076.5	5279.8	1290.2
上街区	868.4	288.0	
惠济区	2613.8	553.8	
中牟县	1189.8	278.5	
新郑市	3806.9	850.2	178.2
经开区	86450.6	11298.7	10727.4
高新区	9420.9	1618.4	2281.4
郑东新区	22492.4	4829.2	2011.9
航空港实验区	2065.4	311.5	54.9

14-40 建筑业企业自主知识产权保护情况

（2022年）　　　　单位：件

类别	专利申请数	#发明专利	期末有效发明专利数	#已被实施	发表科技论文（篇）	形成国家或行业标准（项）
总计	2716	548	1426	626	1118	71
按企业规模分组						
大型	1908	388	658	370	1059	52
中型	557	135	485	193	57	15
小型	240	25	281	61	2	4
微型	11		2	2		
按隶属关系分组						
中央	1596	310	464	226	903	39
地方	213	76	126	65	43	4
其他	907	162	836	335	172	28
按登记注册类型分组						
内资企业	2716	548	1426	626	1118	71
国有企业	156	50	77	25	30	1
有限责任公司	1856	404	691	378	976	52
国有独资公司	296	62	88	59	132	5
其他有限责任公司	1560	342	603	319	844	47
股份有限公司	130	20	59	58	86	1
私营企业	574	74	599	165	26	17
私营有限责任公司	490	69	551	159	16	11
私营股份有限公司	84	5	48	6	10	6
按国民经济行业大类分组						
建筑业	2716	548	1426	626	1118	71
房屋建筑业	976	119	367	150	614	41
土木工程建筑业	1173	349	671	334	337	21

14-40 续表　　单位：件

类 别	专利申请数	#发明专利	期末有效发明专利数	#已被实施	发表科技论文（篇）	形成国家或行业标准（项）
建筑安装业	317	31	176	79	82	5
建筑装饰、装修和其他建筑业	250	49	212	63	85	4
按经济成分分组						
公有经济	1904	401	690	382	1035	43
非公有经济	812	147	736	244	83	28
按企业控股情况分组						
国有控股	1890	401	674	366	1035	43
集体控股	14		16	16		
私人控股	812	147	736	244	83	28
按地区分组						
郑州市	2716	548	1426	626	1118	71
中原区	302	74	192	53	171	4
二七区	112	27	32	8	10	1
管城区	100	20	50	37	26	
金水区	441	82	227	143	51	11
上街区	13	3	4	4		1
惠济区	23	4	8	8	7	4
中牟县	61	36	14	14	15	3
荥阳市	2	1	5	5		1
新郑市	37	7	18	7	16	1
经开区	1098	202	412	181	673	27
高新区	229	40	261	41	84	2
郑东新区	259	43	162	115	58	11
航空港实验区	39	9	41	10	7	5

14-41 服务业企业

（2022年）

类 别	有R&D活动企业个数（个）	有研发机构企业个数（个）	R&D人员合计（人）	项目研究开发人员	管理和服务人员
总计	**556**	**176**	**20996**	**20051**	**945**
按企业规模分组					
大型	58	23	6803	6614	189
中型	140	46	8439	8128	311
小型	341	104	5586	5169	417
微型	17	3	168	140	28
按隶属关系分组					
中央	27	11	4449	4398	51
地方	18	2	555	536	19
其他	511	163	15992	15117	875
按登记注册类型分组					
内资企业	554	175	20985	20041	944
国有企业	13	3	2498	2467	31
有限责任公司	182	58	7751	7423	328
国有独资公司	15	6	497	476	21
其他有限责任公司	167	52	7254	6947	307
股份有限公司	32	9	1494	1440	54
私营企业	327	105	9242	8711	531
私营有限责任公司	289	88	7565	7124	441
私营股份有限公司	38	17	1677	1587	90
港、澳、台商投资企业	1		7	6	1
合资经营企业(港或澳、台资)	1		7	6	1
外商投资企业	1	1	4	4	
外资企业	1	1	4	4	

R&D人员情况

#女性	#研究人员	#全时人员	非全时人员	R&D人员折合全时当量合计（人年）	#研究人员	应用研究人员	试验发展人员
5728	**8879**	**13585**	**7411**	**14329**	**6109**	**717**	**13612**
1613	3139	4071	2732	5180	2434	310	4870
2466	3666	4768	3671	4923	2145	178	4746
1552	2013	4596	990	4131	1493	209	3921
97	61	150	18	96	36	20	75
1167	2010	880	3569	2152	1025	160	1992
106	234	383	172	414	180	5	409
4455	6635	12322	3670	11763	4904	552	11211
5727	8875	13575	7410	14324	6106	717	13607
799	1083	202	2296	546	260	15	531
1899	3587	5170	2581	5934	2764	469	5464
91	234	282	215	363	176	6	356
1808	3353	4888	2366	5571	2588	463	5108
422	623	997	497	1052	462	30	1022
2607	3582	7206	2036	6792	2620	202	6590
2229	2804	5975	1590	5582	2054	190	5392
378	778	1231	446	1210	566	13	1197
1	2	6	1	1			1
1	2	6	1	1			1
	2	4		4	2		4
	2	4		4	2		4

14-41 续表 1

类 别	有R&D活动企业个数（个）	有研发机构企业个数（个）	R&D人员合计（人）	项目研究开发人员	管理和服务人员
按国民经济行业大类分组					
批发和零售业	10	3	164	150	14
批发业	10	3	164	150	14
交通运输、仓储和邮政业	16	4	339	323	16
道路运输业	10	1	131	122	9
多式联运和运输代理业	1	2	9	8	1
装卸搬运和仓储业	5	1	199	193	6
信息传输、软件和信息技术服务业	227	78	11287	10861	426
电信、广播电视和卫星传输服务	3		2186	2170	16
互联网和相关服务	27	6	1145	1095	50
软件和信息技术服务业	197	72	7956	7596	360
租赁和商务服务业	26	3	662	621	41
租赁业	1	1	27	26	1
商务服务业	25	2	635	595	40
科学研究和技术服务业	255	84	8157	7763	394
研究和试验发展	29	8	749	699	50
专业技术服务业	207	68	7159	6838	321
科技推广和应用服务业	19	8	249	226	23
水利、环境和公共设施管理业	12	2	214	190	24
水利管理业	3	1	43	42	1
生态保护和环境治理业	5	1	61	55	6
公共设施管理业	3		99	84	15
土地管理业	1		11	9	2
卫生和社会工作	6	1	122	98	24
卫生	6	1	122	98	24

#女性	#研究人员	#全时人员	非全时人员	R&D人员折合全时当量合计（人年）	#研究人员	应用研究人员	试验发展人员
30	71	134	30	127	56		127
30	71	134	30	127	56		127
93	65	288	51	250	48	5	245
41	22	104	27	83	13		83
1	1	8	1	7	1		7
51	42	176	23	160	34	5	156
3107	4723	7192	4095	6938	2911	162	6776
739	892	53	2133	344	136		344
381	450	1016	129	931	362	12	919
1987	3381	6123	1833	5663	2413	150	5513
259	295	481	181	469	199	11	459
2	9	16	11	21	7		21
257	286	465	170	448	192	11	438
2086	3572	5140	3017	6280	2787	522	5759
315	358	598	151	528	258	23	504
1700	3141	4359	2800	5576	2472	468	5108
71	73	183	66	176	57	30	146
45	83	193	21	163	62	2	161
10	18	39	4	26	11		26
10	21	54	7	49	17	2	47
22	38	90	9	78	29		78
3	6	10	1	9	5		9
85	42	111	11	62	23	16	46
85	42	111	11	62	23	16	46

14–41 续表 2

类别	有R&D活动企业个数（个）	有研发机构企业个数（个）	R&D人员合计（人）	项目研究开发人员	管理和服务人员
文化、体育和娱乐业	4	1	51	45	6
新闻和出版业	3	1	46	42	4
娱乐业	1		5	3	2
按经济成分分组					
公有经济	84	34	6638	6491	147
非公有经济	472	142	14358	13560	798
按企业控股情况分组					
国有控股	80	31	6276	6143	133
集体控股	4	3	362	348	14
私人控股	471	141	14354	13556	798
外商控股	1	1	4	4	
按地区分组					
郑州市	556	176	20996	20051	945
中原区	36	7	1843	1779	64
二七区	17	4	828	792	36
管城区	9	1	414	393	21
金水区	168	48	7972	7647	325
上街区	3	1	19	18	1
惠济区	5	4	81	67	14
中牟县	8	3	146	141	5
荥阳市	6	2	95	74	21
新密市	1	1	26	18	8
新郑市	4	1	79	73	6
经开区	28	7	768	727	41
高新区	207	66	6417	6113	304
郑东新区	40	24	1631	1557	74
航空港实验区	24	7	677	652	25

#女性	#研究人员	#全时人员	非全时人员	R&D人员折合全时当量合计（人年）	#研究人员	应用研究人员	试验发展人员
23	28	46	5	40	23		40
20	25	41	5	37	21		37
3	3	5		3	2		3
1664	3078	2409	4229	3795	1840	213	3581
4064	5801	11176	3182	10534	4268	504	10031
1573	2907	2103	4173	3544	1720	191	3353
91	171	306	56	250	120	22	228
4064	5799	11172	3182	10530	4266	504	10026
	2	4		4	2		4
5728	8879	13585	7411	14329	6109	717	13612
346	796	784	1059	1440	626	96	1344
224	375	648	180	574	262	4	570
79	212	335	79	307	157	12	295
2159	3347	4088	3884	4620	1928	311	4309
4	10	17	2	17	9		17
44	30	67	14	64	24		64
31	74	104	42	122	64		122
50	37	59	36	40	14	11	28
2	1	23	3	15	1	15	
28	37	69	10	70	33		70
224	300	623	145	566	229	72	494
1953	2605	4913	1504	4769	1959	164	4604
372	843	1270	361	1279	665	17	1262
212	212	585	92	447	137	15	432

14-42 服务业企业

（2022年）

类 别	R&D经费内部支出合计	按活动类型分组		按支出用途分组		
		应用研究支出	试验发展支出	经常费支出	#人员劳务费	资产性支出
总计	**419541.7**	**15302.4**	**404239.3**	**408709.1**	**306301.6**	**10832.6**
按企业规模分组						
大型	158603.5	5843.8	152759.7	157178.0	122947.1	1425.5
中型	156466.8	3330.3	153136.5	151186.6	118875.3	5280.2
小型	98891.7	4958.2	93933.5	94893.0	62691.8	3998.7
微型	5579.7	1170.1	4409.6	5451.5	1787.4	128.2
按隶属关系分组						
中央	115243.9	4093.5	111150.4	112073.6	86881.4	3170.3
地方	14938.1	420.7	14517.4	14687.0	10624.9	251.1
其他	289359.7	10788.2	278571.5	281948.5	208795.3	7411.2
按登记注册类型分组						
内资企业	417797.7	15302.4	402495.3	408421.6	306076.9	9376.1
国有企业	50450.5	259.1	50191.4	47343.6	40172.9	3106.9
有限责任公司	194203.0	10959.4	183243.6	191713.9	140634.6	2489.1
国有独资公司	11527.9	1203.4	10324.5	11279.2	7499.8	248.7
其他有限责任公司	182675.1	9756.0	172919.1	180434.7	133134.8	2240.4
股份有限公司	26260.2	242.3	26017.9	26049.0	20110.6	211.2
私营企业	146884.0	3841.6	143042.4	143315.1	105158.8	3568.9
私营有限责任公司	113467.5	3712.0	109755.5	110831.2	80301.7	2636.3
私营股份有限公司	33416.5	129.6	33286.9	32483.9	24857.1	932.6
港、澳、台商投资企业	65.5		65.5	65.5	62.2	
合资经营企业(港或澳、台资)	65.5		65.5	65.5	62.2	
外商投资企业	1678.5		1678.5	222.0	162.5	1456.5
外资企业	1678.5		1678.5	222.0	162.5	1456.5

R&D经费情况

单位：万元

		按资金来源分组			R&D经费外部支出合计	对境内研究机构支出	对境内高等学校支出	对境内企业支出
#土建工程	#仪器设备	政府资金	企业资金	其他资金				
369.5	**10463.1**	**7214.5**	**411992.8**	**334.4**	**15705.8**	**1523.3**	**1532.2**	**12650.3**
34.4	1391.1	4771.9	153831.6		5023.5	914.9	708.3	3400.3
315.5	4964.7	1798.2	154668.6		5575.1	485.2	445.5	4644.4
19.6	3979.1	643.9	97913.4	334.4	4630.7	16.0	378.4	4236.3
	128.2	0.5	5579.2		476.5	107.2		369.3
322.5	2847.8	1611.1	113632.8		1743.3	340.2	225.8	1177.3
0.6	250.5	290.5	14647.6		491.7	3.8	50.7	437.2
46.4	7364.8	5312.9	283712.4	334.4	13470.8	1179.3	1255.7	11035.8
369.5	9006.6	7214.5	410248.8	334.4	15705.8	1523.3	1532.2	12650.3
309.1	2797.8	395.7	50054.8		500.7	51.9	130.0	318.8
21.7	2467.4	2559.2	191643.8		6618.4	1166.0	502.8	4949.6
0.6	248.1	987.6	10540.3		1086.3	533.0	91.2	462.1
21.1	2219.3	1571.6	181103.5		5532.1	633.0	411.6	4487.5
6.5	204.7	1470.1	24790.1		1857.4	4.0	205.3	1648.1
32.2	3536.7	2789.5	143760.1	334.4	6729.3	301.4	694.1	5733.8
17.4	2618.9	395.7	112737.4	334.4	5082.0	301.4	538.3	4242.3
14.8	917.8	2393.8	31022.7		1647.3		155.8	1491.5
			65.5					
			65.5					
	1456.5		1678.5					
	1456.5		1678.5					

14-42 续表 1

类 别	R&D经费内部支出合计	按活动类型分组		按支出用途分组		
		应用研究支出	试验发展支出	经常费支出	#人员劳务费	资产性支出
按国民经济行业大类分组						
批发和零售业	6383.9		6383.9	6383.9	2313.4	
批发业	6383.9		6383.9	6383.9	2313.4	
交通运输、仓储和邮政业	5812.9	415.2	5397.7	5810.3	3168.5	2.6
道路运输业	2513.9		2513.9	2513.9	990.1	
多式联运和运输代理业	95.7		95.7	95.7	73.1	
装卸搬运和仓储业	3203.3	415.2	2788.1	3200.7	2105.3	2.6
信息传输、软件和信息技术服务业	203060.7	2800.5	200260.2	200010.1	161590.6	3050.6
电信、广播电视和卫星传输服务	34370.6		34370.6	33794.1	29779.8	576.5
互联网和相关服务	18347.0	114.1	18232.9	17653.5	14686.4	693.5
软件和信息技术服务业	150343.1	2686.4	147656.7	148562.5	117124.4	1780.6
租赁和商务服务业	22345.1	340.5	22004.6	19263.0	13830.1	3082.1
租赁业	2524.4		2524.4	2524.4	993.2	
商务服务业	19820.7	340.5	19480.2	16738.6	12836.9	3082.1
科学研究和技术服务业	172116.9	10611.5	161505.4	168558.7	120449.5	3558.2
研究和试验发展	23795.9	1529.0	22266.9	21448.0	9797.5	2347.9
专业技术服务业	143837.7	8237.3	135600.4	142673.5	108331.7	1164.2
科技推广和应用服务业	4483.3	845.2	3638.1	4437.2	2320.3	46.1
水利、环境和公共设施管理业	6224.7	379.8	5844.9	5211.8	2430.9	1012.9
水利管理业	750.0		750.0	648.9	445.9	101.1
生态保护和环境治理业	3616.7	379.8	3236.9	2970.6	837.5	646.1
公共设施管理业	1540.2		1540.2	1274.5	845.6	265.7
土地管理业	317.8		317.8	317.8	301.9	
卫生和社会工作	2462.6	754.9	1707.7	2336.4	1444.8	126.2
卫生	2462.6	754.9	1707.7	2336.4	1444.8	126.2

单位：万元

		按资金来源分组			R&D经费外部支出合计	对境内研究机构支出	对境内高等学校支出	对境内企业支出
#土建工程	#仪器设备	政府资金	企业资金	其他资金				
		916.4	5467.5		0.4	0.4		
		916.4	5467.5		0.4	0.4		
2.6		0.5	5812.4		48.4			48.4
		0.5	2513.4		48.4			48.4
			95.7					
2.6			3203.3					
321.6	2729.0	3400.2	199326.1	334.4	9563.5	100.4	685.7	8777.4
300.3	276.2	27.4	34343.2		318.8			318.8
0.3	693.2	14.0	18333.0		923.3		52.0	871.3
21.0	1759.6	3358.8	146649.9	334.4	8321.4	100.4	633.7	7587.3
9.0	3073.1	395.7	21949.4		654.1	559.0		95.1
			2524.4		46.1			46.1
9.0	3073.1	395.7	19425.0		608.0	559.0		49.0
34.1	3524.1	2501.7	169615.2		4877.3	516.9	810.7	3549.7
1.3	2346.6	79.9	23716.0		1813.2	204.6	44.5	1564.1
29.3	1134.9	2371.8	141465.9		2607.6	312.3	761.8	1533.5
3.5	42.6	50.0	4433.3		456.5		4.4	452.1
2.2	1010.7		6224.7		382.4	346.6	35.8	
	101.1		750.0		322.6	322.6		
	646.1		3616.7		59.8	24.0	35.8	
2.2	263.5		1540.2					
			317.8					
	126.2		2462.6		132.5			132.5
	126.2		2462.6		132.5			132.5

14-42 续表 2

类 别	R&D经费内部支出合计	按活动类型分组		按支出用途分组		
		应用研究支出	试验发展支出	经常费支出	#人员劳务费	资产性支出
文化、体育和娱乐业	1134.9		1134.9	1134.9	1073.8	
新闻和出版业	1070.0		1070.0	1070.0	1016.0	
娱乐业	64.9		64.9	64.9	57.8	
按经济成分分组						
公有经济	171461.9	6514.6	164947.3	167470.6	128295.9	3991.3
非公有经济	248079.8	8787.8	239292.0	241238.5	178005.7	6841.3
按企业控股情况分组						
国有控股	163932.5	6295.7	157636.8	159943.1	121299.7	3989.4
集体控股	7529.4	218.9	7310.5	7527.5	6996.2	1.9
私人控股	246401.3	8787.8	237613.5	241016.5	177843.2	5384.8
外商控股	1678.5		1678.5	222.0	162.5	1456.5
按地区分组						
郑州市	419541.7	15302.4	404239.3	408709.1	306301.6	10832.6
中原区	42638.5	2292.8	40345.7	42622.6	29595.8	15.9
二七区	17266.7	697.6	16569.1	17021.4	13351.4	245.3
管城区	8243.5	114.1	8129.4	7559.5	4948.8	684
金水区	141185.7	4769.2	136416.5	139323.5	110464.5	1862.2
上街区	563.5		563.5	563.5	508.2	
惠济区	1226.0		1226.0	1206.0	1032.5	20.0
中牟县	3809.4		3809.4	2352.1	1753.5	1457.3
荥阳市	1649.7	568.7	1081.0	1639.8	1157.3	9.9
新密市	536.8	536.8		536.8	132.4	
新郑市	2004.5		2004.5	1358.4	809.4	646.1
经开区	19038.9	1232.7	17806.2	17456.9	9428.3	1582
高新区	120371.7	3523.0	116848.7	116600.2	88626.8	3771.5
郑东新区	50535.9	1259.1	49276.8	50125.8	37314.6	410.1
航空港实验区	10470.9	308.4	10162.5	10342.6	7178.1	128.3

单位：万元

		按资金来源分组			R&D经费外部支出合计	对境内研究机构支出	对境内高等学校支出	对境内企业支出
#土建工程	#仪器设备	政府资金	企业资金	其他资金				
			1134.9		47.2			47.2
			1070.0		47.2			47.2
			64.9					
323.3	3668.0	3040.2	168421.7		4622.1	1193.9	522.4	2905.8
46.2	6795.1	4174.3	243571.1	334.4	11083.7	329.4	1009.8	9744.5
323.3	3666.1	2988.0	160944.5		3223.9	1193.9	435.9	1594.1
	1.9	52.2	7477.2		1398.2		86.5	1311.7
46.2	5338.6	4174.3	241892.6	334.4	11083.7	329.4	1009.8	9744.5
	1456.5		1678.5					
369.5	10463.1	7214.5	411992.8	334.4	15705.8	1523.3	1532.2	12650.3
13.4	2.5	759.9	41878.6		576.1		124.0	452.1
0.6	244.7	1018.1	16248.6		1815.8	13.9	92.4	1709.5
	684.0		8243.5		78.9		36.0	42.9
318.6	1543.6	3043.4	137807.9	334.4	4121.5	365.8	517.4	3238.3
			563.5		236.8			236.8
	20.0		1226.0		23.2		23.2	
	1457.3		3809.4		103.8	12.0	46.5	45.3
	9.9		1649.7		6.0		6.0	
			536.8					
	646.1		2004.5		59.8	24.0	35.8	
9.8	1572.2	17.8	19021.1		270.9	97.4		173.5
24.5	3747	1695.5	118676.2		4967.1	63.2	451.6	4452.3
0.8	409.3		50535.9		1180.7	839.8	199.3	141.6
1.8	126.5	679.8	9791.1		2265.2	107.2		2158.0

14–43 服务业企业自主知识产权保护情况

（2022年）

类别	专利申请数（件）	#发明专利	期末有效发明专利数（件）	#已被实施	专利所有权转让及许可数（项）	专利所有权转让及许可收入（万元）	发表科技论文(篇)	形成国家或行业标准（项）
总计	3384	1165	6505	2186	123	193963	1435	213
按企业规模分组								
大型	816	303	1420	1097	6		946	133
中型	1127	465	3428	409	10	4	332	40
小型	1336	351	1368	617	107	193959	141	40
微型	105	46	289	63			16	
按隶属关系分组								
中央	850	376	1540	338	8	513	930	42
地方	107	25	134	21			31	
其他	2427	764	4831	1827	115	193450	474	171
按登记注册类型分组								
内资企业	3383	1165	6503	2186	123	193963	1432	213
国有企业	336	156	1006	18		4	219	5
有限责任公司	1429	547	3560	1001	22	509	975	66
国有独资公司	97	31	113	39			55	1
其他有限责任公司	1332	516	3447	962	22	509	920	65
股份有限公司	162	84	305	204			148	10
私营企业	1456	378	1632	963	101	193450	90	132
私营有限责任公司	1141	279	1170	576	89	193450	51	15
私营股份有限公司	315	99	462	387	12		39	117
外商投资企业	1		2				3	
外资企业	1		2				3	
按国民经济行业大类分组								
批发和零售业	10	5	57	18			5	
批发业	10	5	57	18			5	
交通运输、仓储和邮政业	83	16	67	14		56328	2	1
铁路运输业	9	5	5					
道路运输业	54	4	27	12		56328	2	
多式联运和运输代理业	5		19					
装卸搬运和仓储业	15	7	16	2				1
信息传输、软件和信息技术服务业	909	374	3361	1063	26	1819	22	106
电信、广播电视和卫星传输服务	53	45	225	13	2			
互联网和相关服务	45	16	91	36			1	1
软件和信息技术服务业	811	313	3045	1014	24	1819	21	105
租赁和商务服务业	332	133	946	52	4		163	8
租赁业	41	7	13	13			10	7
商务服务业	291	126	933	39	4		153	1

14–43 续表

类别	专利申请数（件）	#发明专利	期末有效发明专利数(件)	#已被实施	专利所有权转让及许可数（项）	专利所有权转让及许可收入(万元)	发表科技论文(篇)	形成国家或行业标准（项）
科学研究和技术服务业	1961	628	1972	1012	93	135816	1229	98
研究和试验发展	296	128	246	135	47	134500	60	21
专业技术服务业	1549	460	1668	845	37	1316	1149	76
科技推广和应用服务业	116	40	58	32	9		20	1
水利、环境和公共设施管理业	67	6	97	22			11	
水利管理业	27	4	21	1			9	
生态保护和环境治理业	25	1	71	16			2	
公共设施管理业	15	1	5	5				
卫生和社会工作	20	3	1	1			3	
卫生	20	3	1	1			3	
文化、体育和娱乐业	2		4	4				
新闻和出版业	2							
娱乐业			4	4				
按经济成分分组								
公有经济	1328	562	3835	478	8	513	1098	62
非公有经济	2056	603	2670	1708	115	193450	337	151
按企业控股情况分组								
国有控股	1232	527	3757	409	8	513	1042	54
集体控股	96	35	78	69			56	8
私人控股	2055	603	2668	1708	115	193450	334	151
外商控股	1		2				3	
按地区分组								
郑州市	3384	1165	6505	2186	123	193963	1435	213
中原区	326	96	204	130	3	1316	398	4
二七区	258	37	213	66	42	134500	36	
管城区	74	29	29	2				
金水区	757	331	1184	677	20	1306	467	122
上街区	6		16	16			4	
惠济区	28	10	27	23			36	16
中牟县	45	8	30	11			6	1
荥阳市	29	11	31	7			2	
新密市	8							
新郑市	16	5	20	16				
经开区	202	28	169	68	2	56328	18	10
高新区	1014	391	2153	866	42	509	226	26
郑东新区	533	178	2267	251	14	4	239	32
航空港实验区	88	41	162	53			3	2

14-44 服务业企业政府相关政策落实情况

（2022年）　　单位：万元

类 别	使用来自政府部门的研发资金	研究开发费用加计扣除减免税	高新技术企业减免税
总计	**374512.7**	**71611.5**	**43036.2**
按企业规模分组			
大型	121468.1	18086.3	19462.1
中型	116171.4	22106.9	16957.6
小型	129487.2	29322.7	6056.9
微型	7386.0	2095.6	559.6
按隶属关系分组			
中央	44306.4	10686.0	5908.9
地方	16947.2	3260.8	2764.0
其他	313259.1	57664.7	34363.3
按登记注册类型分组			
内资企业	374090.5	71592.5	43036.2
国有企业	11041.8	2068.7	687.6
有限责任公司	166386.2	35557.2	21046.2
国有独资公司	9237.1	1831.6	1038.7
其他有限责任公司	157149.1	33725.6	20007.5
股份有限公司	28176.3	3314.1	3515.1
私营企业	168486.2	30652.5	17787.3
私营有限责任公司	130725.1	25164.6	5740.9
私营股份有限公司	37761.1	5487.9	12046.4
港、澳、台商投资企业	157.5	17.7	
合资经营企业(港或澳、台资)	157.5	17.7	
外商投资企业	264.7	1.3	
外资企业	264.7	1.3	

14-44 续表 1

单位：万元

类 别	使用来自政府部门的研发资金	研究开发费用加计扣除减免税	高新技术企业减免税
按国民经济行业大类分组			
批发和零售业	7208.1	792.7	44.8
批发业	7208.1	792.7	44.8
交通运输、仓储和邮政业	6704.3	2073.2	105.6
道路运输业	3974.9	1596.1	50.9
多式联运和运输代理业	292.7	18.1	
装卸搬运和仓储业	2436.7	459.0	54.7
信息传输、软件和信息技术服务业	209398.6	37826.5	22275.0
电信、广播电视和卫星传输服务	6017.8	1491.5	
互联网和相关服务	24349.7	4173.5	151.7
软件和信息技术服务业	179031.1	32161.5	22123.3
租赁和商务服务业	11021.4	1958.1	593.5
租赁业	2707.6	340.2	478.4
商务服务业	8313.8	1617.9	115.1
科学研究和技术服务业	132830.9	26802.3	19210.3
研究和试验发展	17705.4	2656.2	2640.5
专业技术服务业	109742.3	22663.1	16406.9
科技推广和应用服务业	5383.2	1483.0	162.9
水利、环境和公共设施管理业	4310.2	1117.4	338.8
水利管理业	956.4	196.4	
生态保护和环境治理业	1598.1	295.0	320.0
公共设施管理业	1436.9	566.3	18.8
土地管理业	318.8	59.7	
卫生和社会工作	1814.7	866.7	468.2
卫生	1814.7	866.7	468.2
文化、体育和娱乐业	1224.5	174.6	

14-44 续表 2

单位：万元

类 别	使用来自政府部门的研发资金	研究开发费用加计扣除减免税	高新技术企业减免税
新闻和出版业	1073.1	174.6	
文化艺术业	151.4		
按经济成分分组			
公有经济	102888.2	22060.8	14319.7
非公有经济	271624.5	49550.7	28716.5
按企业控股情况分组			
国有控股	93469.1	20953.2	11494.7
集体控股	9419.1	1107.6	2825.0
私人控股	271359.8	49549.4	28716.5
外商控股	264.7	1.3	
按地区分组			
郑州市	374512.7	71611.5	43036.2
中原区	23146.5	6616.8	3976.9
二七区	19486.1	3184.2	2562.7
管城区	7340.7	1137	93.7
金水区	100099.9	20820.4	5416.1
上街区	554.6	137.0	116.0
惠济区	3979.7	1062.6	606.8
中牟县	1835.4	475.5	70.4
巩义市	162.1	24.3	
荥阳市	1000.9	112.3	471.3
新密市	461.1	64.5	101.6
新郑市	1423.5	608.9	341.3
经开区	22708.8	4553.7	2985
高新区	104703.7	17302.5	15766.2
郑东新区	77327.5	13213	10120.9
航空港实验区	10282.2	2298.8	407.3

14-45 服务业企业办科技机构情况

（2022年）

类别	机构数（个）	企业在境外设立的研发机构数（个）	机构人员合计（人）	#博士毕业	硕士毕业	机构经费支出（万元）	仪器和设备原价（万元）
总计	**229**	**3**	**8090**	**147**	**1907**	**172250.7**	**77002.9**
按企业规模分组							
大型	44		3380	82	1261	92423.4	30018.6
中型	61		2603	28	417	40622.3	19625.4
小型	121	3	2078	37	229	38721.9	27155.8
微型	3		29			483.1	203.1
按隶属关系分组							
中央	25		1343	57	693	42521.2	22240.5
地方	2		80	13	32	2611.8	276.1
其他	202	3	6667	77	1182	127117.7	54486.3
按登记注册类型分组							
内资企业	228	3	8082	147	1906	171892.3	75465.0
国有企业	3		66		12	1707.7	211.2
有限责任公司	88	1	3901	86	1328	97723.9	38604.8
国有独资公司	6		406	14	88	6808.5	726.3
其他有限责任公司	82	1	3495	72	1240	90915.4	37878.5
股份有限公司	17		742	15	243	16683.1	5610.4
私营企业	120	2	3373	46	323	55777.6	31038.6
私营有限责任公司	98	2	2305	27	218	36524.5	22958.7
私营股份有限公司	22		1068	19	105	19253.1	8079.9
外商投资企业	1		8		1	358.4	1537.9
外资企业	1		8		1	358.4	1537.9

14–45 续表 1

类 别	机构数（个）	企业在境外设立的研发机构数（个）	机构人员合计（人）			机构经费支出（万元）	仪器和设备原价（万元）
				#博士毕业	硕士毕业		
按国民经济行业大类分组							
批发和零售业	5		48	1	17	1999.5	1394.6
批发业	5		48	1	17	1999.5	1394.6
交通运输、仓储和邮政业	4		99	2	8	1037.0	920.1
道路运输业	1		13			374.9	679.8
多式联运和运输代理业	2		25		5	220.4	57.8
装卸搬运和仓储业	1		61	2	3	441.7	182.5
信息传输、软件和信息技术服务业	105	1	3409	33	437	70565.7	26770.5
互联网和相关服务	7		103		3	2035.7	542.7
软件和信息技术服务业	98	1	3306	33	434	68530.0	26227.8
租赁和商务服务业	3		19		2	337.5	472.1
租赁业	1		4		2	60.0	27.1
商务服务业	2		15			277.5	445.0
科学研究和技术服务业	108	2	4414	111	1427	96268.1	46344.1
研究和试验发展	10		323	10	90	9794.8	5502.5
专业技术服务业	89	1	3952	95	1317	84120.1	38818.2
科技推广和应用服务业	9	1	139	6	20	2353.2	2023.4
水利、环境和公共设施管理业	2		40		5	661.6	833.1
水利管理业	1		11		1	175.8	0.1
生态保护和环境治理业	1		29		4	485.8	833.0
卫生和社会工作	1		20			398.8	191.3
卫生	1		20			398.8	191.3
文化、体育和娱乐业	1		41		11	982.5	77.1
新闻和出版业	1		41		11	982.5	77.1

14-45 续表 2

类 别	机构数（个）	企业在境外设立的研发机构数（个）	机构人员合计（人）	#博士毕业	硕士毕业	机构经费支出（万元）	仪器和设备原价（万元）
按经济成分分组							
公有经济	53	1	2690	74	1023	64400.5	28919.8
非公有经济	176	2	5400	73	884	107850.2	48083.1
按企业控股情况分组							
国有控股	48	1	2568	73	985	61977.4	27724.3
集体控股	5		122	1	38	2423.1	1195.5
私人控股	175	2	5392	73	883	107491.8	46545.2
外商控股	1		8		1	358.4	1537.9
按地区分组							
郑州市	229	3	8090	147	1907	172250.7	77002.9
中原区	19		589	7	279	12934.7	4720.3
二七区	4		174	13	60	3664.0	335.9
管城区	2		25			381.7	148.1
金水区	66	1	2747	65	734	62784.3	32829.5
上街区	1		15		1	476.4	5.3
惠济区	4		87	1	13	1032.3	3089.2
中牟县	3		126	1	15	1352.0	1671.9
荥阳市	2		10		2	220.9	32.4
新密市	1		21			553.1	13.3
新郑市	1		29		4	485.8	833.0
经开区	8		209	2	13	6846.7	1803.0
高新区	85	1	2592	38	439	51917.8	22872.7
郑东新区	25		1235	13	337	25672.9	6499.3
航空港实验区	8	1	231	7	10	3928.1	2149.0

主要统计指标解释

普通高等学校　指按照国家规定的设置标准和审批程序批准举办的，通过全国普通高等学校统一招生考试，招收高中毕业生为主要培养对象，实施高等教育的全日制大学、独立设置的学院和高等专科学校、高等职业学校和其他机构。

中等职业学校　指实施中等职业教育的学校，招生对象是初中毕业生和具有初中同等学历的人员，基本学制为三年制。

成人高等学校　指按照国家有关规定审批，招收通过全国成人高教统一招生考试的具有高中毕业或同等学历的在职从业人员，利用脱产、半脱产、业余或函授等多种形式对其实施高等学历教育，培养高等教育专科或本科毕业水平的专门人才，修业年限、课程设置和总学时数均按高等学历教育要求付诸实施的学校。

等级运动员人数　指经考核正式批准授予等级运动员称号的人数。运动员等级分为国际级运动健将、运动健将、一级运动员、二级运动员、三级运动员、少年级运动员。

研究与试验发展(R&D)　指在科学技术领域，为增加知识总量，以及运用这些知识去创造新的应用进行的系统的创造性的活动，包括基础研究、应用研究、试验发展三类活动。国际上通常采用 R&D 活动的规模和强度指标反映一国的科技实力和核心竞争力。

R&D 人员　指参与研究与试验发展项目研究、管理和辅助工作的人员，包括项目(课题)组人员，企业科技行政管理人员和直接为项目(课题)活动提供服务的辅助人员。反映投入从事拥有自主知识产权的研究开发活动的人力规模。

R&D 经费内部支出合计　指调查单位用于内部开展 R&D 活动(基础研究、应用研究和试验发展)的实际支出。包括用于 R&D 项目(课题)活动的直接支出，以及间接用于 R&D 活动的管理费、服务费、与 R&D 有关的基本建设支出以及外协加工费等。不包括生产性活动支出、归还贷款支出以及外单位合作或委托外单位进行 R&D 活动而转拨给对方的经费支出。

R&D 经费内部支出中政府资金　指 R&D 经费内容支出中来自政府部门的各类资金，包括财政科学技术拨款、科学基金、教育等部门事业费及政府部门预算外资金的实际支出。

R&D 经费内部支出中企业资金　指 R&D 经费内部支出中来自本企业的自有资金和接受其他企业委托而获得的经费，以及科研院所、高校等事业单位从企业获得的资金的实际支出。

艺术表演团体　指从事戏曲、音乐、舞蹈、杂技等专业艺术表演，有独立帐户，实行单独核算的团体，不包括半工半艺、半农半艺和民间职业剧团。

艺术表演场馆　指由各级文化主管部门、文化单位和其他部门(除部队系统处)举办的，具有观众厅设备，经常供专业艺术表演团体演出，并在工商、税务部门登记，公开售票的营业场所。

卫生机构　指从卫生、民政、工商行政、机构编制管理部门取得《医疗机构执业许可证》或法人单位登记证书，为社会提供医疗保健、疾病控制、卫生监督服务或从事医学科研和医学在职培训等工作的单位。

医院　包括综合医院、中医医院、中西医结合医院、民族医院、各类专科医院和护理院，不包括专科疾病防治院、妇幼保健院和疗养院。

实有床位数　指年底固定实有床位数，包括正规床、简易床、监护床、超过半年加床、正在消毒和修理床位、因扩建或大修而停用床位。不包括产科新生儿床、接产室待产床、库存床、观察床、临时加床和病人家属陪侍床。

卫生技术人员　包括执业医师、执业助理医师、注册护士、药师(士)、检验及影像技师(士)、卫生监督员和见习医(药、护、技)师(士)等卫生专业人员。不包括从事管理工作的卫生技术人员(如院长、副院长、党委书记等)。

十五、统计工作大事记

统计工作大事记

一月

1.1月份，面对突如其来的疫情，郑州市统计局党组高度重视，主要领导靠前指挥，全体党员干部积极响应，迅速成立疫情防控服务小组，设置党员先锋岗，分别下沉到分包街道和“双报到”社区开展助力核酸检测志愿服务活动，抽调4名同志参加市疫情防控指挥部统计专班，全力奋战在疫情防控第一线。

2.1月13日，郑州市统计局召开党史学习教育专题民主生活会，党组书记陈平山主持会议，局班子成员参加会议，中心组部分成员、市纪委驻市审计局纪检组及市委第六巡回指导组有关领导列席会议。

3.1月25日，郑州市统计局召开12月全市经济形势分析视频会，总结分析2021年全市经济运行整体情况。市局一级调研员李向涛主持会议，局党组书记陈平山作讲话。各区县（市）负责经济运行工作的分管领导及发改委、工信局、商务局、住房保障局、城建局、统计局等委局负责人在分会场参加会议。

4.临近新春佳节，为进一步增强干部职工的廉洁自律意识，持续推动全面从严治党向纵深发展，保持严惩腐败高压态势，1月28日，郑州市统计局组织全局干部职工分批次观看了警示教育纪录片《“硕鼠”现形记》，撰写警示教育心得体会进行展览学习。

二月

1.2月11日，郑州市统计局召开2022年“万人助万企”活动工作部署会。局总工程师李海宾主持会议，二级调研员孙玉平作安排部署，局相关业务处室负责人及驻“万人助万企”十六个工作组成员参加会议。

2.2月15日，郑州市统计局二级调研员张庆华带队到巩义市和高新区开展经济形势调研。

3.2月15日，郑州市统计局一级调研员江滨带队到新密市和管城区开展经济形势调研。

4.2月16日，郑州市统计局党组成员、二级调研员负慧海带队到新郑市和金水区开展经济形势调研。

5.2月16日，郑州市统计局总统计师黄飞带队到荥阳市和中原区开展经济形势调研。

6.2月21日，郑州市统计局党史学习教育总结会议召开。局党组书记陈平山出席会议并总结讲话，市委党史学习领导小组办公室第六巡回指导组副组长马国明及成员到会指导。

7.2月22日，郑州市统计局组织召开2021年度党支部书记抓党建述职评议考核会。会议由局党组成员、机关党委书记负慧海主持，局党组书记陈平山作总结讲话。全体党组成员、局属各支部书记参加会议。

8.2月22日，郑州市统计局理论学习中心组召开专题会议学习市委十二届二次全会暨市委经济工作会议精神，各处室负责人列席会议。

9.2月23日，郑州市统计局党组成员、副局长花磊带队到经开区和航空港区开展经济形势调研。

10.2月24日，郑州市统计局党组成员、一级调研员李向涛带队到上街区和惠济区开展经济形势调研。

11.2月25日，郑州市统计局党组书记陈平山到中牟县和郑东新区开展经济形势调研。二级调研员孙玉平等同志陪同调研。

12.2月25日，郑州市统计局四级调研员程胜先带队到二七区和登封市开展经济形势调研。

三月

1.3月1–2日，省统计局人口和就业统计处处长王梦轩一行3人莅郑对劳资年报数据质量进行调研，郑州市统计局总统计师黄飞等陪同调研。

2.3月1日，郑州市统计局组织志愿者到防空兵社区开展“学习贯彻条例 争做文明郑州人”主题实践活动。

3.3月2日，郑州市统计局在局六楼会议室开展“学雷锋精神 做红色传人”观影活动，组织全体干部职工观看红色影片《离开雷锋的日子》。

4.3月4日，沈阳市统计局卫丽莹副局长带领沈阳市统计、发改、商务等部门赴郑州市调研经济运行监测、三产统计核算等工作。调研以座谈会的形式进行，郑州市统计局四级调研员程胜先、局有关处室负责人及发改、商务相关处室负责人参加座谈。

5.3月4日，郑州市统计局组织全局女同志前往荥阳市党建主题公园开展爱国主义教育活动。

6.3月4日，郑州市统计局组织志愿者在工人路互助路十字路口开展文明交通志愿服务活动，为提升市民文明素养当先行、做表率。

7.3月4日，郑州市统计局深入巩义市站街镇七里铺村和部分新入库“四上企业”开展扫黑除恶、反邪防邪普法宣传活动。

8.3月4日，郑州市统计局走进巩义市站街镇七里铺村和部分新入库“四上企业”，开展以“明确权利义务、严格依法统计”为主题的统计普法宣传活动。

9.3月10日，郑州市统计局召开全市统计工作暨全面从严治党会议。会议传达学习市委常委、市政府副市长高义的批示精神,郑州市统计局党组书记陈平山作题为《开拓创新谋发展 锐意进取谱新篇奋力答好新的赶考路上郑州统计新答卷》的工作报告，市纪委监委驻市审计局纪检监察组副组长易明就全面从严治党工作进行总结和安排，市统计局党组成员、一级调研员李向涛主持会议。

10.3月17日至18日，郑州市统计局党组成员、一级调研员李向涛带领法规处相关人员深入部分区县（市）开展统计执法专项调研。

11.3月22日，河南省统计局党组书记、局长陈红瑜带队到郑州市统计局调研指导工作。郑州市统计局党组书记陈平山、局长郝伟，市局综合处、核算处、工业处、投资处、贸易处、服务业处负责人参加。

12.3月24日，郑州市统计局第一期“能力作风建设年”活动之“岗位大练兵”活动在六楼会议室开展。第一期“岗位大练兵”活动由核算处范丁元讲授《GDP核算相关知识》。

13.3月25日，郑州市统计局召开1–2月全市经济形势分析视频会。会议由市统计局局长郝伟主持，局党组书记陈平山讲话。市统计局县处级领导和各部门负责人在主会场参加会议，各区县（市）负责经济运行工作的分管领导及发改委、工信局、商务局、住房保障局、城建局、统计局负责人在分会场参加会议。

14.3月29日，河南省统计局与郑州市统计局在郑州市委党校联合开展“统计法律法规进党校”活动。

四月

1.4月1日，郑州市统计局召开局党组扩大会，专题部署上半年党风廉政建设工作，局领导班子、各部门（单位）负责人、派驻纪检组副组长参加会议。

2.4月15日，郑州市统计局邀请河南省应急救援部门相关人员对全局干部职工开展培训讲座，并组织应急突发事件实战演练。

3.4月18日，郑州市统计局开展2022年第二季度领导干部集中学法活动。局党组书记陈平山主持并讲话，局长郝伟、局县处级领导和各部门负责人参加集中学习。

4.4月18-19日，河南省统计局社科处处长孙磊一行4人，莅临郑州市开展研发创新年报数据质量核查工作。郑州市统计局党组成员、二级调研员负慧海和市科技局二级调研员张道礼陪同核查。

5.4月25日，郑州市统计局党组书记陈平山带队，赴中原区海底捞和巴奴毛肚火锅两家企业进行实地调研。

6.4月26日，郑州市统计局组织开展“清廉郑州 青廉有我”主题党日活动。

7.4月28日，郑州市统计局召开一季度全市经济形势分析视频会。会议由市统计局党组成员、二级调研员负慧海主持，局党组书记陈平山讲话。市统计局县处级领导和各部门负责人在主会场参加会议，各区县（市）、开发区负责经济运行工作的分管领导及发改委、工信局、商务局、住房保障局、城建局、统计局负责人在分会场参加会议。

8.4月29日，郑州市统计局专题召开党组（扩大）会，深入推进违规吃喝违规收送礼品礼金问题专项整治工作。

五月

1.5月份，面对突如其来的疫情，郑州市统计局闻令而动、积极响应，主动对接社区，认领工作任务，第一时间下沉到二七区嵩山路街道封控区和“双报到”社区，并在做好疫情防控的前提下，同步做好本职工作，确保疫情防控工作与统计工作取得“双胜利”。

2.5月12日，郑州市统计局召开“能力作风建设年”暨“7・20”特大暴雨灾害案件以案促改工作推进会。四级主任科员及以上人员参加会议，会议由局长郝伟主持,党组书记陈平山作总结讲话。

3.5月24日，河南省统计局2021年轮国际比较项目政府职务报酬调查业务培训班在郑州举办。河南省统计局人口和就业统计处副处长马召、郑州市统计局总统计师黄飞出席并讲话，省、市、区（县）三级统计机构及调查单位相关人员近50人参加培训。

4.5月26日，郑州市统计局党组成员、二级调研员负慧海带队到荥阳市开展经济运行调研。

5.5月26日，郑州市统计局党组成员、二级调研员杨学臣带队到上街区开展经济运行调研。

6.5月26日，郑州市统计局三级调研员程胜先带队到航空港区开展经济运行调研。

7.5月27日，郑州市统计局召开1-4月全市经济形势分析视频会。会议由局党组成员、二级调研员负慧海主持，局党组成员、副局长花磊通报全市1-4月经济运行情况。市统计局县处级领导和各部门负责人在主会场参加会议，各区县（市）负责经济运行工作的分管领导及发改委、工信局、商务局、住房保障局、城建局、统计局负责人在分会场参加会议。

8.5月31日，郑州市统计局党组书记陈平山带队到中牟县开展经济运行调研，二级调研员祝遵刚陪同调研。

9.5月31日，郑州市统计局二级调研员祝遵刚带队到郑东新区开展经济运行调研。

10.5月31日，郑州市统计局开展“我们的节日・端午”红色经典诵读活动。

11.5月31日，郑州市统计局针对拟任职的9名副科级干部开展集体谈话，集体谈话由党组成员、副局长花磊主持。

六月

1.6月1日上午，郑州市统计局组织志愿者前往巩义市站街镇七里铺村开展“庆六一”关爱困境儿童志愿服务行动，为困境儿童送去节日的关爱和祝福。

2.6月1日，郑州市统计局党组成员、二级调研员贠慧海带队，赴登封市、金水区开展经济运行调研工作。

3.6月1日，郑州市统计局党组成员、副局长花磊带队，赴巩义市、二七区开展经济运行调研工作。

4.6月7日至6月17日，郑州市统计局二级调研员祝遵刚带队，对全市16个区县（市）的“双基”建设进行实地调研。

5.6月14日，在第19个世界献血者日来临之际，郑州市统计局组织开展“烈日骄阳传爱心 无偿献血显文明”志愿服务活动。

6.6月15日，郑州市统计局党组书记陈平山带领局机关党委、设计管理处党支部、贸易处党支部和人事处党支部相关党员赴管城区北下街办事处，以“主题党日”活动为依托，结合“万人助万企”工作，通过支部结对共建的方式，实地调研指导统计基层基础规范化工作。

7.6月16日，郑州市统计局召开专题视频会，邀请省统计局法规处处长张静围绕《弘扬统计法制精神，全面依法统计依法治统》作专题讲座。

8.6月17日–6月24日，为进一步深化“放管服”改革优化营商环境，郑州市统计局充分发挥统计法治作用，结合统计执法检查工作任务，开展统计法进企业“优化营商环境结对帮扶”活动。

9.6月17日–24日，郑州市统计局抽调16名统计执法人员成立统计执法检查组，分5个执法小组，对荥阳市、高新区进行市级直查工作，对有关单位开展统计执法“双随机”抽查。

10.6月22日，郑州市统计局党组成员、二级调研员杨学臣带队，赴航空港区开展航空企业经营和能源消费情况调研。

11.6月24日，郑州市统计局在局六楼会议室举行“赶考路上有我·情诉出彩郑州”演讲比赛。

12.6月27日，郑州市统计局组织党员干部集中观看气象防灾减灾专题讲座《认识天气气候规律科学应对极端天气可能造成的灾害》。

13.6月29日，郑州市统计局党组成员、副局长、机关党委书记花磊带队走访慰问生活困难党员。

14.6月29日，郑州市统计局组织开展第二期“岗位大练兵”活动。

15.6月30日，郑州市统计局在局六楼会议室隆重举办庆祝建党101周年表彰大会暨专题党课活动，党组书记陈平山以“实事求是 恪守初心 擦亮清廉统计金字招牌”为主题，为全体党员讲授了一堂生动而又深刻的专题党课。

七月

1.7月1日上午，郑州市统计局党组书记陈平山带队赴航空港区调研，党组成员、副局长陪同调研。

2.7月4日，郑州市统计局在以“全民健康、郑在行动”为主题的郑州市居民健康素养知识竞赛中喜获大赛二等奖。

3.7月6日上午，共青团郑州市统计局支部委员会第一次团员大会召开。

4.7月11日，河南省统计局社科处处长孙磊带领调研组一行4人到郑调研座谈，郑州市统计局党组成员、二级调研员贠慧海陪同调研。

5.7月11日，郑州市统计局召开统计造假弄虚作假专项纠治工作推进会。党组成员、副局长彭霄出席会议并讲话，县（市）区统计部门主管法制工作领导和法制机构负责人参加会议。

6.7月26日，郑州市统计局党组书记陈平山到伊河大厦，与普查中心、经调队、培训中心四级主任科员及以上干部进行座谈。

7.7月22日，郑州市统计局党组成员、副局长花磊带队分别对金水区未来路办事处和新郑市观音寺镇进行走访，采取和镇办行政正职面谈。

8.7月29日，河南省统计局投资处处长顾俊龙一行2人到郑州调研计算机和数据库投资统计调查工作，郑州市统计局总统计师黄飞陪同调研，县区统计专业人员和企业相关工作人员参与座谈会。

八月

1.8月3日，郑州市经济社会调查队队长宋玉清一行赴新郑实地开展企业数字化转型现状调研。

2.8月4日，郑州市统计局部署开展规范公务员工资津补贴发放自查工作。

3.8月11日–15日，河南省统计局能力建设中心主任海向阳带领调研组一行来郑州市开展企业电子统计台账试点工作调研。

4.8月18日下午，河南省统计局核算处四级调研员雷茜茜一行3人到郑州市调研投入产出电子台账试点填报工作。

5.8月19日，郑州市统计局能力作风建设年“统计课堂我来讲”系列“青年开讲啦”和“读书分享会”活动在局六楼会议室举行。

6.8月20日，经金水区“处非”工作指挥部同意，郑州市统计局“处非”工作组在指挥部约谈了鼎诺公司主要负责人。

7.8月25日下午，郑州市统计局联合郑州市商务局到管城区百荣世贸商城进行走访调研。

8.8月26日郑州市统计局联合郑州市商务局分别对管城区大观国贸直播基地和新密市水波纹直播基地进行走访调研。

9.8月25—26日，郑州市统计局组织市县两级人员参加河南省统计局举办2022年青年干部能力提升视频培训班。

10.8月31日，郑州市统计局党组成员、二级调研员杨学臣带队深入新郑市部分工业企业进行经济形势调研及数据质量核查。

九月

1.9月2日，郑州市统计局党组书记陈平山、局长郝伟分别带领志愿者到巩义市站街镇七里铺村和荥阳市刘河镇申庄村开展“四送一助力”结对帮创走访慰问活动。

2.9月2日上午，郑州市统计局认真组织参加2022年度全省法治专题讲座视频会。

3.9月6日，王国英副局长带领数管中心人员接待并全程陪同由郑州市网监支队一行4人组成的检查组对郑州市统计局的统计网络安全进行检查。

4.9月9日上午，郑州市统计局五经普筹备办召开第一次工作会议，通报近期有关情况，安排布置下步工作。

5.9月14日，郑州市委宣传部和市推进使用正版软件工作联席办公室联合对郑州市统计局局软件正版化工作进行检查指导，郑州市统计局党组成员、副局长花磊及相关处室人员接待了检查组。

6.9月15日，郑州市统计局党组成员、二级调研员杨学臣到登封市开展经济形势调研，郑州市统计局工业处人员陪同。

7.9月21日，河南省统计局投资处副处长朱丽玲一行2人到郑州调研“保交楼”推进情况和政策实施效果，郑州统计局党组成员、副局长郑惠及投资处陪同调研，市房管局、郑州市人民银行和房地产企业相关工作人员参加了座谈会。

8.9月21日下午，郑州市统计局普查中心邀请河南省局有关专业负责入库审批同志到登封市开展业务培训，登封市统计、发改、工信、商务部门有关人员及各乡镇街道分管统计的副职及业务骨干共60余人参加。

9.9月23日，郑州市统计局在六楼会议室开展第十五个郑州慈善日捐款活动。

10.9月27日，郑州市统计局召开1-8月全市经济形势分析视频会。郑州市统计局县处级领导、各部门负责人以及郑州市发改委、郑州市工信局、郑州市城建局、郑州市交通局、郑州市商务局、郑州市金融局、郑州市住房保障局统计工作分管领导在主会场参加会议。

11.9月28日上午，郑州市统计局迎接郑州市文明办来我局开展河南省文明单位（标兵）实地和集中知识测试等测评工作。

12.9月29日，郑州市统计局组织召开全市统计基层基础工作暨“两个工作规范”现场观摩会。

十月

1.市统计局下沉中原区桐柏路、西流湖、须水镇、莲湖四个办事处8个社区，驰援疫情防控工作。

2.10月28日，郑州市统计局召开党组会议，传达学习党的二十大精神，郑州市统计局党组书记陈平山主持会议。

十一月

1.11月1日，郑州市统计局举办党的二十大会议精神学习视频会。局党组书记陈平山进行了学习传达，全局百余名干部职工通过腾讯会议系统线上开展了集体学习。

2.11月2日，郑州市统计局采用腾讯视频会议系统召开1-9月全市统计系统线上经济形势分析会。

3.11月16日，郑州市统计局党组理论中心组举办党的二十大精神线上学习扩大会。党组书记陈平山主持会议，在职及下沉抗疫人员百余人通过网络参加了线上学习。

4.本月，郑州市统计局持续下沉中原区桐柏路、西流湖、须水镇、莲湖四个办事处8个社区，驰援疫情防控工作。

十二月

1.12月1日-12日，郑州市统计局对郑州市“四上”单位开展了疫情后企业经营情况专项调查工作。

2.12月8日，在郑州市统计局六楼会议室，河南省统计局副局长王贵斌带领省局工作组召开展统计执法对接沟通工作会，郑州市统计局党组书记陈平山出席会议并讲话，会议由郑州市统计局局长郝伟主持。

3.12月，郑州市统计局完成“第十三届中国统计开放日”有奖问答活动奖品发放工作，本活动共吸引3000余人次积极参与。

4.12月30日下午，郑州市统计局召开2023年元旦、春节以案促改工作会。